D1640223

Empathie und Perspektivenwechsel in interreligiösen Begegnungen

Pädagogische Diskurse

Herausgeber

Erik Ode und Michael Obermaier

Wissenschaftlicher Beirat

Thorsten Fuchs, Ralph Keen, Sabine Krause,
Thomas Mikhail, Claudia Steinberg

BAND 5

Katharina Gaida

Empathie und Perspektivenwechsel in interreligiösen Begegnungen

Eine qualitativ-empirische Studie des universitären Bildungsprogramms „Kinderakademie – Weltreligionen im Dialog"

BRILL | SCHÖNINGH

Publiziert mit freundlicher Unterstützung der Görres Gesellschaft zur Pflege der Wissenschaften und der Universitätsbibliothek Kassel.

Umschlagabbildung: © Katharina Gaida

Zugl. Dissertation im Fachbereich Geistes- und Kulturwissenschaften der Universität Kassel, vorgelegt im Mai 2024 unter dem ursprünglichen Titel „Die Fähigkeit zu Empathie und Perspektivenwechsel in interreligiösen Begegnungen bei Kindern um Primarbereich fördern – Eine qualitativ-empirische Studie des universitären Bildungsprogramms ‚Kinderakademie – Weltreligionen im Dialog'".

DOI: https://doi.org/10.30965/9783657797035

Bibliografische Information der Deutschen Nationalbibliothek

Die Deutsche Nationalbibliothek verzeichnet diese Publikation in der Deutschen Nationalbibliografie; detaillierte bibliografische Daten sind im Internet über http://dnb.d-nb.de abrufbar.

Einbandgestaltung: Evelyn Ziegler, München
Herstellung: Brill Deutschland GmbH, Paderborn

ISSN 2748-4270
ISBN 978-3-506-79703-2 (hardback)
ISBN 978-3-657-79703-5 (e-book)

In Liebe und Dankbarkeit meiner Familie gewidmet

Inhalt

TEIL I
Fachtheoretische Grundlegung

TEIL II
Qualitativ-Empirische Studie

Vorwort und Danksagung

Das Grundwort Ich-Du kann nur mit dem ganzen Wesen gesprochen werden.

Die Einsammlung und Verschmelzung zum ganzen Wesen kann nie durch mich, kann nie ohne mich geschehen.

Ich werde am Du; Ich werdend spreche ich Du.

Alles wirkliche Leben ist Begegnung.[1]

Mit den bekannten Worten des jüdischen Religionsphilosophen Martin Buber ist die Grundhaltung der vorliegenden Promotionsarbeit zu erahnen. Menschen sind immer in einer Beziehung: Zu sich selbst, zum Gegenüber, zur Welt.[2] So bedeutet es auch, dass ein Ich ein Du[3], ein Gegenüber, eine Begegnung benötigt, um die Fähigkeit der Empathie und des Perspektivenwechsels in der Gegenwart vollziehen zu können.

Chancen, Grenzen und religionspädagogisch relevante Auffälligkeiten von Fördermöglichkeiten der Empathie und Perspektivenwechsel in interreligiösen Begegnungen bei Kindern im Primarbereich innerhalb des Bildungsprogrammes „Kinderakademie – Weltreligionen im Dialog" umfasst das Forschungsinteresse, welches dieser Promotionsarbeit zugrunde liegt. Die vorliegende Diskussion verschiedener fachtheoretischer Perspektiven sowie die Durchführung und Auswertung der qualitativ-empirischen Arbeit konnte nur durch wirkliche Begegnungen, enge Kooperationen, kritisch-konstruktive Gespräche, die gesammelten Erfahrungen in den unterschiedlichen Work-Shadowing-Programmen an Universitäten und Grundschulen in Europa und nicht zuletzt durch die aufrichtige persönliche Unterstützung gelingen.

Diese Arbeit ist eine Reise. Eine Reise, auf der ich Wege bewusst allein gegangen bin, um mich wissenschaftlich zu fokussieren und eine Reise, auf der ich Wege bewusst gemeinsam mit anderen gegangen bin, um mich von ihren Perspektiven bereichern, irritieren sowie unterstützen zu lassen, Neues kennenzulernen, Eigenes neu zu verstehen, mich Spannungen auszusetzen und ins Nachdenken zu kommen.

---

1 Buber (2017), S. 17, 2017
2 So schreibt Martin Buber: „Das Grundwort Ich-Du stiftet die Welt der Beziehung." Buber (2017), S. 12
3 Ein „Ich-Du" Grundwort kann dabei nach Martin Buber personal, nicht personal sowie transzendent verstanden werden. Vgl. Buber (2017), S. 13

Jedem und jeder dieser begleitenden Menschen auf dieser Reise möchte ich aufrichtig meinen Dank aussprechen.

Besonders möchte ich Prof.in Dr.in Petra Freudenberger-Lötz danken, die besonders früh das Potential der Arbeit entdeckt und mich stets aufrichtig, ermutigend und vertrauensvoll darin unterstützt hat. So konnte ich mit diesem Promotionsprojekt Aspekten nachgehen, die ich als unerlässlich wichtig für das Zusammensein auf dieser Welt empfinde.

Ebenso gilt mein Dank Prof.in Dr.in Annegret Reese-Schnitker, welche die Arbeit von Anfang an interessiert begleitet sowie kritisch-konstruktiv maßgeblich bereichert hat.

Ein Schlüsselmoment war und wird für mich immer die Arbeit in dem Projekt „Mitten im Kiez" in Kreuzberg, Berlin bleiben. Meine damalige Chefin Claudia Held, die teilnehmenden Jugendlichen (jetzt junge Erwachsene) insbesondere Mahmoud, Aliya und Belal haben mich ausschlaggebend dazu inspiriert, das Bildungsprogramm „Kinderakademie – Weltreligionen im Dialog" im Sommer 2018 zu gründen. Ich werde immer in tiefem Dank mit euch verbunden bleiben.

Das Bildungsprogramm und die daraus resultierende Promotionsarbeit war erst möglich durch die hoch engagierten Mitwirkenden, die Eltern und natürlich im Besonderen durch die Kinder und Studierenden – ich lerne bis heute dankbar aus den vielzähligen Begegnungen und gemeinsamen Erlebnissen.

Multiple Lesarten ermöglichen die Eröffnung verschiedener Perspektiven auf den Untersuchungsgegenstand – mein Dank gilt den Kolleg:innen aus den Auswertungs- und Beobachtungs-Teams, ohne welche ich niemals diesen Grad an Differenzierung und Detail hätte erzielen können.

Im Besonderen danke ich Dr.in Carolin Altmann sowie Daniela Zahneisen, die mir eine unverzichtbare Stütze im Korrektorat waren.

Zuletzt und doch zuerst gilt mein herzensreicher Dank meiner Familie.

KAPITEL 1

Einleitung

Eine interreligiöse Kompetenz wird zu einer Grundkompetenz an Schulen und interreligiöses Lernen zu einem relevanten Querschnittsthema schulischer Bildung. Eine interreligiöse Kompetenz ist für alle relevant, die ihre Umwelt verstehen und sich in einer pluralen Gesellschaft angemessen orientieren wollen. Das schließt jede:n ein – sowohl die Interessierten als auch die (zunächst) Skeptischen, sowohl Religiöse als auch Nicht-Religiöse. Die vorliegende Promotionsarbeit beleuchtet im Besonderen zwei Teilbereiche interreligiöser Kompetenz: Die Fähigkeit zur Empathie und zum Perspektivenwechsel.

Untersucht wird dies im Kontext interreligiösen (Begegnungs-)Lernens bei Kindern im Grundschulalter. Möglichkeiten, Gelingens- und Störfaktoren[1] sowie religionspädagogisch relevante Auffälligkeiten für die Förderungen beider Kompetenzen im schulischen Kontext sollen somit fachtheoretisch und qualitativ-empirisch in den folgenden Kapiteln herausgearbeitet werden.

1.1 Relevanz und Ausgangslage

> Gesellschaftlich steht außer Frage, dass die Beschäftigung mit interreligiösen Überschneidungsbereichen ein Lernfeld darstellt, das pädagogisch vordringlich zu bearbeitet [sic] ist – mit dem Ziel, das Zusammenleben von Menschen unterschiedlicher religiöser und nichtreligiöser Traditionen zu verbessern.[2]

Das Zitat Karlo Meyers unterstreicht die soziale Relevanz interreligiösen (Begegnungs-)Lernens[3] deutlich, dennoch lässt sich gleichzeitig feststellen,

---

1   Der Begriff „Störfaktoren" könnte zunächst irritierend wirken. Hierbei handelt es sich um Faktoren, die für eine Förderung im Sinne des Forschungsanliegens herausfordernd erscheinen können und infolgedessen Fördermöglichkeiten hemmen. Ebenso kann der Begriff provokativ im Sinne der Forschungsfragen verstanden werden. Im Laufe der Dissertationsschrift wird der Begriff zunehmend differenziert dargestellt.

2   Meyer (2019), S. 18

3   Wie in den folgenden Kapiteln zunehmend deutlicher wird, ist das interreligiöse Lernen inhaltlich nicht vollständig gleichzusetzen mit dem interreligiösen Begegnungslernen. Das interreligiöse Begegnungslernen verstehe ich als einen didaktisch-methodischen Ansatz im inhaltlich breiten Kontext des interreligiösen Lernens. Das Forschungsvorhaben ist dezidiert in beiden Bereichen angesiedelt.

dass dies nicht zu den notwendigen Konsequenzen im gesellschaftlichen Kontext führt und Ressourcen ungenutzt bleiben.[4] Dabei kann die Religionspädagogik in diesem Sinne enger in die Verantwortung genommen werden, wenn es um eine adäquate Ansprechpartnerin geht. Denn Religionspädagogik kann maßgeblich mitgestalten und empirisch bzw. fachtheoretisch relevante Beiträge leisten, z. B. für den pädagogischen Umgang interreligiösen Lernens an der Schule. So liegt ein relevanter religionspädagogischer Forschungsbeitrag im Kontext der Begegnung mit dem zunächst religiös-kulturell Unbekannten, woraus eine Breite an Reaktionen sowohl unter Lernenden als auch Lehrenden resultieren kann: von Angst oder Unsicherheit[5] über Exotisierung[6] bis hin zur aufrichtigen Freude, Neugier und Motivation. Zunehmend relevanter werden ebenfalls Themen im Kontext religionsbezogenen stereotypischen Denkens[7]. Die Herausforderung und zugleich Chance besteht im Besonderen darin, diese komplexen Reaktionsmöglichkeiten als Lehrperson zunächst erst einmal zu erkennen und ernst zu nehmen sowie im Kontext dessen, religionspädagogisch handlungsfähig zu sein. Die vorliegende Promotionsarbeit wird u. a. dieser Herausforderung und zugleich Chance vor dem Hintergrund des vorliegenden Forschungsinteresses nachgehen und Antwortmöglichkeiten offerieren.

Schule ist ein Ort mit einer Vielzahl an Begegnungssituationen. So liegt die Relevanz des Themas konkret in der schulischen Situation, auf dem Schulhof und im Klassengefüge durch eine zunehmend individualisierte Schülerschaft begründet. Interreligiöses Lernen findet nicht nur im Religions- oder Ethikunterricht statt, sondern (insbesondere) auch außerhalb dessen, im Schulleben durch Begegnungen und Diskussionen in der Klasse, auf dem Schulhof und in der Peer-Group. Die Lernchance religiös gemischter Lerngruppen bleibt bislang zumeist als Ressource an Bildungsorten wie der Schule unentdeckt und ungenutzt. Welches Potential dieser Lerngruppen

---

4   Vgl. Meyer (2019), S. 18f.
5   S. Kapitel *3.5.3 Empathie und Perspektivenwechsel im Kontext einer Xenosophie in religionspädagogischer Absicht*
6   beispielsweise im Sinne von „Othering-Prozessen", z. B.: Freuding, J. (2022). *Fremdheitserfahrungen und Othering. Ordnungen des „Eigenen" und „Fremden" in interreligiöser Bildung.* Bielefeld: transcript Verlag.
7   z. B.: Gmoser, A. (2023). *Religionsbezogene Vor- und Einstellungen als Lernvoraussetzungen für (inter-) religiöse Bildungsprozesse.* Göttingen: V&R unipress. Oder: Pickel, G. (2022). Stereotype und Vorurteile als Herausforderungen für das interreligiöse Lernen. In M. Khorchide, K. Lindner, A. Roggenkamp, C. P. Sajak & H. Simojoki (Hrsg.), *Stereotype – Vorurteile – Ressentiments. Herausforderungen für das interreligiöse Lernen.* Göttingen: V&R unipress.

dabei jedoch eigentlich – insbesondere für pädagogisch an- und begleitete Lernsituationen – zugrunde liegen kann, wird die vorliegende Studie an einigen Stellen begründend darstellen.

Neben einer gesamtgesellschaftlichen und sozialen Relevanz umschließt das Thema selbsterklärend auch eine zentrale religionsbezogene Relevanz, welche durch die interreligiöse Begegnung erfahren und zur eigenen religiösen Persönlichkeitsbildung entscheidend beitragen kann.[8] Die Fähigkeit zur Empathie und zum Perspektivenwechsel ist eine zentrale Aufgabe religiöser Bildung.[9]

1.2   Ein praxisbezogenes, universitäres Bildungsprogramm: Die „Kinderakademie – Weltreligionen im Dialog"

An der skizzierten Darstellung der Relevanz und Ausgangslage des Themas setzt das Bildungsprogramm an. Die „Kinderakademie – Weltreligionen im Dialog" ist ein universitäres Bildungs- und Ferienprogramm für Kinder im Alter von 6–12 Jahren, das zugleich auch als ein pädagogisches Professionalisierungsprogramm und praxisorientiertes Vertiefungsmodul im Rahmen eines Projektseminars für angehende Lehrende und pädagogische Fachkräfte dient. Der Leitgedanke sieht vor, über interpersonale, mediale und kreative interreligiöse Begegnungen die Kinder in ihrer Fähigkeit zu Empathie und Perspektivenwechsel zu fördern. Darüber hinaus stellt das Bildungsprogramm gleichzeitig das qualitativ-empirische Forschungsfeld der vorliegenden Studie dar.

Eine hervorstechende Besonderheit des vorliegenden Forschungsprojektes ist es, dass der Forschungsanlass aus der Praxis resultiert und nicht – wie oft andersherum – zuerst aus der Forschungstheorie. Die Kinderakademie der Weltreligionen wurde im Sommer 2018 gegründet. Im Januar 2019 feierte sie ihr Debüt, zwei weitere Kinderakademien im August 2019 und Januar 2020 schlossen sich daran an. Eine konkrete Ausarbeitung der Forschungsfrage entwickelte sich nach der ersten Kinderakademie, als aus der „persönlichen Empirie" heraus deutlich wurde, dass der Leitgedanke, welcher die Förderung der Fähigkeit zu Empathie und Perspektivenwechsel bei Kindern im Primarbereich umfasst, praxistauglich sein kann. Dies wollte ich religionspädagogisch sowohl fachtheoretisch als auch forschungsbezogen qualitativ-empirisch überprüfen und vertiefend ergründen.

---

8   S. Kapitel *2.10 Interreligiöse Kompetenzmodelle*
9   Vgl. Käbisch (2013), S. 360

Dazu eine Retrospektive in aller Kürze[10]: Die Inspiration für das Konzept der Kinderakademie der Weltreligionen entstand aus verschiedenen Anlässen in meiner beruflichen und ehrenamtlichen Lebensbiographie; im Besonderen durch das Programm „Mitten im Kiez" der Berliner Stadtmission im Stadtviertel Kreuzberg. Dort arbeitete ich von 2015–2018 in den Semesterferien in Sommerferienprojekten, in der Hausaufgabenbetreuung und der Nachhilfe. Es war eine Leichtigkeit und eine Selbstverständlichkeit im Hinblick auf den religiösen und kulturellen Hintergrund der Kinder sowie der Teamkolleg:innen zu bemerken. Die religiösen Bezüge aller Beteiligten standen dabei nicht ausschließlich im Vordergrund, gehörten wohl aber vollwertig und geschätzt zu jede:r Einzelnen dazu. Ich erlebte das große Potential in Vielfalt und insbesondere auch in Unterschiedlichkeit, angefangen beim Gebet am Essenstisch bis hin zu wöchentlichen Kochabenden mit kulinarischen Angeboten verschiedener Kulturen. Es ergaben sich dabei zahlreiche anregende Gespräche.

Inspiriert von diesen vermeintlich „einfachen" und wirkungsreichen Begegnungssituationen habe ich einige Impulse in den Kasseler Kontext übernommen und religionspädagogisch perspektivisch beleuchtet. So entstand die „Kinderakademie – Weltreligionen im Dialog" zunächst auf Notizzetteln in einzelnen Abschnitten und Schaubildern aus den konkreten Praxiserfahrungen heraus.

Die Darstellungen dessen sind relevant, um als Lesende den Hintergrund für das vorliegende Forschungsprojekt zu kennen und folgende Entwicklungen sowie Entscheidungen diesbezüglich womöglich umfangreicher verstehen und nachvollziehen zu können.

1.3   Einblicke in Forschungsfragen und Forschungsfeld

Das zugrundeliegende Forschungsanliegen nimmt Fördermöglichkeiten von Empathie und Perspektivenwechsel in interreligiösen Begegnungen bei Kindern im Primarbereich in den Blick. Die folgenden Forschungsfragen werden im Rahmen des universitären Bildungsprogramms der „Kinderakademie – Weltreligionen im Dialog", das zugleich Forschungsgegenstand ist, ergründet.

---

10   Ich erachte es als äußerst relevant, sich stets zu vergegenwärtigen, welche Erfahrungen das eigene professionelle Denken und Handeln, auf welche Weise geprägt haben. Die Darstellungen sind aus diesem Grund bewusst in einem narrativen, authentischen Stil verfasst, weil sie an die professionelle Laufbahn der Verfasserin geknüpft sind. Dies lässt sich selbstverständlich nicht auf den Gesamtkontext der vorliegenden Dissertation übertragen. Ich bitte dies zu berücksichtigen.

Für das vorliegende Forschungsdesign sind vier Forschungsfragen von Bedeutung:

- *Hauptforschungsfrage: Wie lassen sich Empathie und Perspektivenwechsel durch interreligiöse Begegnungen bei Kindern im Primarbereich fördern?*
- *Subforschungsfragen: Was sind Gelingens-, was sind Störfaktoren? Welche Auffälligkeiten lassen sich erkennen?*[11]

Um das Forschungsanliegen angemessen einordnen zu können, darf zunächst einmal gefragt werden: Wie sind die beiden Begriffe um Empathie oder Perspektivenwechsel zu verstehen – ähnlich, gar identisch oder doch völlig konträr? Warum beschäftigt sich die vorliegende Studie nicht ausschließlich mit der Fähigkeit zur Empathie bzw. ausschließlich mit der Fähigkeit zum Perspektivenwechsel im Kontext interreligiösen (Begegnungs-)Lernens?

Diese Fragen leiten über in ein kontrovers diskutiertes Feld im religionspädagogischen Diskurs, in welchem beide Begriffe immer wieder unachtsam miteinander vermischt werden und eine große Anzahl an unterschiedlichen Nuancierungen definitorischer Bestimmungen von Empathie und Perspektivenwechsel kursieren.[12]

Hervorzuheben ist darüber hinaus, dass sich ein deutlich höherer religionspädagogischer Forschungsfokus auf die Kompetenz des Perspektivenwechsels[13] im Kontext interreligiösen Lernens konzentriert und diese somit deutlich stärker im Zentrum empirischer und theoretischer Arbeiten interreligiösen Lernens zu stehen scheint.[14] Die Fähigkeit der Empathie wird in empirischen Arbeiten der Religionspädagogik dahingehend eher vernachlässigt[15], obwohl der Begriff recht häufig Verwendung in religionspädagogischen Diskursen findet.[16]

Auf der Grundlage der zwei nur hier angerissenen Argumente im religionspädagogischen Diskurs um Empathie und Perspektivenwechsel resultiert eine bewusste Entscheidung daraus, beide Begriffe für interreligiöse Begegnungen bei Kindern des Primarbereiches zusammen zu denken und gleichzeitig jedoch nicht identisch zu verstehen. In dieser Arbeit wird dieser

---

11   Nähere Ausführungen in *Kapitel 6.4.2 Forschungsfragen*
12   Meyer (2019), S. 338
13   Auch benannt als: Perspektivenübernahme, Imagination oder auch Teil-Identifikationsprozesse
14   Vgl. Schweitzer et al. (2017), vgl. Schambeck (2013), S. 177–179, vgl. Tautz (2015), S. 6, vgl. Willems (2011), S. 168, vgl. Käbisch (2013)
15   Vgl. Ratzke (2021), S. 98
16   S. Kapitel *3 Empathie und Perspektivenwechsel*

zugrundeliegende Gedanke umfangreich entfaltet und begründet.[17] Beide Begriffe als Interdependenz zu definieren, in dieser Form in den Fokus zu stellen sowie ausgehend davon für eine qualitativ-empirische Arbeit anzuwenden, ist weitestgehend neu im Kontext interreligiösen Lernens in der Religionspädagogik.

Die Fähigkeit zur Empathie und Perspektivenwechsel ist nicht nur definitorisch herausfordernd, sondern auch inhaltlich als ein höchstkomplexes, multifaktorielles Phänomen zu verstehen. Besonders anschaulich zeigt sich der breite Bezugsrahmen, der in dieser Arbeit immer deutlicher und für das Forschungsinteresse zunehmend relevanter wird, beispielsweise durch den Redebeitrag von Luna, einem teilnehmenden Kind des Bildungsprogrammes der „Kinderakademie – Weltreligionen im Dialog" im Rahmen der Studie.

> **Luna** Mit Haaren siehst du irgendwie besser aus.[18]

Lunas beobachtende Einschätzung teilt sie im Gesprächskreis mit den anderen Kindern. Auslöser dafür ist das Hijab[19], welches der Workshopleiterin exemplarisch von Samira, einem anderen teilnehmenden Kind, achtsam umgelegt wird.

Zunächst einmal kann danach gefragt werden, was Lunas Aussage denn eigentlich mit dem Forschungsvorhaben, welches nach Fördermöglichkeiten von Empathie und Perspektivenwechsel fragt, zu tun hat. An diesem Beispiel zeigt sich sehr anschaulich der bereits angesprochene breite Bezugsrahmen aus anderen (interreligiösen) Kompetenzen, zu welchem sich Fördermöglichkeiten von Empathie und Perspektivenwechsel deutlich verhalten und welcher Gespräche bzw. Aussagen wie diese maßgeblich mitgestalten kann. Dieser Bezugsrahmen wird in der vorliegenden Arbeit als multifaktorielles Gerüst an Kompetenzen herausgearbeitet. Dieses muss stärker Beachtung finden und wird dementsprechend in der vorliegenden Studie vor dem Hintergrund des Forschungsinteresses umfangreich entfaltet sowie letztlich in einem

---

17   S. Kapitel *3.2 Empathie und Perspektivenwechsel im interreligiösen Lernen – Eine Verortung der Begriffe für die vorliegende Studie*

18   Die Sequenz, aus welcher auch das vorliegende Zitat stammt, wurde in Kapitel *8.4.2 Gesprächsfeinanalyse I „Mit Haaren siehst du irgendwie besser aus"* analysiert.

19   Die islamische Kopfbedeckung für Frauen. Darüber hinaus ein kurzer Verweis auf die Wahl des Artikels: Das Wort „Hijab" ist ein arabischer Begriff mit verschiedenen Bedeutungen (Kopftuch, Vorhang, Schirm, Hülle). Eine offiziell einheitliche Artikelverwendung gibt es bislang im Deutschen für das Substantiv nicht. Zumeist lässt sich „das Hijab" oder „der Hijab" finden. Für die vorliegende Arbeit wird „das Hijab" verwendet.

eigenständig entwickelten Modell[20] resümierend visualisiert. Das multifaktorielle Gerüst ist von hoher Relevanz, weil es Kompetenzen, die in Interdependenzen zu Empathie und Perspektivenwechsel stehen, umfasst. Dies wird im Laufe der vorliegenden Promotionsarbeit immer deutlicher und empirisch schlussendlich untermauert. Der Begriff eines *multifaktoriellen Gerüsts* wird somit zu einem zentralen Schlüsselbegriff in diesem Forschungsvorhaben.

Forschungsdesiderate im Sinne des Forschungsanliegens lassen sich als ein weiteres zentrales Anliegen in der vorliegenden Forschungsarbeit zunehmend finden. So gibt es bislang keine Studien, die sich mit dem Umgang von Ambiguitätserleben als didaktisches Lernziel im Ansatz des Zeugnislernens religionspädagogisch auseinandersetzen. Das sogenannte Ambiguitätserleben ist eine Kompetenz, die mindestens die Fähigkeit zum Perspektivenwechsel als Voraussetzung benötigt. Konkrete fachtheoretische Grundlegungen sowie empirisch untersuchte Sequenzen werden in der vorliegenden Studie den Begriff des Ambiguitätserlebens und den Zusammenhang zur Fähigkeit von Empathie und Perspektivenwechsel stärker entfalten.

1.4   Aufbau der qualitativ-empirischen Studie

Bevor die einzelnen Kapitel inhaltlich dargestellt werden, soll Abbildung 1 dazu beitragen, den inneren Zusammenhang der Forschungsarbeit zu verdeutlichen und so einen Überblick zum Vorgehen der Beantwortung der vorliegenden Forschungsfragen zu geben.

Der Aufbau der vorliegenden Promotion weist drei charakteristische Elemente auf, die im Folgenden erläutert werden, bevor sodann eine Darstellung der Inhalte einzelner Kapitel erfolgt:

1)   Jedes Kapitel beginnt mit einer sogenannten *Einordnung in den Kontext*. Diese umfasst mindestens folgenden Drei-Schritt: Einleitung in das Thema, Aufbau sowie Absicht des Kapitels. Die *Einordnung in den Kontext* hat zum Ziel, den Einstieg in die z. T. breiten Themenkomplexe zu erleichtern, indem Schwerpunkte gesetzt und die Struktur des jeweiligen Kapitels dargelegt werden. Dies führt dazu, dass die folgende Darstellung der Inhalte in diesem Kapitel verkürzt sind, da sie in den einzelnen

---

20   S. hierzu Kapitel *10.3 FEPIB-Modell – Fördermöglichkeiten der Fähigkeit zu Empathie und Perspektivenwechsel in interreligiösen Begegnungen bei Kindern im Primarbereich*

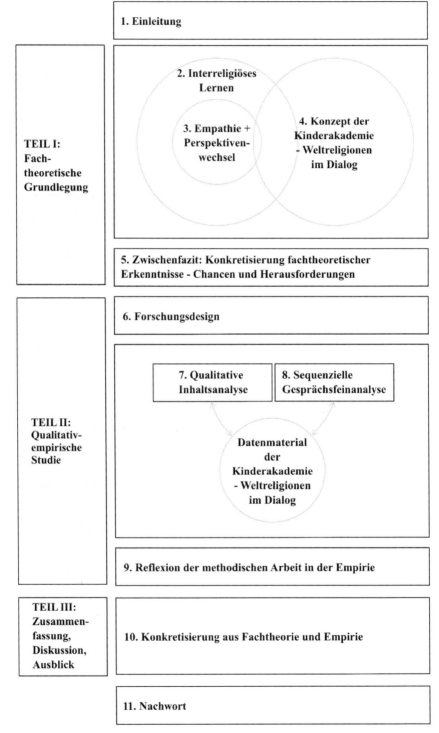

Abb. 1   Aufbau der Arbeit

Kapiteln eine Einführung erhalten.[21] Jedes Kapitel schließt, sofern sinnvoll und nicht bereits im Kapitel erfolgt, mit einer Zusammenfassung.

2) In einigen Kapiteln des ersten Teils lässt sich die Rubrik *Auf den Punkt gebracht* finden. Dieses Element wird immer dann genutzt, wenn es sinnvoll ist, Inhalte komprimiert zu bündeln und stichpunktartig zu fixieren.

3) Die Kapitel weisen je nach Anforderungserwartungen einen individuell angepassten Schreibstil auf. So ist es selbstverständlich, dass sich der Fachjargon in der Darstellung religionspädagogisch fachtheoretischer Inhalte (insbesondere in Kapitel 2 und 3), von der Darstellung eines Konzeptes (Kapitel 4) und der Darstellung empirischen Arbeitens (insbesondere in Kapitel 6–9) unterscheidet und je nach Anforderungsebene darauf reagiert wird.

Darstellung der Inhalte einzelner Kapitel

In Kapitel 1, in dem sich der:die Lesende aktuell befindet, wird in das Forschungsprojekt eingeleitet. Zunächst wird die Relevanz und die Brisanz des Themas verdeutlicht, die Forschungsfragen und das Forschungsfeld einführend vorgestellt sowie Forschungsdesiderate skizziert. Der Aufbau der vorliegenden Arbeit wird nun mit Blick auf jedes Kapitel umrissen.[22]

Die Arbeit ist in drei Teile unterteilt und umfasst insgesamt 11 Kapitel.

Teil I dokumentiert eine, dem Forschungsthema angemessene, fachtheoretische Grundlegung in Kapitel 2–5.

Kapitel 2 führt in das zugrundeliegende Themengebiet des vorliegenden Forschungsvorhabens, das interreligiöse Lernen, ein. Hierzu wird ein breiter Bezugsrahmen gespannt, der es ermöglicht, das Forschungsanliegen darin einzubetten.

Dieses Anliegen wird in Kapitel 3 fortgeführt. Empathie und Perspektivenwechsel werden nun im Besonderen beleuchtet, mit zunächst einem Schwerpunkt auf Empathie, dann einem Schwerpunkt auf Perspektivenwechsel und schließlich in ihrer Interdependenz – strukturell somit analog zu dem, wie es die vorliegende Forschungsargumentation zur Verortung von Empathie und Perspektivenwechsel im Forschungsprojekt vorsieht.

In Kapitel 4 wird das Bildungsprogramm „Kinderakademie – Weltreligionen im Dialog" vorgestellt, welches bereits dreifach an der Universität Kassel durchgeführt wurde und empirischer Untersuchungsgegenstand der vorliegenden

---

21 Eine Einführung in die Wahl theoretischer Ansätze, der Methodik oder das Forschungsdesign erfolgen somit in den entsprechenden Kapiteln.

22 Da jedes Kapitel mit einer „Einordnung in den Kontext" eröffnet, werden in diesem Kapitel die Inhalte jedes Kapitels lediglich umrissen. Dies führt dazu, dass die folgende Darstellung der Inhalte in diesem Kapitel verkürzt präsentiert werden.

Studie ist. Neben der Darstellung des Programms, liegt hier insbesondere der Fokus auf den 15 Grundpfeilern, einer didaktisierten Bündelung des Bildungsprogrammes im Sinne des Forschungsanliegens.

Kapitel 5 resümiert entlang der Forschungsfragen die Kapitel 2–4 in einem Zwischenfazit und systematisiert die Erkenntnisse bezüglich der folgenden empirischen Arbeit.

Teil II umfasst die empirische Arbeit der vorliegenden Studie.

In Kapitel 6 werden übergreifende Entscheidungen im Hinblick auf das Forschungsdesign dargelegt, wie z. B. die empirischen Auswertungs- und Erhebungsinstrumente sowie die Rolle und Reflexionsprozesse der Forscherin im Forschungsprozess.

Die empirische Arbeit wird aufgenommen: Kapitel 7 stellt die Einleitung in die Theorie, Durchführung und Auswertung der inhaltlich strukturierenden qualitativen Inhaltsanalyse dar und Kapitel 8 die Einleitung in die Theorie, Durchführung und Auswertung der sequenziellen Gesprächsfeinanalyse.

In Kapitel 9 wird die empirische Arbeit hinsichtlich beider Auswertungsmethoden sowohl im Einzelnen als auch im triangulativen Prozess reflektiert.

Teil III der Studie führt die beiden vorherigen Teile zusammen, fasst die Ergebnisse zusammen, diskutiert und reflektiert diese.

Kapitel 10 konkretisiert nun die gewonnenen Erkenntnisse aus der vorliegenden Studie, aus Empirie und Fachtheorie: 5 zentrale Erkenntnisse leiten ein in die 23 gewonnenen Thesen der Studie. Das „FEPIB"-Modell, welches auf Grundlage dessen eigenständig entwickelt wurde, wird erläutert. Die Ergebnisse der Studie werden diskutiert und in den religionspädagogischen Diskurs eingeordnet sowie praktische Implikationen für die schulische Praxis ausformuliert.

Kapitel 11 führt abschließend ein Nachwort auf, welches die Fäden des einerseits praktisch bereits erprobten Bildungsprogrammes und andererseits der forschungsbezogenen, wissenschaftlichen Untersuchung des Bildungsprogrammes zusammenführt.

TEIL I

Fachtheoretische Grundlegung

KAPITEL 2

Interreligiöses Lernen

Interreligiöses Lernen ist immer auch intrareligiöses Erschließen der eigenen Religion.[1]

2.1   Einordnung in den Kontext

Interreligiöses Lernen ist ein viel diskutiertes Thema. Das zeigt unter anderem deutlich die hohe Publikationszahl innerhalb des religionspädagogischen Diskurses.[2] Die Gründe dafür sind vielfältig und liegen unter anderem in der Zunahme an (Super-)Diversität in der Gesellschaft und insbesondere in der Schule, worauf auch der theologische und im Speziellen der religionspädagogische Diskurs reagieren soll und entsprechend mit dem daraus resultierenden Phänomen der Heterogenität in einer didaktisch sinnvollen Weisen umgehen muss. Zu einem konstruktiven Umgang mit Heterogenität gehört ebenso maßgeblich, interreligiös kompetent zu sein, weshalb dem vorliegenden Forschungsinteresse Relevanz zukommt.

Interreligiöses Lernen ist ein Querschnittsthema und eine übergreifende Lerndimension, welche sich in vielen Bereichen des Lebens finden lässt, so u. a. in der Kindertagesstätte, im Lernort Schule[3], in der beruflichen Weiterbildung in der Erwachsenenbildung, etwa in der Altenheimseelsorge sowie in der Religionslehrer:innenausbildung.[4] Sowohl national als auch international kann zunehmend beobachtet werden, dass Religion ein allgegenwärtiges, zentrales Thema in gesellschaftlichen Strukturen ist, das Gesellschaft tief bewegen, zusammenführen und spalten kann.[5] Denn interreligiöses Lernen umfasst

---

1   Sajak (2010), S. 12f. Sajak verweist darauf, dass diese Denkfigur nicht das „Verzwecken" der anderen Religion impliziere, wie Kritiker:innen eines solchen Ansatzes anführen mögen. So behielte die andere Religion für das Gegenüber die eigene persönliche Relevanz und Wahrheit. Dieses Gegenüber bilde ebenso seine Identität an der beispielsweise christlichen, konkret z. B. katholischen Form, ohne dabei „katholisch" zu werden.

2   Vgl. Langenhorst in Burrichter, Langenhorst & von Stosch (2015), S. 89

3   Vgl. Sajak (2018), S. 10, so bezieht sich dementsprechend auch eine Vielzahl an Modellen und Konzepten, aber auch Forschungsarbeiten auf den schulischen Kontext

4   vgl. Bloch (2018), S. 36

5   Spätestens seit dem 11. September 2001 ist Religion mit brachialer Gewalt in den örtlichen Diskurs zurückgekehrt. Vgl. Sajak (2018), S. 9, vgl. von Stosch (2012), S. 9f. beschreibt beispielsweise, dass Muslim:innen im Westen seither ständig damit beschäftigt seien, sich vom Terrorismus abzugrenzen und als verfassungstreue Staatsbürger:innen zu erweisen,

neben vordergründig der religiösen Ebene auch deren Subsysteme wie Kunst, Literatur, Gesellschaft und Politik.[6]

> Entsprechend sind interreligiöses Lernen, interreligiöse Verständigung und interreligiöser Dialog auf der lokalen, regionalen wie globalen Ebene ein wichtiger Baustein, um an einer besseren Verständigung und einem friedlicheren Miteinander von Menschen heute mitzuwirken.[7]

Sowohl die Relevanz als auch Breite interreligiösen Lernens wird versucht im zugrundeliegenden Kapitel darzustellen, damit davon ausgehend Möglichkeiten und Grenzen der Förderung von Empathie und Perspektivenwechsel in den folgenden Kapiteln nachvollziehbar eingeordnet werden können. Aus diesem Grund ergibt sich folgender Aufbau:

Das Kapitel wird mit einer Verortung des interreligiösen Lernens in der Disziplin der Religionspädagogik einleiten (2.2), worauf folgend Grundbegriffe, die im Bereich des interreligiösen Lernens zentral erscheinen, erläutert werden (2.3). Ein historischer Abriss des interreligiösen Lernens wird im Folgenden dargestellt (2.4), um im darauffolgenden Kapitel durch spezifisch ausgewählte Ansätze konkreter Entwicklungslinien aufzuzeigen, wie sich interreligiöses Lernen in seiner religionspädagogischen Herangehensweise von einem religionskundlichen zu einem gegenwärtig subjektorientierten Ansatz entwickelt hat (2.5), woraus sich auch eine veränderte Relevanz für interreligiöse Kompetenzen wie Empathie und Perspektivenwechsel ableiten lässt. Entsprechende Entwicklungslinien benötigen jedoch auch religionspädagogische und -didaktische Konkretisierungen. So werden im Folgenden didaktische

---

Katholik:innen durch die Missbrauchsskandale an Glaubwürdigkeit verloren hätten und das Judentum stets mit dem Staat Israel eng identifiziert würde.

6 Vgl. Schambeck (2013), S. 178 und Willems (2011), S. 166 verweisen in ihren interreligiösen Kompetenzmodellen auf die Relevanz der Bildung über Subsysteme interreligiöser Bildung. So kann es in den ersten Schritten einer interreligiösen Begegnung helfen, Anknüpfungspunkte über Themenbereiche wie Kunst, Literatur oder Musik (insbesondere im Zusammenhang mit Religion) zu ziehen. Das Wissen über kulturelle oder politische Gegebenheiten kann den Perspektivenwechsel erleichtern und ermöglichen, zu verstehen, warum kritische Situationen in einem interreligiösen Dialog entstehen und wodurch sie begründet sind. Dieses Hintergrundwissen kann dementsprechend dabei helfen, kritische Momente im Dialog gezielt zu erfragen und ggf. aufzulösen. Damit geht ein Kompetenzerwerb der eigenen Empathiefähigkeit, des Perspektivenwechsel und der allgemeinen Professionalisierung im interreligiösen Dialog einher.; Halbfas schreibt bereits in seinem Werk „Fundamentalkatechetik" im Jahr 1968, S. 244 wörtlich: *„Viele politische Komplikationen resultieren aus schuldhafter Fremdheit voreinander. Die Situation der Entwicklungsländer wird oft verkannt, weil man viele Probleme nur auf dem Hintergrund ihrer religiösen Infrastruktur verstehen kann"*

7 Sajak (2018), S. 9

(2.6) und methodische (2.7) Ansätze sowie Inhalte (2.8) vorgestellt, die in Auswahl hinsichtlich des Forschungsinteresses vertiefend dargestellt werden (2.9). Vor dem Hintergrund der Förderung von Empathie und Perspektivenwechsel in interreligiösen Begegnungen ergibt es Sinn, unterschiedliche Kompetenz(-modelle) zu sichten, welche er-, und geforderte Fähigkeiten und Fertigkeiten von Lernenden im interreligiösen Lernen systematisch darstellen (2.10). Hier werden insbesondere die Modelle von Joachim Willems (2011) und Mirjam Schambeck (2013) in einen Vergleich hinsichtlich des Forschungsanliegens miteinander gestellt. Es schließt sich ein schulstufenspezifischer Blick auf didaktische und methodische Möglichkeiten im Primarstufenbereich (2.11) an. Auch wenn die Komparative Theologie bislang noch keine religionspädagogische Konkretisierungen hinsichtlich eines Kompetenzmodelles entworfen hat, so erweist sie sich doch in einzelnen Elementen als anschlussfähig an religionspädagogische Forderungen für die Praxis, auch (!) für den Primarbereich sowie für das zugrundeliegende Bildungsprogramm der „Kinderakademie – Weltreligionen im Dialog".[8] Das Kapitel (2.12) wird zum einen das Programm Komparativer Theologie, bestehend aus Grundhaltungen, methodischen Grundsätzen und Zielen, skizzierend vorstellen und diese zum anderen aus religionspädagogischer Perspektive in Grundzügen beleuchten. Mit ausgewählten Grenzen und Herausforderungen interreligiösen Lernens (2.13) wird der Versuch unternommen, die zuvor überwiegend aufgeführten Chancen in einen realistischen Rahmen des Möglichen zu verorten. Durch die allgemein formulierten Ziele interreligiösen Lernens (2.14) sollen abschließend Vorteile und Relevanz interreligiösen Lernens für die Gesellschaft aufgezeigt werden. Das Kapitel schließt pointierend mit einer Zusammenfassung wichtiger Erkenntnisse (2.15).

Aus dem gewählten Aufbau des vorliegenden Kapitels wird erkennbar, dass dieses zunächst inhaltlich breit angelegt ist, um in den Rahmen des vorliegenden Forschungsprojektes angemessen und grundlegend hineinführen zu können. Somit ist die Intention des Kapitels, dass diese als eine grundlegende inhaltliche Einführung in den Kontext interreligiösen Lernens, in welchem das Forschungsinteresse angesiedelt ist, verstanden wird.

---

8   Vgl. Boehme (2023), S. 261, vgl. Karl Ernst Nipkow in Schreiner et al. (2005), S. 364 beschreibt übrigens bereits 2005 Zielbestimmungen interreligiösen Lernens, die inhaltlich denen der Komparativen Theologie ähneln und welche erst 2012 vordergründig durch Klaus von Stosch in den deutschsprachigen Kontext Einzug fanden. Komparative Theologie beinhaltet somit nicht nur systematisch theologisch relevante Aspekte, sondern verfolgt auch religionspädagogische Zielbestimmungen. Nähere Ausführungen dazu in Kapitel 2.12.5. *Komparative Theologie in religionspädagogischer Perspektive*

2.2   Interreligiöses Lernen – Eine Verortung in der Religionspädagogik

Interreligiöses Lernen wird heutzutage als ein wichtiges Element religiöser Bildung verstanden, dessen Relevanz durch die zunehmende religiöse Pluralität in unserer Gesellschaft weiter steigt.[9] Darin ist sich die Forschung weitestgehend einig. So erläutert auch der Religionspädagoge Friedrich Schweitzer, dass die Bedeutung interreligiösen Lernens inzwischen weithin in der religionspädagogischen Theorie und Praxis akzeptiert ist.[10] Georg Langenhorst weitet aus, dass Interreligiöses Lernen nun ein fester Bestandteil innerhalb der Religionspädagogik und Religionsdidaktik, in Lehr- und Bildungsplänen sowie in den Schulbüchern etabliert sei.[11] Und Friedrich Schweitzer ergänzt verstärkend hinsichtlich religionspädagogischer Kompetenzmodelle und kirchlicher Stellungnahmen, dass interreligiöse Bildung nun sogar im religionspädagogischen Bewusstsein fest verankert sei.[12]

Eine einheitliche Definition interreligiösen Lernens gibt es nicht. Karlo Meyer erarbeitet in seinen *Grundlagen interreligiösen Lernens* (2019) eine Definition, welche er in einen weiteren und einen engeren Sinn interreligiösen Lernens unterscheidet. Diese Unterscheidung in „Sinnrichtungen" interreligiösen Lernens ist in der namentlichen Begriffsverwendung des prominenten Definitionsansatzes Stephan Leimgrubers bekannt[13], obgleich die Begriffsverwendung beider nicht deckungsgleich zu verstehen ist. Nach Meyer sei unter interreligiösem Lernen im weiteren Sinne eine Kompetenzentwicklung in religiösen Belangen zu verstehen, die darauf zurückzuführen sei, dass die Lernenden Sachverhalte, Fragen und Zusammenhänge in eigene Denk- und

---

9   Vgl. Unser in Schambeck, Riegel (2018), S. 270 bezieht sich dabei auch etwa auf Autor:innen wie Friedrich Schweitzer (2014), S. 33f., Mirjam Schambeck (2013), S. 13ff.

10   Vgl. Schweitzer et al. (2017), S. 43

11   Vgl. Langenhorst (2015), S. 90

12   Vgl. Schweitzer (2014), S. 149f. Schweitzer verweist dabei exemplarisch auf die Modelle der EKD (2010) und des Comenius Instituts (2006)

13   Die Definition des Religionspädagogen Stephan Leimgruber (2007) ist eine oft zitierte. Vgl. Leimgruber (2007), S. 20f.: *„Zum allgemeinen interreligiösen Lernen in einem weiteren Sinne gehören alle (direkten und indirekten) Wahrnehmungen, die eine Religion und deren Angehörige betreffen, die verarbeitet und in das eigene Bewusstsein aufgenommen werden. [...] Interreligiöses Lernen im engeren Sinne geschieht in der Konvivenz von Angehörigen verschiedener Religionen und durch das Gespräch in direkten Begegnungen."* Leimgrubers Definitionsansatz sieht insbesondere in der personalen Begegnung das interreligiöse Lernen im eigentlichen, im engeren Sinne. Die vorliegende Arbeit weitet dieses Verständnis auch auf weitere Begegnungsdimensionen (s. Kapitel 2.9.1 *Interreligiöses Begegnungslernen*) aus. vgl. Definitionsansatz hier zugrundeliegend nach Karlo Meyer (2019), S. 69f. Darüber hinaus bezieht die Promotionsarbeit auch weitere nicht-religiöse Personengruppen mit ein.

Handlungsoptionen integrieren, deren religiöser Hintergrund anders als der eigene konstituiert sei.[14] Demnach kann sich interreligiöses Lernen überall, nicht nur im schulischen Kontext, vollziehen, u. a. durch Gespräche mit Andersgläubigen, während des Nachrichtenhörens, durch den Erwerb von Wissen, welches Zusammenhänge von religiösen Traditionen verdeutlicht. Unter interreligiösem Lernen im engeren Sinne versteht Meyer intentional gesteuerte pädagogische Prozesse. In diesen werden Begegnungsräume mit religiösen Zeugnissen eröffnet, deren religiöser Hintergrund anders als der der Lernenden konstituiert sei und die darauf angelegt seien, auf einer konstruktiven Auseinandersetzung und in Achtung vor den anderen religiöse Kompetenzen weiterzuentwickeln.[15] In diesen angeleiteten und begleiteten pädagogischen Lernprozessen werden feste Begegnungsräume und Begegnungszeiten mit religiösen Zeugnissen eröffnet. Das können u. a. Statements von Personen, religiös-kulturelle Artefakte und Texte sein.[16] In einem weiteren Schritt kann m. E. die Definition nach Meyer weitergedacht werden, indem stärkere Überlegungen dazu vorgenommen werden, welche Rolle die sogenannten Nicht-Religiösen im interreligiösen Lernen einnehmen.[17] In einer Zeit zunehmender Säkularisierung sollte der Begriff des interreligiösen Lernens auch für weitere Weltsichten religionspädagogisch deutlicher aufbereitet und zugänglich gemacht werden.

Interreligiöses Lernen findet dabei vor allem im schulischen Kontext statt. Auch wenn es einzelne Initiativen und Projekte gebe, interreligiöses Lernen auch an anderen Lernorten zu initiieren, z. B. im Bereich der Jugendarbeit oder der Erwachsenenbildung, so würden sich die meisten Konzepte und Modelle, auch die überwiegende Zahl der Forschungsarbeiten, auf den Lernort Schule beziehen, so Clauß Peter Sajak.[18]

Das belegt unter anderem auch ein Blick in die Historie, in der bereits in den 1960er und besonders ab den 1970er eine Vielzahl an Schulliteratur entstand.[19] Ebenso wird der Blick in die Historie interreligiösen Lernens zeigen, dass sich die Entwicklung von „dogmatischen Erschließungen der verschiedenen religiösen Traditionen"[20] aus der sogenannten *Weltreligionendidaktik* hin zu Begegnung, einem Kennenlernen gelebter (religiöser) Alltagspraxis, entwickelt

14   Vgl. Meyer (2019), S. 66
15   Vgl. Meyer (2019), S. 69
16   Vgl. Meyer (2019), S. 69f.
17   Vgl. Katja Boehme (2023) geht jüngst Überlegungen mit Grundlegungen einer fächer-
      kooperierenden Didaktik von Weltsichten in diese Richtung vor.
18   Vgl. Sajak (2018), S. 10
19   S. dazu die Kapitel *2.4 Die historische Einordnung und Entwicklung interreligiösen Lernens*
20   Schweitzer et al. (2017), S. 45

hat.[21] So wird die herkömmliche Darstellung des Themas „Weltreligionen" im Unterricht heutzutage nun als unzureichend angesehen, weil er zu wenig auf dialogische Aufgaben eingestellt und somit auch schwierig auf eine inzwischen vorfindbare Multikulturalität und Multireligiosität vorbereiten kann.[22] Dennoch zielt interreligiöses Lernen in der Praxis heute im Religionsunterricht in der Regel immer noch vielfach darauf ab, einzelne Wissensbestände im Unterricht zu erlernen.[23] Dies belegen, so Meyer und Tautz, durchaus profunde gestaltete Schulbücher und Arbeitshefte. Sie erwähnen, dass ebenso stärker dialogisch-existentielle Vorschläge, am Umgangstraining ausgerichtete oder auf religionspolitisches Engagement zielende Ansätze auch die Vielfalt unter und innerhalb von Schulbüchern erhöhen könne.[24]

So sind es vor allem die Veränderungen in der Gesellschaft, die zu einem Wandel im Bewusstsein geführt haben bzw. stets führen.[25]

> Erschien interreligiöses Lernen noch vor wenigen Jahren eher als ein zwar innovativer, aber in seiner   Akzeptanz und Realisierung doch noch sehr begrenzter Ansatz […], so leuchtet nun allgemein ein, dass eine religiös und weltanschaulich plurale Gesellschaft interreligiöse Bildung zu einer Pflichtaufgabe werden lässt, eben im Namen der Pluralitätsfähigkeit – verstanden als Bildungsziel für Schule und Religionsunterricht.[26]

Demnach hat sich interreligiöses Lernen aus einem Konzept herausgebildet, welches erfahrungsbezogen und aus der Praxis erwachsen ist und welches auf die veränderte Situation in Schule und Gesellschaft reagiert. Die wachsende Multireligiosität der Gesellschaft machte sich vergleichsweise relativ schnell in der Präsenz unterschiedlicher Religionszugehörigkeiten an der Schule bemerkbar, woraufhin pragmatische Initiativen vor Ort gegründet wurden, welche so gesehen aus Alltagserfahrungen und praktischen Projekten bestanden. Dabei

---

21   S. dazu die Kapitel 2.4. *Die historische Einordnung und Entwicklung interreligiösen Lernens* und *2.5 Zentrale Entwicklungslinien interreligiösen Lernens*

22   Vgl. Schweitzer et al. (2017), S. 43

23   Vgl. Bloch (2018), S. 38 fragt diesbezüglich kritisch „*Denn wie ist es zu erklären, dass die wissenschaftlichen Ansätze interreligiösen Lernens längst die ausschließlich religionskundlich operierenden Konzepte verworfen haben, in der schulischen Praxis aber immer noch mehrheitlich auf die Weltreligionsdidaktik zurückgegriffen wird oder aber religionskundliche Kompendien vielfach Absatz finden? Die gesamte bildungstheoretische Landschaft hat sich längst für subjektorientierte Modelle entschieden, aber das Überbleibsel der Stofforientierung (die fünf Säulen des Islam, Aufbau der Tora, Götterwelt im Hinduismus etc.) aus vergangenen Zeiten ist weiterhin im RU präsent.*"

24   Vgl. Meyer & Tautz (2020), S. 11

25   Vgl. Schweitzer et al. (2017), S. 43

26   Schweitzer et al. (2017), S. 43

spielten auch Theorie und Wissenschaft eine Rolle, zunächst jedoch stand das praktische Engagement zugunsten von Frieden und Toleranz im Vordergrund. Und spätestens nach dem 11. September 2001 und der damit einhergehenden Erkenntnis, dass auch die multireligiöse Situation in Deutschland Spannungen, Aggressionen und Gewalt in sich trägt, ist es auch für die Politik ein wichtiges Anliegen geworden, dass der Religionsunterricht ein Zusammenleben in Frieden fördern soll.[27] Interreligiöse Fragen gewannen an neuer Relevanz, insbesondere diese, welche sich in Richtung eines britischen Modells, eines sogenannten Multi-Faith-Religionsunterrichts, orientierten. Besonders intensive Bemühungen sind dabei in der Stadt Hamburg durch den Hamburger Weg, den sogenannten „Religionsunterricht für alle", unternommen worden.

Neben sämtlichen bürokratischen und bildungspolitischen Hürden sind jedoch auch inhaltliche und strukturelle Fragen interreligiösen Lernens unzulänglich geklärt, insbesondere solche, die thematisieren, welche Folgen und Wirkungseffekte interreligiöses Lernen hat und wie sich ein solches Lernen erfolgreich gestalten lässt. Friedrich Schweitzer et al. resümieren hierzu, dass diese Fragen offen und wissenschaftlich noch zu wenig geklärt sind.[28]

Laut Joachim Willems ist die Anzahl der Aufsätze bis heute unüberschaubar geworden.[29] Georg Langenhorst bestätigt, dass zahlreiche Publikationen im Bereich des interreligiösen Lernens erschienen seien. Er verweist dabei auf Handbücher, Einführungen, Buchreihen, eine ständig wachsende Zahl von Dissertationen zu einzelnen Aspekten und eine, so Langenhorst, wahre Schwemme von Lernhilfen für die Schule und Gemeindearbeit, aber auch von Einzelaufsätzen zu den Beziehungen vom Christentum zu den einzelnen Hochreligionen[30]. Darüber hinaus sind ebenso neuerdings Publikationen zur Rolle

---

27 Vgl. Schweitzer et al. (2017), S. 43
28 Vgl. Schweitzer et al. (2017), S. 44
29 Vgl. Willems (2011), S. 112 verweist im Folgenden auf Autoren wie Ziebertz/Leimgruber (2003), Schweitzer (2002), Nipkow (2005). Ziebertz, Nipkow und Leimgruber ebneten mit ihren Literaturen Grundlagen des gegenwärtigen Verständnisses interreligiösen Lernens, vgl. dazu auch beispielsweise Leimgruber, S. (2007). Aktuell sind darüber hinaus die Forschungen von Schweitzer et al. (2017) in dem Sammelband „Interreligiöses Lernen durch Perspektivenübernahme", in dem Ansätze eines neuen interreligiösen Kompetenzmodells empirisch in Berufsschulklassen untersucht werden.
30 Vgl. Langenhorst in Burrichter, Langenhorst & von Stosch (2015), S. 89, dabei verweist er u. a. exemplarisch auf Schreiner et al. (2005). *Handbuch interreligiöses Lernen.;* Haußmann & Lähnemann (2005). *Dein Glaube – mein Glaube. Interreligiöses Lernen in der Schule und Gemeinde.;* Dissertationen von u. a. Sajak (2005). *Das Fremde als Gabe begreifen. Auf dem Weg zu einer Didaktik der Religionen aus katholischer Perspektive.;* Tautz (2007). *Interreligiöses Lernen im Religionsunterricht. Menschen und Ethos im Islam und Christentum.;* Graßal (2013). *Wie Religion(en) lehren? Religiöse Bildung in*

und Professionalisierung der Lehrperson im Kontext Universität und Schule erschienen.[31] Der Begriff des interreligiösen Lernens erscheint als *„geflügeltes Wort"*[32] in diversen Veröffentlichungen und schulischen Kerncurricula.[33] Die Publikationen stehen dabei oft unverbunden nebeneinander, eine Systematisierung dessen wäre sinnvoll.

Und obwohl die Notwendigkeit des interreligiösen Lernens für viele mittlerweile selbstverständlich ist[34], so ist doch häufig profunde Literatur für die Praxis und für die konkrete Umsetzung religionspädagogischer Ansätze dürftig vorhanden[35] bzw. erscheinen als religionskundliche Unterrichtseinheiten, die das Judentum oder den Islam als „systematisches Ganzes" vorzustellen versuchen.

Insgesamt, so resümiert Friedrich Schweitzer, steht innerhalb der Religionspädagogik bislang die Ausarbeitung von theoretischen Konzeptionen im Vordergrund, weniger aber von empirischen Zugängen.[36] Ähnlich argumentiert auch Alexander Unser in seiner Zusammenfassung vorliegender Studien zum interreligiösen Lernen, dass es eine Vielzahl an didaktischer Entwürfe über die letzten Jahrzehnte gab, hingegen kaum Studien zur Wirksamkeit interreligiöser Lernprozesse.[37]

Ebenso Karlo Meyer und Monika Tautz halten fest, dass derzeitige religionsdidaktische Konzepte einen Konsens darüber vermissen lassen, wie der Umgang mit dem religiös Anderen theologisch und bildungstheoretisch zu denken sei. Erste Klärungen theoretischer Grundlagen im Sinne fundamentaler Didaktik[38] liegen vor, eine Diskussion dazu müsse sich allerdings noch

---

deutschen religionspädagogischen Konzeptionen im Licht der Pluralistischen Religionstheologie von John Hick.; Lernhilfen von Meyer (2008). *Weltreligionen. Kopiervorlage für die Sekundarstufe 1.*

31   Vgl. dazu exemplarisch die Dissertationsschrift von Alina Bloch (2018) zur universitären Religionslehrer:innenausbildung im Bereich des interreligiösen Lernens oder die empirische Untersuchung von Martina Kraml et al. (2020) über die interreligiöse Kooperation in der Ausbildung von Religionslehrkräften an der Universität Innsbruck mit dem Fokus auf dort auftretende Spannungsfelder und Konfliktherde. Ebenfalls kann verwiesen werden auf die Dissertationsschrift von Christian Ratzke, welcher eine empirisch-explorative Studie zum Potenzial interreligiöser Kompetenzentwicklung in der Ausbildung von Ethik- und Religionslehrer:innen durchführt.

32   Bloch (2018), S. 35

33   Vgl. Bloch (2018), S. 35

34   Vgl. Kraml & Sejdini (2018), S. 9

35   Vgl. Eisenhardt, Kürzinger, Naurath, Pohl-Patalong (2019), S. 20

36   Vgl. Schweitzer et al. (2017), S. 44

37   Vgl. Unser in Schambeck, Riegel (2018), S. 270

38   Meyer und Tautz verweisen dabei auf die Ergebnisse von Altmeyer & Tautz (2015) und Meyer (2019), vgl. Schweitzer & Ulfat (2022)

entwickeln.[39] In Bezug auf konzeptuelle Modelle interreligiösen Lernens lassen sich sehr unterschiedliche Ansätze aus den letzten Jahren vorfinden[40], erweiterte Implementierungen in Kernlehrplänen stehen bisher allerdings noch aus. Die Implementierung einer angemessenen „religionspädagogischen bzw. religionsdidaktischen Lösung" interreligiösen Lernens in den schulischen Kontext scheint bislang schwierig und strukturell unübersichtlich.

Auf den Punkt gebracht:

Interreligiöses Lernen ist – in Bezug auf die religionspädagogische Geschichte – in der religionspädagogischen Debatte ein relativ junger Begriff, der disparat ausgelegt bzw. verwendet wird. Um die Absicht zu beschreiben, wird dabei oft der Definitionsansatz nach Stephan Leimgruber oder Karlo Meyer verwendet, welche interreligiöses Lernen im engeren und weiteren Sinne unterscheiden. Im Allgemeinen geht die Vielfalt an Definitionsansätze auch auf die unterschiedlichen Entwicklungslinien zurück, die in ihren pädagogischen, theologischen und konfessorischen Prioritäten je unterschiedlich gewichtet sind. Hierbei lässt sich jedoch eine Entwicklung von den Inhalten zu den lernenden Subjekten konstatieren.

2.3   Grundbegriffe

Um interreligiöse Lern- und Begegnungsprozesse vollziehen zu können, ist es sinnvoll, wichtige Grundbegriffe und grundlegende (inter-)religiöse Lernprozesse zu kennen. Im Folgenden werden daher nun ausgewählte Begriffe einführend erläutert. Es handelt sich dabei um Begriffe bzw. um Inhalte, welche im Kontext interreligiösen (Begegnungs-)Lernens zentral sind.

2.3.1   *Interreligiöses Lernen*

> Lernen bezeichnet die Entstehung oder Aneignung von etwas Neuem in unserem Wissen und dessen Verbindung mit eigenen Werten und Emotionen. Entweder erhalten wir neues Wissen oder wir strukturieren vorhandenes Wissen um.[41]

---

39   Vgl. Meyer & Tautz (2020), S. 12
40   Vgl. dazu dominierend Willems (2011), Schambeck (2013)
41   Rötting in Bertels et al. (2013), S. 38

Bezeichnend für das interreligiöse Lernen ist das Präfix „inter", welches für „zwischen, inmitten, unter" steht und meint, dass zwischen Angehörigen verschiedener religiöser (und m. E. nicht-religiöser) Hintergründe gelernt wird. Das „inter" verdeutlicht den Erkenntnisgewinn, der sich im Lernprozess zwischen dem Hin und Her[42] unter den Lernenden ereignet. Das „inter" ist somit eine Betonung des Austausches, der Begegnung und der sozialen Verständigung zwischen Menschen.[43]

Unter dem Lernbegriff versteht man in der Lernpsychologie die „überdauernde Änderung im Verhaltenspotential als Folge von Erfahrungen"[44]. Dabei sind zwei Momente essentiell: zum einen die „Bedeutung von Informationsverarbeitung"[45] und zum anderen der „Wissensaufbau bei der Gewinnung von Erfahrungen"[46]. Überträgt man beide Momente nun auf den Kontext interreligiösen Lernens, so wird klar, dass es sich um einen Lernprozess handelt, der „von Menschen mit und über Menschen anderer Religionen zum einen um den *Aufbau von Wissen* über den fremden Glauben und die andere Weltanschauung gehen muss, zum anderen aber eben auch um *die Erfahrung der Begegnung mit Andersgläubigen*"[47]. Interreligiöses Lernen kann also weder auf religionskundlichen Unterricht, also einen Unterricht, in dem Sachwissen über verschiedene Religionen vermittelt wird, verzichten, noch auf konkrete Begegnungen mit Menschen durch beispielsweise Exkursionen, fächerverbindende Projekte oder Vorträge durch Angehörige der jeweiligen Religion.[48] Damit wird deutlich, dass sowohl ein kognitiver als auch emotionaler Lernzugang im interreligiösen Lernen notwendig ist.[49]

2.3.2   *Multi-, und intrareligiöses Lernen*
Multireligiöses Lernen
Das Präfix „multi" gibt den Verweis auf eine quantitative Vielfalt der Religionen.[50] In der Religionspädagogik wird der Fachterminus oft im Kontext eines stark religionskundlich bzw. religionswissenschaftlich orientierten

---

42   Vgl. Leimgruber (2007), S. 19
43   Vgl. Tautz (2007), S. 36
44   Vgl. Hasselhorn & Gold (2017), S. 64
45   Sajak (2018), S. 23
46   Sajak (2018), S. 23
47   Sajak (2018), S. 24
48   Vgl. Sajak (2018), S. 24
49   Vgl. Neurath (2023), S. 159
50   Vgl. Tautz (2007), S. 36

Unterrichtskonzepts verwendet.[51] Nach Alexandra Wehry wolle interreligiöses Lernen gemeinsam mit anderen Religionen Antworten auf religiöse Fragen finden. Eine multireligiöse Erziehung dagegen gehe davon aus, dass die einzelnen Religionen je für sich eine Antwort finden.[52]

Intrareligiöses Lernen
Das Präfix „intra" bedeutet „innerhalb" und meint im intrareligiösen Lernen einen Lernprozess, der sich auf die eigene Person, eigene Gruppe oder die eigene religiöse Tradition beziehen kann. Oft wird der Begriff des intrareligiösen Lernens verwendet, wenn es darum geht, im Rahmen des interreligiösen Lernprozesses – der vom Eigenen zum anderen und zurück zum Eigenen sich kehrt – die Position des Eigenen zu reflektieren. In der Religionspädagogik ist mit dem Fachterminus oft das Lernen in der eigenen religiösen Gemeinschaft gemeint.[53]

2.3.3   *Interreligiöse Lernprozesse*

> Das Eintreten in die Welt der anderen Religion und das Heimkommen ins Eigene sind die Grundbewegung des interreligiösen Lernprozesses.[54]

Im Folgenden wird das Modell interreligiöser Lernprozesse nach Martin Rötting skizziert. Das Modell zeigt exemplarisch auf, welche Phasen durchlaufen werden können, in denen interreligiöse Lernprozesse angeregt werden. Das Modell bezieht sich nicht ausschließlich auf den schulischen Kontext. Daher wäre m. E. eine grundschulspezifische Einschätzung einer realistischen Zielformulierung, den Fokus insbesondere auf die Stufen 1–6 zu legen und sich diesen Voraussetzungen als Lehrperson bewusst zu sein bzw. Voraussetzungen für den Lernprozess der Lernenden bewusst zu initiieren.

Die dargestellten Phasen sind eine Orientierung und können keinen Anspruch auf die Generalisierung aller Lernprozesse der Lernenden erheben. Somit muss dabei stets berücksichtigt werden, dass es sich um normative Zuordnungen handelt, die in ihrer Aussagekräftigkeit Grenzen haben und gleichzeitig jedoch als eine Orientierung durchaus zielführend sein können.

In diesem Modell zeigt sich gut, welche Phasen durchlaufen werden, um interreligiöses Lernen vollziehen zu können. Die Darstellung des Prozesses,

---

51   Vgl. Danzl in Kraml & Sejdini (2018), S. 36, 37, 46, Global wird der Begriff des „Multifaith Religious Education" different konnotiert, vgl. Danzl in Kraml & Sejdini (2018), S. 36f.
52   Vgl. Wehry (2007), S. 17
53   Vgl. Rötting in Bertels et al. (2013), S. 45, vgl. Sajak (2010), S. 12f.
54   Rötting in Bertels et al. (2013), S. 39

insbesondere die Bewegung vom Eigenen zum Anderen und zum Eigenen wieder zurück ist als grundlegendes Wissen für das vorliegende Forschungsinteresse relevant und hilfreich, um an Konzepten von Empathie und Perspektivenwechsel anknüpfen zu können.

Nach Rötting vollzieht sich nach unterschiedlicher individueller Weise, aber doch konstant, ein Vierschritt aus: 1) Wissenszuwachs: „Wir erfahren etwas", 2) Reflexion des Erfahrenen, 3) Vergleich mit vorhandenen Kategorien und Konzepten, 4) mit diesem Wissen aktiv in neue Erfahrungen gehen. Die Einzelnen bringen je die eigene Geschichte, Sozialisation, Prägung und Glauben mit hinein.[55]

1) Verwurzelung
Die erste Phase beschreibt das Hineinwachsen in die eigene Tradition und religiöse Umwelt. Dies kann muss allerdings nicht eine spezielle religiöse Prägung sein und kann säkulare oder multikulturelle Bezüge aufweisen.

2) Bewusstwerden
In der zweiten Phase ändert sich das Verhältnis zur anderen Religion, das beispielsweise durch ein bestimmtes Erlebnis ausgelöst wird. In religiös pluralen Gesellschaften können Phase 1 und 2 zusammenfallen, z. B. dann, wenn die eigene Religion in der Begegnung mit anderen relevant wird.

3) Anfrage
Zur Anfrage wird nach Rötting dann eine Begegnung, wenn eine tiefergehende Beschäftigung mit einem Thema oder Fragestellung erfolgt. Dies leitet den Lernprozess im engeren Sinne ein, denn die Themen- oder Fragestellung wird im Vergleich zum Eigenen heraus reflektiert. Unterschiede tiefer erfassen zu können, erfordert, sich der Religion zu öffnen, z. B. wenn die islamische Gebetspraxis, welche bei einem muslimischen Freund beobachtet wird, die eigene Gebetspraxis vor diesem Hintergrund neu hinterfragt. „Über und durch Differenzierung entsteht Beziehung."[56]

4) Öffnung
Räume (mit entsprechenden Anlässen), die einen emotionalen und praktischen Zugang erlauben, müssen initiiert werden, in welchem die Anfrage vertieft werden kann.[57] Es bedarf nun der aktiven Suche nach Gelegenheiten des Austausches, um sich mit der Anfrage auseinanderzusetzen. Durch die

---

55   Vgl. Rötting in Bertels et al. (2013), S. 39
56   Rötting in Bertels et al. (2013), S. 41
57   An dieser Stelle lassen sich m. E. sehr gut Verbindungen zu den, von Karlo Meyer benannten festen pädagogisch angeleiteten und begleiteten Begegnungsräume und

Entstehung einer Suchbewegung haben die Lernenden aktiv die Möglichkeit, sich zur anderen Religion hinzubewegen, z. B. wenn Christ:innen ein Interesse an Buddhismus und Meditation entwickeln, sich Literatur dazu suchen oder sich einer Meditationsgruppe anschließen.

5) Interreligiöser Dialog

Die Ausgangslage für einen interreligiösen Dialog, so wie er insbesondere in Phase 3 und 4 angebahnt wurde, unterstreicht das Grundinteresse und Motiv, sich der anderen Religion zu öffnen. Infolgedessen erfolgt eine gezielte und wiederholte Auseinandersetzung damit.

6) Anknüpfen 7) Vernetzen

Die Phase des Anknüpfens und Vernetzens beschreibt, dass der angestoßene Lernprozess auf ein bestimmtes Thema oder einen spezifischen Anknüpfungspunkt fokussiert wird. Dabei ist dies oft Gegenstand des Themenbereichs oder die Anfrage aus der dritten Phase. Das Anknüpfen wird durch die vorliegenden Phasen bereits vorbereitet. Durch das Anknüpfen wird der bisherige Lernprozess an die bisherigen Erfahrungen und an die neu auftretenden Aspekte im Dialog angeknüpft. Die Phase des Vernetzens beschreibt, dass nun Bedeutungszusammenhänge der eigenen und anderen Religion entstehen und darüber Erfahrungen und Inhalte erweitert und vertieft werden können. Die Wahrnehmung kann sich darüber verändern.

8) Transformation

In der achten Phase erfolgt eine Veränderung durch den bisher erfolgten Dialog, die Anknüpfung und Vernetzung. Die veränderte Wahrnehmung führt zu einer Veränderung des eigenen Verhaltens, z. B. indem der eigenen Gebetspraxis, durch die Auseinandersetzung mit der Gebetspraxis des muslimischen Freundes, mehr Achtsamkeit geschenkt wird.

9) Evaluation

Die neunte Phase beschreibt die Bewertung des eigenen Veränderungsprozesses, welcher oft unbewusst und implizit geschieht. Er ist Voraussetzung dafür, dass Gelerntes in die Glaubenswelt integriert werden kann. So wäre eine positive Evaluation, wenn die in Phase *8) Transformation* erfahrenen neuen Aspekte als Vertiefung und Erfahrung bezeichnet würden.

10) Intrareligiöser Dialog

Der intrareligiöse Dialog bezeichnet die Auseinandersetzung mit der eigenen religiösen Gemeinschaft. Das, was der:die Lernende bisher selbst als prägend und wertvoll erfahren hat, muss nach Rötting in Grundzügen auch von der

---

Begegnungszeiten mit religiösen Zeugnissen, ziehen, d. h. der Religionsunterricht kann das Potential dieser Phase im Besonderen nutzen. Vgl. Meyer (2019), S. 69f.

eigenen Gemeinschaft akzeptiert werden, damit es in der Transformation nicht zum Bruch kommt.

11) Verwurzelung

Gelingt der intrareligiöse Dialog, so findet der:die Lernende eine neue Verwurzelung. Falls Ablehnung innerhalb der eigenen Religionsgemeinschaft überwiegt, so kann es zu einer äußeren oder inneren Abspaltung kommen, die für den:die Lernenden eine große Belastung darstellt. Auch kann es zur Konversion führen (die auch ein Lernprozess ist, aber nicht Teil des interreligiösen Lernens).

Die neue Verwurzelung kann zweierlei bewirken:

> Zum einen wird die Erfahrung im Dialog für die eigene religiöse Identität bewusst, zum anderen wirkt sie über die Phase des intrareligiösen Dialogs hinaus auch als Impuls in die eigene Gemeinschaft. So verbinden sich Einzelerfahrungen im interreligiösen Lernen zu Dialogerfahrungen einer Gemeinschaft und, wenn man den Vernetzungsprozess weiterdenkt, werden Religionen zu Dialog-Religionen. Je deutlicher die Anknüpfungspunkte und Transformationsprozesse Einzelner im gesellschaftlichen Diskurs wiederzufinden sind, desto direkter lassen sich diese Vernetzungen nachweisen. Umgekehrt können auch gesellschaftliche Themen von religiösen Institutionen aufgegriffen und den Mitgliedern einer Religionsgemeinschaft über Dialogprojekte als Thema angeboten werden. Gelingt es so, Menschen Anknüpfungspunkte anzubieten, die auch ihre Anfragen aufgreifen und ansprechen, können Lernprozesse initiiert werden.[58]

Nach Rötting können sich Lernende zeitgleich in verschiedenen Phasen des Modells befinden, z. B. kann ein Aspekt bewusst werden und so eine neue Anfrage auslösen, während sich dahingehend andere Anfragen des interreligiösen Lernens bereits konkretere Anknüpfungs- und Vernetzungsbezüge hergestellt haben. Manche Aspekte können insbesondere intrareligiös relevant sein und gleichzeitig kann ein neuer Aspekt zur Anfrage werden.

> So entstehen im Laufe der Zeit über Anknüpfungspunkte Verstehens-Netze im Kontakt. Interreligiöses Lernen meint nicht unbedingt ein umfassendes Verstehen einer Religion – dies ist gar nicht möglich –, sondern ein Lernen an relevanten Punkten.[59]

2.3.4   *Interreligiöser Dialog*

Der interreligiöse Dialog gilt als eine praxisbezogene (Beziehungs-)Form der (non-)verbalen Kommunikation zwischen Ich und Gegenüber. Er ist somit eine dialogische Begegnungsform im interreligiösen Lernen, die hochkomplex

---

58   Rötting in Bertels et al. (2013), S. 46
59   Rötting in Bertels et al. (2013), S. 48

ist, da er mindestens motivationale, soziale, emotional-affektive, kommunikative, kognitive und partizipative Aspekte beinhaltet und daher in der konkreten Praxis oft unterschätzt wird.

Clauß Peter Sajak unterscheidet in drei Formen des (interreligiösen) Dialogs:

(1) Der Dialog als reziproke Kommunikation auf einer rein menschlichen Ebene
(2) Der Dialog als eine Haltung des Respekts und der Freundschaft
(3) Der interreligiöse Dialog im engen Sinne als eine konstruktive Beziehung und ernsthafte Beziehung zwischen Personen und Gemeinschaften anderen Glaubens verbunden mit dem Ziel sich einander verstehen und bereichern zu wollen.[60]

Reinhold Bernhardt (2005)[61] ergänzt dazu den Begriff des *interreligiösen Dialogs* um eine vierfache Bedeutungserweiterung:

1. Der interreligiöse Dialog bezieht sich nicht nur auf professionelle Fachgespräche, vielmehr auch auf Alltagsbegegnungen zwischen Personen unterschiedlicher Glaubenszugänge.

2. Der interreligiöse Dialog umfasst nicht nur sprachliche und schriftliche Mitteilungen, sondern auch „Kommunikationsformen der Lebenspraxis"[62], auch den Dialog im eigenen Inneren.

3. Der interreligiöse Dialog bezieht sich nicht nur auf den Vollzug eines inneren oder äußeren Dialogs, sondern auch auf die dazugehörige Motivation.

4. Der interreligiöse Dialog bezieht sich nicht nur auf die dialogische Haltung und die Beschreibung dialogischen Verhaltens, „sondern auch auf die Evokation einer solcherart dialogischen, d. h. vom Geist gegenseitigen Verstehen-Wollens getragenen Beziehungshaltung und – gestaltung"[63]

Monika Tautz greift Empathie durch Perspektivenwechsel als zentrales Element des interreligiösen Dialoges auf. So gehöre zum interreligiösen Dialog wesentlich hinzu, bewusst das Fundament des eigenen religiösen Glaubens zu

---

60 Vgl. Sajak (2018), S. 32
61 Vgl. Reinhold Bernhardt (2005), S. 27–31 beschreibt, dass der Begriff des *interreligiösen Dialogs* differenziert zu betrachten werden müsse – zum einen hinsichtlich seiner Realisierungsformen, zum anderen in Bezug auf die unterschiedlichen Ebene, auf denen sich das interreligiöse Begegnungsgeschehen abspiele. Beide Unterscheidungen würden sich überschneiden. Im Folgenden gibt er dazu anhand von Beispielen nähere Ausführungen.
62 Bernhardt (2005), S. 30
63 Bernhardt (2005), S. 30; Vgl. Bernhardt (2005), S. 30

entdecken und Glaubensgrundlagen des:der Dialogpartner:in nachvollziehen zu wollen.[64] Interreligiöses Lernen geschieht für sie im und am Dialog.[65]

Ansätze, die auf Empathie als Grundlage interreligiösen Lernens aufbauen, würden leicht dazu tendieren, einer symbiotischen Vereinnahmung zu erliegen, die vorhandene Differenzen leichtfertig überspiele. Für eine friedvolle Konvivenz in Schule und Gesellschaft sei aber auch die Fähigkeit wesentlich, Unterschiede wahrnehmen und respektieren zu können, so betont Katja Boehme.[66] Grundanliegen eines interreligiösen Dialoges ist somit nicht, gegenseitige Harmonisierungen zu unterstützen und Unterschiede zu negieren, sondern in konstruktiver, offener Kommunikation und neugieriger Haltung, Positionen und andere Haltungen auszutauschen, zu diskutieren und auszuhalten.

2.4   Die historische Einordnung und Entwicklung interreligiösen Lernens

Die historische Einordnung und Entwicklung des interreligiösen Lernens ist im Hinblick auf das Forschungsvorhaben relevant, da sich die Forschung interreligiöser Kompetenzen wie Empathie und Perspektivenwechsel, aus den bisherigen historischen Entwicklungen heraus entfaltet hat. Vor diesem Hintergrund ist es sinnvoll, die historische Entwicklung zu kennen.

Der Ansatz interreligiösen Lernens taucht erstmals Mitte des 20. Jahrhunderts auf. Gründe dafür sind zum einen das Ende der kolonialen Weltordnung und zum anderen der religionstheologische Paradigmenwechsel, welchen beide großen christlichen Kirchen in den 1960er vollzogen. Sowohl der Ökumenische Rat der Kirche auf der Vollversammlung in Neu-Delhi 1961 als auch die katholische Kirche 1965 auf dem II. Vatikanischen Konzil (Nostra Aetate)[67] legten zu dieser Zeit bereits Grundsteine zur Anerkennung und

---

64   Vgl. Tautz (2007), S. 89
65   Vgl. Meyer & Tautz (2020), S. 10
66   Vgl. Boehme in Fermor et al. (2022), S. 253
67   Vgl. dazu zitiert Stephan Leimgruber in seinem Aufsatz „Katholische Perspektiven zum interreligiösen Lernen: Konziliar und inklusivistisch in: *Handbuch Interreligiöses Lernen* (2005)" Auszüge aus den Abschnitten 1 und 2 der Nostra Aetate: *„In unserer Zeit, da sich das Menschengeschlecht von Tag zu Tag enger zusammenschließt und die Beziehungen unter den verschiedenen Völkern sich mehren, erwägt die Kirche mit umso größerer Aufmerksamkeit, in welchem Verhältnis sie zu den nicht christlichen Religionen steht. Gemäß ihrer Aufgabe, Einheit und Liebe unter den Menschen und damit auch unter den Völkern*

Wertschätzung nichtchristlicher Religionen für das interreligiöse Lernen auf religionspädagogischer Ebene sowie auch für seine Praxisform, den interreligiösen Dialog in religionstheologischen Zusammenhängen.[68]

In den 1960er Jahren begannen auf katholischer Seite erste Überlegungen zum interreligiösen Lernen durch Alfred Läpple und Fritz Bauer und deren Werk „Christus – die Wahrheit"[69] (1960).[70] Hier wurden einzelne Originaltexte der verschiedenen Religionen den Schüler:innen im Religionsunterricht zugänglich gemacht. Diese Form von Wertschätzung authentischer Zeugnisse war damals neu. Aus heutiger Sicht ist jedoch festzuhalten, dass die anderen Religionen in einem „apologetisch-kontrastierenden"[71] Blickwinkel wahrgenommen wurden. Mittels einer komparativen Vorgehensweise sollten „Charakteristika des Christentums unter Abgrenzung zum Fremden aufgeführt werden – ohne Rücksicht darauf, ob sich die vorgestellten Religionen angemessen repräsentiert fühlten"[72]. Der Vergleich wurde nicht selten so gezogen, dass eine christliche Perspektive auf andere Religionen eingenommen wurde, verbunden mit dem Ziel derer Abqualifizierung.[73] Mirjam Schambeck beschreibt, dass dieser Ansatz des komparativen Blickwinkels noch bis in den 1970ern in den Lehrbüchern zur Geltung kam.[74]

Neue Ansätze in den 1970er und 1980er Jahren
Einen Paradigmenwechsel stellte der sogenannte *religionskundliche Ansatz* dar, der, wie Schambeck beschreibt, mittels seiner phänomenologischen

---

zu fördern, fasst sie vor allem das ins Auge, was den Menschen gemeinsam ist und sie zur Gemeinschaft untereinander führt.
Deshalb mahnt sie ihre Söhne, dass sie mit Klugheit und Liebe, durch Gespräch und Zusammenarbeit mit den Bekennern anderer Religionen sowie durch ihr Zeugnis des christlichen Glaubens und Lebens jene geistlichen und sittlichen Güter und auch die sozial-kulturellen Werte, die sich bei ihnen finden, anerkennen, wahren und fördern.' (NA 1–2)"

68 Vgl. Sajak (2018), S. 53
69 Vgl. Läpple, A. & Bauer, F. (1960). *Christus – die Wahrheit. Lehrbuch für den katholischen Religionsunterricht.*
70 Vgl. Bloch (2018), S. 39
71 Schambeck (2013), S. 58
72 Bloch (2018), S. 39
73 Vgl. Schambeck (2013), S. 58, vgl. Bloch (2018), S. 39
74 Vgl. Schambeck (2013), S. 58 verweist unter anderem dabei auf die Werke von Helmut Angermeyer et al. (1975). *Weltmacht Islam.* und Herbert Schultze & Werner Trutwin (1973). *Weltreligionen – Weltprobleme,* Siehe auch vgl. Sajak (2005), S. 55 dieser verweist auf Trutwins Schulbuchwerke für die Sekundarstufe I „Zeit der Freude" (5./6.), „Wege des Glaubens" (7./8.) und „Zeichen der Hoffnung" (9./10.) und auch ein umfangreicher und anschaulicher Materialpool für die Sekundarstufe II liegen Trutwins Arbeit zugrunde.

Betrachtungsweise das Verbindende der Religionen hervorhebe.[75] Hier findet
ein Wechsel statt: Es geht nun weniger darum, andere Religionen im Vergleich
mit dem Christentum abzuqualifizieren bzw. in einen komparativen Kontext
zueinander zu stellen. Vielmehr geht es jetzt darum, einen Zugang zu finden
und Sachwissen über Religionen zu erwerben. Der religionskundliche Ansatz
verfolgt somit ein Lernen über Religionen aus einer vermeintlich neutralen
Perspektive über leicht zugängliche Medien, in der Regel durch Texte oder
Filme in Lehr- und Lernsituationen.[76] Besonders gut erkennbar wird das durch
die Arbeiten von Udo Tworuschka und Dietrich Zilleßen (1977)[77], in denen
es darum geht, Religionen, Gebräuche und Rituale kennenzulernen. Mirjam
Schambeck beschreibt, dass Zilleßen bereits hier fordere, dass Religionsunterricht in Bezug auf die verschiedenen Religionen von einem dialogischen
Modell geprägt sein müsse.[78]

Auf evangelischer Seite lassen sich erste fachdidaktische Diskurse zum interreligiösen Lernen im Kontext des sogenannten *Hermeneutischen Religionsunterrichts* verorten, der sich insbesondere durch eine „intensive Rückbindung
an die Erkenntnisse theologischer Forschung, vor allem im Bereich von Exegese
und biblischer Theologie"[79], auszeichnete. So hat insbesondere der Religions-
wissenschaftler Udo Tworuschka in den 1980er Jahren maßgeblich mit seiner
umfangreichen Materialsammlung für das interreligiöse Lernen im Religionsunterricht dazu beigetragen. Tworuschkas Ansatz ist, der Religionspädagogik
einen Zugang zu Weltreligionen auf religionswissenschaftlicher Basis zu
ermöglichen. Darüber hinaus geht es ihm um die Wahrnehmung „religiöser
Substanzen"[80] verschiedener Religionen. Folglich konzipiert er einen narrativen Ansatz, indem beispielsweise Geschichten Auskunft über das Wesen und
die Identität religiöser Gruppierungen geben.[81] Tworuschkas religionskundlicher Ansatz geht in die Didaktikgeschichte als ein Ansatz der sogenannten
Weltreligionendidaktik ein.

Neben diesem Ansatz machten auch die Arbeiten von Helmut Angermeyer
Anfang der 1970er Jahre einen Wandel von einer missionarischen zu einem
dialogisch orientierten Paradigma deutlich.[82] So erwähnt dieser, dass sich

---

75   Vgl. Schambeck (2013), S. 58
76   Vgl. Sajak (2018), S. 54
77   Vgl. Tworuschka & Zilleßen (1977). *Thema Weltreligionen.*
78   Vgl. Schambeck (2013), S. 58f.
79   Sajak (2018), S. 53
80   Sajak (2018), S. 54
81   Vgl. Sajak (2018), S. 54
82   Vgl. Lachmann, in Lachmann, R., Rothgangel, M. & Schröder, B. (2011), S. 32, Rainer
     Lachmann beschreibt Angermeyers Ansatz als einen ganzheitlichen Ansatz Religionen

durch die Auseinandersetzung mit anderen Religionen Rückfragen an den eigenen Glauben ergeben könnten.[83] Der Zuzug von Gastarbeiter:innen und deren Familien ab Mitte der 1970er Jahre setzt neue Akzente, und die sozial-orientierte Frage, die sich beispielsweise bei Johannes Lähnemann wieder-findet, rückt somit in den Fokus.[84]

Auf katholischer Seite gibt es seit Mitte der 1970er Jahre verschiedene Ansätze zum interreligiösen Lernen. Mirjam Schambeck beschreibt Hubertus Halbfas als maßgeblichen Wegbereiter des religionskundlichen Ansatzes.[85] Dieser geht in den 1980er Jahren stärker auf die Religionsgeschichte und damit auch einhergehende Mythen archaischer Religionen ein. Er arbeitet ver-stärkt an dem Ansatz, das Verbindende der Religionen sichtbar zu machen, durch das Fremde Eigenes besser verstehen zu können und die Religionen dadurch „in ihrer eigenen Denk-, Sprech- Quellentexten ‚zu Wort‘ kommen zu lassen."[86] Bilanzierend lässt sich für die 1970er und 1980er festhalten, dass nun die Auseinandersetzung mit anderen Religionen nicht mehr nur für die Oberstufe, sondern für alle Schulstufen als notwendig und methodisch mög-lich erachtet wird. Begründet wird die Notwendigkeit mit der einhergehenden Globalisierung der Gesellschaft. Primär geht es darum, junge Menschen für die Begegnung mit Menschen anderer Religionen dialogfähig zu machen und in der Begegnung den eigenen Glauben zu reflektieren.[87]

Der Begriff des „Interreligiösen Lernens" etabliert sich
Rainer Lachmann verweist auf die Wirkmächtigkeit des Begriffes „Inter-religiöses Lernen" ab den 1990er Jahren und reißt argumentierend auf Grund-lage von Hans-Georg Ziebertz, Johannes Lähnemann, Karl Ernst Nipkow und weiteren die Diskussion der definitorischen Begriffsunterscheidung von

---

     wahrzunehmen, um darüber im Austausch Neues und Eigenes neu kennenzulernen. Angermeyer bemühe sich darum *„die Auswahl dieser Inhalten, von den verschiedenen gesellschaftlichen Erfordernissen und polisitischen Realitäten, von den verschiedenen Voraussetzungen und Bedürfnissen auf Schülerseite sowie von den Anforderungen und Ansprüchen der zuständigen Fachwissenschaften Theologie und Religionswissenschaft her didaktisch zu begründen."* (S. 32)

83   Vgl. Angermeyer (1975), S. 9

84   Vgl. Aslan (2012) schreibt aus der Perspektive einer islamischen Religionspädagogik, dass Tworuschka und Lähnemann „höchst lobenswerte Bemühungen" (S. 10) unternommen haben hinsichtlich der religiösen Erziehung und Bildung muslimischer Kinder, welche als Lehrplanarbeiten Ende der 1980er Jahren in Bayern und Nordrhein-Westfalen ihren Niederschlag fanden.

85   Vgl. Schambeck (2013), S. 59

86   Schambeck (2013), S. 59

87   Vgl. Lachmann in Lachmann, R., Rothgangel, M. & Schröder, B. (2011), S. 35

„Weltreligionendidaktik" und „Interreligiöses Lernen" an. Somit entstand eine Diskussion um den Begriff des interreligiösen Lernens im deutschsprachigen Raum erst in den 1990er Jahren[88], aus der sich innerhalb einer kurzen Zeit eine Vielzahl an Ansätzen der katholischen und evangelischen Religionspädagogik entwickelte, auf die entsprechende Heterogenität zu reagieren.[89] Lachmann plädiert dabei dafür, inhaltlich keine klare Unterscheidung beider Begriffe zu fordern, da der Begriff der Weltreligionendidaktik als ein Bezugspunkt und Vorreiter Interreligiösen Lernens interpretiert werden könne.[90]

Eine weitere Bewegung lässt sich daran erkennen, dass der in erster Linie textlastigere, textbezogenere Ansatz des religionskundlichen Lernens durch das sogenannte *Begegnungslernen* ab den 1990er Jahren abgelöst wird.[91] Hier entsteht nun aus dem sachlichen Lernen *über* Religionen ein Lernen *mit* Religionen durch konkrete Begegnungen mit Menschen verschiedener religiöser Zugehörigkeiten, individuellen Charakteren in Schulbüchern, über Medien, an Zeugnissen etc.[92] Zu diesem Ansatz haben maßgeblich Entwürfe von Stephan Leimgruber, Folkert Rickerts, Hans-Georg Ziebertz und Karl Ernst Nipkow, Karlo Meyer, Clauß Peter Sajak und Katja Boehme zukunftsweisend beigetragen.

> Das Begegnungslernen, in welchem – angeregt durch gemeinsames Feiern religiöser Feste – zusammen im Dialog nach verbindenden Momenten der Religionen gesucht wurde, wird in dieser Phase besonders akzentuiert und soll die Sachinformationen zu den einzelnen Religionen sinnvoll ergänzen.[93]

Eine Inspiration für deutsche religionspädagogische Überlegungen für den Religionsunterricht stellte das britische Konzept ‚A Gift to the Child', ein Religionsunterricht für alle über alle Religionen bezüglich der „Reflektion zum Zusammenspiel von didaktischer Begründung, Erstellung von Unterrichtsmaterial und methodischer Herangehensweise"[94] dar. Insbesondere Karlo

---

88 Vgl. Willems (2011), S. 211 verweist darauf, dass vorliegende religionspädagogische Diskurse weitestgehend national begrenzt sind, jedoch wichtige Anstöße und Impulse des interreligiösen Lernens aus dem englischsprachigen Raum übernommen und implementiert wurden. Beispielhaft dafür sind etwa die Dissertationen von Hausmann (1993) und Meyer (1999) zu nennen.

89 Vgl. Willems (2011), S.112 verweist dabei auf die Arbeiten von u. a. van der Ven/Ziebertz (1994), Leimgruber (1995), Lähnemann (1998)

90 Vgl. Lachmann in Lachmann, R., Rothgangel, M. & Schröder, B. (2011), S. 37

91 Vgl. Schambeck (2013), S. 60

92 S. Kapitel 2.9.2 *Zeugnislernen*

93 Bloch (2018), S. 40

94 Meyer & Tautz (2020), S. 4

Meyer (1999)[95] und später auch Clauß Peter Sajak (2010)[96] sind dahingehend Pioniere für die Weiterentwicklung im deutschen Kontext.[97] Das daraus resultierende sogenannte *Zeugnislernen*[98] ist das „prägende Element"[99] und die Methode, auf die sich bereits unter anderem Johannes Lähnemann, Stephan Leimgruber und Werner Haußmann bezogen haben.[100]

Seit 2010 entwickeln sich orientiert an dem Ansatz des subjektorientierten Lernens und Lehrens zunehmend interreligiöse Kompetenzmodelle.[101] Der Begriff des interreligiösen Lernens steht inzwischen für „die Gesamtheit der einschlägigen interkulturellen und interreligiösen Bildungsvorgänge mit dem Fokus auf Schule, Religionsunterricht und Erwachsenenbildung"[102] und löst somit die Begriffe der Didaktik der Religionen und der Weltreligionen- oder Fremdreligionendidaktik ab.[103] Der besondere Charakter ergebe sich, so Karlo Meyer und Monika Tautz, aus Fragen und Phänomenen, die im Zuge der religiösen Pluralisierung in verschiedenen Lebenswelten der Schüler:innen entstanden seien.[104] Zusammenfassend lässt sich, ähnlich wie Mirjam Schambeck es proklamiert, eine Entwicklungslinie des interreligiösen Lernens von *Inhalten zu den Subjekten* konstatieren.[105]

> Ging es beim religionskundlichen Lernen um die Vermittlung grundsätzlicher Informationen über die nichtchristlichen Religionen, so verschob sich der Fokus beim intrareligiösen auf die Bedeutung fremder Glaubensvorstellungen für die eigene christliche Perspektive im konfessionellen Religionsunterricht. Nun

---

95 Meyer, K. (1999). *Zeugnisse fremder Religionen.* „Weltreligionen" im deutschen und englischen Religionsunterricht. Neukirchen-Vluyn: Neukirchener.

96 Sajak, C. P. (2010). *Das Fremde als Gabe begreifen. Auf dem Weg zu einer Didaktik der Religionen aus katholischer Perspektive* (2. Aufl.). Berlin: LIT. Die vorliegende Arbeit bezieht sich auf die zweite überarbeitete Auflage des Buches, erschienen in 2010. Die Erstauflage erschien 2005.

97 Vgl. Meyer & Tautz (2020), S. 5

98 S. Kapitel *2.9.2 Zeugnislernen*, Vgl. Sajak (2018), S. 61–64: „*Folglich entwickelt Meyer im weiteren Verlauf seiner Arbeit ein Konzept interreligiösen Lernens, das vor allem auf der Auseinandersetzung mit dem religiösen Gegenstand, Meyer nennt ihn [...] ‚Zeug[-]nis', um den Verweischarakter ‚auf das Heilige selbst hin' zu betonen, aufbaut.*" (S. 61)

99 Sajak (2018), S. 61

100 Vertiefende Ausführungen dazu sind zu finden in Kapitel *2.9.2 Zeugnislernen*

101 Zu nennen sind dabei beispielsweise Willems (2011), Sajak & Muth (2011), Schambeck (2013), Bernlochner (2013)

102 Leimgruber (2007), S. 23

103 Vgl. Meyer & Tautz (2020), S. 1

104 Vgl. Meyer & Tautz (2020), S. 1

105 Vgl. Schambeck (2013), S. 57, vgl. Sajak (2018), S. 65

richtet sich der Blick ganz auf die Kinder und Jugendlichen und ihre religiösen Lern- und Bildungsprozesse.[106]

Das bedeutet: Der religionskundliche Ansatz der Weltreligionendidaktik weicht einem Ansatz, der das lernende Subjekt in den Fokus stellt, wobei dies auch deutlich auf den erziehungswissenschaftlich-bildungstheoretischen Paradigmenwechsel zurückzuführen ist und kein Unikum ausschließlich im Bereich des interreligiösen Lernens darstellt.[107]

2.5   Zentrale Entwicklungslinien interreligiösen Lernens

Im Folgenden werden aktuelle und zentrale Entwicklungslinien im Kontext interreligiösen Lernens erläutert, welche die Genese und Entwicklung inter-religiösen Lernens zusätzlich verdeutlichen. Die Darstellung dessen ist rele-vant, um – wie bereits herausgestellt – die Verschiebung von einem reinen religionskundlichen Ansatz zum Begegnungslernen aufzuzeigen. Diese Ver-schiebung zu einem Begegnungslernen, welche in diesem Abschnitt deutlich wird, macht die Auseinandersetzung mit Kompetenzen wie Empathie und Perspektivenwechsel erforderlich und ist aus diesem Grund interessant für das vorliegende Forschungsprojekt. Die skizzierten Darstellungen einzelner Ent-wicklungslinien dieses Kapitels sollen zunächst grundlegend einführen und so dabei unterstützen, den Kontext angemessen verstehen und das Forschungs-vorhaben einordnen zu können.
   Die nun folgenden inhaltlichen Vorstellungen der einzelnen Ansätze zei-gen Schnittmengen untereinander auf und sind selbstverständlich nicht monolithisch getrennt nebeneinander zu denken. Gleichzeitig werden unter-schiedliche Schwerpunkte sichtbar; z. B. von der Positionierung der eigenen und der Beziehung zur anderen Religiosität sowie darüber hinaus anderer Weltanschauungen.

2.5.1   *Der doppelte Individuenrekurs nach Karlo Meyer*
Karlo Meyer entwickelte 1999 theoretische Grundlangen für didaktische Klärungsprozesse interreligiösen Lernens[108] sowie ab 2006 praktisches Mate-rial, wie beispielsweise das Kinderbuch *Wie ist das mit ... den Religionen?*

---

106   Sajak (2018), S. 65
107   Vgl. Bloch (2018), S. 41, vgl. Willems (2011), S. 208
108   Meyer, K. (1999). *Zeugnisse fremder Religionen.* „Weltreligionen" im deutschen und engli-schen Religionsunterricht. Neukirchen-Vluyn: Neukirchener.

(2007).[109] Darüber hinaus betont Meyer die pädagogische Notwendigkeit, sich mit den jeweiligen existenziellen Fragen der Religionen und den eigenen Sichtweisen von Schüler:innen zu befassen.[110] Diesen Ansatz baut Meyer somit in den 2000er Jahren mit Praxismaterial[111] und 2019 mit einer theoretischen Grundlegung[112] dessen aus. Sein Lehrmaterial basiert auf präsentierten Individuen, die in den Vordergrund des Unterrichts gestellt werden. So werden Kinder und Jugendliche hier zu Protagonist:innen, die zum einen für ihre Gemeinschaft vor Ort stehen, andererseits aber auch individuelle Religiosität verkörpern und somit für verschiedene Sichtweisen innerhalb einer Religion stehen, aber auch Anknüpfungs- und Reibungspunkte für Schüler:innen bieten.[113] Meyer versteht seinen Ansatz als *doppelten Individuenrekurs* (genauer: doppelten Indvidiuen-, Gebrauchs- und Beziehungsrekurs). Doppelt bedeutet, dass einerseits durch die vorgestellte Person im Lehrmaterial individuelle Ansichten, Beziehungs- und Gebrauchsweisen der Religionen präsentiert werden, andererseits tritt dem Gegenüber die einzelne Schülerin oder der einzelne Schüler mit seiner individuellen Auffassung präsent in Erscheinung.

Diese Herangehensweise birgt die Möglichkeit, nicht nur abstraktive Religionssysteme kennenzulernen, sondern auch die Vielfalt persönlicher Auslegungen von Religiosität zu erfahren. Die Persönlichkeiten in dem

---

109   Karlo Meyer und Barbara Janocha stellen in diesem Buch fünf Kinder und deren religiösen Alltag vor. Die einzelnen Lebenswelten der Kinder werden farblich voneinander abgehoben und in einzelnen Kapiteln erläutert. Zwischen den Religionskapitel greifen die Autor:innen mit kurzen Kapiteln Themen und Fragen auf, die nicht religiös festgelegt sind und alle Menschen bewegen können, z. B.: „Was kommt nach dem Tod?, Warum soll ich Gutes tun?, Wie ist es mit dem Glück und Pech?" Die Autor:innen ermutigen dazu eigene Gedanken zu entwickeln: „Welche Fragen hättet ihr an die Kinder? Was würdet ihr sie fragen wollen?", sind einige Impulse die sie geben. Des Weiteren ermutigen sie aber auch dazu sich Gedanken über die eigene Religion zu machen. Das Buch erfasst m. E. authentisch die unterschiedlich gelebten Religionen in Deutschland. So beschreiben sie in einem Wort für Erwachsene, dass das Buch *„etwas von der Atmosphäre bei der Begegnung mit den jeweiligen Gläubigen und etwas von dem Charakter dieser Religion einfangen"(S. 140* möchte. Dabei greifen sie auf zentrale Geschichten der Religionen, grundlegende Gedanken, typische Gebäude und Rituale zurück (S. 140). Auch „unbequeme" Themen wie Antisemitismus werden dabei nicht außen vorgelassen. (S. 82f.)

110   Vgl. Meyer (1999), S. 272f.

111   Vgl. beispielsweise in Meyer, K. (2008). *Weltreligionen. Kopiervorlagen für die Sekundarstufe I.* Auch hier werden sechs Jugendliche aus Hannover vorgestellt, welche sich gegenseitig u. a. in ihren religiösen Stätten besuchen. Die sechs Jugendlichen bieten laut Meyer den Schüler:innen *„viele Impulse, um selbst zu forschen, religiöse Orte aufzusuchen, sich über existenzielle Fragen des Lebens Gedanken zu machen und mit Menschen der jeweiligen Religion zu sprechen."* Meyer (2008), S. 4

112   Meyer, K. (2019). *Grundlagen interreligiösen Lernens.* Göttingen: Vandenhoeck & Ruprecht.

113   Vgl. Meyer & Tautz (2020), S. 9

Lehrmaterial gibt dem Anderen ein Gesicht, wodurch so eigene individuelle
Resonanzen angestoßen werden können, gleichzeitig stehen diese Persönlichkeiten aber auch für das Andere. Schüler:innen lernen so beispielsweise mit
ambigen Situationen angesichts des Unbekannten umzugehen.

> Es verbindet sich mit der Erfahrung, ‚dass zwar die fachliche [und individuen-
> bezogene] Kenntnis [...] [wächst, zugleich] aber die Einsicht in die schon
> beschriebene Fremdheit bleibt oder sogar noch zunimmt.‘[114]

Der Ansatz möchte dabei auch nicht das Beziehungsgefüge innerhalb des doppelten Individuenrekurses außer Acht lassen.[115] Unter den Begriff des doppelten Individuenrekurses zählt Meyer nicht nur seinen eigenen Ansatz, sondern
sieht entsprechende Ähnlichkeiten auch in den Materialien von Andreas Gloy
und Thorsten Knauth.[116] Gloy und Knauth haben mit sehr persönlichen Statements ausgewählter erwachsener Religionspräsentant:innen im Rahmen des
Hamburger Wegs „Religionsunterricht für alle" Fragen über Gott und Göttliches (2018), aber auch Vertrauen, Glauben und Zweifel (2016) angeregt.[117]

2.5.2   Interreligiöses Lernen differenztheoretisch initiieren nach Monika Tautz

Der Ansatz von Monika Tautz stellt die didaktische Herausforderung im
Umgang mit dem Unbekannten und Fremden in den Vordergrund. Indem
die Schülerinnen und Schüler die Möglichkeit erhalten dialogorientiert das
Unbekannte kennenzulernen, können sie „zu begründeten eigenen religiösen
Urteilen kommen und auf diese Weise Religion als Sinn- und Weltdeutungs-
system verstehen."[118] Eine direkte interreligiöse Begegnung sieht Tautz in
einem konfessionell-kooperativen Religionsunterricht, der auf den an der
Schule verorteten Religionsunterricht (z. Bsp. islamischer, jüdischer, aleviti-
scher Religionsunterricht) sowie auf den Ethikunterricht ausgeweitet wird.[119]
Monika Tautz' Ansatz sieht in interreligiösen Lehr- und Lernprozessen vor,
Religionen nicht als Ganzes zu erleben und zu vergleichen, beispielsweise den
Islam mit dem Christentum, da gelebte Religion immer kulturell geprägt ist und

---

114   Meyer & Tautz (2020), S. 8, z. T. zitiert aus Meyer, 2019, S. 406
115   S. dazu Praxisbeispiele von Karlo Meyer im Kapitel 3.5.4 *Exemplarisch ausgewählte Lern-
       aufgaben zur Förderung von Empathie und Perspektivenwechsel im Kontext interreligiösen
       Lernens des Primarbereiches*
116   Vgl. Meyer & Tautz (2020), S. 9
117   S. dazu nähere Ausführungen im Kapitel 2.5.3 *Mehrperspektivisches dialogisches Lernen*
118   Meyer & Tautz (2020), S. 10
119   Vgl. Tautz & Meyer (2020), S. 10

aus dieser Perspektive stark voneinander innerhalb einer Religion abweichen kann. Vielmehr geht es darum, sich auf den Einzelfall zu fokussieren. So soll interreligiöser Dialog an Schulen *differenztheoretisch* initiiert werden. In dem Sinne einer theologisch begründeten Hermeneutik der Anerkennung religiöser Pluralität sieht Monika Tautz in dem religionstheologischen Modell der Komparativen Theologie[120] eine geeignete methodische und theologische Grundlage.[121] Monika Tautz stärkt damit den didaktisch zunehmend erstarkenden Gedanken des *Potentials in der Differenz*[122], darüber hinaus weist sie der Kompetenz des Perspektivenwechsels eine besondere Relevanz zu, die auch für die vorliegende Arbeit inspiriert.[123]

Monika Tautz geht es um „informierte Perspektivenverschränkung"[124]. Das bedeutet, die „Bereitschaft und Fähigkeit auszubilden, die Fremdheit des Anderen aus dessen Argumentations- und Deutungsstrukturen zu erschließen, so dass das Fremde nicht kurzschlüssig seiner Fremdheit enteignet wird"[125].

Monika Tautz' Ansatz sieht interreligiöses Lernen in innerkonfessionellen Dialogtraditionen begründet, was bedeute, dass die eigene Tradition daraufhin befragt werden solle, was sie als gesprächsfähig im Gegenüber zur fremden Tradition ausweise, so Meyer und Tautz.[126] Es geht somit u. a. stark um eine Positionalität und Reflexionskompetenz des:der Lernenden.

> Interreligiöses Lernen ist demzufolge erst dann schlüssig möglich, wenn die Fragen hinreichend geklärt sind, aus welchem theologischen Selbstverständnis heraus, mit welchen theologisch begründeten Kriterien und mit welchen, ebenfalls theologisch begründeten Ziel ein solches Lernen initiiert und begleitet werden soll.[127]

---

120   weitere Ausführungen zur Komparativen Theologie, Programm, Merkmale, Ziele, siehe Kapitel *2.12 Impulse Komparativer Theologie für die „Kinderakademie – Weltreligionen im Dialog"*

121   Vgl. Altmeyer & Tautz in Burrichter, R. in Burrichter, Langenhorst & von Stosch (2015), wobei beide anmerken, dass zu überlegen sei, wie aus der Anerkennung nicht nur theologisch, sondern auch bildungstheoretisch und praktisch als Schlüsselkategorie religiöser Bildung im Allgemeinen und des interreligiösen Lernens im Besonderen gedacht werden könne.

122   S. Kapitel *3.5.5.3 Bleibende Grenzen von Perspektivenwechsel und Empathie im Kontext interreligiösen Lernens erkennen und religionspädagogisch nutzen*

123   S. Kapitel *3.2 Empathie und Perspektivenwechsel im interreligiösen Lernen – Eine Verortung der Begriffe für die vorliegende Studie*

124   Tautz & Meyer (2020), S. 10

125   Meyer & Tautz (2020), S. 10

126   Vgl. Meyer & Tautz (2020), S. 10

127   Meyer & Tautz (2020), S. 10

2.5.3   *Mehrperspektivisches dialogisches Lernen*

Als Dialogischer Religionsunterricht wird eine in der Hansestadt Hamburg entwickelte Praxis des Religionsunterrichts verstanden, die angesichts einer religiös, kulturell und sozial heterogenen Schülerschaft religiöses Lernen unter
mehrperspektivischer Berücksichtigung verschiedener religiöser Traditionen
von der Grundschule bis in die Sekundarstufe II in einem gemeinsamen Schul-
fach dialogisch und interreligiös gestaltet.[128]

Der Religionspädagoge und maßgeblich am Konzept Mitwirkende Thorsten Knauth unterscheidet zwischen der Praxis des Religionsunterrichts,
dem sogenannten *Religionsunterricht für alle* (kurz: RUfa), und dem dafür
zugrundeliegenden religionspädagogischen Konzept, das die Praxis reflektiert
und im Gespräch mit theologischen, sozialwissenschaftlichen und erziehungswissenschaftlichen Bezugstheorien das Konzept einer *dialogischen Religionspädagogik* entwickelt. Der Dialogische Religionsunterricht deutet somit
bezüglich des Dialogs ein zentrales konzeptionelles Element an.[129] Der Leitgedanke sieht nicht die einseitige Einführung in den christlichen Glauben oder
eine religionskundliche Vermittlung des Christentums vor, vielmehr zielt er
auf eine Förderung des Dialoges in einer religionspluralen Lerngruppe ab, um
so besseres Verständnis der eigenen und der anderen Religion zu bewirken.[130]

Der Ansatz eines dialogischen Lernens geht demnach über Zielsetzungen interreligiösen Lernens hinaus, dem es auf den Austausch mit Blick auf institutionalisierte Religionen oder religiöse Traditionen […]. Dialog meint daher eine
elementare intersubjektive Begegnung, die von Anerkennung und der Offenheit
für andere Perspektiven bestimmt ist. Das dem DRU zu Grunde gelegte Verständnis von Dialog betont das interpersonale Element, in dem keine Voraussetzungen
des Wissens und der Erfahrung gelten müssen, um in den intersubjektiven Austausch zu gelangen.[131]

Ziel und Ausgangsbedingung dialogischen Lernens sind somit die Pluralität
subjektiver Bekenntnisse in dem Religionsunterricht. So halten auch Doedens und Weiße fest: Zentrale Aufgabe sei es, den Hamburger RUfa durch die
Begegnung und Auseinandersetzung mit verschiedenen religiösen oder weltanschaulichen Traditionen, mit deren Menschen- und Weltverständnissen
sowie mit den Überzeugungen der Kinder und Jugendlichen in der Lerngruppe
diese beim Erwerb eines religiösen Orientierungswissens, bei der Klärung

---

128   Knauth (2016), S. 1
129   Vgl. Knauth (2016), S. 1
130   Vgl. Sajak (2018), S. 73
131   Knauth (2016), S. 7

von Fragen ethisch-politischen Handelns sowie beim Entwickeln eigenver-
antworteter religiös-weltanschaulicher Daseinsvergewisserungen und Identitätsbildung zu unterstützen. Der Dialog ist dabei die kommunikative Basis des
Unterrichts und dient auch zur Auseinandersetzung mit Gemeinsamkeiten
und Unterschieden angesichts weltanschaulicher und religiöser Vielfalt einer
Lerngruppe.[132]

> Der DRU konzipiert Konfessionalität daher auch nicht als normativ einheitliche
> und quasi objektive Größe, sondern setzt den Bekenntnisbezug als subjektives
> Moment angeeigneten religionsbezogenen Denkens, Glaubens und Urteilens
> auf der Seite der Lernenden an.[133]

Das heißt u. a., dass sich der Dialog auf konkrete Situationen der Schüler:innen
in ihrem religiösen und kulturellen Alltag bezieht, denn so sollen vermehrt Fragen der eigenen Glaubensperspektive und religiösen Identität angesprochen
werden.[134]

In den letzten Jahren ist eine Vielzahl an Unterrichtsmaterialien für einen
Dialogischen Religionsunterricht veröffentlich worden. So sieht auch Thorsten Knauth in seinem Aufsatz aus 2016 eine Perspektive im *Material für interreligiöses dialogisches Lernen*[135]. Ausgestaltet wird dialogisches Lernen somit
unter anderem in der Unterrichtsmaterialreihe „Interreligiös-dialogisches

---

132 Vgl. Doedens & Weiße (2007), S. 51
133 Knauth (2016), S. 8
134 Vgl. Sajak (2018), S. 73
135 Vgl. hierzu beispielsweise Gloy & Knauth et al. (2016) & Gloy, Knauth & Krausen et al.
     (2018) Beide Unterrichtsmaterialien sind in ihrem grunddidaktischen Prinzip ähnlich
     strukturiert. So ist eine klar dialogische Ausrichtung der Schüler:innen gewünscht: *„Wir
     verstehen die Heterogenität einer Gruppe als Chance für religiöses Lernen und folgen einem
     didaktischen Konzept, in dem Dialog im Zentrum steht und die Begleitung individueller und
     gemeinschaftlicher Such- und Vergewisserungsprozesse von jungen Menschen als wichtige
     Aufgabe des RU erachtet wird.“* Gloy et al. (2016), S.4. Der 2018er Band nimmt nun zudem
     eine, von Stosch würde es, „kritische Instanz“ hinzu, die die religiöse Perspektive zusätz-
     lich beleben soll. Neben verschiedenen Religionskundigen tritt nun auch Kurt Edler in
     der Position eines Nicht-Religiösen, Humanist, Rationalist auf, um auch so eine *„philo-
     sophisch gebildete und ausdrücklich nicht-religiöse Perspektive“* Gloy et al. (2018), S. 7, zu
     berücksichtigen. Das Lehrmaterial arbeitet m. e. äußerst differenziert und nah an der
     Lebenswelt der Schülerin, des Schülers. In seiner Vielfalt an methodischen Zugängen
     bieten Andreas Gloy et al. sowohl der Lehrperson als auch den Schüler:innen zahlreiche
     Zugänge zu nachhaltigem Lernen. Insbesondere das sogenannte *Wimmelbild* als multi-
     funktionelles Medium ist dabei zentraler Ausgangspunkt für verschiedene Lernangebote.

Lernen"[136] oder in „Rudi für alle. Religionsunterricht dialogisch – und für alle"
(2020)[137].

2.5.4 *Trialogisches Lernen*

Der Begriff des Trialogischen Lernens findet sich vor allem im angloamerikanischen Raum seit den 1970er, 1980er und im deutschsprachigen Raum
spätestens seit den 1990er Jahren als eindeutig verwendeter Fachterminus für
die Begegnung von Judentum, Christentum und Islam.[138]
    Clauß Peter Sajak beschreibt trialogisches Lernen wie folgt:

> Hier ist mit dem Attribut „trialogisch" zwar auch der Trialog als Kommunikations-
> struktur eines Dreigesprächs von Menschen aus den **drei monotheistischen**
> **Religionen** Judentum, Islam und Christentum bezeichnet, doch wird damit
> auch stärker als bei allen anderen Ansätzen das Curriculum des interreligiösen
> Lernens genau beschrieben: das Judentum, der Islam und das Christentum wer-
> den hier als historisch wie theologisch eng verwandten Religionen qualifiziert,
> die aufgrund ihrer Gemeinsamen Kultur- wie Gewaltgeschichte in besonderer
> Weise aufeinander bezogen sind.[139]

Abraham, der Stammvater aller drei Religionen, ist beispielsweise ein verbindendes Element, oder auch der Verbund im Glauben an den einen Gott, den
Herrscher, Schöpfer und Richter. Einen ersten umfangreichen Beitrag dazu hat
die evangelische Religionspädagogin Katja Baur geleistet. Baur hat dabei unter
dem Leitthema *Zu Gast bei Abraham* (2007) religionsdidaktische Erfahrungsberichte und Unterrichtsmodelle aus dem Bereich des interreligiösen Lernens
zunächst gesammelt und systematisiert. Die Figur des Abrahams verwendet
Baur dabei als theologisches Leitmotiv. Abraham als Erzvater und Patriarch
der drei Religionen wird auf den verschiedenen Wegen von Haran nach

---

136   Braunmühl, von S., Eckstein, K., Gloy, A., Gloy, H., Moltmann, J., Petersen, O., Petters-
       son, E., Rochdi, A., Yildiz, M. (2020). *Pfade zur Menschlichkeit. Unterrichtsmaterialien 3.-6.*
       Schuljahr. Berlin: Cornelsen Verlag.
137   Vgl. Gloy & Graham (2020), Insbesondere die Rudidaktik zeichnet sich m. E. wunder-
       bar durch einen authentischen Lebensweltbezug der Jugendlichen dieses Alters aus. So
       wird unter anderem der Abstieg des Hamburger Fußballvereins HSV aus der Bundesliga
       und damit zusammenhängend die Frage nach „Ist Fußball Religion?" thematisiert oder
       „Sind Gläubige die besseren Menschen?", aber auch lokale Themen wie die Gründung der
       Al-Nour-Moschee in einer ehemaligen Kirche in Hamburg-Horn. Dabei beschreiben die
       beiden Autoren auf S. 4+5 die Didaktik des zugrundeliegenden Heftes, welches auch auf
       der Didaktik des Dialogischen Religionsunterrichts für alle beruht. vgl. Gloy & Graham
       (2020), S. 4–6
138   Vgl. Langenhorst (2020), S. 101
139   Sajak (2018), S. 74f.

Beerscheba begleitet.[140] Trialogisches Lernen zielt somit darauf ab, Menschen aus den drei Religionen in ein konstruktives Gespräch miteinander zu bringen, welches dazu befähigen soll, dass Respekt, Verstehen und Wertschätzung wachsen können. Einen Weg, um immer bessere gegenseitige Kenntnis zu beschreiten, denn darum geht es, so Langenhorst, sei im trialogischen Lernen, beides zu beachten: sowohl Trennendes als auch Verbindendes.[141]

Unter der Leitung von Clauß Peter Sajak sind infolgedessen ein Methodenhandbuch des interreligiösen/interkulturellen Lernens (2010) und eine Reihe mit Unterrichtsmaterialien zu den Themenfeldern von Gotteshaus, Feste, Heilige Schriften und Schöpfung (2012) entstanden.[142]

Als eine der jüngsten Beiträge zum trialogischen Lernen wird das Werk *Trialogische Religionspädagogik* (2016) des katholischen Religionspädagogen Georg Langenhorst benannt.[143]

2.5.5   *Interreligiös-kooperative Didaktik nach Friedrich Schweitzer und Fahimah Ulfat*

Die islamische Religionspädagogin Fahimah Ulfat und der evangelische Religionspädagoge Friedrich Schweitzer publizierten 2022 eine interreligiös-kooperative Religionsdidaktik[144], die sich als Anstoß zur weiteren Entwicklung interreligiös-kooperativer Religionsdidaktiken versteht.[145] Die aufgeführte Religionsdidaktik folgt der Darstellung ihrer ausgewählten Inhalte durchgehend unter Berücksichtigung zweier Leitprinzipien: 1) der Elementarisierung und 2) des dialogischen Lernens.

> Durchweg werden Fragen und Themen in elementarisierender Zuspitzung auf die Fragen und Orientierungsbedürfnisse von Kindern und Jugendlichen sowie in der Verknüpfung christlicher und muslimischer Perspektiven bearbeitet. Alle Teile des Buches sollen diesem zweifachen Prinzip gerecht werden.[146]

---

140   Vgl. Baur (2007), S. 9ff., vgl. Sajak (2018), S. 76f.

141   Vgl. Langenhorst (2020), S. 102

142   Das Material entstand u. a. als Folge verschiedener Initiativen der Herbert-Quandt-Stiftung, vgl. Sajak (2018), S. 77f.

143   Vgl. Sajak (2018), S. 79 dort beschreibt er, dass Langenhorsts *Trialogische Religionspädagogik* (2016) eine Bestandsaufnahme bisheriger Diskussionen vornimmt und eine eigenständige christlich-theologische Konzeption des Trialogs vorgelegt wird.

144   Schweitzer, F. & Ulfat, F. (2022). *Dialogisch – kooperativ – elementarisiert. Interreligiöse Einführung in die Religionsdidaktik aus christlicher und islamischer Sicht.* Göttingen: Vandenhoeck & Ruprecht.

145   Vgl. Schweitzer & Ulfat (2022), S. 10

146   Schweitzer & Ulfat (2022), S. 10

Das didaktische Anliegen wird auch im Hinblick auf die ausgewählten Inhalte berücksichtigt. So werden diese auch mit Blick auf die Lesenden der anderen Religionszugehörigkeit verfasst. Demnach wird zum Beispiel, im Koran u. a. auch das akzentuiert, was für Christ:innen interessant sein könnte oder welche Überzeugungen in der Bibel auch für Muslim:innen von Bedeutung sein könnten. So stehen christliche und muslimische Perspektiven nicht nebeneinander, sondern werden bereits hier miteinander gedacht. Die Autor:innen begründen deutlich, dass sie ihre Religionsdidaktik nicht stellvertretend für „den Islam" oder „das Christentum" wahrnehmen, sondern ihre „wissenschaftlichen, aber immer auch persönlichen theologischen und pädagogischen Sichtweisen darlegen"[147], welche sie dialogisch aufeinander beziehen. Die explizite Betonung der eigenen Position, d. h. weg von generalisierenden und abstrakten Religionen hin zu Individuen, ist eine Entwicklung die tendenziell in den aktuelleren Entwicklungslinien deutlich zunimmt. Darüber hinaus wird hier die Stärkung des Eigenen in der Begegnung deutlich hervorgehoben.

Neben konkreten Unterrichtsthemen wird u. a. auch Bezug genommen auf Möglichkeiten interreligiöser Kooperation im Religionsunterricht und erforderlichen interreligiösen Kompetenzen der Lehrpersonen in interreligiöskooperativen Unterrichtsformaten.[148]

2.5.6   *Pluralistische Religionspädagogik – Dialog und Transformation*
Die Publikation einer pluralistischen Religionspädagogik unter den Leitgedanken des Dialoges[149] und der Transformation[150] wurde 2022 von Gotthard Fermor, Thorsten Knauth, Rainer Möller und Andreas Obermann herausgegeben.[151] Die Publikation bezieht sich auf ein Diskussionspapier, an dem verschiedene Autor:innen unterschiedlicher Religionshintergründe mitwirkten.

---

147   Schweitzer & Ulfat (2022), S. 12
148   Schweitzer & Ulfat erwähnen dabei explizit die Perspektivenübernahme als eine zentrale interreligiöse Kompetenz, vgl. Schweitzer & Ulfat (2022), S. 282
149   Fermor et al. (2022), S. 12 dazu: *„Der Dialogbegriff beschreibt einen zentralen Modus von Beziehungsgestaltung und Kooperation. Er basiert auf der Voraussetzung, dass Menschen als sinnsuchende und sinnkonstruierende Wesen wechselseitig aufeinander angewiesen sind und in dieser Bezogenheit die Grundlage einer gemeinsam geteilten sozialen Welt zu sehen ist."*
150   Fermor et al. (2022), S. 13 dazu: *„Im Begriff der Transformation sehen wir diese Veränderung von Subjekt und Welt gut ausgedrückt. Es geht demnach um eine dialogische Form von Interaktion, durch die das Verhältnis der Subjekte zu sich selbst, zu anderen und zur Welt strukturell neu gestaltet werden kann, sodass sich mit den Subjekten die Verhältnisse und umgekehrt sich mit den Verhältnissen die Subjekte verändern können."*
151   Fermor, G., Knauth, T., Möller, R. & Obermann, A. (2022). *Dialog und Transformation. Pluralistische Religionspädagogik im Diskurs.* Münster, New York: Waxmann Verlag.

> So entwickelte sich aus der ergebnisoffenen Projektidee – die interreligiöse Verständigung über theologische und religionspädagogische Grundlagen einer von mehreren Religionsgemeinschaften verantworteten Religionspädagogik – ein vielseitig wahrgenommener und rezipierter religionspädagogischer Diskussionsbeitrag für einen Religionsunterricht der Zukunft.[152]

Die Vertreter:innen verstehen das Diskussionspapier als ersten Aufschlag, welcher als offener Prozess vorangetrieben werden soll.[153] Der vorliegende Aufschlag erscheint dabei in seinen Forderungen progressiv auf verschiedenen Ebenen. Kritisch beschäftigen sich die Vertreter:innen dieses Ansatzes mit der Zukunft des Religionsunterrichtes und stellen die gegenwärtige Organisationsform des konfessionell gebundenen Religionsunterrichtes deutlich infrage. Sie fordern Neuansätze.[154]

Anliegen der Vertreter:innen einer pluralistischen Religionspädagogik ist es, einen Ansatz zu entwickeln, der auf eine Komplexität von Pluralität (in Religiosität, Weltanschauungen, Säkularität usw.) frageorientiert, tiefentheologisch und dialogisch reagieren kann. Dies berücksichtige, dass man es im Bereich religiöser Bildung mit jungen Menschen zu tun haben, deren existenzielle Suche nicht im Strom einer einzigen religiösen Überlieferung oder einer einzelnen weltanschaulichen Perspektive stattfinde, sondern fragmentarischer, komplexer, offener und hybrider verlaufe und es dabei durchaus auch zu Überschneidungen und Kombinationen von religiösen und säkularen Fragmenten kommen könne.[155]

Religionsdidaktisch verfolgt der Ansatz u. a. eine frageorientierte Religionspädagogik, weshalb die Fragen der Lernenden Ausgangspunkt von Lernprozessen sind. Durch den mehrperspektivisch dialogischen Zugang sollen sowohl Differenzen als auch Gemeinsamkeiten angemessen sichtbar gemacht werden, wobei die Zielperspektive auf Dialog und Konvivenz liegt (Dialog-, nicht Differenzhermeneutik).[156] Die Tiefentheologie soll dabei ein Zugang sein, fundamentale Grundfragen des Menschen zu reflektieren.[157]

Religionstheologisch ist der vorliegende Ansatz pluralistisch ausgerichtet[158] und Vertreter:innen unterschiedlicher Religionshintergründe begründen dies

---

152 Fermor et al. (2022), S. 9
153 Vgl. Fermor et al. (2022), S. 511
154 Vgl. Fermor et al. (2022), S. 11
155 Vgl. Fermor et al. (2022), S. 17
156 Vgl. Fermor et al. (2022), S. 17
157 Vgl. Fermor et al. (2022), S. 18
158 Vgl. Fermor et al. (2022), S. 42ff.

in der vorliegenden Publikation[159], d. h. es wird von einem gleichberechtigten und gleichwertigen Zugang auf Heil und Wahrheit ausgegangen.

2.6   Didaktische Ansätze interreligiösen Lernens

> Konsens besteht darüber, dass es inhaltlich und methodisch nicht nur um ein kognitives Lernen gehen kann, sondern, dass personales, emotionales und praktisches Lernen wichtige Dimensionen interreligiösen Lernens sind und sein müssen.[160]

Eine Didaktik interreligiösen Lernens baut auf Kontexten, Positionen und Erfahrungen der letzten Jahrzehnte auf.[161] So verdanke interreligiöses Lernen sich nicht nur in vielerlei Hinsicht der religionsunterrichtlichen Weltreligionendidaktik, sondern bliebe auch bis heute – über alle konzeptionellen Unterschiede hinweg – essenzieller Bezugspunkt allen religionspädagogisch einschlägigen Nachdenkens, so Lachmann.[162]

Wie bereits deutlich herausgearbeitet, zeigt die Entwicklung interreligiösen Lernens eine Verschiebung von den Inhalten zu den Subjekten, vom „Lernen über" zum „Lernen mit". Diese Verschiebung erfordert didaktische Konsequenzen und verdeutlicht die Relevanz des personalen, emotionalen, sozialen und praktischen Lernens in der religionspädagogischen Ausgestaltung und Perspektivierung auf interreligiöses Lernen. Sie sind Voraussetzung und Grundlage, um Zugang zu fachtheoretischen Bezugstheorien, wie u. a. Theologie, Religionskunde, Philosophie und Soziologie zu erhalten. Somit sind sowohl Inhalts- als auch Beziehungsebene gleichwertig (!) anzuerkennen, um Lernprozesse zu gestalten.

Im Bereich des interreligiösen Lernens lassen sich einige prominente didaktische Ansätze finden: das trialogische Lernen[163], die stufenspezifische

---

159   Vgl. Fermor et al. (2022), S. 23ff.

160   Schlüter in Schreiner et al. (2005), S. 560

161   Das bestätigen u. a. deutlich die Inhalte der Kapitel *2.4 Die historische Einordnung und Entwicklung interreligiösen Lernens* und *2.5 Zentrale Entwicklungslinien interreligiösen Lernens*

162   Vgl. Lachmann, R. in Lachmann, R., Rothgangel, M. & Schröder, B. (2011), S. 37

163   S. Kapitel *2.5.4 Trialogisches Lernen*, Vgl. nach Georg Langenhorst (2016, 2020), nach Katja Baur (2007), nach Clauß Peter Sajak (2010b)

Didaktik[164], die xenosophische Religionsdidaktik[165], das Begegnungslernen[166], die performanzorientierte Religionsdidaktik[167], kompetenzorientiertes interreligiöses Lernen[168], das Zeugnislernen[169], das dialogische Lernen[170], der Ansatz des doppelten Indvidiuenrekurses[171], eine interreligiöse Religionsdidaktik aus christlicher und islamischer Sicht[172] und weitere. Die Ansätze existieren nicht monolithisch nebeneinander, sondern sie können sich in ihrem jeweiligen didaktischen Potential ergänzen bzw. sie weisen z. T. ohnehin Schnittmengen in ihren didaktischen Konzeptionen auf.

Zusammengefasst soll eine Didaktik interreligiösen Lernens dazu beitragen, interreligiöse Lern- und Bildungsprozesse von Lernenden anzuregen, Religionen und gelebte religiöse Individualität in ihrer Fremdheit zu akzeptieren und durch Konvivenz eigenes Handeln zu reflektieren. Lernende sollen in der Lage dazu sein, eine eigene Positionalität zu entwickeln und über erfahrungs- und inhaltsbezogenes Wissen Ängste, Unsicherheiten und Aggressionen zu reflektieren ggf. zu mindern. Diese Erwartungshaltung an eine interreligiöse Didaktik macht infolgedessen interreligiöse Kompetenzen wie Empathie und Perspektivenwechsel erforderlich. In Kapitel 2.9 werden drei ausgewählte, bereits in diesem Kapitel aufgeführte, Ansätze vertiefend herausgearbeitet: das Begegnungslernen[173], das Zeugnislernen[174] und die performanzorientierte Religionsdidaktik[175].

---

164 Vgl. nach Stephan Leimgruber (2007)

165 S. Kapitel 3.5.3. *Empathie und Perspektivenwechsel im Kontext einer Xenosophie in religionspädagogischer Absicht*, vgl. nach Heinz Streib in Schreiner, P, Sieg, U. & Elsenbast, V. (2005), S. 230–243

166 S. Kapitel 2.9.1. *Interreligiöses Begegnungslernen*, vgl. nach Katja Boehme (2023, 2019, 2013)

167 S. Kapitel 2.9.3 *Performanzorientiertes Lernen*, vgl. nach Bernhard Dressler (2016), nach Hans Mendl (2016)

168 Vgl. nach Joachim Willems (2011), S. 202–2019

169 S. Kapitel 2.9.2 *Zeugnislernen*, vgl. nach Karlo Meyer (1999), nach Clauß Peter Sajak (2010), nach Naciye Kamcılı-Yıldız, Clauß Peter Sajak & Gabriela Schlick-Bamberger (2022)

170 S. Kapitel 2.5.3 *Mehrperspektivisches dialogisches Lernen*, vgl. nach Thorsten Knauth (2016), vgl. nach Thorsten Knauth, Andreas Gloy, Halima Krausen (2018)

171 S. Kapitel 2.5.1 *Der doppelte Individuenrekurs nach Karlo Meyer*, Vgl. nach Karlo Meyer in Meyer &Tautz (2020)

172 Schweitzer, F. & Ulfat, F. (2022). *Dialogisch – kooperativ – elementarisiert. Interreligiöse Einführung in die Religionsdidaktik aus christlicher und islamischer Sicht*. Göttingen: Vandenhoeck & Ruprecht.

173 S. Kapitel 2.9.1. *Interreligiöses Begegnungslernen*, vgl. nach Katja Boehme (2023, 2019, 2013)

174 S. Kapitel 2.9.2 *Zeugnislernen*, Vgl. nach Karlo Meyer (1999), nach Clauß Peter Sajak (2010), nach Naciye Kamcılı-Yıldız, Clauß Peter Sajak & Gabriela Schlick-Bamberger (2022)

175 S. Kapitel 2.9.3 *Performanzorientiertes Lernen*, vgl. nach Bernhard Dressler (2016), nach Hans Mendl (2016)

2.7   Methodische Ansätze interreligiösen Lernens

Methodische Überlegungen müssen mindestens an der Schulstufe, dem
Lernstandsniveau der Lerngruppe, Lernanlass, Lernort und am Lernziel ausgerichtet sein.

Methoden können unterschieden werden, die einerseits auf Strukturierung
und Organisation des Unterrichts und andererseits auf ein verständigungsorientiertes Beziehungs- und Kommunikationsgeschehen abzielen. Beispiele
für Methoden, die auf die Strukturierung und Organisation des Unterrichts
abzielen, wären folgende: Interreligiöses Lernen im Klassenverband, Interreligiöses Lernen im fächerübergreifenden Projektunterricht, Interreligiöses
Lernen im Wechsel von Klassen- und Gruppenunterricht, Interreligiöses
Lernen durch Expert:innengespräche, Interreligiösen durch Exkursionen
außerschulischer Lernorte.[176] Mittels dieser Methoden kann ein dialogisches,
interpersonales, partizipatorisches sowie soziales Begegnungslernen auf verschiedenen Ebenen initiiert werden, das Zugang zu fachwissenschaftlich
relevanten Themen eröffnet.[177] Dazu zählt die methodische Erschließung
von Zeugnissen, Räumen, Menschen und gemeinsamen Festen und Feiern[178],
welche in allen Schulstufen[179] und in der Elementarstufe (Kindergarten) m. E.
in unterschiedlichen Komplexitätsstufen und kombinierend angewendet werden können.[180]

Interreligiöses Lernen ist ein Beziehungslernen und ein Inhaltslernen. Nach
Schlüter könne demnach ein verständigungsorientiertes Beziehungs- und
Kommunikationsgeschehen als die allgemeine und umfassende Methode und
das Medium interreligiösen Lernens angegeben werden.[181] Daher ist konkret
nach Methoden gefragt, die soziale, partizipative und dialogische Kompetenzen anregen, wie beispielsweise in initiierten Dialog- und Diskussionsformaten,
Stationen-, Partner- und Gruppenarbeit. Darüber hinaus kann die Anwendung
einer Textarbeit in höheren Schulstufen als Grundlage themenspezifischen
Wissens dienen, um darauf aufbauend z. B. eigene Diskussionsformate zu

---

176   Vgl. Schlüter in Schreiner et al. (2005), S. 561f.
177   Vgl. Schlüter in Schreiner et al. (2005), S. 562
178   Vgl. Sajak (2018), S. 108
179   Vgl. dazu auch die Überlegungen von Sajak (2018), S.109, welcher ein alters- und ent-
       wicklungsbezogenes Methodencurriculum vorschlägt, dass allerdings nicht einen starren
       stufenbezogenen Methodenmonismus verfolgt, sondern vielmehr Akzentuierungen des
       interreligiösen Lernens in den verschiedenen Altersstufen setzt.
180   Berücksichtigt werden müssen dabei selbstverständlich entwicklungspsychologische
       und kognitionspsychologische Voraussetzungen der Lernenden.
181   Vgl. Schlüter in Schreiner et al. (2005), S. 562

gestalten, die einerseits auf fachspezifischem Wissen und andererseits auf individuellen religiösen Erlebensformen gründen. So lässt sich beispielsweise eine Textarbeit sehr gut im Kontext von komparativer Arbeit anhand von Bibel- und Korantexten durchführen und diskutieren.

> Dazu ist es hilfreich, möglichst durchgehend Wege zu einem mehrdimensionalen, ganzheitlichen Lernen zu gehen, in dem Erleben, Reflexion und Verhalten verbunden sind. Ganzheitliche Methoden im interreligiösen Lernen zur Geltung zu bringen, heißt, den Begriff der Erfahrung ernst zu nehmen. In interreligiösen Lernprozessen als erfahrungsoffene Lernprozesse geht es nicht nur um das kognitive Erfassen und Analysieren von Themen und Problemen, sondern besonders auch um das Erschließen und Gehen von Wegen, die den Erfahrungshorizont der Schülerinnen und Schüler erweitern und sie zu einem reflektierten Umgang mit eigenen und fremden Erfahrungen des Glaubens und Lebens anregen.[182]

2.8   Inhalte interreligiösen Lernens

Um Inhalte im Kontext interreligiösen Lernens anzuwenden, lassen sich verschiedene Zugänge festhalten. So können einzelne Religionen systematisch als Ganzes in den Blick genommen werden, z. B. durch eine Unterrichtseinheit „das Judentum" oder „der Buddhismus". Inhalte können darüber hinaus auch als Querschnittsthemen eingesetzt werden, beispielsweise durch die Thematisierung von „Bilderverbot in den Religionen" oder „Bestattungsriten in den Religionen". Geht es jedoch um einen konkreten interreligiösen Anlass, der sich in der Schulgemeinschaft ereignet, z. B. wenn ein muslimischer Mitschüler fastet, dann wird nicht nur detailliertes Sachwissen auf der Inhaltsebene relevant, sondern auch auf der Beziehungsebene, im Sinne des Zusammenlebens in einer Klassengesellschaft.[183]

Clauß Peter Sajak kategorisiert folgende Themenfelder im Kontext interreligiösen Lernens für den schulcurricularen Aufbau: *„Gottesbild, Menschenbild, Offenbarungsschriften, Festen-Fasten und Feierzeiten, Heilige Orte und Räume"*[184]. Ein Blick in die Lehrplansynopse[185] (2022) zeigt, dass bereits für die Grundschule alle Themenfelder bis auf die des Gottes- und Menschenbildes in

---

182   Schlüter in Schreiner et al. (2005), S. 563
183   Vgl. Sieg in Schreiner et al. (2005), S. 381
184   Sajak (2018), S. 97
185   Die hier benannte Lehrplansynopse wurde von der Verfasserin selbst erstellt und fasst die inhaltlichen Anforderungen vier unterschiedlicher Bundesländer für den Primarbereich im Themenfeld „Religionen" vergleichend zusammen.

Grundzügen gefordert sind. Diese Themenfelder lassen sowohl eine schüler-
orientierte dialogische religionspädagogische Perspektive als auch eine eher
an orthodoxen und somit normativen Inhalten orientierte Perspektive zu.[186]
    Gemäß curricularer Vorgaben lässt sich für die Wahl der Inhalte im Kontext
interreligiösen Lernens Folgendes festhalten:

> Alles, was Glaubensinhalt und Lebensäußerung von Religionen bzw. ihrer
> Gläubigen ist, kann auch Inhalt interreligiösen Lernens sein. Didaktisch quali-
> fiziert ist interreligiöses Lernen, wenn der Themenauswahl Entscheidungen
> und Zielsetzungen zu Grunde liegen. Für die Themenfindung relevant sind
> die Zugangsweise zu Religion, die Bestimmung des Verhältnisses der Reli-
> gionen zueinander, die Lernenden als Subjekte des Lernens und ihrer
> Identitätsentwicklung, der Kontext des Lernens und die Zielsetzung. Sie
> bestimmen die Auswahl wie auch die Art und Weise der Thematisierung.[187]

Je nach Intensität interreligiöser Bezüge kann die Wahl der Inhalte als Querschnittsthema in den Religionsunterricht über beispielsweise folgende Themen implementiert werden[188]:

Glaube und Religion[189]
  – Auferstehung bzw. Leben nach dem Tod (Jüdische, muslimische,
    christliche und andere philosophische, säkulare (...) Antworten)
  – Gemeinsamkeiten und Unterschiede im Glauben
  – Religionskritik
  – Extremismus in den Religionen
  – Auslegung der Schriften / Exegese
  – Gewalt im Namen der Religion
  – Hoffnung in den Religionen/ Hoffnung in der Welt
  – Gottesbild

Familie und zwischenmenschliche Beziehungen
  – Geschlechterverhältnisse
  – Die Rolle/Stellung der Frau
    – Weiblichkeit in den abrahamischen Religionen
    – Weiblichkeit in Spiritualität

---

186   Vgl. Sajak (2018), S. 97
187   Sieg in Schreiner et al. (2005), S. 381
188   Die hier aufgeführten Themenvorschläge müssen schulstufenspezifisch und lerngruppen-
        orientiert eingeordnet werden.
189   Die hier aufgeführten Themenvorschläge sind größtenteils folgender digitaler Quelle zu
        entnehmen: Abrahamisches Forum in Deutschland (2023)

- Geschlechtergerechtigkeit
- Interreligiöse Ehen/Partnerschaften und Familien
- Identität
- Religiöse Erziehung
- (Homo-)Sexualität

Aktuelle Debatten
- Nachhaltigkeit aus der Sicht der Religionen im Judentum, Christentum, Islam und wissenschaftlichen Positionen aus dem aktuellen Nachhaltigkeitsdiskurs
- Aktuelle Debatten zur Rolle der Religion in einer säkularen Gesellschaft (z. B. Beschneidungsdebatte, Präimplantationsdiagnostik (PID) und Pränataldiagnostik (PND))
- Atheismus und Säkularisierungsprozesse

Gelebte Religion
- Umgang und Pflege mit/ von älteren Menschen in den Religionen Judentum, Christentum und Islam
- Das Zusammenleben von Jüd:innen, Christ:innen und Muslim:innen in Deutschland
- Umgang mit Andersgläubigen, Umgang mit Menschen ohne religiöse Zugehörigkeit
- Ausgrenzung und Diskriminierung von religiösen Minderheiten
- Eigene kulturelle und religiöse Wurzeln verstehen kennen und verstehen lernen

Die hier benannten Themenfelder zeigen auf: Querschnittsthemen mit interreligiösen Bezügen können als Themen für den konfessionellen Religionsunterrichts aufbereitet werden. Ergebnisse des Projektes „Trialog der Kulturen" zeigen, dass die Schüler:innen eher an tatsächlichen Elementen der Glaubenspraxis orientiert sind und weniger an Glaubensinhalten.[190] So zeigen die Themenfelder überwiegend lebensweltbezogene Kontexte, theologische Differenzpunkte und ethische Probleme. Zweifelsohne erfordert die spezifische Thematisierung eine fundierte interreligiöse Kompetenz der Lehrperson, um das Interreligiöse in den einzelnen Themen kompetent herauszuarbeiten.

Zur kontrovers diskutierten Frage danach, ob der Fokus auf Gemeinsamkeiten oder Unterschieden der Religionen liegen sollte (Dialog- oder Differenzhermeneutik), gibt es im religionspädagogischen Diskurs keinen Konsens. Sie

---

190 Vgl. Sajak (2018), S. 95

ist komplex und im Kontext von unterschiedlichen religionsdidaktischen Absichten zu bewerten.[191] In aller Kürze: Es kann im Sinne einer effektiv und sukzessiv erworbenen interreligiösen Kompetenz der Schüler:innen m. E. mit steigender Schulstufe eine vertiefende Auseinandersetzung mit den Unterschieden erfolgen, wenn davon ausgegangen wird, dass eine Differenz grundsätzlich eine Chance ist, die eigenen Kompetenzen im Dialog und am Diskussionsgegenstand zu erweitern und demnach als etwas erst einmal grundsätzlich Positives zu deuten.

> Eine Zielperspektive muss daher bleiben, dass auch die Schülerinnen und Schüler sich nicht mit exklusiven, inklusiven und auf höherer Ebene zusammenführenden Pauschalisierungen zufrieden geben, vielmehr sollte mindestens in der Oberstufe individuell reflektiert werden, auf welcher Ebene ich mich in Beziehung zur fremden Tradition setze.[192]

2.9 Ausgewählte Ansätze interreligiösen Lernens im Kontext des Forschungsprojektes

Im Folgenden werden nun ausgewählte Ansätze im Kontext interreligiösen Lernens näher dargestellt, welche im Bezug zu den Inhalten des Forschungsprojektes und dem empirischen Datenmaterial stehen. In diesem Kapitel wird nicht der Zusammenhang zwischen den Ansätzen und dem Forschungsinteresse thematisiert, das erfolgt in Teil II der vorliegenden Arbeit. An dieser Stelle werden die Ansätze einleitend dargelegt, sodass der Referenzrahmen für die vorliegende Arbeit nachvollziehbar ist. Jedem Ansatz liegt eine skizzierte Einführung sowie religionspädagogisch kontrovers diskutierte Aspekte bzw. Herausforderungen zugrunde.

2.9.1 *Interreligiöses Begegnungslernen*
Das interreligiöse Begegnungslernen ist ein Ansatz, welcher es sich zur Aufgabe nimmt, die Konvivenz von Menschen unterschiedlicher religiöser und weltanschaulicher Hintergründe in einer pluralistischen Gesellschaft

---

191 In Ausrichtung einer dialogischen religionspädagogischen Haltung kann zunächst das Klären von Gemeinsamkeiten dem Dialog helfen. Um diesen dann nachhaltig und langfristig zu halten, müssen Unterschiede offen diskutiert werden können. In Ausrichtung einer eher normativen, religionskundlich orientierten Haltung kann in der sachlichen Klärung von Unterschieden ein Potential in der Lerngruppe erkannt werden. Beide Überlegungen beziehen sich auf die Schulstufen ab der Sekundarstufe I.

192 Meyer (2019), S. 93

didaktisch anzuleiten und zu begleiten. Das Begegnungsparadigma wurde schon ab den 1960ern von Karl Ernst Nipkow, Johannes Lähnemann bis in die 1990er von Hans-Georg Ziebertz, Stephan Leimgruber, Thorsten Knauth und Wolfram Weiße in den religionspädagogischen Diskurs um Konzepte des interreligiösen Lernens eingebracht[193] und fortgeführt bis in die aktuellen Diskurse insbesondere durch Katja Boehme[194]. Begegnungen mit Menschen anderer Religionshintergründe zu initiieren, ist somit ein maßgeblicher Aspekt in älteren sowie neueren Entwicklungen interreligiösen Lernens. In der jüngst erschienenen Publikation von Katja Boehme weitet diese den Begriff und spricht von der „Grundlegung einer fächerkooperierenden Didaktik von Weltsichten"[195], welche ebenso andere Weltanschauungen nun inkludiert.

Nach Boehme bezeichnet Begegnungslernen

> den didaktisch angeleiteten und begleiteten themenzentrierten Austausch zwischen möglichst statusähnlichen Teilnehmenden in einem inhaltlich, zeitlich und räumlich begrenzten Rahmen (save space), der mehrperspektivische Reflexionsprozesse unter Berücksichtigung einer Konflikthermeneutik vorsieht, die zur Anbahnung von inhaltlichen und prozessbezogenen Kompetenzen führen.[196]

Interreligiöses Begegnungslernen umfasst nach Boehme darüber hinaus

> den themenzentrierten Austausch unter religiös und säkular sozialisierten, möglichst statusähnlichen [Teilnehmenden] über ein religiös konnotiertes aus der eigenen theologischen oder philosophisch-ethischen Fachperspektive zur Anbahnung von inhaltlichen und prozessbezogenen interreligiösen Kompetenzen.[197]

---

193   Vgl. Boehme (2019), S. 2

194   Hierbei handelt es sich um ausgewählte Literatur, die zugleich den Zeitraum verdeutlicht, in dem Katja Boehme intensiv die Thematik bearbeitet. Boehme, K. (2013). *Wer ist der Mensch?". Anthropologie im interreligiösen Lernen und Lehren. Religionspädagogische Gespräche zwischen Juden, Christen und Muslimen.* Berlin: Verlag Frank & Timme., Boehme, K. (2019). *Interreligiöses Begegnungslernen.* In: Das Wissenschaftlich-Religionspädagogische Lexikon. Deutsche Bibelgesellschaft. Zugriff am: 27.02.23. www.bibelwissenschaft.de/stichwort/200343/, Boehme, K. (2023). *Interreligiöses Begegnungslernen. Grundlegung einer fächerkooperierenden Didaktik von Weltsichten.* Freiburg, Basel, Wien: Herder.

195   Boehme, K. (2023). *Interreligiöses Begegnungslernen. Grundlegung einer fächerkooperierenden Didaktik von Weltsichten.* Freiburg, Basel, Wien: Herder.

196   Boehme (2019), S. 4

197   Boehme (2019), S. 5

Grundsätzlich werden interreligiöse Lernprozesse durch Begegnungen nach Boehme in drei Ebenen differenzieren: interreligiöses Begegnungslernen (1) mittels Medien (2) anhand von Trainings und (3) interpersonal.[198]

1) Interreligiöse Begegnung mittels Medien
Im schulischen Bereich seien bereits viele didaktische Zugänge und Unterrichtsmaterial entwickelt worden, welche Schüler:innen mit verschiedenen religiös-kulturellen Zeugnissen in Berührung bringen, so Katja Boehme.[199]

Verschiedene didaktische Überlegungen lassen sich dazu finden: so beispielsweise über das Lesen und Reflektieren biographischer oder authentischer Erzählungen von gleichaltrigen Schüler:innen mit verschiedenen religiös-kulturellen Hintergründen[200], über das Lernen an und mit religiös-kulturellen Artefakten[201], über außerschulische Exkursionen[202], über digitale Lernplattformen[203], über Musik, Kunst und andere kulturelle Bezugskontexte. Der Mehrwert der Auseinandersetzung mit Kunst, Musik, Literatur und Zeugnissen anderer Religionen und Bekenntnisse liege, so Boehme, über der Aneignung von religionskundlichen Kenntnissen hinaus vor allem in der Befähigung, die Perspektive der Anderen von innen heraus nachzuvollziehen, ggf. zu wechseln.[204]

2) Interreligiöse Begegnung anhand von Trainings
Nach Boehme werden die Ebenen der Performanz und der Reflexion durch Methoden des interkulturellen Trainings angeregt, welche in einem von Joachim Willems vorgelegten Modell im interreligiösen Lernen anhand von sogenannten ‚critical incidents' erlernt werden.

> Von interkulturellen bzw. interreligiösen Überschneidungssituationen spricht man, wenn sich in einer Situation kulturell oder religiös bedingte Codes, Interpretationen und Deutungen dieser Situation überlappen und wenn sich daraus Missverständnisse oder Verunsicherungen ergeben – oder auch der exotische Reiz einer Situation.[205]

---

198   Vgl. Boehme (2019), S. 2
199   Vgl. Boehme (2019), S. 2
200   Vgl. didaktischer Ansatz des doppelten Individuenrekurses nach Karlo Meyer, s. Kapitel *2.5.1 Der doppelte Individuenrekurs nach Karlo Meyer*
201   Vgl. z. B. Kamcılı-Yıldız, N., Sajak, C. P. & Schlick-Bamberger, G. (2022).
202   Gärtner, C. & Bettin, N. (2015). *Interreligiöses Lernen an außerschulischen Lernorten. Empirische Erkundungen zu didaktisch inszenierten Begegnungen mit dem Judentum.* Berlin: LIT.
203   Vgl. online Zugriff: www.relithek.de, www.religionen-entdecken.de
204   Vgl. Boehme (2019), S. 3
205   Willems (2011), S. 207

3) Interreligiöse Begegnung zwischen Personen
Die von Stephan Leimgruber beschriebene Begegnung von Angesicht zu Angesicht als *Königsweg*[206] erwies sich in den letzten Jahren zwar als richtungsweisend, jedoch ebenso differenzierungsbedürftig. Boehme unterscheidet dabei zwischen fünf Aspekten:

> 1. interreligiöse Alltagsbegegnungen von Personen unterschiedlicher religiöser Bekenntnisse „in der täglichen Lebenspraxis" [...], 2. Initiativen von teilnehmerorientierten interreligiösen Begegnungen zwischen Teilnehmer(gruppen) unterschiedlicher Bekenntnisse (z. B. Tag der Religionen in deutschen Städten), 3. zeitlich begrenzte interreligiöse Begegnungen mit theologisch ausgewiesenen Experten fremder Bekenntnisse (z. B. durch Einladung), 4. interreligiöse Begegnungen durch von theologisch ausgewiesenen Experten fremder Bekenntnisse angeregte Lernprozesse (z. B. durch Teamteaching oder Delegations- bzw. Wechselunterricht) und 5. didaktisch angeleitete teilnehmerorientierte Begegnungen unter den Teilnehmenden unterschiedlicher weltanschaulicher und/oder religiöser Bekenntnisse (z. B. im Großgruppenunterricht, Parallelunterricht oder in Lernprojekten).[207]

In den religionspädagogisch geführten Diskussionen über die Bedeutung von Begegnungsprozessen interreligiöser Kompetenzen in schulischen Kontexten kristallisierten sich die Bedeutungsdifferenzen von *interreligiösen Begegnungen* und *didaktisch angeleitetem Begegnungslernen* heraus.[208]

Inzwischen dürfe es Konsens sein, so Boehme, dass Begegnungen mit Personen anderer religiöser oder weltanschaulicher Orientierung nicht per se interreligiöse Lernprozesse anbahnen, sondern bestimmte Bedingungen erfüllen müssen, um zu gelingen.[209]

So erscheint beispielsweise zunächst eine strukturelle Herausforderung im schulischen Kontext hinsichtlich authentischer und natürlicher Begegnungen religiös heterogener Lerngruppen zu bestehen, da diese zumeist konfessionell getrennt sind, weshalb es zu keinem Begegnungslernen auf Augenhöhe durch eine balancierte Verteilung von Schüler:innen verschiedener Religionshintergründe im Religionsunterricht kommen kann. Wenn es zu einem Begegnungslernen in Unterrichtssituationen kommt, dann oftmals in ungleichen Verhältnissen unter den Teilnehmenden, wie bspw. einerseits durch eine Person (Externe:r oder Schüler:in), dessen religiöser Hintergrund anders konstituiert ist als der der Mehrheit und andererseits durch die Lerngruppe. Es kommt zu einem strukturellen Ungleichgewicht und einer einseitigen Dialogsituation,

---

206 Leimgruber (2007), S. 21
207 Boehme (2019), S. 3f.
208 Vgl. Boehme (2019), S. 9
209 Vgl. Boehme (2019), S. 9

in der zumeist immer die:der ausgewählte Religionsvertreter:in mit Fragen konfrontiert wird, aber kaum Fragen an Einzelne der Lerngruppe zurück-gestellt werden.[210]

Eine weitere sich daran anschließende Diskussion umfasst die Frage, ob sich authentisches Begegnungslernen in schulischen Kontexten ereignen kann. Authentizität in Schule sei immer nur in inszenatorischer Gebrochen-heit denkbar[211], so Bernhard Dressler. Er schreibt, dass es im schulischen Unterricht (als unterschieden von der Schule als einem Lebensort, in dem Reli-gion als kulturelle Praxis gepflegt werde) keine authentische Religionspraxis gebe.[212] Und Ulrike Baumann führt fort, dass die pädagogische Diskussion nicht mit dem Mythos der Authentizität belastet werden solle.[213] Begegnungs-situationen mit Menschen, die ihre religiöse Identität bewusst wahrnehmen und authentisch leben, lassen sich in einem konfessionellen Religionsunter-richt nur schwer umsetzen, da eine Vielzahl an religiöser Heterogenität nicht gegeben ist. Unabhängig von der Diskussion um Authentizität kann sich das subjektive Erleben und Empfinden des Lernenden in den unterschiedlichen Begegnungskontexten zeigen.[214] Des Weiteren kritisiert Georg Langenhorst die „beschworene Hochschätzung von ‚Begegnung'"[215], in der unreflektiert und für völlig selbstverständlich davon ausgegangen werde, dass eine Bereicherung immer positiv sein müsse, mehr Verständnis füreinander bringe und näher zueinander führe.[216] Das bedeutet, so positiv, bewusstseinserweiternd und empathisch motivierend eine Begegnung auch sein kann, so gilt auch umgekehrt: Kontraproduktive Wirkungseffekte können hervorgerufen wer-den, Vorerfahrungen negativ bestätigen und Gräben vertieft werden.[217] Darü-ber hinaus können direkte Zuschreibungen von „der Muslim" und „die Jüdin"

---

210   Verschiedene Ansätze wurden als Reaktion darauf bereits entwickelt: u. a. auf strukturell-didaktischer Ebene durch das fächerkooperierende interreligiöse Begegnungslernen nach Katja Boehme (vgl. Boehme (2019, S. 9ff.) oder didaktisch innerhalb des Unterrichts bspw. durch den Ansatz des doppelten Individuenrekurses nach Meyer, der ein media-les Begegnungslernen ermöglicht und verhindert, dass Schüler:innen Expert:innenrollen einnehmen.

211   Vgl. Dressler (2003), S. 121

212   Vgl. Dressler (2015), S. 2

213   Vgl. Baumann in Schreiner et al. (2005), S. 402

214   Hier möchte ich zurückführen auf die vier unterschiedlichen Aspekte des interpersonalen Begegnungslernens nach Katja Boehme

215   Langenhorst in Burrichter, Langenhorst & von Stosch (2015), S. 101

216   Vgl. Langenhorst in Burrichter, Langenhorst & von Stosch (2015), S. 101

217   Vgl. Langenhorst in Burrichter, Langenhorst & von Stosch (2015), S. 100f.

intensiviert oder ein role-taking von „Expert:innenrollen"[218] der Schüler:innen unterstützt werden. Daher gilt es als Lehrperson die Situation stets interreligiös sensibel einzuschätzen, um Etwaiges zu vermeiden.

2.9.2 *Zeugnislernen*

> Der Grundgedanke dieses neuen Ansatzes [‚A Gift to the Child'] ist es, eine Religion mittels eines Items/Kultgegenstandes (die ‚Gabe', das ‚Zeugnis', das ‚Artefakt') den Schülerinnen und Schülern vorzustellen und so einen religiösen Lernprozess zu initiieren.[219]

Das Zeugnislernen ist ein deutschsprachige Weiterentwicklung des Konzepts *A Gift to the Child*, welches die britischen Religionspädagogen John Hull und Michael Grimmit angesichts der Organisationsform eines multireligiösen Religionsunterrichtes Anfang der 1990er Jahre in England entwickelten.[220] Der Grundgedanke des Ansatzes ist es, eine Religion mittels eines Items, religiös- kulturellen Gegenstandes, Artefakt, Gabe[221] den Schüler:innen vorzustellen und so einen Impuls für religiöse Lernprozesse zu initiieren. Ein solches Item soll die Gabe für die religiöse und spirituelle Entwicklung des Kindes sein. Das kann beispielsweise das Wort „Halleluja" sein, ein Klang (der Gebetsruf eines Muezzins), eine Geschichte (Jona und der Wal) eine Statue (Ganesha, der Elefantengott), ein Aspekt spiritueller Realität (ein Engel) oder eine Person (ein buddhistischer Mönch). Wichtig sei, so Sajak, dass folgende

---

218 Insbesondere bei Grundschüler:innen ist dieser Aspekt komplex: *„Kinder der eigenen Klasse oder Schule zu befragen, ist eine Entscheidung, die von der Lehrkraft besonders achtsam getroffen werden sollte. Nicht jedes Kind möchte und kann Auskunft über die eigene Religiosität und/oder die zugehörige Religionsgemeinschaft geben. Dies gilt es zu akzeptieren. Darüber hinaus kann die Befragung einzelner Kinder zu Zuschreibungen führen, wenn sie als „Muslime" oder „Juden" befragt werden. Diese Problematik sollte die Lehrkraft sensibel im Blick behalten. Kinder, die darüber gerne berichten möchten, sollten in diesem Kontext von den Lehrkräften begleitet werden. Auskünfte über die eigene Religiosität bleiben grundsätzlich als individuelle Glaubenshaltung ohne Bewertung. Lediglich, wenn sich in ihnen religionskundliches Halbwissen spiegelt, ist dies behutsam zu korrigieren."* Gaida in Freudenberger-Lötz (2023), S. 17

219 Sajak (2018), S. 63

220 Gemeinsam mit einem Team aus Lehrenden versuchten John Hull und Michael Grimmitt im Rahmen zweier Forschungsprojekte *Religious Education in the Early Years* (1987–1992) und *Religion in the Service of the Child* (1989–1992)) ein Konzept für interreligiöses Lernen im Religionsunterricht zu entwickeln.

221 Diese Bezeichnungen tauchen im Kontext des Zeugnislernens auf und sind dadurch auch z. T. unterschiedlich definiert. Im Folgenden wird von religiös-kulturellen Gegenständen oder Items gesprochen. Vgl. Sajak (2023), S. 17

Kriterien erfüllt sein müssen: *„Das Item soll exemplarisch für Leben und Glauben der betreffen Religionsgemeinschaft sein. Das Item soll eine numinose Aura besitzen, die ein Gefühl von Heiligkeit hervorruft. Das Item sollte bedeutsam für die Entwicklung und den Lernprozess des Kindes sein.“*[222] Der Ansatz von *A Gift to the Child* wurde von Karlo Meyer (1999)[223], Clauß Peter Sajak (2005)[224] und Werner Haußmann (2005)[225] im deutschen Kontext Anfang der 2000er Jahre aufgenommen und weiterentwickelt.[226] Mit seiner Dissertationsschrift *Zeugnisse fremder Religionen im Unterricht* (1999) trägt Karlo Meyer maßgeblich dazu bei. Meyer stellt in seiner Arbeit insbesondere die Wichtigkeit von Personen und Praktiken, Heiligen Schriften, individuellen Aussagen, Geschichten, Klängen, Artefakten in den Vordergrund, so müssten auch diese im Unterricht als Zeugen eines anderen Welterlebens deutlich werden.[227]

> Mit ihnen verbinde sich jeweils eine Kultur religiösen Gebrauchs, die auf eine heilige, respektive transzendente Wirklichkeit ziele, die den Schülerinnen und Schülern anderer Traditionen in der Schule nicht unmittelbar zugänglich sei.[228]

Sajak entfaltet gemeinsam mit der katholischen Kollegin Ann-Kathrin Muth das Zeugnislernen ausführlich in der praxisorientierten Literatur „Kippa, Kelch, Koran"[229] (2010) an 25 Zeugnissen aus Judentum, Christentum, Islam, Hinduis-

---

222   Sajak (2018), S. 62
223   Meyer, K. (1999). *Zeugnisse fremder Religionen.* „Weltreligionen" im deutschen und englischen Religionsunterricht. Neukirchen-Vluyn: Neukirchener.
224   Sajak, C. P. (2010). *Das Fremde als Gabe begreifen. Auf dem Weg zu einer Didaktik der Religionen aus katholischer Perspektive* (2. Aufl.). Berlin: LIT. Die Erstauflage erschien 2005. Im Literaturverzeichnis wird die Literatur als 2. Auflage (2010) aufgeführt und ist daher hier zitiert.
225   Haußmann, W. & Lähnemann, J. (2005). *Dein Glaube – mein Glaube. Interreligiöses Lernen in der Schule und Gemeinde.* Göttingen: Vandenhoeck & Ruprecht.
226   Vgl. Sajak (2018), S. 62, vgl. Meyer & Tautz (2020), S. 5
227   Vgl. Meyer & Tautz (2020), S. 8
228   Meyer & Tautz (2000), S. 8
229   Vgl. Sajak (2010), S. 7 beschreibt in dem Vorwort des Buches „Kippa, Kelch, Koran" (2010) den Aufbau und die Vorgehensweise des Buches, welches nicht nur zur Wissensaneignung dienen soll, sondern auch Vorschläge und Angebote für methodische, didaktische Umsetzungen in Lehrsituationen enthält. So wurde zu jedem der 25 Zeugnisse ein fünfschrittiger Baustein entwickelt, der das jeweilige Thema, die zu entwickelnde Kompetenzen, Hintergrundwissen, didaktische Kontexte und methodische Schritte aufführt. Auch in diesem Werk betont Sajak die Orientierung an dem englischen Konzept „A Gift to the Child" (1991) von Hull und Grimmitt und deren deutschen Weiterleitung des Zeugnislernens von Leimgruber, Haußmann und Meyer.

mus und Buddhismus.[230] Zunächst in katholischer Einheit (2010)[231], zeigt die Neuauflage (2022)[232] nun eine trialogische Autor:innenschaft, die ihre Perspektiven authentisch einbringt. Verändert hat sich nicht nur die interreligiöse Autor:innenschaft, die Inhalte und Konzept nun gleichwertig mitgestaltet, sondern auch die schulstufenspezifische Zuspitzung auf den Grundschulbereich.[233] Vorsichtig wird auch das zu orientierende Kerncurriculum des Religionsunterrichts durch Themen wie das Zeugnislernen geweitet.[234]

Charakteristisch ist für das Zeugnislernen der methodische Vierschritt, vier Phasen der Begegnungen, in denen der Gegenstand entdeckt werden kann.[235]

A) *Die Phase der inneren Beteiligung*
– Der Gegenstand wird so vorgestellt, dass es das Interesse der Lerngruppe weckt.

B) *Phase der Exploration*
– Die Schüler:innen werden aufgefordert den Gegenstand auf verschiedenen Sinneszugängen genauer zu untersuchen.
– Es ereignet sich die konkrete Begegnung mit dem Gegenstand.

C) *Phase der Kontextualisierung*
– In dieser Phase wird aufgezeigt, in welchem Kontext der Gegenstand im religiösen Alltag steht, bspw. wird der Muezzin in seiner Funktion vor dem Gebet gezeigt.
– Ziel: Den Kindern wird die Bedeutung des religiösen Gegenstandes für die Gemeinschaft bewusst.

D) *Phase der Reflexion*
– Ein lebensweltlicher Bezug erfolgt: Schüler:innen werden aufgefordert eine Verbindung zwischen Gegenstand und eigener Lebenswelt herzustellen, bspw. werden die Schüler:innen dazu angeregt sich vorzustellen auf einen hohen Turm zu steigen und der Schulgemeinde etwas zurufen zu können.

---

230 Vgl. Sajak (2018), S. 64
231 Sajak, C. P. & Muth, A.-K. (2010). *Kippa, Kelch, Koran. Interreligiöses Lernen mit Zeugnissen der Weltreligionen.* München: Kösel Verlag.
232 Kamcılı-Yıldız, N., Sajak, C. P. & Schlick-Bamberger, G. (2022). *Kippa, Kelch, Koran. Mit religiösen Gegenständen Judentum, Christentum und Islam erschließen.* München: Don Bosco Medien.
233 Vgl. Kamcılı-Yıldız, Sajak, & Schlick-Bamberger, G. (2022), S. 6
234 Vgl. Schreiner (2022), S. 195
235 Vgl. Kamcılı-Yıldız, N., Sajak, C. P. & Schlick-Bamberger, G. (2022), S. 12f., nach dem britischen Vorbild ‚A Gift to the Child' von Grimmit et al. (1991)

Herausforderungen des Zeugnislernens werden an folgender Stelle sichtbar:
Einerseits wird das Heilige (z. B. Heilige Schriften) betont, andererseits muss
das Heilige im Klassengeschehen mit den pädagogischen Interessen und
Entscheidungen vereinbart und somit auf Lernziele und Kompetenzen ausgerichtet werden.[236] Es benötigt daher immer einen Kompromiss zwischen
religiös ge- und erlebtem Anspruch und einer pädagogisch und künstlich
initiierten Lernsituation. Aus dieser Spannung heraus schließt sich die Diskussion um eine definitorische Begriffsbestimmung an: Zeugnis, Item, religiös-
kultureller Gegenstand, Gabe oder Artefakt. Im religionspädagogischen
Diskurs werden die unterschiedlichen Begriffe rege diskutiert, da die unterschiedlichen Begriffe konkrete Implikationen für das didaktische Verständnis
des Zeugnislernens zur Folge haben kann.[237] In der Erprobung des methodischen Vorschlags kann es in der Explorationsphase zu performativen Sequenzen innerhalb der Lerngruppe kommen, z. B. wenn eine Kippa oder das Hijab
aufgesetzt werden. In der Durchführung performativen Lernens liegt eine
Chance insbesondere auf der emotional-affektiven Lerndimension, zugleich
aber auch die Herausforderung, diese als Lehrperson pädagogisch professionell begleiten zu können, sodass z. B. religiöse Gefühle der Lernenden gewahrt
werden oder keine religiöse Überwältigung oder Vereinnahmung der Lernenden erfolgt. Darüber hinaus erfordert der Ansatz eine interreligiöse Kompetenz, insbesondere fundiertes religionskundliches Wissen der Lehrperson.

Chancen des Zeugnislernens liegen im Konzept, das für motivationale,
emotionale, interpersonale und performative Lernanlässe Begegnungsräume
eröffnet. Der dialogische Teil, den die Methodik des Zeugnislernens eröffnet,
bietet die Chance, dass einzelne Schüler:innen aus ihrem religiösen Erleben
oder ihren Beobachtungen heraus berichten können. Das beugt einer ober-
flächlichen Behandlung von Religionen vor.[238]

2.9.3   *Performanzorientiertes Lernen*
Elemente des performanzorientierten[239] Lernens können sich im Kontext
interreligiösen Lernens ergeben, z. B. in der Exploration religiös-kultureller
Items innerhalb des Zeugnislernens oder im Rahmen von multireligiösen

---

236   Vgl. Meyer & Tautz (2020), S. 7f.
237   „Wie wird das Item im Religionsunterricht eingesetzt, wenn es als ein Artefakt oder als ein
      religiöser Gegenstand definiert wird? Welche Rolle spielt dabei das Heilige des Items?"
238   Vgl. Kamcılı-Yıldız, Sajak, & Schlick-Bamberger, G. (2022), S. 14f.
239   Im Rahmen dieses Ansatzes existieren weitere Begriffe, wie das „performative Lernen"
      oder der „performativen Religionsdidaktik". Die Begriffsunterscheidung ist auf die Dis-
      kussion, um das Verhältnis von didaktischer Inszenierung und authentischer Praxis,
      zurückzuführen. Dies wird im Folgenden konkreter beleuchtet.

Festen an Schulen. Als ein Konzept, das ursprünglich religionspädagogisch für den evangelischen und katholischen Unterricht konzipiert wurde, müssen nun Chancen und Grenzen für ein Konzept entwickelt werden, das eine religiös und weltanschaulich heterogenere Schülerschaft in den Blick nimmt.[240]

Der Ansatz performanzorientierten Lernens wird seit Anfang der 2000er vermehrt in den Diskurs eingebracht, u. a. evangelischerseits durch Bernard Dressler und Michael Meyer-Blanck (1998)[241], Thomas Klie (2008)[242] und katholischerseits durch Hans Mendl (2005)[243]. Der Ansatz reagiert auf die zunehmend fehlende religiöse Sozialisation der Schüler:innen[244] und auf das Anliegen, mehr Form und Gestalt in den Religionsunterricht zu bringen.[245] Praktisch wurde und wird intendiert, Religionsunterricht mehr mit kreativen, aktiven, liturgischen dramaturgischen, experimentellen oder formmäßigen Elementen zu verbinden.[246]

Im Kontext interreligiösen Lernen können sich performanzorientierte Elemente im Begegnungslernen immer wieder zeigen, wie z. B. im Dialog mit Schüler:innen anderer Religionshintergründe oder während einer Exkursion in eine Synagoge, Kirche oder Moschee dazu anregen, diese religiös authentischen Performanzen der Gläubigen nachzuvollziehen. Die Begegnungen ermöglichen dabei, dass nicht nur kognitive Dimensionen im Lernprozess gefördert werden.

> Wir wissen von der Lernpsychologie her um die Bedeutung einer Vernetzung verschiedener Lerndomänen, damit träges Wissen vermieden und intelligentes Wissen aufgebaut werden kann [...]. Verstehen und Behalten werden gefördert, wenn prozedurale, implizite und deklarative Wissensebenen miteinander intelligent verschränkt werden. Nach einem grundlegend konstruktivistischen Lernverständnis ereignet sich Lernen als ein aktiver und konstruktiver Prozess des lernenden Subjekts; erfolgreich wird vor allem dann gelernt, wenn Lernprozesse kontextualisiert und situativ gebunden initiiert werden.[247]

---

240 Dieses Anliegen formuliert auch Hans Mendl als Zukunftsaufgabe. Vgl. Mendl (2019b), S. 10

241 Dressler, B. & Meyer-Blank, M. (1998). *Religion zeigen. Religionspädagogik und Semiotik.* Münster: LIT.

242 Klie, T. (2008). *Performative Religionsdidaktik. Religionsästhetik – Lernorte – Unterrichtspraxis.* Stuttgart: Kohlhammer.

243 Mendl, H. (2005). *Konstruktivistische Religionspädagogik. Ein Arbeitsbuch.* Münster: LIT Verlag.

244 Vgl. Mendl (2019b), S. 1f., vgl. Dressler (2015), S. 2

245 Vgl. Mandl-Schmidt in Mendl (2016), S. 149

246 Vgl. Mandl-Schmidt in Mendl (2016), S. 149f.

247 Mendl (2019b), S. 2f.

So können sich (didaktisch weniger oder mehr geplante) Situationen ergeben, in denen religiöse Handlungen performanzorientiert darstellerisch vollzogen werden können. Dressler sieht dabei einen engen Zusammenhang zur Fähigkeit des Perspektivenwechsels.[248]

> Es geht um Teilnahme und Beobachtung, d. h. um das Verhältnis von experimenteller Ingebrauchnahme religiöser (nicht, oder erst in zweiter Hinsicht: theologischer) Kommunikation und deren systematischer (im wissenschaftspropädeutischen Unterricht der Sekundarstufe II dann auch theologischer) Reflexion.[249]

Im Rahmen der Didaktik zeigt sich ein belebter Diskurs, um Problemdarstellungen und Kritiken, die konstruktiv-kritisch gegenübergestellt werden.[250] Es scheint sich dabei eine Unterscheidung hinsichtlich der evangelischen und katholischen Konzepte zu zeigen. Ein Problemfeld ist die Diskussion um das Verhältnis von didaktischer Inszenierung und gelebter religiös authentischer Praxis.

Nach Dressler darf der Ansatz nicht mit authentischem religiösem Handeln verwechselt werden. Der Unterricht sei überfordert, wenn er Religion „erleben" solle. Der schulische Raum und die Unterrichtszeit seien als besonderer Lernraum und besondere Lernzeit atmosphärisch zu stark besetzt und durch das Arrangement schulischer Regeln von der Lebenswirklichkeit zu stark unterschieden, als dass in ihnen authentische religiöse Erlebnisse in einem didaktisch operationalisierbaren Sinn möglich wären, so Dressler.[251] Und Hanna Roose ergänzt, dass eine reflektierte Performance möglich sei, aber keine echte religiöse Sprechhandlung im Sinne einer sprechakttheoretisch fundierten Performativität.[252]

> Im Religionsunterricht geht es gar nicht darum – weder „authentisch" noch „probeweise" – zu glauben, sondern darum, den Modus religiösen Weltzugangs zu verstehen, also auch darum, dass die konstitutive semantische Bedeutung kommunikativer Vollzüge nicht nur aus didaktischen, sondern aus sachlichen Gründen des Gegenstandsbezugs bei religiösen Lernprozessen berücksichtigt werden muss.[253]

---

248   Vgl. Dressler (2015), S. 7
249   Dressler (2015), S. 7
250   beispielsweise zusammengefasst bei Mandl-Schmidt in Mendl (2016), S. 150–158
251   Vgl. Dressler (2015), S. 4f.
252   Vgl. Roose (2006), S. 112
253   Dressler (2015), S. 8

Hans Mendl entwickelt daraufhin ein katholisches Pendant, dass die Grenzen zwischen didaktischer Inszenierung und authentischer Praxis aufweicht, da ihm die radikale Unterscheidung sowohl bildungstheoretisch als auch religionsdidaktisch zunehmend als künstlich und wenig praxistauglich scheine.[254] Ziel seines Konzeptes, das er performatives Lernen nennt, ist ein Verstehen von Religion, nicht das Vertrautwerden, keine Missionierung. Es ginge um das bessere Verstehen von religiösen Zusammenhängen, Handlungsvollzügen und Ereignissen,[255] in welchen die Schüler:innen eigenständig entscheiden sollen, ob sie in Teilnehmer:innen- oder Beobachter:innen-Perspektive bleiben wollen.[256]

2.10   Interreligiöse Kompetenzmodelle

> Tatsächlich lässt sich kaum sinnvoll bestreiten, dass alle geplanten Lehr-Lern-Prozesse ihr Maß am Lernerfolg oder eben im Kompetenzerwerb finden. Deshalb muss die Frage nach interreligiöser Kompetenz gestellt und beantwortet werden.[257]

Da Empathie und im Besonderen Perspektivenwechsel als zentrale Kompetenzen interreligiösen Lernens in zahlreichen Publikationen[258] benannt werden,[259] wird im Folgenden ein Überblick interreligiöser Kompetenzmodelle gegebenen.

Seit den 2000ern gibt es eine breite Diskussion über Kompetenzmodelle und Bildungsstandards, welche insbesondere durch Anstöße der PISA-Studie resultierte. Entsprechende Überblicksdarstellungen erfolgten daraufhin auch im religionspädagogischen Bereich.

Bevor der Begriff der *interreligiösen Kompetenz* geklärt werden kann, muss zunächst der Grundbegriff der *Kompetenz* skizziert werden. Eine einheitliche Definition von Kompetenz sei im Bereich der verschiedenen Wissenschaften nicht vorhanden. Ihre Bedeutung sei kontextabhängig, so Bloch.[260] Schweitzer verweist in einem Definitionsversuch des Kompetenzbegriffs dabei auf den

---

254 Vgl. Mendl (2019b), S. 5
255 Vgl. Mendl (2019b), S. 8
256 Vgl. Mendl (2019b), S. 7
257 Schweitzer (2014), S. 147
258 S. exemplarisch: Schweitzer (2022), S.282f., Meyer (2019), S. 303ff., vgl. Schweitzer et al. (2017), S. 25, von Stosch (2012), S. 161ff.
259 S. dazu Kapitel *3.2. Empathie und Perspektivenwechsel im interreligiösen Lernen – Eine Verortung der Begriffe für die vorliegende Studie*
260 Vgl. Bloch (2018), S. 56f.

des Psychologen Franz W. Weinert. Seinen Ansatz verwendeten unterschied-liche Expertisen, wie beispielsweise die Klieme-Expertise zur Entwicklung nationaler Bildungsstandards (2003).[261]

> Dabei versteht man unter Kompetenzen die bei Individuen verfügbaren oder durch sie erlernbaren kognitiven Fähigkeiten und Fertigkeiten, um bestimmte Probleme zu lösen, sowie die damit verbundenen motivationalen, volitionalen und sozialen Bereitschaften und Fähigkeiten, [sic] um die Problemlösungen in variablen Situationen erfolgreich und verantwortungsvoll nutzen zu können.[262]

Die Bildungsstandards beziehen sich auf die Kompetenzen und deren Aus-prägungen bei den Lernenden. Das bedeutet, bevor Bildungsstandards formu-liert werden können, braucht es entsprechende Kompetenzmodelle. Generell bestimmen Bildungsstandards Ziele für die pädagogische Arbeit und die Lern-ergebnisse von Schüler:innen. Bildungsstandards sind somit auch formu-lierte Anforderungen an das Lehren und Lernen im Kontext Schule. Laut des Klieme- Gutachtens sollen Kompetenzmodelle im Hinblick auf die Bildungs-standards Antworten auf folgende Fragen geben können: Welche Kompo-nenten gehören zu einer Kompetenz (a) und wie ist diese entsprechende Kompetenz in seiner Weise beschrieben, um den erreichten Kompetenz-erwerb erfassen zu können. Diese solle im Sinne eines Entwicklungsmodells angelegt sein, sodass einzelne Niveaustufen bei den Schüler:innen festgestellt werden können.[263]

Dabei sei in der gesamten Diskussion über Kompetenzen und Bildungs-standards die Forderung kennzeichnend, dass die Kompetenzausprägung, entsprechend wie sie von Bildungsstandard formuliert und gefordert werde, mithilfe empirischer Methoden überprüft werden müsse, so Schweitzer.[264]

Unter *religiöser Kompetenz* wird in einem relativen Konsens innerhalb der Forschung eine „reflektierte Partizipationsfähigkeit an Religionen über-haupt sowie ‚die Fähigkeit, sich reflektierend mit religiösen Phänomenen aus-einanderzusetzen'"[265] verstanden.

Die vorangegangenen Kapitel haben die Historie und die unterschied-lichen Entwicklungslinien interreligiösen Lernens aufgezeigt. Dabei wurde verdeutlicht, dass unterschiedliche Paradigmenwechsel nun zu einem subjek-torientierteren Ansatz führten, also somit das lernende Subjekt im Zentrum

---

261   Vgl. Schweitzer (2014), S. 147
262   Weinert, S. 27f.
263   Vgl. Klieme et al. (2003), S. 74
264   Vgl. Schweitzer (2014), S. 148
265   Bloch (2018), S. 59

steht. Darauf sind auch entsprechende interreligiöse Kompetenzmodelle ausgerichtet. Unter *interreligiösen Kompetenzen* versteht man nun dabei die Fertigkeiten und Fähigkeiten, mit denen sich die Schüler:innen das Wissen über den eigenen Glauben, die eigene Religion, aber auch die Glaubensvorstellungen und Lebenspraktiken anderer kennenlernen und aneignen können.[266] Es zeichnet sich ab, dass insbesondere ab 2011 Entwürfe interreligiöser Kompetenzmodelle durch die Arbeiten von Clauß Peter Sajak und Ann-Kathrin Muth (2011)[267], Joachim Willems (2011)[268], Max Bernlochner (2013)[269] und Mirjam Schambeck (2013)[270] Einzug in den bildungstheoretischen Diskurs fanden. Damit zeigt sich, dass die Forschung zu empirisch validierten Kompetenzmodellen der interreligiösen Kompetenz noch recht jung ist. Johannes Lähnemann ist mit seinem Aufsatz von 2005[271] als einer der ersten Vordenker in diesem Bereich zu nennen.

Im Folgenden sollen nun Zusammenfassungen zentraler religionspädagogischer Modelle von Willems (2011) und Schambeck (2013) skizziert werden, um einen Einblick in interreligiöse Kompetenzmodelle zu geben.

Interreligiöse Kompetenz nach Joachim Willems
Joachim Willems' Modell (2011) bezieht sich ausdrücklich auf die aktuelle Kompetenzdiskussion in der Bildungsforschung. Dort werden die beschrieben Teilkompetenzen nun interreligiös wie folgt benannt:
– Interreligiöse Deutungs- und Urteilskompetenz,
– Interreligiöse Partizipations- und Handlungskompetenz,
– Interreligiös relevante Kenntnisse.[272]
Die interreligiöse *Deutungs- und Urteilskompetenz* inkludiert verschiedene hermeneutische Fähigkeiten wie beispielsweise den Perspektivenwechsel, mithilfe dessen Sachverhalte aus verschiedenen Positionen oder interreligiöse

---

266 Vgl. Sajak (2018), S. 30

267 Sajak, C. P. & Muth, A.-K. (2011). *Standards für das trialogische Lernen. Interkulturelle und interreligiöse Kompetenz in der Schule fördern.* Bad Homburg v.d.h.: Herbert-Quandt-Stiftung.

268 Willems, J. (2011). *Interreligiöse Kompetenz. Theoretische Grundlagen – Konzeptualisierungen – Unterrichtsmethoden.* Wiesbaden: VS Verlag für Sozialwissenschaften.

269 Bernlochner, M. (2013). *Interkulturell-interreligiöse Kompetenz. Positionen und Perspektiven interreligiösen Lernens im Blick auf den Islam.* Paderborn: Schöningh.

270 Schambeck, M. (2013). *Interreligiöse Kompetenz.* Göttingen: Vandenhoeck & Ruprecht Verlage.

271 Lähnemann (2005). Lernergebnisse: Kompetenzen und Standards interreligiösen Lernens. In: P. Schreiner, U. Sieg & V. Elsenbast (Hrsg.), *Handbuch Interreligiöses Lernen.* Handbuch, S. 409–421

272 Vgl. Willems (2011), S. 168f.

Situationen erkannt, expliziert, hinterfragt und beurteilt werden können.[273] Die interreligiöse *Partizipations- und Handlungskompetenz* umfasst, interreligiöse Gespräche führen zu können (kommunikative Kompetenzen), sich darin reflektiert und achtsam (im Hinblick auf sich und dem Gegenüber) bewegen zu können, und mögliche Handlungsalternativen bei interreligiösen *Critical Incidents*[274] – wie Willems sie nennt – zu finden, zu reflektieren und umzusetzen. Die *interreligiös relevanten Kenntnisse* umfassen religionskundliches Wissen, das sich nicht nur auf interreligiöse und religiöse Inhalte beschränkt, sondern auch seine Subsysteme wie Politik, Recht, Bildung, Medien, Moral und die vielfältigen Erscheinungsformen und Lebensstile Menschen verschiedener Religionen in der Gegenwart beleuchtet.[275]

Im Allgemeinen kann laut Joachim Willems eine interreligiöse Kompetenz als eine Kompetenz definiert werden, sich in einer pluralen Welt zu orientieren und auch in ihr handeln zu können.[276] Nach Willems geht es im Sinne einer kompetenzorientierten interreligiösen Didaktik darum, von den Outputs der Schüler:innen her zu denken, d. h. in welchen Anforderungssituationen erfahren die Schüler:innen interreligiöse (kritische) Begegnungen und welche Kompetenzen werden dafür benötigt.[277]

Orientiert am Stufenmodell interkultureller Sensibilität nach Milton J. Bennett und den Niveaustufen religiöser Deutungskompetenz (RU-Bi-Qua und KERK) unterscheidet Joachim Willems in zwei Niveaustufen: *konfessiozentrische*[278] und *konfessioreflexive Stufe*[279].

Unterscheidendes Merkmal solle sein, so Friedrich Schweitzer über Joachim Willems Modell, andere Weltansichten als in sich stimmige Interpretation der Welt würdigen zu können.[280] Dabei ist der Perspektivenwechsel als zentrale Fähigkeit grundlegend.[281] Diese Beschreibungen sind laut Schweitzer plausibel, jedoch nicht empirisch validiert. Die Konzeption des Modells beruht daher bisher auf rein theoretischer Basis und verlangt nach empirischer

---

273 Vgl. Willems (2011), S. 168
274 Willems (2011), S. 169, beschreibt auf S. 258 *Critical Incidents* als kritische Vorfälle bzw. *„Situationen, in denen die Beteiligten jeweils in Übereinstimmung mit unterschiedlichen kulturellen bzw. religiösen Deutungs- und Kommunikationsmustern interagieren und früher oder später überrascht sind, weil die Handlung des Interaktionspartners vor dem Hintergrund der eigenen Muster keinen ‚Sinn' mehr macht."*
275 Vgl. Willems (2011), S. 169
276 Vgl. Willems (2011), S. 165
277 Vgl. Willems (2011b), S. 208
278 Willems (2011), S. 264
279 Willems (2011), S. 264
280 Vgl. Schweitzer (2014), S. 152
281 Vgl. Bloch (2018), S. 73

Überprüfung.[282] Zudem erwähnt Friedrich Schweitzer, dass Joachim Willems'
Modell fast vollständig eine theologische Begründung seines Verständnisses
interreligiöse Kompetenz fehle, was als empfindliche Lücke anzusprechen
sei.[283]

Interreligiöse Kompetenz nach Mirjam Schambeck
Mirjam Schambeck beschreibt interreligiöse Kompetenz als eine Diversifika-
tions- und Relationskompetenz, sprich als Fähigkeit, *„Eigenes und Fremdes zu
unterscheiden (Diversifikationskompetenz[284]) und zugleich Eigenes und Fremdes
miteinander in Beziehung zu setzen und miteinander zu vermitteln (Relationskompetenz[285])."[286]* Dahingehend beschreibt auch Alina Bloch Mirjam Scham-
becks Modell *als „ein fortwährendes Zusammenspiel von Eigenem und Fremden,
von Gemeinsamkeiten und Unterschieden."[287]* Diese zwei Kompetenzbereiche
interreligiöser Kompetenz umfassen laut Mirjam Schambeck drei weitere Richtungen: (1), *ästhetischer Kompetenzbereich*, (2), *hermeneutisch-reflexiver und
hermeneutisch-kommunikativer Kompetenzbereich*, (3) *praktischer Kompetenzbereich*.[288]

Auffällig ist, so wie es auch Alina Bloch konstatiert, dass sich kaum gängige
Begrifflichkeiten der Kompetenzdebatte wiederfinden lassen, sondern eigene

---

282   Vgl. Schweitzer (2014), S. 152 & (2017), S. 45 Letzteres verweist Friedrich Schweitzer et al.
       auf die Notwendigkeit die religionspädagogische Theorie durch empirische Unter-
       suchungen zu überprüfen, um so tatsächliche Wirkungseffekte feststellen zu können.
       Diese verhelfen dabei entsprechende Ergebnisse zu validieren bzw. auch gegenteilige
       Effekte zu erkennen.
283   Vgl. Schweitzer (2014), S. 152
284   Vgl. Schambeck (2017), S. 177 im Sinne von *Unterscheidungsfähigkeit*
285   Vgl. Schambeck (2017), S. 177 im Sinne von *In-Beziehungssetzungsfähigkeit*
286   Schambeck (2013), S. 174 dabei steht für Schambeck die Liebe als übergeordnetes Krite-
       rium interreligiöser Bildung (vgl. S. 123ff.). Mirjam Schambeck orientiert sich theologisch
       hinsichtlich der Vereinbarung von Liebe und der Frage nach Wahrheit an den Aussagen
       des Theologen Karl Rahner (vgl. Schambeck (2013), S. 125f.) *„Weil Christus das Gute und
       die Wahrheit schlechthin ist, leuchtet überall dort, wo Gutes und Wahres geschieht, etwas
       von Christus auf."* (Schambeck (2013), S. 147, hier scheint deutlich die Nostra Aetate im
       gedanklichen Hintergrund der Verfasserin zu sein, worauf diese auch entsprechend ver-
       weist, vgl. Schambeck (2013), S. 147, Fußnote 52) Schweitzers Gedanken erscheinen nach-
       vollziehbar, dass dies praktisch zu einer Aporie führe: *„Entweder steht die Liebe, auf die
       sich die Autorin beruft, den Religionen unabhängig gegenüber bzw. über den Religionen, so
       dass die Ethik wiederum die Vorherrschaft über den Glauben gewinnt, oder es geht vor vorn-
       herein [...] um ein katholisches Verständnis von Liebe, wie es erst vom katholischen Glau-
       ben aus gewonnen werden kann. Eine katholisch interpretierte Liebe erlaubt aber kaum den
       Anspruch auf Universalität."* Schweitzer (2014), S. 153f.
287   Bloch (2018), S. 74
288   Vgl. Schambeck (2013), S. 177

Begriffsbestimmungen gefunden werden.[289] So kann unter der ästhetischen Kompetenz die Wahrnehmungs- und Deutungskompetenz verstanden werden, die hermeneutisch-reflexive und -kommunikative Kompetenz umfasst die Auseinandersetzung der eigenen religiösen Tradition mit dem anderen und auch der angemessenen Verbalisierung dessen. Der praktische Kompetenzbereich umfasst, den Blick für das Andere zu öffnen, sich darauf einzulassen. Der Perspektivenwechsel ist dabei zentral.[290] Dieser wird allerdings, anders als bei Joachim Willems, nicht als hermeneutische Fähigkeit gedeutet, sondern eher in einem entwicklungspsychologischen Kontext verstanden. So beschreibt Mirjam Schambeck, dass einen Perspektivenwechsel zu vollziehen mehr bedeute als ein intellektuelles Einnehmen der Perspektive des anderen, sondern vielmehr auch *„sich von der Sichtweise und dem Schicksal des anderen betreffen"*[291] zu lassen.[292]

Darüber hinaus entwickelt auch Schambeck, so wie Willems, ein theoretisches Niveaustufenmodell, das nicht auf empirischen Daten beruht. Niveaustufe 1 beinhaltet ein erstes Wahrnehmen des Anderen, mit welchem in Niveaustufe 2 eine konkrete Auseinandersetzung stattfindet. In Niveaustufe 3 soll das wahrgenommene und in kognitiven Konfigurationen „bearbeitete" Andere sich in seinem *Transformationspotential*[293] entfalten.

> Das bedeutet, dass sich die Lebenseinstellung, das Weltverhalten und Welthandeln der Lernerin/des Lerners aufgrund der ereigneten und angeeigneten Auseinandersetzung mit Religion verändern.[294]

Insofern sind Niveaustufe 1 und 2 als Fähigkeiten zu bezeichnen, währenddessen Niveaustufe 3 zu neuen Einstellungen, Haltungen und Handlungen motiviert und diese verändert.

Die subjektive Maxime ist laut Mirjam Schambeck dann erreicht, wenn Lernende sich auf Niveau 3 bewegen. Inwiefern jedoch Niveaustufe 3 als Lernziel im schulischen Kontext formuliert werden kann, ist m. E. fraglich. Und so schreibt auch Schambeck:

---

289   Vgl. Bloch (2018), S. 74
290   Vgl. Schambeck (2013), S. 178
291   Schambeck (2013), S. 178
292   Vgl. Schambeck (2013), S. 178
293   Schambeck (2013), S. 182
294   Schambeck (2013), S. 182

Es kann nicht darum gehen, Transformationsprozesse in Sachen Religionen zu verordnen. Das Ziel von Religionsunterricht ist also nicht erst dann erreicht, wenn Schüler/innen auf Niveau 3 der interreligiösen Kompetenz lernen.[295]

Es scheint sich im Blick auf theoretische Bestimmungen beider interreligiöser Kompetenzformulierungen folgender Kern bzw. folgende Übereinstimmungen abzuzeichnen:

– religionskundliches Wissen über die eigene und über andere Religionen erwerben, aber auch deren Subsysteme (Politik, Gesellschaft, Kultur etc.), sprich, das, was den religiösen Alltag von Individuen umgibt, kennen(lernen)
– Kommunikationskompetenz entwickeln im Sinne eines reflektierenden Ichs, das sich als ein Ich innerhalb seiner Umwelt begreift
– Perspektivenwechsel und Empathie als Schlüssel zu kognitiven und emotional/affektiven Lernprozessen miteinander anregen
– Handlungsfähigkeit und Motivation zur Veränderung eigener Einstellungen und Sichtweisen entwickeln.

Friedrich Schweitzer ergänzt dahingehend, dass Einstellungen wie Offenheit und Toleranz, auf die ohnehin in den Darstellungen interreligiösen Lernens zahlreich verwiesen wird, den Umgang mit Wissen und die Bereitschaft zum Perspektivenwechsel und dem daraus möglichen Handeln moderieren. Diese könnten insbesondere in emotionalen affektiven Situationen als Komponenten interreligiöser Kompetenz eine wichtige Voraussetzung bilden.[296]

So lassen sich drei Kompetenzen als eine Art Konsens in der religionspädagogischen Diskussion zusammenfassen: Perspektivenübernahme, Wissen und grundsätzliche Einstellungen.[297]

Zusammenfassend lässt sich festhalten, dass die religionspädagogische Debatte um interreligiöse Kompetenzmodelle noch längst nicht zu abgeschlossenen Ergebnissen geführt hat. Einerseits lassen sich sowohl in christlicher als auch islamischer religionspädagogischer Linie vielversprechende empirische Befunde, insbesondere in den letzten Jahren, dazu finden.[298] Andererseits zeigt sich auch, dass sich bisher kein empirisches Kompetenzmodell, welches mit prozessbezogenen Teilkomponenten operiert, für die Schule ausmachen lässt und es theoretisch begründeter und empirisch abgesicherter

---

295   Schambeck (2013), S. 193
296   Vgl. Schweitzer (2014), S. 155
297   Vgl. Schweitzer (2022), S. 12
298   z. B. Bloch (2018), Knoblauch (2019), Ratzke (2021), Kamcılı-Yıldız (2021), Mešanović (2023)

Niveaustufen interreligiöser Kompetenzentwicklung bedarf.[299] Indirekt zeigt
sich damit auch, welche Forschungsdesiderate in der Kompetenzentwicklung
interreligiöser Kompetenzen liegen, insbesondere im Bereich der theoretischen Diskussion um interreligiöse Kompetenzen, die eine Begegnung mit
dem Andersgläubigen bildungstheoretisch und theologisch untersuchen.[300]

2.11   Interreligiöses Lernen in der Grundschule

Der Lernort Grundschule ist ein breites Feld, das untersucht werden kann. Im
Folgenden wird das interreligiöse Lernen bezüglich der möglichen Methoden,
Materialien, didaktischen Ansätze und Ziele in der Grundschule skizziert. Der
konkreten Fragestellung danach, ob Kinder der Grundschule zu Empathie
und/oder Perspektivenwechsel aus entwicklungspsychologischer Perspektive
fähig sind, wird in Kapitel 3.5.1.3 nachgegangen.
    Der Lernort Grundschule steht nicht in einem unmittelbaren Bezug zum
Datenmaterial des hiesigen Forschungsvorhabens, da die Erhebung nicht im
Lernort Grundschule stattfindet, jedoch sind die Untersuchungspersonen der
Studie mehrheitlich im Grundschulalter. Insofern ist es von Relevanz, methodisches und didaktisches Potential interreligiösen Lernens in der Grundschule
herauszuarbeiten. Darüber hinaus sollen die gewonnenen Erkenntnisse der
vorliegenden Studie in den Grundschulkontext eingebettet werden.
    Die Grundschule in Deutschland ist ein besonderer Lernort, da sie der ein-
zige Schultyp ist, den alle Schüler:innen besuchen müssen. Hier lässt sich
eine Diversität verschiedenster religiöser wie kultureller Zugehörigkeiten aus
Kontexten unterschiedlichster sozialer Milieus wiederfinden. Insbesondere
hier habe, so Clauß Peter Sajak, interreligiöses Lernen, dass die bewusste
Wahrnehmung, die angemessene Begegnung und differenzierte Auseinandersetzung mit kultureller wie religiöser Vielfalt zum Ziel habe, eine besondere
Bedeutung.[301]
    So finden immer wieder religiöse oder kulturell geprägte Gespräche und
Diskussionen nicht nur im (Religions-)Unterricht, sondern eben auch auf dem
Schulhof, in der Peer-Group oder in Klassengesprächen statt. Denn Kinder
nehmen bereits im Grundschulalter religiöse Unterschiede wahr, das haben

---

299   Vgl. Ratzke (2021), S. 46
300   Vgl. Ratzke (2021), S. 45
301   Vgl. Sajak (2018b), S. 2

Forschungsbefunde einer Tübinger Studie (2010)[302] ergeben. Kinder stoßen dabei auf Fragen, von denen sie Antworten verlangen.[303]

Interreligiöses Lernen gewinnt seine Gestalt zum einen durch die unterschiedlichen Theorien und Ansätze und deren Lehr- und Lernmaterialien[304], andererseits erwächst interreligiöses Lernen auch konkret aus der Praxis und den damit verbundenen situativen Gegebenheiten.[305] Wie die vorliegende Arbeit bereits hergeleitet hat, soll im Sinne des subjektorientierten Zuganges im interreligiösen Lernen der Unterricht methodisch an die Lebenswelt der Schüler:innen ganzheitlich anknüpfen.

> Entsprechend stehen vor allem die gemeinsame Gestaltung religiöser Feste (1.), die personalisierte   Begegnung mit Schülerinnen und Schülern verschiedener Religionen (2.) und die Einführung in die Welt zentraler religiöser Symbole (3.) als methodische Großformen im Vordergrund.[306]

So können in einem interreligiös katholisch, evangelisch oder islamisch geöffneten Religionsunterricht, Orte gelebter Religionen im Zentrum stehen, die es wahrzunehmen und zu erkunden gilt. So sollen Kirche, Synagoge und Moschee Orte der Begegnung und des Erkundens werden und Feste wie Hanukkah, Ramadan und Weihnachten als Ausdruck gelebter Religion thematisiert werden.[307]

Lehrwerke, wie beispielsweise die von Karlo Meyer (2007, 2008), die am Beispiel gleichaltriger Kinder den Schüler:innen die jeweiligen Religionen erklären, werden empfohlen.[308] Man spricht dann von einer Begegnung mittels eines Mediums (Schulbuch) beispielsweise mit jüdischen oder muslimischen Kindern.[309] Auf diese Weise soll den Kindern verstehbar gemacht werden,

---

302 Dubiski, K., Essich, I., Schweitzer, F., Edelbrock, A. & Biesinger, A. (2010). Religiöse Differenzwahrnehmung im Kindesalter. Befunde aus der empirischen Untersuchung im Überblick. In A. Edelbrock, F. Schweitzer & A. Biesinger (Hrsg.), *Wie viele Götter sind im Himmel? Religiöse Differenzwahrnehmung im Kindesalter* (S. 23–38). Münster: Waxmann Verlag.

303 Vgl. Büttner, Dieterich (2016), S. 208

304 Vgl. Sajak (2018b), S. 4

305 Vgl. Schweitzer (2017), S. 43

306 Sajak (2018b), S. 4

307 Vgl. Fischer in Schreiner et al. (2005), S. 458f.

308 S. dazu weitere Ausführungen in Kapitel *2.5.1 Der doppelte Individuenrekurs nach Karlo Meyer* und in Kapitel *3.5.4 Exemplarisch ausgewählte Lernaufgaben zur Förderung von Empathie und Perspektivenwechsel im Kontext interreligiösen Lernens des Primarbereiches*

309 z. B. zu finden in dem Kapitel „Juden, Christen und Muslime" des Religionsschulbuches Spuren lesen: Freudenberger-Lötz, P. (2023) (Hrsg.). *Spuren lesen*. Stuttgart: Calwer Verlag & Braunschweig: Westermann Verlag.

dass die jeweils andere Religion kein „abstrakter Block" ist, sondern ebenso wie das Christentum aus individuellen Menschen mit individuellen religiösen Ansichten besteht. Eine weitere Methode für die Grundschule stellt dabei das sogenannte „Zeugnislernen"[310] dar. Hier werden „exemplarische Materialien und Medien im Zentrum eines religionsphänomenologisch erschließenden Unterrichts stehen"[311]. Zeugnisse können dabei frei gewählt werden, wie beispielswiese ein Hanukkah-Leuchter, Datteln oder ein Rosenkranz. Die Arbeit an Zeugnissen könne, so schreibt Sajak, insbesondere für die Grundschule und Sekundarstufe I einen motivierenden Einstieg liefern oder zur Veranschaulichung dienen.[312] Darüber hinaus bietet die Methode des Zeugnislernens sehr gute Möglichkeiten digitale Lernplattformen[313] mit einzubeziehen. Auch Fischer spricht von einem methodischen Arrangement, das besonders vielseitig, erfahrungsnah und anregungsreich sein solle. Sie geht dabei von einem Unterrichtsprofil aus, in dem die Schüler:innen sich Inhalte selbstständig erschließen und darüber hinaus aktiv an der Unterrichtsgestaltung mitwirken.[314] So nennt sie methodische Arrangements wie Stationenlernen, Projektarbeit und Formen der Freiarbeit, in denen sich Wissen eigenständig angeeignet und angewandt werde und zeitgleich fachlich relevante Wertehaltungen und Einstellungen im Umgang miteinander zu erwerben seien.[315]

Ziele interreligiösen Lernens in der Grundschule werden vor allem gesehen im „Beitrag zur Toleranz, zur Friedenserziehung, zur Begegnung mit dem anderen, zum vergleichenden Austausch zwischen dem Eigenen und dem Fremden, zum Dialog und zur Konvivenz der Religionen."[316] Kinder sollen ihre Fragefähigkeit in der Begegnung mit dem Anderen fördern und eine Sensibilität für das anfänglich Unbekannte entwickeln, um so ethische und religiöse Grundfähigkeiten zu stärken[317] und Ängste abzubauen.

Dabei soll es weder das Ziel sein, Kinder in Dialoge als Expert:innen ihrer eigenen Religion treten zu lassen noch soll es zu religionsbezogenen

---

310   Dieser Begriff wurde insbesondere stark durch die Ansätze von Meyer (1999) und Sajak (2010) geprägt und resultiert aus dem „A Gift to the Child" Konzept.

311   Sajak (2018b), S. 5

312   Vgl. Sajak (2018b), S. 5

313   Z. B. online Zugriff: www.religionen-entdecken.de und www.relithek.de

314   S. auch beispielsweise Mette & Rickers (2001), S. 875, Rickers verweist darauf, dass authentisches (interreligiöses) Lernen selbstbestimmt bleiben soll und nicht erzwungen werden kann

315   Vgl. Fischer (2005), S. 461

316   Fischer (2005), S. 460

317   Vgl. Leimgruber (2007), S. 97

Zuschreibungen als beispielsweise „der Muslim" kommen.[318] Kinder sollten vielmehr lernen, die sie umgebenden religiös relevanten Phänomene differenziert wahrzunehmen, kennenzulernen und in den Bezug mit dem Eigenen zu stellen.

> Respekt und Toleranz gegenüber einer anderen religiösen Überzeugung gibt es nicht losgelöst von inhaltlichem Wissen, Erfahrungen und konkreten Begegnungen mit Menschen, die diese Religion leben. Wer nichts weiß von Ramadan und Fasten, von Gebetspraxen und Fronleichnamsprozessionen, von Kreuzwegen und Bilderverboten, der kann dieses auch nicht würdigen, respektieren oder tolerieren.[319]

Interreligiöses Lernen soll somit religionskundliches Wissen mit Erfahrungen und Erkundungen gelebter Religiosität didaktisch geschickt im Unterricht vereinbaren, um so gelingende interreligiöse Lernprozesse bei den Kindern anzustoßen. Insgesamt geht es darum, die allgemeingeltenden Ziele interreligiösen Lernens[320] bereits langfristig in der Grundschule anzubahnen, damit sie im weiteren Verlauf der Schulzeit vertieft werden können.

Bislang gibt es einige internationale empirische Untersuchungen zu interreligiösen Bildungsprozessen in der Grundschule. Dazu zählen unter anderem kritische Stimmen, wie die von Barbara Asbrand[321], die bezweifeln, dass interreligiöses Lernen in der Grundschule realisierbar ist, aber auch zahlreiche Gegenbeispiele interreligiöser Unterrichtsmodelle aus den Niederlanden und Großbritannien, die Gegenteiliges aufweisen.[322]

---

318   Vgl. Gaida in Freudenberger-Lötz (2023), S. 17
319   Fischer (2005), S. 460
320   S. dazu Kapitel *3.6 Ziele Interreligiösen Lernens*
321   Vgl. Asbrand (2000), vgl. Fischer (2005), S. 458 merkt zu Asbrands Studie kritisch an: *„Diese Studie wird häufig als Beleg dafür genommen, dass interreligiöses Lernen im Klassenverband generell problematisch sei und seine Ziele nicht erreiche. Ich halte diese Rezeption für weit überzogen. Asbrand macht deutlich auf praktische Realisierungsprobleme interreligiös orientierten Unterrichts aufmerksam, die in einer frühen Entwicklungsphase geradezu unvermeidlich sind. Darüber hinaus ist diese Studie jedoch ein weitgehend neuartiger Ansatz, das konkrete „Binnengeschehen" (Bucher) des RU zu untersuchen. Seit den Mainzer Studien von G. Stachel u. a. aus den 1970er-Jahren und den Tübinger Studien Mitte der 1990er-Jahre gibt es bisher keine relevanten Ansätze der empirischen Erforschung konkreter religionsunterrichtlicher Lernprozesse. Dass vergleichbare „Schwächen" der dialogischen Strukturierung auch in jedem ganz normalen konfessionell homogenen Religionsunterricht vorkommen, macht schon eine einzelne Fallanalyse deutlich (Fischer 2003). Es ist unfair, dem „Neuen" etwas vorzuwerfen, was man im „Alten" deshalb nicht wahrnimmt, weil es dort empirisch nicht erforscht wird."*
322   Vgl. Kraml et al. (2020), S. 26 verweisen dabei auf das britische Konzept *A Gift to the Child* von Grimmitt et al. (1991) oder als niederländisches Beispiel vgl. Rickerts, F. &

Die theoretischen Formulierungen versprechen einen interreligiös und kulturell heterogen gestalteten Religionsunterricht. In der Praxis zeigt sich jedoch, dass religionskundliches Wissen zwar im Religionsunterricht vermittelt wird und ein erster Schritt interreligiösen Lernens ist, es jedoch dabei den Lehrpersonen oftmals an professionell erworbenen interreligiösen Kompetenzen fehlt, wodurch vermehrt auf autodidaktisch erworbene Kompetenzen zurückgegriffen wird.[323] Infolgedessen kommt es immer noch häufig zu Unterrichtseinheiten, in denen Religionen als systematisch Ganzes in den Blick genommen werden („Der Islam", „Das Judentum"). Die Transferierung religionspädagogischer Überlegungen zum interreligiösen Lernen zeigen somit u. a. offene Stellen in Bezug auf die Ausbildung interreligiös kompetenter Lehrender.

> Eine weiterführende, Praxis entwickelnde und grundlegende Forschung religionspädagogischer interreligiöser Schul- und Unterrichtspraxis bleibt ein dringend zu bearbeitendes Desiderat.[324]

2.12   Impulse Komparativer Theologie für die „Kinderakademie – Weltreligionen im Dialog"

> Freundschaft helfe, das Fremde in einem freundlichen Licht zu sehen. Durch Freundschaft werde die fremde Religion eine lebendige Realität, sie bekomme ein Gesicht, und man könne sich ihr leichter und gerechter zuwenden.[325]

Das Konzept der Komparativen Theologie kann als ein weiterer Ansatz für eine Grundlegung der Beziehungsgestaltung im Kontext des interreligiösen Begegnungslernens verstanden werden.[326] Die Komparative Theologie stellt einen bedeutsamen Impuls für die „Kinderakademie – Weltreligionen im Dialog" dar, vor allem, weil der Ansatz Komparativer Theologie insbesondere die Empathie akzentuiert und religionsphilosophisch weiterdenkt. Es ist ein Ansatz, der in einzigartiger Weise Religionstheologie, Religionsphilosophie und Religionspädagogik zusammendenkt. Aus diesem Grund waren

---

Siedler, D. C. (2001) *Interreligiöses Lernen in den Niederlanden. Ein Beitrag zur Vergleichenden Religionspädagogik.*

323   Vgl. Fischer (2005), S. 461, das erklärt wie interreligiöses Lernen insbesondere auch aus der Schulpraxis ohne zugrundeliegenden theoretischen oder wissenschaftlichen Bezug immer wieder situativ wächst (vgl. Schweitzer et. al. (2017), S. 43

324   Fischer (2005), S. 462

325   Von Stosch (2012), S. 150

326   Vgl. Boehme (2023), S. 261

insbesondere die Überlegungen zu Grundhaltungen und Methoden in komparativ-theologischer Absicht impulsgebend bei der Projektplanung im Rahmen der Kinderakademie der Weltreligionen.[327] In der empirischen Auswertung konnte allerdings eine Auswertung dahingehend aus forschungsspezifischen Entscheidungen nicht fokussiert werden.

Im Folgenden soll die Komparative Theologie nun in einem ersten Teil in Grundzügen dargestellt und in einem zweiten Teil aus religionspädagogischer Sicht skizziert werden.

2.12.1 *Einführung in Entstehung und Programm*

Die Entwicklung des Modells geht maßgeblich auf katholische Theolog:innen zurück, wie James L. Fredericks (1999), Francis X. Clooney (2010), Catherine Cornille (2008)[328] und im deutschsprachigen Raum[329] insbesondere auf den Ansatz des Systematikers Klaus von Stosch (2012).[330] Dabei ist Komparative Theologie, zumindest im deutschsprachigen Raum, eine noch verhältnismäßig neue Form der theologischen Ausrichtung.[331]

---

327 Vgl. Exemplarisch zu sehen in Kapitel *4.4.12 Didaktische Orientierungshilfen*

328 Vgl. Sajak (2018), S. 49

329 Die Ansätze des Theologen und Religionswissenschaftlers Ulrich Winklers wird die vorliegende Arbeit nur vereinzelt aufgreifen. Ulrich Winkler kritisiert von Stoschs religionstheologische Positionierung. So beschreibt Ulrich Winkler (2013), S. 380f. *„Damit bin ich dem hierzulande von KLAUS VON STOSCH wie in den USA von JAMES L. FREDERIKS vertretenen Diskurs der komparativen Theologie als einer Alternative zur pluralistischen Religionstheologie nicht gefolgt, denn er führt die komparative Theologie über ein zu schmales Problemfeld der pluralistischen Religionstheologie ein und lässt religionswissenschaftliche Diskurse unbeachtet. Vielmehr habe ich an der Schnittstelle von Theologie und Religionswissenschaften offene Fragen und Konstruktionsprobleme beider Disziplinen in der Wahrnehmung von Religionen aufgezeigt [...] ohne damit suggerieren zu wollen, diese sei der vorangegangenen Rätsel königliche Lösung. Sehr wohl behaupte ich aber, dass komparative Theologie nur auf diesem Problemhintergrund verstanden werden kann: Sie befreit sich von den Apologetikproblemen der Theologie und setzt statt religionswissenschaftlicher Objektivität und kulturwissenschaftlicher Einebnung von Religion auf teilnehmerorientierte Partizipation anderer Religionen."*

330 Vgl. Leimgruber in Burrichter, Langenhorst & von Stosch (2015), S. 193f. verweist darauf, dass die Komparative Theologie bereits eine gewisse Tradition vor den Arbeiten von Klaus von Stosch gehabt habe, unter anderem durch Hans Martin Barth (2008). *Dogmatik. Evangelischer Glaube im Kontext der Weltreligionen* oder durch die Habilitationsschrift von Johannes Herzgsell (2011). *Das Christentum im Konzert der Weltreligionen. Ein Beitrag zum interreligiösen Vergleich und Dialog.*

331 So beschreiben beispielsweise Burrichter, Langenhorst und von Stosch in ihrem Vorwort des Buches *Komparative Theologie: Herausforderung für die Religionspädagogik* (2015), dass Komparative Theologie seit 15 Jahren in Deutschland mehr und mehr diskutiert werden würde und seit 30 Jahren im angloamerikanischen Bereich konzipiert sei.

Wenn es um Ziele von Komparativer Theologie geht, so formuliert von Stosch:

> Komparative Theologie sucht also wie jede Theologie nach Gott und ist angesichts der Radikalität ihrer Wahrheitssuche bereit, alle überkommenen Traditionen in Frage zu stellen. Als Quelle ihrer Wahrheitssuche beschränkt sie sich nicht auf eine bestimmte religiöse Tradition, sondern weitet den Blick auf die unterschiedlichen Dimensionen und Aspekte des Geheimnisses des Lebens und der letzten Wirklichkeit.[332]

Und Georg Langenhorst beschreibt: „Nicht als ‚Theologie für den Dialog' versteht sie sich, sondern als dynamische Theologie ‚aus dem Dialog heraus'".[333]

Um Komparative Theologie angemessen und zielführend betreiben zu können, bedarf es bestimmter Grundhaltungen, Methodischer Grundsätze und Ziele, welche im Folgenden erläutert werden.[334]

2.12.2   *Grundhaltungen*

Komparative Theologie zu betreiben, bedeutet, den Weg der konkreten Begegnung zu suchen.[335] In der Praxis geschieht dies in der Regel über den interreligiösen Dialog. Dass Komparative Theologie ihren eigenen Anforderungen gerecht wird, dem eigenen Wahrheitsanspruch treu zu bleiben, aber auch dem anderen die „Wirklichkeitssicht"[336] als Raum geben zu können, steht eng mit der Haltung innerhalb eines interreligiösen Dialogs zusammen. Dabei formuliert Klaus von Stosch fünf Grundhaltungen, die ihm für einen interreligiösen Dialog unerlässlich erscheinen: (1) doktrinale bzw. epidemische Demut, (2) konfessorische Verbundenheit mit der eigenen Tradition, (3) die Unterstellung von Kommensurabilität unterschiedlicher Religionen, (4) Empathie und (5) Gastfreundschaft für die mögliche Wahrheit des anderen.[337] Von Stosch

---

332   von Stosch (2012), S. 148

333   Langenhorst (2015), S. 90

334   Von Stosch verwendet in seinem Ansatz Komparativer Theologie einen fachspezifischen Jargon, welcher m. E. schlüssig ist. Einzelne Begriffe werden daher z. T. in den Überschriften und in einzelnen Fachtermini in den folgenden Kapiteln übernommen.

335   Vgl. dazu schreibt Tuba Ilşık nachvollziehbar und authentisch über ihre eigenen Erfahrungen aus islamisch-theologischer Sicht bezüglich Komparative Theologie und interreligiöse Begegnungen in ihrem Beitrag *„Komparative Theologie und interreligiöse Begegnungen – ein Erfahrungsbericht aus muslimisch-theologischer Sicht"* in dem Sammelband *„Interreligiöse Öffnung durch Begegnung"* (2021).

336   Von Stosch (2012), S. 155

337   Vgl. von Stosch (2012), S. 155

beschreibt sie als Rekonstruktion von idealen Kriterien für einen fruchtbaren und konstruktiven Dialog.[338]

Er bezieht sich dabei auf die fünf Grundhaltungen, welche die amerikanische Theologin Catherine Cornille in ihrem Buch *the impossibility of interreligious dialogue* (2008)[339] beschreibt. Sajak betont, mit Blick auf das Anliegen von Komparativer Theologie gelte es, diese auszubilden und zu kultivieren.[340]

1) Doktrinale bzw. epidemische Demut

> The impulse to dialogue arises from the desire to learn, to increase one's understanding of the other, of onseself, or of the truth. It thus presupposes humble awareness of the limitation of one's own understanding and experience and of the possibility of change and growth.[341]

Nie werde es dem Menschen gelingen, das Unbedingt als Unbedingtes in all seinen Dimensionen zu erfassen, sodass der Mensch zeit seines Lebens immer Lernender bliebe – auch im interreligiösen Dialog, so schreibt von Stosch.[342] Damit wird m. E. ein zentraler Aspekt beschrieben, um Komparative Theologie betreiben zu wollen. Denn geprägt durch meine in mir verankerte religiöse Tiefengrammatik ermöglicht die demütige Grundhaltung mich für andere Religionen und Kulturen zu öffnen, d. h. nicht den Anspruch zu erheben, meine Glaubensvorstellung sei ultimativ. Diese Erkenntnis verhilft dazu, den eigenen Glauben neu zu verstehen. Denn angesichts der Fallibilität allen menschlichen Urteilens sei jedes Glaubenszeugnis vorläufig und verbesserungsfähig. Die aus dieser Einsicht folgenden epistemischen Demut sollten Menschen aller Religionen im Umgang miteinander prägen, schreibt von Stosch fortführend. Er schließt daran an, dass das Beharren auf der eigenen Wahrheit nicht im Widerspruch zur eigenen Demut stünde, sofern sich nicht auch daraus eine Möglichkeit ergebe, auch in diesem Widerspruch voneinander zu lernen.[343]

2) Konfessorische Verbundenheit mit der eigenen Tradition
Neben der epistemischen Demut benötigt der Dialog jedoch auch „klare Standpunkte und eine gewisse Treue zu der eigenen Tradition"[344]. Das bedeutet, der

---

338 von Stosch (2012), S. 155
339 Vgl. Cornille (2008), S. 9–210
340 Vgl. Sajak (2008), S. 49
341 Cornille (2008), S. 9
342 Vgl. von Stosch (2012), S. 156
343 Vgl. von Stosch (2012), S. 156f.
344 Vgl. von Stosch (2012), S. 156

interreligiöse Dialog braucht als ein Element die konfessionelle Überzeugung. Zum einen, um von den dialogischen Bemühungen individuell zu profitieren, aber auch zum anderen, um eine pluralistische Aussöhnung unter den Religionen zu begünstigen.[345] Cornille macht somit deutlich, dass der Dialog eine missionarische und apologetische Dimension enthält.[346] Missionarisch nicht in dem Sinne, das Gegenüber von der eigenen Position überzeugen zu wollen, sondern in dem Sinne, dass die eigene Wahrheit vertreten wird. Das jedoch in dem Bewusstsein, dass mein Gegenüber die Wahrheit anders interpretieren wird.

Von Stosch ergänzt an dieser Stelle, dass eine epistemische und doktrinale Demut deshalb neben der konfessorischen Verbundenheit nicht außenvorgelassen werden dürfe.[347]

Somit kann auch im Hinblick auf die Grundhaltung der Demut festgehalten werden: Ein Dialog widerspricht nicht der epistemischen Demut, wenn er nicht ausschließlich von der Zustimmung lebt, sondern wenn er auch eine begründete Verneinung zulässt, in der auch letztlich eine gewinnende Erkenntnis liegen kann.[348] Schweitzer warnt in diesem Zusammenhang vor einer sogenannten „*Rhetorik der Bereicherung*"[349], in der alles Fremde ausschließlich als Gewinn angesehen wird und alle Probleme, die in einem religiösen Miteinander entstehen können, überspielt und verdrängt werden.[350] Von Stosch schreibt dahingehend: „*Das Ziel der interreligiösen Begegnung kann nicht sein, sich immer und überall anzuerkennen und alle Unterschiede zu verdecken.*"[351]

3) Kommensurabilitätsunterstellung und Wahrnehmung von Unterschieden
Die Komparative Theologie und jeder interreligiöse Dialog startet mit der Voraussetzung, dass verschiedene Religionen einander verstehen können und möchten. Andere Annahmen würden den Dialog überflüssig, sogar unmöglich machen.[352]

---

345   Vgl. von Stosch (2012), S. 157f.
346   Vgl. Cornille (2008), S. 71f.
347   Vgl. von Stosch (2012), S. 158
348   Vgl. Kraml et al. (2020), S. 11f. haben unteranderem dazu aktuell eine empirische Studie vorgelegt. Auch hier erwähnen die Autor:innen, dass Spannungsfelder und Probleme nur selten in den Mittelpunkt gestellt werden. Sie nehmen an, dass die Vorbehalte oft existieren, weil sie als eine Argumentation gegen interreligiöse Kooperation missinterpretiert werden könnten.
349   Schweitzer (2014), S. 10
350   Vgl. Schweitzer (2014), S. 10
351   von Stosch (2012), S. 160
352   Vgl. von Stosch (2012), S. 158

Das lässt natürlich die Kommensurabilität, also Werte, die miteinander vergleichbar sind, hinsichtlich gewisser Lebensformen nicht beweisen, dennoch und da verweist von Stosch auf den Philosophen Wittgenstein, gebe es eine menschliche Handlungsweise, die uns helfe, sich in auch noch so fremde Gebräuche und Lebensformen hineinzudenken.[353]

Das schließt jedoch nicht aus, auf Phasen von Inkommensurabilität zu stoßen, Phasen, in denen ein Sich-Hineindenken nur noch schwer möglich ist. Von Stosch beschreibt jedoch daran anknüpfend, dass die Komparative Theologie sich nicht auf dieser Inkommensurabilität ausruhe, sondern stets nach Wegen des Verstehens suche.[354]

Vergleichen, das bedeutet auch in seiner Konsequenz, Unterschiede anzuerkennen und als Neuaufbruch des eigenen Denkens zu wahrzunehmen.

4) Empathie und liebevolle Aufmerksamkeit

Von Stosch spricht im Sinne der Empathie von einem *Berührtwerden*[355]. Dieses Berührtwerden soll aber nicht nur durch das Gegenüber in seiner Person geschehen, sondern auch durch seine religiösen Dimensionen. Empathie bedeutet somit, dass ich mich nicht innerlich distanziere, sondern von der fremden Religion berühren – von Stosch nennt es – *affizieren*[356], also bewegen, reizen lasse. Das bedeutet in seiner Konsequenz nicht, Konvertieren zu müssen, aber kann durchaus bedeuten, an der ein oder anderen religiösen Praxis teilzunehmen.[357] Empathie umfasst nicht nur die spirituelle Dimension, sondern auch die soziale. Sowohl der Islam als auch das Christentum sind mit ihrem missionarischen Anspruch deutlich offener ausgerichtet als beispielsweise das Judentum. Es gilt, Religionen, wie beispielsweise das Judentum, systematisch und immer wieder behutsam mit einzubeziehen beziehungsweise einzuladen.

5) Gastfreundschaft für die mögliche Wahrheit des:der anderen

Cornille versteht die Gastfreundschaft als eine Einstellung „großzügiger Offenheit für die (mögliche) Gegenwart von Wahrheit in der anderen Religion."[358] Hier erkennen wir ein grundlegendes Charakteristikum der Komparativen Theologie, denn in der Anerkennung der (möglichen) Wahrheit des anderen

---

353   Vgl. von Stosch (2012), S. 159
354   Vgl. von Stosch (2012), S. 159
355   von Stosch (2012), S. 161
356   von Stosch (2012), S. 161
357   Vgl. von Stosch (2012), S. 161
358   Cornille (2008), S. 177

liegt auch zugleich der Anspruch der Anerkennung der eigenen Wahrheitssuche. Von Stosch führt des Weiteren das *Wohnrecht im eigenen Denken ein-
zuräumen*[359] auf und verwendet an dieser Stelle damit eine Metapher, die
treffend aufzeigt, welche Folgen und Herausforderung darin liegen können,
einer anderen Religion zu begegnen beziehungsweise sich von einer anderen
Religion affizieren zu lassen.[360] Der Begriff meint dabei nicht, dem Gast lediglich ein Zimmer frei zu räumen, sondern ihm das eigene Haus zur Verfügung
zu stellen, in dem Bewusstsein, dass einzelne Teile des Hauses umgestellt und
neu platziert werden könnten. Es kann sogar bedeuten, dass diese Dinge durch
das Wohnrecht des anderen langfristig verändert werden. Diese Grundhaltung
zu durchdringen, ist herausfordernd.[361]

> Wer im Ringen um die Wahrheit den anderen ernst nimmt und ihn als Anregung,
> Bereicherung und durchaus als kritisches Korrektiv zur eigenen Perspektive auf
> die Wirklichkeit wahrnehmen will, der muss zum einen erkenntnistheoretisch
> abrüsten, zum anderen – sonst macht der Dialog wenig Sinn – muss er in enger
> Verbundenheit mit der eigenen Tradition und der damit verbundenen Perspek-
> tive bleiben.[362]

Auf den Punkt gebracht: Grundhaltungen
1. Die epistemische Demut bezieht sich konkret auf eigene Erkenntnis-
    situationen. Es geht dabei auch um das Verstehen, den eigenen Wahr-
    heitsanspruch nicht als absolut zu setzen. Aus dieser Erkenntnis wächst
    Demut.
2. Die konfessorische Verbundenheit spricht davon, den eigenen Wahr-
    heitsansprüchen treu zu sein und aus der eigenen Glaubenstradition zu
    sprechen.
3. Kommensurabilitätsunterstellung meint die Unterstellung der gegen-
    seitigen Verstehbarkeit und Vergleichbarkeit unterschiedlicher Religio-
    nen, denn jede Behauptung einer grundsätzlichen Nichtverstehbarkeit
    oder Nichtvergleichbarkeit von Religionen würde einen Dialog über-
    flüssig machen.

---

359   von Stosch (2012), S. 164
360   Vgl. von Stosch, S. 161, der Rückbezug zur Empathie an dieser Stelle zeigt unter ande-
      rem gut, wie eng und auch z. T. überschneidend die verschiedenen Grundhaltungen mit-
      einander korrespondieren
361   Vgl. von Stosch (2012), S. 165
362   Sajak (2018), S. 49f.

4. Empathie definiert von Stosch als ein sich Berühren und ein sich Bewegen lassen in seiner Person, aber auch und insbesondere auf religiöser Ebene (bspw. durch die Teilnahme an der religiösen Praxis des:der Anderen). Dabei benötigt es, laut von Stosch, eine Grundoffenheit und die Bereitschaft, sich in einem Dialog verletzlich zu machen.

5. Gastfreundschaft auf einer intellektuellen Ebene bedeutet, dem:der Anderen den Zugang zum eigenen Denken einladend zu gestalten. Dabei beruht Gastfreundschaft auf einem wechselseitigen Prinzip, in dem es auch darum geht, das Andere kennenzulernen, sprich sich einladen zu lassen.

2.12.3   *Methodische Grundsätze*

Im Wesentlichen folgt Klaus von Stosch in seinen Überlegungen zu den methodischen Grundsätzen den Ansätzen von Clooney und Fredericks und verbindet deren Vorgehensweise stärker mit den systematisch ausgerichteten Interessen von Neville und Ward.

Auf Grundlage dessen werden sechs methodische Herangehensweisen formuliert, um Komparative Theologie in der Praxisform, dem interreligiösen Dialog, betreiben zu können.

1) Mikrologische Methode: Die Hinwendung zum Einzelfall

Komparative Theologie ist maßgeblich charakterisiert durch ihre mikrologische Vorgehensweise bzw. durch ihr wahres Interesse in der Hinwendung zum Einzelfall.[363] Da religiöse Überzeugungen durch unterschiedliche Sprecher:innen und Kontexte zu unterschiedlichen Bedeutungen führen können, wird Komparative Theologie nie zu einer allgemeinen Theorie über Religionen und ihre Wahrheitsgehalte führen. Aus diesem Grund geht es vielmehr darum, ausgewählte Details zu betrachten, um so sinnvoll miteinander ins Gespräch zu kommen. Es braucht somit ein konkretes Gegenüber mit einer bestimmten Theologie[364], den man als Dialogpartner:in wahrnimmt und erkennt und ihn:sie in seiner:ihrer expliziten und impliziten Theologie identifiziert.

Komparative Theologie ist erkennbar an ihren interreligiösen und interkulturellen Vergleichen spezifischer theologischer Konzeptionen, konfessorischer Texte, konkreter Rituale, Kunst, Musik, Literatur, klar umgrenzter

---

363   Vgl. von Stosch (2012), S. 194
364   Vgl. von Stosch (2012), S. 199

Glaubensinhalte[365] und somit auch relevant als religiös bedeutsames Symbolsystem.[366]

2) Zentrale Fragestellungen des Menschen in der Gegenwart
Komparative Theologie beschäftigt sich mit den zentralen Fragestellungen des Menschen in der Gegenwart. Dabei sollen die Fragestellungen nicht beliebig sein, sondern sich an theologischen Problemen, religionskritischen Infragestellungen und mit der Sinn-, Heils- und Wahrheitssuche des Menschen befassen.[367] Dabei sollte man die zu vergleichende andere religiöse Tradition so gut kennen, dass selbst bestimmt werden kann, welche Fragen inhaltlich vordergründig für das Selbst von Bedeutung sind und auch Klarheit für den eigenen Fragekatalog bringen können.[368]

3) Einen Ort im Denken des:der Anderen finden[369]

> Komparative Theologie geht vom Eigenen aus, bemüht sich aber den Blick auf das Eigene vom anderen aus in die eigene Theologie einzubeziehen. Sie räumt auch dem anderen den Raum ein, meine Perspektive in seine Theologie einzubeziehen.[370]

---

365 Vgl. von Stosch (2012), S. 194
366 Vgl. von Stosch (2012), S. 197
367 Vgl. von Stosch (2012), S. 199
368 Vgl. von Stosch (2012), S. 199, übersetzt in den religionspädagogischen Fachjargon kann man an dieser Stelle sicherlich von einer soliden Basis eines religionskundlichen Wissens sprechen
369 Vgl. von Stosch (2012), S. 206 erklärt an einem Beispiel m. E. sehr anschaulich die sensible Vorgehensweise einen Ort im Denken des anderen zu finden: *„Um diese Herausforderung an Beispielen aus dem muslimisch-christlichen Dialog zu verdeutlichen, kann man auf die Frage nach der Autorenschaft des Korans verweisen. Wenn ich beispielsweise als Christ sage, dass Muhammad etwas sagt, wenn ich meine, dass im Koran etwas Bestimmtes ausgesagt wird, nehme ich eine Perspektive ein, die den meisten Muslimen die Gastfreundschaft im eigenen Denken verweigert. Aus muslimischer Sicht ist es eben nicht Muhammad, sondern Gott, der im Koran spricht. Diese Sicht werde ich mir als Christ nicht ohne Weiteres zu eigen machen können. Dennoch kann ich vermeiden, von Muhammad als Autoren des Korans zu sprechen, und einfach die Formulierung verwenden: ‚Der Koran sagt ...‘, wenn ich eine Aussage des Korans wiedergebe. Dieser Formulierung bräuchte auch ein Muslim nicht zu widersprechen, so dass ich seiner spezifischen Sicht auf diese Weise Raum in meinem Denken einräume. Ich mache mir seine Sicht nicht zu eigen. Aber ich halte mich für seine Wahrheit offen und sortiere den anderen nicht in herabwürdigender Weise in mein Denken ein. [...] In einem mutual inklusiven Verstehensprozess dagegen geht es darum, die je eigenen Ansprüche und Würdigungen so zu formulieren, dass die je andere in mein Denken ohne Abwertung der jeweiligen Autointerpretation einbegriffen wird."*
370 von Stosch (2012), S. 203

Voraussetzung für einen Perspektivenwechsel ist, wie bereits in (2) beschreiben, eine Kenntnis über die theologische Position des:der anderen zu haben. Dies kann nur gelingen, wenn das Ich sich nicht nur auf die religionskundliche Außenpespektive beschränkt, sondern auch das Innere der konfessorischen Theologie des Gegenübers in den Blick nimmt. Im Idealfall sollte dafür, so von Stosch, die Theologie des:der Dialogpartner:in studiert werden.[371] Und trotz dessen: Ein Perspektivenwechsel kann nie völlig gelingen und das muss bzw. soll er auch nicht. Vielmehr geht es darum, sich von Lebensformen anderer religiöser Traditionen affizieren zu lassen und darüber auch eine Form von Freundschaft zu entwickeln. Beide Aspekte sind zentral in der Programmatik der Komparativen Theologie.[372] Methodisch erlernbar ist dabei aber weder Freundschaft noch das Affiziertsein durch Religionen.[373] Zur Haltung der Gastfreundschaft, die insbesondere Catherine Cornille beschreibt, kann allerdings methodisch angeleitet werden.[374]

> Natürlich ist ein solches Sich-hinein-Versetzen in die theologische Position der anderen äußerst schwierig, und das Ergebnis dieser Tätigkeit ist nicht voraussehbar. Dennoch bleibt sie unverzichtbar, will Komparative Theologie die Bedeutung fremder Überzeugungen angemessen würdigen.[375]

Dabei muss immer berücksichtigt werden, dass umgekehrt auch der:die andere das gleiche Recht hat, sich auch in die eigene Welt hineinzufühlen und die Perspektive der eigenen Wahrheiten zu würdigen. Man setzt sich also, laut von Stosch, einem „mutualen Verstehungsprozess"[376] aus, in dem man immer neu die Perspektive der anderen in ihrer Eigenheit zu würdigen versucht, ohne darauf verzichten zu können, sie vom Eigenen aus verstehen zu wollen.[377] Es benötigt somit eine Würdigung der jeweiligen religiösen Binnenperspektive, um so ein Verstehen über Religionsgrenzen hinweg Wirklichkeit werden zu lassen.[378]

---

371 Vgl. von Stosch (2012), S. 203, von Stosch verweist dabei auf den metaphorischen Vergleich die Theologie des Anderen zu lernen wie eine zweite Muttersprache, Robert C. Neville geht sogar einen Schritt weiter und fordert diese auch nachzuempfinden

372 Vgl. dazu weitere Ausführungen in *xx Freundschaft und Empathie als Chance und Impuls* und xx *Gastfreundschaft und Empathie*

373 Vgl. von Stosch (2012), S. 204

374 S. dazu auch Kapitel *4.2 Grundhaltungen der Komparativen Theologie (5) Gastfreundschaft*

375 von Stosch (2012), S. 205

376 von Stosch (2012), S. 205

377 Vgl. von Stosch (2012), S. 205

378 Vgl. von Stosch (2012), S. 206

4) Der „kritische Motor" des Dialogs: Die Instanz des Dritten
Die Instanz des Dritten ist ein wertvolles Element, das den Dialog kritisch
beleben soll, somit *„die Ergebnisse des dialogischen Verständigungsprozesses
in Frage stellt."*[379] Bei mutual inklusiven Verstehungsprozessen besteht die
Gefahr, dass Probleme auf der Basis gemeinsamer Grundüberzeugungen tri-
vialisiert oder harmonisiert werden. Aus diesem Grund erscheint es von Stosch
wichtig, eine Instanz des Dritten einzuführen, die aus einer Außenperspektive
den Dialog belebt und die Ergebnisse des Dialoges in Frage stellt. Der Dritte
kann ein Atheist oder eine Agnostikerin oder eine Person einer anderen, (dritten) religiösen Tradition sein, um so eine kritische Instanz zu wahren.[380] So
kann der:die Dritte mit religionskritischen Argumentationen davor bewahren,
Einseitigkeit im Dialog wachsen zu lassen und aufgrund von ähnlicher religiöser Tiefengrammatiken „blinde Flecken"[381], wie von Stosch sie nennt, zu
teilen.[382]

5) Die Rückbindung an die eigene Praxis
Komparative Theologie kann nur dann betrieben werden, wenn die Beteiligten
sich aus ihrer jeweiligen religiösen Tradition heraus legitimieren und so auch
ihre Glaubensgemeinschaft repräsentieren können. Theolog:innen müssen
somit in der Praxis der eigenen Glaubensgemeinschaft verankert bleiben. Es
brauche somit, so von Stosch, immer wieder den Rückbezug auf die Praxis der
verschiedenen religiösen Traditionen und auf deren Reflexion und Weiterentwicklung im interreligiösen Dialog. Komparative Theologie betreibt somit
den interreligiösen Dialog als seine Praxisform. Dabei ist der Dialog jedoch
nicht als eine Komponente Komparativer Theologie zu betrachten. Vielmehr,
so schreibt von Stosch, sei Komparative Theologie keine Theologie für den Dialog, sondern aus dem Dialog heraus.[383] Sie verortet sich somit inmitten dieses
Dialogs als eine Theologie, die aus dem Dialog heraus gedeiht.[384] Dieser hilft
zur Entwicklung des eigenen und fremden Weltbildes.[385]

---

379   Vgl. von Stosch (2012), S. 209
380   Vgl. von Stosch (2012), S. 208f.
381   Von Stosch (2012), S. 210
382   Vgl. von Stosch (2012), S. 209f. schreibt: *„So kann es beispielsweise schon ein großer Fort-
      schritt sein, wenn eine muslimisch-christliche Verständigung die jüdische Perspektive wach
      hält und am Gespräch beteiligt."*
383   Vgl. von Stosch (2012), S. 212
384   Vgl. Altmeyer & Tautz in Burrichter, Langenhorst & von Stosch (2015), S. 115
385   Vgl. von Stosch (2012), S. 212

6) Das Bewusstsein um Verletzlichkeit, Umkehrbarkeit und Fehlbarkeit

> Schon aufgrund ihrer dialogischen Offenheit ist sich die komparative Theologie in ihrem Vorgehen immer der eigenen Verwundbarkeit und der Reversibilität bzw. Fallibilität ihrer Urteile bewusst.[386]

Möchte man Komparative Theologie tatsächlich betreiben, somit sein Gegen-über und dessen religiöse Tiefengrammatik, also eigene Ansichten und Über-zeugungen, wahrnehmen und anerkennen, so muss das mit dem Verstehen einhergehen, dass der Dialog in seiner Wahrheit keine absolute Gewissheit ermöglicht und Irrtümer möglich sind. Somit kommt Komparative Theologie nie an ein Ende, lebt von Korrekturen und einer Grundempfindsamkeit für den:die Anderen und das Eigene.[387]

Auf den Punkt gebracht: Methodische Grundsätze
1. Hinwendung zum Einzelfall – Den Blick auf das Individuum richten
2. Komparative Theologie geht von den zentralen gegenwärtigen Frage-stellungen des Menschen aus
3. Wechselseitige Gastfreundschaft hat den Standpunkt im Eigenen, den Blick für das Andere, aber bemüht sich auch um den Blick auf das Eigene vom Anderen aus, um diesen Perspektivenwechsel in die eigene Theo-logie mit einzubeziehen
4. Die Komparative Theologie benötigt die Instanz des Dritten als „(kriti-schen) Motor" des Dialogs
5. Rückbindung an die eigene religiöse Praxis
6. Komparative Theologie ist sich der eigenen Verwundbarkeit und Reversibilität[388] bzw. Fallibilität[389] des eigenen Urteils bewusst.

2.12.4 Ziele

Von Stosch fasst zusammen, dass alle Vertreterinnen und Vertreter der Kom-parativen Theologie sich einig darin sind, dass es in der Komparativen Theo-logie um Theologie geht und damit um „normative Fragen nach der letzten

---

386 von Stosch (2012), S. 213
387 Vgl. von Stosch (2012), S. 213–215
388 Umkehrbarkeit
389 Fehlbarkeit

Wirklichkeit"[390]. Die Suche nach der Wahrheit ist somit ein erstes Ziel der Komparativen Theologie. Von Stosch formuliert daran anknüpfend das zweite Ziel: Sich-dem-anderen-Aussetzen und das damit einhergehende Verstehen der Andersheit.[391] Begünstigend kann dieses Ziel über den Versuch einer freundschaftlichen Beziehung als Form von christlicher Nächstenliebe gelingen. Freundschaft ist innerhalb der Komparativen Theologie zentral. So beschreibt von Stosch die Freundschaft als ein Ziel des interreligiösen Dialogs, als eine Form von Liebe, die an dem Gegenüber das Liebenswerte entdeckt und sich darüber mit ihm solidarisch erklärt.[392] *„Interreligiöse Freundschaften helfen Christen der Tendenz zu widerstehen, Angst vor dem Fremden zu entwickeln."*[393] Der Theologe Ulrich Winkler beschreibt dazu, dass die Komparative Theologie sich auf andere Religionen in wohlwollender, lernbereiter und kritischer Wertschätzung beziehe.[394] Von Stosch beschreibt dabei die Freundschaft als das Hauptziel Komparativer Theologie. Um dieses Ziel erreichen zu können, benötigt es die Reflexion des eigenen stereotypischen Denkens, weshalb in diesem Zusammenhang die Komparative Theologie auch auf den Austausch und die Wissensvermittlung über den:die andere:n abzielt.[395] Neben dem Versuch des Verstehens des:der Anderen geht es von Stosch jedoch auch um das Neuverstehen des eigenen Glaubens, welches er in seinem dritten Ziel formuliert. So listet er neben der (1) Wahrheitssuche, (2) der Freundschaft und dem besseren Verstehen des nichtchristlichen Denkens auch (3) das Neuverstehen des eigenen Glaubens. Fredericks sieht darin beispielsweise das eigentliche Ziel der Komparativen Theologie.[396] Ulrich Winkler bezeichnet es als eine sogenannte *Insiderperspektive*. Die Komparative Theologie sei eine Theologie, die aus einer Innenperspektive des Glaubens den Glauben durchdenkt.[397] Vergleiche innerhalb der Komparativen Theologie werden somit nicht per se angestellt, sondern sind eingebettet in den eigenen Glauben, der das Verstehen sucht[398] und den Glauben damit bereichert. Man kann hierbei von einer sogenannten *Win-Win-Situation* sprechen, in welcher der:die Teilnehmende eines interreligiösen Dialogs nicht nur von dem Wissenserwerb der

---

390   von Stosch (2012), S. 148
391   Vgl. von Stosch (2012), S. 150
392   Vgl. von Stosch (2012), S. 150
393   Fredericks (1999), S. 176 (deutsche Übersetzung)
394   Vgl. Winkler (2013), S. 463
395   Vgl. von Stosch (2012), S. 150f.
396   Vgl. Fredericks (1999), S. 169 *„the real goal of the exercises was to gain a better understanding of the meaning of Christianity"*
397   Vgl. Winkler (2013), S. 368
398   Vgl. Winkler (2013), S. 424

fremden Religion profitiert, sondern auch die Chance erhält, seinen eigenen Glauben neu zu verstehen. Im Umgang mit anderen kann auch die eigene Umwelt von diesen Erkenntnissen profitieren.

Von Stosch betont, dass dabei die Begriffe *Neuverstehen des eigenen Glaubens* und *Freundschaft des Anderen* nicht getrennt gesehen werden dürfen. Wäre die Hauptmotivation ausschließlich das Neuverstehen des Eigenen, so bestünde die Gefahr, der andere erfülle lediglich die Funktion des eigenen Weltzugriffs.[399]

Zusammenfassend lassen sich somit grundlegende Ziele der Komparativen Theologie nach von Stosch so formulieren: *„Neuverstehen des Eigenen, Würdigung des Fremden und Suche nach der Wahrheit"*[400].

Daraus ergibt sich der Anspruch, das Grunddilemma der Theologie der Religionen zu überwinden und dem eigenen Wahrheitsanspruch treu zu bleiben, ohne dabei die Wertschätzung von Pluralität und Andersheit außen vor zu lassen, sie sogar verbinden zu können.

Dies führt zu von Stoschs viertem und letztem Ziel. Es beschreibt das Anliegen in der Vermittlung von Pluralismus und Inklusivismus in der Theologie der Religionen.[401]

> Dabei wird die Versöhnung der beiden Anliegen nicht auf der Modellebene erreicht, sondern jeweils am Einzelfall den Grundmotiven beider Konzeptionen Rechnung getragen: dem Bedürfnis nach Anerkennung von Andersheit und dem nach Treue zum Eigenen.[402]

Daher, so von Stosch, führe Komparative Theologie nicht zu einer neuen religionstheologischen Position, sondern in eine neue und umfassende Offenheit für unterschiedliche, jeweils situationsangemessene Theologien der Religionen.[403]

Auf den Punkt gebracht: Ziele
1. Gemeinsame Suche nach der Wahrheit im Dialog
2. Freundschaft und das bessere Verstehen des nichtchristlichen Denkens (Sich-dem-anderen-Aussetzen und damit einhergehende Verstehen der Andersheit)

---

399   Vgl. von Stosch (2012), S. 152
400   von Stosch (2012), S. 154
401   Vgl. von Stosch (2012), S. 154
402   von Stosch (2012), S. 154
403   Vgl. von Stosch (2012), S. 154

3. Neuverstehen des eigenen Glaubens im Licht fremder Traditionen
4. Vermittlung von Pluralismus und Inklusivismus in der Theologie der Religionen

Die Ziele, Grundhaltungen und Methoden sind nicht separat voneinander zu verstehen, sondern ineinandergreifend.

2.12.5   *Komparative Theologie in religionspädagogischer Perspektive*

> Interreligious friendships help Christians to resist the tendency to fear what is strange.[404]

Die vorangegangenen Kapitel haben verdeutlicht, dass die Komparative Theologie methodisch in der Hinwendung zum Einzelfall an den gegenwärtigen religiösen Interessen und Fragen des Menschen arbeitet. Grundvoraussetzung dafür ist unter anderem Offenheit, Empathie, Perspektivenwechsel, eine liebevolle Zuwendung, Demut und das Bewusstsein des eigenen Wahrheitsanspruches, der eigenen Glaubenstradition sowie ebenso das stetige Vertrauen in das Gelingen eines interreligiösen Dialogs in gastfreundschaftlicher Zusammenarbeit mit dem:der Anderen. Diese Programmatik ermöglicht eine Form der Verknüpfung auf kognitiver und emotionaler Ebene im Blick auf (inter-)religiöse Lernprozesse[405] und ist nicht frei von Komplexität, Herausforderungen und notwendiger weiterführender Arbeit.

Die religionspädagogischen Diskurse über die Komparative Theologie sind bislang recht jung und das Konzept als ein zukunftsweisendes Modell für den interreligiösen Dialog in der Schule wird rege diskutiert.[406]

Ausgehend von dieser Ausgangslage, erfolgte praxisbezogen ein Versuch, Aspekte Komparativer Theologie konkret in religionspädagogische Lernprozesse, über die didaktische Orientierungshilfe des sogenannten „Wegweisers für ein gutes Miteinander"[407] zu transferieren, welche im Rahmen der „Kinderakademie – Weltreligionen im Dialog" zum Einsatz kam.

---

404   Fredericks (1999), S. 176
405   Vgl. von Stosch in Burrichter, Langenhorst & von Stosch (2015), S. 285
406   Vgl. Boehme (2023), S. 261
407   S. Kapitel *4.3.12 Didaktische Orientierungshilfen*

Fachtheoretisch trägt maßgebliche Ergebnisse das Buch *Komparative Theo-logie: Herausforderung für die Religionspädagogik. Perspektiven zukunftsfähigen interreligiösen Lernens.* (2015) zusammen.[408]

Einen Überblick über die Verhältnisbestimmung von Religionspädagogik und Komparativer Theologie wird im Folgenden dargelegt. Grundhaltungen, Methodik und Herausforderungen, die aus religionspädagogischer Sicht somit relevant erscheinen, werden folglich in Grundzügen zusammengefasst.

2.12.5.1   Grundhaltungen und Methodik

Die Grundhaltungen und die methodischen Herangehensweisen sind zwei der drei Grundpfeiler[409] welche die Programmatik der Komparativen Theo-logie bilden. Nach Jan Woppowa sind grundsätzlich die Grundhaltungen der *konfessorischen Verbundenheit, die Empathie und die Gastfreundschaft* als drei relevante Aspekte interessant, wenn es um die Frage der Anschlussfähigkeit der Komparativen Theologie in der Religionspädagogik geht.[410]

Die konfessorische Verbundenheit ist notwendig, um das globale Ziel des Zusammenlebens der Religionen zu realisieren. Würden Menschen ihre reli-giöse Überzeugung ablegen, so bliebe die (interreligiöse) Begegnung und der Dialog weitestgehend oberflächlich.[411] Katja Boehme merkt dazu kritisch an, dass jedoch eine konfessorische Verbundenheit aufgrund der mangelnden religiösen Sozialisation der Schüler:innen kaum vorausgesetzt werden könne. Vielmehr sei es die Aufgabe des bekenntnisorientierten Religionsunterrichts, die Weltsicht vom Standpunkt eines bestimmten religiösen Bekenntnisses anzubieten.[412]

Kritisch sieht Katja Boehme darüber hinaus die geforderte Grundhaltung der Empathie, welche aus ihrer Sicht für einen interreligiösen Dialog in der

---

408   In dem Buch *Komparative Theologie: Herausforderung für die Religionspädagogik. Perspek-tiven zukunftsfähigen interreligiösen Lernens.* (2015) sind, neben der Herausgeberschaft, zahlreiche Aufsätze namenhafter Autor:innen der Religiondpädagogik und Fachdidaktik wie beispielsweise Manfred Riegger, Clauß Peter Sajak, Elisabeth Naurath, Stephan Leim-gruber, Werner Haußmann, Monika Tautz, Stefan Altmeyer und viele Weitere dargelegt. Dabei widmet sich dieses Buch einer korrelativen Doppelfrage, die das vorliegende Werk prägt: *„Welche Impulse gehen aus von Komparativer Theologie für eine interreligiös aus-gerichtete Religionspädagogik und Religionsdidaktik? [...] Welche Rückfragen stellen sich von Seiten der Religionspädagogik und Religionsdidaktik an die Erfahrungen und Theorien der Komparativen Theologie?"* Burrichter, Langenhorst, von Stosch (2015), S. 10

409   Der dritte Grundpfeiler bildet die Ziele Komparativer Theologe

410   Vgl. Woppowa in Burrichter, Langenhorst, von Stosch (2015), S. 20f.

411   Vgl. Woppowa in Burrichter, Langenhorst, von Stosch (2015), S. 20

412   Vgl. Boehme (2023), S. 282

Schule nicht voraussetzbar ist. In der Grundhaltung der Gastfreundschaft hingegen sieht Boehme Anschlussfähigkeit, da das Konzept von Gastfreundschaft operationalisierbar sei. Dies könne bereits im Primarbereich angebahnt werden.[413]

Insbesondere die methodische Herangehensweise der Komparativen Theologie erscheint m. E. religionspädagogisch interessant und anschlussfähig. So beschreibt Georg Langenhorst *die Hinwendung zum Einzelfall* als eine entscheidende methodische Herangehensweise der Komparativen Theologie. Es geht hierbei somit um die Vermeidung von Generalisierung und den konkreten Blick auf das Individuum.[414] So bezieht sich der direkte Austausch unmittelbar auf *einzelne gegenwärtige und zentrale Fragen*, ohne dabei stets das gesamte System der jeweils dahinterstehenden Religion im Blick zu haben. Im Bewusstsein dieser Konzentration ließe es sich, so Langenhorst, leichter und besser ermöglichen, sich dem:der anderen anzunähern. So könne es im Blick auf einzelne theologische Fragestellungen gelingen, andere in ihrer Andersheit wahrzunehmen und zu verstehen und sich deshalb auch in eine Auseinandersetzung zu begeben.[415] Die Andersheit anderer verstehen zu wollen, entspricht dem pädagogischen Ziel des Perspektivenwechsels, d. h. sich in das Gegenüber hineinversetzen zu können.[416] Gegenwärtige und zentrale Fragen weisen auf die Notwendigkeit einer Subjekt- und Lebensweltorientierung von Schüler:innen hin, zudem ermöglicht diese methodische Herangehensweise eine begrenzte themenzentrierte Erarbeitung der Inhalte in didaktischer Sicht.[417] So kann die Wahrheitsfrage durchaus Gegenstand von Diskursen sein, dabei jedoch nicht als Gesamtzuschreibung von Religionen, sondern im Blick auf individuelle religiöse Überzeugungen.[418]

Da sich Komparative Theologie in seiner Programmatik bisher als ein höchst anspruchsvolles, akademisches Programm versteht, kann sie nicht dazu in der Lage sein, äußere Faktoren in den Blick zu nehmen, die einen interreligiöses Begegnungslernen im Kontext der Schule beeinträchtigen können, wie z. B. das Auftreten möglicher Konfliktpotentiale.[419] Es wird deutlich, dass Komparative Theologie hierfür in den Kontext Schule stärker „eintauchen" muss.

---

413 Vgl. Boehme (2023), S. 283
414 Diese Haltung schließt sich somit der Tendenz des interreligiösen Lernens in den Entwicklungslinien an, welche stark das Individuum in den Fokus interreligiöser Lernprozesse rückt.
415 Vgl. Langenhorst in Burrichter, Langenhorst, von Stosch (2015), S. 94
416 Vgl. Boehme (2023), S. 282
417 Vgl. Boehme (2023), S. 283
418 Vgl. von Stosch (2012), S. 334
419 Vgl. Boehme (2023), S. 284

2.12.5.2 Freund(schaft)lichkeit als Grundhaltung für Empathie und Perspektivenwechsel im Sinne Komparativer Theologie

> Freundschaft helfe, das Fremde in einem freundlichen Licht zu sehen. Durch Freundschaft werde die fremde Religion eine lebendige Realität, sie bekomme ein Gesicht, und man könne sich ihr leichter und gerechter zuwenden.[420] Denn: Christianity exists not in books but rather in the actual lives of Christians believers. The same is true of all religions.[421]

Ein besonders anspruchsvolles, jedoch höchst motivierendes Ziel Komparativer Theologie liegt m. E. in der freundschaftlichen Zuwendung zueinander. In diesem Kapitel wird deutlich werden, dass die Zielformulierung einer freundschaftlichen Zuwendung im religionspädagogischen Diskurs kontrovers diskutiert wird.

Hinsichtlich des Forschungsschwerpunktes dieser Arbeit, welcher Fördermöglichkeiten von Empathie und Perspektivenwechsel durch interreligiöse Begegnungen bei Kindern nachgeht, wird dieser Abschnitt explizit Überlegungen zur Freund(schaft)lichkeit als Grundhaltung für Empathie bzw. Perspektivenwechsel aus Sicht der Komparativen Theologie aufzeigen, im Bewusstsein dessen, dass dies eine höchst anspruchsvolle Anforderung für Schüler:innen darstellt. Dass der Ansatz Komparativer Theologie den Fokus auf Freundschaft und Empathie legt, obgleich diese Anforderung höchst komplex ist, zeigt die Besonderheit des Modells auf.[422]

In engem Zusammenhang mit der Freundschaft steht m. E. die Grundhaltung der Gastfreundschaft. Regeln und Rollen einer gastfreundlichen Haltung einzunehmen, ist operationalisierbar und somit durchaus anschlussfähig für den Religionsunterricht.[423] Die Gastfreundschaft wird im vorliegenden Text als eine vorausgehende Entwicklung zur Grundhaltung einer Freundschaft verstanden.[424] Sowohl für eine Grundhaltung der Gastfreundschaft als auch für eine der Freundschaft sind Empathie und Perspektivenwechsel zentrale Kompetenzen.

Die Freundschaft, *„eine Form von Liebe, die am anderen das Liebenswerte entdeckt und sich mit ihm solidarisch erklärt"*[425], wird innerhalb von Stoschs

---

420   Von Stosch (2012), S. 150

421   Fredericks (1999), S. 176

422   Wobei hier bereits Kritiker:innen eine fehlende schulische Erprobung und eine sich daraus anschließende Realitätsferne unterstellen könnten.

423   Vgl. Boehme (2023), S. 283

424   Somit sind beide Begriffe nicht identisch zu verstehen und existieren in der Qualität ihrer jeweiligen Bedeutungsebenen gleichberechtigt nebeneinander.

425   Von Stosch (2012), S. 150

Programmatik zur Komparativen Theologie als das Hauptziel beschrieben.[426]
Katja Boehme sieht das soziale Konstrukt einer Freundschaft im schulischen
Kontext jedoch als kaum realistisch an.[427] Freundschaft könne weder verordnet
noch methodisch angebahnt werden.[428] Ebenso erhebt Jan Woppowa Zweifel
gegen diese Forderung. Er glaubt, dass Freundschaft personale Begegnung und
gelingende Beziehung voraussetze, die einerseits selbstverständlich als Ziel
von Erziehung verstanden werden könne, andererseits jedoch unrealistisch
für den schulischen Kontext sei.[429] Und auch Klaus von Stosch resümiert deutlich, dass Freundschaft und auch Empathie keine akademischen Disziplinen
sind, die methodisch erlernt werden können.[430] Bei aller Zustimmung und
Nachvollziehbarkeit sollte dennoch daraus nicht geschlussfolgert werden, dass
es keine Chance für ein freundschaftliches Miteinander durch interreligiöse
Begegnungen im schulischen Kontext geben kann. Selbstverständlich darf
Freundschaft nicht vorausgesetzt oder künstlich initiiert werden und doch
kann sie gerade in interreligiösen Begegnungsanlässen (u. a. durch die erzeugte
Tiefe und seltene Sichtbarkeit in den Gesprächen) entstehen und infolgedessen
ihr Potential nachhaltig entfalten. Kathrin Kürzinger und Elisabeth Naurath
schreiben, dass dieses Ziel der Freundschaft in empathischer Haltung weg-
weisend und eine große Chance sei. Über die freundschaftliche Annäherung
könne die Angst vor dem:der Anderen durch die Wertschätzung überwunden
werden.[431] Grund hierfür sei die grundsätzliche Gleichwertigkeit beider Bezie-
hungspartner:innen, die sich damit auf Augenhöhe und in Freund(schaft)lich-
keit begegnen könnten.[432] Das bedeutet, dass der:die Andere in seinem Ich
wahr-, angenommen und wertgeschätzt wird, wobei dabei keine Motivation
der Vereinnahmung oder Überverurteilung besteht. Durch diese Gewissheit
kann dann *„ein konstruktives Streiten [...] durchaus Spaß machen, indem es ein
kreatives Potential in sich birgt – wohlwissend, dass die Freundschaft dies aushalten wird und kann."*[433]

---

426 Vgl. von Stosch (2012), S. 150
427 Vgl. auch von Stosch (2012), S. 204, vgl. Wopppowa (2015), S. 18
428 Vgl. Boehme (2023), S. 272
429 Vgl. Woppowa in Burrichter, Langenhorst, von Stosch (2015), S. 18, meines Erachtens sei
     jedoch zu überlegen, ob die Komparative Theologie durch seinen „offensiven Ansatz"
     der Zielformulierung von Freundschaft nicht auch durch beispielsweise zunächst inter-
     religiös initiierte Angebote, umgekehrt freundschaftliche Anbahnungen unterstützt und
     fördert.
430 Vgl. von Stosch (2012), S. 163
431 Im Gegenzug können, bei misslingender interreligiöser Annäherung, auch xeno-
     phobische Tendenzen zunehmen.
432 Vgl. Kürzinger & Naurath in Burrichter, Langenhorst & von Stosch (2015), S. 166
433 Kürzinger & Naurath in Burrichter, Langenhorst & von Stosch (2015), S. 168

Wertschätzung, Achtsamkeit, Wahr- und Annehmen sind Lernprinzipien, die insbesondere die Religionspädagogik deutlich zum Thema (nach wie vor) macht. Diese können somit gewinnbringend mit dem Ziel der freundschaftlichen empathischen Haltung verschränkt werden. Im schulischen Kontext können demnach interreligiöse Begegnungskontexte pädagogisch achtsam begleitet werden.

Elisabeth Naurath verdeutlicht, dass der interpersonale Modus interreligiösen Lernens im engeren Sinne, den Dialog mit dem Ziel zur differenzbewussten bzw. differenzsensibler Konvivenz zu führen, fokussiere. Sie resümiert somit sehr deutlich, dass dies nur möglich sei, wenn emotionale Gehalte als Grundbedingungen interreligiöser Beziehungen integriert würden.[434] So kann die bewusste und gezielte Berücksichtigung von Emotionen in der Praxis des Dialogs die oft sehr kognitiv orientierten Theorien des interreligiösen Lernens überwinden.[435] Dieser Blickwinkel, der im interreligiösen Miteinander bislang eher vernachlässigt wurde, kann zum Mitgefühl konkretisiert werden.[436] Gerade das Emotionale impliziere für die Autorinnen eine besondere Chance für eine dialogisch angelegte Interreligiosität, denn eine Reduzierung des Dialogs auf inhaltsbezogene, vermeintlich rein rationale Auseinandersetzungen zwischen differenten Denkgebäuden bzw. Glaubenshaltungen verenge oft die Möglichkeiten wirklicher Begegnung. Ein Ineinandergreifen von kognitiven und emotionalen Dimensionen könnte gegenüber Stabilisierungen von Vorurteilen präventiv wirken.[437] Im Hinblick auf die Komparative Theologie ist damit eng zusammenhängend die Grundhaltung der *Gastfreundschaft* zu sehen.[438]

Klaus von Stosch sieht in den Zielen und Haltungen von Freundschaft und Empathie die Stärke des Konzepts von Komparativer Theologie und darüber hinaus das Miteinbringen von Mitgefühl als eine neue emotionale Dimension, bereichernd für die eigene Theoriebildung.[439]

---

434   Vgl. Naurath (2022), S. 159
435   Vgl. Naurath (2022), S. 159
436   Vgl. Kürzinger & Naurath in Burrichter, Langenhorst & von Stosch (2015), S. 168 verwiesen wird dabei auf die Forschungen von Naurath, E. (2010). *Mit Gefühl gegen Gewalt. Mitgefühl als Schlüssel ethischer Bildung in der Religionspädagogik.*
437   Vgl. Kürzinger & Naurath in Burrichter, Langenhorst & von Stosch (2015), S. 169, Andererseits könnte die Begegnung Vorurteile auch begünstigen. Dieses Spannungsfeld aus Potential und Kritik bzw. Prävention und Begünstigung xenophobischer Tendenzen ist immer wieder Gegenstand des religionspädagogischen Diskurses im interreligiösen Begegnungslernen.
438   S. Kapitel *2.12.2 Grundhaltungen* in Abschnitt *5) Gastfreundschaft für die mögliche Wahrheit des:der anderen*
439   Vgl. von Stosch in Burrichter, Langenhorst & von Stosch (2015), S. 285

2.12.5.3   Resümee

> Der Umgang mit religiöser Pluralität ist heute ein, wenn nicht **der** Prüfstein
> für die Tauglichkeit des Religionsunterrichts, und zwar aus der Perspektive des
> Fachs und seiner Didaktik wie aus der Perspektive der Lernenden und deren
> Kompetenzen.[440]

Dass der Ansatz der Komparativen Theologie nicht ohne Weiteres aus
religionspädagogischer Perspektive in die Praxis zu transformieren ist, haben
die kritischen Momente und Herausforderungen des Kapitels gezeigt. Gleichzeitig sind jedoch wesentliche Grundhaltungen, Ziele und Methodik zur
Gestaltung des interreligiösen Dialogs höchst anschlussfähig.[441] So lässt sich
im Programm Komparativer Theologie Einiges finden, das ohnehin religionsdidaktisch längst berücksichtigt und angewendet wird.[442]

Georg Langenhorst hingegen sieht die Komparative Theologie als ein
Modell für Erwachsene. Eine Komparative Kompetenz für Kinder ließe sich
zwar anbahnen und mit Jugendlichen entfalten, ein angemessenes Betreiben
von Komparativer Theologie mit einer eigenen Position, der Fähigkeit zur
Distanz und Perspektivenwechsel sowie dem Willen, diese selbstkritisch in
Dialogprozesse einzubringen, das sei, laut Langhorst, mit Erwachsenen möglich. Ein verlängerter religionspädagogischer und religionsdidaktischer Arm
von Komparativer Theologie müsse umfassende Transformationsarbeiten leisten, die jedoch erst in Ansätzen vorliegen.[443] Ebenso Katja Boehme sieht den
Ansatz Komparativer Theologie vorrangig in akademischen Kontexten.[444]

---

440   Altmeyer & Tautz in Burrichter, Langenhorst & von Stosch (2015), S. 115, Sie verweisen
      in ihrem Aufsatz diesbezüglich auf die Anerkennung als kritische Kategorie religiö-
      ser Bildung und sehen in den methodischen Grundsätzen Komparativer Theologie
      gut begründete Wege für die Ausgestaltung einer konkreten Didaktik interreligiösen
      Lernens hinsichtlich des Erschließens der eigenen, aber auch der fremden Religion im
      Religionsunterricht.

441   So finden wir dies u. a. in den Zielbestimmungen interreligiösen Lernens von Karl Ernst
      Nipkow in Schreiner et al. (2005), S. 364f. Dort beschreibt er bereits 2005 (von Stoschs
      Ansatz der Komparativen Theologie wurde 2012 publiziert) unter anderem folgende Ziele
      auf Grundlage verschiedener Autor:innen, auf die er sich beruft (R. Panikkar Dialog-
      theologe als internationale Dimension, aber auch A. Falaturi, S. Baliň, M. Talbi als inner-
      deutsche muslimische Dialogtheologen):
      – Möchte man religiös und dialogfähig sein, so müsse man auf irgendeiner Weise einer
        bestimmten religiösen Tradition angehören.
      – Ein wirkungsvoller Dialog selbst habe aus der Mitte der Religionen selbst hervorzu-
        gehen, wenn er authentisch sein solle.

442   Vgl. von Stosch in Burrichter, Langenhorst & von Stosch (2015), S. 292

443   Vgl. Langenhorst in Burrichter, Langenhorst & von Stosch (2015), S. 110

444   Vgl. Boehme (2023), S. 284

Mit Blick auf die Grundschule sind m. E. vor allem die methodischen Grundsätze hilfreich. Diese können in interpersonalen interreligiösen Begegnungen für die Schüler:innen als Orientierung fungieren. Mithilfe einer Grundhaltung der (Gast-)Freundschaft kann das Modell Komparativer Theologie bezüglich der Entwicklung der sozial-emotionalen Dimensionen einen Beitrag dazu liefern, interreligiöse Lernprozesse „ganzheitlicher" zu gestalten.

Jedoch ist Komparative Theologie im Hinblick auf einen religionspädagogischen Transfer noch zu stark für eine zumeist akademische und erwachsene Zielgruppe gedacht und benötigt die experimentelle Praxis in (Grund-)Schule, um Chancen und Grenzen des Programms austarieren sowie den Kontext Schule stärker berücksichtigen zu können.

Trotzdem erscheinen m. E. die hier benannten Herausforderungen nicht als unüberbrückbare Hürden, sondern als konstruktive Kritik, die es auszuwerten, zu überprüfen und religionspädagogisch weiterzudenken gilt. Die noch wenigen theoretischen und praktischen Zugänge Komparativer Theologie im religionspädagogischen Kontext benötigen weiterführende empirische Studien und theoretische Fundierungen, auf denen vielversprechend aufgebaut werden kann.[445]

> Empathie versucht also, sich so sehr für die andere zu öffnen, dass ich mich von ihr und ihrer Religion berühren und affizieren lasse. Das bedeutet nicht, dass ich ihre Religion übernehme oder für wahr halte. Aber es bedeutet, dass ich sie und ihre religiöse Praxis an mich heranlasse, ohne mich zugleich innerlich davon zu distanzieren.[446]

Auf den Punkt gebracht:
Die Komparative Theologie bietet in ihrer deutschsprachigen Programmatik nach dem Ansatz Klaus von Stoschs durch die Grundhaltungen, Methodik und Ziele einen strukturierten und zugänglichen Überblick über Leitgedanken und Anwendbarkeit. Insbesondere in ihrer Überprüfung in der Praxis, also durch die theoretische Auseinandersetzung mit der Religionspädagogik, werden diese drei Schritte herausgefordert, Einzelnes vertiefend behandelt und weiterentwickelt. Weitestgehender Grundkonsens aus religionspädagogischer

---

445 Weitere empirische langfristig angelegte Studien, die in den schulischen Kontext (nachhaltig) verankert werden – auch in der Grundschule – können dabei m. E. weiterführende Erkenntnisse bringen. Komparativ theologische Projekte in der Grundschule sind mir bislang nicht bekannt. Ein Modellversuch unter der Leitung von Klaus von Stosch und Jan Woppowa fand 2018 in einem Gymnasium in Dortmund statt.

446 Von Stosch (2012), S. 161

Sicht besteht darin, dass sich die Komparative Theologie in vielen Punkten als anschluss- und entwicklungsfähig für die Praxis erweist. Herausgearbeitete Herausforderungen werden als Anstöße für eine konstruktive Weiterentwicklung einer religionspädagogischen Ausrichtung des Modells gesehen.

Die Komparative Theologie weist durch ihre Verschränkung emotionaler und kognitiver Dimensionen in interreligiösen Lernprozessen ein Alleinstellungsmerkmal auf. Insbesondere das Ziel und die Grundhaltung von (Gast-) Freundschaft und Empathie an dem Gegenüber, lassen die Programmatik als einzigartig unter den zumeist kognitiv orientierten Theorien interreligiösen Lernens wirken.

2.13   Grenzen und Herausforderungen interreligiösen Lernens

Dass im interreligiösen Lernen einerseits Chancen und Potentiale gesehen werden, zeigt sich u. a. durch die zahlreichen Entwicklungslinien, Ansätze und Konzepte, von denen einige in Auswahl vorgestellt wurden. Interreligiöses Lernen ist jedoch ebenso mit Herausforderungen verbunden, zu denen weitere religionspädagogische Überlegungen notwendig sind. Im Folgenden werden nun einige dieser in Auswahl vorgestellt, die im Rahmen des Forschungsprojektes wichtig erscheinen und in diesem Kapitel noch nicht ausreichend akzentuiert wurden.

Strukturelle und bildungspolitische Herausforderungen
Lehrer:innenausbildung
Um mit den Herausforderungen interreligiösen Lernens umgehen zu können, muss es Aufgabe der allgemeinen Lehrprofessionalisierung und somit ebenfalls der universitären Ausbildung sein, Lehrende im Bereich des interreligiösen Lernens auszubilden.[447] Wird, so wie Schlüter definiert, interreligiöses Lernen als *Lerndimension und Lernprinzip*[448] verstanden, so kann der Erwerb interreligiöser Kompetenzen nicht nur für den Religionsunterricht, sondern für den Gesamtkontext Schule zuträglich werden. Eine Heraus- und zugleich Anforderung besteht somit darin, entsprechende Strukturen in der Lehrer:innenbildung für den Bereich interreligiösen Lernens verstärkt aufzubauen.

---

447   Vgl. Woppowa in Burrichter, Langenhorst, von Stosch (2015), S. 28, vgl. Boll S. 265
448   Schlüter in Schreiner et al. (2005), S. 559

Didaktische Konzepte in Anpassung an die Organisationsformen von Religions-unterricht

Hinsichtlich der Organisationsformen von Religionsunterrichtherrscht herrscht bundesweit eine große Heterogenität.[449] Der Religionsunterricht besteht bundesweit überwiegend in konfessionell getrennter Organisations-form und braucht sinnvolle didaktische Lösungsvorschläge, um interreligiöses Begegnungslernen im Religionsunterricht angemessen ermöglichen zu kön-nen. Didaktische bereits erprobte Antwortmöglichkeiten könnten Konzepte wie das des fächerkooperierenden interreligiösen Begegnungslernens[450] sein. Ebenso ist interreligiöses Begegnungslernen ohne eine Kooperation in der Klasse möglich, im Sinne der hier bereits vorgestellten Ansätze.[451] Diese Möglichkeiten finden bisher nicht breit genug Anwendung in dem schulischen Alltag.

Didaktische und methodische Herausforderungen
Expert:innenrolle und Redebeiträge im interreligiösen Dialog

Nicht selten nehmen Schüler:innen, deren religiöser Hintergrund anders als der der Mehrheit ist, (un-)freiwillig sogenannte Expert:innen-Rollen im Kon-text des interreligiösen Dialoges im Religionsunterricht ein. Infolgedessen kann das zur Überforderung und/oder zu Zuschreibungen der Schüler:innen führen.[452] Georg Langenhorst kritisiert, dass eine interreligiöse ausgewogene Begegnung im schulischen Kontext oft nicht möglich sei. Der oft geringe Anteil von beispielsweise jüdischen Mitschüler:innen würde zahlenmäßig ein Ungleichgewicht in den Dialog bringen.[453]

Darüber hinaus muss von der Lehrperson gewährleistet werden, dass die Redebeiträge der Schüler:innen über sachbezogenes Wissen der eigenen und anderer Religionen (nicht über die jeweils eigenen religiösen Erfahrungen), gegebenenfalls fachlich korrekt eingeordnet werden. Das macht wiederum den Erwerb religionskundliches Wissen für die Lehrperson erforderlich. Letzt-lich benötigt es ein interreligiöses Feingefühl der Lehrperson zu entscheiden, ob und wie viel das Kind über die Religion erzählt.

---

449   Vgl. z. B. der Hamburger Weg „RUfa2.0", der konfessionell gebundene RU in Hessen, der christliche RU in Niedersachsen ab 2025/2026 usw.

450   Vgl. Boehme (2019), S. 5ff.

451   Vgl. Kapitel 2.9. *Ausgewählte Ansätze interreligiösen Lernens im Kontext des Forschungs-projektes*

452   Vgl. Dressler (2003), S. 115, vgl. Gaida in Freudenberger-Lötz (2023), S. 17

453   S. weitere Ausführungen im Ansatz des Begegnungslernens, Kapitel 2.9.1. *Interreligiöses Begegnungslernen*

Perspektivenwechsel

Im Kontext des interpersonalen Begegnungslernens schreibt Klaus von Stosch, dass ein Perspektivenwechsel nie vollständig gelingen kann.[454] Wird von (religiösen) Individuen ausgegangen, so können Perspektiven dieser Individuen niemals vollständig deckungsgleich sein. Sie bleiben immer Imaginationen des Eigenen. Diese Tatsache muss stets in die Begegnungsformate getragen und vergegenwärtigt werden.[455]

Nicht nur im Kontext des interpersonalen Begegnungslernens sollte dies Beachtung finden, sondern auch in der gemeinsamen Konzeption von Lehrmaterial zum interreligiösen Lernen. Der historische Einblick interreligiösen Lernens zeigt, dass die Konzepte bislang überwiegend aus einer evangelischen und katholischen Perspektive heraus konzipiert sind. Auch an dieser Stelle benötigt es bewusst implementierte jüdische und muslimische und weitere (nicht-)religiöse Perspektiven. Dies ist gerade in der Ausgestaltung einer interreligiös-kooperativen Didaktik wünschenswert, um didaktische Grenzen und „blinde Flecken" aus interreligiöser Perspektive zunächst zu erkennen und dann zu bearbeiten.[456]

2.14   Ziele interreligiösen Lernens

Ziele interreligiösen Lernens können vielfältig auf verschiedene Kontexte interreligiösen Lernens übertragen werden.[457] Dieses Kapitel wird allgemeingeltende Ziele interreligiösen Lernens für ein angemessenes Miteinander in der Gesellschaft konstatieren, um so auch die Relevanz der vorliegenden Arbeit und das darin enthaltende Konzept der „Kinderakademie – Weltreligionen im Dialog" aufzuzeigen.

Innerhalb der Literatur zum interreligiösen Lernen findet sich der Konsens, dass alle Menschen unabhängig der Religionszugehörigkeit in der Lage sein sollen, friedlich und respektvoll zusammenleben zu wollen.[458]

---

454   Vgl. von Stosch in Stettberger, Bernlochner (2013), S. 20

455   S. Kapitel 3.4. *Perspektivenwechsel*

456   Vgl. Schweitzer, F. & Ulfat, F. (2022). *Dialogisch – kooperativ – elementarisiert. Interreligiöse Einführung in die Religionsdidaktik aus christlicher und islamischer Sicht.* Göttingen: Vandenhoeck & Ruprecht. Oder: Kamcılı-Yıldız, N., Sajak, C. P. & Schlick-Bamberger, G. (2022). *Kippa, Kelch, Koran. Mit religiösen Gegenständen Judentum, Christentum und Islam erschließen.* München: Don Bosco Medien.

457   Vgl. Nipkow in Schreiner et al. (2005), S. 362–380 gibt dahingehend einen differenzierten Einblick über Zielformulierungen im Bereich des interreligiösen Lernens

458   Vgl. Willems (2011), S. 113, vgl. Bloch (2018), S. 69–71

Daraus ergibt sich ein weitgehender Konsens, welches Profil interreligiöses Lernen haben soll bzw. haben sollte.[459]

1. Interreligiöses Lernen ist Identitätsbildung: Interreligiöse Kompetenz bedeutet auch, Kompetenzen im Umgang mit der eigenen Religion zu erlangen, dazu zählt eine differenzierte Wahrnehmung, eine Kommunikationskompetenz, die die eigenen Überzeugungen reflektiert und differenziert beinhaltet, die Fähigkeit zur Selbstreflexion und eine Grundbereitschaft von und mit Angehörigen anderer Religionen, von ihren Traditionen zu lernen.

2. Interreligiöses Lernen beinhaltet die Vermittlung bzw. soll zum Verstehen von religionskundlichen Grundkenntnissen befähigen.

3. Interreligiöses Lernen zielt auf den Erwerb hermeneutischer Fähigkeiten ab, insbesondere zählt dazu die Fähigkeit zum Perspektivenwechsel, also: „sich selbst mit den Augen der Anderen sehen, die Anderen mit den Augen der Anderen sehen, das Eigene aus eigener Perspektive darstellen, das Fremde aus eigener Perspektive darstellen."[460]

4. Interreligiöses Lernen ereignet sich auch im Umgang mit Angehörigen einer anderen Religion. Dazu zählen Fähigkeiten der Metakommunikation, Respekt und Achtung auch bei fortwährenden Uneinigkeiten (die sogenannte Ambiguitätstoleranz) sowie die Fähigkeit zum gemeinsamen Handeln mit Menschen anderen Glaubens.

5. Die benannten Handlungskompetenzen basieren dabei auf einem tatsächlich erlebten Wandel von Einstellungen im Hinblick auf Religion bzw. auf Menschen verschiedener Religionen. „Unerwünschte" Einstellungen wie Vorurteile oder Xenophobie sollen verringert und „erwünschte" Einstellungen wie Toleranz und Anerkennung dem Fremden gegenüber verstärkt werden. Hier wird das Erziehungsziel „als eine Haltung aktiver starker Toleranz und Empathiefähigkeit"[461] bezeichnet.

Dieser Konsens wird nicht nur in Deutschland, sondern auch im englischsprachigen Raum weitestgehend geteilt.

---

459 basierend auf Willems (2011), S. 115 ergänzt durch Unser in Schambeck, Riegel (2018), S. 271
460 Willems (2011), S. 114
461 Willems (2011), S. 115

2.15   Zusammenfassung

> Interreligiöses Lernen kann verstanden werden als eine „Lerndimension" oder
> als ein „Lernprinzip" [...]. Dabei geht es weniger bzw. nicht primär um einen
> inhaltlich und zielorientiert fest umrissenen Unterricht. „Interreligiöses Lernen"
> fungiert hier vielmehr als eine strukturelle und intentionale Vorgabe für ver-
> schiedene Situationen, in denen Menschen unterschiedlicher Religionen sich
> begegnen mit dem Ziel der Verständigung.[462]

Die Thematik um das interreligiöse Lernen ist inhaltlich breit, in seiner Entwicklung stets prozesshaft, in seinen theoretischen Ausformulierungen vielfältig und bislang nicht ausreichend genug empirisch belegt. Das haben die
verschiedenen Themenbereiche vom historischen Abriss interreligiösen Lernens über verschiedene Entwicklungslinien didaktischer Ansätze bis zur Komparativen Theologie in ihrer religionspädagogischen Herausforderung und den
Zielformulierungen interreligiösen Lernens im Kern aufgezeigt.

Zudem wird in diesem Kapitel deutlich: Interreligiöses Lernen bedeutet
nicht ausschließlich die (zunächst) unbekannte Religiosität des Gegenübers
(interreligiös) über kognitive und emotionale Ebenen wahrzunehmen und
differenziert kennenzulernen, sondern interreligiöses Lernen bedeutet auch,
im Austausch mit dem Gegenüber selbiges in der eigenen religiösen Umwelt
(intrareligiös) kennenzulernen.[463] Dabei wird interreligiöses Lernen als ein
Lernprinzip verstanden, welches für den gesamten Schulkontext Relevanz hat.
Der Religionsunterricht kann diese interreligiöse Kompetenz im Besonderen
anregen. Die Auswahl der hier aufgeführten Bezugskapitel ist notwendig,
denn – wie auch Martina Kraml und Zekirija Sejdini beschreiben – ist es oft
schwierig, sich ein Gesamtbild über ein bestimmtes Phänomen zu machen,
wenn dafür nicht ausreichende Kenntnisse des Allgemeinkontextes vorhanden sind.[464] Mit diesem zugrundeliegenden Referenzrahmen sollen nun
die Kompetenzen der Empathie und des Perspektivenwechsels im Kontext
interreligiösen Lernens im folgenden Kapitel dargestellt werden.

---

462   Schlüter in Schreiner et al. (2005), S. 559
463   Vgl. angelehnt an Martin Buber (2017), S. 17 *„Ich werde am Du; Ich werdend spreche ich Du.*
      Alles wirkliche Leben ist Begegnung."
464   Vgl. Kraml & Sejdini (2018), S. 13

KAPITEL 3

Empathie und Perspektivenwechsel

Empathie ist [...] eine Fähigkeit, die der Perspektivenübernahme nahe steht, jedoch mit dem Unterschied, dass bei der Empathie nicht das Hineindenken, sondern das Hineinfühlen im Zentrum steht.[1]

3.1   Einordnung in den Kontext

Unter Empathie kann die Reaktion einer Lehrperson verstanden werden, die wichtige Passagen des Gesagten in verschiedene Sprachen (z. B. in das Arabische) für die Schüler:innen übersetzt, weil sie selbst Vor- und Nachteile bilingualer Spracherziehung kennt und ggf. selbst erfahren hat.[2] Auch kann unter Empathie die Reaktion eines Kindes verstanden werden, das ein anderes Kind tröstet, wenn es traurig ist. Durch die bewusste Handlung des Tröstens zeigt es dem Gegenüber Mitgefühl. Ebenso wird Empathie dort vermutet, wo Lehrpersonen einen aktiven Beitrag dazu leisten, eine gelingende Klassenatmosphäre zu initiieren und nachhaltig zu fördern. Perspektivenwechsel im Kontext interreligiösen Lernens sind beispielsweise mit der Frage und dem ernsthaften Interesse verbunden, warum muslimische Menschen an Ramadan fasten, welche inneren Haltung dem zugrunde liegen und wie sich das „Heilige" im Fastenmonat Ramadan für das Gegenüber letztlich zeigt. Schon anhand dieser Beispiele wird ersichtlich, dass es sich hierbei nicht nur um kognitive Denk- und Handlungsprozesse handelt, sondern im Wesentlichen auch um emotionale und soziale.

Intention des Kapitels ist es, Verschiedenes zu beleuchten: Die Begriffe um Empathie und Perspektivenwechsel und deren zugrundeliegenden Theorien sollen geklärt werden. Darüber hinaus sollen Wirkungseffekte beider Fähigkeiten in interreligiösen Lern- und Begegnungsprozessen und gleichzeitig auch Grenzen, die mit einhergehen, aufgezeigt werden.

Der Aufbau des Kapitels lässt sich in drei größere Abschnitte unterteilen, die nicht nur die Struktur des Kapitels, sondern auch die inhaltlichen Überlegungen unterstützen und abbilden: I) Empathie, II) Perspektivenwechsel und III) Empathie und Perspektivenwechsel in der Interdependenz.

---

1   Vgl. Tautz (2015), S. 4, Das ausgewählte Zitat nach Monika Tautz bietet die Argumentationsgrundlage der interdependenten Verortung von Empathie und Perspektivenwechsels der vorliegenden Studie und wird im Folgenden begründend entfaltet.
2   Dieses Beispiel zeigte sich im untersuchten Datenmaterial der vorliegenden Studie.

Bevor die Abschnitte unterteilt werden, wird einleitend grundlegend dargestellt, wie Empathie und Perspektivenwechsel für das vorliegende Forschungsprojekt definiert, verstanden und verortet werden (*3.2*).

Dem folgt der erste Abschnitt, der insbesondere die Fähigkeit der Empathie beleuchtet. Dabei wird Empathie im Übergreifenden (*3.3*) und im Speziellen in interreligiösen Kontexten (*3.3.1*) dargestellt. Da die Komparativer Theologie ein wichtiger Grundgedanke des Untersuchungsgegenstandes der „Kinderakademie – Weltreligionen im Dialog" ist, wird an dieser Stelle das Verständnis von Empathie in der Komparativen Theologie in den Blick genommen (*3.3.2*). In einem nächsten Schritt werden vier Aktivierungsschritte von Empathie über das WITH-Konzept (*3.3.3*) und ausgewählte sogenannte Empathie-Katalysatoren (*3.3.4*) beleuchtet, um aufzuzeigen, welche Fördermöglichkeiten bereits fachtheoretisch ausgearbeitet wurden.

Mit der Kompetenz des empathischen sprachsensiblen Sprechens wird eine Fähigkeit vertiefend beschrieben, die unabdingbar für interreligiöse interpersonale Begegnungen ist und m. E. noch nicht ausreichend im religionspädagogischen Diskurs dargestellt wurde (*3.3.5*).

Der zweite größere Abschnitt beleuchtet insbesondere die Fähigkeit des Perspektivenwechsels (*3.4*). Der Begriff des Perspektivenwechsel wird in den Kontext interreligiösen Lernens eingeordnet (*3.4.1*). Es folgt darauf der Perspektivenwechsel aus kognitionspsychologischer Perspektive im Konzept der Theory of Mind (*3.4.2*).

In dem dritten Abschnitt wird Empathie und Perspektivenwechsel in der Interdependenz dargestellt (*3.5*). Zunächst werden dabei entwicklungspsychologische Grundlagen geklärt (*3.5.1*). Eingeleitet wird dies mit der Entwicklung der Empathie mittels der Empathietheorie nach M. Hoffman (*3.5.1.1*), über das Modell der sozialen Perspektivenübernahme nach R. Selman (*3.5.1.2*) bis zur grundlegenden Frage, ob Kinder im Primarbereich aus entwicklungspsychologischer Perspektive die Fähigkeiten von Empathie und/oder Perspektivenwechsel besitzen (*3.5.1.3*). Nach der Darstellung der entwicklungspsychologischen Möglichkeiten beider Fähigkeiten werden nun mögliche Anschlusskompetenzen, die Empathie und Perspektivenwechsel als Voraussetzung benötigen, skizziert (*3.5.2*). In diesem Zusammenhang werden das Denken in Komplementaritäten (*3.5.2.1*) und das sogenannte Ambiguitätserleben (*3.5.2.2*) beleuchtet.

Aus der Erkenntnis heraus, dass differenzkompetentes Lernen im Interreligiösen zentral ist und Empathie und Perspektivenwechsel eine zentrale Rolle innerhalb dessen einnehmen, werden beide Fähigkeiten auch in den Kontext einer Xenosophie in religionspädagogischer Absicht transferiert (*3.5.3*): Zum einen geschieht das über das Vierevidenzquellenmodell nach

Manfred Riegger (*3.5.3.1*) und zum anderen über die religiösen Stile nach Heinz Streib (*3.5.3.2*).

Den entwicklungspsychologisch-konzeptionell skizzierten Rahmen verlassend, wendet sich das Kapitel nun konkreten Lernaufgaben, die eine Fähigkeit zu Perspektivenwechsel und Empathie im Kontext interreligiösen Lernens fördern können, zu (*3.5.4*). Neben allen Chancen und Potentialen, die aufgezeigt wurden, benötigt es ebenso die Darstellung der Grenzen sowie Herausforderungen von Empathie und Perspektivenwechsel (*3.5.5*). Das Kapitel schließt mit einer Zusammenfassung (*3.6*).

3.2 Empathie und Perspektivenwechsel im interreligiösen Lernen – Eine Verortung der Begriffe für die vorliegende Studie

Interessanterweise lassen sich Untersuchungen zur Empathieforschung in interreligiösen Kontexten in der Religionsdidaktik als überschaubar einschätzen, wenngleich der Begriff der Empathie sich relativ hoher Verwendung in religionspädagogischen Diskursen und Literatur erfreut.[3] Dahingegen steht der Perspektivenwechsel als Teilkompetenz interreligiösen Lernens[4] deutlich präsenter im Zentrum interreligiösen Lernens.[5] Beide Begriffe werden oftmals in ihren kognitiven sowie emotionalen und affektiven Anteilen[6], unterschiedlich in den theoretischen Überlegungen ausdefiniert und dargestellt. Ein übereinstimmender Konsens hinsichtlich einer trennscharfen Unterteilung in Empathie und Perspektivenwechsel ist somit in der Religionspädagogik nicht zu finden. Das kann auch damit zusammenhängen, dass sowohl inhaltlich als auch dementsprechend definitorisch Empathie und Perspektivenwechsel in den unterschiedlichen Disziplinen wie beispielweise der Pädagogik und Psychologie durch eine Vielzahl von Theorien unterschiedlich nuanciert werden. Denn die Fähigkeit zur Empathie als auch zum Perspektivenwechsel sind keine fachspezifischen Kompetenzen, sondern Disziplinen übergreifend.[7] So

---

3 Vgl. Ratzke (2021), S. 98
4 S. Kapitel *2.10 Interreligiöse Kompetenzmodelle*, vgl. Kapitel *6.4.3. Aktuelle empirische Ausgangslage im Hinblick auf das Forschungsprojekt*
5 Vgl. Schambeck (2013), S. 177–179, vgl. Tautz (2015), S.1–9, vgl. Meyer (2019) S.303–357, vgl. Willems (2011), S. 168f.
6 Die Begrifflichkeiten um Emotion, Gefühl, Stimmung, Affekt u. a. sind bislang inkohärent definiert. vgl. Otto et al. (2000), S. 12ff. Ich verwende daher zumeist den Begriff „Emotion" als Oberbegriff für Affekte, Gefühle und Erlebnistönungen oder – situationsgebunden – spezifizierende Beschreibungen wie beispielsweise „emotional-affektiv".
7 Vgl. Käbisch (2013), S. 358

werden die Begriffe um Empathie und Perspektivenwechsel an sich unterschiedlich pointiert als auch (eventuell infolgedessen) die definitorischen Grenzen beider. Selbst innerhalb der Religionspädagogik werden die Begriffe jeweils definitorisch nicht einheitlich verwendet. Das führt unter anderem zu einer unachtsamen synonymen Verwendung beider Begriffe. So schreibt Karlo Meyer:

> Für den affektiven Umgang angesichts der Gefühle anderer und dem Perspektivenwechsel wird teilweise der Begriff Empathie gebraucht. Leider wird dieser nicht einheitlich verwendet, so dass man von Autor zu Autor unterscheiden muss, was jeweils darunter verstanden wird. Zum Teil wird der Begriff bis auf Nuancen identisch mit dem des Perspektivenwechsels gebraucht.[8]

Daher ist es von Relevanz, beide Begriffe definitorisch – unter den Umständen der beschriebenen Ausgangslage – weitestgehend exakt für die vorliegende Studie zu bestimmen und zu verorten.

Zunächst einmal ist festzuhalten, dass von zwei Begriffen ausgegangen wird: Empathie und Perspektivenwechsel. Beide sind definitorisch nicht kongruent zueinander und doch sind sie nicht trennscharf voneinander zu denken.

Monika Tautz beschreibt, dass Perspektivenwechsel als eine geweitete Form – im Sinne von sich in die Perspektive einer anderen Person hineinversetzen und die Wirkung der eigenen Person auf andere reflektieren zu können – die Entwicklung von Empathie benötige.[9] Sie geht hier also von zwei Begriffen aus, d. h. dass Empathie und Perspektivenwechsel in ihrer Definition und Funktion nicht identisch miteinander sind, wohl aber einander benötigen. Auch Karlo Meyer (2019) differenziert deutlich zwischen Empathie, die er bewusst *Gefühlsresonanz*[10] nennt, und Perspektivenwechsel[11], sieht jedoch auch beide in einem Zusammenhang.[12] Dem schließt sich ebenfalls Anton Bucher (2006) an, welcher in seinem Ansatz ausdrücklich Empathie von Perspektivenwechsel unterscheidet[13], ebenso wie David Käbisch[14].

---

8   Meyer (2019), S. 338

9   Vgl. Tautz (2015), S. 1f.

10   Meyer (2019), S. 306

11   Vgl. Meyer (2019), S. 344

12   So schreibt Karlo Meyer (2019), S. 307: *„Es versteht sich, dass Perspektivenwechsel und Gefühlsresonanz oft „im Konzert miteinander" auftreten können."*

13   Vgl. Bucher (2006), S. 205: *„Der Perspektivenübernahme nahe stehend ist Empathie, dies jedoch mit dem Unterschied, dass ich mich bei der Perspektivenübernahme in eine andere Person hineindenken muss, bei der Empathie jedoch mit ihr mitfühle, ohne mich in sie hineinversetzen zu müssen."*

14   Vgl. Käbisch (2013), S. 355: *„Von der Perspektivübernahme ist ferner die Empathie zu unterscheiden. [...] Unter dieser definitorischen Voraussetzung ist die Fähigkeit zur*

Das Anliegen der hier vorliegenden Arbeit konzentriert sich auf Empathie und Perspektivenwechsel als Interdependenz und wird auch so für das vorliegende Forschungsvorhaben definiert, verstanden und genutzt.

Darüber hinaus ermöglicht die Interdependenz von Empathie und Perspektivenwechsel, dass sowohl kognitivere Komponenten von Empathie (kognitives Verständnis der Emotionen anderer) als auch Perspektivenwechsel aus empathischen Reaktionen heraus den Definitionsrahmen der vorliegenden Studie umfassen.

Die konkrete Ausformulierung als Interdependenz von Empathie und Perspektivenwechsel in interreligiösen Begegnungen bei Kindern im Primarbereich stellt empirisch ein Forschungsdesiderat dar, theoretische Überlegungen dazu bieten der vorliegenden Arbeit insbesondere die Ansätze nach Meyer (2019)[15] und Tautz (2015)[16].

Empathie ist ein hochkomplexes multidimensionales Phänomen, das unterschiedlichste Anteile von emotionalen, kognitiven und affektiven Dimensionen aufzeigen kann. Der Begriff muss daher möglichst genau definiert und achtsam begrenzt werden. So werden für die vorliegende Arbeit größere Anteile emotionaler Dimensionen der Empathie wie Mitgefühl und Mitleid, wenn wir diese als solche definieren, nicht primär bearbeitet. Ebenso werden Affekte bzw. Gefühlsansteckungen[17] wahrgenommen und als Teil empathischer Lernprozesse durchaus mitbedacht, aber nicht vordergründig fokussierend herausgearbeitet. Der Begriff „Perspektivenwechsel" ist eine bewusste Wahl der Begriffsnutzung. Tautz schreibt, dass der Begriff „Perspektivenübernahme" von „Perspektivenwechsel" zu unterscheiden sei, da Ersteres oftmals als eine rein kognitive Fähigkeit verstanden werde.[18] Doris Bischof-Köhler spricht beispielsweise von einer Perspektivenübernahme, bei der die subjektive Verfassung des:der Anderen rein rational erschlossen werden kann, ohne dass eigenes Mitempfinden, also eine emotionale Dimension, darin eingeschlossen ist.[19] Beispielsweise dann, wenn ein Kind sich vergegenwärtigt, wie ein Objekt aus der Perspektive einer anderen Person aussehen kann, auch wenn sich diese von der eigenen unterscheidet.[20] Eva Maria Kenngott schreibt

---

Perspektivübernahme eine notwendige, aber noch keine hinreichende Bedingung zu Empathie".

15   Meyer, K. (2019). *Grundlagen interreligiösen Lernens.* Göttingen: Vandenhoeck & Ruprecht.

16   Tautz, M. (2015). *Perspektivenwechsel.* In: Das wissenschaftlich-religionspädagogische Lexikon im Internet. Deutsche Bibelgesellschaft. (Online Zugriff)

17   Nach Meyer (2019), S. 306

18   Vgl. Tautz (2015), S. 1

19   Vgl. Bischof-Köhler (2011), S. 261

20   Vgl. Bischof-Köhler (2011), S. 337

ebenfalls, dass die Perspektivenübernahme immer einen kognitiven Vorgang unterstelle.[21]

Der Vorgang eines Perspektivenwechsels wird aber von Monika Tautz als ein Prozess bezeichnet, der nicht nur rationaler Art ist, sondern auch eine emotionale Ebene miteinschließt.[22] Daher ist es m. E. wichtig, *Perspektivenwechsel* und *Perspektivenübernahme*[23] definitorisch klar voneinander zu trennen. Aus diesem Grund wird für die vorliegende Arbeit bewusst vom Perspektivenwechsel gesprochen.[24]

Die Interdependenz von Empathie und Perspektivenwechsel

Aus der vorliegenden Situation, in der vielfältig und zum Teil widersprüchlich über sowohl die jeweilig einzelnen Begriffe als auch deren Wirkung debattiert wird, gilt es, den Begriff der Empathie und den des Perspektivenwechsels in ihrer Interdependenz für diese Arbeit klar zu definieren.

Insgesamt richtet die Arbeit ihren Fokus auf das Zusammenspiel von Empathie und Perspektivenwechsel, ausgehend von der Empathie in der Interdependenz zum Perspektivenwechsel.

Monika Tautz definiert:

> Empathie ist damit eine Fähigkeit, die der Perspektivenübernahme nahe steht, jedoch mit dem Unterschied, dass bei der Empathie nicht das Hineindenken, sondern das Hineinfühlen im Zentrum steht.[25]

Dass sich beides bedingt, zeigt sich in der Auflistung der folgenden drei Punkte[26]:

---

21 Vgl. Kenngott (2012), S. 38
22 Vgl. Tautz (2015), S. 1
23 Wenn im Folgenden der Begriff „Perspektivenübernahme" verwendet wird, dann erfolgt dies bewusst, aufgrund der jeweiligen religionspädagogischen Begründung des:der Autor:in.
24 Aus etymologischer Sicht ist m. E. jedoch der Begriff der Perspektivenübernahme schlüssiger als der des Perspektivenwechsels hinsichtlich folgendes Argumentationsstranges: Ein Perspektivenwechsel wird nie vollständig gelingen, vielmehr geht es darum Teil-Identifikationsprozesse zu ermöglichen. Diese lassen sich m. E. nach besser übernehmen, als wechseln, da ich diese in mein bereits Vorhandenes hinzufüge, übrigens auch im Austausch mit meinem Gegenüber. Dennoch wird für die vorliegende Arbeit der Begriff Perspektivenwechsel verwendet, da dieser inhaltlich aus begründeter Argumentation zutreffender ist.
25 Vgl. Tautz (2015), S. 4
26 Inhalte dieser vier Punkte habe ich im Kreise eines Autor:innenkollektivs in einem Artikel publiziert, weshalb einzelne Passagen bereits dafür verwendet wurden. Zu finden in: Espelage, C., Gaida, K., Niehoff, R. & Reese-Schnitker. A. (2022). Perspektivenwechsel –

1. Durch einen Perspektivenwechsel zeigen Menschen oftmals ihre empathischen Fähigkeiten bzw. benötigen empathische Motivationen (wie beispielsweise Mitgefühl, ernsthaftes Interesse), um mittels dessen einen Perspektivenwechsel vollziehen zu können.

2. Empathie benötigt den Perspektivenwechsel, um sich auf insbesondere kognitiver Dimension stärker in eine andere Person hineinversetzen zu können.[27]

3. Umgekehrt benötigt Perspektivenwechsel empathische Momente, emotional-affektive Momente, da eine rein affektive Perspektivenübernahme die Gefühlslage einer anderen Person beispielsweise zwar rational erkennt, aber diese nicht mitfühlt.[28] Empathie kann dabei eine zentrale Motivation sein. Insbesondere aus entwicklungspsychologischer Sicht ist dieser Aspekt für gelingende Lernprozesse von Kindern im Primarbereich wichtig.[29]

Beide Begriffen gehören daher zusammengedacht. Sie sind als wirkungsvolle Interdependenzen wichtige Einflussfaktoren interreligiöser Lehr- und Lernprozesse. Für die vorliegende Studie und das damit in Zusammenhang stehende Konzept der Kinderakademie der Weltreligionen sind beide Begriffe nur zusammenhängend zu denken.[30]

Die Relevanz der Interdependenz beider Begriffe begründet Karlo Meyer wie folgt:

> Wenn es um Emotionalität im Blick auf das Zusammenleben und die jeweiligen Emotionen der Beteiligten geht, ist es darüber hinaus erforderlich, sich auch in unterschiedliche Sichtweisen hineinzuversetzen [Perspektivenwechsel] und so durch das neu gewonnene Verständnis die emotionalen Resonanzen [u. a. empathische Prozesse] verschiedener Beteiligter besser koordinieren zu können.

Empathie – Sprachsensibilität. Empathisches und sprachsensibles Sprechen als zentrale Kompetenz interreligiösen Lehrens und Lernens. In: A.-H. Massud & C. Hild (Hrsg.), *Religionslehrer*innen als Akteure in der multireligiösen* (S. 77–99). Landau: Verlag Empirische Pädagogik e.V.

27   So schreibt Anton Bucher (2006) 205: *„Der Perspektivenübernahme nahe stehend ist Empathie, dies jedoch mit dem Unterschied, dass ich mich bei der Perspektivenübernahme in eine andere Person hineindenken muss, bei der Empathie jedoch mit ihr mitfühle, ohne mich in sie hineinversetzen zu müssen."*

28   Vgl. Doris Bischof-Köhler (2011), S. 342 beschreibt die Affektive Perspektivenübernahme als eine rationale Vergegenwärtigung des emotionalen bzw. motivationalen Zustands des Anderen

29   S. dazu weitere Ausführungen in Kapitel 3.5.1.3. *„Sind Kinder im Grundschulalter überhaupt zu Empathie und Perspektivenwechsel in interreligiösen Begegnungen fähig?"*

30   S. dazu Kapitel 4 *Kinderakademie – Weltreligionen im Dialog* für weitere Ausführungen und Leitgedanken des Bildungsprogrammes

> [...] Die unmittelbare affektive Resonanz ist also im Verlauf des weiteren Lern-
> prozesses in Richtung koordinierender Handlungen zu lenken, die Konvivenz
> zum Ziel haben.[31]

Das Zitat deutet darauf hin, wie die Interdependenzen für pädagogische interreligiöse Lernprozesse effektiv (motivational, religionskundlich etc.) genutzt
werden können.

Exemplarisch – in aller Kürze und Oberflächlichkeit – verdeutlicht kann die
Interdependenz von Empathie und Perspektivenwechsel wie folgt aussehen:

Durch empathische Motivationen kann einen Perspektivenwechsel vollzogen
werden.

*Beispiel: Noah hört interessiert und sichtlich bewegt seiner Klassenkameradin
Nala zu, die von erlebten antimuslimischen Erfahrungen berichtet. Er fühlt, dass
es Nala nicht gut geht und will mehr darüber wissen, denn er mag Nala. Neben
Nachfragen an Nala selbst betreibt er eigene Recherche und kann sich durch das
steigende Wissen immer mehr in Nalas Situation hineinversetzen.*

Durch einen vordergründig kognitiven Perspektivenwechsel können empathische Fähigkeiten ausgebaut werden.

*Beispiel: Noah hat sich bereits im Vorfeld Wissen zum Thema „antimuslimischer
Rassismus" angeeignet, weil es ihn interessiert. Als seine Klassenkameradin Nala
von persönlichen Vorfällen erzählt, fällt es Noah leichter, sich in Nalas Gefühle
hineinzuversetzen, denn er hat ein breites Vorwissen, das ihm dabei hilft, das
Gesagte einzuordnen.*

Im Folgenden werden die hier gekürzten Darstellungen zur Verortung und
Interdependenz von Empathie und Perspektivenwechsel im Kontext interreligiösen Lernens durch die Erkenntnisse von u. a. Robert L. Selman[32], Manfred Riegger[33] und Herbert Stettberger[34], in denen empathische Prozesse mit
denen der Perspektivenübernahme zusammenwirken, vertieft.[35]

---

31   Meyer (2019), S. 343f.
32   Vgl. Selmans Modell der sozialen Perspektivenübernahme (1984), S. 47ff.
33   Vgl. Rieggers Vierevidenzquellenmodell in Stettberger, Bernlochner (2013), S. 39ff.
34   Vgl. Stettbergers WITH Konzept in Stettberger, Bernlochner (2013), S. 139ff.
35   Vgl. Stettberger und Riegger entwickelten Modelle zu Prozessen innerhalb interreligiös
     empathischer Begegnungssituationen. Selmans Modell der sozialen Perspektivenüber-
     nahme ist ein Klassiker innerhalb der Kognitionswissenschaft. Alle drei Autoren sind oft
     zitiert im Bereich von Empathie und Perspektivenwechsel.

3.3 Empathie

Doris Bischof-Köhler, Psychologin und Sozialwissenschaftlerin, definiert Empathie auf der phänomenologischen Ebene als

> [...] die Erfahrung, unmittelbar der Gefühlslage oder auch der Intention eines Anderen teilhaftig zu werden und sie dadurch zu verstehen. Trotz dieser Teilhabe bleiben Gefühl bzw. Intention aber anschaulich dem Anderen zugehörig.[36]

Empathie wird als ein mehrfaktorielles, hochkomplexes Phänomen begriffen. Der Begriff der Empathie wird dabei interdisziplinär untersucht. Kaum eine geistes-, sozial-, oder humanwissenschaftliche Disziplin hat den Begriff ausgelassen. Empathie lässt sich jedoch auch in anderen Wissenschaften finden: In der Tanzwissenschaft geht es um die körperliche und affektive Beziehung unter den Tanzenden, in der Rechtswissenschaft um die Rolle von Empathie bei richterlichen Entscheidungen und in der Literatur- und Sprachwissenschaft um den:die empathisch Lesende:n und Sprechende:n. Die Komplexität des Begriffs führt in den letzten Jahren zu interdisziplinären Kooperationen, Ausdruck dessen sind zahlreiche Sammelbände, die verschiedene Perspektiven bündeln.[37] Auch diese Arbeit zeigt interdisziplinär Perspektiven der kognitionspsychologischen-, pädagogischen- und linguistischen/sprachwissenschaftlichen Perspektiven auf.

Bis zum heutigen Zeitpunkt konnte kein Konsens hinsichtlich einer einheitlichen Definition von Empathie gefunden werden. Die Terminologie ist bislang uneinheitlich.[38] Das hängt unter anderem auch damit zusammen, dass es eine Vielzahl an Forschungsmethoden und -ansätzen in der Empathieforschung gibt, die den Begriff inhaltlich in unterschiedlichen Empathiekonzepten und -modellen füllt.[39] Diese Entwicklung ist auch im Kontext interreligiösen Lernens innerhalb der Religionspädagogik zu beobachten.[40]

Grundsätzlich wird der Begriff der „Empathie" häufig mit dem Einfühlungsvermögen, dem „Sich-Hineinfühlen", übersetzt und scheint dadurch eine eindeutige Begrifflichkeit zu sein. Empathietheorien, die Operationalisierung der

---

36   Bischof-Köhler (2011), S. 261
37   Vgl. Kupetz (2015), S. 198
38   Vgl. Meyer (2019), S. 338–345, Auf diesen Seiten verweist Karlo Meyer immer wieder auf die Problematik.
39   Vgl. Kupetz (2015), S. 204
40   S. dazu Darstellungen der Problematik unterschiedlicher Definitionsspielräume von Empathie und Perspektivenwechsel in Kapitel 2.2. *Empathie und Perspektivenwechsel im interreligiösen Lernen – Eine Verortung der Begriffe für die vorliegende Studie*

Empathie in Forschungen und angewandte Empathieerziehungskonzepte zeigen dagegen, dass Empathie ein komplexes Konstrukt aufweist, das sowohl die soziale als auch persönliche Handlungsweise eines Menschen gleichermaßen entscheidend bestimmt.[41] Dabei könnte man die sogenannte animistische Denkweise, also andere Personen eines sozialen Kreises reflexiv zu sich selbst begreifen zu wollen, um daraus Erkenntnisse für ein ganzheitliches Lebensverständnis zu gewinnen, so Gassner, als die eine ursprüngliche Form der Empathie deuten.[42]

In der Forschung existiert eine Fülle an unverbundenen Theorien und Erkenntnissen über Empathie aus den verschiedenen Forschungsbereichen. Sie beziehen sich auf das Erfassen verschiedener Empathiefaktoren (bspw. Mitgefühl, Mitleid etc.), verschiedene Lebensbereiche (Frühpädagogik, Schulpädagogik etc.) und auf die Funktionsweise der Empathie. Grundsätzlich wird aber Empathie als etwas verstanden, das immer das Selbst, das Andere und eine Relation der beiden einschließt.[43] Insgesamt, so ergänzt Gassner, belegt die Empathieforschung zumindest innerhalb der Pädagogik, dass jeder Mensch von Geburt an ein gewisses Maß an Empathiefähigkeit besitzt, damit er einen sozialen Kontakt zu seinen engen Bezugspersonen aufbauen, erhalten und seine Existenz sichern kann.[44]

Empathie stellt eine grundsätzliche Notwendigkeit in unserer Gesellschaft dar, um Unbekanntes kennenzulernen, Differenzen zu überbrücken und das Zusammenleben friedlicher gestalten zu können. Rebecca Meier resümiert in ihren Studien, dass Empathie positive Effekte auf das Zusammenleben haben kann, sogar notwendig ist, um ein Zusammenleben auf Dauer ermöglichen zu können.[45] Herbert Stettberger pointiert: „Ohne Empathie könnten Menschen einander nicht verstehen"[46]. In der Pädagogik wird Empathie häufig als ein Teilprozess innerhalb eines komplexen Erziehungsprozesses verstanden. Empathie ist somit je nach Theorie und Förderschwerpunkt ein motivationaler Faktor, der für bestimmte erzieherische Aufgaben eingesetzt wird[47], womit auch eine moralische und prosoziale Denk- und Handlungsweise als

---

41 Vgl. Gassner (2007), S. 13
42 Vgl. Gassner (2007), S. 13
43 Vgl. Meier (2018), S. 5
44 Vgl. Gassner (2007), S. 10, weitere Ausführungen in Kapitel *3.5.1.3. „Sind Kinder im Grundschulalter überhaupt zu Empathie und Perspektivenwechsel in interreligiösen Begegnungen fähig?"*
45 Vgl. Meier (2018), S. 27f.
46 Stettberger in Stettberger, Bernlochner (2013), S. 127
47 Vgl. Gassner (2007), S. 10

gesellschaftliche Grundlage einhergehen kann. Max Bernlochner und Herbert Stettberger fügen ebenso hinzu, dass sich (interreligiöse) Empathie in einem wertschätzenden-prosozialen Handeln äußern kann.[48] Gleichzeitig hat Empathie auch seine Grenzen und fördert nicht per se religionsbejahendes und wertschätzendes, prosoziales Handeln.[49] Dennoch kann Empathie hinsichtlich Stereotypisierung, Vor-Urteilen sowie jeglichen Formen von Rassismus und Antisemitismus eine entscheidende Schlüsselfunktion und Wirkungskraft sein. Somit stellt Empathie insbesondere für interreligiöse Begegnungssituationen und Lernprozesse eine notwendige Voraussetzung dar, die erlernt werden kann und in Kindergärten, Schulen und weiteren Bildungsorganisationen als ein elementarer Wert thematisiert, trainiert und vorgelebt werden sollte.[50] Neben den oftmals positiven Konnotationen kann Empathie jedoch auch zur Manipulation eingesetzt werden.[51]

> Dabei ist zu betonen, dass Empathie keineswegs nur eine Angelegenheit des Wohlwollens und der positiven Akzeptanz der anderen ist. Vielmehr erlaubt Empathie auch, die Konkurrenten besser zu verstehen und daher auszuschalten.[52]

Die vorliegende Arbeit wird diese Seite der Empathie nicht primär fokussieren, wohl jedoch in ihre Überlegungen berücksichtigen, um dahingehend ebenso ein differenziertes Bild von Empathie zu zeichnen.

3.3.1   *Empathie im Kontext interreligiösen Lernens*

Unter interreligiöser Empathie wird nach Stettberger und Bernlochner der Versuch verstanden, Angehörige verschiedener Religionsgemeinschaften in umfassender Weise *wahrzunehmen*, sie *zu verstehen* und sich mit ihrer Lebens- und Glaubensbiografie auseinanderzusetzen.[53] Dabei wird in einem möglichst wechselseitigen Verhältnis zunächst das konkrete Gegenüber, dessen Religiosität und daraufhin antizipierend seine Religion betrachtet – das bedeutet in einem ersten Schritt, die Betrachtung des Menschen und in

---

48   Vgl. Stettberger & Bernlochner (2013), S. 1

49   Entgegen der Darstellungen in vgl. Stettberger, Bernlochner (2013), S. 1, vgl. dazu Meyer (2019), S. 306

50   Vgl. Mansour (2020), S. 103

51   S. beispielsweise Breithaupt, F. (2017). *Die dunklen Seiten der Empathie*. Frankfurt a. M.: Suhrkamp Verlag., Bloom, P. (2017). *Against empathy. The case for rational compassion*. New York: Ecco.

52   Breithaupt (2009), S. 8

53   Vgl. Stettberger, Bernlochner (2013), S. 1

einem zweiten Schritt erst dessen religiöser Hintergrund. Wenn Gedanken, Gefühle und Haltungen nachvollziehbar werden, können sich auch Teil-Identifikationsprozesse in Form eines Perspektivenwechsels ergeben. Durch das Betrachten des individuellen Gegenübers lassen sich nicht nur Unterschiede oder Gemeinsamkeiten, sondern auch eigene Standpunkte, Werte und Ansichten diskutieren und für das eigene Ich aushaltbarer machen. Interreligiöse Empathie betrachtet somit nicht nur das Gegenüber, sondern schließt auch das Eigene mit ein. Klaus von Stosch spricht im Sinne der Empathie von einem *Berührtwerden*, von einem sich Affizieren lassen. Dieses Berührtwerden soll zwar das Gegenüber ganzheitlich betreffen, insbesondere aber auch durch seine religiösen Dimensionen geschehen.[54] Grundvoraussetzung, um interreligiös empathisch zu sein, ist eine Grundoffenheit gegenüber Religionen, aber auch ein gewisses Maß an Wertschätzung und religionssensibler Kommunikation. Elementar hilfreich ist dabei auch religionskundliches Wissen.[55] Ebenso ist Sympathie und das Interesse als Grundvoraussetzung zuträglich. So sagt Theo Sundermeier, dass Empathie ein gewisses Maß an Sympathie voraussetze. Wer kein Interesse am Gegenüber, an der Kultur des anderen, seinem sozialen Setting, seinem Lebensstil habe, würde auch nicht die notwendige Bereitschaft und Sensibilität zum Verstehen der Symbolik seiner Gesten, den Formen seines Umgangs mit anderen Menschen und der Tiefe seiner religiösen Prägung entwickeln.[56] Interreligiöse empathisch motivierte Prozesse sind somit vielschichtig und komplex. Laut Manfred Riegger umfasst interreligiöse Empathie mindestens emotionale, kognitive, mentale, motivationale und intentionale Komponenten und ist somit ein außergewöhnlich komplexes Geschehen.[57] Unterschiedliche Kommunikations- und Perspektivenebenen sollen, laut Stettberger, nicht nivelliert werden; bilden sie doch gerade die notwendige Voraussetzung für ein komplementäres Fremdverstehen und für einen Perspektivenwechsel.[58] Dabei findet Kommunikation nicht in einem ausbalancierten Verhältnis statt. Vielmehr provoziert die Heterogenität der Teilnehmenden ein Ungleichgewicht des Kommunikationsanlasses. Durch Konzeptionen eines Tages der offenen Tür oder anderer Veranstaltungen, die religiöse Elemente beinhalten, werden Menschen in einen Kommunikationsprozess eingebunden. Umgekehrt können Einladungen und initiierte Kommunikationsanlässe aber auch nicht angenommen und somit abgelehnt

---

54   Vgl. von Stosch (2012), S. 161
55   Vgl. Schweitzer, Boschki & Bräuer (2017), S. 67
56   Vgl. Sundermeier in Stettberger, Bernlochner (2013), S. 34
57   Vgl. Riegger in Stettberger, Bernlochner (2013), S. 37
58   Vgl. Stettberger in Stettberger, Bernlochner (2013), S. 128

werden und sind als solche Reaktionen zu verstehen. In diesem Fall besteht eine empathische Kompetenz nicht nur darin, die Fremdheit anderer Menschen wahrzunehmen und anzuerkennen, sondern zu verstehen und zu akzeptieren, dass interreligiöse Angebote auch einseitig bleiben können. Auch deshalb ist es wichtig, sich in einem wechselseitigen Spiel mit dem Gegenüber zu vergewissern, dass die Richtigkeit des Verstehens gesichert ist, die ausschließlich das Gegenüber bestätigen kann.[59] Somit soll im Bewusstsein dessen empathische Kompetenz sowohl Initiator:innen als auch Adressat:innen vor Missinterpretationen verbaler und nonverbaler Botschaften schützen. Ein wichtiger Bestandteil nimmt dabei das Paraphrasieren des Gesagten ein, das nur das Gegenüber auf seine Richtigkeit überprüfen und bestätigen kann. In einer idealtypischen Begegnung, in der sich alle Teilnehmenden verstanden fühlen, trägt dieses Bewusstsein zur gegenseitigen Wertschätzung bei. Das wiederum ermöglicht ein wechselseitiges empathisches Lernen voneinander, das Angehörige unterschiedlicher Religionen verbindet, ohne die jeweiligen Identitäten aufzuheben.[60]

Ziel interreligiös empathischer Begegnungen ist, das Gegenüber richtig wahrzunehmen und aus seiner Identität heraus zu verstehen. Somit ist Empathie essentiell, wenn es um die inter-, aber auch intrareligiöse Begegnung geht. Bisher ist der Bereich interreligiöser Begegnungsprozesse durch Empathie und Perspektivenwechsel noch nicht ausreichend empirisch und wissenschaftlich ausgeleuchtet, insbesondere im Bereich projektorientierter Arbeit, wozu beispielsweise die „Kinderakademie – Weltreligionen im Dialog" zählt. Es bedarf somit weiterer Erkenntnisse im Hinblick auf das Forschungsinteresse.[61]

3.3.2   *Empathie in der Komparativen Theologie*

Empathie ist ein Bestandteil der fünf Grundhaltungen innerhalb des religionstheologischen Modells der Komparativen Theologie nach Klaus von Stosch. Die zentralen Anliegen der Komparativen Theologie werden in Kapitel 2.12. näher beleuchtet. Das hier aufgeführte religionsphilosophische Verständnis von Empathie ist impulsgebend für das Konzept der „Kinderakademie – Weltreligionen im Dialog".

Von Stosch bezieht sich in seinen Darstellungen unter anderem auf die Arbeit von Catherine Cornille. Diese beschreibt in *The im-possibility of interreligious dialogue* (2008) Haltungen bzw. Tugenden, mit denen man innerhalb der Komparativen Theologie, laut von Stosch, in den interreligiösen Dialog

---

59   S. Kapitel *3.3.2 Empathie in der Komparativen Theologie*
60   Vgl. Stettberger in Stettberger, Bernlochner (2013), S. 129
61   S. Kapitel *6.4.3 Aktuelle empirische Ausgangslage im Hinblick auf das Forschungsprojekt*

gehen sollte.[62] Cornille schreibt zur definitorischen Bedeutung von Empathie: „This process of transposing oneself into the feeling, the thoughts, and the experiences of another has generally been called ‚empathy‘".[63]

Im deutschsprachigen Kontext spricht Klaus von Stosch von einer Affiziertheit, also von einem *sich berühren lassen* der anderen Religion, ohne dabei diese Religion zu übernehmen oder nun für einzig wahr zu halten.[64] Ziel des einfühlenden Verstehens, der Empathie, ist es somit, so führt von Stosch aus, das Gegenüber aus *seiner* Sichtweise heraus zu verstehen. Und nur das Gegenüber selbst kann die Richtigkeit des Verstehens bestätigen.[65] Sowohl Cornille als auch von Stosch zeigen in ihren Darstellungen das notwendige kommunikationssensible Wechselspiel aller Beteiligten, das Empathie benötigt, um zu wachsen. Cornille richtet ihren Fokus, ebenso wie Stettberger und Bernlochner, auf den individuell religiös Gläubigen.[66] Cornille führt an, dass Empathie innerhalb eines Dialoges zwischen zwei Individuen mit jeweiliger religiöser Tradition unverzichtbar sei. Empathie ermögliche nicht nur die Chance eines tieferen Verständnisses des Gegenübers, sie biete auch die Chance, seine eigenen Traditionen bereichern zu lassen.[67]

> Empathy thus represents the means to gain understanding of the affective dimension of the other religion, of the religious desires and needs that lie at the origins of particular beliefs and practices and of experiences generated by them.[68]

Empathie ist somit ein (nicht operationalisierbares) „Tool", das dazu beiträgt, die affektive Dimension, also die Gefühlstönung, die Gefühlsregung der anderen Religion zu verstehen. Dabei geht es weniger darum, diese artikulieren zu müssen, vielmehr geht es darum, den Fokus darauf zu legen, das Verstandene zu reflektieren, um darüber auf eine neue Erfahrungsebene zu gelangen.[69] In einem interreligiösen Dialog geht also nach Cornille auch um die Möglichkeit „[...] *to gain not only an intellectual but also an experiential understanding of the other*."[70] Der interreligiöse Dialog lebt somit von einer affektiven und kognitiven

---

62   Vgl. von Stosch (2012), S. 155
63   Cornille (2008), S. 139
64   Vgl. von Stosch (2012), S. 161
65   Vgl. von Stosch in Stettberger, Bernlochner (2013), S. 16f.
66   Diese Haltung zeichnet sich ebenso in der Tendenz der Entwicklungslinien in Kapitel 2.5 *Zentrale Entwicklungslinien interreligiösen Lernens* ab.
67   Vgl. Cornille (2008), S. 140
68   Cornille (2008), S. 140
69   Vgl. Cornille (2008), S. 140f.
70   Cornille (2008), S. 5

Dimension. Kein religionswissenschaftliches oder auch theologisches Handbuch kann zunächst bei der Klärung helfen, Bedeutungen theologischer Grundbegriffe des andersreligiösen Gesprächsgegenübers im konkreten Dialog zu klären. Das andersreligiöse Gesprächsgegenüber ist somit das erste Kriterium, wenn es darum geht, zu überprüfen, ob ein Grundverständnis zwischen beiden Beteiligten vorhanden ist.[71] Die Richtigkeit des Gesagten meines Gegenübers kann auf sprachlicher Ebene nur über das Paraphrasieren des eigenen Verstandenen gesichert und von meinem Gegenüber somit bestätigt werden.[72] Es muss also aus dem eigenen theologischen und hermeneutischen Verständnis heraus das Gesagte aus der Perspektive des Gegenübers wiederholt werden, denn nur sie ist die Person, die das Rekonstruierte aus ihrem theologisch-hermeneutischen Verständnis heraus bestätigen kann.[73]

> Es geht also um eine Kenntnis der anderen, die sich nicht primär aus der (religionskundlichen) Außenperspektive erschließen lässt, sondern die diese von innen, also im Gespräch mit der konfessorischen Theologie des andersreligiösen Gesprächs[gegenübers], in den Blick nimmt.[74]

Gleichzeitig muss jedoch stets berücksichtigt werden, dass ein vollständiges Hineinfühlen in die Perspektive des Gegenübers nie ganz gelingen wird.[75] Es geht somit darum, einen Weg für einen konstruktiven Umgang mit dem bleibenden Unbekannten in sich selbst zu finden. Das ist herausfordernd, denn von Stosch spricht ebenso von einem Empathieverständnis des *Berührtwerdens*[76]. Dieses Berührtwerden soll aber nicht nur durch das Gegenüber in seiner Person geschehen, sondern auch durch seine religiösen Dimensionen. Empathie bedeutet somit, dass ich mich nicht innerlich distanziere, sondern von anderen Religionen berühren affizieren, also bewegen, reizen lasse. Das bedeutet in seiner Konsequenz nicht, konvertieren zu müssen, und kann dennoch durchaus bedeuten, an der ein oder anderen religiösen Praxis teilzunehmen.[77] Empathie umfasst somit nicht nur die soziale Dimension in interreligiösen Lernprozessen, sondern auch im Besonderen die (religiös-)spirituelle.

---

71   Vgl. von Stosch in Stettberger, Bernlochner (2013), S. 17
72   Paraphrasieren, also das Gesagte des Anderen in eigenen Worten wiederholen, um so die Richtigkeit des Verstandenen zu überprüfen, ist ein zentrales Element in der Kommunikationspsychologie. Aktives Zuhören und Paraphrasieren vermeidet Missverständnisse, fördert und erfordert Empathie und dient einer gewaltfreien Kommunikation.
73   Vgl. von Stosch in Stettberger, Bernlochner (2013), S. 17
74   Von Stosch in Stettberger, Bernlochner (2013), S. 18
75   Vgl. von Stosch in Stettberger, Bernlochner (2013), S. 20
76   Von Stosch (2012), S. 161
77   Vgl. Von Stosch (2012), S. 161

3.3.3   Empathie als dynamischer Prozess: Das WITH-Konzept nach Herbert Stettberger

Empathische Prozesse lassen sich als dynamische Prozesse, die verschiedene Phasen (WITH[78]) umfassen, beschreiben. Vier konstitutive Aktivierungs- bzw. Realisierungsschritte im Kontext der Empathie lassen sich nach Herbert Stettberger benennen:

(1)   *Wahrnehmung*
(2)   *Imitation*
(3)   *Teil-Identifikation*
(4)   *Handlung*

(1)   *Wahrnehmung*

> Empathie beginnt mit der Wahrnehmung anderer Menschen. Je ähnlicher, attraktiver, sympathischer, näher und vertrauter Mitmenschen erscheinen, umso intensiver werden sie tendenziell wahrgenommen. Deutlich über den situativen Eindruck hinaus kommt so die ganze Person, ihr biografischer, l e b e n s weltlicher und religiös-kultureller Background, ihre psychische und physische Befindlichkeit in den Blick [...] Der wahrnehmende Mensch muss selbst grundsätzlich empathisch kompetent zur emotionalen wie kognitiven Selbst- und Fremdwahrnehmung fähig sein.[79]

Darüber hinaus beeinflussen weitere Rahmenbedingungen interreligiöse Begegnungssituationen, wie sprachliche Voraussetzungen, Zeit, eine angstfreie Atmosphäre etc. eine ganzheitliche Betrachtung des Gegenübers.

Somit zielt eine interreligiöse empathische Wahrnehmung auf ein Gegenüber mit einer facettenreichen Persönlichkeit ab, wovon auch, jedoch nicht ausschließlich, die Religionszugehörigkeit ein Bestandteil ist.

(2)   *Imitation*[80]

> Im Zuge einer ganzheitlich ausgerichteten Wahrnehmung von Mitmenschen ist nicht nur die Nachvollziehbarkeit von Äußerungen, Empfindungen und Handlungen wesentlich, sondern auch deren faktischer Nachvollzug. Je genauer

---

78   Die Initialen der hier aufgeführten vier Schritte bilden das Akronym WITH, welches zugleich auch der englischen Präposition *with* (=*mit*) entspricht, also: Menschen *mit* anderen Augen sehen, *mit* ihnen fühlen, *mit* ihnen denken, im Sinne der Begriffsbedeutung von Empathie. Vgl. Stettberger in Stettberger, Bernlochner (2013), S. 139
79   Stettberger in Stettberger, Bernlochner (2013), S. 139
80   S. dazu auch die kritische Haltung Meyers (2019), S. 308 zum Begriff der „Imitation"

Menschen Personen in ihren Umkreis kennenlernen wollen, umso mehr werden sie also versuchen, deren Positionen einzunehmen und deren Initiativen
nachzuahmen.[81]

Die Mimesis, also die Nachahmung einer anderen Person, kann sowohl
bewusst als auch unbewusst geschehen. Neurobiologisch gesehen, spiegeln
Kommunikationspartner:innen Mimik, Gestik und Äußerungen des Gegenübers, insofern sogenannte Spiegelneuronen aktiviert werden. Mitgefühl für
glückselige, aber auch traurige Situationen kann wachsen. Darüber hinaus
können entsprechende Kommunikationspersonen schließlich zum Modell,
zum *role model* werden, an dem gelernt werden kann. Gerade aber in interreligiösen Konvivenzsituationen spielen Spiegeleffekte eine wichtige Rolle.
Spiegelungen sollten jedoch unter Berücksichtigung religiöser und kultureller
Gepflogenheiten stattfinden.

(3) *Teil-Identifikation*

Wenn Menschen ihr Gegenüber intensiv wahrnehmen und sowohl unbewusst
als auch bewusst spiegeln, begünstigt dies Identifikationseffekte. Je nachdem,
ob Mitmenschen in erster Linie unbewusst, d. h. neuronal, oder vorwiegend
bewusst, d. h. willentlich und wissensgesteuert imitiert werden, kommt es zu
einer tiefen gehenden emotionalen Resonanz oder einer verstärkt mentalen
Perspektiveninduktion.[82]

Aus einer anderen Perspektive heraus wird nun gefühlt, empfunden, gedacht.
Dieser Vorgang hat Grenzen, weil der Perspektivenwechsel immer nur aus
dem eigenen Verstehen heraus konstruiert wird. Insofern kann man diesen
Prozess auch als eine Teil-Identifikation bezeichnen. Aus diesem Grund wird
im Folgenden entweder von Perspektivenwechsel oder auch sogenannten Teil-
Identifikationsprozessen die Rede sein.[83]

Es ist die *Theory of Mind*[84], die Theorie über das Denken einer anderen
Person, welche die kognitive Rekonstruktion der Gefühlswelt des Gegenübers
beschreibt. Hierzu müssen jedoch wichtige Teilaspekte betrachtet werden:
Die Einmaligkeit und letztliche Unerforschbarkeit der anderen Identität sind

---

81　Stettberger in Stettberger, Bernlochner (2013), S. 139
82　Stettberger in Stettberger, Bernlochner (2013), S. 140
83　Beide Begriffe sind identisch hinsichtlich einer Begrenztheit von der Fähigkeit Perspek-
　　tiven wechseln zu können, zu verstehen, d. h. im Bewusstsein der stetigen Konstruktion
　　einer Perspektive in Teilaspekten aus dem eigenen Verstehenshorizont heraus.
84　S. vertiefende Ausführungen in Kapitel 3.4.2 *Theory of Mind*

dabei Voraussetzung und Potential zugleich, zudem benötigt es eine selbstkritische Imaginationsfähigkeit. Denn bei jeder Teil-Identifikation schwingen
auch Projektionen eigener Befindlichkeiten, Denkhaltungen und Stimmungen
in mehr oder weniger großem Umfang mit. Somit bildet die selbstkritische
Perspektiveninduktion eine notwendige Basis für ein interreligiöses Verstehen, worin Jüd:innen, Christ:innen und Muslim:innen auf diese Weise im
Gegenüber den Menschen als Gottes Geschöpf ansehen und erkennen können und sich auf diese Weise auch ein stückweit selbst entdecken bzw. ggf.
wiedererkennen.

(4) Handlung
Empathische Prozesse zeichnen sich somit durch prozedurale als auch finale
Handlungen aus. Prozedurale Handlungen finden im Zuge der aktiven Wahrnehmung statt (z. B. durch das konzentrierte Beobachten einer Person)
und auch durch die bewusste Imitation dieser (z. B. durch das Nachahmen
bestimmter Redewendungen).

Auf Grund der vorgegangenen empathischen Teilprozesse stellen finale
Handlungen zielgerichtete Folgehandlungen dar, die nach einer empathischen Aktivierung altruistisch angelegt sein können (allerdings nicht zwangsläufig müssen). Somit könne das empathisch interreligiös motivierte Handeln
infolgedessen, laut Stettberger, von Solidarität geprägt und orientiert an den
Bedürfnissen der Kommunikationspartner:innen sein.[85]

3.3.4   *Empathie-Katalysatoren nach Herbert Stettberger*
Prozesse von Empathie oder auch Teil-Identifikationen ereignen sich immer
in einem Gerüst aus einer mindestens motivationalen, emotionalen, sozialen
und kognitiven Dimension. Infolgedessen formuliert Herbert Stettberger situative und individuelle Faktoren, welche eine maßgebliche Rolle im Hinblick
auf Fördermöglichkeiten von Empathie und Perspektivenwechsel spielen.

Individuelle Faktoren
Auf der Ebene des individuellen Faktors ist nach Herbert Stettberger jedem
Menschen ein spezifisches Empathie-Profil zu eigen, welches sich aus einer
Reihe individueller Rahmenbedingungen konstituiert. Dazu zählen das
Alter, das Geschlecht, psychische und physische Voraussetzungen, Bildung,
Erziehung, Kultur, das soziale Umfeld (Sozialisation) und die Religiösität eines

---

85   Vgl. Stettberger in Stettberger, Bernlochner (2013), S. 142

Menschen.[86] Die „Theory of Mind"-Kompetenz ist bereits bei Kindern im Alter von vier Jahren nachweisbar.[87]

> Mit Blick auf die interreligiöse Bildung und Erziehung bedeutet das: Bereits Kinder im Vorschulalter sind in der Lage, interreligiös zu lernen [...]. Die Fähigkeit zur verstärkt kognitiv orientierten Perspektivenübernahme schreitet im Grundschulalter weiter voran und erreicht bei SchülerInnen in der Sekundarstufe durchschnittlich bereits einen hohen Differenzierungsgrad [...].[88]

Tendenziell verhielten sich Mädchen empathischer als Jungen, so Stettberger.[89] Ebenso eine entsprechende körperliche Konstitution kann eine interreligiös empathisch motivierte Begegnung beeinflussen. So sind neben den Sinnesorganen auch entsprechende Hirnareale von Bedeutung. Situationen, die maßgeblich von Stress- oder Angstzuständen gekennzeichnet sind, können die situative Empathiebereitschaft deutlich herabsetzen. Umgekehrt kann ein sogenannter *induktiver Erziehungsstil* (=einfühlsamer Erziehungsstil), laut Stettberger, dazu beitragen, das Mitgefühl gegenüber anderen zu fördern.

Der bereits genannte Stress- bzw. Angstfaktor ist insbesondere im interpersonalen interreligiösen Dialog im Hinblick auf die Förderung von Empathie von Bedeutung, da dieser Faktor empathiehemmend sein kann. Deshalb ist es von Relevanz, dass sich Gesprächspartner:innen in einem möglichst angst- bzw. stressfreien Kontext begegnen.

Situative Faktoren
Interreligiöse Empathie ist spontan motiviert und ereignet sich nicht nur in arrangierten Veranstaltungen oder in institutionellen Lernorten (bspw. in der Schule). Außerdem bilden, so Stettberger, situative zwischenmenschliche, interkulturelle wie interreligiöse Erfahrungen die Basis für nachhaltige kumulative Lernprozesse.[90] Herbert Stettberger bestimmt im Rahmen der situativen Faktoren verschiedene *Empathie-Katalysatoren*, also Beschleuniger bzw. Mitauslöser empathischer Prozesse, welche ausgehend vom Forschungsinteressen in Auswahl dargestellt werden.

---

86   Stettberger in Stettberger, Bernlochner (2013), S. 132
87   detaillierte Ausführungen im Kapitel *3.4.2 Theory of Mind*
88   Stettberger in Stettberger, Bernlochner (2013), S. 133
89   Vgl. Stettberger (2013), S. 133, Stettberger bezieht sich hierbei u. a. auf die Studien von Carolin Fleck (2011) und Robert Selman (1980).
90   Vgl. Stettberger in Stettberger, Bernlochner (2013), S. 134

(1)   Gemeinsamkeiten

Je mehr Übereinstimmungen als solche zwischen Menschen in Begegnungen untereinander wahrgenommen werden, je ähnlicher sie sich sind, desto höher ist die Wahrscheinlichkeit der empathischen (Re-)Aktionen füreinander. Dabei spielen überschneidende Interessen, ähnliche situative Erfahrungen und Einstellungen eine Rolle, die dabei helfen können, Handlungen und Aktionen des Gegenübers besser nachvollziehen und sich damit in die Perspektive der:des anderen hineinversetzen zu können.

Für den interreligiösen Kontext und die Förderung interreligiöser Empathie bedeutet das:

> Die unterschiedliche Religiosität von TrialogpartnerInnen stellt – so gesehen – zunächst eine Hürde dar, die durch die Konzentration auf Gemeinsamkeiten zu überwinden, nicht jedoch zu ignorieren ist.[91]

(2)   Authentizität und Sympathie

Menschen, die authentisch sind, wirken in der Regel sympathisch. Sie stehen zu ihren geäußerten Gefühlen, ihre Handlungen sind nachvollziehbar, dadurch schaffen sie eine wahrheitsorientierte Kommunikation.

Für den interreligiösen Kontext und die Förderung interreligiöser Empathie bedeutet das:

> In Bezug auf den interreligiösen Trialog ist der Sympathiefaktor daher wesentlich. Je sympathischer die teilnehmenden gläubigen Menschen untereinander und nach außen hin wirken, umso offener begegnen sich die Beteiligten; denn so motivieren sie sich gegenseitig zum wahrhaftigen Gedankenaustausch.[92]

(3)   Nähe im alltäglichen Leben

Menschen, die sich zeitlich oder räumlich nah sind, erfüllen entscheidende Voraussetzung für empathische Interaktionen. Familien oder auch Freund:innen, die zusammen wohnen, kennen einander und teilen Erfahrungen miteinander. Menschen, die sich einander nahe stehen, sind deutlich mehr geneigt, der:dem anderen zu helfen, als Menschen, die sich kaum kennen, ein distanziertes Verhältnis zueinander pflegen. Ein Beispiel: Wird in den Medien über rechtsextremistische Tendenzen und wachsenden Antisemitismus in der Gesellschaft gesprochen, so löst das i.d.R. nur in einem geringen Umfang eine empathische Lösung aus und führt weniger dazu, konkrete

---

91   Stettberger in Stettberger, Bernlochner (2013), S. 135
92   Stettberger in Stettberger, Bernlochner (2013), S. 136

Handlungsmaßnahmen zu ergreifen. Erzählen dagegen Menschen jüdischer Religionszugehörigkeit von konkreten Situationen, in denen sie mit Antisemitismus konfrontiert sind, so löst das bei den Zuhörenden Betroffenheit aus und fordert sie zur Unterstützung auf.

Die 13. Shell-Jugendstudie aus dem Jahr 2000 zeigt, dass Kinder und Jugendliche, die einen ausgeprägten interkulturellen Kontakt pflegen, tendenziell weniger Vorurteile gegenüber Menschen mit Migrationshintergrund besitzen im Vergleich zu Kindern und Jugendlichen, die weniger in interkulturelle Kontakten stehen.[93] Zudem zeigt die 18. Shell-Jugendstudie aus dem Jahr 2019, dass Schüleraustausche, Auslandsaufenthalte und das Studium zentrale Ereignisse und bzw. Orte sind, an denen Jugendliche und junge Erwachsene ihre interkulturellen Freundschaften aufbauen und pflegen können. Darin zeigt sich möglicherweise auch eine kosmopolitische Orientierung der Jugend in spezifischen Gesellschaftsschichten.[94]

Für den interreligiösen Kontext und die Förderung interreligiöser Empathie bedeutet das:

> Angehörige unterschiedlicher Religionen sollten übereinander nicht nur medial, z. B. audiovisuelle Quellen, und anonym, d. h. über Dritte in religionskundlicher Weise, informiert werden. Im Vordergrund sollte vielmehr die persönliche Begegnung möglichst mit Menschen aus der unmittelbaren NachbarInnenschaft oder der Region bestehen.[95]

(4) Der Blick auf das Individuum

Nicht nur die Nähe, sondern auch die Konzentration auf nur einige wenige Menschen stellen eine Voraussetzung für die Förderung von Empathie dar. So kann man sich deutlich besser mit einer Person identifizieren als mit einer anonymen Menschenmenge. Idealerweise sollte die entsprechende Person nach dem Prinzip der sogenannten Figur-Hintergrund-Wahrnehmung in den Vordergrund treten, mit ihren Erfahrungen, Gedanken und Aktionen.

Für den interreligiösen Kontext und die Förderung interreligiöser Empathie bedeutet das:

> „Mit Blick auf die interreligiöse Empathie sind deshalb Begegnungen mit einzelnen VertreterInnen von

---

93   Vgl. Stettberger in Stettberger, Bernlochner (2013), S. 137
94   Vgl. Albert et al. (2019), S. 158ff.
95   Stettberger in Stettberger, Bernlochner (2013), S. 136f.

Religionen grundlegend. Gemeinschaften sollten nach Möglichkeit durch konkrete Personen repräsentiert werden, durch leibhaftige AnsprechpartnerInnen
in Erscheinung treten und zwar nicht nur in Gesprächskreisen, sondern auch in
Medien."⁹⁶

(5)   *Religionsbezogenes Vorwissen*
Wenn das Verhalten des Gegenübers in der jeweiligen Situation als angemessen
und als konsequent wahrgenommen wird, so stellt sich empathisches Mitgefühl
schneller ein. Dies geschieht u. a. deshalb, weil die Situation erwartungsgemäß
und differenziert durch das eigene religionsbezogene Vorwissen eingeordnet
werden kann. Die Beurteilung, ob das jeweilige Verhalten korrekt erscheint,
hängt natürlich auch vom individuellen (kulturellen und religiösen) Hintergrund der beobachtenden Person ab.

Für den interreligiösen Kontext und die Förderung interreligiöser Empathie
bedeutet das:

> Weiß jemand über fremde Kulturen und Religionen Bescheid, wird die Bewer-
> tung entsprechend differenzierter ausfallen.⁹⁷

Durch den Einblick in Stettbergers Empathie-Katalysatoren wird deutlich, in
welchem hochkomplexen und multifaktoriellen Gerüst Empathie gefördert
werden kann. Bereits hier lassen sich erste zentrale Bezugskompetenzen
(religionskundliches Wissen, Interesse etc.), welche die Förderung von Empathie beeinflussen können, erkennen.

3.3.5   *Eine zentrale Kompetenz: Empathisches sprachsensibles Sprechen in Kontexten interreligiösen Lernens und Lehrens*

> Könnten wir uns eine Sprache vorstellen, die sich nicht verändert? Ist das über-
> haupt eine vernünftige Frage? Müßten [sic] wir nicht vielmehr die Frage stellen,
> ob wir uns ein Volk vorstellen können, das seine Sprache nicht verändert?⁹⁸

Empathie, Perspektivenwechsel und Sprachsensibilität gewinnen im Kontext
einer pluralitätsfähigen und interreligiösen schulischen Bildung zunehmend
an Bedeutung⁹⁹. Das folgende Kapitel wird empathisches und sprachsensi-

---

96   Stettberger in Stettberger, Bernlochner (2013), S. 136
97   Stettberger in Stettberger, Bernlochner (2013), S. 138
98   Keller (2003), S. 19
99   Erkenntnisse des folgenden Kapitels habe ich im Kreise eines Autor:innenkollek-
     tivs in einem Artikel publiziert, weshalb einzelne Passagen bereits dafür verwendet
     wurden. Zu finden in: Espelage, C., Gaida, K., Niehoff, R. & Reese-Schnitker. A. (2022).

bles Sprechen als zentrale Kompetenz interreligiösen Lehrens und Lernens in den Blick nehmen und dies am Beispiel der Wortgruppen um „Eigenes, Anderes und Fremdes" in speziell interreligiös interpersonalen, dialogischen Begegnungen verdeutlichen.

Menschen nutzen Sprache im Alltag oft ganz selbstverständlich, ohne diese bewusst zu reflektieren. Funktion, Wirkung und Macht von Sprache insbesondere in dialogischen interreligiösen Begegnungen kommen eine enorme Wichtigkeit zu, die noch nicht ausreichend gewürdigt, erkannt und genutzt ist und bei sensiblem empathischen Gebrauch zu mehr Nähe als Distanz führen kann.[100] Sie kann somit insbesondere in interreligiösen Begegnungsprozessen Missverständnisse vermeiden bzw. aufklären und ein Miteinander fördern. Empathisch zu kommunizieren bedeutet, die vorliegende Situierung der Kommunikation zu eruieren, die eigene Lebenswelt zu reflektieren, sie in das Verhältnis der Erwartungen und Voraussetzungen des Gegenübers zu versetzen und sich in die Narrationsmuster des jeweiligen *Kulturprofils* zu integrieren.[101]

> Erst wenn es gelingt, die Wahrnehmungen, Erwartungen, Prognosen und Simulationen in eine sinnvolle Narration vom Anderen, von mir und der Welt zu synthetisieren, kann Empathie gelingen.[102]

Aus dem Zitat wird die zentrale Rolle von Sprache für Empathie und für die sie aktiv Nutzenden erkennbar. Um auch bereits auf sprachlicher Ebene empathisch miteinander zu kommunizieren, wird dieses Kapitel exemplarisch, relevante Schlüsselwörter einer interreligiösen Kommunikation beleuchten. Insbesondere in dialogischen Situationen sind es häufig Wörter der Wortgruppen um *Eigenes, Anderes* und *Fremdes*, die meist unreflektiert und somit zumeist unbeabsichtigt zu mehr Distanz als Nähe führen können. Diese werden in ihren Definitionen vorgestellt und eine Alternative für einen religionssensibleren sprachlichen empathischen Umgang formuliert. Empathie wird in diesem Kapitel zumeist aus sprachwissenschaftlicher und

---

Perspektivenwechsel – Empathie – Sprachsensibilität. Empathisches und sprachsensibles Sprechen als zentrale Kompetenz interreligiösen Lehrens und Lernens. In: A.-H. Massud & C. Hild (Hrsg.), *Religionslehrer*innen als Akteure in der multireligiösen* (S. 77–99). Landau: Verlag Empirische Pädagogik e.V.

100 So schreibt beispielsweise Kübra Gümüşay in ihrem Buch „Sprache und Sein" (2020), S. 21: *„Wir müssen uns mit der Architektur der Sprache beschäftigen, die unsere Realität erfassen soll. Damit wir aussprechen können, was ist. Damit wir sein können, wer wir sind. Damit wir sehen können, wer die jeweils anderen sind."*

101 Vgl. Jacob, Konerding & Liebert (2020), S. 2f.

102 Jacob, Konerding & Liebert (2020), S. 2

religionspädagogischer Perspektive begründet. So zeigt dieses Kapitel erneut auf, wie interdisziplinär der Begriff der Empathie im interreligiösen Kontext zu verstehen und zu denken ist. Die Ansätze werden jedoch lediglich grob skizziert.[103]

Die Sprachwissenschaftler:innen um Katharina Jacob schreiben in *Sprache und Empathie* (2020), dass die sogenannte *linguistische Empathie* bisher nur unzureichend thematisiert und empirisch untersucht worden sei. Und das, so führen sie fort, obwohl Sprache und sprachliche Interaktion im Bereich der menschlichen Kommunikation und Verständigung das grundlegende Mittel und Medium für Empathie seien.[104]

Bereits auf sprachlicher Ebene besitzt die Verwendung von *Fremdem* und *Anderem* eine unterschiedliche Konnotation, deren Wirkungseffekte insbesondere in dialogischen Beziehungen deutlich werden. Das soll in diesem Kapitel im Folgenden herausgearbeitet werden. Insbesondere in direkten interreligiösen Begegnungen kann eine sensible Wortwahl den Dialog maßgeblich beeinflussen und dementsprechend als einladend oder abgrenzend wahrgenommen werden. Aus diesem Grund benötigen die Wortgruppen um *Fremd* und *Anders* eine Begriffsbestimmung, eine Einordnung in den Kontext und eine religionssensible sprachbewusste Verwendung in dialogisch interreligiösen Begegnungssituationen. Durch die Thematisierung von empathischer und religionssensibler Kommunikation soll eine wesentliche Grundhaltung und Kompetenz interreligiösen Lernens und Lehrens für die vorliegenden Arbeit zugrunde gelegt werden.

3.3.5.1   Warum empathisches sprachsensibles Sprechen?

Sprache ist ein Medium, das eng im Zusammenhang mit Kultur und Religion steht. Sprache übermittelt, ob bewusst oder unbewusst, (emotionale) Botschaften, die an die eigene Person und ihre biographischen Erfahrungen geknüpft sind. Ebenso ist Sprache auch ein Mittel sozialer Kommunikation und als Ausdruck von eigenen Gefühlen, Gedanken und als Ausdruck von

---

103   In Anbetracht der Interdisziplinarität des Begriffs *Empathie*, dem ich einerseits einen Raum für Sichtbarkeit in der vorliegenden Arbeit geben möchte und andererseits aber der unmöglichen Abbildbarkeit der Tiefe der einzelnen Fachgebiete, die den Begriff der Empathie aus ihrer Perspektive beleuchten, gerecht werden kann, bitte ich um Nachsicht. Nach wie vor bin ich der Meinung, dass Positionen und Vorschläge zu dem sprachlichen Phänomen der Empathie ihre Berechtigung und Wichtigkeit in dieser Arbeit haben, um eine Grundhaltung dieser für den interreligiösen (hier primär dialogischen) Kontext zu verdeutlichen.

104   Vgl. Jacob, Konerding & Liebert (2020), S. 1

individuell wahrgenommener Wirklichkeit zu verstehen.[105] Allerdings kann Sprache ebenso limitiert sein, nämlich dann, wenn das sprachliche Ausdrucksvermögen begrenzt ist. Menschen, die sich eloquent ausdrücken können, vermögen die individuell wahrgenommene Wirklichkeit wesentlich umfassender, exakter, differenzierter zu beschreiben als Menschen, bei denen diese Kompetenz weniger ausgeprägt ist. Im Kontext von kultureller bzw. sprachlicher Vielfalt sollte dafür im Besonderen eine Sensibilität und ein Bewusstsein diesbezüglich vorhanden sein. Das empathische Sich-Hineinversetzen in die Perspektive des:der Anderen kann dabei entscheidend dazu beitragen, das Bewusstsein dafür in das eigene Denken miteinzubeziehen und aus diesem heraus zu handeln. Dieser Prozess kann dann somit in die eigene Selbst- und Weltsicht integriert werden. Sprache kann einladend, aber auch ausgrenzend sein, für und gegen Gemeinschaft und somit auch Identitätsbezüge für den:die Einzelne:n und für Gruppen bilden oder verhindern.[106]

3.3.5.2 Sprache und Sprechen in interreligiös dialogischen Begegnungen

Mit seinem Modell der *Unsichtbaren Hand* (1990)[107] untersucht der Sprachwissenschaftler Rudi Keller unter anderem den Sprachwandel und dessen Gründe. Dies ist für das vorliegende Kapitel interessant, weil der aufgeführte Fall um *Anderes* und *Fremdes* und der gegenwärtige Sprachgebrauch als solcher auch als ein Teil von Sprachwandel gedeutet werden können. Ein Sprachwandel vollzieht sich auch durch zunehmende Reflexion der Sprechenden. Der Kontext des Sprachwandels soll somit zur Begründung der Herleitung von *Fremdes* zu *Anderes* unterstützend auch aus dieser Perspektive beitragen.

Sprache als Effekt des Wirkens einer unsichtbaren Hand ist nach Keller kein Naturphänomen oder ein Artefakt.[108] Keller spricht von einem dritten Phänomen, das im Wesentlichen drei Eigenschaften aufweise: die Prozesshaftigkeit, die Konstitution aus einer Mikroebene (einer Vielzahl an intentionalen, individuellen Handlungen) und einer Makroebene (der kausalen Konsequenz) und die Tatsache, dass sowohl Züge des Artefakts als auch der Naturphänomene enthalten seien.[109]

---

105 Vgl. Reese-Schnitker (2021), S. 406
106 Vgl. Reese-Schnitker (2021), S. 407
107 Hier in der 3. Auflage aus 2003
108 Vgl. Keller (2003), S. 87
109 Vgl. Keller (2003), S. 101, Keller illustriert das an dem Beispiel der *Theorie der Trampelpfade*, vgl. S. 100

> Ein Phänomen der dritten Art ist die kausale Konsequenz einer Vielzahl indivi-
> dueller intentionaler Handlungen, die mindestens partiell ähnlichen Intentio-
> nen dienen.[110]

Sprache ist nach Keller also etwas, das sich aus einem entstehenden Beein-
flussungsgebrach, als Phänomen der dritten Art, konstituiert und durch die
einzelne Person und deren Gebrauch selbst entsteht.[111] Wie können wir jedoch
nun Ziele beim Sprechen verfolgen, die auch für das vorliegende Kapitel interessant wären? Die Hypermaxime ist dafür ein gut begründendes Instrument
für den vorliegenden Gedanken in diesem Kapitel. „Rede so, daß [sic] Du die
Ziele, die Du mit Deiner kommunikativen Unternehmung verfolgst, am ehes-
ten erreichst‴[112] Diese Hypermaxime beschreibt, über kommunikatives Handeln sozialen Erfolg zu erzielen. Dabei versteht Keller unter sozialem Erfolg
„all das [...], wonach wir in unserem sozialen Zusammenleben streben".[113]
Sozialer Erfolg ist laut Keller der Inbegriff dessen, was wir mit unseren sozialen Handlungen, von denen die kommunikativen Handlungen einen Teil
ausmachen, intendieren.[114] Im Bestfall benötigen wir somit einen Sprachgebrauch, der es sich zum Ziel nimmt, nach einem bewussten, reflektierten,
sozialen Zusammenleben zu streben. Jedoch müssen wir davon ausgehen, dass
der Sprechakt nicht mit einer deckungsgleichen Übertragung von Informationen zwischen den Sprechenden einhergeht und so für Disharmonien sorgen
kann. Hinter dem Gesagten entstehen sowohl bei dem:der Sprecher:in als auch
bei dem Gegenüber individuelle Wahrnehmungen, Erfahrungsmuster und Re-
Präsentationen, die unterschiedliche Wirklichkeiten konstruieren können.[115]

> Kommunikation geschieht nie im luftleeren Raum, sondern ist mit einem Strauß
> an Erwartungen und an Vorstellungen von anderen in bestimmten Kontexten
> und Situationen verbunden.[116]

Nachdem nun durch die skizzierte Darstellung Kellers Theorie der Sprachgebrauch im Streben nach einem reflektierten und sozialen Zusammenleben
herausgearbeitet wurde, soll nun daran anschließend skizziert werden, was
auf sprachlicher Ebene in einem Dialog passiert.

---

110   Keller (2003), S. 93
111   Vgl. Keller (2003), S. 208
112   Keller (2003), S. 142
113   Keller (2003), S. 122
114   Vgl. Keller (2003), S. 123
115   Vgl. Knapp (2018), S. 117
116   Kenngott (2012), S. 39

Der Kommunikationswissenschaftler Friedemann Schulz von Thun unterscheidet in seinem Modell dabei zwischen vier Seiten der Anatomie einer Nachricht: Sachinhalt, Beziehung, Selbstoffenbarung und Appell.[117] Sobald der:die Sendende eine Nachricht übermittelt, wird diese von den aufgeführten vier Seiten umgeben. Das Vier-Seiten-Modell visualisiert sehr gut, dass gesendete Nachrichten niemals auf einer rein sachlichen Ebene verbleiben. Mehr oder weniger bedienen die Sendenden die jeweils vier Seiten einer Nachricht. Somit sind insbesondere in Dialogen die Beziehungs- und Selbstoffenbarungsebene hinsichtlich des empathischen Sprechens genauestens in den Blick zu nehmen.

Daraus ableitend wird an dieser Stelle deutlich, dass ein Dialog ein komplexes Konstrukt aus gegenseitig gesendeten verbal und nonverbal gesendeten und empfangenen Nachrichten ist. Auch hier liegen Potential und Herausforderung zugleich für ein Verstehen und Missverstehen.

Es lässt sich somit konstatieren, dass ein Bewusstsein und eine Sensibilität für die Wirkmacht von Sprache vorhanden sein sollte. („Welche Botschaft sende ich mit meiner Nachricht?") Eine Nachricht trägt immer eine Mitteilung und einen Appell in sich.[118] Dabei wird nicht nur der Inhalt, sondern auch die Form der Sprache einer Botschaft transportiert. Das bedeutet, dass die konkret verwendeten Worte bedeutsam sind und auf die Adressat:innen wirken (können).

Ausgehend von der beschriebenen Ausgangslage dient nun daran angeschlossen der Duden als ein Medium, das Sprache abbildet und definiert, welche sich stetig weiterentwickelt. Denn Sprache ist, so wie es Vorangegangenes gezeigt hat, in einem permanenten Wandel.[119]

Der Duden (2020) gibt definitorisch keine eindeutigen Angaben auf der semantischen Ebene zum Wortstamm *Eigen*[120]. Der Suchaufruf der Wortgruppe *andere, anderer, anderes*[121] weist hingegen zwei verschiedene Definitionsmöglichkeiten auf. So lässt sich Folgendes im Duden wiederfinden:

117   Vgl. Vier-Seiten-Modell von Schulz von Thun (1998)

118   Siehe Vier-Seiten-Modell nach Friedemann Schulz von Thun (1998)

119   Vgl. Keller (2003), S. 17

120   Es lässt sich keine Bedeutungsdefinition zu dem Wort e/*Eigener* finden, vgl. https://www.duden.de/rechtschreibung/eigener (2020), das Wort *Eigenes* ist so als Suchaufruf nicht im Duden vorhanden und das Wort *Eigen* wird im Duden als materieller Besitz definiert https://www.duden.de/rechtschreibung/Eigen (2020)

121   https://www.duden.de/rechtschreibung/andere (2020)

(1) „gibt an, dass ein Wesen oder Ding nicht identisch ist mit dem, dem es gegenübergestellt wird (bei zwei [oder mehreren] Wesen oder Dingen [...]

(2) nicht gleich, verschieden, andersartig"[122].

Synonyme werden mit *„zweite, folgend ..., nächste, neu"*[123] beschrieben.

Für das Wort *fremd* schlägt der Duden drei Bedeutungen vor:

(1) „nicht dem eigenen Land oder Volk angehörend; eine andere Herkunft auf-
weisend [...]

(2) einem anderen gehörend; einen anderen, nicht die eigene Person, den eigenen Besitz betreffend [...]

(3) a) unbekannt; nicht vertraut [...]
    b) ungewohnt; nicht zu der Vorstellung, die jemand von jemandem, etwas
    hat, passend; anders geartet"[124].

Synonyme werden hierzu mit *„ausländisch, auswärtig, exotisch, fremd-
ländisch"*[125] benannt.

Die Fremde oder *der Fremde* werden laut Duden als weibliche oder männliche Person beschrieben, die „aus einer anderen Gegend, einem anderen Land
stammt, die an einem Ort fremd ist, an diesem Ort nicht wohnt"[126] oder als
weibliche oder männliche Person, „die einer anderen unbekannt ist, die sie
nicht kennt"[127]. Als Synonyme werden hier die Begriffe Ausländer:in, und Aus-
wärtige:r genannt.[128]

---

122   https://www.duden.de/rechtschreibung/andere (2020)
123   https://www.duden.de/rechtschreibung/andere (2020)
124   https://www.duden.de/rechtschreibung/fremd (2020)
125   https://www.duden.de/rechtschreibung/fremd (2020)
126   https://www.duden.de/rechtschreibung/Fremder (2020)
127   https://www.duden.de/rechtschreibung/Fremder (2020)
128   Das Kinderbuch *„Papa, was ist ein Fremder? Gespräche mit meiner Tochter"* (2017) des
       marokkanisch-stämmigen in Paris lebenden Autors, Psychologen und Philosophen Tahar
       Ben Jelloun ist für die pädagogische Arbeit insbesondere für Kinder im Alter von 8–14 Jah-
       ren empfehlenswert. Es thematisiert Fremdenfeindlichkeit und Rassismus kindgerecht
       und zugänglich geschrieben. Daher handelt es sich hierbei um keine fachwissenschaft-
       liche Literatur, wohl aber um pädagogisch relevante. So wird auch in dem besagten Buch
       der Wortstamm „fremd" definiert: *„Der Wortstamm ‹fremd› bedeutet sowohl ‹von weit her›
       als auch ‹nicht dazugehörig›. Ein Fremder kommt also aus der Ferne, aus einem anderen
       Land, manchmal auch nur aus einer anderen Stadt oder einem anderen Dorf. [...] Wenn
       heute jemand sagt, dass ihm etwas ‹fremd› sei, dann meint er damit, dass es sehr anders ist
       als das, was man jeden Tag sieht, dass es demnach irgendwie ungewöhnlich ist, aus der Reihe
       fällt."* (S. 17)

Wenn stets (ob unbewusst oder bewusst) eine sprachliche Distanzierung vorgenommen und suggeriert wird, kann es insbesondere auf der Beziehungsebene[129] langfristig Auswirkungen auf das eigene Identitätsverständnis des
Gegenübers haben, weil es als ausgrenzend verstanden werden kann. Das
stetige direkte oder indirekte Signalisieren, „Du bist *fremd*" könne eine Über-
betonung von Differenzen und das Herunterspielen von Gemeinsamkeiten
zur Folge haben.[130] Insofern ist „*fremd*" in bestimmten Situationen ein recht
unglücklich gewähltes Wort, weil es eine missverständliche und emotional
ausgrenzende Botschaft transportieren kann.

3.3.5.3   Alternativen finden

Wie bereits das Vier-Seiten-Modell verdeutlicht, findet menschliche Kommunikation auf einer Inhalts- und auf einer Beziehungsebene statt. Ersteres
vermittelt sachliche, objektive und rationale Inhalte, Letzteres vermittelt die
intuitiv, gefühlsmäßige Wahrnehmung innerhalb dessen. Somit hat Sprache einen Gefühlsanteil. Sprachliche Gefühle sind kulturspezifisch und über
sprachliche Gefühle bilden sich soziale Rollen. Jede Kommunikation signalisiert eine persönliche Stellungnahme des Senders, der Senderin zum:r Adres-
sierten. Im Bereich der Semantik, der Bedeutungslehre von Zeichen, kann man
Wortbedeutung auf verschiedenen Ebenen untersuchen: Der Denotation und
der Konnotation.[131] Betrachtet man nun den Wortstamm *fremd* auf der Ebene
der Denotation, so nennt der Duden „nicht vertraut", „nicht dem eigenen Land
zugehörig" „ausländisch" „exotisch" als Erklärungen. Auf konnotativer Ebene
wird in den Definitionsangaben des Dudens m. E. deutlich, dass die Bedeutung
um den Wortstamm *fremd* überwiegend mit deutlicher Distanzierung zum

---

129   Vgl. Vier-Seiten-Modell nach Friedemann Schulz von Thun (1998)

130   Vgl. Khorchide (2017), S. 18f., beschreibt in seinem Aufsatz „*Gegebene, notwendige
       und zu überwindende Grenzen*" unter anderem die Probleme von Jugendlichen, die
       sich zunehmend auf Grund der Fremdzuschreibungen „*ihr Muslime*" eine, Khorchide
       bezeichnet es als eine sogenannte, „*Schalenidentität*" (S.18) konstruieren, um ein siche-
       res Gefühl von „*Wir, die Muslime*"(S.18) zu entwickeln. Dabei erwähnt Khorchide, dass
       es jedoch zu keiner reflexiven Zuwendung bzw. Auseinandersetzung mit dem Islam
       komme. Er beschreibt die Zuordnungen in „Wir Muslime und ihr Deutsche", die aus
       einem Wunsch nach Zugehörigkeit und Wir-Gefühl resultiert. Mouhanad Khorchide
       spricht in dem Artikel zwar von Fremdzuschreibungen, die sich von Nationen auf Reli-
       gionen nach verschoben haben, aber dieser Diskurs lässt sich m. E. auch auf das hiesige
       Identitätsproblem übertragen: Wenn die Gesellschaft bereits auf sprachlicher Ebene
       Distanzierung – meist sogar unbewusst – signalisiert, so werden alternative Identitäts-
       bezüge gesucht.

131   Vgl. Garth (2008), S. 96ff., Semantik, Pragmatik und Syntaktik sind die drei Ebenen der
       Semiotik, der Lehre der Zeichen.

eigenen Ich konnotiert wird. Diese Distanzierung findet hier auf räumlicher (= anderes Land) bzw. auch auf ethnischer Ebene (= andere Herkunft) statt, aber auch als generelle Distanzierung des Unbekannten zum eigenen Ich (= nicht vertraut). Ebenfalls die Wahl der Synonyme unterstützt dahingehend. Das Gegenüber und/oder dessen Handeln als *fremd* zu bezeichnen, impliziert damit demnach eine mindestens distanzierte Wahrnehmung zum eigenen Ich. Diese kann eventuell sogar auf Grundlage von vermeintlicher Annahme über „Herkunft" und/oder „Heimatland" basieren.

Ich schlage daher vor, die Worte um den Wortstamm *fremd*[132] authentisch und empathisch sensibel durch andere Wörter, wie beispielsweise durch *anders* oder durch *mein/das Gegenüber*[133] zu ersetzen. Der Duden beschreibt das Wort *anders* als etwas, das nicht mit dem eigenen Ich identisch ist, dem Eigenen sogar nicht vertraut und als verschieden wahrgenommen wird, jedoch ohne es dabei zu werten. Dabei gibt es keine möglichen Klassifikationsmuster wie bei *fremd* anhand des Ortes oder der Herkunft. Durch den neuen Sprachterminus werden der Aspekt der Distanz und des Unterschiedes verschiedener Religionen und Religiositäten in interreligiösen Lernprozessen weder negiert noch exotisiert. Das ist zentral und eine Voraussetzung, da sonst keine Lernprozesse stattfinden können. Wir benötigen Unterschiede, Spannungen und Differenzen, an denen wir forschen, fragen und unsere interreligiösen Kompetenzen ausprobieren können.[134] Somit geschieht der Unterschied lediglich auf sprachlicher Ebene: Nun wird empathischer kommuniziert.

3.3.5.4 Empathisch zu sprechen bedeutet, einladend zu sprechen im Bewusstsein des bleibenden Unbekannten

Mit dem neuen Sprachgebrauch *der:die:das Andere* bzw. *das/mein Gegenüber* statt *der:die:das Fremde* geht eine Empathiebehauptung einher, die betroffenen Adressaten:innen und auch weiteren (nicht betroffenen) Sprecher:innengruppen einen Raum für mehr Empathie geben soll. Diese wird hierdurch auf interaktionslinguistischer Herangehensweise nicht mehr geblockt. Somit ist die Empathiebehauptung immer auch mit einer Empathieforderung verbunden,

---

132   Beispielsweise: Der Fremde, die Fremde, die Fremdenreligionen, Das Fremdenartige, Den Fremden einordnen, Den Fremden sehen, Mit dem Fremden sprechen etc.

133   Die Ergänzung an dieser Stelle um *mein/das Gegenüber* ist ein weiterer Alternativvorschlag, der in seiner sprachlichen Bedeutungsebene jedoch, im Gegenzug zu *der:die Andere* eine engere Form von Beziehung zum eigenen Ich andeutet.

134   Vgl. Gärtner (2015), S. 1 schreibt über den Charakter interreligiösen Lernens und die Wichtigkeit, dass Differenzen bzw. Andersheit wahrgenommen und nicht negiert oder aufgehoben werden sollten.

da sich Empathie interaktional ergibt.[135] Die Forderung des Sprachgebrauches findet hier vor allem auf der Ebene sozialer Empathie statt. Vordergründig soll auf dieser Ebene dadurch ermöglicht werden, sich in einen anderen Menschen der Gesellschaft hineinzuversetzen und Interaktionen vor einem bestimmten kulturellen Hintergrund nachvollziehen zu können.[136]

Empathie ist in der Alltagskommunikation ein entscheidendes Mittel von Sprechenden, das wurde insbesondere auch im Rahmen der Studien von Kristin Kuch und Kersten Sven Roth bezüglich Sprachkritik und Empathie (2020) deutlich.[137] Wenn nun also von verschiedenen Einzelpersonen begonnen werden würde, wie Rudi Keller es auch in seiner *invisible-hand-Erklärung* erläutert, in der Hypermaxime des sozialen Erfolgs zu kommunizieren, so würde ein nachhaltiger Sprachwandel entstehen.

Interreligiosität als, wortwörtlich, zwischen den Religionen beschreibt ein Dazwischen: einen dritten, zwischen zwei oder mehreren Religionen entstehenden Raum, den man in der Begegnung mit Menschen anderer Religiosität betritt.[138] Hier existieren unterschiedliche Kulturprofile mit unterschiedlichen Verständnissen von kognitiver und emotionaler Empathie. Daher gilt es m. E., in solchen Konvivenzsituationen ein Höchstmaß an Empathie bereitzustellen, wobei bereits auf interaktionslinguistischer Ebene über den entsprechenden Sprachterminus ein entscheidender Schritt gegangen werden kann. Indem ich mich also in mein Gegenüber hineinversetze, versuche ich die Perspektive des:der Anderen in Teilen in meine Sicht zu übernehmen[139] und mich damit auseinanderzusetzen. Ich entscheide achtsam und bewusst, welche Worte ich wähle, um einen wertschätzenden Dialog zu ermöglichen. Ich versuche diesen bewusst sprachlich auszugestalten, so dass beide Seiten sich wertgeschätzt und wohlfühlen, ohne bleibende Fremdheitserfahrungen zu leugnen oder die eigene (religiöse) Identität aufzugeben. Somit geht es nicht darum, eigene Ansichten und Positionen aus befürchteten Dissonanzen, falsch

---

135 Vgl. Kuck & Roth in Jacob, Konerding & Liebert (2020), S. 533ff.

136 Vgl. Kuck & Roth in Jacob, Konerding & Liebert (2020), S. 518, auf die Begriffe kognitiver und emotional/affektiver Empathie wird explizit in Kapitel 4 *Interreligiöse Empathie* Bezug genommen

137 Vgl. Kuck & Roth in Jacob, Konerding & Liebert (2020), S. 537, die Autorin und der Autor entwickelten anhand des so genannten „Unwort-Korpus" Kategoriensysteme interaktiver Empathiedokumentation zur linguistischen, interaktionalen Empathie, S. 515–542

138 Vgl. angelehnt an die Überlegungen zur Interkulturalität und Empathie von Rettinger in Jacob, Konerding & Liebert (2020), S. 180

139 Ein vollständiger Perspektivenwechsel wird nie gelingen, schreibt bereits Klaus von Stosch. Vgl. von Stosch in Stettberger, Bernlochner (2013), S. 20. Karlo Meyer spricht deshalb bewusst von Teil-Identifikationsprozessen (2019), S. 305

verstandener Zurückhaltung oder Angst vor einem Bloßstellen zu relativieren oder zu unterdrücken, sondern darum, authentisch, offen kommunizierend sowie engagiert miteinander zu sprechen und gegebenenfalls auch kontrovers (und emotional) zu diskutieren.

Empathisches Sprechen kann in den folgenden drei Maximen festgehalten werden:

1) Empathisch zu sprechen bedeutet, konkret und personal zu dialogisieren und abstrahierende und generalisierende Beschreibungen zu vermeiden. (*Negativ-Beispiel: „Im Islam macht man das so."*)

2) Empathisch zu sprechen bedeutet, die Wortwahl in freund(schaft)licher Haltung an ein Gegenüber zu richten.[140] (*Positiv-Beispiel: „Ich wünsche dir einen gesegneten, schönen und reichen Monat Ramadan voller schöner Begegnungen, Spiritualität, Ruhe und natürlich bestem Essen zum Iftar."*)

3) Empathisch zu sprechen bedeutet, von sich persönlich zu sprechen und dies auch sprachlich explizit sichtbar zu machen, z. B. durch sogenannte Ich-Botschaften. (*Positiv-Beispiel: „Wenn ich bete, spüre ich die Verbindung zu Gott."*)

Der alternative Vorschlag der Wortwahl um die Wortgruppe *fremd* bezieht sich auf ausschließlich sprachliche Ebene und insbesondere auf diese sprachlichen Ebenen, in denen Situationen der dialogischen Begegnungen vollzogen werden und/oder über Dritte geredet wird.[141] Eine Kritik auf inhaltlicher Ebene religionspädagogischer oder phänomenologischer Ansätze ist an dieser Stelle in keiner Weise intendiert. Dies umschließt Ansätze wie beispielsweise von Monika Tautz (2007)[142], Heinz Streib (2005), Yoshiro Nakamura (2000)[143] und Theo Sundermeier (1996)[144] oder aus der Phänomenologie, wie

---

140   Vertiefende Überlegungen zur Freund(schaft)lichkeit als Grundhaltung in interreligiösen Begegnungskontexten in Kapitel 2.12.5.2 *Freund(schaft)lichkeit als Grundhaltung für Empathie und Perspektivenwechsel im Sinne Komparativer Theologie*

141   Denn, auch wenn die betroffenen Personen nicht vor Ort sind, so wird dennoch der Sprachgebrauch über *sie* praktiziert, gegebenenfalls von Zuhörenden assimiliert und in weitere Gesprächssituationen weitergetragen. Diese Kette gilt es zu unterbrechen.

142   Vgl. Tautz, M. (2007). *Interreligiöses Lernen im Religionsunterricht. Menschen und Ethos im Islam und Christentum.* Stuttgart: Kohlhammer., S. 364–367 „*Der Durchgang durch das Fremde*", Tautz dienen als didaktische Grundlagen die Arbeiten von Karl Ernst Nipkow und Helmut Peukert, vordergründig wird auch hier eher von Bildungsprozessen, weniger von dialogischen Beziehungen ausgegangen.

143   Nakamura, Y. (2000). *Xenosophie. Bausteine für eine Theorie der Fremdheit.* Darmstadt: Wissenschaftliche Buchgesellschaft.

144   Sundermeier (1996). *Den Fremden verstehen. Eine praktische Hermeneutik.* Göttingen: Vandenhoeck & Ruprecht.

sie beispielsweise bei Emmanuel Lévinas (1983, 1984, 1995)[145], Bernhard Waldenfels (1999)[146] vorliegen.

Es geht darum, Eigenes und Anderes „[…] *in ihrem Eigenwert zu bewahren, ohne dass sie ineinander aufgehen oder beziehungslos nebeneinander stehen bleiben.*"[147] Differenzen und Formen der Andersheit müssen erkannt, wahrgenommen, ausgehalten und auf rationaler und emotionaler Ebene bearbeitet werden. Sie sind Herausforderungen, um die eigene Religiosität zu überprüfen.[148] In diesen Differenzen liegt ebenso wie in den Gemeinsamkeiten das Potenzial und die Authentizität, ein „produktives Potenzial"[149], das es für einen Dialog benötigt.[150]

---

145 Interessant ist an dieser Stelle zu erwähnen, das in allen mir bekannten Titeln von Monographien und Aufsatzsammlungen Emmanuel Lévinas' die Wortgruppe um *anders* verwendet wird (vielleicht als gängige Übersetzung aus dem Französischen?), z. Bsp.: *Die Zeit und der Andere* (dtsch. Erstveröffentlichung: 1984) (Originaltitel*: Le temps et l'autre*), *Die Spur des Anderen. Untersuchungen zur Phänomenologie und Sozialphilosophie* (dtsch. Erstveröffentlichung 1983, hier vorliegend: 2. Auflage 1987) (Originaltitel: *La trace de l'autre*), *Zwischen uns. Versuche über das Denken an den Anderen* (dtsch. Erstveröffentlichung 1995) (Originaltitel: *Entre nous. Essais sur le penser-á l'autre*) und Weitere. So schreibt Sundermeier (1996), S. 9 als Begründung dafür: „Der tiefere Grund besteht darin, daß [sic] die Philosophie Schwierigkeiten hat aus der Subjektivitätstheorie in die der Intersubjektivität vorzudringen. Am weitesten und radikalsten ist hier Lévinas vorangegangen, so daß [sic] bei ihm, aber auch schon bei Husserl, dem er tief verpflichtet ist, die Übergänge vom „anderen" zum „Fremden" fließend werden." Nachvollziehbar erscheint die Verwendung des Wortes in der Fremdheit die Kraft des Andersseins intensivieren und damit die Intersubjektivität intensivieren zu können. Meines Erachtens bleibt jedoch nach wie vor (insbesondere in dialogischen Situationen) diskutabel, welcher Sprachterminus, auch im Kontext der gegenwärtigen Zeit, adäquat für das Phänomen (auch im intersubjektiven Blick betrachtet) ist.

146 Waldenfels hingegen, der sich neben Husserl und Sartre, unter anderem auch auf Lévinas bezieht, verwendet bereits überwiegend die Wortgruppe *fremd* in seiner Literatur – und das bewusst (vgl. dazu Waldenfels 1999, S. 13, S. 66–130). Ebenso Heinz Streib, dessen Untersuchungen auch an den Erkenntnissen Waldenfels angelegt sind.

147 Gärtner (2015), S. 4

148 Vgl. Leimgruber (2007), S. 83 bzw. das Kapitel *Xenosophie oder der weisheitliche Umgang mit Fremden*, S. 82–90, s. Kapitel *3.5.3. Empathie und Perspektivenwechsel im Kontext einer Xenosophie in religionspädagogischer Absicht*

149 Öger-Tunç in Sarıkaya, Ermert & Öger-Tunç (2019), S. 63 über die xenosophische Religionspädagogik

150 Vgl. weitere Ausführungen in Kapitel *3.5.3 Empathie und Perspektivenwechsel im Kontext einer Xenosophie in religionspädagogischer Absicht*

3.3.5.5   Alles eine Frage des Kontextes?

Darüber hinaus muss ergänzt werden, dass eine bedachte und bewusste Wortwahl auch immer den entsprechenden Kontext und die darin wirkenden Faktoren beleuchten und ein Sprachgebrauch daran situativ angepasst werden
muss. So können (Inter-)Aktionen eintreffen, in der *fremd* – situativ bedingt –
sprachlich zutreffender ist als *anders*: Zum Beispiel, wenn sich Situationen
ergeben, in denen das eigene dialogische Handeln rückwirkend nur schwer
nachvollziehbar erscheint und man sich infolgedessen „im Eigenen zunächst
fremd fühlt".

Ebenso muss stets berücksichtigt werden, dass Menschen Sprache und ihre
Bedeutung unterschiedlich interpretieren und konstruieren. Das bedeutet,
dass sich die hiesigen Anwendungsbeispiele nicht generalisieren lassen oder
prinzipiell zu einem Erfolg im Miteinander führen.

3.3.5.6   Gelingensbedingungen und Herausforderungen im Kontext
sprachsensiblen empathischen Sprechens in interreligiös
dialogischen Begegnungen

Für ein empathisches und sprachsensibles Sprechen in pädagogisch begleiteten interreligiösen Bildungskontexten wurde im Beitrag die Bedeutung
der anspruchsvollen Kompetenzen des Perspektivenwechsels, der Empathie
und der Sprachsensibilität dargestellt und anhand eines Beispiels um „Eigenes, Anderes und Fremdes" an einem alltäglichen Sprachbeispiel verdeutlicht.
Diese notwendig auszubildenden Kompetenzen betreffen sowohl die Lehrenden als auch die Lernenden.

Zusammenfassend sind folgende *Gelingensbedingungen* für eine Kompetenz des empathischen sprachsensiblen Sprechens im Kontext interreligiösen
Lernens und Lehrens entscheidend:

(1) *Empathie als Grundhaltung:* Bei den Lehrenden sowie Lernenden geht
es um die Ausbildung und prozesshafte Einübung eines empathischen Interesses an dem (noch) Unbekannten und einer empathischen Grundhaltung
und -motivation für einen sensibilisierten und achtsamen Umgang mit Sprache und Kommunikation in interreligiösen Begegnungen.

(2) *Reflexion und Verantwortung für die eigene Sprache:* Hierbei geht es
um einen bewussten und reflektierten Sprachgebrauch und -verwendung,
um versteckte – auch unbewusste – sprachliche Rassismen in der Alltagskommunikation (ebenso wie in den Unterrichtsmaterialien) zu entlarven, so
dass eine Sensibilität für (religiöse) Sprache, ihre (machtvollen) Wirkweisen
und eine verantwortete Sprachpraxis in interreligiösen Kontexten aufgebaut
werden kann.

(3) *Eine Fehlerkultur im Kontext interreligiöser Begegnungen:* Interreligiöses Lernen zwischen Menschen unterschiedlicher religiöser und kultureller Hintergründe ist anspruchsvoll. Stolpersteine, Missverständnisse und Barrieren sind zu erwarten. Es geht daher um ein authentisches Wahrnehmen und eine offene und ehrliche Bewertung der (interreligiösen) Kommunikationsprozesse, die die Grenzen im respektvollen Umgang wahrnimmt, akzeptiert und achtet. Auch gescheiterte Dialogprozesse sind real und nicht zu negieren. Übergriffige und verletzende Gesprächsbeiträge dürfen nicht ignoriert und andersherum darf keine heile Begegnungswelt konstruiert werden. Diese (auch zu erlernenden) Grenzen interreligiösen Lernens sind zu sehen und als solche auch gegenüber der Gruppe offen zu kommunizieren.

(4) *Meta-Kommunikation als Tool zur Selbstreflexion:* Wiederkehrende Meta-Kommunikation über Inhalte, Sprache und Kommunikation kann helfen, sich die tatsächliche Begegnungsqualität gemeinsam selbstkritisch anzuschauen. An dieser Stelle kann etwa über die verwendete Sprache in der eigenen Kommunikation und die reproduzierten eigenen Vor-Urteilen gesprochen und diese ggf. aktiv reflektiert werden.

Abschließend sollen hier ebenso die *Herausforderungen* benannt werden:

(5) *Interreligiöses Lernen als Grundhaltung ist bereits anspruchsvoll:* Bereits die basalen Voraussetzungen für einen offenen interreligiösen Dialog stellen besondere Herausforderungen dar: Angst als zentrale Emotion durch Unbekanntes, (fachliche) Unsicherheiten, fehlendes Interesse am Anderen, Vorurteile, mangelndes Verständnis, fehlende sprachliche Sensibilität, ungenügende Ambiguitätstoleranz, fehlende Fähigkeiten zum Perspektivenwechsel.

(6) *Umgang und Akzeptanz von Grenzen:* Neben den Kommunikations- und Sprachbarrieren sind die Grenzen der Intimität und Gefühle religiösen Sprechens zu achten. Das Scheitern des Dialogs stellt dabei eben auch die Grenzen interreligiösen Lernens dar, vor allem am öffentlichen Ort der Schule mit den eingeschränkten institutionellen Möglichkeiten und Bedingungen.

Das Kapitel akzentuiert eine wichtige Teil-Grundhaltung im Bereich der Empathie, die bislang im religionspädagogischen Diskurs nicht ausreichend Beachtung findet. Kommunikation und Empathie stehen im Bereich der dialogischen Begegnung von interreligiösen Settings maßgeblich im Fokus. Die Interdisziplinarität von Empathie in interreligiösen Begegnungen wird durch die Ansätze aus der Kognitions-, Human-, Sozial- und Sprachwissenschaften deutlich. Sie sind notwendig, um das Phänomen ganzheitlich greifbarer zu machen.

> Wenn Sprache unsere Betrachtung der Welt so fundamental lenkt – und damit auch beeinträchtigt –, dann ist sie keine Banalität [...] Wenn sie der Stoff unseres Denkens und Lebens ist, dann müsste es selbstverständlich sein, dass wir uns immer wieder fragen, ob wir einverstanden sind mit dieser Prägung.[151]

3.4 Perspektivenwechsel

3.4.1 Perspektivenwechsel im Kontext interreligiösen Lernens

Unter einem Perspektivenwechsel wird die Fähigkeit verstanden, „den Standpunkt einer anderen Person, der sich vom eigenen unterscheiden kann, bewusst einzunehmen, ohne den eigenen zu verlieren".[152] Von einem Perspektivenwechsel wird im Grundsätzlichen gesprochen:

> wenn es darum geht, psychische Zustände und Prozesse wie etwa das Denken, Fühlen oder Wollen einer anderen Person zu verstehen, indem die Situationsgebundenheit des Handelns (bildlich also: ihre Perspektive) erkannt und entsprechende Schlussfolgerungen gezogen werden.[153]

Ähnlich wie auch in der Diskussion um den Begriff der Empathie, kann festgehalten werden, dass kein definitorischer Konsens über die Begriffsverwendung von *Perspektivenwechsel* existiert.[154] Darüber hinaus lassen sich unterschiedliche Begriffe in der Religionspädagogik in dieser Hinsicht finden: Perspektivenübernahme[155], Perspektivenerweiterung, Perspektivenverschiebung, Teil-Identifikationsprozesse[156], Imagination[157]. Alle aufgeführten Begriffe setzen jeweils unterschiedliche Bedeutungsunterschiede (z. T. in Nuancen)

---

151 Gümüşay (2020), S. 23
152 Wirtz et al. (2014), S. 1257
153 Silbereisen, Ahnert in Oerter, Montada (2002), S. 597
154 Vgl. so schreibt Kenngott (2012), S. 37: „... *über den Begriff* [Perspektivenwechsel] *herrscht genauso wenig Klarheit wie über die Strategien und Methoden der Erforschung des Feldes.*" Und weiter (S. 37): „*Die vielfältigen Forschungen zur Perspektivenübernahme spiegeln die Mehrdeutigkeit und Vielschichtigkeit des Begriffs wider.*"
155 Zumeist nach Bischof-Köhler (2011), S. 261
156 Teil-Identifikationsprozesse und Perspektivenwechsel werden in der vorliegenden Arbeit identisch verstanden hinsichtlich einer Begrenztheit von der Fähigkeit Perspektiven wechseln zu können, d. h. im Bewusstsein der stetigen Konstruktion einer Perspektive in Teilaspekten aus dem eigenen Verstehenshorizont heraus.
157 Vgl. Dalferth & Stoellger (2004), S. 11ff.

voraus. Dem hier ausgearbeiteten Verständnis von Perspektivenwechsel liegen die Überlegungen von Karlo Meyer (2019)[158], insbesondere hinsichtlich der klaren Differenzierung von Empathie und Perspektivenwechsel, und Monika Tautz (2015)[159], im Besonderen bezüglich der emotionalen Dimension von Perspektivenwechseln, zugrunde: Voraussetzung für einen Perspektivenwechsel ist eine Perspektiveninduktion, das bedeutet eine (Hin-)Einführung in die Perspektive einer Person, die Teil-Identifikationsprozesse ermöglicht.[160] Teil-Identifikationsprozesse sind in der vorliegenden Arbeit weitestgehend synonym mit dem Begriff des Perspektivenwechsels verwendet, denn ein Teil-Identifikationsprozess verdeutlicht bereits auf sprachlicher Ebene die Grenzen des Perspektivenwechsels. Es kann nicht gelingen, vollständig die Perspektive eines Andersgläubigen einzunehmen. Das ist auch beispielsweise im Sinne einer xenosophischen Religionsdidaktik nicht Ziel.[161] Es geht darum, einzelne Aspekte der individuellen Religiosität des Gegenübers herauszugreifen, Hintergründe dazu zu erarbeiten und dann die Sicht des Gläubigen im Wissen um die Begrenztheit der eigenen Imagination zu imaginieren.[162] Somit wird verdeutlicht, dass sich eine Person teilweise und bewusst in die Perspektive einer anderen Person hineinversetzt und sich darüber auch in Teilen mit der Person identifizieren kann[163], wobei Identifikation nicht bedeutet, Vertrautheit aufzubauen und die bleibende Fremdheit zu nivellieren.[164] Darüber hinaus ist im Prozess eines Perspektivenwechsel stets zu beachten, dass die Imagination des eigenen Ichs nie identisch mit der Perspektive des Gegenübers sein kann, sondern immer durch eigene Kontexte geprägt und bestimmt ist.[165] Perspektivenwechsel vollziehen sich auch nicht ausschließlich im Hinblick auf das Gegenüber. Meyer ergänzt dazu, dass es bei einem

158   Meyer, K. (2019). *Grundlagen interreligiösen Lernens*. Göttingen: Vandenhoeck & Ruprecht.

159   Tautz, M. (2015). *Perspektivenwechsel*. In: Das wissenschaftlich-religionspädagogische Lexikon im Internet. Deutsche Bibelgesellschaft. (online Zugriff)

160   Vgl. Monika Tautz (2015, S. 6) und Karlo Meyer (2019, S. 305) thematisieren, dass es sich hierbei um einen Perspektivenwechsel unter Personen verschiedener Religionszugehörigkeiten handelt, nicht zwischen Religionsgemeinschaften, wie z. B. einem Perspektivenwechsel zwischen dem Judentum und Christentum. Gemeint sind die Perspektivenwechsel zwischen Individuen einzelner Religionsgemeinschaften, bzw. Perspektivenwechsel anhand von Aspekten zwischen Individuen verschiedener Religionsgemeinschaften.

161   S. Kapitel *3.5.3.2 Religiöse Stile inter-religiöser Verhandlungen nach Heinz Streib – Perspektivenwechsel als Herausforderung und Potential einer xenosophischen Religionsdidaktik*

162   Vgl. Meyer (2019), S. 305

163   Vgl. Meyer (2019), S. 308

164   Vgl. dazu Streibs (2005), S. 239ff. Überlegungen des Potentials einer xenosophischen Religionsdidaktik. Streib spricht von einer „Kultivierung der Fremdheit" (S. 239)

165   Vgl. Meyer (2019), S. 305

Perspektivenwechsel nicht nur um fremde Blickwinkel auf ein Objekt und dessen besseres Verständnis gehe, sondern auch um die Sicht auf das eigene Verhalten, die eigene Person und Zusammenhänge unter Personen, die sich durch Perspektivenwechsel – mithin die Sicht aus dem Blickwinkel eines Fremden – verändere.[166] Dadurch wird deutlich, dass ein Perspektivenwechsel ebenso als ein Prozess der eigenen Identitäts- bzw. Selbstbildung verstanden werden kann, in dem verschiedene Perspektiven in das eigene Handeln, Denken und Fühlen integriert werden.

Hinsichtlich empathisch motivierter Kontexte interreligiöser Begegnungen bedeutet dies, dass die Fähigkeit zum Perspektivenwechsel eine doppelte Aufgabe ist: Zum einen ist die Fähigkeit gefragt, sich in das Gegenüber hineinzuversetzen und dessen Befindlichkeiten und Bedürfnisse wahrzunehmen und zu erkennen. Für inter- bzw. intrareligiöse Lernprozesse ist das eine hilfreiche, langfristig notwendige Voraussetzung in Begegnungssituationen. Zum anderen ist darüber hinaus die Fähigkeit gefragt, die eigene Wirkung auf andere reflektieren zu können.

Somit ist diese doppelte Bewegung an kognitive Fähigkeiten gebunden und benötigt jedoch auch als geweitete Form, wie im oben beschriebenen Sinne, soziale und emotionale Ebenen.[167] Somit wird die Fähigkeit zum Perspektivenwechsel hier als Vorgang verstanden, der nicht ausschließlich rein rationaler Art ist, sondern auch die emotionalen Aspekte mitdenkt[168], wenngleich nicht mitfühlt. Der Prozess eines Perspektivenwechsels – wie er hier für die vorliegende Arbeit ausdefiniert wird – ist demnach ein mehrdimensionales Konstrukt, das sich auf verschiedenen Ebenen kognitiv, affektiv und emotional in einem sozialen Lernraum vollzieht.[169] So sieht beispielsweise Friedrich Schweitzer einen Zusammenhang zwischen der Fähigkeit zu Perspektivenwechsel und Wahrnehmungs- und Kommunikationsprozessen, religionskundlichem Wissen sowie einer offenen Haltung.[170]

Für einen Perspektivenwechsel benötigt es jedoch in erster Linie eine grundlegende Motivation der jeweiligen Initiator:innen. Menschen müssen motiviert sein oder motiviert werden, sich intensiver mit der Gefühls- und Gedankenwelt, den Empfindungen einer anderen Person auseinanderzusetzen, diese wahrzunehmen, nachzuvollziehen und gegebenenfalls einen

---

166   Vgl. Meyer (2019), S. 303
167   S. Kapitel 3.2 *Empathie und Perspektivenwechsel im interreligiösen Lernen – Eine Verortung der Begriffe für die vorliegende Studie*
168   Vgl. Tautz (2015), S. 1
169   Vgl. Tautz (2015), S. 2
170   Vgl. Schweitzer (2022), S. 13

Perspektivenwechsel zu vollziehen.[171] Neben der Motivation als relevante Voraussetzung, zeigt sich auch ein positiver Zusammenhang zwischen religionskundlichem Wissen und religionsbezogener Perspektivenübernahme im Sinne von Wissen als notwendige, aber nicht hinreichende Voraussetzung einer religionsbezogenen Perspektivenübernahme.[172]

Ein Perspektivenwechsel hat jedoch auch seine Grenze und fördert nicht per se die Reflexion von stereotypischem Denken und vorurteilsbehaftetem Denken oder prosozialem Handeln.

> Perspektivenwechsel bewirken also, auch wenn sie sachlich gelingen, nicht zwingend positive Verhaltensänderungen, sondern sind zunächst nichts weiter als ein neuer Blickwinkel. Wie und woraufhin Perspektivenwechsel eingesetzt werden sollen und wie diese zielführend anzulegen sind, muss jeweils intentional und methodisch reflektiert und differenziert werden.[173]

Im Optimalfall können stereotypische Rollenbilder mithilfe des Perspektivenwechsels reflektiert, jedoch nicht völlig abgelegt werden. Intention ist somit nicht stereotypisches Denken zu ignorieren, sondern sich des eigenen stereotypischen Denkens (z. B. mittels Perspektivenwechsel) bewusst zu sein und dieses aktiv zu reflektieren. Zum Beispiel: Der Eindruck einer Christin, im Gegenüber ausschließlich die Rolle einer Muslimin zu sehen, kann korrigiert werden. Denn wenn ein ernsthafter Perspektivenwechsel vollzogen werden will, muss das Gegenüber in seiner:ihrer Gesamtheit betrachtet werden; das bedeutet nicht nur die Berücksichtigung von situativen und äußerlichen Faktoren, sondern auch die der biografischen, sozialen, kulturellen und genderspezifischen. Dennoch muss auch an dieser Stelle akzeptiert werden, dass eine Person in ihrer Identität niemals ganzheitlich erfasst werden kann. Die christliche Frau, kann sich der muslimischen Frau, lediglich annähern, kann und soll die Identität derer jedoch nicht übernehmen. Diese Erkenntnis ist wertvoll hinsichtlich der Selbstreflexion. Somit wird nämlich auch für die christliche Frau deutlich: Ihre eigene Identität ist im Umkehrschluss genauso vielfältig und dynamisch. Sie ist nicht nur in der Rolle der Christin, sondern vielleicht auch Mutter, Studentin und Freundin.[174]

---

171   Vgl. Stettberger in Stettberger, Bernlochner (2013), S. 132f.
172   Vgl. Schweitzer et al. (2017), S. 25
173   Meyer (2019), S. 320
174   Vgl. Stettberger in Stettberger, Bernlochner (2013), S. 130

3.4.2   Theory of Mind

Die Theory of Mind ist ein Begriff aus der Psychologie und Kognitionswissenschaft, unter dem mit der sozialen Kognition verbundene Fähigkeiten und Leistungen des Menschen aktuell zusammengefasst werden.[175] Interessant ist die Theory of Mind für diese Arbeit, weil sie den Perspektivenwechsel aus vordergründig kognitionspsychologischer Sicht genauer betrachtet und somit Hinweise auf das Verhalten und Fähigkeiten von Kindern gibt. Diese sind essentiell für die spätere empirische Arbeit, um zu verstehen, in welchem Altersspanne bzw. Niveaustufe[176] Kinder zu einem Perspektivenwechsel fähig sind.

Die Theory of Mind kann als die Fähigkeit eines Individuums verstanden werden, sich und anderen mentale Zustände zuzuschreiben und daraus Schlussfolgerungen über Verhaltensweisen anderer zu ziehen und Erklärungen der jeweiligen Handlungen bewusst zu machen[177], das bedeutet Annahmen über mentale Zustände bei anderen vorzunehmen, wahrzunehmen und diese in der eigenen Person zu erkennen.

> Die Entwicklungserrungenschaft einer ‚Theory of Mind' ermöglicht es Kindern, nicht nur auf die Verhaltensweisen ihrer Interaktionspartner zu reagieren, sondern auch auf deren mögliche Wünsche, Überzeugungen und Phantasien einzugehen[178].

Die Theory of Mind führte zu einer grundlegenden Revision der Theorien von Jean Piaget. Bekannte Studien entstehen in diesem Bereich durch die Entwicklungspsychologen John H. Flavell und Baron Cohen. Flavell und Kollegen setzten sich kritisch mit Piagets Altersstufen und der Vorstellung Piagets über die vermeintlich egozentrische Perspektive junger Kinder auseinander.[179] Die Perspektive, in die sich Kinder in sogenannten *false-belief*-Aufgaben hineinversetzen sollten, waren nicht mehr geographischer Art, wie in Piagets Aufgabe, sondern alltagspraktischer.[180] Flavells Ansatz machte somit eine grundlegende Revision der Piaget'schen Egozentrismusthese erforderlich.[181]

---

175   Vgl. Denker (2012), S. 108
176   Im Kontext entwicklungspsychologischer Stufenmodelle muss stets berücksichtigt werden, dass es sich bei einer Zuordnung in Alters- bzw. Niveaustufen um normative Zuordnungen handelt, die nicht auf jedes Individuum zutreffen. Daher sind diese Stufen als Orientierung, nicht als feste und allgemein geltende Zuordnung zu verstehen.
177   Vgl. Denker (2012), S. 110, S. 115 & S. 119
178   Denker (2012), S. 115
179   Vgl. Denker (2012), S. 109
180   Vgl. Tautz (2015), S. 3
181   Vgl. Bucher (2006), S. 205

False belief, also „die Einsicht, dass eine Person eine falsche Meinung bezüglich eines bestimmten Sachverhaltes hegt"[182], ist ein zentrales Kriterium für eine Theory of Mind. Sie wird somit an verschiedenen Paradigmen und Aufgabentypen untersucht. Meist handelt es sich um sogenannte *false-belief*-Aufgaben, wovon eine klassische Aufgabe das *Maxi-Paradigma* bzw. neuerdings das *Sally-Anne-Paradigma* darstellt.[183]

> Maxi-Paradigma: Das Kind bekommt mit Puppen eine Situation vorgespielt, in der ein Protagonist namens Maxi Schokolade in eine Schublade legt und danach aus dem Raum geht. Während seiner Abwesenheit wird die Schokolade in eine andere Schublade gelegt. Das Kind wird gefragt, wo Maxi nach der Schokolade schauen wird, wenn er zurückkommt.[184]

Bereits 4-jährige Kinder lösen die Aufgabe richtig. Sie begreifen, dass die eigene Überzeugung über einen Sachverhalt unzutreffend gewesen sein kann (*false belief*), wenn die Realität sie dazu zwingt, diese zu ändern.[185] Die Kinder können somit Maxis Perspektive einnehmen, nicht nur die eigene, und daraus sozial relevante Schlüsse ziehen. Die Aufgabentypen zeigen somit, dass Kinder bereits in einem Alter von 4 Jahren zu einer Theory of Mind fähig sind und dies kommunizieren können. Mit zunehmendem Alter nimmt die Kompetenz der Theory of Mind zu. Schulkinder beginnen beispielsweise zu berücksichtigen, dass Erwartungen und Vorurteile das Verhalten mitbestimmen können.[186]

Studien von Kristine Onishi und Renée Baillargeon zeigen sogar, dass bereits Kleinkinder im Alter von 15 Monaten fähig sind, über eine „– zumindest rudimentäre und implizite – Form von ‚repräsentationaler Theory of Mind'"[187] zu verfügen, dies jedoch nicht kommunizieren können. Kinder sind also wesentlich früher in der Lage, die Fähigkeit eines Perspektivenwechsel zu entwickeln, als Piaget es zunächst in seinen Studien angenommen hat.[188]

Theory of Mind ist eine Fähigkeit, die einander überlagernde Bezugssysteme gleichzeitig berücksichtigt. Zum Beispiel: Vorzustellen sind zwei Tischflächen, welche geometrisch exakt kongruent miteinander sind, jedoch perspektivisch unterschiedlich angeordnet. Beide Tischflächen werden in der Länge und Breite verschieden erscheinen.

---

182 Bischof-Köhler (2011), S. 330
183 Vgl. Bischof-Köhler (2011), S. 330
184 Bischof-Köhler (2011), S. 330
185 Vgl. Bischof-Köhler (2011), S. 331
186 Vgl. Bischof-Köhler (2011), S. 344
187 Bischof-Köhler (2011), S. 332
188 Piaget ist in seinen Studien davon ausgegangen, dass Kinder erst in einem Alter von 7 Jahren zu einem Perspektivenwechsel fähig sind.

Wenn Kinder also im vierten Lebensjahr die Fähigkeit eines Perspektivenwechsel entwickeln, sich also vorstellen können, dass andere Kinder eine
andere Perspektive als sie selbst haben, und sich darüber hinaus noch vorstellen können, wie diese andere Perspektive beschaffen sein könnte, dann
haben sie das eigene Bezugssystem von dem, der anderen Person überlagert.
Damit relativiert sich zugleich die eigene Perspektive. Kinder können erahnen,
dass eigene Meinungen nur im eigenen Bezugssystem gelten und ihr Wahr-
heitsgehalt nicht absolut ist.[189] Im Kontext interreligiösen Lernens ist das eine
sehr hilfreiche Erkenntnis, die religionspädagogisch entsprechend begleitet
werden sollte. Dies ist ein weiteres Argument dafür, interreligiöses Lernen
bereits im Kindergartenalter zu initiieren.

3.5   Empathie und Perspektivenwechsel

3.5.1 *Entwicklungspsychologische Grundlagen*
Im Rahmen entwicklungspsychologischer Grundlagen lässt sich ein relevanter Einblick über die Entwicklung von Empathie und Perspektivenwechsel
sowie deren Zusammenspiel in Form von zwei ausgewählten Entwicklungs-
stufenmodellen (*3.5.1.1* und *3.5.1.2*) darstellen. Im Kontext entwicklungspsychologischer Stufenmodelle muss stets berücksichtigt werden, dass es sich bei
einer Zuordnung in Alters- bzw. Niveaustufen um normative Zuordnungen
handelt, die nicht auf jedes Individuum zutreffen. Daher sind diese Stufen als
Orientierung, nicht als feste und vorgegebene Zuordnung zu verstehen. Das
bedeutet, dass die dort skizzierten Niveaustufen für die sich anschließenden
religionspädagogischen Fortführungen nicht starr und eindeutig, sondern
als Orientierungsrahmen verstanden werden, wenn es darum geht, Lernende
in ihren Fähigkeiten zu analysieren. Darüber hinaus knüpft dieser schwer-
punktmäßig entwicklungspsychologische Einblick an die Bedingungen der
Studie mit der grundlegenden Frage an, ob Kinder im Primarbereich aus entwicklungspsychologischer Perspektive zu Empathie und Perspektivenwechsel
fähig sind (*3.5.1.3*).

3.5.1.1   Die Empathietheorie nach Martin Hoffman
Empathisch zu sein bedeutet, am Erleben des:der Anderen stellvertretend
Anteil zu nehmen. Die Empathietheorie nach Martin Hoffman zeigt dabei,
wie sich Empathie im Sinne eines Stufenmodells entwickeln kann. Dabei

---

189   Vgl. Bischof-Köhler, S. 340

betonen die Entwicklungsniveaustufen der Empathietheorie nach Hoffmann das Zusammenspiel aus empathischen Affekten und der Fähigkeit zur
Perspektivenübernahme, wie sie bei Selman[190] beschrieben wird, und geht
somit sowohl von affektiven als auch kognitiven Komponenten aus. Die Entwicklung der Empathie nach Hoffmans Empathietheorie ist somit das Ergebnis empathischer Erregung und kognitiver Leistungen.[191]

Niveau 1: Globale Empathie (während des 1. Lebensjahres)
Während des ersten Lebensjahres ist noch keine psychologische Trennung
zwischen dem Kind selbst und anderen erfolgt. So übertragen sich beobachtete
Gefühle des anderen Kindes auf die eigenen, d. h. wenn ein anderes Kind
weint, reagiert das Kind selbst mit reaktivem Weinen.[192] Somit reagiere das
Kind dann oft, als wäre ihm selbst passiert, was es beobachtet habe, so Arnold
Lohaus und Marc Vierhaus.[193]

Niveau 2: Egozentrische Empathie (ab ca. 1 Jahr)
Die in Niveaustufe 1 noch nicht vorhandene Trennung des Eigenen und Anderen ist nun erfolgt. Das Kind hat gelernt, zwischen sich und anderen zu unterscheiden. Es erkennt somit, dass das Leid des anderen Kindes nicht ihm selbst
widerfährt. Da es sich aber noch nicht in die fremde Person versetzen könne,
nehme es an, dass der:die Leidende ähnliche Gefühle und Bedürfnisse habe
wie es selbst.[194]

Niveau 3: Empathie für die Gefühle anderer Menschen (ab ca. 2–3 Jahren)
Nach Hofmann setzt die Fähigkeit zur Perspektivenübernahme mit ca. 2–3
Jahren (also deutlich früher als das, was Selman in seinem Modell unter
Perspektivenübernahme versteht) ein. Mit dieser realisiert das Kind, dass
die eigenen Gefühle nicht identisch mit denen der anderen sind. Das Kind
werde empfänglicher für beobachtbare Hinweise auf die Gefühle anderer
und sei dabei zunehmend unabhängig von der Anwesenheit der betreffenden
Person.[195]

---

190 S. Kapitel *3.5.1.2 Das Modell der sozialen Perspektivenübernahme nach Robert Selman*
191 Vgl. Lohaus, Vierhaus (2019), S. 271
192 Dieser Aspekt einer emotionalen Entwicklung wird von anderen Psycholog:innen nicht
     als empathische Reaktion, sondern als Gefühlsansteckung definiert. Vgl. Friedlmeier,
     Trommsdorff (1992), S. 139, vgl. Holodynski, Oerter (2018), S. 522, vgl. Meyer (2019), S. 306
193 Vgl. Lohaus, Vierhaus (2019), S. 272
194 Vgl. Lohaus, Vierhaus (2019), S. 272
195 Vgl. Lohaus, Vierhaus (2019), S. 272

Niveau 4: Empathie für die Lebensverhältnisse anderer Menschen (ca. 10 Jahren)
Mit ca. 10 Jahren löst sich die Empathie von der situativen Bedingtheit des Leidens der anderen. Auf der Grundlage komplexerer Konzepte seien Kinder in der Lage, die Basis für das Leiden einer anderen Person als Lebensbedingung und als unabhängig von der momentanen Situation zu begreifen.[196]

Die Empathietheorie nach Hoffmann zeigt die Relevanz von positiven Emotionen, die die Säuglinge und später Kinder deuten. Darüber hinaus wird die Beziehung zu anderen, durch die sich Emotionen übertragen, deutlich. Für das interreligiöse Lernen in der frühkindlichen Bildung bedeutet dies, mithilfe von Empathie-Vorbildern in Kindergarten und Schule positive Emotionen im Kontext interreligiöser Begegnungen zu zeigen und gemeinsame Erlebnisse, die sich durch eine positive Wahrnehmung auszeichnen, zu sammeln.

3.5.1.2   Das Modell der sozialen Perspektivenübernahme nach Robert Selman

Für die vorliegende Arbeit ist nun die Entwicklung zur Fähigkeit des Perspektivenwechsels in Kombination mit sozialen Lernfortschritten zu sehen. Beispielhaft dafür ist das Modell der sozialen Perspektivenübernahme nach Robert Selman. Dieses Modell ist insofern interessant, als dass Selman in seinen Geschichten zu Dilemmata vor allem auch die Ebene der Empathie erfassen möchte.[197] Ausgangslage ist die Frage nach der *„gedanklichen Koordination von unterschiedlichen Perspektiven [...] mit dem steigenden Niveau, soziale Konzepte zu bilden"*[198]. Selmans Theorie eröffne tiefere Einsichten in Vorgänge, die die beteiligten Personen betreffen, in die Verstehensvorgänge, die sich auf die wahrgenommene Person beziehen und schließlich in die Interaktionsbeziehung, wie sie von den beteiligten Personen erfahren werde, so Eva-Maria Kenngott.[199] Der soziale Perspektivenwechsel ist somit ein psychischer Prozess, der die Empathie stark mitdenkt und einbezieht.

Robert Selman brachte die Fähigkeit zur Entwicklung der Perspektivenübernahme in eine ontogenetische Stufenfolge. Selman entwickelte ein strukturgenetisches Modell mit fünf Stufen bzw. Niveaus, wobei er, so Monika Tautz, die Genese praktischer Vernunft im Allgemeinen und das soziale Lernen im

---

196   Vgl. Lohaus, Vierhaus (2019), S. 272
197   Vgl. Heidbrink (1996), S. 85
198   Meyer (2019), S. 311
199   Vgl. Kenngott (2012), S. 118

Besonderen[200] bzw. das „Interaktionssystem als Ganzes"[201] denkt. Robert Selman orientiert sich im Modell an den Theorietraditionen Jean Piagets und
George H. Meads.[202] Als Schüler Lawrence Kohlbergs inspirierte Selman insbesondere dessen Untersuchungen zu moralischer Dilemmata.[203]

Selman geht in seinen Studien davon aus, dass Perspektiven in unterschiedlicher und differenzierter Weise übernommen werden können. Die Fähigkeit
zur *sozialen Perspektivenübernahme* entwickelt sich nach Selman in qualitativen Stufen. Jede Stufe umfasst ein Niveau, auf dem ein Mensch andere
Menschen in deren Absichten und Gefühlen wahrnimmt und Handlungen
interpretiert. Ein Wechsel kann somit darin bestehen, dass sich eine Person
in eine andere konkret anwesende Person hineinversetzt. Ein Perspektivenwechsel geschieht aber auch, wenn die Sichtweise einer dritten, möglicherweise imaginären Person vorgenommen wird, die gleichsam von außen den
Dialog beider Beteiligten beobachtet und beurteilt.[204]

Selman differenziert in seinen Niveaustufen zwischen einem Personen- und
einem Beziehungskonzept, die Stufen sind aufeinanderfolgend. Im Kontext
entwicklungspsychologischer Stufenmodelle muss stets berücksichtigt werden, dass es sich bei einer Zuordnung in Alters- bzw. Niveaustufen um normative Zuordnungen handelt, die nicht auf jedes Individuum zutreffen. Daher
sind diese Stufen als Orientierung, nicht als feste und vorgegebene Zuordnung
zu verstehen.

Selmans Begriff der *sozialen Perspektivenübernahme* umfasst nicht nur die
Art, in der soziales oder psychologisches Wissen einer Person vom Standpunkt
einer anderen gesehen wird, wie dies der Begriff der Rollenübernahme impliziert, sondern umfasst zentral das sich entwickelnde Verständnis dafür, wie
verschiedene Blickwinkel zueinander in Beziehung stehen und miteinander
koordiniert werden können.[205]

---

200   Vgl. Tautz (2015), S. 4, So schreibt Selman (1984), S. 30: „*Der Begriff der sozialen Perspektiven-
      übernahme schließt nicht bloß die komplexe Koordination dezentrierter kognitiver Opera-
      tionen, sondern auch ein sich entwickelndes Verständnis der intrinsischen psychologischen
      Eigenschaften und Fähigkeiten von Personen mit ein; er enthält folglich eine wesentlich
      soziale Komponente.*"
201   Kenngott (2012), S. 104
202   Vgl. Selman (1984), S. 32ff.
203   Vgl. Selman (1984), S. 48, z. B. das „Holly Dilemmata" (1984, S.49), So orientierte sich
      Selman methodisch stark an den Untersuchungen Kohlbergs. Im Unterschied zu den
      Dilemmata Geschichten Kohlbergs, sind jedoch die Geschichten zur Erfassung der sozia-
      len Perspektive bei Selman komplexer. Vgl. Heidbrink (1996), S. 84f.
204   Vgl. Tautz (2015), S. 4
205   Vgl. Selman (1984), S. 30

Selmans Untersuchungen wurden zu einem Zeitpunkt vorgenommen (1984), zu dem die Theory- of-Mind-Forschung noch in ihren Anfängen steckte. Daher wird diese Arbeit Selmans Stufenmodell durch die Erkenntnisse von Doris Bischof-Köhler im Sinne neuerer Forschungsergebnisse (2011) spezifizieren und ergänzen. Im Folgenden werden nun die einzelnen Niveaustufen dargestellt und um Beispiele bzw. je nach Entwicklungsstufe auch um einen religionspädagogischen Bezug ergänzt.

Niveau 0: Undifferenzierte und egozentrische Perspektivenübernahme (ca. 3–8 Jahre)
Vor dem Alter von vier Jahren können Kinder sich zwar in die Rolle eines:einer Anderen hineinversetzen, sie nehmen das Wahrgenommen jedoch aus ihrem eigenen Erlebten wahr, was Selman nicht als Perspektivenübernahme definiert. Es handelt sich hierbei um eine empathische Identifikation.[206] So wird auf der Ebene des Personenkonzepts eine undifferenzierte, auf der Ebene des Beziehungskonzepts eine egoistische[207] Perspektive eingenommen. Kindern in diesem Alter fällt es schwer zu erkennen, dass andere Kinder andere Bezugssysteme aufweisen.[208] Dass beispielsweise von einer weinenden Person eine Absicht ausgehen kann, die das Kind als Beobachtenden bzw. Beteiligten betrifft oder auch beeinflussen kann, liegt außerhalb des Denkens und Verstehens dieses Niveaus.[209]

Beispiel: „Wenn ich den Ausflug in den Zoo schön finde, müssen den doch andere genauso empfinden."

Niveau 1: Differenzierte und subjektive Perspektivenübernahme (ca. 5–9 Jahre)
Das Kind ist fähig zum einfachen Perspektivenwechsel, also zu erkennen, dass unterschiedliche Personen andere Perspektiven haben können als es selbst. Es differenziert. Das entspricht der Theory of Mind mit dem Verständnis für *false belief.*[210] Die Vorstellungen auf der Beziehungsebene bleiben allerdings subjektiv, denn die subjektiven Perspektiven des Eigenen und Anderen werden als verschiedene erkannt und deutlich voneinander differenziert. Es meint,

---

206   Vgl. Bischof-Köhler (2011), S. 346
207   Karlo Meyer (2019, S. 312) ergänzt, dass der Begriff „egoistisch" nicht als moralisch zu verstehen sei, sondern zum Ausdruck bringe, dass das Kind allein von der eigenen Sichtweise oder Erkenntnis ausgehe.
208   Vgl. Tautz (2015), S. 5
209   Vgl. Meyer (2019), S. 312
210   Vgl. Bischof-Köhler (2015), S. 346

das Befinden des Gegenübers rein an den Äußerlichkeiten dessen ablesen zu können. Die Beziehungen zwischen Perspektiven werden nur einseitig aus der Perspektive eines:einer Beteiligten und lediglich unter Berücksichtigung der Folgen für diesen:diese eine:n wahrgenommen. So steht für die Denkweise dieser einseitigen Richtung fest, dass ein Geschenk das Gegenüber erfreut.[211]

Beispiel: „Papst Franziskus lächelt im Fernsehen, also ist er zufrieden" (erkennt auch ein Kind in Phase 0, in Phase 1 stellt das Kind einen einseitigen Perspektivenwechsel her). *„Ob die vielen Menschen, die er sieht, mir Angst machen würden?"*

Religionspädagogischer Bezug: Sowohl auf Niveaustufe 0 als auch auf Niveaustufe 1 liest das Kind das subjektive Empfinden des Gegenübers an dessen äußerem Erscheinungsverhalten ab. Insbesondere aus dieser Sicht ist noch einmal (grundschul-)pädagogisch zu motivieren, erste Begegnungen in einer Atmosphäre der Freund(schaft)lichkeit, der Fröhlichkeit, der Herzlichkeit zu initiieren und diese über Körpersprache zum Ausdruck zu bringen.[212]

Niveau 2: Selbstreflexive/Zweite Person – und reziproke Perspektivenübernahme (ca. 7–12 Jahre)
Der Zuwachs auf der personenbezogenen Ebene besteht in dieser Niveaustufe in der Fähigkeit des Kindes, im Geiste aus sich herauszutreten und die Zweite-Person-Perspektive bezogen auf eigene Handlungen und Gedanken einzunehmen („Wie würde ich in einer bestimmten Situation denken, fühlen, handeln?") und ein Bewusstsein zu erlangen, dass auch andere über dieselben Fähigkeiten verfügen können (selbstreflexiv). Das bedeutet, eigene Handlungen oder Gefühle werden in der Perspektive des anderen reflektiert. Der emotionale bzw. geistige Zustand einer Person wird vielfältig gesehen (glücklich, nervös, neugierig), jedoch als eine Masse an isolierten, sequentiell auftretenden und unterschiedlich gewichteten Aspekten („Heute bin ich hauptsächlich glücklich und neugierig und ein wenig nervös"). Das Kind verfügt nun über eine sogenannte doppelschichtige soziale Orientierung. Was zuvor in Niveaustufe 1 nicht vollzogen wurde, wird nun erkannt: einerseits das äußere Erscheinungsbild, das potentiell nur aufgesetzt sein kann und

---

211 Vgl. Selman (1984), S. 51
212 Inspiration für diesen Gedanken sind durch die Ausführungen von Meyer (2019, S. 314) weiterentwickelt worden.

andererseits die wahre versteckte innere Realität.[213] Es wird somit erkannt, dass die Unterscheidung zwischen äußerem Erscheinungsbild und innerer Gefühlswelt andere über das eigene Wohlbefinden täuschen kann[214] (z. B. wird erkannt, dass eine Person nicht weint und sich trotzdem traurig fühlen kann, Stufe 0 wäre: Trauer = Weinen und Weinen = Trauer).

Die Vorstellungsebene von Beziehungen ist nun reziprok. Das Kind versetzt sich in das Gegenüber und es versteht, dass das Gegenüber es genauso macht. („Er weiß, dass ich ihn mag und ich weiß, dass ich ihn mag"). Die Berücksichtigung dieser Gegenseitigkeit zeigt den sozialen Bezug des Perspektivenwechsels, da sich die Person der Gefühlswelt des:der anderen und dessen:deren Einfluss auf das eigene Ich durch einen Perspektivenwechsel verdeutlichen kann. Handlungen, Entscheidungen und Gefühle werden somit in der Perspektive des:der anderen reflektiert.[215] Auf diesem Niveau zeigt sich jedoch auch: „Zwei Individuen sehen sich selbst und den Anderen, jedoch nicht ihre Beziehung zueinander."[216] Die Dynamik einer Gruppengesamtheit einer Gruppengesamtheit sei dabei nicht im Blick, so Meyer.[217]

Beispiel: „Ich lache zukünftig nicht mehr, wenn Frau Wiese den Gebetsruf im Klassenzimmer abspielt, weil ich weiß, dass Sinan dadurch traurig wird und das möchte ich nicht."

Religionspädagogischer Bezug: Auf Überlegungen von Gerhard Büttner und Veit-Jakobus Dietrich aufbauend, ist es in dieser Stufe sinnvoll, mit einem konkreten adäquaten Gegenüber in den Austausch zu kommen. Abstrakte Wahrheitsansprüche und die Kritik an (einer) Religion sei argumentativ wohl erst auf der Ebene der formalen Operation möglich.[218] Das macht die religionspädagogische Arbeit mit konkreten oder medial dargestellten Personen in interreligiösen Lernprozessen erforderlich, da die dargestellten Kinder in einem ähnlichen Alter wie die Kinder der Klasse sind und sie sich daher ansatzweise ähnliche Perspektiven vorstellen können.[219]

---

213   Vgl. Selman (1984), S. 51f.
214   Vgl. Selman (1984), S. 52
215   Vgl. Meyer (2019), S. 314f.
216   Selman (1984), S. 52
217   Vgl. Meyer (2019), S. 315
218   Vgl. Büttner, Dieterich (2016), S. 212
219   Vgl. Meyer (2019), S. 315, Meyers Ansatz des doppelten Individuenrekurses findet sich in dieser Arbeit auch in Kapitel *3.5.4 Exemplarisch ausgewählte Lernaufgaben zur Förderung von Empathie und Perspektivenwechsel im Kontext interreligiösen Lernens des Primarbereiches* und in Kapitel *2.5.1 Der doppelte Individuenrekurs nach Karlo Meyer* wieder.

Niveau 3: Dritte Person- und gegenseitige Perspektivenübernahme (ca. 10–15 Jahre)
Der entscheidende Fortschritt der Niveaustufe 3 liegt in der Fähigkeit, die Perspektive einer dritten Person, die sogenannte Dritte-Person-Perspektive, einnehmen zu können. Jugendliche können gleichsam von außen sowohl auf die eigene Perspektive als auch auf die des:der anderen schauen.[220] Selman nennt es das *beobachtende Ich*.[221]

Die beziehungsbezogene Ebene ist nun gegenseitig aufeinander bezogen ausgerichtet. Jugendliche lernen, auf andere Menschen Rücksicht zu nehmen, was insbesondere in (interreligiösen) Konfliktsituationen bedeutsam ist.[222] Die Dritte-Person-Perspektive auf Beziehungen „umschließt die Perspektiven des Selbst und des (der) Anderen und koordiniert sie zugleich miteinander".[223] Der:Die Jugendliche ist nun in der Lage, abstrakt aus der zwischenmenschlichen Beziehung beider hinauszutreten, gleichzeitig die Perspektive des Eigenen und des:der Anderen miteinander zu koordinieren und das gegenseitige Aufeinanderwirken in Betracht zu ziehen. Auf dieser Niveaustufe Denkende sehen die Notwendigkeit dessen. Darüber hinaus glauben sie, dass ein Verständnis und ein Miteinander auf Gegenseitigkeit beruhen muss, um wirklich realisierbar zu sein. Zwischenmenschliche Beziehungen werden nun als langfristige Gefühlsbeziehung betrachtet, innerhalb derer Erfahrungen und Gedanken miteinander geteilt werden können.[224] Affektive Resonanzen können wachsen.

Beispiel: „Ich lache zukünftig nicht mehr, wenn Frau Wiese den Gebetsruf im Klassenzimmer abspielt, weil ich weiß, dass Sinan dadurch traurig ist und das möchte ich nicht. Frau Wiese findet mein Verhalten sicherlich auch nicht gut."

Religionspädagogischer Bezug: Da in dieser Phase die Einsicht wächst, dass Konflikte auch Potential zur Stärkung der Beziehung in sich tragen können,[225] kann der Ansatz des differenzorientierten interreligiösen Lernens angeregt werden. Nach der konventionell-synthetischen Stufe Fowlers stimmen Jugendliche im hohen Maße ihre religiösen Einstellungen mit denen der Peer Group ab. Unter englischen Jugendlichen, die in multireligiösen

---

220   Vgl. Tautz (2015), S. 5
221   Vgl. Selman (1984), S. 53
222   Vgl. Bischof-Köhler (2011), S. 426
223   Selman (1984), S. 53
224   Vgl. Selman (1984), S. 53f.
225   Vgl. Meyer (2019), S. 315

Kontexten aufwachsen, zeigt sich, dass diese angeregt über religiöse Fragen und Einstellungen diskutieren. Unter deutschen Jugendlichen, für die unter den Peers Religion kaum ein Thema zu sein scheint, muss sich dies jedoch nicht widersprechen, wenn religiöse Einstellungen als individuelle Angelegenheiten übereinstimmend betrachtet werden.[226] Daher kann dies didaktisch in der Phase mit Unterrichtsmaterial aufgegriffen und bearbeitet werden, sodass insbesondere Gruppenbeziehungen und -gespräche gefördert,[227] also Beziehungs- und Kommunikationsstrukturen im interreligiösen Lernen herausgefordert und bestärkt werden.

Niveau 4: Tiefenpsychologische und gesellschaftlich-symbolische Perspektivenübernahme (ca. 12 Jahre bis Erwachsenenalter)
Zwei Vorstellungen charakterisieren laut Selman die Niveaustufe 4. Zum einen werden Handlungen, Gedanken, Gefühle und Motive als psychologisch determiniert, das bedeutet im Voraus festgelegt, nicht aber notwendigerweise zugleich von der Person selbstreflexiv erfasst und verstanden. Innerhalb des Selbst bestehen komplexe Interaktionen, die das *beobachtende Ich* aus Niveaustufe 3 nicht immer vollständig zu verstehen vermag. So könnte man, laut Selman, in der Niveaustufe 4 das Entstehen eines Begriffs des Unbewussten beobachten.[228]

Zum anderen entsteht auf dieser Niveaustufe ein Begriff von Persönlichkeit, der durch Eigenschaften, Meinungen, Werte, Einstellungen, als ein System mit seiner individuellen Lebensgeschichte geprägt ist.[229]

Die Vorstellung von Beziehungen ist gesellschaftlich-symbolisch. Das Selbst und andere werden nun in größeren sozialen Zusammenhängen wahrgenommen und in ihrer Komplexität erfasst.

> Auf diesem Niveau kann der Heranwachsende von vielfältigen, miteinander geteilten Perspektiven (generalisierter Anderer) gesellschaftliche, konventionelle, legale oder moralische Perspektiven, abstrahieren, die alle Personen miteinander teilen können.[230]

---

226   Vgl. Büttner, Dieterich (2916), S. 214f.
227   Vgl. Meyer (2019), S. 316
228   Vgl. Selman (1984), S. 54
229   Vgl. Selman (1984), S. 54
230   Selman (1984), S. 54

Perspektiven von Gruppen werden nun berücksichtigt und nach der Durchschnittsmeinung der meisten Menschen dieser Gruppe eingeschätzt. Perspektiven können relativiert werden, wenn ein Sachverhalt von Einstellungen mitbestimmt wird, wie beispielsweise Wertevorstellungen der Familie, religiöse oder kulturelle Prägungen.[231]

Beispiel: „Was kann ich tun, damit wir als Schülerinnen und Schüler ein Zeichen gegen Antisemitismus setzen können und so auch den Jüdinnen und Juden in Deutschland Unterstützungsbereitschaft signalisieren?"

Religionspädagogischer Bezug:
In dieser Stufe ist es nun möglich, in der Komplexität der Perspektiven zu agieren und auch Gegensätzliches in der Gruppe aushalten zu lernen. Der Begriff des Ambiguitätserlebens[232] kann in dieser Phase religionspädagogisch begleitet relevant werden und an ‚critical incidents'[233] ‚konkret thematisiert und reflektiert werden. Darüber hinaus kann nun das Potential einer Gruppe realisiert und im Sinne interreligiöser Lernprozesse genutzt werden, wie das obige Beispiel verdeutlicht.

Religionspädagogischer Ausblick
Tabelle 1 zeigt Auszüge aus Selmans Ergebnissen hinsichtlich des Alters und der Niveaustufe der sozialen Perspektivenübernahme. Bei aller Berechtigung der kritischen Nachfrage bzgl. der Aussagekraft der geringen Teilnehmendenzahl, zeigt die Häufigkeitsverteilung jedoch die breite Spanne der unterschiedlichen Niveaus, welche sich bei 13- bis 16-Jährigen in den Klassen abbilden können und notwendige religionspädagogische Reaktionen für die Unterrichtsgestaltung erforderlich machen.

---

231   Vgl. Bischof-Köhler (2011), S. 346
232   S. Kapitel *3.5.2.2 Ambiguitätserleben*
233   Willems (2011), S. 207, *„Von interkulturellen bzw. interreligiösen Überschneidungssituationen spricht man, wenn sich in einer Situation kulturell oder religiös bedingte Codes, Interpretationen und Deutungen dieser Situation überlappen und wenn sich daraus Missverständnisse oder Verunsicherungen ergeben – oder auch der exotische Reiz einer Situation."*

Tabelle 1   Auszüge aus den Ergebnissen zur absoluten Häufigkeitsverteilung nach Alter und
             Niveau sozialer Perspektivenübernahme, Meyer (2019), S. 318

Niveau Alter (N)	0	1	2	3	4
10 (N=14)		2	12		
13 (N=14)		1	7	5	1
16 (N=14)			3	8	3

Es existieren somit Niveaustufen eines Perspektivenwechsels, welche von Niveaustufe 1), einem einfachen Perspektivenwechsel, bis zu Niveaustufe 4), abstraktem, komplementären Denken in Netzwerken, reichen kann. Des Weiteren darf aus dem „späten" Einsetzen auf Niveaustufe 2) nicht geschluss-folgert werden, dass interreligiöses Lernen bzw. Fragen erst im Jugendalter aufgenommen werden sollen. Vielmehr geht es darum, sich über Übungen auf die Niveaustufe 2) hinzuzubewegen. Meyer führt jedoch auch fort, dass es durchaus angemessen sei, im Sinne der Stufenfolge nach Selman sich auf der Ebene des ersten Niveaus zu bewegen.[234] In höheren Niveaustufen kann durch die differenzorientierte Arbeit (Potential in Differenz), z. B. an ‚critical inci-dents'[235], sowohl im Sinne eines gesellschaftlichen sozial-starken, religions-offen und religionskritischen Gedankens gearbeitet werden als auch im Sinne des Zuwachses eigener Lernkompetenzen, wie z. B. dem Ambiguitätserleben oder dem Denken in Komplementaritäten.

3.5.1.3   „Sind Kinder im Grundschulalter überhaupt zu Empathie und
            Perspektivenwechsel in interreligiösen Begegnungen fähig?"
Um sich in andere Perspektiven hineindenken bzw. hineinfühlen zu kön-nen, müssen diese bewusst sein. Die Tübinger Studie (Dubiski et al. 2010)[236]

---

234   Vgl. Meyer (2019), S. 319
235   Willems (2011), S. 207, *„Von interkulturellen bzw. interreligiösen Überschneidungssituationen*
      spricht man, wenn sich in einer Situation kulturell oder religiös bedingte Codes, Inter-
      pretationen und Deutungen dieser Situation überlappen und wenn sich daraus
      Missverständnisse oder Verunsicherungen ergeben – oder auch der exotische Reiz einer
      Situation."
236   Dubiski, K., Essich, I., Schweitzer, F., Edelbrock, A. & Biesinger, A. (2010). Religiöse
      Differenzwahrnehmung im Kindesalter. Befunde aus der empirischen Untersuchung im

zeigt, dass bei knapp 5-Jährigen bereits ein mehr oder weniger ausgeprägtes Differenzbewusstsein vorhanden ist.[237] Die Wahrnehmung von Konfession und Religion während der Kindheit sei von konkret-anschaulichen, äußeren Merkmalen geprägt, so Büttner und Dieterich.[238]

In diesem Kapitel soll nun der Frage nachgegangen werden, ob Kinder im Grundschulalter aus entwicklungspsychologischer Sicht zu Empathie und Perspektivenwechsel in interreligiösen Begegnungen fähig sind. Hinsichtlich der Empathie lässt sich aus entwicklungspsychologischer Sicht zunächst einmal festhalten „[…], *dass es sich bei Empathie um eine Kompetenz handelt, die in jedem Kind angelegt ist und sich spontan um die Mitte des zweiten Lebensjahres einstellt.*"[239]

Oft schließt sich in diesem Zusammenhang die Frage an, ob Empathie erlernbar sei. Die Zahn-Waxlers-Studie (1979) kann dahingehend Aufschluss geben. Sie untersuchte an mehreren Kohorten Kinder im Alter von 10–27 Monaten in der Entwicklung des prosozialen Verhaltens, um sich darüber indirekt auch Erkenntnisse über die Empathieentwicklung zu erhoffen. Kinder von Müttern, die selbst empathisch, sensibel und emotional engagiert waren, zeigten ein hochempathisches Verhalten, analog verhielt es sich für niedrigempathische Mütter mit Kindern, die ein niedrigempathischeres Verhalten zeigten.[240]

Es wird somit konstatiert:

> Empathie ist ein allgemeinmenschliches Potential, das bei allen Kindern im zweiten Lebensjahr reift. Die Weiterentwicklung dieses Potentials hängt von

---

Überblick. In A. Edelbrock, F. Schweitzer & A. Biesinger (Hrsg.), *Wie viele Götter sind im Himmel? Religiöse Differenzwahrnehmung im Kindesalter* (S. 23–38). Münster: Waxmann Verlag.

237   Vgl. Büttner, Dieterich (2016), S. 208
238   Vgl. Büttner, Dieterich (2016), S. 217
239   Bischof-Köhler (2011), S. 292, vgl. dazu auch Stettberger in Stettberger, Bernlochner (2013), S. 142
240   Vgl. Bischof-Köhler, S. 293–295, Bischof-Köhler bezieht sich hier auf die Zahn-Waxlers Studie erschienen in: Zahn-Waxler, C., Radke-Yarrow, M. & Kind, R. A. (1979). Child rearing and children's judgement of actor's responsibility and recipient's emotional reaction. *Child Development, 50*, S. 319–330.
    Darüber hinaus beschreibt Bischof-Köhler auch einen kulturell kontextabhängigen Unterschied wie empathisches Mitgefühl im Verhalten umgesetzt wird – individuum-orientiert und sozial orientiert. So werden Kinder in Deutschland oder Israel beispielsweise zur Selbstständigkeit, Selbstüberzeugung und Unabhängigkeit erzogen, wohingegen Kinder aus beispielsweise Indonesien und Malaysia den Respekt vor hierarchischen Strukturen und wechselseitige Bezogenheit betonen (vgl. S. 295). Für den schulischen Kontext ist es dahingehend besonders interessant zu beobachten, in welchem Kontext und Verständnis der:die jeweilge Schüler:in empathisch sozialisiert ist.

kulturellen und erzieherischen Einflüssen ab, wozu auch die Bindungsqualität zählt – unsicher gebundene Kinder haben Probleme mit empathieauslösenden Situationen. Wie sich abzeichnet, ist eine induktive Erziehung besonders geeignet, für Empathie zu sensibilisieren.[241]

Hinsichtlich des Perspektivenwechsels haben die Darstellungen des Modells der Theory of Mind und der sozialen Perspektivenübernahme nach Selman gezeigt, dass Kinder im Primarbereich, bereits im Kindergartenalter, zu einem Perspektivenwechsel fähig sind.[242]

Diese Erkenntnisse aus der Entwicklungspsychologie über Empathie und Perspektivenwechsel möchte ich nun aus religionspädagogischer Perspektive auf den Bereich des interreligiösen Lernens anwenden.

Orientiert an den Niveaustufen der sozialen Perspektivenübernahme nach Selman kann abgeleitet werden, dass ein qualifizierter interreligiöser Dialog ab Niveaustufe 2 (also ab 7 Jahren) möglich ist.[243] Das schließe jedoch laut Karlo Meyer Schüler:innen der Niveaustufe 1 nicht aus, sondern es sei sinnvoll, sich durch angemessene Übungen auf Niveaustufe 2 zuzubewegen.[244] Ebenso David Käbisch hält fest, dass eine Einübung in interpersonelle, intradisziplinäre und interdisziplinäre Perspektivenwechsel mit altersgemäßen Aufgabenformaten so früh wie (entwicklungspsychologisch) möglich anfangen könne, wobei auch hier die (lernpsychologische) Einsicht gelte, das Aufgaben so konstruiert sein sollten, dass sie sich in der Zone der nächsten Entwicklungsstufe befinden.[245]

Es sind m. E. insbesondere persönliche interreligiöse Begegnungen, die affektiv-emotionale Erlebnisse fördern, sinnvoll. Das kann das Lächeln des freundlichen Rabbis sein oder der leckere Tee und das nette Gespräch mit den Gemeindemitgliedern in einer Moschee.[246] Insbesondere ab Niveaustufe 3 (ab 10 Jahren) können beziehungsstärkende Übungen für interreligiöse Gruppen angeregt werden. Ab der Niveaustufe 4, in der den Heranwachsenden bewusst wird, dass Perspektivenwechsel stets in gesellschaftliche Kontexte eingebettet

---

241   Bischof-Köhler (2011), S. 310
242   Hierbei muss allerdings die Komplexität von Perspektivenübernahme, wie sie beispielsweise in dem Modell von Robert L. Selman deutlich wird, berücksichtigt und altersspezifisch differenziert werden. Die sogenannte Dritte-Person-Perspektive reift so beispielsweise erst im Jugendalter.
243   Vgl. Bucher (2006), S. 207
244   Vgl. Meyer (2019), S. 319
245   Vgl. Käbisch (2013), S. 358f.
246   So schrieb beispielsweise Simon, 10 Jahre, ein teilnehmendes Kind im Rahmen der Kinderakademie (01/2020) Folgendes auf den Rückmeldebogen: *„Der Besuch in der Moschee war am besten, weil es Pizza gab."*

sind, kann ein vertiefender interreligiöser Dialog angeregt werden. Daraus kann die Erkenntnis wachsen, dass Missverständnisse und Schwierigkeiten aus Momenten der fehlenden Empathie und des Perspektivenwechsels und auch aus Intoleranz entstehen.[247]

Im Übrigen geht es auch nicht ausschließlich darum, das Niveau des Perspektivenwechsels zu jeder Zeit hochzuhalten. Im Sinne der Niveaustufen nach Selman kann es auch angemessen sein, sich auf der ersten Stufe zu bewegen und die Perspektive einer:s Andersgläubigen wahrzunehmen, *„ohne dass dabei notwendig ist, sich selbst gleichsam mit den Augen der/des anderen wahrzunehmen."*[248]

Gerade im schulischen Kontext können immer wieder Momente geschaffen werden, um Empathie und Perspektivenwechsel bei den Kindern anzuregen. Zentral ist dabei sicherlich ein empathisch sensibles Verhalten der Lehrperson, das als Anregung zur (Teil-)Identifikation für die Kinder stehen kann. Um nachhaltige interreligiöse Lernprozesse zu initiieren, muss das Perspektiven-niveau nicht immer hoch sein. Insbesondere im Primarbereich entstehen durch personale Begegnungen nachhaltige Lernprozesse über emotional-affektiv anregende Erlebnisse.

> Vor allem in jüngeren Jahren ist schon viel gewonnen, wenn elementare Gefühls-ansteckung und Empathie mit Kindern aus anderen religiösen Traditionen erlebt werden können. Für kognitive Empathie bzw. Perspektivenübernahme günstig ist, wenn ausreichendes Wissen über andere Religionen und Traditionen angeeignet wird; ein Kind kann sich erst dann angemessen in die Perspektive eines gleichaltrigen muslimischen Kindes, das sich nach Mekka verbeugt, ver-setzen, wenn es weiß, was „Mekka" und wer „Allah" ist.[249]

Wichtig ist somit, entwicklungspsychologisch und pädagogisch einzu-schätzen, was in dem Alter der jeweiligen Zielgruppe möglich ist, um daraus passende Lernarrangements zu gestalten. Dabei können gelegentlich Übun-gen für höhere Niveaustufen von Perspektivenwechsel hinzugezogen werden, um die Lerngruppe anzuregen. Ein induktiver Erziehungsstil der Lehrperson ist insbesondere für Kinder im Primarbereich hilfreich, um empathischer im Schulalltag zu agieren.

---

247   Vgl. Bucher (2006), S. 207
248   Bucher (2006), S. 207
249   Bucher (2006), S. 209

3.5.2 Mögliche Anschlusskompetenzen auf Basis von Empathie und Perspektivenwechsel

Ausgehend von einer höheren Niveaustufe nach Selman, lassen sich weitere Kompetenzen entwickeln, die für das interreligiöse Lernen unabdinglich wichtig sind. Insbesondere im interreligiösen Lernen, das Differenzen aufzeigt und bearbeitet, können Situationen um Irritationen, Fremdheitsgefühle, Unsicherheit usw. – bereits in der Grundschule – auftauchen. Mit den Fähigkeiten des Denkens in Komplementarität und Ambiguitätserleben lassen sich Mehr- und Uneindeutigkeiten sowie Wiedersprüchliches, reflektieren und einordnen lernen.[250] Diese Anschlusskompetenzen sind im grundschulspezifischen Kontext für die Lehrenden von Relevanz, um Situationen pädagogisch angemessen begegnen zu können und für Lernende zunächst anzubahnen, jedoch (auch entwicklungspsychologisch) nicht vorauszusetzen.

3.5.2.1 Komplementäres Denken als Folge von Perspektivenwechsel in religionspädagogischen Kontexten

Das religionspädagogische Stufenentwicklungsmodell im Bereich der religiösen Entwicklung und Urteilsbildung eines Menschen nach James W. Fowler oder Fritz Oser und Paul Gmünder geben zunächst wenig Aufschluss über Perspektivenwechsel, Perspektivenübernahme oder Empathie. Dennoch sind sie relevant für den vorliegenden Kontext, denn ein Perspektivenwechsel kann dazu verhelfen, komplementäres Denken zu entwickeln und infolgedessen dazu beitragen, ambige Situationen, das sogenannte Ambiguitätserleben, als Teil der eigenen religiösen Entwicklung, aushalten zu lernen.

Ausgangslage für diese Überlegungen sind Monika Tautz' Theorien, dass sich die Fähigkeit zum Perspektivenwechsel mit fortschreitender Entwicklung zu einem Denken in Komplementaritäten weiten kann.[251] Diese werden vertiefend beleuchtet durch Arbeiten von K. Helmut Reich, gemeinsam mit Fritz Oser.

„Denken in Komplementarität sei die Fähigkeit, zwei oder mehrere konkurrierende ‚Theorien' so zu koordinieren, daß [sic] sie sich gegenseitig erhellen, aber auch begrenzen."[252]

Dabei unterscheidet Reich zwischen *komplementärem Denken*, also einer Ergänzung an sich, das bedeutet jene von intrinsisch unverbundenen Gedanken,

---

250   Aus entwicklungspsychologischer Sicht sind diese Fähigkeit zumeist bei Schüler:innen ab der Mittelstufe ggf. sogar ab der Oberstufe zu erwarten.

251   Vgl. Tautz (2015), S. 3

252   Grom (2000), S. 70 mit Bezug auf Oser & Reich (1987)

Zuständen, Dingen und Ereignissen, und dem *komplementaristischen Denken*, also einer inneren Verschränkung dessen.[253]

Ein gutes Beispiel für komplementäres Denken zeigt sich beispielsweise in der Koordination des Weltbildes. Auf die Frage vom Ursprung und Werden des Universums antworteten befragte Jugendliche im Rahmen seiner Studien mehrheitlich in zwei Gruppen: a) „Die Welt ist von Gott geschaffen. Er sorgt dafür, dass alles gut wird" und b) „Alles ist von selbst so gekommen und entwickelt sich durch die Natur". Einige Jugendliche lösten das Problem für sich im Sinne von c) „Wenn Gott den Urknall verursacht hat und dabei vorbestimmt, wie sich alles dabei Schritt für Schritt weiterentwickelt, so besteht kein Wiederspruch zwischen Wissenschaft und Religion". Worauf lassen diese Aussagen schließen? Laut Reich ist in unserer Kultur das „Entweder-Oder"-Denken stark verankert, nur Aussage c) weist eine „Sowohl-Als-Auch"-Denkstruktur auf.[254] Ziel sollte es somit sein, Aufgaben zu initiieren, die komplementäres bzw. komplementaristisches Denken im Sinne einer „Sowohl-Als-Auch"-Denkstruktur fördern, um Lernende zu einem mehrperspektivischen Denken befähigen zu können. Dabei kann man insbesondere mit Jugendlichen durch geeignete beispielhafte Situationen komplementäres Denken fördern und somit weg von binär-logischen Aussagen gehen.

Reichs Betrachtungen zeigen, dass die Entwicklungen eines religiösen Weltbildes und einer religiösen Entwicklung einen umfangreichen kognitiven Bereich betreffen, wobei komplementaristisches Denken dazu auch eine geeignete Lernatmosphäre benötigt, zu der auch religiöse Emotionen, Erlebnisse, Rituale und Symbole gehören.[255]

Die Denkfähigkeit in Komplementaritäten kann so m. E. helfen, z. B. christliche und islamische Gottesvorstellungen für Jugendliche verschiedener Glaubenszugänge verständlicher und nachvollziehbarer zu gestalten und dadurch reflektierter eigene Positionen entwickeln und vertreten zu können. Das Denken in Komplementaritäten fördert so auch die eigene religiöse Position, erfordert aber als Voraussetzung eine hohe Kompetenz im Perspektivenwechsel.

Diese Förderung ist aus mindestens entwicklungspsychologischer Sicht frühestens ab dem Jugendalter sinnvoll. So zeigen Ergebnisse von Oser und Reich, dass 72% der 6- bis 10-Jährigen und ca. 25% der 11- bis 14-Jährigen noch stark dazu tendieren, vermehrt in starren Eindeutigkeiten, weniger in

---

253   Vgl. Reich in Bucher (2007), S. 230
254   Vgl. Reich in Bucher (2007), S. 231
255   Vgl. Reich in Bucher (2007), S. 248f.

fluiden Mehrdeutigkeiten, zu denken.[256] Auch lässt sich die Förderung ab dem
Jugendalter mit dem Modell der sozialen Perspektivenübernahme nach Selman begründen. So zeigen Kinder im Grundschulalter einseitige Lösungsvorschläge in Konfliktsituationen (Niveaustufe 0 und 1). Die Forschungen nach
Selman sowie von Oser und Reich zeigen die Komplexität insbesondere für
den Primarbereich, das jedoch nicht ein sukzessives Herantasten an komplementäres Denken in der Grundschule ausschließt.

> Ein Unterschied zwischen Komplementarität gegenüber [...] Ambiguität
> besteht darin, dass es bei der Komplementarität eine „Lösung" gibt, nach der auf
> einer höheren Stufe scheinbare Gegensätze zusammengedacht werden können.
> Dies muss jedoch bei Ambigem nicht der Fall sein. Dennoch dürften gerade die
> Anfangsschwierigkeiten vergleichbar sein.[257]

3.5.2.2   Ambiguitätserleben

Situationen des Ambiguitätserleben von einzelnen Schüler:innen können sich
im Bereich des interreligiösen Lernens, das sich immer im Spannungsverhält-
nis von Bekanntem und Unbekanntem bewegt, ereignen.

Der Begriff des Ambiguitätserlebens[258] ist nicht speziell auf religiöse Traditionen oder Fremdheitserleben bezogen, sondern ein übergreifendes Phänomen[259], das als ein grundlegender Bestandteil sozialen Lernens verstanden
werden kann.[260]

Andrea Bieler definiert:

> Das Konzept der Ambiguitätstoleranz bezeichnet die Kapazität eines Indivi-
> duums oder eine [sic] Gruppe, Vieldeutigkeit, widerstreitende Perspektiven
> und die daraus resultierende Unsicherheit wahrzunehmen und konstruktiv zu
> bearbeiten.[261]

Dabei geht es nach Karlo Meyer im Sinne der „Kapazität"[262] darum, situations-
bedingt die entsprechenden Phänomene in ihrer Mehrdeutigkeit, Unlösbarkeit

---

256   Vgl. Meyer (2019), S. 293f.
257   Meyer (2019), S. 295
258   In der Fachliteratur findet man ebenso den Begriff „Ambiguitätstoleranz", der in der vor-
      liegenden Arbeit allerdings nicht verwendet wird, weil es sich bei dem Prozess ambiger
      Gefühle m. E. nicht nur um Toleranz (=Duldung), sondern um einen wesentlich komple-
      xeren und facettenreicheren emotional-affektiven Lernprozess des Erlebens handelt.
259   Vgl. Meyer (2019), S. 282
260   Vgl. Meyer (2019), S. 291
261   Bieler (2014), S. 135
262   Bieler (2014), S. 135

etc. zu erkennen und konstruktiv mit ihnen umgehen zu können.[263] So könne eine mittlere Position eingenommen werden, in der Spanne zwischen völliger Offenheit auf alles hin und intoleranter Einkapselung.[264] Dabei kann Ambiguitätserleben eher sachlich sein (rational begründete Unabschließbarkeit wie z. B. beim Reden über Gott oder selbst über den Religionsbegriff) oder emotional (Bedenken, Angst, Abneigung). In der vorliegenden Studie wird der Begriff des „Ambiguitätserlebens" verwendet, weil dieser Begriff sich nicht nur in „Toleranz" zeigen, sondern vielseitig im eigenen Erleben genutzt werden kann, wie die folgenden Ausführungen verdeutlichen.

Im Hinblick auf das Modell der sozialen Perspektivenübernahme nach Selman lässt sich erkennen, dass überwiegend Kinder im Grundschulalter noch nicht in der Lage dazu sind, Mehrdeutigkeiten zu verstehen (Niveaustufe 0–1). Daraus lässt sich schließen, dass es als Voraussetzung zum konstruktiven Umgang und kognitiven Verstehen mit und durch Ambiguität(en) einen Perspektivenwechsel höherer Komplexitätsstufe benötigt (ab Niveaustufe 2) und mit Schwierigkeiten hinsichtlich der kognitiven Auffassung von Ambiguität bei Grundschulkindern zu rechnen ist.[265] Daraus darf nicht geschlossen werden, dass ambige Gefühle von Kindern religionspädagogisch nicht wahrgenommen und begleitet werden können. Vielmehr sollen die gezeigten Emotionen, die Ausdruck des ambigen Erlebens sind, thematisiert werden („*Was bringt euch zum Kichern, wenn der islamische Gebetsruf ertönt?*"). Im Hinblick auf die Modelle nach Manfred Riegger und Heinz Streib[266], in denen die Angst eine zentrale Emotion darstellt, lässt sich vermuten, dass mit zunehmendem Stil bzw. Kognitionsmuster eine Kompetenz zum reflektieren Ambiguitätserleben hilfreich sein kann, da sie „Schwarz-Weiß-Denken" und Eindeutigkeiten präventiv entgegenwirkt.

Da die Kompetenz des Ambiguitätserlebens entscheidend dazu beiträgt, Prozesse um bleibende Fremdheit, Spannungen, Unlösbares und Komplexität aushalten und begegnen zu lernen, wird sie damit zu einer gewinnbringenden Kompetenz in einer xenosophischen Religionsdidaktik im Speziellen sowie in interreligiösen Begegnungen im Allgemeinen.

263 Vgl. Meyer (2019), S. 289
264 Vgl. Meyer (2019), S. 288
265 Vgl. Meyer (2019), S. 395
266 S. Kapitel *3.5.3 Empathie und Perspektivenwechsel im Kontext einer Xenosophie in religionspädagogischer Absicht*

Die dichotome Einteilung in Richtig und Falsch, Gut und Böse und so weiter, die hilft Fremdes schnell zu verorten und Ambiguität zu reduzieren, ist aber bei näherem Hinsehen praktisch immer unzureichend.[267]

3.5.3 Empathie und Perspektivenwechsel im Kontext einer Xenosophie in religionspädagogischer Absicht

Die Wahrnehmung und Anerkennung von bleibendem Unbekanntem im Eigenen ist wesentlich für das interreligiöse Lernen, das ist bereits in verschiedenen Zusammenhängen des Forschungsprojektes angeklungen und wird im Folgenden nun vertiefend begründend dargestellt. Im Bewusstsein dessen lassen sich so bestimmte Verhaltensweisen, wie z. B. das Ambiguitätserleben in interreligiösen Begegnungen besser nachvollziehen. Darüber hinaus zeigen nun die beiden folgende Modelle, welche tragende Rolle die Emotion Angst einnehmen kann, die als hemmend für Empathie und Perspektivenwechsel gilt und demnach wenig förderlich für empathische bzw. Teil-Identifikationsprozesse ist. Insofern kommt der Darstellung beider Modelle, die eine religionshermeneutische (13.1) und eine religionsdidaktische (13.2) Antwort im Kontext einer Xenosophie[268] interreligiösen Lernens offerieren, eine Relevanz hinsichtlich des vorliegenden Forschungsprojektes zu.

3.5.3.1 Das Vierevidenzquellenmodell nach Manfred Riegger – Empathie und Wahrnehmung

Nachdem die Wahrnehmung als eine Phase bzw. ein Aktivierungsschritt innerhalb eines empathischen Prozesses im WITH-Konzept nach Stettberger[269] erläutert wurde, werden nun beide Begriffe auf relationaler Ebene in den Blick genommen: In welcher Beziehung stehen Empathie und Wahrnehmung im Kontext interreligiösen Lernens? Wie lässt sich mit der Differenz zwischen eigener und fremder Religiosität umgehen?

Das Vierevidenzquellenmodell nach Manfred Riegger soll an dieser Stelle einen Rahmen bieten, innerhalb dessen man Fragen der Wahrnehmung interreligiöser Empathie in Bildungsprozessen systematisch reflektieren kann.[270] Das *analytische Modell* diene dem Verstehen des Verhältnisses von eigener

---

267   Meyer (2019), S. 282
268   Der Begriff „Xenosophie" setzt sich aus *to xeno* (=das Fremde) und *sophia* (=Weisheit) zusammen und bedeutet: *„die Weisheit, die in der Begegnung mit dem Fremden entsteht"*, Streib (2023), S. 5
269   S. Kapitel *3.3.3 Empathie als dynamischer Prozess: das WITH-Konzept nach Herbert Stettberger*
270   Riegger in Stettberger, Bernlochner (2013), S. 39ff

Religiosität und gelebter Kultur sowie fremder Religiosität und gelebter fremder Kultur, so Riegger.[271]

Zunächst werden auf Grundlage des Modells nach Manfred Riegger die vier Evidenzquellen skizziert, um diese daran anschließend mithilfe der neun Konstruktionsmuster zu präzisieren:
- *„Standortgebundene Zuschreibung von eigen und fremd"*[272]: d. h. kognitive Konstruktionen, die neue Impulse und bereits vorhandene Eindrücke, Erinnerungen miteinander in Verbindung bringen
- *„Emotionale Ladung der Wahrnehmung"*[273]: d. h. die Färbung des jeweiligen emotionalen Erlebens des Ereignisses oder der Situation[274]
- *Tradierte Ausdrucksformen*[275]: d. h. sinnliche Wahrnehmung / neue, individuelle, kollektive Erfahrungen und „Kontaktformen von Religiosität und Kultur"[276]
- *„Subjektive Konstruktion von Mustern"*[277]: Die soziale Bestätigung oder Verleugnung werden hier bewertet. Des Weiteren werden hier die bereits erwähnten neun Konstruktionsmuster ausgeführt

Standortgebundene Zuschreibung von eigen und fremd[278]
Laut Rieggers Definitionsversuchen gilt:

> Fremd ist etwas oder jemand, das/der fern, weit weg bzw. außen und/oder unbekannt bzw. unvertraut und/oder nicht zugehörig bzw. ausgeschlossen ist. [...] Fremd steht im Gegensatz, im Kontrast zu eigen. Damit ist etwas oder jemand eigen, das/der nah bzw. innen und/oder bekannt bzw. vertraut und/oder zugehörig bzw. integriert ist.[279]

Riegger stellt Merkmale von Eigenem (wie bekannt, vertraut, zugehörig) und Fremden (unbekannt, ausgeschlossen, fern, unvertraut) dar. Besonders

---

271 Vgl. Riegger in Büttner et al. (2017), S. 27
272 Riegger in Büttner et al. (2017), S. 27
273 Riegger in Büttner et al. (2017), S. 27
274 Vgl. Riegger in Stettberger, Bernlochner (2013), S. 39f.
275 Vgl. Riegger in Stettberger, Bernlochner (2013), S. 39
276 Riegger in Büttner et al. (2017), S. 27
277 Riegger in Büttner et al. (2017), S. 27
278 Manfred Riegger nutzt das Wort „fremd" bewusst für die Begründung des Modells. Daher werden die von Riegger aufgeführten Begriffe des Wortstammes „fremd", wie z. B. „Fremdheit" oder „Fremdes" in diesem Kapitel nicht verändert, um den Grundgedanken seines xenosophischen Ansatzes nicht zu verzerren.
279 Riegger in Stettberger, Bernlochner (2013), S. 42

erwähnenswert erscheint jedoch an dieser Stelle: Fremdheit ist keine Eigenschaft von Personen und/oder Dingen, Fremdheit ist eine relationale Kategorie. Fremdheit ist, so wie es Stettberger ausführt, eine subjektive Zuschreibung. Nur im eigenen Bewusstsein darüber, was mir nahe, vertraut und eigen ist, können gewisse Dinge und/oder Personen subjektiv als fremd klassifiziert werden. Fremdheit konstruiert sich somit aus meinem Eigenen heraus und nicht in der Eigenschaft der:des Anderen.

Emotionale Färbung

Jeder Mensch hat Emotionen, welche unser Denken, Reden und Handeln beeinflussen. Somit enthalten nicht nur Vorurteile Emotionen, sondern alle Urteile. Daraus ließe sich ableiten, dass Urteile und deren Einfärbungen vielgestaltiger als rein positiv und negativ seien. Riegger verweist an dieser Stelle auf die neun Konstruktionsmuster, in denen das noch auszudifferenzieren sei.

> Die Verbindung von emotionaler Färbung und Muster des Fremderlebens sind idealtypische Verknüpfungen. Damit kommt es in den Konstruktionsmustern zu einer je spezifischen Verschränkung von Eigenem und Fremden mit entsprechenden Einfärbungen.[280]

Tradierte Ausdrucksformen[281]

Im Allgemeinen beruhen sinnliche Wahrnehmungen auf einer Weiterleitung und Verschlüsselung von Sinnesreizen, die so zunächst zu Informationen und letztendlich zu Empfinden werden.[282]

Das bedeutet, sobald Reize aus der Umwelt erfahren werden, greift das Gedächtnis auf gespeicherte Erfahrungen, Erlebnisse und Urteile zurück und aktualisiert die äußeren Reize. Zum Beispiel kann die Erinnerung an den Geruch von Kaffee präsent sein und gewisse Situationen damit verbunden werden, welche die Wahrnehmung beeinflussen.

Im Kontext des Umgangs mit Fremdheit kann das zu verzerrten oder unangemessen Urteilen, also Vorurteilen, führen.

Unsere Wahrnehmung kann nicht nur durch ein persönliches Urteil, sondern auch durch Urteile anderer, z. B. der Peer-Group, beeinflusst werden. So zeigt Riegger Wahrnehmungsbeeinflussungen sozialer (wie z. B. Stimmungen, Gefühle, bisherige Erfahrungen) und persönlicher (wie z. B. Einstellungen und Vorurteile) Faktoren, welche auf das Urteil einwirken können. Äußere Reize und Inneres sind in der sinnlichen Wahrnehmung korrespondierend mit den

---

280 Riegger in Stettberger, Bernlochner (2013), S. 43
281 Vgl. Riegger in Stettberger, Bernlochner (2013), S. 39
282 Vgl. Riegger in Stettberger, Bernlochner (2013), S. 43

Merkmalen von Eigenem und Fremden. Riegger leitet nun daraus ab, dass eigen und fremd vollständig voneinander getrennt seien, wie zwei Räume durch eine Wand getrennt seien. Die Wand sei essentiell, denn ohne sie gäbe es weder einen eigenen noch einen fremden Raum. Die Wand konstituiere beide, indem sie trenne, aber auch verbinde.[283] Riegger hält fest: „Weil Fremdheit erst dann entsteht, wenn sich Fremde/s dem eigenen Zugriff entzieht, steht die Differenz von Eigenem und Fremden am Anfang."[284]

Subjektive Konstruktionen der Konstruktionsmuster
In den neun aufgestellten Konstruktionsmustern wird der Zusammenhang der vier Evidenzquellen präzisiert.[285] Riegger unterscheidet dabei aufgrund von Verhältnissen des Fremden und Eigenen, d. h. auch zwischen Subjekten, die ein jeweiliges Muster des Fremderlebens konstruieren.

> Knapp erläutert bedeutet dies: Fremdheit kann nur als Beziehungsaussage verstanden werden. Fremdheit ist also vom Standort abhängig. […] Neben dieser ausdrucksformabhängigen Standortzuschreibung ist Fremdheit ein Verhältnis zum Eigenen, das sich mit positiv oder negativ angesehenen Emotionen (Neugier, Wut, Wertschätzung) und subjektiven Konstruktionen verbindet.[286]

Daher formuliert Riegger neun Konstruktionsmuster des Fremderlebens.

Neun Konstruktionsmuster des Fremderlebens[287]
(1)   *Emotionslose Indifferenz gegenüber den/dem Fremden*
Dieses Konstruktionsmuster zeichnet die „Monotonie der Gleich-Gültigkeit"[288] aus, auch auf emotionaler Ebene.

(2)   *Apathische Distanz gegenüber den/dem Fremden*
Auf dieser Ebene bestehen lediglich schemenhafte Unterscheidungskategorien von Vorstellungen und Begriffen, die zumeist mit Apathie verbunden sind.

---

283   Vgl. Riegger in Stettberger, Bernlochner (2013), S. 44f.
284   Riegger in Stettberger, Bernlochner (2013), S. 44ff.
285   Vgl. Riegger in Büttner et al. (2017), S. 31
286   Riegger in Stettberger, Bernlochner (2013), S. 46
287   In den folgenden Typisierungen, die Manfred Riegger vornimmt, müssen Abweichungen und Zuspitzungen einzelner Konstruktionsmustern von den Lesenden selbstständig erkannt und reflektierend eingeordnet werden. Diese Konstruktionsmuster dienen als ein Schema und eine Orientierung, können jedoch nicht dazu in der Lage sein, die Komplexität und Widersprüchlichkeit von Individuen in Gänze abzubilden. Ich bitte dies zu berücksichtigen.
288   Riegger in Stettberger, Bernlochner (2013), S. 48

Paraphrasiert wird wenig bis gar nicht, Vorurteile bleiben bestehen, es besteht kein Wunsch nach Vertrautwerden oder der Verschränkung von Eigenem und Anderem. Indem sich vom Fremden distanziert wird, erfährt man durch die Fremdheit mehr über sich – ähnlich wie bei der Aneignung des Fremden. Das Fremde bleibt dabei jedoch ein unreflektierter, abstrakter Gegenstand (Unterschied zur Aneignung des Fremden). Oberflächlich kann sich so etwas dann in einem Verhalten, das an der Oberfläche freundlich ist, aber rassistische Tendenzen haben kann, ausdrücken, wenn man sich zu einem interreligiösen Kontakt gezwungen fühlt, wie es in den drei Mustern „Xenophobie", „Geringschätzung" und „gewaltbereite Fremdenfeindlichkeit" dargestellt wird.

„Das Erkennen von religiösen und kulturellen Unterschieden ist gekoppelt mit einer negativen Bewertung alles vom Eigenen Abweichenden."[289] Kennzeichnend für dieses Muster ist ein „dualistisches wir-und-die-Denken"[290], welches häufig mit negativen Stereotypen verbunden ist.[291]

(3)   *Antipathische Geringschätzung der/des Fremden*
Die Beziehung zwischen Eigenem und Fremden in diesem Konstruktionsmuster zeichnet sich durch Antipathie aus. Das Fremde, sei es transportiert über Religion oder Kultur, wird hier negativ abgewertet, scheint jedoch aber nicht bedrohlich, da es weit genug vom Eigenen entfernt ist. Typische Aussagen können hier aus Unwissenheit geringschätzig kommuniziert werden: „Im Westen existiert eine Unkultur, den Christen dort ist alles erlaubt." oder „Die muslimische Kultur und Religion passt nicht in eine westeuropäische Welt."[292]

(4)   *Angst vor Fremdem (Xenophobie)*
Wenn das Unbekannte nun in diesem Schritt dem Eigenen zu nahe rückt, sogar gefährlich erscheint, kann Angst entstehen. Der Begriff *Islamophobie* beschreibt die konkrete Angst vor muslimischen Menschen, religiösen Praktiken und Symbolen. Entsprechendes trifft auch für die muslimische Seite im Blick auf das Christentum zu. Von beiden Seiten ist man (stets) auf Angriffe des Fremden eingestellt. Besonders nach dem 11. September 2001 trugen verschiedene Entwicklungen in Europa zu einer Panik bei.[293] Islamophobie hat zu dieser Zeit eine neue und schärfere Konnotation bekommen: Arabisch

---

289   Riegger in Stettberger, Bernlochner (2013), S. 49
290   Büttner (2005), S. 19
291   Vgl. Riegger in Stettberger, Bernlochner (2013), S. 49
292   Vgl. Riegger in Stettberger, Bernlochner (2013), S. 50
293   Vgl. Riegger in Stettberger, Bernlochner (2013), S. 50f.

aussehende Menschen könnten potentielle islamistische Terrorist:innen sein, deutsche Muslime und Musliminnen sehen sich in einer stetigen Rechtfertigung der eigenen Religion.

(5) Gewaltbereite Fremdenfeindlichkeit

In diesem Konstruktionsmuster nimmt das Gefühl der Bedrohung zu. „Das Fremde rückt so nah, dass man meint, das Eigene zu verlieren, wenn man das Fremde nicht bekämpft."[294] Von Wut und Hass geleitet, erfolgt verbale und körperliche Aggression oder zumindest das Sympathisieren mit dieser. Das zeigt sich beispielsweise im Ausdruck von grundloser Gewalt von fremden Menschen auf offener Straße.[295]

(6) Emotionslose Toleranz gegenüber den/dem Fremden

„Differenzen werden in diesem Konstruktionsmuster als sinnvoll toleriert, wobei die Unterscheidungskategorien kognitiv bewusst und ausgearbeitet sind, aber ohne Verbindung zu Emotionen bleiben. Damit besteht die Fähigkeit, Situationen und Phänomene im Rahmen ihres Kontextes zu interpretieren."[296] Das bedeutet, wenn also die Einordnung des Fremden in das Eigene auf Grund von zu großer Differenz oder Unzugänglichkeit fehlschlägt, so kann die Einordnung alternativ durch den Blick aus dem jeweiligen kulturellen Kontext heraus wahrgenommen werden. Toleranz hat in diesem Sinne also, laut Manfred Riegger, den Beigeschmack von Duldung und Ertragen.[297] Würde Toleranz auch emotional positiv konnotiert, so wäre dies ein Indiz für das Konstruktionsmuster der Anerkennung.[298]

(7) Sympathische Einordnung des Fremden ins Eigene mit Neugier und Faszination

In diesem Konstruktionsmuster ist die Sympathie maßgeblich für die Beziehung zum Fremden. „Es ist der Versuch, Fremdes so zu verstehen, dass man sich überlegt, wie man sich in der Position der/des Fremden fühlen würde."[299] Oberflächlich wahrgenommene Differenzen wie beispielsweise Gebets- und Essgewohnheiten werden unter vertrauten Kategorien eingeordnet und somit auch minimalisiert. „Solange alle Leute grundsätzlich wie wir sind, können

---

294   Riegger in Stettberger, Bernlochner (2013), S. 51
295   Vgl. Riegger in Stettberger, Bernlochner (2013), S. 51f.
296   Riegger in Stettberger, Bernlochner (2013), S. 52
297   Dies unterstützt m. E. die Entscheidung, von „Ambiguitätserleben" anstatt von „Ambiguitätstoleranz" zu sprechen.
298   Vgl. Riegger in Stettberger, Bernlochner (2013), S. 52
299   Riegger in Stettberger, Bernlochner (2013), S. 53

sie nach ihrer Art leben und beten.‛ […] Ähnlich wie bei Projektion, wird das
Neue/Fremde vom Eigenen her selektiv rezipiert und an vorhandene, eigene
Erfahrungen und Begrifflichkeiten vollständig integriert."[300] Zunächst wer-
den somit eher Gemeinsamkeiten als Unterschiede gesucht, die eine vorbe-
haltslosere und angstfreiere Begegnung mit dem:der Anderen ermöglichen.
Da die Begegnung auch durch Faszination und Neugier geprägt ist, wird der
Einordnung des:der Anderen im Eigenen eine deutliche Priorität zugeordnet,
zugleich jedoch die Unzugänglichkeiten, die Differenzen leicht übersehen.[301]

(8)   *Empathische Aneignung der/des Fremden mit Wertschätzung*
Empathie wird hier im qualifizierten Sinne eingesetzt. Das bedeutet, im
Unterschied zur Sympathie versucht die Empathie, Anderes aus der Perspektive des:der Anderen zu verstehen und zu fühlen. Empathische Anerkennung
meint somit hier ein über Grenzen hinweg wertschätzendes und begreifendes
Erkennen der Fremdheit, bei der es nicht darum geht, sich zu unterwerfen
oder seine eigenen Wertehorizont zu verlieren, es geht vielmehr um eine
reziproke Integration im Sinne eines Vertrautwerdens in der Distanz.[302] Es
erfolgt somit eine partielle Integration des Fremden, wobei aber die Kompetenzen des Perspektivenwechsels notwendig ist. Das Fremde kann in diesem
Konstruktionsmuster die Funktion der Bereicherung des eigenen Ichs darstellen, weshalb es in gewisser Weise funktionalisiert wird.

(9)   *Empathische Anerkennung der/des Fremden mit Respekt und Achtung*
Manfred Riegger beschreibt in diesem letzten Muster eine Person, die sich in
einem lebenslangen Lern- und Glaubensprozess befindet, wobei Welt- und
Glaubenssichten als Konstrukte wahrgenommen würden. Riegger bezieht
sich dabei auf Georg Wilhelm Friedrich Hegel, der davon ausgeht, dass ein
Subjekt zuvor eine Phase der Entfremdung durchlaufen müsse, um auf einer
höheren Stufe (Synthese) seine Weiterentwicklung verwirklichen zu können.[303] Zunächst muss also eine Entfremdung, eine Irritation im Eigenen
stattfinden. „In der durch solche Prozesse der Entfremdung und Selbstbildung
hervorgegangenen Anerkennungskonstruktion wird mit Respekt und Achtung
die Uneindeutigkeit und Unausschöpflichkeit des Fremden gewahrt, ohne
dass das Fremde völlig fremd bliebe."[304] Die Zuordnung zum Eigenen erfolgt

---

300   Riegger in Stettberger, Bernlochner (2013), S. 53
301   Vgl. Riegger in Stettberger, Bernlochner (2013), S. 53
302   Vgl. Riegger in Stettberger, Bernlochner (2013), S. 54
303   Vgl. Riegger in Stettberger, Bernlochner (2013), S. 55
304   Riegger in Stettberger, Bernlochner (2013), S. 55

somit, ohne dass das Fremde angeeignet wird, weil in diesem das Differente wahrgenommen und beantwortet werden kann.

So ist beispielsweise das Freitagsgebet der Muslim:innen mit dem Gebet am Sonntag in der Kirche für die Christ:innen vergleichbar, auch wenn das Gottesverständnis und die Art und Weise des Gebetes von muslimischen und christlichen Gläubigen different ist.

Ausblick und Resümee

Die Funktion des Modells besteht darin, den Umgang mit Differenzen des Eigenen und Anderen zu erhellen. Riegger geht dabei von aktiv konstruierenden Subjekten, Lernenden, aus, die an Bildungsprozessen teilnehmen können. Damit entspricht dieses Modell einem konstruktivistisch ausgerichteten Religionsunterricht oder anderen Bildungsangeboten, die ziel- und bildungsorientierte Didaktik berücksichtigen und um die Komplexität eines subjektorientierten Lernprozesses wissen. Das Modell ist eine idealtypische Klassifizierung, welches der Analyse konkreter Konstruktionsmuster von Subjekten dienen soll, sehr wohl jedoch im Bewusstsein dessen, dass es viele Konstruktionsmuster in der Wirklichkeit gibt und laut Riegger nicht nur die neun hier dargelegten Konstruktionen des Fremderlebens in der Reinform.[305]

Angst gilt in dem Vierevidenzquellenmodell als zentrale Emotion, die interreligiöse Begegnungen maßgeblich beeinflussen kann. Im Kontext von interreligiöser Empathie bedeutet es, dass bei manchen Menschen Unbekanntes und Irritierendes zunächst Angst und primär einen Blick auf Gefahren auslösen kann, denen sie mit unterschiedlichen Mitteln versuchen zu begegnen. Bei der Fokussierung auf die Gefahren wird jedoch leicht übersehen, dass die meisten zunächst unbekannten Menschen und Situationen in Wirklichkeit keine Bedrohung darstellen, sondern der eigenen Identitätsentwicklung wertvolle Impulse verleihen können.

Darüber hinaus erscheint zentral, dass Anderes sich immer aus dem Eigenen konstruiert und wandelbar ist. Mit wachsendem interreligiösen Kompetenzerwerb verändert sich ebenso das Fremderleben. Darüber hinaus ist die Erkenntnis, dass die Emotion der Angst eine zentrale Emotion in der Begegnung von Eigenem und Anderem spielen kann, eine wichtige. Angst ist ein Empathie-, oder – weiter gefasst – Handlungs- und Denkblocker, weshalb eine religionsdidaktische Ausarbeitung als Fortführung dieser Erkenntnis notwendig ist.

---

305 Vgl. Riegger in Stettberger, Bernlochner (2013), S. 56ff.

3.5.3.2   Religiöse Stile inter-religiöser Verhandlungen nach Heinz Streib –
Perspektivenwechsel als Herausforderung und Potential einer
xenosophischen Religionsdidaktik

In Heinz Streibs Systematik religiöser Stile interreligiöser Verhandlungen geht
es darum, unterschiedliche Muster der Erfahrung und des Umgangs mit dem
Unbekannten in „Stilen" zu ordnen und Lernschritte im Sinne einer xenosophischen Religionsdidaktik anzustoßen. Streibs Ansatz einer xenosophischen
religionspädagogischen Ausrichtung nimmt es sich zum Ziel, interreligiöses
Lernen mittels der „Kultivierung der Fremdheit"[306] zu erschließen.[307] Dabei
haben Streib die Arbeiten zur Glaubensentwicklung (faith development
theory) von James Fowler und die Arbeiten Robert Selmans als Grundlage
gedient. Mittels der Stile versucht Streib, religiöse Einstellungen ganzheitlicher
im gesamten Lebenskontext einzubetten.[308] Ein je höherer Stil zeigt eine weitere Entwicklungsmöglichkeit auf. Diese Stile erscheinen dabei optional und
nicht zwingend aufeinanderfolgend und sind:

> nicht als Stufenfolge im Sinne einer strikten strukturgenetischen Entwicklungs-
> logik [zu verstehen], sondern als stets verfügbare Stile, für deren Aktualisie-
> rung Faktoren wie funktionale Erwartungen und Bedürfnisse und situative
> Bedingungen eine entscheidende Rolle spielen.[309]

Das bedeutet, dass die Stile als „Wellen [...], die graduell entstehen"[310] zu verstehen sind, welche sich temporär zeigen, um danach nicht wieder zu ver-
schwinden, sondern sich abzulagern.[311] Infolgedessen können sich somit auch
einzelne Stile reaktivieren. Dadurch wird deutlich, dass Entwicklung nicht
immer linear und starr in eine Richtung verlaufen muss. Heinz Streib baut das
Modell unter Berücksichtigung folgender These auf:

> Interreligiöse Lernprozesse finden statt durch Erfahrungen von Fremdheit,
> sofern Fremdheit ihr produktives Potenzial entfalten, d. h. Irritation und
> Erstaunen auslösen, Neugier und Wissbegier erwecken und Nachdenken, auch

---

306   Streib in Schreiner et al. (2005), S. 239
307   Neben diesem Ansatz werden weitere Folgende für diesen Kontext von Xenosophie im
interreligiösen öfter rezipiert: Sundermeier (1996). *Den Fremden verstehen. Eine praktische Hermeneutik*. Göttingen: Vandenhoeck & Ruprecht., Bennett, M. (2002). In the wake
of September 11. In W. R. Leenen (Hrsg.), *Enhancin intercultural competence in police organizations*. (S. 23–41) Münster: Waxmann Verlag.
308   Vgl. Büttner, Dieterich (2016), S. 82
309   Streib in Schreiner et al. (2005), S. 236
310   Streib (2023), S. 4
311   Gerhard Büttner und Veit-Jakobus Dieterich vergleichen es mit „älteren geologischen
Schichten beim Aufbau der Erde." Büttner & Dieterich (2016), S. 83

über das Eigene, inspirieren kann. Sattsam bekannt ist aber auch die andere Seite: Fremdheit kann Fluchttendenzen auslösen, Kommunikation erstarren lassen, Aggression schüren.[312]

Aus diesem Grund entwickelt Heinz Streib bewusst ein Modell, das Fremdheit[313] und Vertrautheit verschränkt, da der Umgang mit der eigenen und der Umgang mit der anderen Religion stets in einem Zusammenhang miteinander stehen. Be-Fremdung heißt nach Streib, dass eine andere Religion fremd bleiben darf und stets bei aller Bemühungen ein letztes Geheimnis in sich tragen wird. Gleichzeitig darf Be-Fremdung auch in der eigenen Religion erfahren werden, sodass die eigene Religion, die zunächst vertraut oder bekannt erscheint, mit Momenten der Irritation und Neugier differenzierter betrachtet werden.[314]

„Wer durch Befremdungserfahrungen mit der eigenen Religion bereichert worden ist, kann den Geschenk-Charakter der fremden Religion desto eher einsehen und begrüßen."[315]

Die Stile interreligiöser Verhandlungen nach Streib bieten die Möglichkeit, dieses Modell unter Bezugnahme des Perspektivenwechsels zu untersuchen. Im Folgenden werden dazu u. a. die Überlegungen Karlo Meyers skizziert. Die Ebenen werden von unten nach oben beschrieben.

Im Folgenden findet die Einordnung nun anhand der Abbildung 2 statt. Die untersten beiden Ebenen zeigen insbesondere, dass Fremdem mit Angst, u. U. Aggression und Gewalt begegnet wird oder in die sich absichernde Überlegenheit der eigenen Religion umschlägt. Hinsichtlich des Perspektivenwechsels kann dazu festgestellt werden, dass in diesen Stilen ein Perspektivenwechsel kaum zustande kommen kann. Angst, Furcht und Stress bzw. unreflektierte Überlegenheit des Eigenen stehen der Öffnung eines Perspektivenwechsels entgegen. Der:die Lernende ist davon im Denk- und Handlungsweise gehemmt, ggf. sogar blockiert. Auch wenn im Stil der zweiten Ebene von einem „reziproken" Stil gesprochen wird, so deutet dieser daraufhin, dass zwar prinzipiell eine Perspektive gewechselt werden könnte, diese jedoch mit dem Ziel der Darstellung der eigenen Überlegenheit verbunden ist, welches somit keinen pädagogisch intendierten Perspektivenwechsel darstellt.[316]

---

312 Streib in Schreiner et al. (2005), S. 231
313 Ich bleibe an dieser Stelle bei Heinz Streibs sprachlicher Verwendung von „Fremdheit", um den vorliegenden religionsdidaktischen Ansatz nicht zu verzerren.
314 Vgl. Streib in Schreiner et al. (2005), S. 231
315 Streib in Schreiner et al. (2005), S. 241
316 Vgl. Meyer (2019), S. 333

Religiöse Stile (Streib 2001b)	Stile der inter-religiösen Verhandlung	Stile der Fremdbegegnung	Stile der Vertrautheit
Dialogisch	**Inter-religiös / dialogisch** Perspektivenwechsel, in dem die fremde Religion als Geschenk gesehen wird, das unbegreiflich ist, nicht objektiviert werden kann und darf, jedoch Anstöße zur Selbstkritik gibt	**Fremdheit als Widerstand und Herausforderung** Fremdheit der fremden (und der eigenen) Religion als Herausforderung, als Neugierde erweckender Widerstand, der einen ›Mehrwert‹ bietet	**Vertrautheit als Selbstheit** Vertrautheit als Bewusstsein des ›Selbst als ein Anderer‹ (Ricoeur 1996). Befremdungserfahrungen auch gegenüber der eigenen Religion
Individuierend-systemisch	**Explizit multi-religiös** Entweder »hart«-pluralistische Abgrenzung (wegen Inkompatibilität) oder (partielle) reflexive Assimilation der fremden Religion. Die Sorge um die eigene Identität steht im Mittelpunkt	**Fremdheit als Andersheit** Interpretation der Fremdheit der fremden Religion als Andersheit, als Objekt reflexiver Assimilation oder Abgrenzung	**Vertrautheit als Identität** Vertrautheit als reflektierte Identifizierung mit der eigenen Religion und selektive Identifizierung der fremden Religion mit der eigenen Religion
Mutuell	**Implizit multi-religiös** Entweder »weich«-pluralistische Suche nach Harmonie (Schönwetter- Kollaboration) mit der anderen Religion oder konventionsgeleitete Abwehr der fremden Religion	**Fremdheit als Dissonanz** Konventionelles, implizites Gefühl der Fremdheit gegenüber der anderen Religion, worauf mit Abwehr, Harmonisierung oder Exotismus reagiert wird	**Vertrautheit als Resonanz** Vertrautheit als Resonanz mit der anderen Religion – bei unerschütterlichem Festhalten an der Religion der eigenen Gruppe
Instrumentell-reziprok / ›Do-ut-des‹	**Imperialistisch mono-religiös** Inklusive oder exklusive Behauptung der Überlegenheit der eigenen Religion	**Fremdheit als xeno-polemische Furcht** Erfahrung von und Reaktion auf Fremdheit der anderen Religion in xeno-polemischer Furcht	**Vertrautheit als unreflektierter Egozentrismus** und egozentrische Unterdrückung von Alternativen zur eigenen Religion
Subjektiv	**Xenophobisch mono-religiös** Verbale Einbahn-Direktiven (oder gar nonverbale Gewalt), um Zustimmung zur eigenen Religion zu erreichen	**Fremdheit als xenophobische Angst** Die fremde Religion, wie überhaupt alles Fremde, löst xenophobische Angst aus. Folgen: blinde Aggression oder Flucht	**Vertrautheit als egozentrische Alternativlosigkeit** ›Blinde‹ egozentrische Vertrautheit mit der eigenen Religion

Abb. 2   Stile der inter-religiösen Verhandlungen nach H. Streib (2005), S. 237

Somit kann als ein erster pädagogisch konstruktiver Anknüpfungspunkt der Stil in der Ebene 3 fokussiert werden, welcher eine mutuelle, keine einlinige, Strategie im Umgang mit anderen religiösen Formen, Gedanken, Beobachtungen darstellt. Hierbei geht es eher um eine harmoniesuchende pluralistische Begegnung („Schönwetter-Kollaboration"[317]) oder die „konventionsgeleitete Abwehr"[318] gegenüber der anderen Religion. Im Blick auf Positionierungen im Gespräch mit anderen religiösen Sichtweisen seien in diesem Stil eher schematische Aussagen zu erwarten, so Meyer.[319] In diesem Sinne sollen kreative Aufgaben zum Einsatz kommen, die nicht ausschließlich eine Richtung der Verortung forcieren, sondern das Eigene und Andere in ein „theologisches Spiel treten"[320] lassen, sodass dies eine dynamischere und differenziertere Auseinandersetzung fördere.[321] So werden die Differenzierungen erst im Stil der Ebene 4 wahrscheinlicher. Zur Klärung der eigenen Position ist in diesem Stil auch die Identitätssuche und -sorge zentral, welche dabei mitbestimmend sein kann. Diese könnten nach Meyer als Ausgangslage genutzt werden, um über kreative Zugänge weiter in eine Richtung zu führen, die die Gedanken eher auf eine fließende, spielerische Auseinandersetzung mit Unbekanntem richtet statt auf die Alternativen von hart-pluralistischer „Abgrenzung"[322] oder partieller reflexiver „Assimilation"[323], so Meyer.[324]

Der Stil auf Ebene 5 „Dialogisch"[325] wird beschrieben als „Perspektivenwechsel, in dem die fremde Religion als Geschenk gesehen wird, das unbegreiflich ist, nicht objektiviert werden kann und darf, jedoch Anstöße zur Selbstkritik gibt."[326] Nach Meyer sei dieser letzte differenzierende Umgang mit fremder Religiosität im reflexiven Sinne eher in Einzelfällen in der Oberstufe zu erwarten.[327] Da das Modell jedoch eben keiner strukturgenetischen Stufenhierarchie folgt, in der eine Stufe vollendet werden muss, bevor die nächste begonnen werden kann, ist es nach Streib möglich, dass der Stil auf der fünften

---

317 Streib in Schreiner et al. (2005), S. 237
318 Streib in Schreiner et al. (2005), S. 237
319 Vgl. Meyer (2019), S. 335
320 Meyer (2019), S. 335
321 Vgl. Vgl. Meyer (2019), S. 335
322 Streib in Schreiner et al. (2005), S. 237
323 Streib in Schreiner et al. (2005), S. 237
324 Vgl. Meyer (2019), S. 336
325 Streib in Schreiner et al. (2005), S. 237
326 Streib in Schreiner et al. (2005), S. 237
327 Vgl. Meyer (2019), S. 337

Ebene auch bereits als Entwicklungsoption in früheren Niveaus offensteht und
ansatzweise verstanden werden kann.[328]

Deutlich wird in Heinz Streibs Modell, dass die Fremdheit nicht mit
zunehmendem Stil nivelliert und letztlich beseitigt wird oder gar verschwindet,
sondern vielmehr im Sinne der „Kultivierung von Fremdheit"[329] als Ressource
und Potential in xenosophisch religionsdidaktischer Perspektive herausgearbeitet wird.[330] Fremdheit wäre demnach fast schon als ein Stilmittel interreligiöser Lernprozesse zu deuten.[331]

3.5.4 *Exemplarisch ausgewählte Lernaufgaben zur Förderung von Empathie und Perspektivenwechsel im Kontext interreligiösen Lernens des Primarbereiches*

Im Folgenden werden nun exemplarisch lernspezifische Angebote aufgezeigt,
die Empathie und Perspektivenwechsel gezielt im Primarbereich fördern.
Mit aller Deutlichkeit lässt sich darüber hinaus auch auf die Angebote in den
religionspädagogischen Ansätzen verweisen, die u. a. bereits in Kapitel 2.9 (das
Zeugnislernen, das Begegnungslernen, das performanzorientierte Lernen)
dargestellt wurden. David Käbisch sieht die Notwendigkeit bereits im Primarbereich die Fähigkeit zur Perspektivenübernahme zum Thema zu machen.[332]
Er und Laura Philipp resümieren auf Grundlage entwicklungspsychologischer Theorien von unter anderem Robert Selman und Baron Cohen,
dass Lernangeboten zur Perspektivenübernahme eine zentrale Bedeutung
an Kindergärten, Schulen und Kirchengemeinden zukommt. Die Fähigkeit
zur Imagination und zum konditionalen Denken beschreiben beide Autor:in-
nen als zentrale Voraussetzung für die Fähigkeit zur Perspektivenübernahme.
Lernangebote, die die Imagination fördern, sind Lernangebote zur Förderung des Perspektivenwechsels wie beispielsweise Rollenspiele oder kreative
Schreibaufgaben.[333] Insbesondere Letztere sieht David Käbisch als besonders
weiterführend.[334]

Für die Konstruktion von Lernaufgaben sei nach Käbisch und Philipp zwischen zwei Unterformen nach C. Daniel Batson zu unterscheiden:

---

328   Vgl. Streib in Schreiner et al. (2005), S. 239
329   Streib in Schreiner et al. (2005), S. 239
330   Vgl. Streib in Schreiner et al. (2005), S. 238
331   Vgl. Streib in Schreiner et al. (2005), S. 241
332   Vgl. Käbisch (2013), S. 358
333   Vgl. Käbisch & Philipp in Lindner et al. (2017), S. 243ff.
334   Vgl. Käbisch (2013), S. 373

The imagine-other perspective
First, you can imagine how another person sees his or her situation and feels as a result.
The imagine-self perspective
Second, you can imagine how you would see the situation were you in the other person's position and how would you feel as a result[335].

Andere werden nur dann zu einer Projektionsfläche eigenen Denkens, Handelns und Fühlens, wenn entsprechende Rahmeninformationen gegeben sind. Entsprechende Lernaufgaben sollten dementsprechend so angelegt sein, dass die Kinder über ausreichend Kontextwissen verfügen. Des Weiteren stellte Batson in seinen empirischen Untersuchungen fest, dass die eigene Perspektive durch die zeitweise Übernahme einer anderen Perspektive nicht verwischt. Es bleibt somit immer nur bei Teil-Identifikationsprozessen, wie bereits vorausgegangene Ergebnisse dieser Arbeit aufzeigen. Das Bewusstsein der eigenen Perspektive wird geschärft, was auch bei Lernaufgaben in interreligiösen Kontexten der Fall sein dürfte.[336]

Käbisch und Philipp resümieren:

> Lernaufgaben sollten so beschaffen sein, dass Schülerinnen und Schüler das (religiöse) Denken, Fühlen und Handeln anderer Menschen imaginieren und vom eigenen unterscheiden können.[337]

An konkreten Beispielen von Aufgabentypen setzt sich auch Karlo Meyer kritisch in seinen methodischen Überlegungen zur Einfühlung in fremde religiöse Traditionen auseinander. Meyer sieht das Einfühlen als Chance, die dabei helfen kann, einzelne Lernangebote wirkungsvoll zu initiieren, Empathie gegenüber anderen, aber auch im eigenen Interesse wachsen zu lassen.[338] Vorsichtig sollte man, laut Meyer, bei Phantasiereisen sein, in denen die Kinder emotionale religiöse Erfahrungen einfach „nach-phantasieren", wie bspw. die Eucharistie/das Abendmahl zu feiern[339] oder nach Mekka zu pilgern.[340]

---

335   Käbisch & Philipp in Lindner et al. (2017), S. 243f.
336   vgl. Käbisch & Philipp in Lindner et al. (2017), S. 244 u. a. mit Bezug auf Batson
337   Käbisch & Philipp in Lindner et al. (2017), S. 246
338   Vgl. Meyer in Stettberger, Bernlochner (2013), S. 156
339   So schreibt Karlo Meyer (2019), S. 347: „*Allein die Vorstellung, Blut in einer Abendmahlsfantasie zu trinken, kann bei Kindern (nicht nur jüdischen und muslimischen) Ängste auslösen. „Christus in mir" hat darüber hinaus auch Bekenntnischarakter."*
340   Meyer (2019), S. 345 zitiert einen Originaltext aus einem englischen Religionsbuch nach J. Hay/D. Hammond u. a. (1990) Methods, 156f.:„*Sit quietly ... breathe slowly ... Imagine you are in an aircraft ... you begin to drift into a dream ... the exctitement of the last week ...*

Meyer sieht aus verschiedenen Gründen Problematiken darin. Zum einen sind beide gewählte Beispiele Ereignisse oder Orte, bei denen der Zutritt Nichtglaubenden und Nicht-Muslim:innen bzw. Nicht-Christ:innen untersagt ist. Zum Zweiten verbinden viele Gläubige mit diesen Beispielen eine hohe Intensität und Intimität im Erleben, weshalb ein „Mitfeiern" als übergriffig verstanden werden kann. Und zum Dritten kann den Kindern Vereinnahmungen drohen, die sie möglicherweise nicht möchten, weshalb die Möglichkeit gegeben werden sollte, an solchen Übungen nicht teilzunehmen.[341] Mit solchen Aufgaben geht somit immer ein Ausbalancieren an Sensibilität, Zurückhaltung und Erfahren, Respekt und Verständnis einher, die eine Lehrperson individuell für ihre Lerngruppe austarieren muss. Meyer betont, „zu angemessenen schulischen Einfühlungsprozessen gehören also auch das Bewusstsein der Begrenztheit des ersten tastenden Annäherns und die Möglichkeit der Verzerrung."[342] Darüber hinaus sieht er es als kontraproduktiv, jede Form der Narration zu problematisieren, so sei doch die Methode gleichzeitig auch fester Bestandteil eines lebendigen Unterrichts, die Phantasie wachsen lässt und zu ersten gedanklichen Annäherungen verhilft. Daher bietet er verschiedene methodische Lösungsansätze auf Grundlage von Erzählungen und Bildmaterial an, die er aus didaktisch-methodischer Sicht bei religionspädagogischen Empathieprozessen für sachdienlich hält. Der Ansatz alternativer Identifikationsangebote über Kinder anderer Religionshintergründe zu eröffnen, gibt den Lernenden die Chance, als Gast perspektivisch Situationen zu erleben.[343] So beschreibt Meyer eine visuelle Variante, in der Lea, ein christliches Mädchen, sich die Moschee, und Kazim, ein muslimischer Junge, eine Kirche zeigen lässt. Das Identifikationsangebot ist sowohl für christliche als auch für muslimische Kinder da und erlaubt auch in einer sehr nahen Ausphantasierung eine bleibende Differenzierung zwischen dem Ich und dem Anderen.[344]

---

putting on my white garment ... everyone dressed alike ... equal before God ... then we left the chaos ... and went into a mosque in Jeddah ... we eventually arrived in Mecca ... could hardly wait ... as we got nearer I was so excited ... seven times we went around the holy stone ... I forgot all about my aching feet ... at [*the mountain*] *Arafat ... here we assembled for prayers to ask for forgiveness and God's help and guidance ... later we threw stones at the pillar in Mina ... but I cannot remember these things so clearly as I can hear the voices inside the plane ... as the plane lands ... we say goodbye to our fellow travelers ... and we return to the classroom."*

341   Vgl. Meyer in Stettberger, Bernlochner (2013), S. 161f.

342   Meyer in Stettberger, Bernlochner (2013), S. 162

343   S. Kapitel 2.5.1 *Der doppelte Individuenrekurs nach Karlo Meyer*

344   Vgl. Meyer in Stettberger, Bernlochner (2013), S. 167f., darüber hinaus führt Meyer (2019), S. 350 auf, Kindern als Selbstschutz des eigenen Ichs, immer die Option zum Ausstieg aus der Fantasiereise zu offerieren

3.5.5 Grenzen und Herausforderungen von Empathie und Perspektivenwechsel in interreligiösen Lernprozessen

Dieses Kapitel hat bislang vermehrt Chancen von Empathie und Perspektivenwechsel in interreligiösen Kontexten aufgezeigt. Wohl gilt es jedoch auch, Limitationen und Herausforderungen sowie in einem letzten Schritt sich aus den Grenzen abzuleitende Potentiale aufzuzeigen.

3.5.5.1 Sensibilität hinsichtlich religiös bedingter Grenzen

1) Grenzen, die Nicht-Angehörigen der jeweiligen Religionsgemeinschaft gesetzt werden, achten

In den Religionen gibt es Grenzen, die den Nicht-Angehörigen der entsprechenden Religion gesetzt werden (z. B. als Nicht-Christ:in am Abendmahl teilzunehmen, als Nicht-Muslim:in nach Mekka zu pilgern, als Nicht-Jüd:in das Pessahfest nachzufeiern).[345] Diese gilt es für interreligiöse Lernprozesse zu beachten.[346] Grenzen bzw. Verbote der Religionen selbst lassen sich relativ einfach in solch angelegten Materialen abstecken und in der Klasse klar kommunizieren, wohingegen das Erleben von Vereinnahmungen und Übergriffen eher nicht als Grenze von Schüler:innen reflektiert und darüber hinaus kommuniziert werden kann bzw. in spezifischen Aufgaben eindeutig zu erkennen ist.

2) Grenzen bezüglich religiöser Gefühle und Intimität Andersgläubiger ernstnehmen

Gerade am Beispiel der Abendmahlsfeier wird deutlich, dass für viele Christ:innen dieser Moment mit hoher Intensität und Intimität verbunden wird. Ein Nachstellen solch einer Szene im Klassenzimmer kann zur Verletzung religiöser Gefühle führen, ebenso wie das Nachfeiern des Pessahfestes oder die Traumreise nach Mekka von jüdischen und muslimischen Gläubigen als unangemessener Übergriff verstanden werden kann.[347] Darüber hinaus können über das Nachstellen des Abendmahls („Christi Blut für dich vergossen") Emotionen wie Angst durch Vereinnahmung und Überwältigung ausgelöst werden. Solche Darstellungen sind zu vermeiden. Vielmehr können didaktisch darauf ausgerichtete Angebote, wie der distanzierte Perspektivenwechsel (doppelte

---

345 Vgl. Meyer (2019), S. 348
346 Vertiefende Ausführungen dazu im Kapitel 3.5.4 *Exemplarisch ausgewählte Lernaufgaben zur Förderung von Empathie und Perspektivenwechsel im Kontext interreligiösen Lernens des Primarbereiches*
347 Vgl. Meyer (2019), S. 347f.

Individuenrekurs)[348] nach Meyer oder die „Ich-Andere-Unterscheidung"[349] nach Bischof-Köhler, geeignete Antwortmöglichkeiten bieten. Bei Meyer würde ein Perspektivenwechsel aus der eigenen Lebenswelt im Hinblick auf die Lebenswelt des Kindes einer anderen Religionshintergrundes im Schulbuch erfolgen, bei Bischof-Köhler eine Erzählcharakteristik in der dritten Person („Etay bereitet die sieben Speisen für den Seder-Teller an Pessah vor.")

3.5.5.2 Verantwortungsbewusster Umgang mit der Fähigkeit zu Empathie und Perspektivenwechsel

Im vorliegenden Kapitel wurde das multifaktorielle Spektrum (u. a. kognitiv, emotional, affektiv, motivational) dargestellt, in welchem sich Empathie und Perspektivenwechsel ereignen können. Es wurde darüber hinaus herausgearbeitet, dass dies Auswirkungen auf das Selbstbild haben kann. Daraus ergibt sich die Notwendigkeit, die Koordination und Nutzung von Empathie und Perspektivenwechsel als Lehrperson verantwortungsbewusst, sensibel und zunächst subjekt-, dann lernzielorientiert einzusetzen und stets zu reflektieren (s. beschriebene mögliche Herausforderungen der Vereinnahmung und Überwältigung). So kann eine intensive empathische Einfühlung emotionale Grenzen des Kindes überschreiten oder eine Vielfalt an Perspektiven die eigene Verortung verunsichern. Dies ist pädagogisch kompetent in den jeweiligen Lernkontexten, wie beispielsweise der Schule, zu begleiten. Daher benötigt es auch an dieser Stelle einen verantwortungsvollen Umgang und das Wissen um Grenzen empathischen Hineinfühlens und Hineindenkens seitens der Lehrperson. In Situationen der Überschreitung empathischer und/oder weiterer Teil-Identifikationsprozesse kann kognitives Wissen hinzugezogen werden, um Emotionen und Perspektiven facettenreicher bzw. kontextualisierter einordnen zu können.

Im negativen Sinne können Empathie und Perspektivenwechsel auch dazu genutzt werden, um Schwächen des Gegenübers ausfindig zu machen, Imaginationen bzw. Wahrnehmung des Gegenübers zu manipulieren oder Emotionen der Angst auszulösen. Daraus ergibt sich, dass Empathie und Perspektivenwechsel nicht immer automatisch zu prosozialem Handeln und Sympathie führen[350] und daher wesentlich komplexer (nicht ausschließlich mit dem Ziel, eine altruistische Haltung zu entwickeln) in interreligiöse Lernprozesse einzubeziehen sind.

---

348   S. Kapitel 2.5.1 *Der doppelte Individuenrekurs nach Karlo Meyer*
349   Bischof-Köhler (2011), S. 272
350   Vgl. Meyer (2019), u. a. S. 306, S. 343

3.5.5.3 Bleibende Grenzen von Perspektivenwechsel und Empathie im Kontext interreligiösen Lernens erkennen und religionspädagogisch nutzen

Grenzen von Empathie und Perspektivenwechsel anzuerkennen, sie wahr- und ernst zu nehmen, kann zu einem Potential führen, welches religionspädagogisch entfaltet wird. Überlegungen dazu wurden in dem vorliegenden Kapitel insbesondere in dem Model von Heinz Streibs religiöser Stile der inter-religiösen Verhandlung[351] und ebenso in dem Vierevidenzquellenmodell nach Manfred Riegger[352] deutlich. Diese benötigen allerdings im Hinblick auf didaktische Ausgestaltungen weitere praxisbezogene Erprobungen. An den Grenzen, die sich z. B. durch emotionale Blockaden, wie Angst oder Vorbehalte äußern, kann gerade die gezeigte Reaktion im Kontext interreligiösen Lernens sensibel thematisiert werden[353] (*Warum löst es in mir Angst aus? Womit könnte es zusammenhängen? Wie fühlt sich Angst an? Was verwehrt sie mir möglicherweise?*). Dabei muss die gezeigte Emotion Angst sowohl von Lehrenden als auch Lernenden selbst wahr-, ernst- und angenommen werden, ohne dabei gleichzeitig einen ständigen (klassen-öffentlichen) Bezug zur betroffenen Person pädagogisch sichtbar zu machen. Das anzugehen, ist eine Herausforderung, die schulstufenspezifisch bereits im Primarbereich dialogisch angeregt werden sollte und aus entwicklungspsychologischer Sicht[354] auch angeregt werden kann.

3.6 Zusammenfassung

Durch die Darstellung verschiedener Modelle, Theorien und Konzepte der Religionspädagogik, Pädagogik und Psychologie soll in diesem Kapitel verdeutlicht werden, dass Empathie und Perspektivenwechsel hoch komplexe Konstrukte sind, die mindestens verschiedene kognitive, affektive, emotionale und motivationale Dimensionen umfassen und in einem hohen Maß interreligiöse Dialoge bereichern können bzw. darüber hinaus zentrale und notwendige Voraussetzungen für wertvolle interreligiöse Begegnungen sind. Das

---

351 Vgl. Streib in Schreiner et al. (2005), S. 230–243
352 Vgl. Riegger in Stettberger, Bernlochner (2013), S. 37–61
353 Vgl. Meyer (2019), S. 352
354 S. Kapitel *3.4.2 Theory of Mind* und *3.5.1.2 Das Modell der sozialen Perspektivenübernahme nach Robert Selman*. Wenn nicht vordergründig auf der kognitiven Ebene, dann auf der emotionalen.

Kapitel stellt ein multifaktorielles Gerüst aus Bezugseffekten wie u. a. Motivation, Sympathie, Fremdheitserfahrungen, Angst, Stress heraus, in welchem beide Begriffe der Empathie und des Perspektivenwechsels verortet sind und welches interreligiöse Begegnungssituationen maßgeblich beeinflussen kann.

KAPITEL 4

Kinderakademie – Weltreligionen im Dialog

Die Kinderakademie ist für mich wie
eine kleine Schule mit dem Hauptthema
Religionen, erklärt durch Quiz und Spiele
und zusammen in einem Team.[1]

Abb. 3
Logo der „Kinderakademie –
Weltreligionen im Dialog"

4.1   Einordnung in den Kontext

„Kinderakademie – Weltreligionen im Dialog" heißt das universitäre
Bildungs- und Ferienprogramm für Kinder im Alter von 6 – 12 Jahren[2], das
zugleich auch als ein pädagogisches Professionalisierungsprogramm und

---

1   Felix, 9 Jahre, teilnehmendes Kind in der Kinderakademie August 2019

2   Es nehmen auch immer wieder Kinder an der Kinderakademie teil, die 1–2 Jahre jünger
    oder älter sind als es der angegebenen Altersspanne entspricht. Diese ist als eine Richtlinie,
    nicht als ein Ausschlusskriterium zu verstehen, wohl jedoch auch als ein Maßstab für opti-
    male Lernbedingungen des Kindes. Wenn das Kind jedoch große intrinsische Motivationen
    zeigt und die Eltern ihrem Kind das durchaus inhaltlich und zeitlich intensive Programm
    zutrauen, kann das Kind teilnehmen.

praxisorientiertes Vertiefungsmodul im Rahmen eines Projektseminars für angehende Lehrende und pädagogische Fachkräfte dient.[3]

Die zwei bisher dargestellten Kapitel um interreligiöses Lernen in Kapitel 2 sowie Empathie und Perspektivenwechsel im Kontext interreligiösen Lernens in Kapitel 3 werden nun verknüpft mit dem empirisch zu beforschenden Untersuchungsgegenstand: dem praxisbezogenen Projektseminar der „Kinderakademie – Weltreligionen im Dialog", im Folgenden auch die Kinderakademie der Weltreligionen genannt.[4] Hier werden über zahlreiche Anlässe Dialoge und Inhalte zu Themenbereichen der abrahamitischen Religionen und dem interreligiösen Miteinander initiiert. Die Studierenden besuchen dazu ein flankierendes Seminar, das im Institut für Evangelische Theologie, Fachgebiet Religionspädagogik, angesiedelt ist. Belegen können dieses Seminar Studierende des Studiengangs evangelische und katholische Theologie sowie Studierende von Studiengängen mit pädagogischem Anteil, beispielsweise der Sozialen Arbeit.[5] Gegründet wurde die Kinderakademie im Sommer 2018, ihr Debüt feierte sie im Januar 2019. Daran schlossen sich weitere Kinderakademien im August 2019 und im Januar 2020 an. Der Leitgedanke sieht vor, über interpersonale, mediale und kreative interreligiöse Begegnungen die Kinder in ihrer Empathiefähigkeit und ihrer Fähigkeit zum Perspektivenwechsel zu fördern. Dadurch sollen sie zum einen ihre Umwelt besser verstehen können und zum anderen aber auch den eigenen Glauben (neu) verstehen und eigene konfessionelle Traditionen in einem anderen Licht (neu) kennenlernen.[6]

In den vorangegangenen Kapiteln wurde durch verschiedene Zugänge deutlich die Relevanz und Notwendigkeit interreligiösen Lernens in unserer

---

3   Das Konzept beschreibe ich auch sehr komprimiert in einem Aufsatz, den Sie hier einsehen können:
    Gaida, K. (2021). Die „Kinderakademie – Weltreligionen im Dialog" an der Universität Kassel. In C. Espelage, H. Mohagheghi & M. Schober (Hrsg.), *Interreligiöse Öffnung durch Begegnung. Grundlagen – Erfahrungen – Perspektiven im Kontext des christlich-islamischen Dialogs*. (S. 329–337). Hildesheim: Olms Verlag. Inhalte daraus sind in Kapitel *4.2 Programm* und *4.3 15 Grundpfeiler des Konzepts* wiederzufinden.

4   Wie bereits in der Einleitung, in Kapitel *1.3 Aufbau der qualitativ-empirischen Studie, Punkt 3)* angedeutet, führt dieses Kapitel in die Konzeptionen des Bildungsprogramms ein und stellt darüber hinaus Bezüge zur erprobten Praxis dar. Das macht infolgedessen einen Schreibstil erforderlich, der sich dieser Anforderungsebene anpasst. Ich bitte dies zu berücksichtigen.

5   Da die Universität Kassel (noch) nicht über ein Institut Islamische Theologie verfügt, versuchen wir über den Studiengang der Sozialen Arbeit Studierende muslimischer und/oder anderer religiöser Zugehörigkeit und Interessierte zu erreichen.

6   Weitere Ziele, die nicht weniger wichtig, jedoch für das Forschungsvorhaben der vorliegenden Arbeit zunächst sekundär sind, werden im Kapitel *4.4 Ziel und Anspruch* ausformuliert.

Gesellschaft herausgearbeitet und darüber hinaus auch das damit einhergehende Potenzial, das es gezielt zu nutzen gilt.

Die Kinderakademie der Weltreligionen setzt an der beschriebenen Ausgangslage mit allen Chancen, Herausforderungen und Limitationen im Kontext von Gesellschaft und Institution Schule (sowohl inhaltlich als auch strukturell) gezielt an. Aufbau und Inhalte dieses Kapitels sollen das widerspiegeln.

In dem vorliegenden Kapitel wird in einem ersten Schritt die Konzeption des Bildungsprogramms in seinen unterschiedlichen Facetten dargelegt. In einem zweiten Schritt werden fachtheoretische Erkenntnisse mit dem Konzept der Kinderakademie in einen Zusammenhang gebracht und entlang des Forschungsanliegens zugespitzt. Das Programm (4.2) wird hier vermehrt einen strukturellen Einblick in den Aufbau des Konzeptes geben. Dabei werden die unterschiedlichen Abläufe für die verschiedenen Zielgruppen (Kinder, Studierende, Mitwirkende, dozierende Person) dargelegt, um so unter anderem die verschiedenen Zusammenhänge und den Umfang des Projektes deutlich zu machen. Die 15 Grundpfeiler des Konzepts (4.3) umfassen die didaktisierte Bündelung des Programms. Dieser Abschnitt verknüpft fachtheoretische Erkenntnisse aus u. a. den vorherigen Kapiteln mit den praxis- und konzeptbezogenen Anliegen des Bildungsprogramms. Aus diesen Erkenntnissen bilden sich Ziel und Anspruch des Bildungsprogramms (4.4). Diese bilden sich auf Grundlage von Zielen, die Konsens im interreligiösen Lernen sind[7], von Zielen aus komparativ theologischer Sicht und von Zielen aus der Praxiserfahrung, welche in der Kinderakademie zusammengeführt und ausformuliert werden. Sodann folgen Überlegungen zur Transfermöglichkeit an andere universitäre und schulische Institutionen (4.5). Wie bereits in den vorherigen Kapiteln erfolgt, wird auch dieses mit einem Einblick in die Grenzen des Konzepts differenzierend abrunden (4.6). Das Kapitel schließt mit einer Zusammenfassung (4.7).

4.2   Programm

In diesem Kapitel wird der Ablauf des universitären Bildungsprogramms für die unterschiedlichen Zielgruppen (Kinder, Studierende, Mitwirkende, Projektleitung) vorgestellt. Eine fachwissenschaftliche Verknüpfung schließt sich diesem in Kapitel 4.3 an. Dort werden einzelne Aspekte pointiert beleuchtet und fachwissenschaftlich vertieft. Zunächst soll in diesem Kapitel jedoch der Ablauf des Programms vorgestellt werden, das für unterschiedliche Zielgruppen unterschiedliche Aspekte und Schwerpunkte beinhaltet.

---

7   S. Kapitel *2.14 Ziele interreligiösen Lernens*

4.2.1   *Die Kinderakademie – der Ablauf für die Kinder*

Die Kinderakademie findet an fünf Tagen von 8.30 bis 15.30 Uhr sowohl in der vorlesungsfreien Zeit der Studierenden als auch in den Schulferien der Kinder an der Universität Kassel statt.[8]

Der Zeitraum wurde gewählt, um berufstätigen und/oder alleinerziehenden Eltern (sowohl inner- als auch außeruniversitär) ein Betreuungsangebot für die Kinder bereitzustellen.

Der offene Anfang

Die teilnehmenden Kinder starten montags bis freitags von 8.30 bis 9.00 Uhr mit dem sogenannten *offenen Anfang*, also einem individuell selbstgewählten Start in den Tag. So gibt es die Optionen, mit den Studierenden die Zeit zu verbringen, zu reden und Spiele zu spielen oder aber auch am Computer Fragen in einem Quiz über Religionen zu beantworten[9], Kurzvideos zu gucken[10] oder zu malen, zu basteln, zu träumen oder zu lesen.

Die Talkshow

Montags bis mittwochs wird täglich eine abrahamitische Religion im Rahmen einer 45-minütigen Talkshow vorgestellt. Die Studierenden bereiten bereits im Vorfeld mit den jeweiligen Religionsvertreter:innen die Talkshows vor. Diese werden nach dem Grundgedanken konzipiert, Interaktivität und Handlungsorientierung mit religionskundlichem Wissen der jeweiligen Religion zu verknüpfen. So entstehen Quizformate wie „1, 2 oder 3", das Lernen an religiösen Zeugnissen, Tanz oder Gesang. Die drei Talkshows zu Judentum, Christentum und Islam[11] sollen den Kindern einen Raum geben, Fragen zu stellen und authentische Antworten von Personen zu erhalten, die der jeweiligen Religion angehören, über fachkundliches Wissen verfügen und aus eigenen religionsbezogenen Erfahrungen berichten können. Zudem dienen die Talkshows dazu, erste interreligiöse Kompetenzen an die Lernenden zu vermitteln, welche in den Workshops vertieft und gefestigt werden können.

---

8   S. dazu gerne unterstützend Abbildung 4 *Wochenprogramm*

9   Vgl. Hierzu bietet sich die Internetseite www.religionen-entdecken.de an.

10   Vgl. Hierzu bietet sich die Internetseite http://relithek.de/, „relithek.de – Ein Multimediaportal zur (inter)religiösen Verständigung und Bildung" des Religionspädagogischen Instituts Frankfurt und der Goethe-Universität Frankfurt an.

11   Die gewählte Aufzählung erfolgt chronologisch.

Abb. 4a und 4b   Wochenprogramm (August 2019)

Die interreligiösen Workshops

Im Anschluss daran beginnen die interreligiösen Workshops der Studierenden, welche diese im flankierenden Seminar vorbereitet haben. Hier wird zunächst der „Wegweiser für ein gutes Miteinander"[12] von den Studierenden und Kindern gemeinsam erarbeitet, um so eine Grundlage für den Workshop

---

12   S. hierzu Abbildung 8 *Wegweiser für ein gutes Miteinander*, Dieser wird montags in jeder Workshopgruppe mit den Kindern gemeinsam be- und erarbeitet. Zudem hängt er sowohl in den Workshopräumen als auch im Gemeinschaftsraum sichtbar für alle aus. Er ist die Grundlage für ein gesundes Miteinander in der Kinderakademie.

und die kommende Woche zu schaffen. Maximal zehn Kinder in drei Gruppen besuchen dabei von Montag bis Mittwoch rotierend jeden Workshop. Diese sind grundsätzlich so gestaltet, dass Themen wie „Licht", „Freundschaft – Ich, Du, Wir", „Frieden", „Arche Noah" und viele weitere aus der Perspektive der drei abrahamitischen Religionen betrachtet werden. Die Ideen für die interreligiösen Workshops verändern sich mit jedem Durchgang der Kinderakademie durch die wechselnde Studierendenschaft.

Spiel-, Spaß- und Kreativangebot

Das Nachmittagsprogramm gestaltet meist eine städtische Organisation[13] oder freischaffende Künstler:innen mit einem ausgewogenen Programm aus Entspannung und Interaktion unter dem Oberthema „Wir begegnen uns". Hier können die Kinder das Gelernte verarbeiten, ruhen lassen oder aber bereits mit den Mitwirkenden gemeinsam reflektieren. Das Angebot wechselt mit den entsprechenden Kooperationspartner:innen und dessen:deren Angeboten. Es ist aber grundsätzlich darauf ausgelegt, die Aspekte (1) Bewegung, (2) Entspannung und (3) Kreativität abzudecken.

Exkursion

Der Exkursionstag am Donnerstag in die drei Gotteshäuser (Synagoge, Kirche und Moschee) ist ein fester Bestandteil. Hier können die Kinder das Gelernte erleben und bereits erste konkrete Begegnungen mit Menschen anderer oder auch der eigenen Glaubensgemeinschaft vollziehen. Heilige Schriften können berührt und wahrgenommen, der Teppich unter den Füßen, die Kippa auf dem Kopf gefühlt, liturgische Elemente kennengelernt und religiöse Räume erkundet werden. Das zuvor eher theoretisch erlangte Wissen wird nun praktisch erlebbar. Die Verknüpfung theoretischer und praktischer Wissensinhalte auf verschiedenen Kanälen der Sinneswahrnehmung, der emotionalen und kognitiven Ebene, der Aufmerksamkeit und Konzentration ermöglicht die Nachhaltigkeit des Erlernten. Die Exkursion ist dadurch ein integraler Bestandteil für eine gelingende Lernentwicklung aller Beteiligten. Nicht nur für die Kinder, auch für die Studierenden ermöglicht die Exkursion einen Zugang, der sonstige Alltags- und Lebensweltbezüge jedes:r Einzelnen übertrifft.

---

13   Z. B. das Spielmobil Rote Rübe e.V., ein Akteur der mobilen Kinder- und Jugendsozialarbeit in Kassel

Die Rundschau

Der Freitag steht im Zeichen des Abschlusses. Ein Feedback, das die Woche Revue passieren lassen soll, wird von den Studierenden in den einzelnen Workshops eingeholt. Des Weiteren bereiten die Kinder gemeinsam mit den Studierenden die große Rundschau in Form eines Galerierundgangs im Gemeinschaftsraum vor. Dort werden die Ergebnisse, die in der Woche in den verschiedenen Bereichen (Offener Anfang, Talkshow, Workshop und Nachmittagsprogramm) ausgearbeitet worden, ausgestellt.

Bevor das Abschlussfest beginnt, wird eine interne Verabschiedung zwischen Studierenden, Mitwirkenden und den Kindern zelebriert. Oftmals findet hier ein Impuls der Wertschätzung und Dankbarkeit statt.[14] Insbesondere für die Studierenden und Kinder ist das ein wertvoller Bestandteil, um die über die Woche intensiv und schnell wachsende Beziehung zwischen Kindern und Studierenden wertschätzend zu würdigen.

Über die Einladung an die Eltern, Freund:innen, Familien und Interessierte wird intendiert das Sozialisationsumfeld des Kindes miteinzubeziehen. Die religiöse Sozialisation setzt sich auch aus dem unmittelbaren Umfeld zusammen. Der Grundgedanke, jedes Kind ganzheitlich wahrnehmen zu wollen, impliziert somit auch, sein:ihr (mehr oder weniger religiöses/kulturelles) Sozialisationsumfeld miteinzubeziehen.[15]

Des Weiteren bieten wir während der Rundschau offene Angebote an, die konkret auf Dialog und Begegnung im Kontext von Religion und Kultur ausgerichtet sind.[16] Hier können alle Interessierten (explizit nicht nur die Kinder) die Chance ergreifen, nachhaltige Kontakte zu knüpfen.

Offiziell beendet wird die Rundschau durch die feierliche Vergabe des *Diploms der Kinderakademie der Weltreligionen* (Abbildung 5), welches jedes Kind für seine:ihre Offenheit, Neugierde, Mut und den Erwerb von weiteren interreligiösen Kompetenzen erhält.

---

14 Hierzu haben die Kinder in einem Workshop Kerzen selber beklebt. In diesem gemeinsamen Abschlussritual hat jedes Kind seine:ihre Kerze an der Kinderakademie-Kerze entzündet und berichtet, was für ihn:sie schön war und wofür er:sie dankbar ist.

15 Weitere Ausführungen dazu in den Grundpfeilern in Kapitel *4.3.10 Individualität und Sozialisation*

16 Das können beispielsweise offene Fragen sein, die aus einer „Frage-Kiste" gezogen, beantwortet und/oder diskutiert werden sollen. Dabei handelt es sich vordergründig, um Fragen, zu denen viele Gemeinsamkeiten gefunden werden können. Es soll ein sich Kennenlernen erleichtern.

Abb. 5
Diplom

4.2.2   Die Kinderakademie – der Ablauf für die Studierenden

Die Kinderakademie der Weltreligionen ist nicht nur ein Bildungsprogramm für Kinder, sondern auch ein praxisorientiertes Modul für Lehramtsstudierende und Studierende der Sozialen Arbeit. Das Seminar umfasst neun Seminarsitzungen mit je vier Semesterwochenstunden (das entspricht 180 Minuten pro Sitzung), ein so genanntes *Kick-Off-Meeting* unmittelbar vor der Kinderakademie und der Durchführung der Kinderakademie von Montag bis Freitag, 8.00 bis 14.30 Uhr. Insgesamt sind für dieses Projektseminar 60 Semesterwochenstunden im Semester vorgesehen, weshalb das Seminar, nach einer ersten Sitzung, erst später im Semester beginnt, vor und nach der Kinderakademie sehr komprimiert gesteckt ist und früher im Semester endet. Das Seminar wird begleitet und abgeschlossen durch eine Prüfungs- und Studienleistung. Es handelt sich hierbei um ein Portfolio, das den Studierenden die Möglichkeit geben soll, verschiedene Schwerpunkte zu vertiefen bzw. zu entwickeln: 1) Analyse und Reflexion der eigenen Arbeit, der eigenen Haltung und Entwicklung im Rahmen des Seminars aus der professionellen und privaten Perspektive des eigenen Ichs und 2) die eigene fachwissenschaftliche Vertiefung einer eigens gewählten Forschungsfrage aus dem Seminar.

Der Ablauf des Seminars erfolgt für die Studierenden in einem Dreischritt, der das Semester gliedert (Tabelle 2).

Tabelle 2   Programm des Seminars in einem Dreischritt

A) Grundwissen erwerben und vertiefen	· Grundlagen interreligiöser Lerntheorien · Lehrprofessionalisierung im Kontext von IRL · externe Referent:innen geben authentische Einblicke zu Themen der jeweiligen Religion
B) Vorbereitung und Durchführung der Kinderakademie	· Gestaltung eines eigenen interreligiösen Workshops für eine Kleingruppe von Kindern · Gestaltung einer Talkshow mit entsprechenden Religionsvertreter:innen · beide Kernbereich werden im Vorfeld im Plenum innerhalb des Seminars präsentiert und kritisch reflektiert
C) Reflexion und Analyse	· Lehrprofessionalisierung: Präsentation und Analyse einer ausgewählten Szene jedes Studierenden in Kleingruppen auf Grundlage gesammelten Videomaterials · Reflexion der eigenen Haltung

A)   Grundwissen erwerben und vertiefen

Die Studierenden erwerben in einem ersten Schritt fachliche Inhalte im Kontext des interreligiösen Lernens. Neben Basisinformationen über inter-religiöse Lernprozesse, -theorien und Kompetenzen wird auch ein interdiszi-plinärer Blick in benachbarte Fachgebiete wie der Systematischen Theologie geworfen. Hier wird das Modell der Komparativen Theologie vorgestellt und aus religionspädagogischer Perspektive hinsichtlich der Umsetzbarkeit im schulischen Kontext untersucht. Darüber hinaus beschäftigten sich die Studie-renden in diesem Teil auch mit ihrer eigenen Religiosität und versuchen diese im Kontext zu verorten. Der erste Teil zeichnet sich durch eine methodische Vielfalt aus, die den Studierenden offeriert wird. Mit kreativen Aufgabenarten, wie z. B. dem szenischem Spiel, werden bewusst herausfordernde Situationen und Fälle im Kontext interreligiösen Lernens im schulischen Setting themati-siert[17], um den Studierenden dadurch gezielt mehr methodisches, fachliches und pädagogisches Wissen und damit eine einhergehende Sicherheit an die Hand zu reichen. Des Weiteren werden im Rahmen des Seminars externe Referent:innen muslimischer und jüdischer Zugehörigkeit eingeladen. Neben ausgewählten Inhalten berichten sie über Erfahrungen im religiösen Alltag. Die ausgewählten Themenschwerpunkte des Seminars sind an vielen Stellen

---

17   Vgl. Willems (2011), S. 207

so ausgelegt, dass sie auf die authentischen Situationen der Lebenswirklichkeit der Studierenden bezogen sind, sprich auf Situationen, die im schulischen Alltag auftauchen könnten. Oftmals werden so situativ Kontexte schulischen Lehrens und Lernens eröffnet und über verschiedene Methoden, wie unter anderem dem szenischen Spiel, erarbeitet.

B) Vorbereitung und Durchführung der Kinderakademie
Bereits während des Seminars zeigen die Studierenden ein hohes Maß an Lehrprofessionalisierung, Motivation und Eigenengagement. In drei Gruppen werden individuelle Workshopideen konzipiert. Diese sind hinsichtlich des Alters, Lernstandniveaus, Sprachkenntnissen und Inhalten in sich differenziert. Den Studierenden wird ein sogenannter *Leitfaden für die Gestaltung einer Workshopidee* (kurz: Leitfaden) an die Hand gereicht, nach dem sie ihre Workshopidee strukturieren und konzipieren sollen. Dieser ermöglicht zum einen den Studierenden eine Orientierungshilfe und zum anderen, den Leitgedanken der Kinderakademie systematisch in allen Bereichen zu implementieren. In ihrer inhaltlichen Gestaltung bleiben die Studierenden dabei nach wie vor frei.[18]
Die Entstehungsphasen der jeweiligen Workshopideen werden von dem gesamten Plenum begleitet. So präsentieren die Studierenden prozesshaft ihre jeweiligen Ergebnisse. Diese werden innerhalb der Studierendenschaft kommentiert und gegebenenfalls konstruktiv kritisiert. Diese Arbeitsphase ist wichtig, um das Teamgefüge zu stärken, über aktuelle Ideen und Vorgehensweisen informiert zu sein und sich im eigenen Lehr- und Lernportfolio inspirieren zu lassen.
Darüber hinaus haben die drei Studierendengruppen die Aufgabe, eine Talkshow zu einer der drei abrahamitischen Religionen mit den entsprechenden Religionsvertreter:innen zu gestalten.
Ein weiterer Aspekt der Vorbereitung umfasst die gemeinsame Vermarktungsphase. Die Studierenden wählen selbstständig Schulen, soziale Einrichtungen, soziale Treffpunkte in der Stadt und im Landkreis Kassel aus, um Flyer und Plakate zu verteilen. Damit geht ein Schritt der Identifikation und eines Verantwortungsgefühls seitens der Studierenden mit dem Projekt einher.
Unmittelbar vor der Kinderakademie, in der Regel an dem Freitag vor dem Projektstart, findet ein sogenanntes *Kick-Off-Meeting* statt. Hier treffen sich alle Mitwirkenden der Kinderakademie. Ziele dieses Treffens sind:

---

18 S. dazu weitere fachdidaktische Überlegungen zu dem Leitfaden in Kapitel *4.3.12 Didaktische Orientierungshilfen*

1. sich miteinander bekanntmachen, Einstellungen, Motivationen der Einzelnen im Rahmen des Kontextes kennenlernen
2. über eigene Projekte austauschen (und ggf. auch dort langfristig weitervernetzen)
3. gemeinsamen Informationsstand aller Projektgruppenmitglieder herstellen
4. letzte organisatorische Punkte und Fragen besprechen
5. gegebenenfalls Sorgen, Bedenken und Hemmungen aktiv reflektieren
6. den Leitgedanken und übergeordnete Ziele der Kinderakademie transparent machen
7. die gemeinsame Motivation bündeln.

Das *Kick-Off-Meeting* ist ein typisches Element des Projektmanagements und integraler Bestandteil für einen gelungenen Projektstart. Auch das kann dazu führen, die Motivation und das Verantwortungsgefühl der Teilnehmenden zu stärken.[19]

Nach diesen vorbereitenden Schritten erproben die Studierenden ihre Konzeptionen in der Praxis. Dabei wird jedem Team ein Medienequipment-Set[20] zur Verfügung gestellt, mit dem es für jedes Teammitglied eine relevante Lehr- oder Lernsituation (bezüglich der eigenen Lehrperson) filmisch aufzeichnen soll, um diese im Anschluss an die Kinderakademie hinsichtlich einer ausgewählten Lehr-Sequenz zu analysieren.[21]

Die Studierenden sind von 8.00 bis 14.30 Uhr anwesend. Sie bereiten gemeinsam mit den Mitwirkenden den offenen Anfang vor. Sie begleiten die Kinder auf allen Wegen des Universitätsgeländes, das bedeutet unter anderem vom Gemeinschaftsraum zum Workshop, vom Workshop zur Mensa etc. Von 14.00 Uhr bis 14.30 Uhr versammeln sich die Studierenden mit der Dozierenden gemeinsam in einem Nebenraum, um den Tag zu reflektieren. Hier können Feinheiten der Workshopideen individuell auf die Lerngruppen justiert und Erfahrungswerte unter den Studierenden ausgetauscht werden. Das ist ein weiterer Punkt, der das Teamgefühl stärkt. Darüber hinaus dient die Reflexion den Studierenden auch dazu, andere Eindrücke in jeglicher Hinsicht auszutauschen bzw. überhaupt thematisieren zu können. Über Fragen wie „Wie lief es bei dir? Wie wärst du mit dieser Frage umgegangen? Hattest du auch den Eindruck, dass …?" können die Erfahrungen, die gesammelt wurden, intensiver

---

19 Vgl. Schiersmann & Thiel (2010), S. 90
20 Jedes Medienequipment-Set besteht aus einer Kamera, einem Mikrofon, mehreren Akkus und Speicherkarten.
21 S. weitere Ausführungen in Abschnitt C) *Reflexion und Analyse*

verinnerlicht werden. Auch dieser Austausch trägt zu der bemerkenswerten Atmosphäre des Bildungsprogramms bei, die über die Woche wächst.

(C)   *Reflexion und Analyse*

Das gesammelte Datenmaterial wird in einem letzten Schritt sortiert und ausgewertet. Die Studierenden stellen in dieser Nachbereitungsphase innerhalb ihrer Kleingruppe individuell ausgewählte Lehr- oder Lernsituationen aus der Kinderakademie anhand kurzer Filmsequenzen vor.

Die Analyse, das Transkript und die Reflexion erfolgen auf Grundlage dessen. Theorie (A) und Praxis (B) werden somit in diesem Schritt (C) hinsichtlich verschiedener Schwerpunkte reflektiert und eigene wachsende Erkenntnisse formuliert. Hier wird bewusst die Präsentation in der Kleingruppe intendiert, um a) dem Teammitglied wertschätzende und konstruktive Rückmeldung geben zu können und b) weitere Impulse der eigenen Lehrprofessionalisierung in das eigene Portfolio aufzunehmen. Hierbei nimmt auch die dozierende Person eine zentrale Rolle ein. Sie bespricht bereits im Vorfeld mit den Studierenden einzelne Situationen durch, die sie während der Kinderakademie beobachtet hat und als interessant sowie analysierbar erachtet und bereitet sich dementsprechend auch dahingehend vor. Die professionelle Rückmeldung der dozierenden Person ist ergänzend und unterstützend, richtungsweisend und weder hochmütig noch dominierend.

4.2.3   *Die Kinderakademie – der Ablauf für die Mitwirkenden*

Das Team der Kinderakademie setzt sich aus verschiedenen Rollen zusammen. Neben den Studierenden und der Dozentin gehört auch das sogenannte „Ohne-Sorgen-Team" zu den täglich Mitwirkenden. Das Team ist multireligiös aufgestellt. Die Aufgaben des Teams beziehen sich auf die Vorbereitung und Instandhaltung des Gemeinschaftsraumes. Sie bereiten den Kindern einen angenehmen Verweilort vor, stellen Getränke, Snacks, Kreativ- und Spielangebote zur Verfügung und springen individuell bei Organisatorischem ein. Darüber hinaus leisten sie in jeglicher Hinsicht situativ Hilfe für die Kinder, die Dozentin und die Studierenden. Das „Ohne-Sorgen-Team" ist eine essentielle Stütze für die Durchführung der Kinderakademie.

Nicht täglich vor Ort, jedoch genauso unerlässlich sind die Religionsvertreter:innen, die gemeinsam bereits im Vorfeld mit den Studierenden die Talkshows gestalten. Sie erscheinen zu ihrer jeweiligen Talkshow, bei Interesse auch an den anderen Tagen. Die Referent:innen für den Vortrag im Rahmen des Seminars sind bewusst themenspezifisch gewählt. Die Ansprechpartner:innen der Exkursionsorte wurden im Vorfeld von der Dozentin aktiv hinsichtlich der Leitidee des Konzeptes der Kinderakademie ausgewählt. Zu den Mitwirkenden zählen auch die Veranstalter:innen des Nachmittagsprogrammes, die ab der

Mittagszeit das Spiel- und Kreativangebot übernehmen. Auch hier wird darauf geachtet, dass die Kreativinhalte auf Begegnung, (Religions-)Vielfalt und auf verschiedene Sinne ausgerichtet sind. So wurden beispielsweise im Januar 2019 Holzstühle gebaut und diese mit den verschiedenen religiösen Symbolen von den Kindern bemalt. Im August 2019 gab es ein so genanntes „Snoozel-Zelt", in dem die Kinder entspannen und den Tag reflektieren konnten. Im Januar 2020 stellten die Kinder eine Kunstinstallation aus vielen bunten Bällen in einem Glaskasten mit Spiegelwänden aus. Eher im Hintergrund, jedoch unerlässlich und wegbereitend sind die finanziellen Sponsoren, die einigen Kindern die Teilnahme ermöglichen und den Studierenden ein hervorragendes Technik-Equipment zur Verfügung stellen.

In einzelnen vorausgehenden Gesprächen werden sensibel (religiöse) Positionen und Ansichten zwischen der Dozentin und den Mitwirkenden offen kommuniziert. Daraus werden gemeinsame Ideen für den Ablauf ausformuliert.

Alle Mitwirkenden sind zu dem *Kick-Off-Meeting* eingeladen, die Relevanz des Termins ist verdeutlicht und wird erfahrungsgemäß sehr ernst genommen. Viele der Mitwirkenden erscheinen zu dem *Kick-Off-Meeting*, darüber hinaus selbstverständlich zu ihren Anlässen und erfahrungsgemäß meist auch in der abschließenden Rundschau am Freitag.

4.2.4 *Die Kinderakademie – der Ablauf für die Projektleitung*

Die Person, die das Projektseminar leiten möchte, muss sich zwei Hauptrollen bewusst sein: Zum einen ist sie:er Dozent:in und zum anderen Projektveranstalter:in. Die Rolle des:der Dozent:in geht mit der Hauptaufgabe einher, ein optimales Lehrangebot für die Studierenden zu konzipieren. Neben der geeigneten Auswahl von Seminarthemen und einem bewussten Umgang mit den Studierenden zählt hierzu auch die Beständigkeit eines wertvollen Kontaktes mit den Religionsvertreter:innen für die Gastvorträge. Seminarinhalte können an die Bedürfnisse der Studierenden jährlich angepasst und feinjustiert werden.

Die Aufgaben in der Rolle des Veranstalters oder der Veranstalterin sind davon zu unterscheiden. Gelder müssen akquiriert, die Kooperationspartner:innen mobilisiert und Verträge abgeschlossen werden. Das Anmeldeverfahren verläuft per E-Mail, Post oder Telefon. Die Anmeldenden müssen dabei ein Anmeldeformular und ein Datenschutzformular mit persönlichen Daten, Bild-, Ton- und Veröffentlichungsrechten ausfüllen.[22]

---

22   Die entsprechenden Formulare sind vom Justiziariat der Universität Kassel auf Vollständigkeit und Korrektheit geprüft worden.

In diesem Zusammenhang ist die:der Veranstalter:in auch Ansprechpartner:in für die Eltern und Angehörigen vor und während der Kinderakademie.

Die Öffentlichkeitsarbeit umfasst die Erstellung und den Druck von Werbemitteln und Materialien für die Kinderakademie. Das Kick-Off-Meeting ist ein integraler Bestandteil eines gelingenden Projektes und bedarf eines aktivierenden Konzepts. Die Studierenden und das „Ohne-Sorge-Team" werden organisatorisch in das kommende Programm eingeführt, mit selbstverständlich je unterschiedlichen Schwerpunkten und Arbeitsbereichen. Geeignete Exkursionsorte und Religionsvertreter:innen müssen sorgfältig und sensibel in Vorgesprächen mit entsprechenden Ansprechpartner:innen ausgewählt werden. Alle organisatorischen, strukturellen und finanziellen Fragen sind zunächst von der:dem Veranstalter:in zu beantworten. Entlastet wird die Person dabei im organisatorischen Bereich durch das „Ohne-Sorge-Team" und die Studierenden. Mit der Rolle der:des Dozenten:in geht zweifelsohne eine hohe Verantwortung einher. Ein Vorwissen im Bereich des Projektmanagements ist von Vorteil.

Für alle Beteiligten ist diese Zeit mit hohem Energieaufwand, hohem Eigenengagement, Phasen der Unsicherheit und der Herausforderung und zudem in einem hohen Maß mit eigener Persönlichkeitsentwicklung, Intensität, Erfolgsmomenten, Erfahrungsreichtum, Freude und der Stärkung des eigenen Lehr- und Selbstbewusstseins verbunden.

4.3   15 Grundpfeiler des Konzepts

15 Grundpfeiler, die das Konzept der Kinderakademie tragen und bereichern, werden im Folgenden ausformuliert (Abbildung 6). Sie sind eine didaktisierte Bündelung, zum einen auf Grundlage der in dieser Arbeit vorliegenden fachtheoretischen Aspekte und zum anderen durch praktische Erprobungsphasen des Projektes. Auch wird hier näher in Erfahrung gebracht, inwiefern die Grundpfeiler des Konzepts der Kinderakademie die Förderung von Empathie und Perspektivenwechsel unterstützen.

Die Grundpfeiler stellen ein Gerüst aus inhaltlichen und strukturellen Erkenntnissen, Methoden und praktischen Elementen der Pädagogik, Grundschul- und Religionspädagogik, Psychologie und Sozialwissenschaften dar und orientieren sich darüber hinaus an Zielen, Methoden und Grundhaltungen der Komparativen Theologie. Sie reißen somit eine Breite an Inhaltsbereichen an, dessen Darstellung in der Tiefe unmöglich in diesem Format gewährleistet werden kann. Die Grundpfeiler werden somit lediglich bestimmte Inhaltsbereiche eröffnen, aber nicht grundlegend vertiefen. Sie sind, wie bereits erwähnt, eine praxisorientierte Ausdrucksform und Umsetzung der fachtheoretischen vorherigen Kapitel. Darüber hinaus werden z. T. Bezüge zum schulischen Kontext aufgezeigt, obwohl die Kinderakademie als Bildungsprogramm nicht ohne Weiteres für den schulischen Kontext übernommen werden kann, daher soll über die Querverweise zum Kontext Schule nicht der Eindruck entstehen, dass sich Lernprozesse, die sich in der Schule und in der Kinderakademie ergeben, unmittelbar vergleichen ließen, wohl aber soll darüber die Nähe zum schulischen Kontext dargestellt werden.

Verknüpfung von kognitivem und sozial-emotionalem Lernen	Implementierung des Leitgedankens auf allen Ebenen	Vielfalt an interreligiösen Begegnungs- und Lernmöglichkeiten
Individuelles Lehr- und Lernangebot für die Studierenden	Individuelles Lernangebot für die Kinder	Interreligiöser Dialog auf verschiedenen Ebenen
Gemeinschafts-stiftendes	Motivationale Bedingungen	Dankbarkeit und Wertschätzung
Individualität und Sozialisation	Empathische Kommunikation	Didaktische Orientierungshilfen
Religiöse Heterogenität aller Beteiligten	Betreuungsschlüssel	Institution Universität, Kooperations- und Öffentlichkeitsarbeit

Abb. 6   Grundpfeiler des Konzepts

Die Anordnung der Grundpfeiler ist bewusst gewählt, allerdings nicht im Sinne einer hierarchischen Struktur. Die ersten vier Zeilen umfassen insbesondere die *bildungswissenschaftliche, insbesondere religionspädagogische Dimension*, die letzte Zeile die *strukturelle Dimension* des Bildungsprojektes. Beides ist zweifelsohne unabdingbar für das Gelingen dieses Bildungsprogramms.

Im Folgenden werden nun die einzelnen Grundpfeiler erläutert.

4.3.1   *Verknüpfung von kognitivem und sozial-emotionalem Lernen*

Wie bereits in Kapitel *2.3.1 Interreligiöses Lernen* dargelegt, wird unter dem religiösen Lernbegriff zum einen die Informationsverarbeitung und zum anderen der Wissensaufbau durch gesammelte Erfahrungen verstanden.[23] Daraus kann abgeleitet werden, dass religiöses Lernen u. a. kognitive und sozial-emotionale Dimensionen benötigt. Unter der Dimension des kognitiven Lernens kann zunächst der religionskundliche Wissenserwerb verstanden werden. Der Begriff des religionskundlichen Wissens beschreibt überprüfbares, sachkundliches Wissen, wie z. B. die fünf Säulen des Islam, die sieben Speisen auf dem Seder-Teller zum Pessachfest, die Oblate und den Kelch für das Abendmahl. Religionskundliches Wissensvermittlung ist integraler Bestandteil der Workshops und der Talkshows. Den Kindern hilft der Erwerb fachkundlichen Wissens dabei, empathischer zu handeln, den Perspektiven leichter zu wechseln, denn Wissen schafft mehr Verständnis und Erklärung für Phänomene in der eigenen Umwelt. Aus diesem Grund ist religionskundliches Wissen, auch als eine rein kognitive Dimension, ebenso wichtig für die Förderung von Empathie und Perspektivenwechsel.[24] Unter sozial-emotionalem Lernen kann insbesondere verstanden werden, sich der eigenen Gefühle bewusst zu sein, diese reflektieren und kommunizieren zu können. Beide Dimensionen werden in der Kinderakademie mittels des vielseitigen Programms aus mehrdimensionalem Beziehungslernen, Talkshows mit Fachbeiträgen, Workshops zu ausgewählten interreligiösen Themen, Exkursionen und an der Abschlussfeier im Kreise der Familie und Freund:innen deutlich. Sowohl die Reflexion eigener Gefühle und Gedanken als auch der Erwerb religionskundlichen Wissens kann dazu beitragen und im engeren Sinne sogar dazu verhelfen, Beobachtbares differenzierter und adäquater einzuordnen und darüber empathische bzw. Teil-Identifikationsprozesse zu vollziehen.[25]

---

23   S. Kapitel *2.3.1 Interreligiöses Lernen*

24   Vgl. Stettberger in Stettberger & Bernlochner (2013), S. 137f., Stettberger subsumiert dies unter dem Begriff des Attributionsfaktors.

25   S. Kapitel *3.2. Empathie und Perspektivenwechsel im interreligiösen Lernen – Eine Verortung der Begriffe für die vorliegende Studie*

4.3.2   *Implementierung des Leitgedankens auf allen Ebenen*

Der folgende Grundpfeiler greift noch einmal bedeutende Erkenntnisse des Kapitels 3 *Empathie und Perspektivenwechsel* für den Kontext der Kinderakademie der Weltreligionen auf. Interreligiös empathisch zu handeln, bedeutet, zu versuchen, Menschen anderer religiöser Zugehörigkeiten umfassend wahrzunehmen, sich in diese hineinzuversetzen und zu verstehen, ohne dabei die eigene (religiöse) Identität bei Seite zu legen oder gar zu negieren. In einem möglichst wechselseitigen Verhältnis wird sich so mit der Lebens- und Glaubensbiografie des:der anderen auseinandergesetzt. Somit benötigen Situationen der Empathie und des Perspektivenwechsels immer das Ich, ein Gegenüber und die jeweilige Relation beider. Wenn durch das Sich-Affizieren-Lassen, so wie Klaus von Stosch ein empathisches Berühren nennt, Haltungen und Gefühle nachvollziehbar werden, dann ergeben sich Perspektivenwechsel zwangsläufig.[26] Interreligiöse Empathie lässt sich dabei am wirkungsvollsten in direkten Begegnungen, durch eine ganzheitliche Betrachtung des Gegenübers erleben. Eine achtsame interreligiös kompetente Begleitung ist für diese Begegnungsform ratsam. Ähnlich wie Klaus von Stosch es in seinem Programm der Komparativen Theologie beschreibt, gehe es nicht darum, Affiziertheit (ein empathisches Berührtwerden) als akademische Disziplin einzufordern, sondern darum, die religiösen Überzeugungen von Angehörigen anderer Religionen nicht auf ihre kognitive Dimension zu reduzieren.[27] Es geht hier also um ein bewusstes Erleben nicht nur auf kognitiver, sondern auch auf spiritueller, affektiver und emotionaler Ebene mit dem Gegenüber. Die Kinderakademie bietet dazu zahlreiche Anlässe, um das empathische Erleben mit verschiedenen Sinnen zu fühlen. Durch Wertschätzung und Fokussierung auf Individualität jedes:jeder Einzelnen, der Grundoffenheit und Neugier bezüglich des Gegenübers beginnt ein erstes Sich Hineinversetzen. Dieses wird insbesondere im Laufe der Woche durch das Programm (Talkshow, Workshop, Exkursion etc.) zunehmend intensiviert. Die Kinder lernen sich nicht nur, aber auch stark, in ihrer religiösen Identität kennen. Sie erleben sich in einer Vielfalt durch religiöse Identitäten der anderen, aber auch (ggf.) der eigenen Religiosität. Intendiert wird damit eine empathische Auseinandersetzung mit dem Ich in der eigenen Lebensumwelt, welche durch eine Vielfalt an Menschen geprägt wird. Die Grundpfeiler des Programms unterstützen darin individuell die Förderung von interreligiöser Empathie und Perspektivenwechsel bei den Beteiligten der Kinderakademie.

---

26   Vgl. Stettberger & Bernlochner (2013), S. 1
27   Vgl. von Stosch in Stettberger & Bernlochner (2013), S. 20

4.3.3   *Vielfalt an interreligiösen Begegnungs- und Lernmöglichkeiten*

Das Konzept der Kinderakademie ermöglicht innerhalb seiner festen Strukturen eine hohe Flexibilität bezüglich der Begegnungsmöglichkeiten. Die hohe
Flexibilität zeigt sich unter anderem in den jährlich wechselnden Studierenden und den Lernangeboten mit unterschiedlichen gestalteten didaktischen
Schwerpunkten, welche der Veranstaltung so ein neues Gesicht geben. Die
festen Strukturen sichern ein Grundangebot an verschiedenen Begegnungsmöglichkeiten, die für das interreligiöse Begegnungslernen förderlich und
elementar sind: 1) Personale Begegnung mit Menschen anderer religiöser
Zugehörigkeiten, 2) Begegnung mit religiösen Zeugnissen, wie beispielsweise
Heiligen Schriften, 3) Begegnung mit Gebetshäusern und der aktiven Glaubensgemeinschaft vor Ort, 4) Begegnung mit religiösen Ritualen (Gebet, Fest etc.).
Daraus leiten sich folgende Begegnungsmöglichkeiten in der Kinderakademie
ab: a) Gemeinschaft leben, b) Talkshow: Religionsvertreter:innen Fragen
stellen – Antworten finden, c) Workshopgruppe: differenzierte Lernangebote
kennenlernen, d) Mittagessen e) Nachmittagsprogramm, f) Exkursion: Sakral-
räume sinnlich kennenlernen, Gemeindeleben begegnen und g) Abschluss:
Präsentation des Erarbeiteten.

Daraus ergibt sich wiederum ein offenes, breites Begegnungsangebot, das
zum Ziel hat, langfristige interreligiöse Lernprozesse bei den Kindern zu initiieren. Diese sollten zu diesem Zwecke ganzheitlich angelegt sein. Dies kann
sich nicht nur auf kognitive Dimensionen allein beschränken, der Mensch
mit seinem Körper und Geist, mit seiner Fantasie und seinen Sinnen wird mit
einbezogen. Sowohl die Vielfalt der ausgewählten Inhalte als auch die Kinder
als lebende und lernende Subjekte werden in den Fokus gerückt und ernst
genommen.[28] Es lässt sich festhalten: Die Begegnungsmöglichkeiten ereignen
sich zum einen durch eine Vielzahl an persönlichen Momenten mit dem Menschen, aber auch durch die Begegnung mit Gebetshäusern, Heiligen Schriften
und Ritualen.

Esma Öger-Tunç beschreibt die Wichtigkeit für Kinder, Religionen mit allen
Sinnen wahrzunehmen. Durch einen handelnden Umgang mit Symbolen der
Religionen – zum Beispiel mit den heiligen Büchern, dem Besuch heiliger Orte
etc. – könnten die Lernenden nicht nur Wissen aneignen, sondern ebenso
sinnliche und körperliche Erfahrungen machen, die einen entscheidenden
Beitrag zum Lernen leisten könnten, so Öger-Tunç.[29] Die dialogische Ebene
dabei in den Vordergrund zu stellen, betont Stephan Leimgruber. Er bezeichnet

---

28   Vgl. Rendle (2008), S. 9f.
29   Vgl. Öger-Tunç in Sarıkaya, Ermert & Öger-Tunç (2019), S. 62

es als den Königsweg interreligiösen Lernens.[30] Den vielzähligen Ebenen der dialogischen Begegnung, variabel von Person und Ort des Geschehens, kommen dabei eine zentrale Wichtigkeit hinzu. Darüber hinaus versucht das Konzept, über die didaktische Orientierungshilfe des Leitfadens verschiedene Lernmöglichkeiten in die Workshops zu integrieren.

> Ganzheitliches und handlungsorientiertes Lernen fördern eine positive interreligiöse Einstellung der Kinder mit dem Ziel, einen Beitrag zu einem friedlichen, durch Respekt und Toleranz gekennzeichneten Miteinander zu leisten.[31]

Konkrete, tatsächliche Begegnungsmomente sind dabei am wirkungsvollsten, um interreligiöse Empathie zu fördern.[32] Die Kinder erleben hier eine Begegnung mit Menschen verschiedenster Hintergründe. Somit ergeben sich viele Anlässe, um Empathie und Perspektivenwechsel zu initiieren. Herbert Stettberger formuliert dabei unterschiedliche Aktivierungs- bzw. Realisierungsschritte empathischer Prozesse: Wahrnehmung, Imitation, Teil-Identifikation und Handlungen, welche auch in den verschiedenen Grundpfeilern aktiviert werden.[33] Die Initiierung solcher Begegnungsorte sollte dabei nicht künstlich oder erzwungen wirken, auch wenn stets berücksichtig werden muss, dass Schule immer ein Ort initiierter Begegnung bleibt. Die Vielfalt an Begegnungs- und Berührungsmöglichkeiten wirkt sich ebenso förderlich aus. Das Wahrnehmen und Empfinden mit verschiedenen Sinnen fördert empathisches Handeln, wie beispielsweise den Teppich in der Moschee unter den Füßen oder die Kippa auf dem Kopf zu spüren, den Tee in der Moschee zu probieren, verschiedene Sprachen wie Arabisch, Deutsch, Hebräisch zu hören und/oder zu sprechen, ein Kreuz oder eine Menora zu sehen oder vielleicht Weihrauch zu riechen.[34]

> In unserem Zusammenhang ist Lernen ein personales Geschehen, eine dynamische, vieldimensionale und prozessartige Tätigkeit in eigener Regie, ein subjektorientiertes schöpferisches Integrieren von Wahrnehmungen und Erfahrungen.

---

30 Vgl. Leimgruber (2007), S. 101 *„Expertengespräche, synoptische Textvergleiche, die Analyse von Dokumenten und religiösen Gegenständen, der Besuch eines Sakralraums, multireligiöse Feiern, das Betrachten und Diskutieren eines Films über eine Religion usw., all das sind Wege interreligiösen Lernens in einem teils weiteren und teils engeren Sinn. Gleichsam als „Königsweg" dieser Lernwege ist die intersubjektive Begegnung zu verstehen."* (S. 101)

31 Öger-Tunç in in Sarıkaya, Ermert & Öger-Tunç (2019), S. 62

32 Vgl. Stettberger & Bernlochner (2013), S. 1

33 S. Kapitel *3.3.3 Empathie als dynamischer Prozess: Das WITH Konzept nach H. Stettberger*

34 Vgl. Riegger in Stettberger & Bernlochner (2013), S. 43ff., vgl. Öger-Tunç in Sarıkaya, Ermert & Öger-Tunç (2019), S. 61

Es ist ein ganzheitliches Tun, das im Kopf einsetzt, das Beobachtungen und Impulse reflektiert und sich schließlich in korrigierten Handlungsmustern auswirkt: Das Gedächtnis, welches Strukturen und Wissen speichert, hat dabei eine wichtige, aber nicht alleinige Funktion.[35]

4.3.4 *Individuelles Lehr- und Lernangebot für die Studierenden*

Gerade angehende Religionslehrkräfte stehen vor der Herausforderung, die gesellschaftlichen Prozesse der Individualisierung, Pluralisierung und Enttraditionalisierung für die eigene Lehreridentität fruchtbar zu machen. [...] Sie müssen für sich authentische Antworten zu religiös-existentiellen Fragestellungen finden, um im Schulunterricht auf diese zurückgreifen und Bildungsprozesse bei ihren SchülerInnen initiieren und individuell begleiten zu können.[36]

Die Studierenden sind von wertvoller und notwendiger Relevanz für das Gelingen des Bildungsprojekts. Sie absolvieren ein flankierendes Seminar neben der Kinderakademie.[37] In dem Projektseminar erleben die Studierenden ein breit gefächertes methodisches Programm aus fachdidaktischem und fachkundlichem Kompetenzerwerb, über Methoden wie Diskussionen und Austausch, Expertengespräche mit Menschen anderer religiöser Zugehörigkeiten, szenischem Spiel, eigenverantwortlichem Lernen mit eigener Schwerpunktfindung, Projektkonzeption und -präsentation etc. Dies soll der eigenen Lehrprofessionalisierung und Persönlichkeitsentwicklung dienlich sein. Viele Methoden sind im Seminar bewusst ausgewählt, sodass die Studierende diese für ihren zukünftigen Schulunterricht adaptieren können. Diese Methoden werden durchgeführt und im Anschluss daran auf einer Meta-Ebene gemeinsam bezüglich der Umsetzung im schulischen Kontext diskutiert und je nach Schulstufe differenziert. Durch die eigenen Erfahrungen in der Anwendung und durch die Überlegungen über mögliche Differenzierungsmöglichkeiten im Plenum werden den Studierenden konkrete und authentische Zugangs- und Anwendungsmöglichkeiten für den eigenen Unterricht eröffnet. Die Studierenden können m. E. daraus einen großen Mehrwert für das eigene Lehrangebot ziehen. Ein weiterer Bestandteil des Seminars ist unter anderem das so genannte *Lernlabor*. Hier werden von der dozierenden Person einzelne fachbezogene Themenbereiche im Vorfeld ausgewählt. Die Studierenden sollen aus diesen Bereichen ein Thema auswählen und in Einzel-,

---

35   Leimgruber (2007), S. 18
36   Bloch (2018), S. 313
37   Explizit wird der vermehrt strukturelle Aufbau des Seminars in Kapitel 4.2.2 *Die Kinderakademie – der Ablauf für die Studierenden* geschildert und im Folgenden nur punktuell didaktisch erweitert.

Partner:innen- oder Gruppenarbeit bearbeiten. Handouts werden erstellt, welche mit allen Studierenden im Plenum digital geteilt werden, sodass diese sich zudem ergänzend Notizen während der Präsentation machen können. Hier werden erste eigenständige Lernprozesse angestoßen, motivationale Aspekte zu eigenen Interessen im Themenbereich des interreligiösen Lernens aktiviert. Ein Bestandteil des Seminars ist auch, die eigene religiöse Identität besser kennenzulernen. Eigene religiöse Biografiearbeit sei ein wichtiger Baustein für die Lehrer:innenausbildung, welche auch zur eigenen Studienmotivation beitrage, so schreibt Alina Bloch.[38] Im Seminar wird das neben der Thematisierung und Positionierung eigener religiöser Wahrheitsansprüche ebenso über die Thematisierung und Reflexion (eigener) religiöser Sozialisation umgesetzt.

Während der Vorbereitungsphase sollen die Studierenden grundlegende Kompetenzen der eigenen Unterrichtserfahrung in die Konzeptionen einfließen lassen, diese werden im Plenum konstruktiv-kritisch ergänzt.

Die Nachbereitungsphase zeichnet sich durch eine Reflexionsphase auf verschiedenen Ebenen aus. Die abschließende Sitzung fokussiert die ausgewählten Filmsequenzen der Studierenden. Diese werden vorgestellt und in den Kleingruppen analysiert, Schwerpunkte und Rückmeldungen werden gegeben. Die Ergebnisse können auch zur Vertiefung des Portfolios genutzt werden.

Das Portfolio als Prüfungsleistung soll den persönlichen Lernprozess jedes:jeder Studierenden fördern und berücksichtigt insbesondere die Subjektorientierung. Ein Portfolio ist eine Sammlung von fachwissenschaftlichen Erkenntnissen und eigenen Gedanken von Studierenden, die Fortschritte, Bemühungen und Leistungen auf verschiedenen Ebenen aufzeigen. Das Portfolio soll nicht nur die Inhalte, sondern auch mit eigenen selbstreflexiven Prozessen verknüpft werden und das eigenverantwortliche Lernen stärken.[39] In diesem Zusammenhang kann es auch als Journal verstanden werden. Fütterer schreibt, dass Portfolios häufig Lehr- und Lernprozesse modifizieren bzw. selbstregulative Prozesse einfordern und damit die Gestaltung des Einsatzkontextes determinieren.[40]

Das hier vorliegende Portfolio beginnt inhaltlich mit dem Motivationsschreiben, in dem eigene Motivationen deutlich gemacht und gebündelt werden sollen. Die einleitende und abschließende Frage zielt darauf ab, die Studierenden in ein Nachdenken über Relevanz, Notwendigkeit und Handlungsaktivität im Bereich des interreligiösen Lernens kommen zu lassen. Die

---

38 Vgl. Bloch (2018), S. 88
39 Vgl. Fütterer (2019), S. 81ff.
40 Vgl. Fütterer (2019), S. 84

Bearbeitung der Forschungsfrage intendiert, bewusst eigene Interessenfelder zu verfolgen und eigene Standpunkte zu entdecken bzw. zu festigen.[41] Eine Lerngruppenbeschreibung und der tabellarische Verlaufsplan sind ebenso Bestandteil des Portfolios.

Die schriftlichen Reflexionen haben zum Ziel, Erfahrungen komprimiert und selbstreflexiv zu hinterfragen und sich selbst im eigenen Lernerleben zu verorten.

Die Analyse und das Transkript der Analyse sollen noch einmal pointiert eigene Schwerpunkte vertiefen. Hier werden fachwissenschaftliche Aspekte mit eigenen Erfahrungen verknüpft und ein Ausblick für das eigene Lehrverhalten formuliert. Das Portfolio umfasst in der Regel circa 30 Seiten. Zusammengefasst verfolgt das Portfolio die Intention, die unterschiedlichen Praxiserfahrungen des Seminars und der Kinderakademie mit einer selbstgewählten fachtheoretischen Vertiefung (z. B. über die Forschungsfrage oder die Analyse der Sequenz) in eine gewinnbringende Symbiose zu bringen.

Im Allgemeinen haben die Studierenden eine Vielzahl an Anlässen, um entsprechendes Equipment zur Lehrprofessionalisierung im Bereich des interreligiösen Lernens kennenzulernen. Der Begriff des Equipments kann dabei diverse Unterrichtseinheiten und Unterrichtsmaterialien, aber auch interreligiöse Kompetenzen umfassen. In der folgenden Abbildung 7 *Equipment-Effekt* verdeutlichen die ineinandergreifenden Zahnräder die Gesamtheit (Schritt A-C), die es benötigt, um das eigene Equipment für den Unterricht sicher anzuwenden. Der Drei-Schritt kann einen hohen Lerneffekt erzielen.

Zunächst lernen die Studierenden (A) ein breites Angebot an fachdidaktischen Mitteln für das interreligiöse Lernen (= das Equipment) kennen und wählen davon individuell aus. *Beispiel: Die interreligiöse Kompetenz des Ambiguitätserlebens wird bewusst ausgewählt, um diese in das eigene Lehrverhalten im Sinne einer Lehrprofessionalisierung zu implementieren.* In einem zweiten Schritt (B) wird das Equipment erprobt und im Setting ganzheitlich beachtet. *Beispiel: Der Umgang mit Situationen des Ambiguitätserlebens wird im Rahmen des Seminars kennengelernt. Sie entwickeln Aktions- und Reaktionsmöglichkeiten. Die Studierenden erkennen Kontexte, können ihre eigene (religiöse) Identität darin verorten, nehmen Faktoren wahr, die zu interreligiösen Überschneidungssituationen führen und das eigene Ambiguitätserleben herausfordern. Sie lernen Wege kennen, mit diesen Spannungen umzugehen und diese im Optimalfall als Potenzial zu erkennen. Die erworbenen Inhalte werden*

---

41   Vgl. Bloch (2018), S. 316

entwicklungspsychologisch eingeordnet. Während der Kinderakademie können sie so vorbereiteter mit ambigen Situationen unter den Lernenden umgehen und professionell reagieren. In einem dritten und letzten Schritt (C) können die Studierenden in der Nachbereitung des Seminars entweder durch die Analyse einer filmischen Sequenz oder durch das Portfolio das Equipment bewerten und es in Relation zum eigenen Ich und dem gegebenen Kontext einordnen. *Beispiel: Die Studentin X wählt bewusst eine gefilmte Sequenz aus, in der sich eine interreligiöse Überschneidungssituation zwischen zwei Kindern ergibt. Sie, in der Rolle der Lehrperson, ist Teil dieser Konversation. Diese Sequenz stellt die Studentin X im Nachbereitungsseminar dem Plenum vor und analysiert sie hinsichtlich des Aspekts des Ambiguitätserlebens. Sie analysiert das Aufeinandertreffen, sowohl das Verhalten der Kinder als auch ihr eigenes, und berücksichtigt dabei verschiedene (entwicklungspsychologische und religionspädagogische) Faktoren, die dazu führen können. Ergebnisse werden festgehalten und als Gegenstand der Vertiefung im eigenen Portfolio genutzt.*

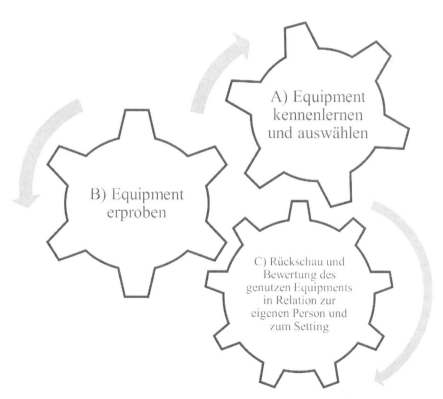

Abb. 7   Fachdidaktischer Moment „Equipment-Effekt"

Der Aufbau des Seminars und das begleitende bzw. abschließende Portfolio, das die Studierenden in Form einer Prüfungs- oder gekürzt in Form einer Studienleistung absolvieren, soll dazu beitragen, dass die Studierende ermutigt werden, Verantwortung für eigene Lernprozesse zu übernehmen und diese zu steuern und bewerten zu können. Sie sollen ihre eigene religiöse Identität dadurch weiter herausarbeiten, neu ausrichten. Der eigene Standpunkt müsse für diverse Themengebiete entdeckt und/oder gefestigt werden, so schreibt Alina Bloch. Biografiearbeit sowie reflektierte Positionseinübung seien daher innerhalb des Theologiestudiums unumgänglich.[42]

> Neben der Beschäftigung mit theologischen Ansätzen und Haltungen wird immer wieder vom Betrachter erwartet, sich selbst begründet in eine Debatte etc. einordnen zu können. Nur wer selbst diesen Bildungsprozess durchlebt hat und sich in theologischen Diskursen bewegen kann, ist in der schulischen Praxis auch in der Lage, jene Bildungsprozesse bei den SchülerInnen zu initiieren und zu begleiten.[43]

In diesem Seminar haben die Studierende die Chance, in Phasen der Aktion und Reflexion eigenständig Herausforderungen in der Praxis zu bewältigen, Innovationen zu erfahren und selbst zu überprüfen. Die Erfahrungen, die in der Kinderakademie gesammelt werden, sind auf eine mögliche Weiterverwendung im schulischen (religiösen) Alltag ausgelegt. Dort sollen sie die Kompetenzen, die sie hier erwerben, sicher und zielorientiert anwenden können.

4.3.5   *Individuelles Lernangebot für die Kinder*

> In einem konstruktivistisch orientierten Unterricht müssen „Lernlandschaften" entstehen, die die Heterogenität in der Klasse produktiv aufnehmen und jedem einzelnen Schüler die Chance eröffnen, individuelle Lernprozesse zu initiieren.[44]

Lernen ergibt sich in sozialen Kontexten und kann durch verschiedene Theorien mehrperspektivisch betrachtet werden. Im Folgenden werden daher verschiedene Zugänge skizzierend aufgezeigt. Dabei verlaufen die einzelnen Zugänge nicht getrennt voneinander, sondern ergeben sich als ein Zusammenspiel in Lernprozessen des Kindes.

---

42   Vgl. Bloch (2018), S. 316
43   Bloch (2018), S. 316
44   Freudenberger-Lötz (2007), S. 67

Das lernende Subjekt steht im Zentrum und wird ernst genommen. So schreibt Ludwig Rendle, dass religiöses Lernen[45] somit als ein Prozess der Aneignung zu verstehen sei, der von Kindern und Jugendlichen selbst gesteuert und vorangebracht werde, wenn die entsprechenden Lernanlässe gegeben seien. Ein solcher Unterricht, der von seinem Selbstverständnis her das Ganze des Lebens zur Sprache bringen will, beziehe auch die Biografie der Schülerinnen und Schüler notwendigerweise mit ein.[46]

Der vorliegende Ansatz hilft unter anderem auch dabei, Lernumgebungen zu gestalten, die aus offenen und angeleiteten Lernphasen bestehen, somit interaktiv sind.[47] Das Konzept der Kinderakademie zeichnet sich durch ein flexibles, jährlich wechselndes Programm aus. Mit den neuen Studierenden entstehen neue Workshopideen und somit neue Lernangebote. Daraus resultiert, dass die Lernangebote innerhalb der Kinderakademie aus offenen und angeleiteten Lernmethoden breit gefächert sind, um Kindern mit verschiedenen Lernbedürfnissen gerecht zu werden. So könnte beispielweise ein ausschließlich offener Unterricht oftmals Selbststeuerungs- und damit Lernprobleme bei Kindern mit ungünstigen Lernvoraussetzungen erzeugen.[48]

Die Konzeption der Lernangebote erfolgt unter Berücksichtigung emotionaler und kognitiver Aspekte. Persönliche Identifikationen und der Umgang mit Gefühlen sind bei der Anregung und Begleitung von Lernprozessen unbedingt zu beachten.[49] Der hohe Betreuungsschlüssel erlaubt dabei, der Heterogenität und den Bedürfnissen jedes einzelnen Kindes situativ gerecht werden zu können. Die Lernangebote sind auf Lebenswelt und Lebenswirklichkeit der Kinder bezogen, das fördert bessere motivationale Voraussetzungen bei den Lernenden.[50] Die Vielfalt der Thematik und der multiplen Kontexte, in denen das Lernangebot stattfindet, ermöglicht einen mehrperspektivischen Zugang. Die Kinder haben die Möglichkeit, Inhalte aus verschiedenen Blickwinkeln zu betrachten und in verschiedenen Zusammenhängen zu entdecken.[51] Dadurch wird die kognitive, aber auch emotionale Kompetenzfähigkeit erhöht. Religiöse Zeugnisse und auch dialogische Prozesse können nun als Verstehens- und Konstruktionshilfen eines mündigen Glaubens bei Kindern fungieren.[52] In der

---

45   Lernen wird dabei nicht nur als ein Prozess der Reproduktion, sondern immer auch als
      ein Prozess der Rekonstruktion verstanden. Vgl. Knapp (2018), S. 142
46   Vgl. Rendle (2008), S. 10f.
47   Vgl. Einsiedler in Einsiedler et al. (2014), S. 357
48   Vgl. Einsiedler in Einsiedler et al. (2014), S. 362
49   Vgl. Freudenberger-Lötz (2007), S. 69
50   Vgl. Freudenberger-Lötz (2007), S. 68
51   Vgl. Freudenberger-Lötz (2007), S. 69
52   Vgl. Leimgruber (2007), S. 73

Praxis drückt sich das überwiegend über einen handlungsorientierten Zugang aus.

> Aus der Psychologie ist bereits bekannt, dass durch Handlungen gesteuertes Lernen die effektivste Lernmethode ist, da hier alle Sinne angesprochen werden und die Lernenden mit eigenen Erfahrungen begreifen können. [...] Handlungsorientiertes interreligiöses Lernen findet beispielsweise statt, wenn die Lernenden gemeinsame Projekte zu den Religionen gestalten oder Veranstaltungen zu diesen organisieren, sodass sie mit allen Sinnen arbeiten und Erfahrungen im interreligiösen Bereich machen können.[53]

Über religiöse Gegenstände[54], Hörbeispiele, Bilder, Geschichten aus Tora, Bibel und Koran oder Gebasteltem, dialogisch, digital, im szenischen Spiel oder in einem Quizformat können Inhalte auf verschiedene Ebenen sinnlich wahrgenommen werden. Hier wird somit ganzheitliches und handlungsorientiertes Lernen miteinander verknüpft. Beide Lernwege basieren auf sinnlichen Erfahrungen, welche für das Lernen relevant seien und somit auch in Bezug auf interreligiöses Lernen passende Umsetzungsmöglichkeiten bieten, so Öger-Tunç.[55]

Die Studierenden entwickeln im Laufe von mindestens acht Semesterwochenstunden eine interreligiöse Workshopidee. Der (interreligiöse) Dialog gilt dabei als Medium für Diskussion und Aushandlung der verschiedenen Konstruktionen der Kinder. Unabdingbar ist dabei eine transparente Fehlerkultur: Fehler können passieren, werden besprochen und korrigiert. Dies trägt zur besseren und nachhaltigeren Konstruktion des verstandenen Wissens bei.[56] Nach Freudenberger-Lötz können unter anderem obig beschriebene Merkmale Kindern helfen. Sie werden:

> besser lernen, Probleme in einer komplexen Lernlandschaft zu identifizieren, sich zum Lernen motivieren zu können bzw. bei Misserfolgen ein positives Selbstbild zu bewahren, kognitive und metakognitive Kompetenzen einzubringen sowie Kommunikations- und Interaktionsstrategien anzuwenden.[57]

Hinsichtlich der Förderung von Empathie und Perspektivenwechsel in der Kinderakademie bedeutet es Folgendes: Zu Beginn jeder interreligiösen

---

53   Öger-Tunç in in Sarıkaya, Ermert & Öger-Tunç (2019), S. 62
54   Hier zu verweisen auf das Konzept des Zeugnislernens z. B. in: Kamcılı-Yıldız, N., Sajak, C. P. & Schlick-Bamberger, G. (2022). *Kippa, Kelch, Koran. Mit religiösen Gegenständen Judentum, Christentum und Islam erschließen.* München: Don Bosco Medien.
55   Vgl. Öger-Tunç in in Sarıkaya, Ermert & Öger-Tunç (2019), S. 62
56   Vgl. Freudenberger-Lötz (2007), S. 69
57   Freudenberger-Lötz (2007), S. 69f.

Begegnung sollten zunächst Gemeinsamkeiten gefunden werden. Das erhöht die Sympathie füreinander und begünstigt Empathie.[58] Darüber können sich dann empathische Imitationen in Form von Gestik oder Mimik, die empathische Lern- oder Beziehungsprozesse zusätzlich fördern, entwickeln.[59] Die Lernangebote müssen in einer angst- und stressfreien Raum- und Lernatmosphäre gestaltet werden. Situationen, die Angst und Druck hervorrufen, wirken sich empathiehemmend aus.[60]

Das Lehr- und Lernangebot der Kinderakademie findet innerhalb einer Woche statt. Dadurch ist es in seinem Programm äußerst intensiv und komprimiert. Die vielen eng aufeinanderfolgenden Begegnungsanlässe helfen den Kindern dabei, die Beziehungen untereinander schnell zu intensiveren. Sie teilen Erfahrungen miteinander und lernen sich kennen. Die Studierenden gestalten ihre Workshops in Orientierung am Leitfaden, so wird auch bewusst Lernmaterial gewählt, das Empathiefähigkeit und Perspektivenwechsel fördern kann. Mit entsprechendem Lernmaterial (kreativen Schreibaufgaben, szenischem Spiel, Kindern und Jugendlichen durch ihren religiösen Alltag folgen usw.) lässt sich das unterstützen.[61]

4.3.6   *Interreligiöser Dialog auf verschiedenen Ebenen*

> Der vielfältige, lebendige Dialog mit spezifischen Traditionen, Personen und Theologien wird damit noch einmal als Grundlage und Korrektiv Komparativer Theologie erkennbar. Komparative Theologie ist keine Theologie für den Dialog, sondern aus dem Dialog heraus.[62]

Die dialogische Ebene ist in dem hier vorliegenden Konzept grundlegend. Er ist fester Bestandteil jeden Workshops und jeder Talkshow. Der konkrete Dialog ermöglicht Menschen, andere und eigene (religiöse) Weltbilder neu kennenzulernen und eine veränderte Weltbildebene einnehmen zu können.

Das Konzept ermöglicht einen interreligiösen Dialog zwischen allen Beteiligten: Kind-Kind, Kind-Studierende, Kind-Mitwirkende, Studierende-Studierende, Studierende-Dozierende, Studierende-Mitwirkende etc. Diese

---

58   Vgl. Stettberger in Stettberger & Bernlochner (2013), S. 139, vgl. Stettberger in Stettberger & Bernlochner (2013), S. 135

59   Vgl. Stettberger in Stettberger & Bernlochner (2013), S. 139f.

60   Vgl. Stettberger in Stettberger & Bernlochner (2013), S. 139, vgl. Stettberger in Stettberger & Bernlochner (2013), S. 134

61   Weitere Ausführungen in Kapitel *3.5.4 Exemplarisch ausgewählte Lernaufgaben zur Förderung von Perspektivenwechsel und Empathie im Kontext interreligiösen Lernens des Primarbereiches*

62   Von Stosch (2012), S. 212

Vielfalt an Dialogpartner:innen ermöglicht ein einzigartiges interreligiöses Lernangebot, welches in dieser Form im schulischen Kontext nicht umgesetzt werden kann. So ermöglicht und zugleich fordert die Vielfalt unterschiedlicher Bezugsgruppen, die den interreligiösen Dialog praktizieren, unterschiedliche Anforderungsniveaus innerhalb der Kommunikation. Im Dialog mit den Kindern ist es von hoher Bedeutung, zentrale Inhalte zu bündeln und pädagogisch-didaktische Zugänge im Vorfeld zu finden. Die Herausforderung besteht hierbei, Fragen und Antworten für eine Zielgruppe neugieriger Kinder adäquat zu formulieren. Das ist zweifelsohne anspruchsvoll und Bestandteil der eigenen Lehrprofessionalisierung im Kontext von Heterogenität. Für die Studierenden und Mitwirkenden entstehen interreligiöse dialogische Situationen hauptsächlich im flankierenden Seminar und in der Durchführung mit den Kindern. Insbesondere durch den Austausch untereinander, die Talkshowvorbereitung und die Seminareinheit durch und mit den Mitwirkenden lernen die Studierenden Lebenswelten anderer religiöser Zugehörigkeiten im Dialogischen authentisch und intensiv kennen.

Ein gesunder Dialog benötigt Empathie. Wenn der Dialog empathisch geführt wird, lassen sich nicht nur Gemeinsamkeiten besprechen, sondern auch Diskussionen führen und auch damit verbundene Spannungen aushalten lernen. Das Ambiguitätserleben wirkt hier somit zeitgleich als Forderer und Förderer von Empathie und Perspektivenwechsel. Diese personalen Kompetenzen sind wichtig, um in ‚Critical Incidents' differenziert agieren zu können.[63] Pädagogisches Ziel ist dabei nicht, dass die Kinder ambige Situationen erkennen und angemessen damit umgehen können[64], sondern dass sie sukzessiv in Situationen von Mehrdeutigkeiten kennen und erleben lernen. Die Kinder treten im Rahmen der Kinderakademie in den verschiedensten Anlässen in zahlreiche Gespräche. Das kann die Diskussionskultur fördern, denn so lassen sich Spannungen und Missverständnisse in einem freund(schaft)lichen Verhältnis besser lösen.[65] Empathie hilft dabei, das Verstandene im Dialog zu reflektieren, um darüber auf eine neue Erfahrungsebene zu gelangen.[66] Somit ist der interreligiöse Dialog ein geeignetes Medium, um empathisches einfühlendes Verstehen zu trainieren.[67]

---

63   Vgl. Willems (2011), S. 166
64   Bereits aus entwicklungspsychologischer Perspektive kann das äußerst herausfordernd sein für Kinder dieses Alters, vgl. Ausführungen in Kapitel 3.5.2.2 *Ambiguitätserleben*
65   Vgl. Fredericks (1999), S. 176f.
66   Vgl. Cornille (2008), S. 141
67   Vgl. von Stosch in Stettberger & Bernlochner (2013), S. 17

4.3.7   Gemeinschaftsstiftendes

Die Gemeinschaft der Menschen stellt einen zentralen Aspekt in allen drei abrahamitischen Weltreligionen dar. Das Konzept der Kinderakademie bietet dazu zahlreiche Anlässe. Immer wieder werden in den verschiedenen Angeboten Möglichkeiten dafür offeriert, sei es in den Talkshows, den Workshops, beim Mittagessen oder beispielsweise im Nachmittagsprogramm. Martin Rothgangel führt im Rahmen seiner sozialpsychologischen Einstellungs- und Vorstellungsforschungen zum interreligiösen Lernen Bedingungen auf, die zur Reduzierung von Vorurteilen beitragen können: Er nennt dabei 1) das gemeinsame (Be)arbeiten von Zielen, 2) intergruppale Kooperation, 3) Statusgleichheit zwischen den Gruppen, 4) Unterstützung durch Lehrende, Normen oder Regeln und 5) die Möglichkeit zu eröffnen, Freundschaften entwickeln zu können. Zentral sei somit, dass übergeordnete Ziele (z. B. Bewahrung der Schöpfung) geschaffen werden, die nur durch eine gemeinsame Kooperation beider Gruppen erreicht werde, wodurch der kompetitive Charakter ausgeschlossen werden solle, so Rothgangel.[68]

Die Workshops mit Themen wie beispielsweise „Frieden", „Licht und Schatten" und „Die Schatztruhe der Religionen" sind günstige Anlässe, um solche gemeinsamen Ziele bzw. kleinen Projekte zu er- bzw. bearbeiten und Gemeinschaft im Rahmen schulischen Lernens natürlich zu initiieren. Die Themen der Workshops müssen interreligiös und aus Perspektive aller drei abrahamitischen Religionen bearbeitet werden können. In die Workshops werden bewusst handlungsorientierte Elemente eingebaut, wie gemeinsames Singen, Gestalten, Tanzen, Präsentieren, Spielen, was die dabei fast schon selbstverständlich Begegnungen initiieren und intensivieren. Bereits in dem „Wegweiser für ein gutes Miteinander", der von den Studierenden gemeinsam mit den Kindern thematisiert wird und gut sichtbar im Raum aushängt, wird z. B. der zu vermeidende kompetitive Charakter im Rahmen aller Verhaltensweisen thematisiert. Die Erfahrungen zeigen, dass dazu bisher keine nennenswerten Problematiken auftauchten.[69]

Die gemeinsamen und überschaubaren Ziele, die in der Kinderakademie immer wieder neu gesteckt werden, bieten die Möglichkeit sowohl für die Kinder als auch die Beteiligten, neue Motivation zu mobilisieren.[70]

---

68   Vgl. Rothgangel (2014), S. 218

69   Wenn vergleichende wettbewerbsähnliche Aussagen zu beobachten waren, dann eher auf national-patriotischer Ebene, vordergründig von Kindern, deren Eltern oder Großeltern eine internationale Geschichte haben. Das kann vorsichtig als ein Ausdruck von Identitätssuche und Sozialisation gedeutet werden (vgl. dazu Unterkapitel *4.3.10 Individualität und Sozialisation*)

70   S. dazu weitere Ausführungen in dem Unterkapitel *4.3.8 Motivationale Bedingungen*

4.3.8   *Motivationale Bedingungen*

> Motivation ist ein psychischer Prozess, der die Initiierung, Steuerung, Aufrecht-
> erhaltung und Evaluation zielgerichteten Handelns leistet.[71]

Die Studierenden weisen während des Seminars sowohl extrinsische (hier eher
selbstbestimmt-extrinsisch) als auch intrinsische Motivationen auf. Empirische Studien zeigen, dass beide Motivationsformen ähnlich positive Effekte
haben können.[72] Die Studierenden werden in diesem Unterkapitel im Fokus
motivationaler Aspekte sein, da sie das motivationale Verhalten der Kinder
dadurch maßgeblich mitgestalten. Die Thematik des interreligiösen Lernens
ist eine „Nischen-Thematik" im universitären Studium, weshalb Studierende
sich zumeist bewusst für das Seminar entscheiden und dementsprechend
selbstbestimmte motivationale Aspekte mitbringen. Studierende, die diese
Thematik somit wählen, sind in der Regel mindestens davon überzeugt, dass
sie eine interreligiöse Kompetenz für ihren zukünftigen Unterricht an Schulen
benötigen. Vordergründig entscheiden sich die Studierenden aus folgenden
Gründen für das Seminar: 1) Interesse und Neugier 2) Erkenntnis aus Relevanz
und Notwendigkeit der Auseinandersetzung mit der Thematik für den späteren eigenen Unterricht, 3) pädagogische Sprachlosigkeit in interreligiösen
‚critical incidents' 4) pragmatische Gründe. Das Seminar thematisiert die
Pluralität im schulischen religionspädagogischen Kontext. Sobald der:die
Studierende Interesse an der Thematik entwickelt, ergeben sich leichter positive emotionale Zustände (z. B. Freude), die mit einer hohen Wertschätzung
und einem ausgeprägten Ziel, das eigene Wissen zu erweitern, einhergehen
können.[73] Neben Motivationen aus einem Leistungsaspekt heraus lassen sich
auch höhere Bedürfnisse wie Wertschätzung, Zusammengehörigkeit und
Selbstverwirklichung (im Sinne von: das eigene Potential ausschöpfen zu
können), die in dem Seminar erfüllt werden, als förderlich für Motivationen
erkennen.[74] Darüber hinaus wird dem Konzept der Zielorientierungen eine
Relevanz für Lern- und Leistungsverhalten im Kontext von Motivation
beigemessen. Die hier formulierten Ziele des Seminars sind spezifisch
bestimmt, terminiert, individuell herausfordernd, anspruchsvoll und dennoch

---

71   Dresel & Lämmle in Götz (2017), S. 81
72   Vgl. Dresel & Lämmle in Götz (2017), S. 91 verweisen darauf, dass eine einfache Dicho-
      tomie von intrinsischer und extrinsischer Motivation zu kurz gedacht und eine differen-
      ziertere Betrachtung extrinsischer Motivationen erforderlich sei
73   Vgl. Dresel & Lämmle in Götz (2017), S. 105
74   Vgl. Dresel & Lämmle in Götz (2017), S. 98

realistisch.[75] Bezüglich des höheren Aufwands als in konventionellen Seminaren scheint die Motivation nicht beeinträchtigt zu werden, auch bleibt die Zahl der Teilnehmenden über das Semester hinweg äußerst konstant.[76] Die Motivation intensiviert sich zudem über das Gruppengefühl, das im Semester entstehen kann. Durch Phasen des Reflektierens, des kritischen Nachfragens, Weiterentwickelns, gemeinsamen Problemlösens und Erarbeitens von Lösungen und Zielen wächst die Lerngruppe zusammen.

Während des Seminars lässt sich eine steigende Tendenz an Eigenengagement und Motivation erkennen. Letzteres wird gefördert durch eine Vielzahl an Möglichkeiten, sich mit der Kinderakademie identifizieren zu können und ein Verantwortungsgefühl für deren Gelingen zu entwickeln. Dazu zählt zum einen die Vorbereitung im Seminar, die Werbephase durch Verteilung von Flyern und Plakaten an Schulen und sozialen Treffpunkten, die weiterführende Auseinandersetzung und Identifikation mit der Thematik, die gespiegelte Motivation der dozierenden Person und das begleitende Portfolio als Studien- oder Prüfungsleistung, in dem die Studierenden selbst eigene Forschungsfragen entwickeln und diesen nachgehen sollen. Zum anderen aber auch die Erprobung in der Praxis verbunden mit dem eigenen Wunsch, fruchtbare Workshopkonzepte zu gestalten und Verantwortung für eine Lerngruppe übernehmen zu wollen. Für die Kinder ist die Vielfalt an abwechslungsreichen Lernangeboten bzw. Lernmethoden wesentlich und gewinnbringend und motivierend für den eigenen Wissenszuwachs.[77] Auch die Motivation der Kinder ist einschätzbar: Die Teilnahme an dem Programm der Kinderakademie ist freiwillig. Daher wird davon ausgegangen, dass alle Kinder zu gewissen Anteilen freiwillig an dem Projekt teilnehmen. Daraus lässt sich schließen, dass die Motivation selbstbestimmt extrinsisch oder gar intrinsisch ist. Diese Voraussetzung ist wichtig und günstig für die Förderung empathischer Lernprozesse und der Fähigkeit zum Perspektivenwechsel. Eine entsprechende Motivation ist ausschlaggebend, um empathisch zu handeln und Perspektivenwechsel vollziehen zu können. Durch Sympathie, Offenheit und Motivation in der Kinderakademie finden sich schneller Bezugspunkte untereinander. So lassen sich Perspektivenwechsel und Empathie leichter vollziehen, denn das Bedürfnis ist da, sich verstehen zu wollen.[78]

---

75   Vgl. Dresel & Lämmle in Götz (2017), S. 99ff.
76   Die Tatsache kann auch mit einem Verantwortungsgefühl gegenüber der eigenen Lern- bzw. Workshopgruppe zusammenhängen.
77   Vgl. Öger-Tunç in in Sarıkaya, Ermert & Öger-Tunç (2019), S. 62
78   Vgl. Stettberger in Stettberger & Bernlochner (2013), S. 135f.

4.3.9   *Dankbarkeit und Wertschätzung*

Anzeichen für eine zunehmend dankbare und wertschätzende Haltung dem:der Anderen und sich selbst gegenüber lassen sich in der Kinderakademie beobachten. Es ist bemerkenswert, wie harmonisch und glücklich der Umgang aller Beteiligten untereinander ist und welche Auswirkungen das auf die spürbar positive Atmosphäre in der Kinderakademie hat.[79] Dazu tragen verschiedene Faktoren bei, die auch hier in den Grundpfeilern bereits thematisiert wurden, unter anderem jedoch auch die Grundhaltungen von Wertschätzung und Dankbarkeit aus eigener (religiöser) Motivation heraus.[80] Sowohl Dankbarkeit als auch Wertschätzung sind mittlerweile inflationär verwendete Begriffe, ihre Effektivität und Wirkung verlieren sie dadurch nicht. Der Begriff der Dankbarkeit ist zentral in allen Weltreligionen.[81] Dankbarkeit ist ein Gefühl, eine Tugend, eine Verhaltensweise, ein Charakterzug.[82] Man kann Menschen gegenüber Dankbarkeit spüren, aber auch wegen des Wetters, der Natur oder durch eine glückliche Fügung. Positive Gefühle durch Dankbarkeit können eine positive Rückkopplung auslösen und ein fürsorgliches und prosoziales Verhalten im Umgang mit anderen kann angeregt werden. Menschen, die dankbarer sind, neigen dazu, glücklicher und zufriedener zu sein.[83] Die Veranlagung von Dankbarkeit ist in jedem Menschen individuell unterschiedlich verankert und kann abhängig von der Persönlichkeit, Sozialisation und Kultur in seiner:ihrer Ausprägung stärker oder schwächer variieren.[84] Es gibt Studien, die substanziell positive Korrelationen zwischen Religion und Dankbarkeit vermuten.[85] Sowohl eine dankbare als auch eine wertschätzende Haltung sich selbst, aber auch in der Beziehung zu dem Gegenüber kann eingeübt und somit verinnerlicht werden.

---

79   Hierbei berufe ich mich nicht nur auf meine eigene Wahrnehmung, sondern auch auf zahlreiche Rückmeldungen der Studierenden (mündlich und schriftlich in Form der Abgabe ihres abschließenden Portfolios), der Mitwirkenden, der Kinder und der Eltern.

80   Hierbei setze ich das Wort „religiös" in Klammern, da nicht jeder Motivation Religiosität zugrunde liegt. Dennoch ist das Wort in diesem Kontext auch nicht außen vor zu lassen, zeigen doch beispielsweise die Zusammenfassungen von Summer Allan (Greater Good Science Center) (2018), insbesondere auf S. 24 & 25, dass verschiedene Studien eine mögliche Beziehung zwischen persönlicher Religiosität und Dankbarkeit aufzeigen.

81   Vgl. Willberg (2018), S. 5, vgl. Allen (2018), S. 10, vgl. Freund & Lehr (2020), S. 21ff.

82   Vgl. Allen (2018), S. 10

83   Vgl. Willberg (2018), S. 65

84   Vgl. Allen (2018), insbesondere S. 19–27

85   Vgl. Freund & Lehr (2020), S. 24f.

Wertschätzung wird von der Pädagogin Annette Pfisterer mit der Verwandtschaft zu den Worten Respekt, Würde, Anerkennung und (Hoch-)Achtung zunächst auf etymologischer Ebene grob umrissen.[86]

> ‚Wertschätzung bezeichnet die positive Bewertung einer anderen Person. Sie gründet auf eine innere allgemeine Haltung anderen Menschen gegenüber. Wertschätzung kann sich auch auf Gedanken, Werke, Besitz oder Lebenshaltungen Dritter erstrecken. Wertschätzung betrifft eine Person als Ganzes, ihr Wesen. Sie ist eher unabhängig von Taten oder Leistung, auch wenn solche die subjektive Einschätzung über eine Person und damit die Wertschätzung beeinflussen' [...] ‚Wertschätzung ist oft verbunden mit Respekt, Achtung, Wohlwollen und Anerkennung und drückt sich aus in Zugewandtheit, Interesse, Aufmerksamkeit, Freundlichkeit.[87]

In dieser Definition wird Wertschätzung somit als eine positive Grundhaltung dem Gegenüber definiert. Selbstwert bzw. Selbstsicherheit stehen dabei in einem engen Zusammenhang zu einer wertschätzenden Haltung.[88] Wertschätzung schafft Vertrauen, Wertschätzung ist die Grundlage einer dialogischen Haltung.[89]

Die wertschätzende Haltung dem Eigenen und dem Anderen gegenüber wird in der didaktischen Hilfestellung des „Wegweisers für gutes Miteinander" angeregt. Dort wird bewusst der Fokus auf Individualität und Identität[90] gesetzt. So schreibt auch Elisabeth Naurath, dass sich Pluralismusfähigkeit doch gerade darin erweisen könne, dem:der Einzelnen in einer wertschätzenden Haltung zu ermöglichen, eigene Fragen zu stellen, aber auch eigene Position zu beziehen, wertschätzend dialogisch zu interagieren.[91]

In der Kinderakademie werden Methoden, die auf Dankbarkeit und Wertschätzung ausgerichtet sind, bewusst implementiert und eingeübt. Eine dieser Methoden findet am letzten Tag der Kinderakademie in einer internen Verabschiedungsrunde statt, bevor die Rundschau beginnt und die Gäste erscheinen. Alle Beteiligten versammeln sich im Sitzkreis, die Kinderakademie-Kerze[92] wird entzündet und jede:r darf mitteilen, wofür er oder sie dankbar ist.

---

86   Vgl. Pfisterer (2019), S. 44
87   Pfisterer (2019), S. 44
88   Vgl. Naurath (2013), S. 30, vgl. Pfisterer (2019), S. 44
89   weitere Ausführungen dazu in Mettler-von Meibom (2007), insbesondere S. 160–166
90   nähere Ausführungen dazu im Unterkapitel *4.3.10 Individualität und Sozialisation*
91   Vgl. Naurath (2013), S. 35
92   Die Kerze ist im Rahmen eines Workshops entstanden. Sie wird vom Kinderakademie-Schriftzug geziert und wird zu besonderen Anlässen innerhalb der Woche entzündet.

Spürbar werden hier die Wertschätzung und der Zusammenhalt noch einmal intensiviert und ein bewusstes Abschiednehmen eingeleitet.

> Wertschätzung ist die Kraft, die den Raum der Potenzialentwicklung öffnet, in dem das Unbekannte angenommen und entwickelt werden kann. Wertschätzung ist weder blind noch unkritisch und auch nicht apologetisch gegenüber dem Status quo. Doch Wertschätzung eröffnet einen Raum der Freiheit, indem sie akzeptiert, was ist und von dort aus Wege wagt, wie wir zu humaneren Zukünften gelangen können.[93]

Das Zitat verdeutlicht: Zweifelsohne ist eine wertschätzende Grundhaltung gegenüber dem Unbekannten – insbesondere im Kontext interreligiösen Lernens[94] – eine Fähigkeit, die äußerst herausfordernd sein kann. Das wiederum darf jedoch nicht daran hindern, den Versuch einer Grundhaltung der Wertschätzung immer wieder erneut einzunehmen. Durch eine dankbare und wertschätzende Haltung kann das prosoziale Verhalten untereinander wachsen und empathische Situationen ergeben sich leichter. In diesem Sinne trägt auch die dankbare und wertschätzende Haltung zur Förderung von Empathie bei und selbiges gilt anscheinend auch umgekehrt. Denn wer sich empathisch in die Situation des Gegenübers hineinversetzen kann, eventuell auf ähnliche Situationen zurückblickt und einen Perspektivenwechsel daraus vollziehen kann, der wird seine Mitmenschen womöglich wertschätzender behandeln.[95]

4.3.10   *Individualität und Sozialisation*

Individualität

Die Begegnungsform des *Wir und Ihr* wird in der Kinderakademie durch ein *Ich und Du* aufgebrochen, personalisiert und individualisiert.[96] Menschen verschiedener religiöser Zugehörigkeiten in ihrer Persönlichkeit und nicht als Generalisierung einer Religion wahrzunehmen, ist das Ziel der Kinderakademie. Dabei ist grundsätzlich intendiert, das Gegenüber nicht ausschließlich, wohl jedoch anerkennend, in seiner:ihrer Facette von individuell gelebter Religiosität neben vielen anderen Facetten wahrzunehmen.[97] Dazu gehört unter anderem auch, das Kind in seinem:ihren individuellen

---

93   Mettler-von Meibom (2007), S. 166
94   S. z. B. Kapitel 3.5.3 *Empathie und Perspektivenwechsel im Kontext einer Xenosophie in religionspädagogischer Absicht*
95   Vgl. Stettberger in Stettberger & Bernlochner (2013), S. 127
96   Auf sprachlicher Ebene wird das bereits im „Wegweiser für ein gutes Miteinander" thematisiert und angeleitet
97   Dieser subjektorientierte Ansatz geht mit der, in Kapitel 2.5., beschriebenen Tendenz der gegenwärtigen Entwicklungslinien interreligiösen Lernens einher.

religions-theologischen Verständnis kennenzulernen und zu akzeptieren. Es ist auch Biographiearbeit, der bewusst nachgegangen wird.[98] Mit diesem Grundgedanken können interreligiöse Begegnungen und Lernprozesse besser gelingen. In der Komparativen Theologie wird von der „Hinwendung zum Einzelfall" gesprochen, also der ganzheitlichen Konzentration auf das Individuum[99]. Das Konzept der Kinderakademie richtet sich hierbei bezüglich der mikrologischen Vorgehensweise größtenteils auf den interpersonalen interreligiösen Dialog aus.[100] Die Hinwendung zum Einzelfall wird dabei optimalerweise in Form von einer Annäherung zu einer (interreligiösen)[101] Freundschaft intendiert, so wie es auch die Überlegungen von James L. Fredericks vorsehen.

> In interreligious friendships, truths foreign to my own religious convictions become living realities and real possibilities for shaping my religious beliefs and giving new direction to my religious life. [...] Often our disagreements with our friends are more honest and more truthful, and thus better, than our disagreements with total strangers.[102]

Die Hinwendung und Konzentration auf den Einzelfall werden bewusst intendiert, um eine intensivere authentischere dialogische Begegnung erleben zu können.[103] Durch die personale Begegnung, das Lernen am *Ich und Du*, können sich relevante Fragen und Antworten für das eigene Ich entwickeln, die konkret mit der eigenen Lebenswelt in Verbindung stehen. Somit geht mit dieser didaktischen Entscheidung das Lernziel einher, interreligiöse Lernprozesse nachhaltig bei den Kindern und den Studierenden anzulegen und zu sichern. Ein weiterer Effekt, den das Lernen am *Ich und Du* und die Intention von freundschaftlichem Miteinander erzielen können, ist die verbesserte Qualität

---

98 Ahmad Mansour macht den Gedanken, das Individuum sichtbar(er) zu machen und in die persönliche Begegnung mit einem anderen Individuum zu bringen an vielen Stellen seines Buches „*Solidarisch sein! Gegen Rassismus, Antisemitismus und Hass*" (2020) immer wieder deutlich. So schreibt er: „*In unseren Lebensgeschichten liegen die Wurzeln unserer Identität. Sie miteinander zu teilen hilft, die Stärken, Schwächen und Verhaltensweisen eines anderen zu verstehen.*", Mansour (2020), S. 110

99 Von Stosch (2012), S. 194

100 Vgl. von Stosch (2012), S. 198 beschreibt, dass dieses Vorgehen insbesondere an die Überlegungen von James L. Fredericks anknüpfe (vgl. dazu auch *Faith Among Faiths*, 1999). Eine mikrologische Vorgehensweise kann allerdings auch an der Textarbeit oder in Musik und Tanz vollzogen werden. (S. 196 ff.)

101 Hierbei ist das Wort „interreligiösen" bewusst in eine Klammer gesetzt, da sich ein freundschaftliches Verhältnis aus weitaus mehr als einer religiösen Ebene entwickelt.

102 Fredericks (1999), S. 176f.

103 Vgl. Kapitel 3.3.5. *Empathie-Katalysatoren nach Herbert Stettberger*, Abschnitt (4) Der Blick auf das Individuum

der Diskussionskultur. Wie Fredericks es obig beschreibt, lassen sich auf diese Weise mit weniger Vorbehalten Nachfragen, Unstimmigkeiten und Missverständnisse artikulieren und diskutieren. Auch wenn es in der Religionspädagogik mitunter fraglich gesehen wird, ob solche Zielvorstellungen kompatibel mit den realistischen Zielperspektiven religiösen Lernens sind[104], so sollten dennoch m. E. alle Schritte unternommen werden, ein freundschaftliches Miteinander zu fördern. Die einzelnen Elemente der hier vorliegenden Grundpfeiler unterstützen dahingehend personale Begegnungen.

Um dem Anspruch von Sozialisation und Individualität des Kindes gerechter werden zu können, muss mehrperspektivisch vorgegangen werden. Die Begriffe werden dabei selbstverständlich nicht ausschließlich über einen religiösen Bezug definiert, sondern beinhalten unter anderem auch soziale, kulturelle und ideologische Ebenen. Nichtsdestotrotz wird das vorliegende Kapitel zwecks inhaltlicher Fokussierung auf das Thema die religiöse Sozialisation in den Vordergrund stellen. Sowohl der Begriff der Sozialisation als auch der Individualität steht in einen unmittelbaren Zusammenhang mit der Identität.[105]

Sozialisation
Sozialisation in einem weiteren und engeren Sinne meint, nach Ulrich Riegel, erst einmal Folgendes:

> In seiner weiten Verwendung umfasst der Begriff der Sozialisation alle Prozesse, in denen ein Mensch in eine Gesellschaft hineinwächst, sich mit deren grundlegenden Weltanschauungen und Gepflogenheiten vertraut macht und es lernt, in dieser Gesellschaft seine eigenen Interessen zu verwirklichen. Erziehung und Bildung sind somit ebenso Aspekte eines weiten Sozialisationsbegriffs wie die vielfältigen Prozesse informellen Lernens. In seiner engeren Verwendung beschreibt der Begriff der Sozialisation die Prozesse, in denen sich der Mensch die ideellen, sozialen und materiellen Ressourcen seines Umfelds unabsichtlich

---

104   S. Kapitel 2.12.5.2 *Freund(schaft)lichkeit als Grundhaltung für Empathie und Perspektivenwechsel im Sinne der Komparativen Theologie*, dazu Woppowa in Burrichter, Langenhorst & von Stosch (2015), S. 18 beschreibt das freundschaftliche Miteinander als *Anerkennung des Anderen* und stellt der Komparativen Theologie zur Implementierung in den schulischen Kontext diesbezüglich – zurecht – hier kritische Anfragen. Die Kinderakademie hingegen hat dahingehend (anders als der Lernort Schule) andere Voraussetzungen und Ressourcen um den:die Einzelne:n wahrzunehmen und gelingende Beziehungen bzw. eine Vielzahl an personalen Beziehungen komprimiert zu intendieren.

105   Der Begriff der Identität ist zunächst einmal ein abstrakter, breiter und mehrfaktorieller Begriff. Im Folgenden werden aus diesem Grund insbesondere die Individualität und die religiöse Sozialisation von den Kindern und Jugendlichen in den Blick genommen, da sie für dieses Konzept zentral erscheinen.

und nicht zielgerichtet aneignet. Sozialisation im engeren Sinn wird somit nicht bewusst gestaltet und verfolgt kein im Vorfeld definiertes Curriculum, sondern geschieht im Alltag und ereignet sich zufällig und situativ.[106]

Wichtige sogenannte *Sozialisationsagenten*[107], also Institutionen, die bei der (religiösen) Entwicklung des Menschen eine Rolle spielen, sind, laut Riegel: die Familie, die Gemeinde, der Religionsunterricht und die Medien.

Die islamische religiöse Sozialisation ereignet sich sowohl in der Schule, in Form eines islamischen Religionsunterrichts, als auch in den Moscheen, in Form des Koranunterrichts, wobei beide Institutionen unterschiedlichen didaktische Lehr- und Lernmethoden nachgehen.[108]

Die islamische Erziehung und Sozialisation junger Menschen finden vordergründig in der Familie, aber auch in den Moscheen und der Schule statt.[109] Religiöse Sozialisation hat dabei auch eine große Bedeutung für viele Familien, die dadurch ihre kulturellen traditionellen Werte, die eng an Religion geknüpft sind, aus dem eigenen Heimatland an die Kinder weitergeben wollen. So zeigt beispielsweise die Studie von Adem Aygün, dass deutsch-türkische Jugendliche oftmals Moscheen und religiöse Vereine als wichtige Sozialisationsagenten nannten.[110]

Mouhanad Khorchide weist darauf hin, dass die religiöse Identität junger muslimischer Menschen oft auch als ein Suchen nach sozialer Verortung in der Gesellschaft verstanden werden kann.[111]

---

106 Riegel (2018), S. 1f.

107 Riegel (2018), S. 2

108 Rauf Ceylan zeigt dies deutlich in seinen empirischen Untersuchungen (vgl. Ceylan (2008)). Die Rede ist hier von einem normativ-direkten Ansatz der Moscheegemeinen und einem pädagogisch subjektorientierten Ansatz des islamischen Religionsunterrichts. Beide Ansätze stehen sich nicht konträr gegenüber, sondern ergänzend zueinander.

109 Vgl. Ourghi (2017), S. 47, vgl. Aygün (2012), S. 220, Aygüns Dissertation über die religiöse Sozialisation islamischer Jugendlicher in Deutschland und der Türkei zeigt dabei recht deutlich die Unterschiede und Einflüsse, die das jeweilige Land, in dem die Jugendlichen leben, auf sie haben kann. Die hier vorliegende Arbeit betrachtet ausschließlich den deutschen Kontext muslimischer Jugendliche.

110 Vgl. Aygün (2012), S. 221f.

111 Vgl. dazu Khorchide (2017), S. 18 dort beschreibt er in seinem Aufsatz „*Gegebene, notwendige und zu überwindende Grenzen*" unter anderem die Probleme von muslimischen Jugendlichen, die sich zunehmend auf Grund der Fremdzuschreibungen „*ihr Muslime*" eine so genannte, „*Schalenidentität*" (S.18) konstruieren, um ein sicheres Gefühl von „*Wir, die Muslime*" (S.18) zu haben. Dabei erwähnt Khorchide, dass es jedoch zu keiner reflexiven Zuwendung bzw. Auseinandersetzung mit dem Islam komme. (vgl. S. 18) Weiter fortführend schreibt er zudem über veränderte Rahmenbedingungen, die es für fruchtbare interreligiöse Lernprozesse benötigt: Anerkennung der Andersheit junger Menschen, ohne zu kategorisieren in „Wir Deutsche, ihr Muslime". (S. 19) Hier zeigt sich also schon

Abschließend kann gesagt werden, dass der Koran als eine religiöse Schrift die Erziehung der Kinder in der Familie als Urzelle des sozialen Zusammenlebens und Keimzelle des religiösen Glaubens betont. Daher genießt die Familie auch im Islam eine hohe Wertschätzung. Ihre Aufgabe liegt nicht nur darin, den Kindern Heimat und Geborgenheit zu bieten, sondern auch in deren Unterweisung im islamischen Glauben. [...] Daher kann man auch von der religiösen Sozialisation als Vertrautwerden mit dem eigenen Glauben durch die Familie oder die Moschee sprechen.[112]

Im Hinblick auf christliche Sozialisation zeigen, laut Riegel, empirische Daten, dass diese in der Familie gegenwärtig in doppelter Hinsicht fragil erscheine. Religiöse Erziehung findet dabei nur noch in wenigen Familien statt. Zum einen liegt es an den nicht ausreichenden Kompetenzen der Eltern und zum anderen ist dies oftmals mit dem Gedanken verbunden, ihre Kinder nicht in ihrer religiösen Freiheit beeinflussen zu wollen.[113] Die 6. Kirchenmitgliedschaftsuntersuchung der EKD (2023) zeigt jedoch, dass insbesondere die Mutter wesentlichen Einfluss auf die spätere Einstellung zu religiösen Fragen haben kann.[114] Weitere wichtige Sozialisationsagenten für evangelisch Befragten sind: die Konfirmation, der Religionsunterricht, der eigene Vater, kirchliche Jugendgruppen und die eigenen Großeltern.[115]

Religiöse Praxis findet nun häufig pointiert statt, an konkreten Anlässen wie Hochzeiten oder religiösen Festen wie Weihnachten. Werner H. Ritter schreibt jedoch, dass eine Entfernung von kirchlichen Werten nicht zwangsläufig mit einer Entfernung religiöser Werte einhergehe. Das Bedürfnis nach religiösen Inhalten sei stets präsent, es konkretisiere sich jedoch weniger kirchlich, mehr privatisiert, pluralisiert und individualisiert.[116] Religion werde eben dann in Anspruch genommen, wenn sie das Familienleben bereichere, so Riegel.[117]

Angesichts zunehmender religiöser Individualisierung und Pluralisierung spielen die Formen traditioneller religiöser Sozialisation und die darin verwickelten klassischen Sozialisationsagenten eine immer kleinere Rolle. Religiöse Sozialisation findet immer stärker selbstbestimmt in Umfeldern statt, die kaum durch institutionalisierte Religiosität geprägt sind. Religiöse Bildung und

---

sehr deutlich, dass die präventive Arbeit am *Ich und Du* diesbezüglich nachhaltig Erfolge erzielen könnte. Weiterführend dazu sind auch die Überlegungen des Religionspädagogens Abdel-Hakim Ourghi in seinem Aufsatz *„Aufklärung' des Islams?!"* (2016), in dem er die Muslim:innen zu einem selbst- bzw. islamkritischen Denken ermutigen möchte. (vgl. Ourghi (2016), insbesondere S. 12f.)

112   Ourghi (2017), S. 47
113   Vgl. Riegel (2018), S. 3, vgl. Fleck (2011), S. 26
114   Vgl. EKD (2023), S. 59
115   Vgl. EKD (2023), S. 59
116   Vgl. Ritter (2014), S. 122
117   Vgl. Riegel (2018), S. 3

religionspädagogische Forschung sind durch diese Verschiebung in gleicher Weise herausgefordert.[118]

Bei jungen jüdischen Menschen in Deutschland wird insbesondere die Individualisierung von Religion beobachtet, das lassen empirische Studien wie beispielsweise die von Christine Müller[119] erkennen. Dabei zeigt sich eine große Bandbreite: Für einige Jugendliche stehe die religiöse Bindung, bei anderen die Pflege von Traditionen oder kulturelle Aspekte im Vordergrund, so Müller.[120] Außerdem lässt sich feststellen, dass jüdische Sozialisation kaum mehr in den jüdischen Familien, sondern wenn, eher in der Synagoge, Gemeinde und jüdischem Religionsunterricht stattfindet.[121]

> Alle Jugendlichen positionieren sich in gewisser Weise zu einer imaginären oder tatsächlich vorhandenen jüdischen Gemeinschaft. Die Jugendlichen bewegen sich zwischen Elementen von Glauben und Zugehörigkeit und nutzen für ihre Selbstbezeichnung Metaphern von Religion und Ethnizität, zwischen Believing and Belonging. Die jüdische Identifikation der Befragten bewegt sich auf einem Kontinuum zwischen diesen beiden Aspekten.[122]

Ebenso lässt sich eine große Individualität hinsichtlich der religiösen Auslebung im Alltag und in der Gottesvorstellung unter jungen jüdischen Menschen erkennen. Die offizielle Anbindung an eine Gemeinde müsse nicht Aufschluss über individuelle religiöse Orientierungen geben.[123] Religiöse Praxis und Glaubensvorstellung entwickeln sich auseinander, schreibt Müller.[124] So haben auch Synagogen mit zurückgehenden Besucher:innenzahlen zu kämpfen. Junge Jüd:innen nutzen nach ihrer Bar bzw. Bat Mitzwa weniger die Synagoge, sondern eher andere jüdische Initiativen wie Jugendzentren oder Austauschprogramme.[125]

Es lassen sich hier m. E. insbesondere Parallelen einer Identitätssuche unter jungen Menschen aus Minoritätsreligionen (Judentum und Islam) in

---

118   Riegel (2018), S. 12
119   Müller, C. (2007). *Zur Bedeutung von Religion für jüdische Jugendliche in Deutschland.* Münster: Waxmann Verlag.
120   Vgl. Müller (2007), S. 276
121   Vgl. Schmidt-Weil (2021), S. 21
122   Müller (2007), S. 276
123   Vgl. Müller (2007) nennt exemplarisch im Folgenden Jugendliche, die primär in Religion keine Bedeutung für ihren Alltag sehen und trotzdem an religiösen Ritualen teilnehmen, begründet als Ausdruck von Zugehörigkeit (vgl. 2007, S. 285)
124   Vgl. Müller (2007), S. 277
125   Vgl. Schmidt-Weil (2021), S. 21f.

Deutschland erkennen, die sich über einen zum Teil starken Bezug zur Kultur und Tradition des Elternhauses ausdrückt.[126]

(Religiöse) Identität ist fluide, prozesshaft und intersektional. Die religiöse und weltanschauliche Identität eines jungen Menschen ist dabei ein Faktor von vielen, den es bei gelingenden interreligiösen Lernprozessen zu betrachten gilt.

Für die Kinderakademie der Weltreligionen bedeutet es Folgendes: Da die Sozialisation der Kinder unter anderem durch die Familie und später auch durch die sogenannten Peers beeinflusst wird, werden diese Sozialisations-agenten aktiv in das Programm einbezogen. Insbesondere zur abschließenden Rundschau gibt es Aktionen, an denen die Besucher:innen (Familie, Freund:in-nen, Interessierte) sich aktiv einbringen können. Das „Glas der Fragen" ist dabei exemplarisch eine dieser Aktionen. In diesem Glas befinden sich Fragen, mit welchen die Besucher:innen untereinander zwanglos in einen Dialog treten können. Diese Fragen sind als Impulsgeber für Gesprächsanlässe zu verstehen. Das Glas der Fragen enthält u. a. soziale, philosophische, theologische Fragen. Darüber hinaus können die Kinder in einem selbstgebastelten Telefonbüch-lein die Telefonnummern und Adressen ihrer neugewonnenen Freund:innen festhalten. So sollen nachhaltige Beziehungen entstehen, die Kinder unter-schiedlicher sozio-ökonomischer Verhältnisse zusammenbringen. Denn ein Perspektivenwechsel gelingt leichter, wenn man sich mit einer Einzelperson anstatt mit einer anonymen Menschenmenge identifiziert.[127] Die individu-elle und ganzheitliche Betrachtung des Gegenübers fördert Empathie, wenn man den Anspruch hat, sein Gegenüber in seiner:ihrer Komplexität und Viel-schichtigkeit als Person wahrnehmen und verstehen zu wollen[128], auch das kann Stereotypisierung präventiv entgegenwirken.[129]

4.3.11   *Empathische Kommunikation*

Insbesondere das Kapitel *3.3.5 Eine zentrale Kompetenz: Empathisches und sprachsensibles Sprechen in Kontexten interreligiösen Lernens und Lehrens* der vorliegenden Arbeit hat versucht, die Relevanz und Notwendigkeit empathi-schen Kommunizierens für interreligiöse Begegnungen am Beispiel von Eige-nem und Anderem aufzuzeigen. Dabei ist Sprache ein relevantes Medium

---

126   Die dargestellten religiösen Sozialisierungen in jüdischen, christlichen und islamischen Gemeinschaften sind nicht im Sinne der Verallgemeinerung dargestellt, sondern als Orientierung zu verstehen. Religiosität durch religiöse Sozialisation zeigt sich selbstver-ständlich individuell.

127   S. Kapitel *3.3.4 Empathie-Katalysatoren nach Herbert Stettberger*, Abschnitt (4) Der Blick auf das Individuum

128   Vgl. Stettberger in Stettberger & Bernlochner (2013), S. 139

129   Vgl. Stettberger in Stettberger & Bernlochner (2013), S. 130

für Empathie[130] in interreligiösen Begegnungen. Über Sprache können Gemeinsamkeiten kommuniziert, Sympathien füreinander entwickelt und ein Austausch angeregt werden. Eben darin liegt die Notwendigkeit einer authentischen, ehrlichen, sensiblen Kommunikation, die versucht, empathisch auf das Gegenüber und die wachsende Relation zueinander Bezug zu nehmen. In dem Programm der Kinderakademie wird das insbesondere über die sprachlichen Beispiele des Wegweisers versucht. Sie ermutigen das Gegenüber, in seiner individuellen Person bereits auf sprachlicher Ebene in einer Form des „Ich und Du" in den Vordergrund zu treten.[131] Dadurch unterstützt die Kinderakademie sprachlich den didaktischen Ansatz des dialogischen, persönlichen Begegnungslernens, der in der Kinderakademie zentral ist. Eine empathische sprach- und religionssensible Kommunikation ist eine zentrale Kompetenz interreligiösen Lernens. Kommunikation findet jedoch prinzipiell nicht in einem ausbalancierten Verhältnis zwischen mindestens zwei Personen statt, daher ist eine empathische Kommunikation unabdingbar wichtig, insbesondere in interreligiösen Dialogen.[132] Auf sprachlicher Ebene kann Empathie durch Paraphrasieren[133], sprich einem direkten Nachfragen, gefördert werden. Das aufmerksame Zuhören und Nachfragen, der Anspruch und das Interesse, die Richtigkeit des Gesagten zu verstehen, hilft nicht nur, den:die andere deutlicher zu verstehen, sondern hat auch einen positiven Nebeneffekt: Es trägt zur Wertschätzung untereinander bei.[134] Missverständnisse können so eher umgangen werden. Das Kapitel 3.3.4. hat verdeutlicht, dass Sprache einen Gefühlsanteil hat, und sprachliche Gefühle auch kulturspezifisch sind[135] und oft unbewusst in unreflektierten Sprachmustern genutzt werden. Aus diesem Grund muss empathisches Kommunizieren bereits mit Kindern im Primarbereich eingeübt werden. In den didaktischen Orientierungshilfen des Leitfadens und des Wegweisers lautet ein Satz: *„Manchmal habe ich vielleicht nicht die gleiche Meinung wie du. (…) Ich suche dann aber keinen Streit, ganz im Gegenteil: Ich versuche die Meinung des anderen zu verstehen. Das aber bedeutet nicht, dass ich seine Meinung übernehmen muss. Ich kann mir aber Gedanken machen: „Wie finde ich das? Und warum finde ich das so?"* Wer nach diesen Worten handelt, ist empathisch und vollzieht einen Perspektivenwechsel. Sprache ist und kann somit als ein grundlegendes Mittel von Empathie genutzt werden.[136]

130   Vgl. Jacob, Konerding & Liebert (2020), S. 1
131   Vgl. dazu Kapitel 4.3.12. *Didaktische Orientierungshilfen*
132   Vgl. Stettberger in Stettberger & Bernlochner (2013), S. 128
133   Vgl. von Stosch in Stettberger & Bernlochner (2013), S. 16f., S. 23
134   Vgl. Stettberger in Stettberger & Bernlochner (2013), S. 129
135   Vgl. Garth (2008), S. 96ff.
136   Vgl. Jacob, Konerding & Liebert (2020), S. 1

4.3.12 Didaktische Orientierungshilfen

erstellt von Katharina Gaida in 2019

WEGWEISER

FÜR EIN GUTES MITEINANDER IN DER KINDERAKADMIE

Die Kinderakademie ist kein „Religions-Wettbewerb". Es gibt nicht DIE bessere Religion. Wir möchten niemanden von einer Religion überzeugen. Denn die Kinderakademie wünscht sich, dass sich Kinder aus den verschiedenen Religionen kennenlernen und über das REDEN, was sie an Religionen interessiert.

**Ich spreche immer nur für mich und wie ich Religion erlebe.
Ich spreche nicht im Namen meiner ganzen Religion.
Deshalb sage ich auch nicht:** „Bei EUCH ist das so und bei UNS so",
sondern ich sage: „ICH kenne es so. Wie ist das bei DIR?"

Niemand von uns ist DER Experte einer Religion. Niemand von uns kann ALLES wissen. Wenn ich etwas nicht weiß oder mir unsicher bin, dann sage ich ganz selbstbewusst:
„Ich weiß es nicht. Aber vielleicht können wir es gemeinsam herausfinden."

„Manchmal habe ich vielleicht nicht die gleiche Meinung wie du.
Manchmal ist das so. Ich suche dann aber keinen Streit, ganz im Gegenteil: Ich versuche die Meinung des anderen zu verstehen.
Das bedeutet aber nicht, dass ich seine Meinung übernehmen muss.
Ich kann mir aber Gedanken machen:
„Wie finde ich das? Und warum finde ich das so?"

Ich bin ich und du bist du.
Ich akzeptiere dich so wie du bist: Alles was ich an dir mag, aber auch alles, was ich nicht so an dir mag. Ich wünsche mir, dass du das bei mir genauso machst.

Die Kinderakademie möchte nicht eine große Religion für alle Kinder gründen. Jedes Kind hat seinen Glauben und das ist genau richtig so.

Abb. 8   Wegweiser für ein gutes Miteinander

Der Wegweiser für ein gutes Miteinander (Abbildung 8) und der Leitfaden für die Gestaltung einer Workshopidee sind zentrale didaktische Orientierungshilfen im Konzept der Kinderakademie. Sie bündeln die entsprechenden pädagogischen und strukturellen Anforderungen und Erwartungen an die Studierenden und an die Kinder.

Der Wegweiser für ein gutes Miteinander (kurz: Wegweiser) ist ein Schriftstück mit sechs ausformulierten Verhaltensweisen, die wir uns an der Kinderakademie für ein Miteinander wünschen bzw. auch voneinander einfordern. Der Wegweiser wird zu Beginn aller drei Workshops am Montag durch die Studierenden gemeinsam mit den Kindern erarbeitet. Impulsgebend war hierfür insbesondere der Ansatz Komparativer Theologie.[137]

Die sechs Verhaltensweisen umfassen folgende Anliegen:[138] Im ersten Absatz sollen die Kinder mit dem Grundgedanken, dem Kennenlernen und Reden über Religionen, vertraut werden. Dabei soll insbesondere ein Wettbewerbsgedanke unter Religionen verworfen werden. Schon Martin Rothgangel schreibt dazu, dass ein kompetitiver Charakter interreligiösem Lernen nicht zuträglich ist.[139] Im zweiten Absatz wird den Kindern eine Regel für das Reden über Religiositäten, weniger allgemein über Religionen offeriert. Mit dieser Regel wird ein Grundsatz der Komparativen Theologie, der Hinwendung zum Einzelfall,[140] sprachlich für pädagogische Situationen aufbereitet. In einem dritten Absatz sollen den Kindern der Leistungsdruck, die Expert:innenrolle und die Zuschreibungen (Prozesse von Othering) genommen werden. Darüber kann ein selbstbewusstes Auftreten in Situationen, in denen Wissen nicht vorhanden ist und/oder Fehler gemacht werden, kultiviert werden. Auch geht es damit einher, mittelfristig faktisch inkorrektes Sachwissen zu umgehen. Im vierten Absatz soll sukzessiv eine Kompetenz angebahnt werden, die essentiell in interreligiösen Lernprozessen ist: das Ambiguitätserleben. Hierüber soll dazu eingeladen werden, Spannungen und Irritationen durch Mehrdeutigkeiten offen wahrzunehmen, zu kommunizieren und in diesem Setting aushalten zu lernen. Der fünfte Absatz knüpft dabei unmittelbar an Grundlegendes an: die

---

137 S. Kapitel 2.12. *Impulse Komparativer Theologie für die „Kinderakademie – Weltreligionen im Dialog"*

138 Diese Anliegen habe ich u. a. bereits in folgendem Artikel publiziert: Espelage, C., Gaida, K., Niehoff, R. & Reese-Schnitker. A. (2022). Perspektivenwechsel – Empathie – Sprachsensibilität. Empathisches und sprachsensibles Sprechen als zentrale Kompetenz interreligiösen Lehrens und Lernens. In: A.-H. Massud & C. Hild (Hrsg.), *Religionslehrer*innen als Akteure in der multireligiösen* (S. 77–99). Landau: Verlag Empirische Pädagogik e.V. Einzelne Aussagen der Publikation lassen sich in diesem Text wiederfinden.

139 Vgl. Rothgangel (2014), S. 218

140 Vgl. von Stosch (2012), S. 194

Akzeptanz des Gegenübers, welche hier in einem wechselseitigen Verhältnis zu dem Gegenüber und in einer Verantwortung zueinander steht. Im sechsten und letzten Absatz wird ein weiterer Leitgedanke des Bildungsprogramms deutlich: Interreligiöses Lernen bedeutet ausdrücklich, sich nicht gegenseitig zu missionieren, Religiositäten nicht zu nivellieren oder Religionen zu negieren. Es braucht die Einzigartigkeit jedes:jeder Einzelnen und die Differenz in der Begegnung.

Der Wegweiser versucht hier bereits über konkrete sprachliche Beispiele, eine empathische sprachsensible Kommunikation anzuregen. Gleichzeitig versucht der Wegweiser, sowohl Positives zu stärken als auch konkrete Orientierung für herausfordernde Situationen an die Hand zu reichen und im Wort zum Ausdruck zu bringen.

Der Leitfaden für die Gestaltung einer Workshopidee richtet sich ausschließlich an die Studierenden und wird im Rahmen des vorbereitenden Seminars erhalten. Ziel des Leitfadens ist es, die innovativen Ideen der Studierenden in den Rahmen des Kinderakademie-Programms zielgerichtet einzubetten. Der Leitfaden besteht aus elf Kriterien, die gemeinsam während des Seminars besprochen werden.

Folgende Aspekte sollen mit dem Leitfaden priorisiert werden:
1) Erwerb religionskundlichen Wissens, Förderung der kognitiven Lerndimension, 2) Hinführung zum Leitgedanken der Förderung von Empathie und Perspektivenwechsel, 3) Förderung der affektiven/emotionalen Lerndimension, 4) Differenzkompetenz, Heterogenität, 5) lebensweltlicher Bezug als Motivation und Anreiz für Lernprozesse, 6) Lernen mit Freude, 7) Handlungsorientiertes Lehren und Lernen, 8) Lernumgebungen mit Phasen der Konzentration, Auslastung und Ruhe gestalten, 9) Vermittlung von pädagogischen Grundsätzen eines Miteinanders, 10) Motivationsbündelung, 11) und didaktisch komprimierte Hinweise an die Studierenden.

Um den Studierenden nicht nur inhaltlich, sondern auch strukturell die Rahmenbedingungen des Programms zu verdeutlichen, ist dem Leitfaden ein tabellarischer Verlaufsplan für die Workshops beigefügt. Dieser umfasst wesentliche strukturelle Angaben wie zeitliche Angaben und festgelegte Punkte, die es zu berücksichtigen gilt: die Besprechung des Wegweisers für ein gutes Miteinander, die Berücksichtigung von Phasentrennern, das Mittagessen, didaktische Reserven und die Gewährleistung der Ergebnissicherung.

An diesem Grundgerüst können sich die Studierenden orientieren und innerhalb dessen eigene Workshopideen frei entfalten.

Sowohl der Wegweiser als auch der Leitfaden sind so konzipiert, dass sie das empathische Miteinander an gegebener Stelle pointiert fördern können:

Der Wegweiser nimmt das Kind ganzheitlich in den Fokus, auch auf sprachlicher Ebene: „Wie ist es bei DIR?". Das ist ein sprachlicher Ausdruck, der eine Auseinandersetzung mit einer konkreten Person intendiert und somit das empathische Hineinversetzen erleichtert. Mit dem Satz „Ich bin ich und du bist du" soll eine angstfreie, stressfreie, wertschätzende Atmosphäre erzeugt werden, die ebenso Empathie fördert. Auch hier werden Gemeinsamkeiten unterstrichen, welche Empathie fördern, und Unterschiede, welche Empathie fordern. Ambiguitätserleben, Empathie und Perspektivenwechsel können daraus wachsen.

Der Leitfaden fordert über seine Kriterien 1 und 9 einen religionskundlichen bzw. interreligiösen Wissenserwerb bei den Kindern, der zur Förderung beitragen kann. Insbesondere die Kriterien 2 und 3 zielen explizit konzeptuell auf die Förderung von Empathie und Perspektivenwechsel in den Bildungsprozessen innerhalb der Talkshow und des Workshops ab. Die Kriterien 5 bis 8 und 10 befassen sich mit methodisch abwechslungsreichem Lernen, mit dem Erleben und Lernen mit verschiedenen Sinnen (Basteln, Tanzen, Gestalten etc.), der Motivationen über Alltagsbezug, der Freude und Sympathie.

4.3.13 *Religiöse Heterogenität aller Beteiligten*

Der (religiösen) Heterogenität und Individualität der Kinder begegnet die Kinderakademie mit einem ebenso religiös heterogenen Team aus Studierenden und Mitwirkenden. Religiöse Heterogenität ist dabei nicht nur außerhalb, sondern auch gerade innerhalb der eigenen Konfession zu verstehen. Die Kinderakademie denkt im Sinne der religiösen Vielfalt bzw. der Religiosität der derzeitigen Gesellschaft und schließt darin auch Menschen ohne religiöse Zugehörigkeit ein. Somit ist weder bei den teilnehmenden Kindern noch bei den Mitwirkenden eine religiöse Zugehörigkeit Voraussetzung, um an dem Projekt teilnehmen zu können. Im Sinne einer sogenannten Instanz des Dritten[141] kann eine agnostische, atheistische oder andere weltanschauliche Position den Dialog durch interessierte und/oder kritische Nachfragen bereichern.[142]

Die institutionell geforderte Vielfalt beschreibt Annedore Prengel in den Elementen einer *Pädagogik der Vielfalt* (2019). Sie setzt bewusst auf eine interreligiöse Lehr- bzw. Lerngruppe auf verschiedenen Ebenen, in Rollen der Lehrpersonen, der Kinder, der Mitwirkenden und versteht dies als institutionelle

---

141 So wie sie beispielsweise in der Komparativen Theologie genannt wird, vgl. von Stosch (2012), S. 208ff.

142 Hier ist jedoch darauf hinzuweisen, dass dies in einem angemessenen, konstruktiven Rahmen im Sinne des Wegweisers für ein gutes Miteinander stattfindet.

Aufgabe.[143] So wird versucht, religiösen und gesellschaftlichen Vorurteilen und Xenophobie durch bewusste Rollenübernahmen von Minoritätsgruppen auf eine unvoreingenommene, natürliche Art zu brechen.[144] Die Entscheidung entsteht aus einer logischen Schlussfolgerung: Zum einen kann religiöse Vielfalt nur gezeigt und wirkungsvoll vermittelt werden, wenn sie auch authentisch vor Ort ist[145], zum anderen bietet sich das Konzept sehr gut an, um interreligiöse Konvivenzsituationen zu initiieren, in denen Begegnungen des Verstehens, aber auch des Missverstehens, der Diskussion und des empathischen Perspektivenwechsels in der gegenwärtigen Gesellschaft stattfinden können.[146] Das ist lediglich umsetzbar, wenn mit einer Vielfalt religiöser und kultureller Sozialisationen der Mitwirkenden auf eine Vielfalt religiöser und kultureller Sozialisationen der Kinder konzeptionell reagiert wird. In den vergangenen Kinderakademien nahmen Kinder aus einem breiten Einzugsgebiet der Stadt und des Landkreises Kassel teil. Hierbei stellten die christlichen und muslimischen Kinder die Majorität in einer fast ausgeglichenen Verteilung dar. Interreligiöse Begegnungen mit dem Judentum werden im Programm durch zahlreiche Anlässe wie beispielsweise durch den Ausflug in die Synagoge und das Gespräch mit einer jüdischen Religionsvertreterin teilweise kompensiert. Kinderakademien mit Kindern jüdischer Zugehörigkeit, wenn auch nur mit einzelnen Kindern, haben jedoch die Relevanz und Notwendigkeit für effektive interreligiöse Lernprozesse gezeigt. Kinder weiterer Religionszugehörigkeiten haben sich nicht angemeldet oder sind zumindest nicht formal als solche sichtbar. Ebenfalls hat eine Teilnehmendengruppe aus Kindern, die sich formal keiner Religionszugehörigkeit zuordnet, teilgenommen.[147] Die Diversität auf verschiedenen Ebenen schafft einerseits Momente des gegenseitigen Sich-Identifizierens auf individueller Ebene und andererseits reduziert sie auch die sogenannte *Ingroup Favorisierung*.[148]

---

143   Vgl. Prengel (2019), S. 204f.

144   Vgl. Willems (2011), S. 115 beschreibt das als eines der Ziele interreligiösen Lernens.

145   Vgl. dazu Nipkow (2005), S. 364ff. in seiner Zusammenfassung von Zielen interreligiösen Lernens

146   Vgl. dazu Stettberger in Stettberger & Bernlochner (2013), S. 134

147   Konkrete Zahlen finden Sie in Kapitel 6.6.1. *Stichprobe und Datenumfang* unter den soziodemographischen Daten beider untersuchter Workshops der vorliegenden Studie.

148   Der Begriff der Ingroup Favorisierung wird oft in der Sozialwissenschaft verwendet und beschreibt das sich Identifizieren und Zugehörigfühlen mit einer Gruppe. In dem Bereich des interreligiösen Lernens vor dem Hintergrund sozialpsychologischer Einstellungs- und Vorurteilsforschung hat unter anderem Martin Rothgangel (2014) die Ansätze von unter anderem Henri Tajfel (1982) schlüssig weitergedacht.

4.3.14   *Betreuungsschlüssel*

Das Programm ermöglicht einen hohen Betreuungsschlüssel mit Studierenden, die sich bereits in ihrem Vertiefungsseminar befinden und somit kurz vor
dem Abschluss stehen. Mit durchschnittlich 15 Studierenden und 30 Kindern,
drei Religionsvertreter:innen und zusätzlichen Mitwirkenden können die Kinder individuell betreut werden. Hier besteht die privilegierte Situation, wie
auf Einzelbedürfnisse der Kinder eingehen, dringende Fragen klären und auf-
kommende Gedanken intensiv austauschen zu können, ohne den Ablauf des
Programms oder den Lernprozess anderer Kinder zu beeinträchtigen. Über den
so genannten induktiven (=einfühlsamen) Erziehungsstil können die Studierenden die Kinder auf ihr jeweiliges Verhalten aufmerksam machen und somit
zu einer Förderung von empathischem Mitgefühl beitragen.[149] Interreligiös
herausfordernde Situationen, in denen Empathie oder Perspektivenwechsel
benötigt werden, ergeben sich hier auch insbesondere in Nebengesprächen
oder religiösen Überschneidungssituationen. Die Studierenden haben dann
die Ressourcen (personell, zeitlich und intellektuell), diesen Situationen mit
ihrer fachlichen Kompetenz gerecht zu werden.

4.3.15   *Institution Universität, Kooperations- und Öffentlichkeitsarbeit*

Die Universität (hier: Universität Kassel) ist ein bewusst ausgewählter Ver-
anstaltungsort. Als ein unabhängiger Lernort für Wissenserwerb und
Persönlichkeitsbildung, aber auch als ein Ort kritischen, reflektierten, mehrperspektivischen Denkens ist die Universität optimal geeignet. Kinder mit
oder ohne Religionszugehörigkeit können hier über und von Religionen und
Religiositäten lernen, ohne dass dies einen missionarischen Charakter trägt.
Hier können die Kinder den Alltag an der Universität kennenlernen, in Hör-
sälen sitzen, durch die Bibliothek schleichen, in der Zentralmensa gemeinsam
mit den anderen Studierenden und Mitarbeitenden essen. Erfahrungen mit
dem akademischen Lernort Universität können gesammelt werden. Gerade
für Kinder aus bildungsferneren Haushalten ist diese Erfahrung zentral, mitunter prägend.

Die Kinderakademie ermöglicht eine Kooperation mit der Universität und
städtischer Angebote. Eine inneruniversitäre Kooperation ermöglicht, dass
den Kindern von Studierenden der Universität Kassel der gesamte Teilnehmendenbeitrag erstattet wird.[150] Zu Kooperationen mit städtischen Angeboten
zählen die Gemeinden, mit denen die Kinderakademie in Kontakt steht, um

---

149   Vgl. Stettberger (2013), S. 133
150   Dies konnte in der Vergangenheit durch die Kooperation mit dem Family Welcome Ser-
      vice der Universität Kassel gewährleistet werden.

Exkursionen zu organisieren sowie soziale und interkulturelle Einrichtungen. Im Rahmen der Kooperation wurden sogenannte Patenschaftsverträge zwischen den Studierenden und Kindern aus finanziell schwächeren Familien geschlossen, um so den Teilnehmendenbeitrag bezahlen zu können.[151] Im Sinne der Nachhaltigkeit haben die Pat:innen und deren Patenkinder auch nach der Kinderakademie die Chance, Zeit miteinander zu verbringen und für Freizeitaktivitäten auch finanziell unterstützt zu werden.

Die Erfahrung zeigt, dass der Austausch zwischen Stadt und Universität wichtig und fruchtbar ist. So schreibt die Universität Kassel beispielsweise in ihrem Jahresbericht aus 2019

> Langfristig denken, gemeinsam mit Partnern auch ambitionierte Ziele erreichen, regional verankert bleiben und international noch sichtbarer werden – das fasst den Ansatz der Universität Kassel zusammen.[152]

Dem Verhältnis von Regionalität und Überregionalität versucht auch die Kinderakademie nachzukommen, in dem sie bewusst Kinder aus dem Stadt- und Landkreis einlädt, aber auch als Konzept so bundesweit Anwendung finden kann.

Die Öffentlichkeitsarbeit entstand in der Zusammenarbeit mit der Graphikdesignerin und zugleich (damaligen) studentischen Mitarbeiterin Atena Emadi. Die Herausforderung der Arbeit bestand darin, für die unterschiedlichen Zielgruppen – Kinder und Erwachsene – wichtige Informationen und zentrale Leitgedanken des Konzepts herauszufiltern, miteinander in einen Einklang zu bringen und ansprechend gestalterisch auszudrücken. Das Ergebnis dieser Arbeit findet sich in diesem Kapitel an verschiedenen Stellen wieder.

Inspirationswände wurden erstellt, Keywords wurden ausformuliert, Fremdeinschätzungen wurden eingeholt. Ein Plakat im klassischen Sinne zeichnet sich durch eine Verbindung von Text und Bild aus.[153] Daher ist es zunächst wichtig, die folgenden Ebenen zu erkennen und zu bespielen.

Text bzw. Informationsebene (Abbildung 9): 1) Absender:inneninformation: Logo der Kinderakademie, 2) Grunddaten der Veranstaltung, 3) Inhalt und Ziel der Veranstaltung, 4) Formulierung der Kernbotschaft *„Unsere Begegnung lässt dich und mich wachsen"*, 5) Informationen zur Anmeldung 6) Kooperationspartner:innen.

---

151 In der Vergangenheit hat sich die Kooperation mit der interkulturellen Organisation BENGI e.V. als äußerst fruchtbar erwiesen. Durch die Kooperation konnten Kindern aus finanziell schwächeren Haushalten eine Teilnahme an dem Programm der Kinderakademie ermöglicht werden. Das ist ein großer Gewinn.
152 Jahresbericht 2019 Universität Kassel, S. 14
153 Vgl. Drenckhahn (2020), S. 19

Abb. 9   Plakat der Kinderakademie (Januar 2020)

Bildebene:
1) Bunte Kindergesichter in abstrakter Darstellung, 2) Key-Words in Kinderakademie Farben, religiöse Symbole als visuelles Erkennungsmittel der Thematik, 3) Notizzettel als visuelle Darstellung der Veranstaltungsdaten.

Persönliche Erfahrungen, Bildung, der kulturelle Hintergrund, also das Wissen und der Erfahrungsschatz der rezipierenden Person, sind immer beeinflussende Faktoren bei der Wahrnehmung des Bildes.[154] Aus diesem Grund

---

154   Vgl. Drenckhahn (2020), S. 19

sollte das Layout abstrakt, offen, dennoch kindgerecht und freundlich wirken. Das Corporate Design der Öffentlichkeitsarbeit ist identisch mit dem Logo der Kinderakademie. Dieser Stil durchzieht die gesamte Öffentlichkeitsarbeit des Bildungsprogramms. Somit lassen sich in den unterschiedlichen Kindergesichtern und Haarstrukturen die vier Farben der Kinderakademie wiederfinden, welche von rezipierenden Personen im Sinne von „Vielfalt" gedeutet werden sollen.

Während der Kinderakademie-Woche fotografiert Atena Emadi, um so die Eindrücke auch in Bildern festzuhalten.[155] Diese Fotos werden in Form einer Bildergalerie am Freitag in der Rundschau präsentiert.

Über unseren Web-Auftritt versuchen wir auch auf digitaler Ebene, das Projekt in die Öffentlichkeit zu bringen. Hier sind zentrale Informationen für Studierende, Eltern und Kinder gebündelt. Des Weiteren finden sich dort zwei Werbe-Videos und Fotos, die einen guten Überblick und Eindruck über das Bildungsprogramm geben sollen. Insbesondere die Videos, die auch in der Zusammenarbeit mit Atena Emadi entstanden sind, lassen den:die Zuschauenden Leitgedanken, Umfang und Funktion des Bildungsprogramms erahnen.[156]

4.4   Ziel und Anspruch

In diesem Unterkapitel sollen nun Ziele und Ansprüche für das Bildungsprogramm der „Kinderakademie – Weltreligionen im Dialog" systematisiert dargestellt werden. Sie bilden sich aus den Erkenntnissen des vorliegenden Kapitels 4 *Kinderakademie – Weltreligionen im Dialog*, aus den Kapiteln *2.12* zu den Zielen Komparativer Theologie und *2.14* Ziele Interreligiösen Lernens.[157]

---

155   Die Bildrechte werden dabei streng eingehalten. Die Kinder, die in ihrem Anmeldeformular, den Bildübertragungsrechten nicht oder nur situativ zugestimmt haben, werden nicht abgelichtet. Darüber hinaus werden auch keine Kinder fotografiert, die nicht fotografiert werden wollen.

156   Ich lade Sie herzlich dazu ein, unseren Web-Auftritt zu sichten: https://www.uni-kassel.de/fb02/institute/evangelische-theologie/fachgebiete/religionspaedagogik/kinderakademie-weltreligionen-im-dialog

157   Aus diesem Grund werden die im Folgenden aufgeführten komprimierten Erkenntnisse in den Spiegelstrichen nicht erneut mit entsprechender Literatur kenntlich gemacht. Entsprechende Verweise lassen sich im Vorherigen deutlich erkennen.

Folgende Ziele und Ansprüche werden im Rahmen des Bildungsprogramms der „Kinderakademie – Weltreligionen im Dialog" auf Grundlage dessen ausformuliert:

- Die Kinderakademie ist ein Ort der Begegnung – der Mensch steht im Fokus
- Interreligiöse Empathie und Perspektivenwechsel können gefördert werden
- Die Kinderakademie ist ein Ort des Ichs und Dus – (religiöse) Individualität, Sozialisation und Identität werden erkannt, respektiert und geachtet
- Die Kinderakademie ist ein Ort, an dem Freundschaften entstehen können
- Das eigene (religiöse) Ich kann in der Begegnung mit dem Gegenüber neu verstehen gelernt werden
- Die eigene religiösen Beheimatung (im Sinne der konfessionellen Tradition) kann durch die Begegnung mit Andersgläubigen gestärkt werden
- Die Kinderakademie ist ein Ort der professionalisierten Ausbildung für zukünftige Lehrpersonen und andere pädagogische Fachkräfte
- Die Kinderakademie ist ein Ort, an dem Fragen gestellt werden sollen und sich gemeinsam auf die Suche nach Antworten begeben werden kann. Dem liegt eine gesunde Fehlerkultur zugrunde.
- Die Kinderakademie ist ein Ort zum Erleben mit allen Sinnen – Vielfalt des Programms: von Workshop über Talkshow zur Exkursion
- Die hiesige Wissensvermittlung hat das Ziel, die gelebte religiöse Umwelt besser zu verstehen (und sich als Individuum darin verorten zu können)
- Die hiesige Wissensvermittlung ist in Form von differenzierten Lernumgebungen passgerecht gestaltet
- Nachhaltiges Lernen gelingt interdisziplinär mit Freude, Aktivität, Spannung und Erleben – auf mindestens sozialer, affektiver-emotionaler und kognitiver Ebene für alle Beteiligten
- Eigene Standpunkte können weiterentwickelt werden
- Institutionelle Diversität auf allen Ebenen (Alter, Gender, Religion, Kultur etc.) fordern und einsetzen
- Ressourcen (Diversität, Zeit, Mitarbeitende mit professionalisiertem Hintergrund) schaffen
- Die Möglichkeit der Teilnahme für jedes Kind schaffen (strukturelle Chancengleichheit)
- Sensibilisierung für die Notwendigkeit und den Handlungsanspruch interreligiösen Lernens in unserer Gesellschaft unter allen Beteiligten wachsen lassen
- Weitere Lernzielperspektiven wie Dankbarkeit, Wertschätzung, Motivation, Demut, Neugier, Kommunikation etc., die in engem Zusammenhang zu Empathie und Perspektivenwechsel stehen, fördern

– Ggf. Stereotypisierung erkennen und pädagogisch angemessen handeln
– Ggf. Xenophobie aktiv erkennen und kompetent reagieren
Der Anspruch an das Bildungsprogramm selbst ist: Das Konzept lebt von einer
Grundoffenheit, einem kritischen, sensiblen, empathischen Denken und der
Erkenntnis, dass Gesellschaft prozesshaft und facettenreich wahrzunehmen
ist. Daraus erwächst u. a. ebenso der Anspruch einer kulturellen und religiös
Mehrperspektivität.

4.5   Die Einzigartigkeit und Transferierbarkeit des Projekts

Das Konzept der „Kinderakademie – Weltreligionen im Dialog" ist in dieser
Form bundesweit einzigartig und somit bisher exklusiv als ein universitäres
Bildungs- und Ferienprogramm für Studierende und Kinder zum Thema des
interreligiösen Lernens an der Universität Kassel angesiedelt. Bisher wurden
im vorliegenden Kapitel das Programm, der didaktische Aufbau, Gelingensbedingungen, Ziele und Ansprüche der Kinderakademie ausformuliert. Deutlich
zeigt sich dadurch die Effektivität, Relevanz und Notwendigkeit interreligiösen
Lernens. Aus diesem Grund ergeben sich auch Überlegungen der Transfermöglichkeiten des Bildungsprogramms.
      Generell können die 15 Grundpfeiler als Leitmaxime von Transfermöglich-
keiten der Kinderakademie an entsprechenden Institutionen umgesetzt
werden. Exemplarisch werden im Folgenden zwei Beispiele möglicher institu-
tioneller Transfermöglichkeiten skizziert, die sowohl Chancen als auch Grenzen der hier vorliegenden Konzeption aufzeigen. Konkretere Ideen dazu sind
bereits ausgearbeitet und umfangreich dargestellt.[158]

Transfermöglichkeiten an anderen universitären Standorten
Eine Transfermöglichkeit an andere universitäre Standorte ist analog umsetzbar und somit sehr gut möglich. Entsprechende Ressourcen (personell und
finanziell) müssen für den jeweiligen Standort zur Verfügung gestellt werden.

Transfermöglichkeiten an schulischen Standorten
Bevor über eine mögliche Transfermöglichkeit an schulischen Standorten
überlegt werden sollte, stellen sich vorab folgende Fragen: Welchen Einfluss hat
der Lernort Schule im Vergleich zum universitären Standort auf interreligiöse

---

158   Etwaige Ideen dazu habe ich in einer Ideenskizze im Rahmen des UNIKAT Ideenwett-
      bewerbs der Universität Kassel 2020/2021 dargelegt.

Wirkungseffekte wie Empathie und Perspektivenwechsel der Schüler:innen? Welche Chancen und Herausforderungen bietet der Lernort Schule bezüglich der Konzeption der Kinderakademie? Wer leitet die Workshops: Studierende oder das Lehr:innenkollegium? An welchen Stellen muss das Konzept verändert werden, um effektiv zu bleiben?

Hinsichtlich des Fördergedankens von Empathie und Perspektivenwechsel wird letztlich deutlich, dass das Konzept sensibel mindestens im Kontext von Lernraum (hier: Schule oder Universität) und Lehrenden (hier: Studierende oder Lehrpersonen) zu denken ist, weshalb das Bildungsprogramm nicht unachtsam auf andere Bildungskontexte übertragen werden darf.

So können mögliche Herausforderungen bereits für die Wahl der Lehrenden innerhalb des Bildungsprogramms entstehen. Als Lehrende der Kinderakademie kommen m. E. besonders zwei Zielgruppen in Frage: Die Lehrpersonen vor Ort oder die Studierenden, die extern aus der Universität an die Schulen kommen. Die Motivation der Kinder könnte sich diesbezüglich bei beiden Zielgruppen unterschiedlich entfalten.

A) Lehrpersonen an Schulen leiten die Workshops

Das Kollegium ist sich untereinander bekannt und ein Team-Teaching kann als gewinnbringende Herausforderung erfahren werden. Die Exkursionsorte können gemeinsam im Kollegium besprochen und ausgewählt werden. Darüber hinaus erfährt das Kollegium eine gezielte fachkundliche Fortbildung im Kontext interreligiösen (Begegnungs-)Lernens und interreligiösen Kompetenzen. Ich sehe eine Chance darin, konkrete Anknüpfungspunkte für die eigene Lehrprofessionalisierung gewinnen zu können. Herausforderungen bestehen m. E. darin, ob alle Lehrpersonen an diesem Projekt teilnehmen (wollen). Welche motivationalen Voraussetzungen sind gegeben? Wer nimmt teil, wer nicht? Welche Ressentiments bestehen gegenüber anderen Religionen oder generell Religion? Wenn Lehrpersonen die Kinderakademie maßgeblich leiten, muss gewährleistet sein, dass diese bereits interreligiöse Kompetenzen erworben haben. Daraus leitet sich m. E. eine zentrale Herausforderung ab: Wie viel Zeit und Aufwand möchte das Kollegium in ein notwendiges Fortbildungsangebot interreligiöser Kompetenzen investieren? Hier gilt es, ein Fortbildungsangebot zu konzipieren, das möglichst komprimiert auf zentrale Inhalte reduziert wird, ohne in der Qualität einbüßen zu müssen.

Zielgruppe sollen dabei nicht ausschließlich Schulen mit einer stark kulturellen und/oder religiösen Vielfalt sein. Gerade auch Schulen, an denen die religiöse und/oder kulturelle Vielfalt auf den ersten Blick homogener erscheint, benötigt interreligiöse Kompetenzen für eigene Zukunftsperspektiven der Schüler- und Lehrer:innenschaft.

B) Die Studierenden leiten die Workshops
Die Studierenden werden in einem flankierenden Seminar ausgebildet. Sie
kommen extern an die Schulen, worin ein deutlicher Motivationsfaktor liegen kann, da externe Angebote von den teilnehmenden Schüler:innen oft als
erfrischend wahrgenommen wird. Herausforderungen könnten in strukturellen Gegebenheiten liegen. Es muss ein Zeitraum in der vorlesungsfreien Zeit
gefunden werden, indem die Studierenden eine Woche die Schule besuchen
können, denn während des Semesters ist das parallel zeitlich nicht möglich.
Einen geeigneten Zeitraum zu finden, ist herausfordernd, da er oft mit verschiedenen Faktoren wie diversen Abgabeterminen, Prüfungen, eigenen Interessen etc. korreliert. Dies könnte zur Folge haben, dass sich viele Studierende
letztlich gegen das Seminar entscheiden. Ebenso kann die Schule nicht ohne
Weiteres einen Zeitraum zur Durchführung einrichten. Ein günstiger Zeitraum
könnte im Rahmen einer Projektwoche sein.

Es wird deutlich, dass sorgfältig im Vorfeld einen Zeitraum vereinbart werden muss, der sowohl für die Schule als auch die Studierenden möglich ist.

4.6   Grenzen und Herausforderungen des Konzepts

Grenzen des Konzepts lassen sich auf verschiedenen Ebenen, die bereits
durch die Grundpfeiler eröffnet wurden, erkennen. Im Sinne des Forschungsanliegens werden insbesondere folgende Grenzen des Konzepts deutlicher in
den Blick genommen:

Herausforderungen interreligiös kompetent begegnen
Die Kinderakademie erzeugt programmbedingt sogenannte ,critical incidents',
also interreligiös herausfordernde Situationen. Des Weiteren zeigen sich Situationen, in denen die Kinder deutliche Reaktionen auf ihnen Unbekanntes zeigen. Nicht jeder dieser Situationen wird interreligiös-pädagogisch kompetent
zu begegnen sein. Das kann verschiedene Ursachen haben: Zum einen sind
solche Situationen zumeist ungeplant, da sie aus Affekten der Lernenden und
Lehrenden innerhalb der Interaktion entstehen. Durch Zeit, Erfahrungen und
Routine können solche Situationen von den Studierenden sukzessiv erkannt
und präventiv entgegengewirkt werden. Zum anderen sind die Studierenden, die das Bildungsprogramm zumeist tragen, meist selbst noch zu Beginn
eigener interreligiöser Kompetenzerfahrungen. Das hat zur Folge, dass diesen
interreligiös herausfordernden Situationen seitens der Studierenden durchaus
immer wieder mit einer gewissen „pädagogischen Sprachlosigkeit" begegnet
wird. Das flankierende Seminar hat daher die Aufgabe, zukünftig auf diesen

Aspekt didaktisch verstärkt in Form von Trainings, Fallanalysen und Fallberatungen einzugehen.[159]

Nachhaltige Lernprozesse sichern?
Die Kinderakademie offeriert den Kindern verschiedene Möglichkeiten, Begegnungen mit interreligiösen und interkulturellen Themen über zahlreiche Zugänge, wie personale, mediale und kreative, zu sammeln. Letztlich bleibt es jedoch ein einwöchiges Ferien- bzw. Bildungsprogramm, weshalb die Nachhaltigkeit und Sicherung des erfahrungsbezogenen und erworbenen Wissens nicht gewährleistet werden kann. Über die Patenschaftsverträge hätten die Studierenden die Möglichkeit, Kontakt mit Kindern der Kinderakademie zu halten, diese Möglichkeit wird leider kaum genutzt.

4.7   Zusammenfassung

> Ich habe wirklich mehr über die Religionen gelernt, am meisten beim Judentum. Ich konnte die Kinder aus anderen Religionen vorher schon gut kennenlernen und ich konnte sie auch gut verstehen, aber jetzt habe ich sie mehr kennengelernt.[160]

Das vorliegende Kapitel hat das Konzept der „Kinderakademie – Weltreligionen im Dialog" in seinen verschiedenen Dimensionen vorgestellt.

Das Programm (4.2) hat in seiner Vielschichtigkeit den Umfang und die unterschiedlichen Anforderungen für einzelne Zielgruppen aufgezeigt. Die Grundpfeiler des Konzepts (4.3) bilden das Herzstück des Kapitels. Vertiefend werden einzelne Themenbereiche beleuchtet. Hier werden zwei Dinge sichtbar: Zum einen ist interreligiöses Lernen interdisziplinär zu verstehen, immer vor diesem Hintergrund zu beobachten, und auf dieser Grundlage ist zu argumentieren. Zum anderen wird die bereits herausgearbeitete Relevanz des wechselseitigen Zusammenspiels aus kognitiven und emotionalen Dimensionen erneut verdeutlicht. In ihrem Zusammenwirken sind sie höchst fruchtbar für interreligiöse Begegnungen. Darüber hinaus lassen sich viele Aspekte des

---

159   Trotz der Bemühungen mithilfe des Equipment-Effekts (Abbildung 7)
160   Ibrahim, 12 Jahre, teilnehmendes Kind der Kinderakademie im Januar 2019. Um nah an den Bedürfnissen der Kinder zu bleiben, haben wir im Rahmen eines Umfragebogens die Kinder nach ihrer Einschätzung des eigenen religionskundlichen Wissenserwerbs befragt. Daran schloss sich optional die offene Frage an, ob es dazu Gedanken gibt, die geteilt werden wollen. Ibrahims Antwort ist hier abgebildet.

Programms Komparativer Theologie finden und gelingend in die Konzeptionen der Kinderakademie integrieren.

Besonders hervorzuheben ist, dass die 15 Grundpfeiler das mehrfach erwähnte multifaktorielle Gerüst in der Praxis abbilden, in welchem Empathie und Perspektivenwechsel laut fachtheoretischer Erarbeitung in den vorherigen Kapiteln gefördert werden kann.

Die Darstellung dessen ist aus diesem Grund unerlässlich. Ziele und Ansprüche (*4.4*) werden formuliert. Hier wird insbesondere noch einmal auf die Relevanz individueller, erlebnisorientierter, personaler Formen von interreligiöser Begegnung hingewiesen. Darüber hinaus ist auch ein deutlicher Anspruch ausformuliert, strukturelle Chancengleichheit für alle Kinder und Studierende zu stärken und (religionsbezogene) Diversität als institutionelle Voraussetzung in pädagogische Kontexte fest zu implementieren. In (*4.5*) wird ein Ausblick über Transfermöglichkeit des vorliegenden Konzepts an anderen Institutionen aufgezeigt. Insbesondere die Implementierung in schulische Settings benötigt eine strukturelle Abänderung des Konzepts, das haben bereits erste rudimentäre Vorüberlegungen gezeigt. Diese sind in dieser Form jedoch nicht als Grenze, sondern als Herausforderung situativ zu verstehen. Das letzte Kapitel (*4.6.*) um Grenzen des Konzepts zeigt u. a. die bereits in der Fachtheorie[161] aufgezeigten Hürden um pädagogische Sprachlosigkeit in interreligiösen Situationen, die mit der Begegnung mit zunächst Unbekanntem verbunden sein kann.

Die vorausgegangenen Kapitel 2 und 3 haben eine Grundlage der fachtheoretischen Ausgangslage hinsichtlich des vorliegenden Forschungsprojektes ausgebreitet. Das vorliegende Kapitel 4 hat seine Konzeption als praxisbezogenes Projekt auf Grundlage dessen untermauert und in einen wirkungsvollen Zusammenhang gestellt: Einzelne Inhalte wurden fachtheoretisch vertieft, andere durch die Praxiserfahrung des Programms ergänzt. Die Fachtheorie benötigt die Praxis, um Lernprozesse realistisch und fruchtbar werden zu lassen. Gleichzeitig benötigt Praxis die Fachtheorie, um Lehr- und Lernprozesse gezielt fördern zu können. Das vorliegende Kapitel hat versucht, die ertragreiche Verknüpfung beider Bereiche abzubilden.

---

161   S. Kapitel *3.5.3 Empathie und Perspektivenwechsel im Kontext einer Xenosphie in religionspädagogischer Absicht*, s. Kapitel *3.5.2.2 Ambiguitätserleben*

Zwischenfazit: Konkretisierung fachtheoretischer Grundlegungen – Chancen und Herausforderungen

5.1 Einordnung in den Kontext

Im vorliegenden Kapitel werden die fachtheoretischen Erkenntnisse in einer unten aufgeführten Bündelung entlang der Forschungsfragen konkretisiert.[1] Darüber hinaus kann das Kapitel als inhaltliches Zwischenfazit (Teil I) und als Scharnier zur Empirie des vorliegenden Forschungsvorhabens (Teil II) betrachtet werden. Die Zusammenfassung der unten aufgeführten Inhalte entsteht wie folgt: Die Forschungsfragen werden noch einmal an die bisherigen Erkenntnisse der Kapitel 2 bis 4 gelegt. Die sich daraus ergebenden relevanten Inhalte werden gesammelt und in diesem Kapitel in zunächst zwei Unterpunkte, welche sich an den Forschungsfragen orientieren, unterteilt: In einem ersten Schritt werden Chancen, gewissermaßen somit Gelingensfaktoren (5.1.) und in einem zweiten Schritt Herausforderungen, somit (vermeintliche) Störfaktoren (5.2.) der Förderung von Empathie und Perspektivenwechsel in interreligiöse Begegnungssituationen bei Kindern abgebildet. Weiterführend strukturiert werden nun alle gesammelten Erkenntnisse anhand von jeweils sechs Strukturebenen, welche in Bezug auf die ermittelten Erkenntnisse eigenständig gebildet wurden. Wenn sinnvoll, so werden die Strukturebenen in weitere Sub-Strukturebenen unterteilt. Die Darstellung der Strukturebenen verdeutlicht die Relevanz des interdisziplinären Denkens für das vorliegende Forschungsinteresse im Kontext interreligiösen Lernens.[2] Die erstellten Strukturebenen können einen konkreten praxis-plausiblen Zugang für Fördermöglichkeiten von Empathie und Perspektivenwechsel bereits in dieser überblicksartigen Zusammenfassung verdeutlichen. Dabei wird nicht der Anspruch erhoben, die jeweilig zugeordneten Inhalte trennscharf voneinander (ausschließlich in einer Strukturebene) zu verstehen. Die Zuordnung der Inhalte

---

1 *Wie lassen sich Empathie und Perspektivenwechsel durch interreligiöse Begegnungen bei Kindern im Primarbereich fördern? Was sind Gelingens-, was sind Störfaktoren? Welche Auffälligkeiten lassen sich erkennen?*

2 Die Erkenntnisse, die in dieser Arbeit dargestellt wurden, zeigen, dass interreligiöses Lernen u. a. Bezüge zur Pädagogik, Psychologie, Theologie, Soziologie, Sozialarbeit und Philosophie aufweisen.

in die entsprechenden Strukturebenen erwies sich in dieser Form anlässlich des Forschungsinteresses als sinnvoll. Die Darstellung der zusammengefassten Punkte soll für die Studie als Grundlage zur empirischen Weiterarbeit dienlich sein.

5.2   Chancen der Förderung von Empathie und Perspektivenwechsel

5.2.1   *Religionsdidaktische/Religionsmethodische Ebene*
Didaktische Leitlinien
- Dialogisches Lernen
- Kompetenzorientiertes Lernen
- Lernen in Differenzkompetenz
- Interreligiöses Begegnungslernen: 1) mittels Medien, 2) anhand von Trainings, 3) zwischen Personen
- Lernen am Ich und Du (Hinwendung zum Einzelfall)
- Empathische Kommunikation sensibilisieren, fordern und fördern: z. B. über gemeinsame (sprachliche) Vereinbarungen von einem Miteinander, Austausch von Erwartungen an ein Miteinander
- Ansatz des distanzierten Perspektivenwechsels, in dem Teil-Identifikationsprozesse geschehen, religiöse Grenzen gewahrt und eigene Perspektiven bestehen bleiben
- Religionskundlicher Wissenserwerb als Grundlage
- Gemeinsamkeiten sind zunächst Türöffner: Lernsettings gestalten, die überschneidende Interessen, ähnliche situative Erfahrungen und Einstellungen in der Begegnung mit dem Gegenüber zeigen können
- Begegnungsformate gestalten, die frei von Angst, Stress und Druck sind
- Didaktische Orientierungshilfen hinzuziehen: z. B. der „Wegweiser für ein gutes Miteinander"
- Kombination von religionskundlichem Wissen und individuell religiösen Erlebens- und Erfahrungsmomenten (Wissensfragen und Glaubensfragen)

Methodische Angebote
- Projekt- oder Stationenarbeit
- Exkursionen (außerschulisches Lernen)
- Interreligiöses Zeugnislernen (mit performanzorientierten Anteilen)
- Bildkarten (Gebetshäuser, Gegenstände, Personen etc.), die den Dialog unterstützen
- Interreligiöser Dialog, in dem Gemeinsamkeiten und Unterschiede offen zur Sprache kommen

- Digitale Medien: Online-Lernplattformen wie z. B. die Relithek.de oder religionen-entdecken.de
- Lernen und Erleben mit allen Sinnen
- Anlässe gestalten, die zunächst Sympathien füreinander wachsen lassen
- Lernatmosphäre lokal unterstützen: Räumliche und soziale Nähe in Lernarrangements methodisch gestalten
- Affektiv-emotionale Begegnungssituationen schaffen (z. B. Tee in der Moschee, Lächeln des Rabbiners, Rumrennen in der Moschee)

Konkrete Aufgabentypen
- Szenisches Spiel
- kreative Schreibaufgaben
- Fallgeschichten
- Erzählungen
- Aufgabentypen, die den distanzierten Perspektivenwechsel fördern: fiktive Kinder, die ihre Lebenswelt vorstellen

5.2.2 Religionspädagogisch – Entwicklungspsychologische Ebene
Intern – Im eigenen Ich wirkend
- Das Lernen und Erleben auf mindestens kognitiver, affektiver, emotionaler und motivationaler Dimension nutzen und für den schulischen/pädagogischen Kontext zugänglicher machen
- günstige Voraussetzung: Imaginationsfähigkeit und konditionales Denken
- Bezugskompetenzen: Motivation, Sich Verstehen-Wollen, Grundoffenheit, Achtsamkeit, sich affizieren lassen, Perspektivenwechsel, Interesse, Neugier, Demut, Vertrauen, Sympathie, Dankbarkeit und Wertschätzung für das Eigene, für das Andere, für das gemeinsam Entstehende
- eigenes Auftreten in der Begegnung: Authentizität, Begeisterung und Neugier der eigenen Religiosität nach außen tragen
- Handlungsfähigkeit zur Veränderung eigener Einstellungen und Sichtweisen entwickeln
- Ambiguitäten erleben und aushalten lernen
- Differenzkompetenz entwickeln im Sinne eines umsichtigen Eintretens für die Entfaltung des Anderen und des Eigenen
- Theory of Mind-Kompetenz fördern
- Vorurteile und Stereotypen aktiv reflektieren
- Gesagtes reflektieren und darüber auf eine neue Erfahrensebene gelangen
- Nachahmung (Mimesis) geschieht sowohl bewusst als auch unbewusst im Zuge von Sympathie und Zeit in Form von Äußerungen, Empfindungen, bestimmter Redewendungen und Handlungen

- Spiegelung ermöglicht Teil-Identifikationsprozesse, welche eine tief-ergehende emotional empathische Haltung wiederum ermöglichen kann
- Empathische Handlung wird aktiviert und zeigt solidarisches, prosoziales Handeln, orientiert am Gegenüber
- Komplementäres Denken als Folge von Perspektivenwechsel

Extern – Auf das Ich wirkend
- Empathische soziales Umfeld: „Empathie-Vorbilder", die in engem sozialen Kontakt zu den Kindern stehen und empathisch vorleben (Eltern, Kinder-gärtner:innen, Lehrer:innen, Sozialarbeiter:innen etc.)
- Induktiver (= einfühlsamer) Erziehungsstil vorleben
- Das bleibende Unbekannte, das bleibende Andere erkennen und wert-schätzen lernen

5.2.3   *Religionsphilosophische Ebene*
- Neuverstehen des eigenen Glaubens im Kontext der Umwelt
- als Theologie aus dem Dialog heraus: „Nicht als ‚Theologie für den Dialog' versteht [die Komparative Theologie] sich, sondern als dynamische Theo-logie ‚aus dem Dialog heraus'"[3].
- eigenen Wahrheitsanspruch nicht absolut setzen (epistemische Demut)
- Gastfreundschaft als eine Grundhaltung etablieren

5.2.4   *Subjektorientierte Ebene*
- Hinwendung zum Einzelfall fokussieren
- über zentrale Fragestellungen des Menschen in der Gegenwart reden
- Freundschaftliches Miteinander füreinander schaffen, sich ganzheitlich kennenlernen und dann in der religiösen Facette
- „eine Form von Liebe, die am anderen das Liebenswerte entdeckt und sich mit ihm solidarisch erklärt"[4]
- ganzheitliche Wahrnehmung des Gegenübers erkennen
- Individualität und Identität verbunden mit dem Anspruch, sein Gegen-über ganzheitlich in seiner Komplexität und seinem Facettenreichtum verstehen zu wollen, wobei Individualität und Identität nie als starr bzw. festgeschrieben zu verstehen sind, sondern als fluide, dynamisch und prozessorientiert
- Eigene Persönlichkeitsentwicklung anregen
- Individualität und Sozialisationszusammenhänge können klarer erkannt werden

---

3 Langenhorst (2015), S. 90
4 Von Stosch (2012), S. 150

– Nonverbale und verbale Interaktionen, durch „freundschaftliche" Grundhaltung (sympathische Handlungen zueinander, wie z. B. Umarmen, Helfen etc.)

5.2.5 Kommunikationspsychologische Ebene

– Empathisches Sprechen (religionssensible Kommunikationskompetenz)
– Dialog praktizieren
– Paraphrasieren, direktes Nachfragen, aktives Zuhören
– Offene, mutige Kommunikation (Missverständnisse können dadurch umgangen werden)
– Kommunikations- und Dialogkompetenz stärken
– Aktionen und Reaktionen können schneller durch ein besseres kommunikatives Verstehen und Nachfragen ausgetauscht werden

5.2.6 Strukturelle, Bildungspolitische Ebene

– Bildungsprogramme mit hoher Flexibilität gestalten
– Vielfältige Möglichkeiten von interreligiösen Begegnungs- und Lernmöglichkeiten gestalten
– religiöse Heterogenität auf allen Ebenen (Kinder, Studierende, Mitwirkende) ermöglichen
– Referent:innen verschiedener religiöser Zugehörigkeiten ausbilden und einladen
– angemessene Betreuungsressourcen ermöglichen
– Orte auswählen, an denen Kinder sich wohlfühlen können, in denen sich interreligiöse Konvivenzsituationen ohne Angst, Hemmungen oder Stress natürlich ergeben können
– Schulung von fachlich professionellem Personal (dazu zählt insbesondere eigene Biographiearbeit, Reflexion, Erwerb interreligiöser Kompetenzen)
– Personal kann das Potential der Fördermöglichkeiten bei den Kindern erkennen und bestärken und darüber hinaus professionalisiert auf interreligiöse (kritische) Konvivenzsituationen professionell reagieren

5.3 Störfaktoren der Förderung von Empathie und Perspektivenwechsel

5.3.1 Religionsdidaktische/ Religionsmethodische Ebene

– Lernsettings, die geprägt sind von Angst, übermäßigem Druck und Hemmungen
– Lernsettings, die einen kompetitiven Charakter zulassen: z. B. durch Religionswettbewerbe, die Schüler:innen unter Druck setzen

– Lernsettings, die die eigene Weltanschauung oder Religion zu sehr in Frage stellen oder negieren

5.3.2   Religionspädagogisch – Entwicklungspsychologische Ebene
– Angst als zentrale Emotion (z. B., Hilflosigkeit, Ohnmacht, Gefühl der Abhängigkeit)
– Kein Wunsch nach Miteinander Vertraut-Werden
– Desinteresse, Demotivation
– Xenophobie, Vorurteile, unreflektiertes religionsbezogenes stereotypisches Denken

5.3.3   Religionsphilosophische Ebene
– Exklusivistische religionstheologische Haltung, welche anderen Religionen keine Wahrheit und keine Berechtigung zukommen lässt

5.3.4   Subjektorientierte Ebene
– Distanzierung zum anderen (die Beziehung bleibt unreflektiert und abstrakt)
– Das Gegenüber wird stellvertretend und generalisierend für eine Religion gesehen

5.3.5   Kommunikationspsychologische Ebene
– Wenig bis gar nicht Paraphrasieren, unaufmerksames Zuhören

5.3.6   Strukturelle, Bildungspolitische Ebene
– Fachlich ungeschultes Personal (wenig empathisch, wenig interreligiöse Kompetenzen) in Lehr-Lernprozessen
– Orte und Lernsituationen, die mit Angst oder Vorbehalte für den:die Lernende:n verbunden sind
– Personal fühlt sich unsicher und überfordert

TEIL II

Qualitativ-Empirische Studie

Übergreifende Entscheidungen im Hinblick auf das Forschungsdesign

> Die Empirie stellt für den empirischen Religionspädagogen eine Aufforderung zum Suchen dar, die empirische Religionspädagogik beschreibt Wirklichkeit in einer eigenständigen, reflektierten Perspektive. Es ist die Empirie, die die Religionspädagogik mit der Wirklichkeit verbindet, und gleichzeitig ist es die religiöse Position, die den Blick auf diese Empirie erst ermöglicht. Die gleichwertige, gleichzeitige Öffnung zu diesen beiden Grundlagen ist Herausforderung und Stärke zugleich für die empirische Religionspädagogik.[1]

6.1 Einordnung in den Kontext

Wenn religionspädagogische Lehr- und Lernprozesse gesamtheitlich beleuchtet werden wollen, dann können diese sowohl fachtheoretisch als auch empirisch aufgearbeitet werden. Hier stellt sich nun die Frage nach der empirischen Vorgehensweise, nach der Struktur der Studie des vorliegenden Forschungsvorhabens. Daraus resultieren übergreifende Vorüberlegungen, die das vorliegende Kapitel 6 darstellen wird.

Der vorherige Abschnitt, Teil I (Kapitel 2–5), hat die Fachtheorie unter dem Fokus der für die vorliegende Arbeit entscheidenden Themenbereiche der Empathie und des Perspektivenwechsels im Kontext interreligiösen Lernens herausgearbeitet, dargestellt und zusammengefasst. In diesem Abschnitt, Teil II (Kapitel 6–8), soll nun die empirische Arbeit dazu beitragen, dass Fachtheorie und empirischen Methoden in ihrer Dichotomie neue Erkenntnisse und Thesen für das hier vorliegende Thema erzielen.

Um die aufgestellten Forschungsfragen zu beantworten, dient dem hier vorliegenden Forschungsprojekt das universitäre Bildungsprogramm „Kinderakademie – Weltreligionen im Dialog" als Untersuchungsgegenstand. Am Beispiel der Kinderakademie der Weltreligionen soll untersucht werden,

---

1 Kalbheim in Höger & Arzt (2016), S. 29

wie sich Empathie und Perspektivenwechsel durch interreligiöse Begegnungen bei Kindern im Primarbereich fördern lassen.[2]

Die empirische Wissenschaft ist eine systematische, intersubjektive und nachvollziehbare Sammlung, die Kritik und Kontrolle von Erfahrungen. Sie steht zunächst in einer Dichotomie zur Fachtheorie (hier: Teil I). Dabei ist der fachtheoretische Teil ein essentieller Bezugsrahmen, der Wissen zunächst darlegt bzw. konserviert und zudem aufmerksam auf bestimmte Phänomene macht. Dieser Bezugsrahmen kann durch empirisches Wissen bzw. Erkenntnisse verändert, gefestigt oder feinjustiert werden (hier: Teil II). Ein Untersuchungsmittel sind dabei in der Empirie quantitative[3] oder qualitative Ansätze oder die Kombination beider, der so genannte Mixed Methods Ansatz.[4] Die vorliegende Arbeit ist in der qualitativen Sozialforschung angesiedelt.[5] Diese bildet einen grundlegenden Zugang und einen methodologischen Bezugsrahmen der hiesigen empirischen Arbeit. Die vorliegende Studie wird das zugrundeliegende Datenmaterial mit zwei Auswertungsmethoden bearbeiten bzw. triangulieren: mit der qualitativen Inhaltsanalyse (1) sowie der sequenziellen Gesprächsfeinanalyse (2). So deckt die vorliegende Arbeit zwei Forschungsebenen (Teil II/I, Teil II/II) ab. Die Auswahl, Beschreibung, Durchführung und Triangulation beider Methoden finden in den Kapitel 7–9 statt. Dort wird eine detaillierte Vorgehensweise der Auswertungsmethoden geschildert.

---

2   Die konkret ausformulierten Forschungsfragen sind vorzufinden in Kapitel 6.4.2 *Forschungsfragen*.

3   Walter Hussy, Margrit Schreier und Gerald Echterhoff (2013, S. 9) definieren den quantitativen Ansatz wie folgt: *„Beim quantitativen Ansatz kommen objektiv messende (standardisierte) Verfahren, beim qualitativen Ansatz eher sinnverstehende (unstandardisierte) Verfahren zum Einsatz.“*, weiter heißt es auf derselben Seite: *„Mit quantitativen Methoden werden Merkmale oder Zusammenhängen [sic] exakt gemessen, meist an einer großen Gruppe von Individuen. Dadurch können allgemeingültige Aussagen getroffen werden.“*

4   Udo Kuckartz (2014, S.33) definiert den Mixed Methods Ansatz wie folgt: *„Unter Mixed-Methods wird die Kombination und Integration von qualitativen und quantitativen Methoden im Rahmen des gleichen Forschungsprojekts verstanden. Es handelt sich also um eine Forschung, in der die Forschenden im Rahmen von ein- oder mehrphasig angelegten Designs sowohl qualitative als auch quantitative Daten sammeln. Die Integration beider Methodenstränge, d. h. von Daten, Ergebnissen und Schlussfolgerungen, erfolgt je nach Design in der Schlussphase des Forschungsprojektes oder bereits in früheren Projektphasen.“*

5   Hilfreich, um sich dem großen Kontext von qualitativer Sozialforschung zu nähern, sind Überblickswerke. Hier sei an dieser Stelle exemplarisch zu nennen: Flick, U., Kardoff von, E. & Steinke, I. (2013). *Qualitative Forschung. Ein Handbuch* (10. Aufl.). Hamburg: Rowohlt Taschenbuch Verlag., Lamnek, S & Krell, C. (2016). *Qualitative Sozialforschung* (6. Aufl.). Weinheim, Basel: Beltz Verlag., Mayring, P. (2016). *Einführung in die qualitative Sozialforschung. Eine Anleitung zu qualitativem Denken* (6. Aufl.). Weinheim: Beltz Verlag.

Das nun hier vorliegende Kapitel verfolgt das Anliegen, die Struktur, Herangehensweise und Reflexionsprozesse des Forschungsvorhabens transparent zu begründen. Inhaltlich werden sich die übergreifenden Entscheidungen im Hinblick auf das Forschungsdesign mit jedem Unterkapitel spezifizieren und in einem Forschungsdesign münden. Eingeleitet wird mit einem Einblick in Leitgedanken, Potential und Herausforderungen von qualitativer Sozialforschung (6.2). Anschließend werden Gütekriterien qualitativer Forschung (6.3) entfaltet, dem folgen Erläuterungen hinsichtlich des Forschungsanliegens, der Forschungsfragen und der Forschungslage. Ziel und Verortung des Forschungsvorhabens werden daraufhin durch das Anliegen und die Forschungsfragen geklärt. Es zeigt sich darüber hinaus das deutlich erkennbare Forschungsdesiderat, an welchem die vorliegende Studie anschließen kann (6.4). Reflexion und Grundhaltung der Forscherin (6.5) werden mittels eines dreigliedrigen Fokus, welcher unterschiedliche Reflexions-Instanzen beleuchtet, beschrieben, damit die Forscherin eine Forschungsdistanz und zugleich Forschungsnähe zum eigenen Forschungsprojekt einnehmen kann. Das nachfolgende Kapitel (6.6) kontextualisiert das Datenmaterial und liefert detaillierte Informationen zur Stichprobe, dem Forschungsfeld und den Akteur:innen, die darin wirkten. Die methodische Hinführung der Studie beginnt mit der Begründung zur Wahl der Erhebungsmethoden (6.7) und leitet über in die Begründung zur Wahl der Auswertungsmethoden sowie der Erläuterung des triangulativen Vorgehens (6.8). Das Kapitel mündet in der Zusammenfassung, visualisiert in Form eines Forschungsdesigns (6.9).

6.2   Qualitative Sozialforschung: Potential und Herausforderung

> Qualitative Forschung hat den Anspruch, Lebenswelten „von innen heraus" aus der Sicht der handelnden Menschen zu beschreiben. Damit will sie zu einem besseren Verständnis sozialer Wirklichkeit(en) beitragen und auf Abläufe, Deutungsmuster und Strukturmerkmale aufmerksam machen.[6]

Um wissenschaftlich zu arbeiten, muss die Frage der empirischen Vorgehensweise geklärt werden. So muss unter anderem entschieden werden, ob ein quantitativer oder qualitativer Forschungsansatz gewählt wird. Hinsichtlich der vorliegenden Studie ist es wegen des Forschungsgegenstandes der Kinderakademie und der Forschungsfragen zielführend, einen qualitativen Weg einzuschlagen. Die angestrebte Methodologie und Methodik eines qualitativen

---

6 Flick, von Kardorff & Steinke (2013), S. 14

Ansatzes passt zu dem vorliegenden Forschungsvorhaben, das neue Theorien und Erkenntnisse prozesshaft im Austausch mit der Fachtheorie am Datenmaterial generieren bzw. explorativ am Einzelfall untersuchen möchte.[7] Die qualitative Forschung nutze das Fremde oder von der Norm Abweichende und das Unerwartete als Erkenntnisquelle und Spiegel, der in seiner Reflexion das Unbekannte im Bekannten und Bekanntes im Unbekannten als Differenz wahrnehmbar mache und damit erweiterte Möglichkeiten von (Selbst-) Erkenntnis eröffne, so Flick, von Kardorff und Steinke.[8] Das vorliegende Forschungsvorhaben wird somit ausschließlich im Bereich der qualitativen Sozialforschung arbeiten.

Nachfolgend sollen nun zentrale Leitgedanken erläutert werden, welche insbesondere auf das Potential qualitativer Sozialforschung ausgerichtet sind. Daran anknüpfend sollen auch Herausforderungen aufgezeigt werden, die zu diskutieren sein können, um die Studie in ihren qualitativen Chancen als auch Grenzen einzuordnen. Um ein Verständnis qualitativ-empirischer Sicht auf Wirklichkeit zu gewinnen, müssen sowohl Potential als auch mögliche Herausforderungen bedacht werden.

> Die Welt, in der wir leben und handeln ist nicht statisch, sondern in Bewegung. Durch unser Handeln verändern wir die Wirklichkeit und wir uns mit ihr. Qualitative Sozialforschung versucht herauszuarbeiten, welche formalen Strukturen unser Handeln bestimmen und wie Akteure ihre Eingebundenheit in eine Wirklichkeit, die sich ständig verändert, erleben? Wie stellen Akteure in der Auseinandersetzung mit der Welt Selbst-/Weltverhältnisse her?[9]

Potential liegt in den folgenden Leitgedanken, die sich innerhalb einer Programmatik von qualitativer Sozialforschung als wichtig erweisen: Offenheit, Kommunikation, Reflexion, Flexibilität, aufrichtiges Interesse am Einzelfall[10], welche nun dargelegt werden.

Offenheit
Die Offenheit des:der Forschenden oder auch die explorative Grundhaltung gegenüber dem Forschungsgegenstand, den Untersuchungspersonen, -situationen und -methoden ist zentral. So wird auf eine starre Hypothesenbildung verzichtet, die einem explorativen Charakter im Wege steht. Vielmehr

---

7   Eine detaillierte Ausführung der Gründe für die Plausibilität eines qualitativen Ansatzes wird noch an weiteren Stellen gegeben, insbesondere in diesem Unterkapitel und im Kapitel 6.8 *Hinführung zur Wahl der Auswertungsmethoden.*

8   Vgl. Flick, von Kardorff & Steinke (2013), S. 14

9   Kergel (2018), S. 44f.

10   Bezogen wird sich dabei auf die Zusammenfassung nach Lamnek & Krell (2016), S. 33ff.

ist Hypothesenentwicklung als ein konstitutives Element des Forschungs-prozesses zu verstehen, welches immer wieder in den Abgleich zu dem theo-retischen Vorverständnis gestellt wird.[11] Anders als in quantitativen Ansätzen, geht es somit nicht darum, im Vorfeld starre Hypothesen zu formulieren und diese zu überprüfen, sondern Theorien über die Förderung von Empathie und Perspektivenwechsel durch interreligiöse Begegnungen induktiv am vorliegenden Datenmaterial zu generieren und mit der Fachtheorie in einen Zusammenhang zu stellen. Offenheit in der qualitativen Forschung heißt jedoch nicht, dass Forschende bewusst unwissend und uninformiert im Hin-blick auf den Forschungsgegenstand, die Methodologie und Methode blei-ben sollen.[12] In der vorliegenden Studie wurden aus diesem Grund bewusst Vorannahmen bzw. Vorurteile im Vorfeld in den eigenen Forschungsnotizen festgehalten. Der:die Forschende wird nie ohne Vorannahmen an das Daten-material herantreten. Das schließt allerdings nicht aus, sich dennoch von dem Datenmaterial überraschen zu lassen und am Datenmaterial explorativ und induktiv Hypothesen im Austausch mit den fachtheoretischen Erkenntnissen zu entwickeln.

Kommunikation

Qualitative Forschung ist zu denken als Kommunikation zwischen „Forscher und Erforschtem"[13]. Während der quantitative Ansatz ebendies als Störfaktor empfindet, sieht der qualitative einen „konstitutiven Bestandteil"[14] und eine Voraussetzung darin, um sich dem Datenmaterial anzunähern. Insbesondere zählt zu Kommunikation in der Forschung auch die Erkenntnis, dass Wirklich-keit perspektivenabhängig ist und diese dadurch auch unterschiedlich sein kann. Ergebnisse qualitativer Sozialforschung sind daher „keine statischen Repräsentationen eines unveränderlichen Wirkungszusammenhangs"[15]. Es wird somit deutlich, dass der:die Forschende in seinem:ihrem Subjektsein in der Studie Bestandteil des Forschungsprozesses und somit auch des Ergeb-nisses dieses Prozesses ist.

Reflexion und Flexibilität

Die Reflexion ist ebenso wie die Prozessualität von Erforschtem und Forschen-dem ein zentraler Bestandteil qualitativer Arbeit. Reflexion kann damit auf verschiedene Ebenen abzielen.

---

11   Vgl. Lamnek & Krell (2016), S. 94
12   Vgl. Lamnek & Krell (2016), S. 33f.
13   Lamnek & Krell (2016), S. 34
14   Lamnek & Krell (2016), S. 34
15   Lamnek & Krell (2016), S. 35

Zum einen kann die eigene Rolle als Forschende im Forschungsvorhaben reflektiert werden[16], zum anderen können auch Anwendung und Anpassung der entsprechenden Erhebungs- und Auswertungsmethoden reflektiert werden.[17]

Im Gegensatz zu einem quantitativen Ansatz möchte eben gerade der qualitative die Exploration des Datenmaterials für den:die Forschende:n flexibel gestalten. Es geht darum, verschiedene Beobachtungen zu tätigen, neue Perspektiven einzunehmen und Aspekte bzw. neue Richtungen in den eigenen Untersuchungen einzunehmen, die vorher nicht gedanklich präsent waren. Der Blickwinkel, der somit auf das Datenmaterial gerichtet wird, spitzt sich somit erst im Laufe des Forschungsprozesses zu.[18] Das Beschriebene ist auch methodisch in der hier vorliegenden Studie erkennbar, die auf zwei qualitativen Auswertungsmethoden basiert. Sie sind in ihrer Struktur bereits so angelegt, dass sie sich von einer inhaltlichen weiten Perspektive durch den explorativen Prozess und der Reflexivität zuspitzen.

Aufrichtiges Interesse am Einzelfall
Anders als in einem quantitativen Ansatz, konzentriert sich die qualitative Sozialforschung auf die Handlung von Einzelfällen und nicht auf eine große Anzahl von Teilnehmenden. Annegret Reese-Schnitker schreibt dazu, dass sich im Lebensentwurf einzelner Menschen immer auch kollektive Muster widerspiegeln können und aus Einzelfällen gewonnene Strukturaussagen Ansatzpunkte für eine neue Theoriebildung bieten.[19] Darüber hinaus gibt sie zu bedenken, dass angesichts einer zunehmenden Pluralität an vielfältigen Meinungen, Lebensstilen, Deutungsmustern und Glaubensformen verallgemeinerungsfähige Erkenntnisse heute ohnehin immer unwahrscheinlicher würden. Erkenntnisse über Einzelfälle erhielten daher zunehmende Bedeutung.[20] Qualitative Ansätze nehmen somit den:die Forschende:n und seine:ihre Perspektive auf die einzelnen Untersuchungspersonen bewusst als Teil des Forschungsprozesses auf.

---

16   S. dazu Kapitel *6.5 Reflexion und Grundhaltung der Forscherin*
17   Meine Begründung zur Wahl der Erhebungsmethode ist in Kapitel *6.7 Hinführung zur Wahl der Erhebungsmethode dargestellt*. Meine Begründung zur Wahl der Auswertungsmethoden ist in Kapitel *6.8. Hinführung zur Wahl der Auswertungsmethoden* dargestellt. Die Reflexion der Auswertungsmethoden und des triangulativen Prozesses sind zu finden in Kapitel *9 Reflexion der methodischen Arbeit in der empirischen Studie*.
18   Vgl. Lamnek & Krell (2016), S. 36f.
19   Vgl. Reese-Schnitker (2005), S. 12f.
20   Vgl. Reese-Schnitker (2005), S. 12f.

In den obig dargestellten Leitideen lassen sich selbstverständlich ebenso auch Herausforderungen herauslesen, derer sich Forschende bewusst sein sollten. So kann eine Herausforderung darin bestehen, dass Perspektivenwechsel und eigene Wirklichkeit auch beschränkt sein können und darüber Ergebnisse der analysierten Einzelfälle unbedacht generalisiert werden.[21]

Eine Herausforderung in der eigenen (Meta-)Reflexions- und Begründungskompetenz von qualitativer Sozialforschung liegt in der Erkenntnis, dass, wenn Äußerungen der Untersuchungspersonen getätigt werden, diese Ergebnisse subjektive Konstruktion des:der Forschenden bleiben.[22] Eine zentrale und herausfordernde Frage ist somit, inwieweit die Konstruktionen der Forscherin in den Konstruktionen der Beforschten begründet sind.[23]

Darüber hinaus liegen Herausforderungen dort vor – und das nicht nur im Bereich der qualitativen Forschung –, wo die Untersuchungspersonen keine verbalen oder nonverbalen Äußerungen kommunizieren und/oder sich eingeschränkt fühlen.

6.3   Gütekriterien qualitativer Forschung

Um die Qualität qualitativer Forschung zu bestimmen, gibt es verschiedene Ansätze und Haltungen, mit welchen Kriterien die Wissenschaftlichkeit, Güte und Geltung empirischen Arbeitens bewertetet werden kann.[24] Zur Bewertung qualitativer Forschung kann dabei in drei Grundpositionen unterteilt werden, die zunächst erst einmal einen Überblick in die kontrovers diskutierte Landschaft geben.

Eine Position vertritt den Ansatz, quantitative Kriterien auf die qualitative Forschung anzuwenden. Zentrale Begriffe wie Objektivität, Reliabilität und Validität werden als standardisierte Kriterien übertragen und an das Vorgehen der qualitativen Forschung angepasst, indem sie reformuliert und operationalisiert werden.[25] Eine zweite Position nimmt die Haltung der strikten Ablehnung von Kriterien ein. Vertreter:innen dieser Haltung argumentieren prinzipiell

---

21   Vgl. Reese-Schnitker (2005), S. 12
22   Damaris Knapp hat prägnant ihre Erkenntnisse zu dem Thema in ihrer Dissertation zusammengetragen: Knapp, D. (2018). *... weil von einem selber weiß man ja schon die Meinung. Die metakognitive Dimension beim Theologisieren mit Kindern*. Göttingen: V&R unipress GmbH.
23   Vgl. Kuckartz (2018), S. 203
24   Vgl. Steinke in Flick, von Kardorff & Steinke (2013), S. 319, vgl. Kuckartz (2018), S. 202
25   Vgl. Steinke in Flick, von Kardorff & Steinke (2013), S. 319f., mögliche Ausdrucksformen dessen sind zu finden in Miles, Huberman & Saldaña (2020, 4. Aufl.), S. 304–308

dagegen, Qualitätskriterien für die qualitative Forschung zu formulieren. Eine qualitative Forschung kann allerdings nicht ohne Bewertungskriterien bestehen.[26] Orientierung für die vorliegende Arbeit wird eine dritte und somit letzte Haltung bieten, welche vorsieht, die methodologischen, methodischen und wissenschaftstheoretischen Besonderheiten qualitativer Forschung als Gegenstand zur Formulierung geeigneter Kriterien zu nehmen. Deshalb werden hierfür eigene Gütekriterien entwickelt, die dem Forschungsvorhaben bzw. den ausgewählten Auswertungsmethoden angemessen sind.[27] Damit geht einher, dass die ursprünglich quantitativ geprägten Begriffe der Objektivität, Reliabilität und Validität nicht verwendet werden. Sie werden im quantitativen und qualitativen Kontext oftmals als identische Begriffe genutzt, obwohl die Vorstellungsinhalte vollkommen anders besetzt sind und die quantitativen und qualitativen methodologischen und wissenschaftstheoretischen Bezugsrahmen unterschiedlich sind. Da die vorliegene Studie durch die Wahl der Auswertungsmethoden ausschließlich qualitativ ausgerichtet ist, und somit auch auf qualitativer Wissenschaftstheorie und Methodologie fußt, werden andere Gütekriterien, die aus der qualitativen Forschung kommen, aufgegriffen. So halten auch Lamnek & Krell fest:

> Wissenschaftliche Begriffe, Theorien und Methoden sind dann als angemessen zu bezeichnen, wenn sie dem Erkenntnisziel des Forschers und den empirischen Gegebenheiten gerecht werden. Unter der Güte von sozialwissenschaftlichen Theorien, Methoden und Begriffen soll der Grad ihrer Angemessenheit an die empirische Realität und an das Erkenntnisziel des Forschers verstanden werden.[28]

Die vorliegende qualitative Empirie wird anhand der Gütekriterien nach Udo Kuckartz vollzogen. Kuckartz unterscheidet dabei eine interne und externe Studiengüte[29].

Die interne Studiengüte umfasst die Zuverlässigkeit, Verlässlichkeit, Auditierbarkeit, intersubjektive Nachvollziehbarkeit, Regelgeleitetheit und Glaubwürdigkeit. Die externe Studiengüte umfasst die Fragen der Übertragbarkeit und der Verallgemeinbarkeit.[30] Kuckartz formuliert dafür eine

---

26   Vgl. Steinke in Flick, von Kardorff & Steinke (2013), S. 321
27   Vgl. Mayring (2016), S. 142 beschreibt diese Haltung als einen „Grundsatz", seine Kritik der klassischen Kriterien im Hinblick auf qualitative Forschung erläutert Mayring auf S. 141 & 142
28   Lamnek & Krell (2016), S. 143
29   Udo Kuckartz subsumiert Gütekriterien in eine interne und externe Studiengüte.
30   Vgl. Kuckartz (2018), S. 203

sogenannte Checkliste der internen Studiengüte. Die dort aufgeführten Leitfragen werden in der Arbeit unterteilt in: A) Leitfragen bezüglich der Daten-
erfassung und Transkription und B) Leitfragen bezüglich der qualitativen
Auswertungsmethoden.[31]

Teil A) der internen Studiengüte ist durch die Beantwortung der Leitfragen in
Kapitel 6.7 abgebildet[32], Teil B) der internen Studiengüte erfolgt implizit in den
Kapiteln 7 und 8. Hier werden die beiden Auswertungsmethoden vorgestellt
und durchgeführt und die Bearbeitung erfolgt mittels der Beantwortung der
Leitfragen, orientiert und angepasst an den charakteristischen Eigenschaften
der Auswertungsmethoden. Abgeschlossen wird die Beurteilung der Studiengüte darüber hinaus durch die Reflexion der zwei Auswertungsmethoden und
deren triangulativen Potentials in Kapitel 9.

Die Leitfragen forcieren verschiedene Forderungen qualitativen Arbeitens, die auch Mayring in seinen sechs Gütekriterien aufführt[33]: Um eine
intersubjektive Nachvollziehbarkeit zu schaffen, muss das Verfahren und
die Interpretationen argumentativ transparent dokumentiert werden. Während des Verfahrens muss regelgeleitet vorgegangen und eine Nähe zum
Untersuchungsgegenstand hergestellt werden. Ein, so wie Mayring festhält,
zunehmend an Bedeutung gewinnendes Gütekriterium ist das der kommunikativen Validierung[34]. Und letzlich ist das Gütekriterium der Triangulation
von Daten- und/oder Methoden zu benennen, welche in dem Forschungsvorhaben dargestellt und reflektiert werden. Bereits die folgenden Darstellungen der Entscheidungen und Reflexionsmomente zur Hinführung eines
Forschungsdesigns in diesem Kapitel können zeigen, dass die Einhaltung der
sechs Gütekriterien während des Forschungsvorgehens stets präsent war.

---

31   Vgl. Kuckartz, (2018) S. 204 & 205
32   S. dazu Kapitel 6.7 *Hinführung zur Wahl der Erhebungsmethoden*
33   Vgl. Mayring (2016), S. 144–148
34   Vgl. Mayring (2022), S. 122 Unter einer kommunikativen Validierung wird im Allgemeinen
      Folgendes verstanden: „*Der Grundgedanke* [*einer kommunikativen Validierung*] *ist, eine
      Einigung bzw. Übereinstimmung über die Ergebnisse der Analyse zwischen Forschern und
      Beforschten diskursiv herzustellen.*" (Mayring (2022), S. 122)
      Das kann über mehrfach stattfindende, kontrollierende Forschungsgespräche innerhalb
      der Scientific Community geschehen, die eine Reflexion, Stimmigkeit und Schlüssigkeit
      der Ergebnisse diskutiert.
      Vgl. zur kommunikativen Validierung in der vorliegenden Studie s. Kapitel 8.2 *Grundzüge
      einer sequenziellen Gesprächsfeinanalyse*

6.4   Forschungsanliegen, Forschungsfragen, Forschungslage

6.4.1   *Forschungsanliegen*

Relevanz, Notwendigkeit und das empirische Forschungsdesiderat von Empathie und Perspektivenwechsel in interreligiösen Begegnungskontexten bei Kindern im Primarbereich wurde und wird in der vorliegenden Arbeit immer wieder hervorgehoben. Auch daraus resultiert der Entschluss zur Durchführung der Arbeit, deren Anliegen es ist, den Themenkomplex um Fördermöglichkeiten von Empathie und Perspektivenwechsel in interreligiösen Begegnungen unter Kindern im Primarbereich mit diesem Beitrag maßgeblich zu erweitern und zu weiteren Forschungsüberlegungen zu inspirieren. Somit möchte die Studie zum einen Potentiale der Fördermöglichkeiten von Empathie und Perspektivenwechsel in interreligiösen Begegnungen bei Kindern ergründen und zum anderen sowohl damit zusammenhängende Gelingens- als auch Störfaktoren sowie religionspädagogisch relevante Auffälligkeiten untersuchen. Dabei handelt es sich nicht – wie bereits begründend hergeleitet – um eine repräsentative Studie. Jedoch lässt diese zu, Interpretationen daraus abzuleiten, da die Studie die oben beschriebenen wissenschaftlichen Gütekriterien nach Mayring berücksichtigt.

Die Studie möchte:

– Die Fördermöglichkeiten von Empathie und Perspektivenwechsel bei Kindern im Alter von 6–12 Jahren im Rahmen des Bildungsprojektes „Kinderakademie – Weltreligionen im Dialog" ergründen,
– Gelingens- und Störfaktoren der Förderung von Empathie und Perspektivenwechsel ermitteln und systematisieren,
– Interreligiös religionspädagogisch relevante Auffälligkeiten in diesem Zusammenhang erkennen,
– Thesen zur Möglichkeit der Förderung von Empathie und Perspektivenwechsel in interreligiösen Begegnungssituationen formulieren und
– abschließend die Erkenntnisse zum einen in den religionspädagogischen Diskurs einordnen und zum anderen Schlussfolgerungen für die schulische Praxis herausarbeiten.

Übergeordnet möchte die Studie einen Beitrag zu interreligiös religionspädagogisch relevanten Lernprozessen von Kindern im schulischen Kontext leisten.

6.4.2   *Forschungsfragen*

Forschungsanliegen, Forschungsfragen, Forschungsziel, Forschungsgegenstand und Forschungsmethoden stehen in einem engen Zusammenhang miteinander. Sie müssen optimal aufeinander abgestimmt sein, um ein aussagekräftiges Forschungsdesign zu ergeben.

Es muss bei der Entwicklung und Herausarbeitung der Forschungsfrage immer wieder geprüft werden, dass diese mit empirischen Mitteln bearbeitet werden kann, sich also auf Gegenstandsbereiche bezieht, die direkt oder indirekt erfasst werden können.[35]

Die folgenden Forschungsfragen werden im Rahmen des universitären Bildungsprogramm der „Kinderakademie – Weltreligionen im Dialog" gestellt und beantwortet. Forschungsgegenstand ist somit die Kinderakademie. Die Forschungsfragen wurden entwickelt, nachdem das Bildungsprogramm bereits drei Mal erprobt wurde. Für das vorliegende Forschungsdesign sind vier Forschungsfragen von Bedeutung. Die Hauptforschungsfrage lautet:
- *Wie lassen sich Empathie und Perspektivenwechsel durch interreligiöse Begegnungen bei Kindern im Primarbereich fördern?*

Dabei wird mit einem Blick auf die Subforschungsfragen und -anliegen auf Folgendes geachtet:
- *Was sind Gelingens-, was sind Störfaktoren?*
- *Welche Auffälligkeiten lassen sich erkennen?*

Die Hauptforschungsfrage ist offen, implizit und indirekt gestellt. Sie untersucht eine Antwortmöglichkeit in Form einer noch offenen Instanz, die auf Kinder wirkt. Dadurch ist die Frage inhaltlich recht breit zu beantworten. Der Zugang ist bewusst weit gewählt, denn dieser wird benötigt im Bereich des interreligiösen Lernens, um Komplexität und Ganzheitlichkeit sichtbar zu machen. Aus diesem Grund ist auch die fachtheoretische Grundlegung der Arbeit inhaltlich bewusst breit aufgestellt. Darüber hinaus wird die bereits im fachtheoretischen Teil I sichtbare Interdisziplinarität interreligiösen Lernens als Herausforderung am Untersuchungsgegenstand wahrgenommen, der es sich zu stellen gilt, um Potentiale zu entdecken.

Über die Fragestellung „Wie" nimmt die Hauptforschungsfrage verschiedene wissenschaftliche Zugänge methodisch hinsichtlich des Forschungsanliegens in den Blick und versucht dafür Angebote im Datenmaterial zu offerieren. Beobachtet und analysiert werden sollen Möglichkeiten des Förderpotentials von Empathie und Perspektivenwechsel in interreligiösen Begegnungssituationen. D. h. es wird versucht zu eruieren, in welchem Gerüst sich Empathie und Perspektivenwechsel ereignen und welche Faktoren mehr oder weniger zuträglich sind. Dabei muss die interreligiöse Begegnungssituation definiert werden, welche nicht im schulischen Alltag, sondern in dem universitären Bildungsprogramm „Kinderakademie – Weltreligionen im Dialog"

---

35 Haußmann & Pirner in Pirner & Rothgangel (2018), S. 47

stattfindet. Hieran nehmen die Kinder freiwillig teil. Daher gilt es hinsichtlich Begegnungsart, Motivation, Zusammensetzung etc. zu differenzieren. Das für die Studie entscheidende empirische Datenmaterial umfasst ausschließlich die Workshops, welche einen Teil des Programms darstellen. Das Verb „fördern" in der Forschungsfrage wird in diesem Kontext synonym verwendet mit folgenden Begriffen wie „unterstützen/anregen/ausbilden/entwickeln". Wie bereits im fachtheoretischen Teil I fachlich begründend dargelegt, wird bereits vorausgesetzt, dass die Kinder zu Empathie und Perspektivenwechsel fähig sind, daher ist dahingehend ein Forschungsauftrag nicht erforderlich.

Die Subforschungsfragen rahmen und akzentuieren inhaltlich die vorerst breit gestellte Hauptforschungsfrage. Sie fragen nach Gelingens- und Störfaktoren sowie nach religionspädagogisch relevanten Auffälligkeiten. Gelingensfaktoren sind somit Faktoren bzw. Chancen, die sich als förderlich bzgl. des Forschungsinteresses in der Studie herausstellen und Störfaktoren sind somit diese, welche sich als (zunächst) nicht förderlich herausstellen. Unter dem Substantiv „Auffälligkeiten" subsummieren sich forschungsbezogene religionspädagogisch relevante Erkenntnisse, die auffällig im Kontext der Studie erschienen und aus diesem Grund besonders hervorgehoben werden.

Wie aus den Forschungsfragen bereits ablesbar, wird somit erforscht, in welchem multifaktoriellen Gerüst sich Möglichkeiten der Förderung zeigen.

6.4.3 Aktuelle empirische Ausgangslage im Hinblick auf das Forschungsprojekt

> Empirisch gesichertes Wissen darüber, ob durch interreligiöses Lernen spezifische Lerneffekte hervorgerufen werden, ist entscheidend, um beurteilen zu können, ob didaktische Zielsetzungen erreicht werden und ob bestimmte Unterrichtsmethoden dazu zielführend sind.[36]

Um nachvollziehen zu können, an welchem Kontext das vorliegende Forschungsvorhaben ansetzt, muss zunächst ein Blick in die aktuelle empirische Forschungslage von Fördermöglichkeiten durch Empathie und Perspektivenwechsel in interreligiösen Begegnungen bei Kindern im Primabereich in der Religionspädagogik geworfen werden. Im Folgenden werden dazu aktuelle, relevante empirische Studien vorgestellt.[37]

Hinsichtlich des Empathiebegriffs kann einleitend konstatiert werden, dass umfangreiche Abhandlungen zur Empathieforschung in der Religionsdidaktik

---

36   Unser (2021), S. 1
37   Stand 08/2023

gegenwärtig als überschaubar eingeschätzt werden könnten, so Ratzke[38], obwohl der Begriff recht häufig Verwendung in religionspädagogischen Diskursen findet.[39]

Dahingegen zeigt sich auffällig, dass der Begriff der Perspektivenübernahme in einigen, auch hier vorliegenden Studien, als eine zentrale interreligiöse Kompetenz herausgearbeitet wird, welche im Vergleich zur Empathie deutlich stärker im Zentrum empirischer und theoretischer Arbeiten interreligiösen Lernens zu stehen scheint.[40] Daraus lässt sich schlussfolgern, dass Empathie oft nicht in der selben Relevanz dargestellt und darüber hinaus empirisch untersucht wird,[41] obwohl Empathie von einschlägigen Religionspädagog:innen als relevant in interreligiösen Begegnungsprozessen wahrgenommen wird[42] und z. T. prominent in Literatur vertreten ist. Intensive Auseinandersetzungen zur Empathie in Darstellungsformen von Modellen bietet dazu die Literatur *„Interreligiöse Empathie lernen. Impulse für den trialogisch orientierten Religionsunterricht"*[43]. Empirische Studien zur Empathie oder zum Perspektivenwechsel in interreligiösen Settings werden dort jedoch nicht vorgestellt.[44] Ein empirischer Ansatz, in dem Empathie und Perspektivenwechsel als Interdependenz in interreligiösen Lernprozessen zusammengedacht und wie in diesem Forschungsprojekt deutlich akzentuiert werden, liegt in dieser Weise in keiner Studie empirisch ausgearbeitet vor. Theoretische Ausarbeitungen, die das Wechselspiel von Empathie und Perspektivenwechsel besonders betonen, gibt es jedoch speziell in den Überlegungen von Tautz (2015) und Meyer (2019). Demnach besteht ein hoher Klärungsbedarf und es

---

38   Vgl. Ratzke (2021), S. 98

39   S. dazu Kapitel 3.2 *„Empathie und Perspektivenwechsel im interreligiösen Lernen – Eine Verortung der Begriffe für die vorliegende Studie"*

40   Vgl. Schweitzer et al (2017), vgl. Schambeck (2013), S. 177–179, vgl. Tautz (2015), S. 6, vgl. Willems (2011), S. 168, vgl. Käbisch (2013)

41   Auch Elisabeth Naurath hält fest, dass der Blick auf die Relevanz der emotionalen Dimension interreligiösen Bildung bisher im interreligiösen Diskurs fehle. Vgl. Naurath (2022), S. 158

42   Vgl. Riegger in Stettberger, Bernlochner (2013), S. 37, vgl. Stettberger in Stettberger, Bernlochner (2013), S. 127, vgl. Meyer (2019), S. 338, vgl. Tautz (2015), S. 3f.

43   Stettberger, H. & Bernlocher, M. (2013). *Interreligiöse Empathie lernen. Impulse für den trialogisch orientierten Religionsunterricht.* Berlin: LIT., Herbert Stettberger hat zum Thema „Religionspädagogik und Empathie" eine Reihe von Publikationen herausgebracht u. a. *„Empathischer Religionsunterricht. Eine Herausforderung und Chance für alle Lernenden"* (2013) und *„Empathische Bibeldidaktik. Eine interdisziplinäre Studie zum perspektiveninduzierten Lernen"* (2012). Eine nun interreligiöse Empathiedidaktik wie sie in *„Interreligiöse Empathie lernen. Impulse für den trialogisch orientierten Religionsunterricht"* dargestellt ist, zeigt aktuelle Forschungsschwerpunkte.

44   Vgl. Gärtner (2015b), S. 289

wird deutlich, welches grundlegende empirische Forschungsdesiderat die hier vorliegende Studie eröffnet und bearbeitet.

Da empirisch ausführlicher untersucht als der Empathiebegriff im interreligiösen Lernen, beleuchte ich im Folgenden Studien hinsichtlich des Zusammenhangs von Perspektivenwechsel bzw. Perspektivenübernahme und interreligiösem Lernen, obgleich sich ebenso hier ernüchternd feststellen lassen muss, dass der empirische Rahmen bisher unzureichend in der Religionspädagogik validiert ist.

Breiter gefasst, seien lediglich vier Studien bisher zur Untersuchung von Lerneffekten durch interreligiöses Lernen in den letzten zwanzig Jahren durchgeführt worden, so Alexander Unser. Es handelt sich dabei um die Studien von: Carl Sterkens (2001)[45], Hans Georg Ziebertz (2010)[46], Heinrich Merkt, Friedrich Schweitzer und Albert Biesinger (2014)[47] und Friedrich Schweitzer, Magda Bräuer und Reinhold Boschki (2017)[48].[49] Die Studien verfolgen sowohl quantitative als auch qualitative, bzw. Mixed Methods Ansätze.[50]

Aus den Erkenntnissen der Studien von Ziebertz (2010) und Merkt et al. (2014) ist relevant festzuhalten, dass diese zu unterschiedlichen Ergebnissen von keinen[51], aber auch kleinen bis mittleren Lerneffekten hinsichtlich einer Perspektivenübernahme kommen.[52] Sterkens Untersuchungen schloss Prä- und Post-Tests, sowie Experimental- und Kontrollgruppen ein. Hierzu ist es relevant hervorzuheben, dass eine Zunahme des religionskundlichen

---

45   Sterkens, C. (2001). *Interreligious Learning. The problem of interreligious dialogue in primary education.* Leiden: Brill Academic Publishers.

46   Ziebertz, H.-G. (Hrsg.) (2010). *Gender in Islam und Christentum. Theoretische und empirische Studien.* Berlin: LIT Verlag.

47   Merkt, H., Schweitzer, F. & Biesinger, A. (Hrsg.) (2014). *Interreligiöse Kompetenz in der Pflege. Pädagogische Ansätze, theoretische Perspektiven und empirische Befunde.* Münster: Waxmann Verlag.

48   Schweitzer, F., Boschki, R. & Bräuer, M. (2017). *Interreligiöses Lernen durch Perspektivenübernahme.* Münster: Waxmann Verlag.

49   Vgl. Unser (2021), S. 1

50   Vgl. Carl Sterkens (2001) führte eine Interventionsstudie in 32 Grundschulklassen durch (vgl. dazu Schweitzer (2022), S. 14), Schweitzer et al. (2017), S.18ff. führte eine Interventionsstudie mit Berufsschüler:innen in einem quantitativen Ansatz über Fragebögen durch, Ziebertz (2010), S. 130ff. arbeitet ebenso in Form einer Interventionsstudie in einer 9. Klasse Realschule, mit einem mixed methos Ansatz, aus quantitativen Elementen (Fragebögen: Pre- und Posttests) und qualitativen Elementen (,thinking loud-method', Videodokumentation des Unterrichts und Interviews zu ausgewählten Sequenzen).

51   Vgl. Ziebertz (2010), S. 198ff.

52   Vgl. Unser schreibt dazu auch noch einmal ausführlicher in: Unser in Schambeck & Riegel (2018), S. 279

Wissens ermittelt werden konnte.[53] Ähnliches untersuchten ebenfalls jüngst Schweitzer et al. (2017) in ihrer Interventionsstudie zum „Interreligiösen Lernen durch Perspektivenübernahme": Die ausgearbeiteten Treatments haben eine positive Wirkung auf das religionskundliche Wissen und die religionsbezogene Perspektivenübernahme. Dabei besteht zwischen beidem ein positiver Zusammenhang, denn Wissen ist notwendig, aber keine hinreichende Voraussetzung für eine religionsbezogene Perspektivenübernahme. Darüber hinaus fallen die Wirkung beider Treatments bei muslimischen Schüler:innen geringer aus, als bei christlichen. Die Einstellungen im Sinne einer Offenheit werden bei den Schülergruppen nicht beeinflusst.[54]

Zusammenfassend kommentiert Alexander Unser, dass die Befunde nahe legen, dass die Befähigung zur Perspektivenübernahme im interreligiösen Lernen nicht per se gelinge, sondern abhängig sein könne von den behandelten Inhalten und den eingesetzten Methoden.[55] In den ausgewählten Studien geht es zumeist um die messbare Zunahme von Perspektivenübernahme. Das vorliegende Forschungsprojekt überprüft hingegen qualitativ-empirisch, welche Gelingens- und Störfaktoren für die Förderung von Empathie und Perspektivenwechsel relevant sind.

Nach Schweitzer zählt die Perspektivenübernahme zu eine der drei Komponenten, die als Konsens in dem religionspädagogischen Kompetenz-Diskurs angesehen werden können.[56] Ausgehend davon ist es sinnvoll, einen Überblick in Studien zur interreligiösen Kompetenzentwicklung zu ermöglichen, um ebenso dort die Entwicklung auf die eigene Studie im Blick zu behalten. Ausgewählte Studien der letzten vier Jahre, die sich konkret mit interreligiöser Kompetenzentwicklung beschäftigen, sind hier zu nennen: Es handelt sich dabei um Studien zur interreligiösen Kompetenzentwicklungen bei Lehrpersonen unterschiedlicher Religionsgemeinschaften: Naciye Kamçılı-Yıldız (2021)[57], Christian Ratzke (2021)[58], Mevlida Mešanović (2023), interreligiösen

---

53   Vgl. Schweitzer (2022), S. 14
54   Vgl. Schweitzer (2022), S. 16
55   Vgl. Unser (2021), S. 3
56   Vgl. Schweitzer (2022), S. 12 neben der zwei Kompetenzen des Wissens und der Einstellungen im Sinne der Offenheit
57   Kamçılı-Yıldız, N. (2021). *Zwischen Glaubensvermittlung und Reflexivität. Eine quantitative Studie zu professionellen Kompetenzen von islamischen ReligionslehrerInnen.* Münster: Waxmann Verlag.
58   Ratzke, C. (2021). *Hochschuldidaktisches Interreligiöses Begegnungslernen. Eine empirisch-explorative Studie zum Potenzial interreligiöser Kompetenzentwicklung in der Ausbildung von Ethik- und Religionslehrer_innen.* Münster, New York: Waxmann.

Kompetenzentwicklung bei Studierenden: Alina (Bloch)[59] und interreligiösen Kompetenzentwicklung in der frühkindlichen Bildung: Christoph Knoblauch (2019)[60]. Diese Studien nehmen jedoch die Teilkompetenzen um Empathie und Perspektivenwechsel in interreligiösen Kontexten (selbstverständlich) nicht in dem Umfang in den Fokus, wie es in der hier vorliegenden Studie erfolgt. Darüber hinaus zeigt sich, dass der Primarbereich nicht den Untersuchungsbereich der vorliegenden Studien darstellt. Die Auseinandersetzung mit der aktuellen Forschungslage zeigt somit sehr deutlich, dass es bislang an Studien zum interreligiösen Lernen insbesondere in der Kompetenzentwicklung der Empathie und des Perspektivenwechsels – auch und gerade in seiner Interdependenz! – bei Kindern im Primarbereich fehlt.[61]

Entfernter lässt sich hinsichtlich der empirischen Erkenntnisse im interreligiösen Kontext feststellen, dass die empirische Forschungslage als ein „Flickenteppich"[62] (2014) beschrieben werden könne.[63] Seither habe sich das wenig verändert, wie Alexander Unser (2021) konstatiert.[64] So gebe es verschiedene Studien zu Einzelaspekten von Kompetenzentwicklungen interreligiösen Lernens, didaktischen Konzepten, Lernprozessen etc. Es fehlen jedoch Forschungsansätze, auch Forschungsinstitute, die diese Einzelaspekte von Forschungsvorhaben richtungsweisend bündeln.

Daraus folgend kann hier nicht von einem kontinuierlichen, prozesshaften und systematisierten Forschungszusammenhang gesprochen werden, vielmehr von einzelnen, explorativen Untersuchungen. Gerade in den Bereichen, in denen so komplexe Zielsetzungen wie interreligiöse Verständigung oder zwischenmenschliche Beziehungen sensibel vertieft werden sollen, ist eine empirische Absicherung unverzichtbar. Dabei sei auch zu bedenken, so Schweitzer, dass oftmals pädagogische Bemühungen ganz allgemein häufig viel weniger bewirken, als in der Theorie erwartet oder behauptet werde. Durchaus denkbar sei vielmehr auch, dass sich sogar gegenteilige Effekte einstellen

---

59   Bloch, A. (2018). *Interreligiöses Lernen in der universitären Religionslehrerausbildung.* Berlin: LIT.

60   Knoblauch, C. (2019). *Potentiale religiöser und interreligiöser Kompetenzentwicklung in der frühkindlichen Bildung. Konstruktion von Wertorientierung und Reflexion existentieller Erfahrungen in einem religiös pluralen Erziehungs- und Bildungsumfeld.* Münster, New York: Waxmann.

61   Vgl. Unser (2021), S. 8, Schröder in Schreiner & Schweitzer (2014), S. 291, 296, Schweitzer et al. (2017), S. 46, dazu auch Kraml et al. (2020), S. 11 beschreiben, dass es an empirischen Studien *„mangelt"* (Kraml et al. (2020), S. 11)

62   Schröder in Schreiner & Schweitzer (2014), S. 299

63   Vgl. Schröder in Schreiner & Schweitzer (2014), S. 299

64   Vgl. Unser (2021), S. 8

könnten.[65] Vor diesem Hintergrund, so beschreiben Schweitzer et al., sei es als sehr erstaunlich zu bezeichnen, wie wenig empirische Untersuchungen zum interreligiösen Lernen insgesamt verfügbar seien.[66]

Es wird deutlich, dass es weiterer Studien bedarf und dass unterschiedliche Forschungsdesigns nötig sind, die durch verschiedene Methoden unterschiedliche Dimensionen von Untersuchungsphänomenen greifen können.

Forschungsvorhaben sind daher nicht nur im Bereich der Fördermöglichkeiten von Empathie und Perspektivenwechsel in interreligiösen Begegnungskontexten von Kindern notwendig, sondern in vielen weiteren Bereichen interreligiösen Lernens. Alexander Unser kritisiert, dass ein beträchtlicher Teil didaktischer Überlegungen noch nicht genügend erforscht sei. Seine Überzeugung sei es, dass wir nur dann zu einer Verbesserung unterrichtlicher Praxis beitragen könnten, wenn didaktische Theoriebildung und Unterrichtsforschung stärker als bisher aufeinander bezogen würden.[67]

Grundsätzlich verweist diesbezüglich auch Martina Kraml auf die Relevanz, dass das empirische Forschen als *„konstitutiver Forschungszweig"*[68] in den Bereich der interreligiösen Religionsdidaktik und Religionspädagogik verankert werden müsse.[69]

> Denn erst durch eine solche methodologische Annäherung können Bildungssettings, Ausbildungsprozesse, Sichtweisen der beteiligten Subjekte und Akteursgruppen oder auftretende Spannungsfelder adäquat reflektiert werden.[70]

Wenn einzelne Lerneffekte interreligiösen Lernens empirisch untersucht wurden, so sind diese in ihrer Quantität noch nicht aussagekräftig genug. Es fehlt an weiteren Studien mit verschiedenen Zugängen, es fehlt aber auch an Meta-Ebenen, die diese Einzelperspektiven bündeln und sinnvoll in einen Zusammenhang stellen.

Für die vorliegende Arbeit bedeutet dies Folgendes: Das vorliegende Forschungsvorhaben befindet sich in einem Forschungsfeld, das bisher nicht ausreichend empirisch in seiner Breite und Tiefe untersucht wurde, weder im Bereich des interreligiösen Lernens im Allgemeinen noch im Spezifischen.

---

65   Vgl. Schweitzer et al. (2017), S. 45
66   Vgl. Schweitzer et al. (2017), S. 46, vgl. Schweitzer (2022), S. 15
67   Unser in Schambeck & Riegel (2018), S. 283
68   Kraml et al. (2020), S. 12
69   Vgl. Kraml et al. (2020), S. 12
70   Kraml et al. (2020), S. 13

6.5   Reflexion und Grundhaltung der Forscherin

> Data never ‚speaks for itself', it does not ‚have' a specific meaning. Meaning is
> something that we, the recipients, attribute to the words that we hear or read, to
> the images that we see. This is a complex process in which we bring together our
> perception of the material with our own individual background: what we know
> about a topic, the situation in which we encounter it, how we feel at the time,
> and much more. Meaning is not given, but we construct meaning.[71]

Wie inzwischen hinreichend dargelegt, kann Wirklichkeit nicht objektiv
erfasst werden.[72] Insbesondere die qualitativ-empirische Arbeit wird durch
die methodologische Möglichkeit und Chance unterschiedlich von den Forschenden beeinflusst.[73]

So zeigt auch das einleitende Zitat Margrit Schreiers die Relevanz dafür,
ein Bewusstsein der eigenen Präsenz im Forschungsvorhaben zu entwickeln.
Eigene Erfahrungen und bereits Gelerntes können dabei in die obig benannten
Konstruktionen einfließen. Es ist daher notwendig, sorgfältig sich selbst und
eigene Vorerfahrungen (vergangener und gegenwärtiger) Berufsroutinen und
im konkreten Forschungsfeld transparent zu machen und zu reflektieren.
Darüber hinaus ist der Austausch mit der sogenannten Scientific Community
gewinnbringend, um so andere Perspektiven und Konstruktionen von Wirklichkeit wahrzunehmen.

6.5.1   *Das eigene professionelle Kurzprofil*

Im Laufe meiner beruflichen und ehrenamtlichen Biographie habe ich an
verschiedenen Standorten u. a. in Stadt und Landkreis Kassel (insbesondere
2013–2021), Berlin (2015–2017) und London (08/2019) in Bildungsprojekten
und an Grundschulen Bildungsprogramme und Unterricht eigenständig oder
in Teams beobachtet bzw. selbst konzipiert und durchgeführt. Darüber hinaus
habe ich eine Ausbildung zur Kommunikationstrainerin (2022) absolviert, um
pädagogische Prozesse auch aus kommunikationspsychologischer Perspektive
begleiten und deuten zu können. Es besteht also die Gefahr, gewisse Aussagen
der Untersuchungspersonen routinemäßig unbeabsichtigt generalisierend
und unreflektiert einzuordnen, da die eigene Perspektive beschränkt ist[74] bzw.
starr vorgegeben scheint. So schreiben Jo Reichertz und Carina Jasmin Englert,

---

71   Margrit Schreier (2014), S. 2
72   S. dazu z. B. Kapitel *6.2 Qualitative Sozialforschung: Potential und Herausforderung*
73   Vgl. Knapp (2018), S. 206
74   Vgl. Reese-Schnitker (2005), S. 12

dass jede wissenschaftliche Interpretation von Daten Gefahr laufe, das Neue mit dem Altbekannten zu betrachten, weshalb man dann oft auch nur noch das bereits Bekannte sehe.[75] Hier komme die Selbstreflexivität des:der Forschenden ins Spiel, schreibt Mehmet H. Tuna. Er führt fort, dass der:die Forschende aufgefordert sei, die eigene Position gegenüber dem Forschungsgegenstand und gegenüber den Akteur:innen im Untersuchungsfeld zu reflektieren und stetig zu hinterfragen, ebenso wie den eigenen Zugang, Vorannahmen, Vorwissen und den Prozessverlauf.[76] In dem Bewusstsein dessen ist es für das vorliegende Forschungsvorhaben wichtig, offen für Impulse zu bleiben, Meta-Perspektiven einzunehmen und kritisch an das eigene theoretische Vorwissen bzw. Kontextwissen heranzutreten. Ausgeblendet werden kann und soll das Vorwissen jedoch nicht. Sie sind Teil des Prozesses.

> Offenheit in der qualitativen Forschung heißt jedoch nicht, dass ForscherInnen im Hinblick auf den untersuchten Gegenstand, die Methodologie und die Methode, bewusst ‚dumm' bleiben, sich vorab also nicht informieren. Wer dumm an die Forschung herangeht, bleibt dumm.[77]

Für das vorliegende Forschungsprojekt bedeutet es somit, dass die Rolle der Forscherin stetig neu in den Blick genommen, bewusst gemacht und hinterfragt werden muss.

6.5.2   *Rolle der Forscherin*
Im Folgenden wird nun die Rolle der Forscherin des vorliegenden Forschungsprojektes unter drei verschiedenen Aspekten differenzierend in den Blick genommen.

6.5.2.1   Rolle der Forscherin und die Scientific Community
Um die mehrfach beschriebene Gefahr der einseitigen Perspektive auf die Ergebnisse zu mindern, stand ich in engem Austausch mit der Scientific Community, die Personen verschiedener religiöser, sozialer und kultureller Zugehörigkeiten umfasst. Ich besuchte seit Mai 2019 den Promovierendentreff, an dem durchschnittlich vier Promovierende um die Initiatorin Frau Prof.[in] Dr. [in] Annegret Reese-Schnitker teilnahmen. Diesen Treff nutzte ich aktiv, um Inhalte, Ergebnisse und Problemstellungen des Forschungsprojektes zu präsentieren und ggf. lösungsorientiert zur Debatte zu stellen. Darüber hinaus

---

75   Vgl. Reichertz & Englert (2011), S. 13
76   Vgl. Tuna (2019), S. 62
77   Reichertz & Englert (2011), S. 13

befand ich mich immer wieder in fachlichen Gesprächen mit meiner Erst-
betreuerin Frau Prof. Dr. Petra Freudenberger-Lötz. Des Weiteren trug der
fachliche Austausch mit (zumeist religionspädagogischen) Kolleg:innen und
die Präsentation meines Forschungsprojektes sowohl in Kassel als auch an
anderen Instituten in Deutschland und Österreich insbesondere dazu bei,
von Erfahrungswerten zu profitieren und andere Forschungsvorhaben vergleichend kennenzulernen. Die Ergebnisse dessen erweiterten meinen Hori-
zont und strukturierten weitere Arbeitsprozesse maßgeblich.[78]

Nicht nur hinsichtlich meiner Rolle als Forscherin, auch empirisch strukturell ist die Scientific Community ein wichtiger Bestandteil meiner Forschung. So ist insbesondere die zweite Auswertungsmethode, die sequenzielle
Gesprächsfeinanalyse, methodisch so angelegt, dass sie aus verschiedenen
Personen besteht, die gemeinsam das Datenmaterial analysieren, um verschiedene Les- und Interpretationsarten des Datenmaterials abzubilden.[79]
Darüber hinaus sieht ebenso die erste Auswertungsmethode ein reflektieren-
des Gespräch mit den Forschungsteilnehmenden vor.[80]

6.5.2.2   Rolle der Forscherin im Forschungsfeld
Sowohl im Durchgang I (08/2019) als auch in Durchgang II (01/2020) befand
ich mich in einer Dreifach-Rolle als Forscherin, Dozentin und Veranstalterin,
wodurch ich sehr stark in die organisatorischen Abläufe der Kinderakademie
der Weltreligionen eingebunden war und so nicht selbst aktiv und/oder auch
passiv vollständig an den Workshops direkt empirisch arbeitend teilnehmen
konnte.[81] Wenn immer es möglich war, nahm ich an den Workshops teil.
Dazu war es im Vorfeld relevant, Beziehungen zu den Kindern und Workshopleiterinnen aufzubauen, um eine Atmosphäre zu gestalten, die suggeriert, dass alle Akteur:innen möglichst frei und offen reden können. Dies
gelingt unter anderem durch die zeitliche und inhaltliche Intensität, die im
Projekt bereits strukturell angelegt ist und wird darüber hinaus inhaltlich
durch den Leitgedanken, Empathie konkret fördern zu wollen, unterstützt.[82]

---

78   Im Sinne einer fachlichen Diskussion mit der Scientific Community.
79   Wetere Ausführungen dazu in Kapitel *8.2 Grundzüge einer sequenziellen Gesprächsfein-
      analyse*
80   Weitere Ausführungen dazu in Kapitel *7.5 Diskussion mit Forschungsteilnehmenden*
81   Eine effektivere Weiterentwicklung dieser Situation sollte in den kommenden Kinder-
      akademien erprobt werden. Das Pandemiegeschehen hat das bis auf Weiteres vorerst
      nicht ermöglicht.
82   Alle Kinder kennen mich, da ich täglich die Begrüßung und Verabschiedung einleite und
      als einzige konstant in allen Programmbereichen der Kinderakademie präsent bin. So
      ergeben sich immer wieder wichtige Zwischengespräche.

Die Kinder und auch die Workshopleiterinnen erzählten daher zumeist offen und frei aus ihrem Alltag. Angesichts der Doppelrolle aus Veranstalterin und Forscherin des eigenen Projekts könnte zunächst nach einem sogenannten Insider-Outsider Problem oder einer Nähe-und-Distanz-Problematik der Forscherin im Forschungsfeld kritisch gefragt werden. Dass Konstruktionen und Vorannahmen der Forscherin in dem Forschungsvorhaben vorhanden sind und diese zwangsläufig mit dem gegründeten Forschungsprojekt der Kinderakademie zusammenhängen, scheint nachvollziehbar und ist bereits hinreichend thematisiert. Dennoch sollten daraus nicht vorschnell Rückschlüsse gezogen werden, denn gerade in dem Wechselspiel aus Nähe und Distanz der Forscherin im Feld zeigt sich m. E. die Professionalität gelingenden Forschens.

6.5.2.3   Nähe und Distanz der Forscherin im Forschungsvorhaben
Es braucht verschiedene Möglichkeiten, um eine nötige Forschungsdistanz zum eigenen Projekt zu wahren. Dazu lassen sich Verschiedene eröffnen:

1) Die Steuerung der Forscherin während der Datenerhebung: Die nicht stetig präsentische Anwesenheit im Forschungsfeld ermöglichte mir eine distanzierende und unvoreingenommenere Haltung, die ich an das Datenmaterial herantragen konnte. Darüber hinaus trug dazu bei, dass ich pädagogische Konzeptionen nicht selbst konzipierte und durchführte, sondern diese von den Studierenden eigenständig gestaltet wurden.

2) Die Steuerung der Forscherin während der Analyse: Die Aussagen und Perspektiven der teilnehmenden Kinder im Forschungsdatenmaterial wurden ernstgenommen und um einen mehrperspektivischen Zugang seitens der Forscherin wurde sich, wie bereits erwähnt, bewusst bemüht. Das resultiert unter anderem aus dem Bewusstsein dessen, dass die eigene Wirklichkeitsvorstellung begrenzt und relativ ist. Es gilt somit in den Reflexionsprozessen der Ergebnisse – ähnlich wie in interreligiösen Lernprozessen – Unverständliches, Unklares, Widersprüchliches stets zu reflektieren und in den Gesamtkontext einzuordnen und auszuhalten. Interessanterweise lassen sich m. E. insbesondere inhaltliche Grundhaltungen und methodische Grundsätze der Komparativen Theologie[83] auf eine grundsätzliche Vorgehensweise im Forschungsvorhaben übertragend denken.

---

83   Die Rede ist hier m. E. insbesondere von Empathie, Demut, Aufmerksamkeit und Gastfreundschaft auf intellektueller Ebene im eigenen Denken, der Hinwendung zum Einzelfall, der Verwundbarkeit, Reversibilität und Fallibilität des Ichs im Kontext. Diese Grundhaltungen sind m. E. bei der Herangehensweise an das Datenmaterial ebenso relevant., vgl. von Stosch (2012), S. 155–168

3) Die Steuerung der Forschung durch die methodischen Möglichkeiten beider Auswertungsmethoden: Hierbei lassen sich u. a. die Bezüge zur Scientific Community in den Auswertungsmethoden, die Diskussionen mit Forschungsteilnehmenden nennen[84] und die interne Studiengüte[85], mit denen empirische Studien auf ihre Gültigkeit geprüft werden können.

Forscherin, Forschungsanliegen und Forschungsfeld stehen somit in einem engen Zusammenhang, der eine bewusste Wahrnehmung der einzelnen Bereiche einfordert, welche dennoch gleichzeitig in Bezug zueinander gesetzt werden müssen. Umso relevanter ist eine reflexive Grundhaltung, um das Forschungsanliegen, die Konstruktionen der Forscherin und das vorzufindende Forschungsfeld zu kennen und vor dem Hintergrund dessen effizient in einen Austausch zu stellen.

6.6   Stichprobe, Forschungsfeld, Kontextualisierung

6.6.1   *Stichprobe und Datenumfang*

Das Sample für das vorliegende Forschungsdesign bilden zwei Workshops[86] und die daran teilnehmenden Kinder im Rahmen des Konzepts der „Kinderakademie – Weltreligionen im Dialog": An der Studie nahmen insgesamt 44 Kinder im Alter von 6–12 Jahren und acht Studierende[87] teil. Kinder aller drei abrahamitischen Religionszugehörigkeiten und auch Kinder ohne offizielle Religionszugehörigkeit waren vertreten. Studierende evangelischer als auch sunnitischer Religionszugehörigkeit haben teilgenommen.[88]

---

84   An dieser Stelle verweise ich auf: Kapitel *6.5.2.1 Rolle der Forscherin und die Scientific Community*

85   An dieser Stelle verweise ich auf: Kapitel *6.3 Gütekriterien qualitativer Forschung*

86   Zur Einordnung in das Programm: Die Workshops finden von Montag-Mittwoch statt. Donnerstag schließt sich dem ein ganztägiger Exkursionstag in die Gotteshäuser an. Freitag wird das Programm durch Reflexionen und Vorbereitungen auf das Abschlussfest abgeschlossen. Somit ergeben sich hinsichtlich des Samples drei Teilnehmendengruppen A, B, C, die an drei Tagen den Workshop rotierend durchlaufen, s. u. a. Kapitel *4.2.1 Die Kinderakademie – der Ablauf für die Kinder* und Kapitel *4.3.12 Didaktische Orientierungshilfen*.

87   Sie besuchten folgende Studiengänge: Lehramt an Grundschulen, Lehramt an Haupt- und Realschulen, Lehramt an Gymnasien, Soziale Arbeit (BA).

88   Außerhalb der Studie nahmen auch Studierende katholischer Religionszugehörigkeit am Bildungsprogramm der Kinderakademie teil.

Die Auswahl erfolgte gemäß dem konzeptuellen Rahmen der vorliegenden Studie durch eine qualitative gezielte Samplingstrategie, das bedeutet die Fallauswahl erfolgte gezielt. Die beabsichtigt kleine Teilnehmendenanzahl ist im Sinne des qualitativen Arbeitens orientiert an Relevanz und Angemessenheit, weniger verbunden mit dem Ziel und Anspruch der Repräsentativität. Anbei der tabellarische Einblick in Profil und soziodemographische Informationen beider ausgewählter Workshops der folgenden empirischen Arbeit (s. Tabellen 3–14).

Tabelle 3   Rahmenbedingungen Workshop „Frieden" (August 2019)
Workshop „Frieden" (August 2019)

Untersuchter Zeitraum	05.-07.08.2019, 10–14 Uhr
Setting	Die Lerngruppen wechseln täglich, die Workshopleiterinnen bleiben konstant, die Workshops werden bedürfnisorientiert der Lerngruppe angepasst.
Stichprobe (Anzahl der TN)	TOTAL: 20, Mo. (6), Di. (7), Mi. (7)
Erhebungsmethode	Videographiertes Datenmaterial, Transkripte, Beobachtungsbögen durch ein Forschungsteam im Forschungsfeld
Datenumfang (min.sec.)	TOTAL: 113.13 Min. Mo (35.30min), Di (40.10min.), Mi (37.33min.)

Tabelle 4   Soziodemographische Daten der Studierenden (= Workshopleiterinnen)
Soziodemographische Daten der Studierenden

n	2
Geschlecht	(2w)
Religionszugehörigkeit	christl./ev. (1)/ muslimisch/sunnitisch (1)
Studiengang	Lehramt an Haupt- und Realschulen: 1, Soziale Arbeit (BA): 1

Tabelle 5   Soziodemographische Daten: „Frieden", Montag: Lerngruppe A_08/2019

Soziodemographische Daten: Workshop „Frieden" (August 2019)
Montag: Lerngruppe A_08/2019

n	6
Alter Ø	9,67
Geschlecht	(4m/2w)
Religionszugehörigkeit	muslimisch (4), christl./ev.: (1), keine Angabe bzw. keine Religionszugehörigkeit: (1)
Wohnort (Anzahl der TN)	– Kassel, Vorderer Westen (2) – Kassel, Nord Holland (1) – Kassel, Fuldatal (1) – Kassel, Wehlheiden (1) – Baunatal (1) (Kleinstadt im Landkreis Kassel)

Tabelle 6   Soziodemographische Daten: „Frieden", Dienstag: Lerngruppe B_08/2019
Dienstag: Lerngruppe B_08/2019

n	7
Alter Ø	8,57
Geschlecht	(3m/4w)
Religionszugehörigkeit	muslimisch (2), jüdisch (1), christl./ev.: (3), keine Angabe bzw. keine Religionszugehörigkeit: (1)
Wohnort (Anzahl der TN)	– Kassel, Süd (1) – Kassel, Vorderer Westen (3) – Kassel, Fasanenhof (2) – Kassel, Jungfernkopf (1)

Tabelle 7   Soziodemographische Daten: „Frieden", Mittwoch: Lerngruppe C_08/2019
Mittwoch: Lerngruppe C_08/2019

n	7
Alter Ø	9,43
Geschlecht	(5m/2w)

Tabelle 7   Soziodemographische Daten (*fortges.*)

n	7
Religionszugehörigkeit	muslimisch (6), keine Angabe bzw. keine Religionszugehörigkeit: (1)
Wohnort (Anzahl der TN)	– Kassel, Fasanenhof (1) – Kassel, Nord Holland (5) – Baunatal (1) (Kleinstadt im Landkreis Kassel)

Tabelle 8   Soziodemographische Daten: „Frieden", GESAMT_08/2019

Gesamt (08/2019)

n	20
Alter Ø	9,23
Geschlecht	(12m/8w)
Religionszugehörigkeit	muslimisch (12)[89], christl./ev. (4), jüdisch (1), keine Angaben bzw. keine Religionszugehörigkeit: (3)[90]
Wohnort (Anzahl der TN)	– Kassel, Fasanenhof (3) – Kassel, Nord Holland (6) – Kassel, Vorderer Westen (5) – Kassel, Süd (1) – Kassel, Jungfernkopf (1) – Kassel, Fuldatal (1) – Kassel, Wehlheiden (1) – Baunatal (2) (Kleinstadt im Landkreis Kassel)

---

89   In keiner einzigen der drei stattfindenden Kinderakademie-Durchgänge (Januar 2019, August 2020, Januar 2020) wurde eine spezifische Angabe zu einer Religionsströmung im Islam (z. B. sunnitisch oder schiitisch) von den Erziehungsberechtigten angegeben, daher verbleibe ich bei der Bezeichnung „muslimisch", sofern „muslimisch" oder „Islam" angegeben wurde.

90   Aus den Informationen der Eltern in den Anmeldeformularen wird nicht immer ersichtlich, ob die Kinder (k)eine Religionszugehörigkeit haben oder lediglich ihre Angaben darüber nicht teilen möchten.

Tabelle 9   Rahmenbedingungen Workshop „Schatzruhe der Religionen" (Januar 2020)

Workshop „Schatztruhe der Religionen" (Januar 2020)

Untersuchter Zeitraum	06.-08.01.2020, 10–14 Uhr
Setting	Die Lerngruppen wechseln täglich, die Workshopleiterinnen bleiben konstant, die Workshops werden bedürfnisorientiert der Lerngruppe angepasst.
Stichprobe (Anzahl der TN)	TOTAL: 24, Mo. (8), Di. (9), Mi. (7)
Erhebungsmethode	Videographiertes Datenmaterial, Transkripte
Datenumfang (min.sec.)	TOTAL: 99.48 Min. Mo. (25.08min), Di. (30.22min.), Mi. (44.18min.)

Tabelle 10   Soziodemographische Daten der Studierenden (= Workshopleiterinnen)

Soziodemographische Daten der Studierenden

n	6
Geschlecht	(6w)
Religionszugehörigkeit	christl./ev. (6)
Studiengang	Lehramt an Grundschulen: 2, Lehramt an Haupt- und Realschulen: 2, Lehramt an Gymnasien: 2

Tabelle 11   Soziodemographische Daten: „Schatztruhe der Religionen", Montag: Lerngruppe A_01/2020

Soziodemographische Daten: Workshop „Schatztruhe der Religionen" (Januar 2020) Montag: Lerngruppe A_01/2020

n	8
Alter Ø	9,67
Geschlecht	(4m/4w)
Religionszugehörigkeit	muslimisch (2), christl./ev.: (3), keine Angabe bzw. keine Religionszugehörigkeit: (3)
Wohnort (Anzahl der TN)	– Kassel, Vorderer Westen (5) – Hofgeismar (1) (Kleinstadt im Landkreis Kassel) – Fuldabrück (2) (kleinere Gemeinde im Landkreis Kassel)

Tabelle 12   Soziodemographische Daten: „Schatztruhe der Religionen", Dienstag: Lerngruppe B_01/2020

Dienstag: Lerngruppe B_01/2020

n	9
Alter Ø	8,57
Geschlecht	(3m/6w)
Religionszugehörigkeit	muslimisch (3), christl./ev.: (1), christl./kath.: (4) keine Angabe bzw. keine Religionszugehörigkeit: (1)
Wohnort (Anzahl der TN)	– Kassel, Bad Wilhelmshöhe (1) – Kassel, Vorderer Westen (2) – Kassel, Nord Holland (1) – Immenhausen (1) (Kleinstadt im Landkreis Kassel) – Vellmar (4) (Kleinstadt im Landkreis Kassel)

Tabelle 13   Soziodemographische Daten: „Schatztruhe der Religionen", Mittwoch: Lerngruppe C_01/2020

Mittwoch: Lerngruppe C_01/2020

n	7
Alter Ø	9,43
Geschlecht	(3m/4w)
Religionszugehörigkeit	christl./ev.: (5), keine Angabe bzw. keine Religionszugehörigkeit: (2)
Wohnort (Anzahl der TN)	– Kassel, Fasanenhof (1) – Kassel, Wehlheiden (1) – Bad Arolsen (1) (Kleinstadt im Landkreis Waldeck-Frankenberg) – Melsungen (2) (Kleinstadt im Landkreis Kassel) – Vellmar (2) (Kleinstadt im Landkreis Kassel)

Tabelle 14   Soziodemographische Daten: „Schatztruhe der Religionen", GESAMT_01/2020

Gesamt (01/2020)

n	24
Alter Ø	9,23
Geschlecht	(10m/14w)
Religionszugehörigkeit	muslimisch (5)[91], christl./ev. (9), christl./ kath. (4), keine Angaben bzw. keine Religionszugehörigkeit: (6)[92]
Wohnort (Anzahl der TN)	– Kassel, Bad Wilhelmshöhe (1) – Kassel, Fasanenhof (1) – Kassel, Nord Holland (1) – Kassel, Vorderer Westen (7) – Kassel, Wehlheiden (1) – Bad Arolsen (1) (Kleinstadt im Landkreis Waldeck-Frankenberg) – Fuldabrück (2) (kleinere Gemeinde im Landkreis Kassel) – Hofgeismar (1) (Kleinstadt im Landkreis Kassel) – Immenhausen (1) (Kleinstadt im Landkreis Kassel) – Melsungen (2) (Kleinstadt im Landkreis Kassel) – Vellmar (6) (Kleinstadt im Landkreis Kassel)

[91]   In keiner einzigen der drei stattfindenden Kinderakademie-Durchgänge (Januar 2019, August 2020, Januar 2020) wurde eine spezifische Angabe zu einer Religionsströmung im Islam (z. B. sunnitisch oder schiitisch) von den Erziehungsberechtigten angegeben, daher verbleibe ich bei der Bezeichnung „muslimisch", sofern „muslimisch" oder „Islam" angegeben wurde.

[92]   Aus den Informationen der Eltern in den Anmeldeformularen wird nicht immer ersichtlich, ob die Kinder (k)eine Religionszugehörigkeit haben oder lediglich ihre Angaben darüber nicht teilen möchten.

6.6.2 Zur Begründung von Workshops als Datenmaterial der empirischen Arbeit

Die explizite Wahl des Datenmaterials aus der Menge des breiten Programms der Kinderakademie der Weltreligionen resultiert zum einen aus inhaltlichen und zum anderen aus pragmatischen Gründen.

Bei der Auswahl des Datenmaterials handelt es sich hierbei um Videoaufnahmen und Transkripte der Workshops.[93] In dem Workshop „Frieden" wird insbesondere die emotionale und soziale Dimension durch die Fördermöglichkeiten von Empathie und Perspektivenwechsel in Lernsettings sicht- und spürbar. In dem Workshop „Schatztruhe der Religionen" werden insbesondere die Möglichkeiten einer stärker kognitiven Dimension durch den Fokus auf einen stärker religionskundlichen Ansatz deutlich. Die einzelnen Workshops sind konzeptionell unterschiedlich hinsichtlich der Ausgestaltung kognitiver und affektiv-emotionaler Ebenen. Da die Kinder jedoch drei Workshops innerhalb der Kinderakademie durchlaufen, werden unterschiedliche Schwerpunkte bzw. Fördermöglichkeiten je nach Workshop für die Kinder zugänglich. Die für die empirische Arbeit ausgewählten zwei Workshops in ihren unterschiedlichen inhaltlichen Ausrichtungen bieten sich stellvertretend passend an, um den Leitgedanken des Bildungsprojekts zu repräsentieren und abzubilden.

Aus pragmatischen Gründen ist die Wahl der Workshops sinnvoll, weil diese in ihrem strukturellen Aufbau durch den Leitfaden, der bereits im Seminar besprochen wird und als Orientierungshilfe für die Studierenden dienen soll, ähnlich aufgebaut sind. So können speziell innerhalb der qualitativen Inhaltsanalyse Kategorien gebildet werden, die den strukturellen Aufbau beider Workshops in den Blick nehmen.

Des Weiteren habe ich mich, angesichts meiner erst jungen Professionalisierung im empirischen Arbeiten, dazu entschieden, ein kleines und straffes Forschungsdesign zu konzipieren, um technisch und inhaltlich korrekt, sicher und aussagekräftig bleiben zu können.

Ein Forschungsdesign zu entwickeln, das aus Datenmaterial besteht, welches auf Mikroebene durch die Workshops den Grundgedanken der Kinderakademie der Weltreligionen auf der Makroebene abbilden kann, erschien sinnvoll.

Angesichts der bewusst gewählten, aber kleineren Datenmenge werden die entsprechenden Stellen dementsprechend sehr intensiv ausgearbeitet. Sie müssen aussagekräftig sein. Meines Erachtens ist die inhaltliche Wahl der

---

93 Nähere Informationen zur Begründung der Wahl von Videoaufnahmen als qualitatives Datenmaterial s. Kapitel *6.7.1 Videographiertes Datenmaterial* und *6.7.2 Transkription des videographierten Datenmaterials*

Workshops (in ihren kognitiven, emotional-affektiven Dimensionen) daher schlüssig und ausreichend.

6.6.3   *Zur Kontextualisierung des Datenmaterials*

Die zwei Workshops „Frieden" (08/2019) und „Schatztruhe der Religionen" (01/2020) werden empirisch untersucht. An dieser Stelle soll das Datenmaterial im Hinblick auf den Entwicklungsprozess der Kinderakademie der Weltreligionen kontextualisiert werden, um so mehr Transparenz für das Forschungsdesign zu ermöglichen. Der Workshop „Frieden" fand im August 2019, dem zweiten Durchgang der Kinderakademie der Weltreligionen statt – das Projekt befand sich nach wie vor in der Erprobungsphase.[94] In diesem Durchgang testeten wir, wie das Angebot im Sommer angenommen wird. Dieser Durchgang zeigte im Vergleich zu der vorherigen und danach stattfindenden Kinderakademie (im Januar 2019 und Januar 2020), dass die Durchgänge im Winter eine höhere Nachfrage, sowohl seitens der Kinder als auch der Studierenden aufzeigt.[95] Aus diesem Grund haben wir uns nach den ersten Durchgängen dazu entschlossen, die Kinderakademie nur noch einmal jährlich in den Winterferien anzubieten.

Auch bezüglich der Verteilung der Kinder auf die Workshops erprobten wir unterschiedliche Gruppenkonstellationen in der Kinderakademie. So bildete die Workshopverteilung aus August 2019 keine ausgeglichene Verteilung aus Alter, Gender und Religionszugehörigkeit. In diesem Durchgang gab es viele Geschwisterkinder, die ein starkes Bedürfnis danach hatten, miteinander in einer Workshopgruppe zu sein. Dieser Wunsch wurde selbstverständlich berücksichtigt. Ich möchte an dieser Stelle jedoch gerne auf die Auswertung der soziodemographischen Daten in den anderen Kinderakademien verweisen. Sie zeigen eine wesentlich höhere Diversität auf verschiedenen Ebenen.

Dem Forschungsvorhaben liegt videographisches Datenmaterial vor, das während der Workshops von einem unterstützenden Forschungsteam aus drei Beobachter:innen aufgezeichnet wurde.[96]

Der Workshop „Schatztruhe der Religionen" fand im Januar 2020 statt. Es ist der dritte Durchgang der Kinderakademie der Weltreligionen und die Teilnehmendenzahl ist sichtbar höher als im vorherigen Durchgang im August 2019.

---

94   Die Rückmeldungen zur Weiterentwicklung des Projekts erfolgen durch alle Mitwirkenden und Teilnehmenden des Projekts, sowie durch Externe (wie (Groß-)Eltern, Interessierte etc.) mündlich oder schriftlich über Umfragebögen.

95   Mögliche Gründen können nur vermutet werden: Bei den Kindern werden Urlaubszeiten in längeren Blöcken mit Aufenthalten im Ausland vermutet, bei den Studierenden zu viele Überschneidungen mit verpflichtenden Lehrveranstaltungen.

96   Nähere Infos unter Kapitel *6.6.4 Der Einsatz im Forschungsfeld*

Die Workshops wurden nun nicht mehr von den im Rahmen des Forschungs-projektes eingesetzten Beobachter:innen gefilmt und begleitet, sondern von den entsprechenden Studierenden, die den Workshop leiteten.

Die Workshops weisen eine große Heterogenität hinsichtlich des religiösen, kulturellen und sozialen Status auf. Somit wird dahingehend von facetten-reichen Aussagen der Untersuchungspersonen ausgegangen.

In der Datenauswertung stehen die teilnehmenden Kinder und die pädagogisch-didaktische Interaktion mit den Workshopleiterinnen innerhalb des Workshops im Zentrum des Forschungsanliegens.

6.6.4   *Der Einsatz im Forschungsfeld*

Im August 2019 wurde ein Pretest gemeinsam mit einem unterstützenden Forschungsteam aus drei Beobachter:innen durchgeführt.[97] Insgesamt fan-den zwei Vorbereitungstreffen (07/2019), die Durchführung (08/2019) und ein Nachbereitungstreffen (11/2019) statt. Die Beobachter:innen wurden mit einem Beobachtungsbogen und je einer Kamera pro Beobachter:in am 05.-07.08.2019 von 10–14 Uhr im Forschungsfeld mit je einer fest zugeordneten Teilnehmen-dengruppe von Kindern eingesetzt.[98] Die Beobachtungsbögen zeigten sich für das hiesige Forschungsvorhaben nicht ergiebig und zielführend. Sie wiesen Schwächen in ihrer inhaltlichen Schärfe auf und gaben zu wenig Aufschluss hinsichtlich der Forschungsfragen. Sie mussten in ihrer Struktur inhaltlich konkreter und zielführender ausgerichtet werden.[99] Sie zu erproben, war den-noch gewinnbringend und eine Weiterentwicklung dahingehend wäre interes-sant und durchaus für das vorliegende Setting eines Workshops innerhalb der Kinderakademie der Weltreligionen als empirischer Ansatz denk- und einsetz-bar. Für das vorliegende Forschungsvorhaben werden sie nun als ergänzende

---

97   In Kapitel 6.4.3. *Fokus auf die Forscherin: Reflexion und Grundhaltung* beschreibe ich die Rolle der Forscherin im Forschungsfeld, weshalb dies an der Stelle nicht wiederholt wird. Schell et al. erläutern die Relevanz, mehrere Beobachter:innen im Forschungsfeld einzu-setzen, da so die Ergebnisse der Datenerhebung nicht einseitig, z. B. nur durch den:die Forscher:in oder einer Beobachtungsperson, reflektiert werden (vgl. Schnell et al (2018), S. 367f.). Gleichzeitig machen sie auch darauf aufmerksam, dass die Trainings durch bspw. Schlüsselsituationen in der Vorbereitung dazu beitragen, dass die Beobachter:in-nen ähnliche Codierung des Beobachteten vornehmen.

98   Ein:e Beobachter:in begleitet somit eine Teilnehmendengruppe von Kindern über die gesamte Kinderakademie. Sie begleitet daher auch dieselben Kinder in jedem der drei angebotenen Workshops, welche von Montag bis Mittwoch stattfinden.

99   So ist beispielsweise anschaulich zu sehen, dass ich anfangs noch mit drei Begriffen Empathie, Perspektivenwechsel und Mitgefühl arbeite. Relativ früh im Laufe des Ent-stehungsprozesses der vorliegenden Arbeit habe ich die empathisch rein emotionale Ebene des Mitgefühls explizit entnommen.

Notizen zu dem videographierten Material genutzt. Daher möchte ich an dieser Stelle darauf verweisen, dass das Vorgehen, die besprochenen Inhalte, die Erprobung und die gesammelten Ergebnisse des Beobachtungsbogens rückblickend in dem Prozess sinnvoll erschienen und zu dem jetzigen Entwicklungsprozess beigetragen haben, inhaltlich letztlich jedoch wenig für die Erkenntnisse der hier vorliegenden Arbeit hinzugezogen wurden.

In zwei vorausgehenden Treffen im Juli 2019 wurden die Beobachter:innen auf die bevorstehenden Einsatz im Forschungsfeld in ihren möglichen Aufgaben vorbereitet. Eine Einführung in den empirischen Aufbau meiner Arbeit wurde präsentiert, das Ziel der Forschung[100] transparent gemacht. Darüber hinaus war es wichtig, eine gemeinsame und einheitliche Definition von Empathie und Perspektivenwechsel im Team zu klären, da die Begriffe in ihren Nuancen und je nach Disziplin unterschiedliche Definitionsformen aufweisen.[101] So näherten wir uns einem gemeinsamen Definitionsversuch über einen Austausch anhand von praktischen, lebensweltlichen Beispielen, eigenen Erfahrungen und unter Bezugnahme fachwissenschaftlicher Literatur aus der (Religions-)Pädagogik und Psychologie.[102] Der Beobachtungsbogen wurde gemeinsam besprochen sowie Veränderungen und Kommentare angefügt.[103] Ebenso wurden die Herausforderungen und typische Fehlermuster in der Rolle als Beobachter:innen geklärt. Über konkrete situative Vorfälle, die in das Plenum gebracht wurden, konnten die festgelegten Definitionen besprochen und geschärft werden. So trainierten und diskutieren wir an Schlüsselsituationen (wie beispielhaften Dialogsituationen, in denen sich Empathie ereignen könnte), um die Beobachter:innen auf ihre Rollen im Feld vorzubereiten.

---

100 Beobachtung von Situationen, in denen sich Empathie und Perspektivenwechsel zeigen

101 Mit den unterschiedlichen Definitions-Nuancen von Empathie und Perspektivenwechsel beschäftigt sich die vorliegende Arbeite insbesondere in Kapitel *3 Empathie und Perspektivenwechsel*.

102 Zum Beispiel: Stettberger, H. & Bernlocher, M. (2013). *Interreligiöse Empathie lernen. Impulse für den trialogisch orientierten Religionsunterricht.* Berlin: LIT., Schlauch, C. R. (1999). Einfühlung/Empathie. In H. D. Betz, D. S. Browning, B. Janowksi & E. Jüngel (Hrsg.), *Religion in Geschichte und Gegenwart. Handwörterbuch für Theologie und Religionswissenschaft* (4. Aufl, Bd 2, S. 1159f.). Tübingen: Mohr Siebeck Verlag., Wirtz, M. A. (2014), Art. Empathie. In M. A. Wirtz (Hrsg.), *Dorsch: Lexikon der Psychologie* (S. 473). Bern: Verlag Hans Huber., Wahrig-Burfeind, R. (2011). Art. Empathie. In: R. Wahrig-Burfeind (Hrsg.), *Wahrig-Fremdwörterlexikon* (S. 264). Gütersloh, München: wissenmedia.

103 Die Konstruktion des Beobachtungsbogens weist sowohl offene als auch geschlossene Systeme auf. So konnten die Beobachter:innen sowohl im freien Feld über weiße Blätter als auch in geleiteten Kategorie-Systemen Notizen vornehmen. Bei der Konstruktion des Beobachtungsbogens wurde darauf geachtet, dass ein Umgang und eine Vereinbarkeit mit der Kamera möglich war.

Neben der inhaltlichen Vorbesprechung wurden auch technische und strukturelle Gegebenheiten im Vorfeld geklärt.

Während der konkreten Durchführung wurden die drei Beobachter:innen in je einem Workshop der drei stattfindenden Workshops („Frieden", „Lebensfeste", „Arche Noah"), eingesetzt. Die drei Beobachter:innen begleiteten täglich dieselbe Teilnehmendengruppe von Kindern. So konnte jede:r Beobachter:in mit seiner Teilnehmendengruppe täglich einen neuen Workshop der Studierenden von Montag bis Mittwoch durchlaufen. Das hat den Vorteil, dass die Kinder sich so sehr schnell Vertrauen und Routine zu der beobachtenden Person und Kamera aufbauen konnten und dementsprechend ungestört dessen am Workshop teilnahmen. Die Beobachter:innen arbeiteten im Forschungsfeld mit einem von mir konzipierten und im Team diskutierten, reflektierten und präzisierten Beobachtungsbogen parallel zum Workshopgeschehen. Darüber hinaus sammelten sie videographiertes Datenmaterial, indem eine Kamera im Workshopraum platziert wurde.[104] Dies sollte als ein erstes Herantasten und experimentelles Arbeiten innerhalb einer Vielfalt methodischer Herangehensweisen erprobt werden.

Im Mittelpunkt des Nachbereitungstreffen im November 2019 standen insbesondere die Reflexion und Evaluation, sowohl auf inhaltlicher, technischer als auch struktureller Ebene. Dabei stellten die Beobachter:innen für sie eine markante Sequenz vor, welche sie sowohl videographiert als auch als Transkript im Plenum teilten. Bereits hier wurden somit erste Situationen von Momenten, die Empathie und/oder Perspektivenwechsel thematisierten, vorbereitend aus dem gesamten Datenmaterial vorselektiert und von der Forscherin für die folgende Empirie notiert, um später insbesondere diese Situationen überprüfen zu können. Eine solch intensive Auseinandersetzung mit dem Datenmaterial erfolgte im dritten Durchgang (Januar 2020) nicht. In diesem Durchgang zeichneten die Studierenden, die die Workshops leiteten, selbige jeweils eigenständig mit Kamera und Stativ auf. Weiterhin kamen auch keine Beobachtungsbögen zum Einsatz.[105]

Der Einsatz der Beobachter:innen wurde in diesem Abschnitt recht ausführlich dokumentiert, um die Reichhaltigkeit und Exploration zu zeigen, die

---

104 Dabei sollte darauf geachtet werden, dass ein Umgang und eine Vereinbarkeit von Beobachtungsbögen mit der Videokamera für die Beobachter:innen im Vorfeld thematisiert und trainiert wird. Um dies den Beobachter:innen zu erleichtern, wurde je eine Kamera auf ein Stativ fest im Raum platziert und im Vorfeld Bild- und Tonqualität getestet.

105 Gründe hierfür werden im Folgenden erläutert.

aus dem Workshop gewonnen werden konnten. Die Beobachter:innen standen nach wie vor im Austausch mit der Forscherin.

Insgesamt lässt sich resümieren, dass die Beobachtungsbögen für das vorliegende Forschungsvorhaben noch nicht ausreichend feinjustiert waren und somit eine Überarbeitung bzw. den konkreten Einsatz in der Praxis benötigten. Sie wurden aus diesem Grund der Forschung entnommen. Wohl jedoch lassen sie sich als Impuls für Notizen an gegebener Stelle hinzuziehen, sind somit nicht völlig irrelevant für den vorliegenden Forschungsprozess. Das videographierte Datenmaterial und die Transkripte stehen als Forschungsmaterial im Zentrum der Untersuchungen. Diese haben sich in ihrer Datenauswertung in anderen Studien wie z. B. der Essener Forschungsgruppe um Englert[106] als äußerst ergiebiges Forschungsmaterial erwiesen.

6.6.5 *Pandemiegeschehen und strukturelle Prozesse*

An dieser Stelle ist es mir ein Anliegen zu betonen, dass die Kinderakademie zu diesem Zeitpunkt (Stand 01/2020, Beginn der Pandemie) den dritten Durchgang abgeschlossen hatte, somit in den Anfängen stand und dadurch stetig in einem Entwicklungsprozess war. Durch die, im Zuge der Pandemie, auftretenden Bestimmungen war es zeitnah nicht absehbar, eine weitere Kinderakademie durchführen zu können. Aus diesem Grund entschied ich mich mit dem vorliegenden, bereits erhobenen Datenmaterial zu arbeiten, auch wenn es in seiner Vorbereitung m. E. optimierungsbedürftig ist.

Darüber hinaus zeigte sich, dass zukünftig strukturelle Veränderungen erprobt werden müssten, die es ermöglichen, dass die Doppel bzw. Dreifachrolle Dozent:in/Forscher:in/Veranstalter:in aufgelöst wird, sodass der:die Dozent:in/Forschende die Möglichkeit hat; an allen Workshops teilnehmen zu können, um eigenständig im Forschungsfeld aktiv zu werden. Die Doppelaufgabe von Veranstalter:in und Dozent:in lässt das noch nicht zu. Strukturelle Veränderungen könnten diesbezüglich jedoch in folgenden Kinderakademie erprobt werden.

Abschließend steht nicht nur die Kinderakademie in einem jungen Entwicklungsprozess, sondern auch ich als Forscherin begreife mich in einer

---

106   Vgl. Englert, R., Hennecke, E. & Kämmerling, M. (2014). *Innenansichten des Religionsunterrichts. Fallbeispiele – Analysen – Konsequenzen.* München: Kösel Verlag., vgl. Englert. R., Porzelt, B., Reese, A. & Stams, E. (2006). *Innenansichten des Referendariats. Wie erleben angehende Religionslehrer/innen an Grundschulen ihren Vorbereitungsdienst? Eine empirische Untersuchung zur Entwicklung (religions)pädagogischer Handlungskompetenz.* Berlin: LIT.

Professionalisierung hinsichtlich meines empirischen Arbeitens als weiterhin in der Entwicklung befindend. Rückblickend erscheinen nun übergreifende Entscheidungen, die hier dargestellt wurden, als nicht mehr optimal, zu diesem Zeitpunkt allerdings sinnvoll.[107] Dies zu reflektieren und in weitere folgende empirische Arbeiten zu tragen, ist ebenso eine Form von Professionalität.

6.7   Hinführung zur Wahl der Erhebungsmethoden

6.7.1   *Videographiertes Datenmaterial*
Das vorliegende Forschungsmaterial basiert unter anderem auf video-graphiertem Datenmaterial des Workshops „Frieden" (05. – 07.08.2019, 10 – 14 Uhr) und „Schatztruhe der Religionen" (06. – 08.01.2020, 10 – 14 Uhr).[108]

Dieser videographische Zugang bietet die Chance, Daten beliebig oft abzu-spielen, rekursiv auszuwerten, leicht zu bearbeiten und zu analysieren. Sie bilden ein realistisches Bild des Workshopgeschehens ab. Wohl muss jedoch auch berücksichtig werden, dass die Unterrichtsvideos keinen objektiven Eindruck wiedergeben.[109] Sie repräsentieren einen Ausschnitt, der von Fil-menden, und einer Kameraperspektive und einer Tonqualität definiert und geprägt ist.[110] Darüber hinaus kann eine Kamerasituation zu „Verzerrungen in der natürlichen Agitation der gefilmten Personen"[111] führen. Die Erfahrung hat gezeigt, dass sich das jedoch während des Workshopgeschehens zunehmend relativiert.

Unabdingbar ist jedoch, die Datenschutzrechte der Kinder zu schützen. Dazu wurden im Vorfeld diverse Einverständniserklärungen zu Bild- und Ton-rechten bei den Erziehungsberechtigten eingeholt. Kinder, die nicht gefilmt werden wollten, saßen mit dem Rücken zur Kamera. Die große Mehrheit hat den Datenschutzbestimmungen vollständig zugestimmt.

---

107   S. z. B. Darstellungen in Kapitel *6.6.4 Einsatz im Forschungsfeld*

108   Es handelt sich dabei um zwei Workshopformate („Frieden" und „Schatztruhe der Reli-gionen"), die jeweils drei Mal durchgeführt worden (Mo-Mi). Untersucht wurden somit insgesamt 6 Workshops, allerdings zu zwei Themenbereichen.

109   Jo Reichertz und Carina Jasmin Englert schreiben dazu: *„Die Kamera hat tatsächlich ein Leben, sie kommuniziert, indem sie zeigt. Kameras zeigen nicht nur Handlungen, sondern durch ihr Zeigen vollziehen sie selbst Handlungen, sie leisten Welt-Deutungen und bieten diese auf einem Markt an, sie bauen Beziehungen zum Zuschauer auf und nutzen sie, sie haben Interessen und verfolgen sie. Es gibt kein unschuldiges (Kamera-)Bild und es gibt auch kein unschuldiges Video.",* Reichertz & Englert (2011), S. 11

110   Vgl. Riegel & Leven in Schambeck & Riegel (2018), S. 180f.

111   Riegel & Leven in Schambeck & Riegel (2018), S. 181

In der Fachliteratur wird häufig der Begriff der sogenannten „videobasierten Unterrichtsforschung" genutzt. Auch wenn sich für den hier vorliegenden Kontext versteht, dass hier kein Unterricht im klassischen schulischen Sinne vorliegt, sind die konzeptionellen Strukturen wohl aber im weiteren Sinne unterrichtsähnliche Bedingungen. Daher lassen sich auch Erkenntnisse der videobasierten Unterrichtsforschung auf das hier vorliegende Forschungsvorhaben anwenden. Ulrich Riegel und Eva Leven resümieren, dass die videobasierte Unterrichtsforschung ein kraftvolles empirisches Verfahren darstelle, um soziale Interaktionen im Religionsunterricht und darin stattfindende Lernprozesse zu analysieren.[112]

6.7.2   *Transkription des videographierten Datenmaterials*
Die Workshops wurden mit je einer Kamera pro Workshop in einer soliden Tonqualität aufgezeichnet. Von den drei Beobachter:innen wurden parallel Beobachtungsbögen (Memos) mit relevanten Wahrnehmungen und Notizen angefertigt.

Anschließend wurde das gesamte Datenmaterial nach einheitlichen Transkriptionsregeln mithilfe der MAXQDA Software[113] verschriftlicht. Das vorliegende Forschungsdesign orientiert sich dabei an den Vorgaben von Udo Kuckartz[114] und wird ergänzt um die Vorschläge nach Dresing und Pehl[115].

1.   *„Es wird wörtlich transkribiert, also nicht lautsprachlich oder zusammenfassend. Vorhandene Dialekte werden nicht mit transkribiert, sondern möglichst genau in Hochdeutsch übersetzt.*

2.   *Sprache und Interpunktion werden leicht geglättet, d. h. an das Schriftdeutsch angenähert. Zum Beispiel wird aus „Er hatte noch so'n Buch genannt"* → *„Er hatte noch so ein Buch genannt". Die Satzform, bestimmte und unbestimmte Artikel etc. werden auch dann beibehalten, wenn sie Fehler enthalten.*

---

112   Vgl. Riegel & Leven in Schambeck & Riegel (2018), S. 192
113   MAXQDA ist eine Software für qualitative Forschung. Sie eignet sich zum Transkribieren, Codieren und Analysieren qualitativer Daten und macht den Forschungsprozess deutlich transparenter, strukturierter, einfacher und nachvollziehbarer. Die empirische Arbeit wurde mit der – zu dieser Zeit – aktuellsten Version MAXQDA Analytics Pro 2020 durchgeführt.
114   Vgl. Kuckartz (2018), S. 167f.
115   Vgl. Dresing & Pehl (2015), S. 21ff.; Der folgende Absatz basiert auf den wörtlich zitierten Transkriptionsregeln nach Udo Kuckartz (2018, S. 167f.). Ich habe die Transkriptionsregeln um Vorschläge nach Dresing und Pehl (2015, S. 21ff.) erweitert. Dresing und Pehl haben vielfach mit dem Transkriptionssystem nach Kuckartz gearbeitet und dieses weiterentwickelt. Sofern die Transkriptionsregeln an gegebenen Stellen mit Dresing & Pehl erweitert wurden, so wurde dies kenntlich gemacht.

3. *Deutliche, längere Pausen werden durch in Klammern gesetzte Auslassungspunkte (…) markiert. Entsprechend der Länge der Pause in Sekunden werden ein, zwei oder drei Punkte gesetzt, bei längeren Pausen wird eine Zahl entsprechend der Dauer in Sekunden angegeben.*

4. *Besonders betonte Begriffe werden durch Unterstreichungen gekennzeichnet.*

5. *Sehr lautes Sprechen wird durch Schreiben in Großschrift kenntlich gemacht.*

6. *Zustimmende bzw. bestätigende Lautäußerungen der Interviewer (mhm, aha etc.) werden nicht mit transkribiert, sofern sie den Redefluss der befragten Person nicht unterbrechen.*"[116] *„AUSNAHME: Eine Antwort besteht NUR aus „mhm" ohne jegliche weitere Ausführung. Dies wird als „mhm (bejahend)", oder „mhm (verneinend)" erfasst, je nach Interpretation."*[117]

7. *„Lautäußerungen der befragten Person, die die Aussage unterstützen oder verdeutlichen (etwa Lachen oder Seufzen), werden in Klammern notiert. […]*

8. *Jeder Sprechbeitrag wird als eigener Absatz transkribiert. Sprecherwechsel wird durch zweimaliges Drücken der Enter-Taste, also einer Leerzeile zwischen den Sprechern deutlich gemacht, um so die Lesbarkeit zu erhöhen.*

9. *Störungen werden unter Angabe der Ursache in Klammern notiert, z. B. (Handy klingelt).*

10. *Nonverbale Aktivitäten und Äußerungen der befragten wie auch der Interviewenden Person werden in Doppelklammern notiert, z. B. ((lacht)), ((stöhnt)) und Ähnliches.*

11. *Unverständliche Wörter werden durch (unv.) kenntlich gemacht*"[118] *„Längere unverständliche Passagen sollen möglichst mit der Ursache versehen werden (unv., Handystörgeräusch) oder (unv., Mikrofon rauscht). Vermutet man einen Wortlaut, ist sich aber nicht sicher, wird das Wort bzw. der Satzteil mit einem Fragezeichen in Klammern gesetzt. Zum Beispiel: (Xylomethanolin?). Generell werden alle unverständlichen Stellen mit einer Zeitmarke versehen, wenn innerhalb von einer Minute keine Zeitmarke gesetzt ist."*[119]

12. *„Alle Angaben, die einen Rückschluss auf eine befragte Person erlauben, werden anonymisiert."*[120]

---

116 Kuckartz (2018), S. 167
117 Dresing & Pehl (2015), S. 22
118 Kuckartz (2018), S. 167f.
119 Dresing & Pehl (2015), S. 22
120 Kuckartz (2018), S. 168

Die Transkriptionsregeln werden mit den beiden qualitativen Auswertungsmethoden unterschiedlich abgestimmt. So wird insbesondere in der Methode
der sequenziellen Gesprächsfeinanalyse, Semantik und Syntax eine zentrale Rolle einnehmen. Daher wird ein ausführlicheres Fein-Transkription
erstellt. Diesbezüglich schreibt auch Kuckartz, dass es vom Ziel und Zweck
der geplanten Analyse abhinge, welche Verluste man für akzeptabel hielte
und welche nicht.[121] So kann die Maxime auch die Konsequenz mit sich
ziehen, dass das Transkript an Informationen überflutet ist und nur noch
schwer lesbar bzw. den Analyseprozess behindern könnte, beispielsweise bei
der Berücksichtigung von dialektischer Färbung oder starker Jugend- bzw.
Umgangssprache.[122]

Das Transkript wurde mithilfe des Programms MAXQDA 2020 Analytics
Pro, der – zu dieser Zeit – aktuellsten Version, erstellt. Für die Datenanalyse
und Datenauswertung wurden die teilnehmenden Kinder und Workshopleiterinnen pseudonymisiert, das angegebene Geschlecht und der religiös-
kulturelle Hintergrund wurde bei der Wahl der Pseudonyme berücksichtigt.

Die Transkripte entstanden im Team, bestehend aus Saskia Romeis und der
Forscherin. Dazu fanden mehrere Vor- und Nachbereitungstreffen statt. In den
Vorbereitungstreffen wurde das Transkriptionssystem MAXQDA besprochen.
Die Transkripte wurden mithilfe der Analyse-Software erstellt. Dabei struk-
turierte die Forscherin bereits im Vorfeld das Datenmaterial und sortierte es
anhand der Workshopgruppe, des Wochentages und des Jahres.[123] Darüber
hinaus war es in den Vorbereitungstreffen wichtig, die Transkriptionsregeln
miteinander durchzugehen und die Deutung der einzelnen Regeln anhand von
Beispielen durchzuspielen, um zu gewährleisten, dass die Transkripte in ihrem
strukturellen Aufbau annähernd ähnlich wurden, obwohl mehrere Personen
an deren Entstehung beteiligt waren. Während der Nachbereitungstreffen wurden bleibende Unsicherheiten bezüglich einzelner Sequenzen ausgetauscht,
die dann gemeinsam im Abgleich mit den Transkripten vergleichend gesichtet
wurden. Bereits in den einzelnen Transkriptionsphasen haben sowohl Saskia
Romeis als auch die Forscherin bedeutende Szenen markiert und miteinander
besprochen. Aus diesem Grund war es wichtig, Saskia Romeis in einzelne
Gedanken zu der vorliegenden Arbeit mit einzubeziehen. So konnte sie sich
bereits im Vorfeld gezielter auf erkenntnisreiche Szenen fokussieren. Das ist

---

121   Vgl. Kuckartz (2018), S. 166, Sabine Kowal und Daniel C. O'Connell (2013), S.443 schreiben
      dazu: *„Die Auswahl der transkribierten Kategorien [...] wird häufig nicht durch eine Frage-
      stellung motiviert, das heißt, es wird mit erheblichem Aufwand viel mehr transkribiert, als
      analysiert wird."*
122   Vgl. Kuckartz (2018), S. 167
123   Z. B. 08/2019, Schatztruhe der Religionen: Gruppe A_Mo_2020

keine Voraussetzung der Transkriptionsarbeit, aber es kann ein hilfreicher Hinweis für die sich daran anschließende Auswertung sein, um besondere Auffälligkeiten hinsichtlich des Forschungsanliegens im Blick zu behalten.[124] Das gesamte Transkriptionsmaterial wurde im Anschluss von der Forscherin noch einmal gesichtet und auf Konzentrationsfehler überprüft.

Sowohl das videographierte Datenmaterial als auch die daraus resultierenden Transkripte bilden die Grundlage für die qualitative Datenauswertung über das Kategoriensystems innerhalb der qualitativen Inhaltsanalyse und für die sequenzielle Gesprächsfeinanalyse.

6.8 Hinführung zur Wahl der Auswertungsmethoden

> „Forschung stellt sich uns manchmal wie ein lebendiger und in seiner Komplexität unüberschaubarer ‚Dschungel' dar, in dem ‚Artenvielfalt' herrscht: wir entdecken unterschiedlichste Themenfelder, Fragestellungen und Methoden. Grade zu Beginn des Forschungsprozesses erscheint das ‚Dickicht' dieses Forschungsdschungels schwer zu durchdringen: Statt einem vorgegebenen Pfad, gibt es diverse mögliche Richtungen, die ins Ungewisse verlaufen. Es gilt daher sich einen eigenen Weg zu bahnen und sich mit ersten (Forschungs-) Schritten in das unbekannte Terrain zu wagen. Um sich dabei nicht zu verirren, ist eine gute Ausrüstung für den Forschenden unverzichtbar. [...] Zur Ausrüstung des Forschenden gehören außerdem wissenschaftliche Methoden, die uns als Werkzeuge dienen, um Daten zu erheben und auszuwerten."[125]

6.8.1 *Vorausgehende Überlegungen*

In dieser Metapher wird insbesondere die Unwägbarkeit, die Flexibilität, die Unsicherheit und auch die Zuversicht in die eigene Entscheidungskraft während der Vorgehensweise deutlich. Zugleich zeigt sich darin auch die Herausforderung der Suche nach einer optimalen Passung aus Forschungsgegenstand, Fragestellung und Forschungsmethode. Ebendiese Überlegungen haben auch das vorliegende Forschungsdesign maßgeblich beeinflusst.

Zunächst ergaben sich durchaus spannende weiterführende Überlegungen über einen ethnographischen methodologischen Bezugsrahmen, einen (inter-)kulturellen Ansatz, in dem sich der:die Forschende dem Verhältnis zwischen Eigenem und Anderen aussetzt[126], welcher beispielsweise in einem

---

124   Vgl. Kuckartz (2018), S. 171 beschreibt auch hier schon die Relevanz von ersten Besonderheiten, Auffälligkeiten, die in Form von Memos oder Notizen erst einmal festgehalten werden.

125   Dunker, Joyce-Finnern & Koppel (2016), S. 17

126   im Sinne eines Begriffs, einer Theorie der „dichten Beschreibung" wie ihn beispielsweise Clifford Geertz verwendet, vgl. Geertz (2015), S. 7ff.

offenen Ansatz der Grounded Theory ausgewertet werden kann.[127] Insbesondere ein Wechselspiel aus aktiv und passiv teilnehmender Beobachtung
sehe ich als äußerst interessanten Ansatz in dem vorliegenden Forschungsfeld,
da er sowohl Unterrichtsmethode(n) als auch Mensch(en), welche(s) beide
zentral im Forschungsvorhaben sind, in den Vordergrund stellt und Phänomene alltagskultureller Felder beobachtet.[128] Da ich selbst jedoch aus meiner
Doppelrolle der Forscherin und Veranstalterin heraus keine ausreichend verfügbaren zeitlichen Ressourcen hatte, ließ sich dieser Ansatz nicht verfolgen.

Darüber hinaus wirkten ebenfalls sogenannte Interventionsstudien, wie sie
beispielsweise bei Friedrich Schweitzer et al. (2017) oder Hans Georg Ziebertz
(2010) durchgeführt wurden, interessant.[129]

---

127   Die qualitative Studie von Anja Deistler, in der sie das empathische Verhalten von
        Schüler:innen einer zweiten Klasse untersucht, wählt beispielsweise einen solchen
        Ansatz. Deistler, A. (2013). *Gewaltprävention. Eine empirische Studie zur Bedeutung empa-
        thischer Kompetenz im Kontext schulischer Programme.* Kassel: university press.

128   So schreiben Georg Breidenstein, Stefan Hirschauer, Herbert Kalthoff und Boris Nies-
        wand (2020), S. 9f. über die Ethnografie: „*Sie* [die Ethnografie] *richtet ihr Augenmerk auf
        die Welt, die man in einem Feld antrifft: ihre sozialen Praktiken, Artefakte, Erzählungen und
        Formen des Glaubens. Im Zentrum dieser Forschung steht die teilnehmende Beobachtung.
        In diesem Konzept klingen die für den ethnografischen Forschungsansatz grundlegenden
        Spannungen zwischen Teilnahme und Distanznahme, Präsent-Sein und Re-Präsentieren
        bereits an. Ethnograf:nnen sind einerseits bestrebt, während des Handlungsvollzuges der
        Teilnehmer dabei zu sein und die Methoden zu verstehen, mit denen sie ihre soziale Welt
        ordnen, Sinn und Bedeutung zuschreiben sowie Handlungsanschlüsse sichern. Dieses Tun
        ist weitgehend beobachtbar, da es beständig von den Teilnehmern für sie selbst sichtbar voll-
        zogen wird. Um es verstehen zu können, müssen sich Sozialwissenschaftler:nnen nur hinein-
        begeben in die Welt von Lehrern und Schülern, Muslimen und Migranten, Mathematikern
        und Musikern, Ärzten und Patienten, Bankern und Soldaten, Transsexuellen und Geistlichen
        etc. Man kann nur verstehen, was es bedeutet, Teil dieser professionellen oder (sub-)kulturel-
        len Lebenswelten zu sein, wenn man ihnen (temporär) beiwohnt.
        Andererseits sind Ethnograf:nnen aber weder Teilnehmer noch Touristen, sondern betreiben
        ein ganz spezifisches Geschäft: Sie stellen neugierige, auch lästige Fragen, machen Auf-
        zeichnungen und produzieren Hunderte von Seiten schriftlicher Dokumente. Sie erzeugen
        also Daten über das Forschungsfeld, die sie mit Blick auf ihre sozialwissenschaftliche Her-
        kunftsgemeinschaft sammeln, ordnen und analysieren, um sie später präsentieren zu
        können. Während sie also ›dabei‹ sind, inmitten des Feldes, distanzieren sie sich bereits und
        nutzen ihre eigene Fremdheit auch, um klarer als mancher Teilnehmer zu sehen, was hier vor
        sich geht.*"

129   Für weitere Informationen berichtet Friedrich Schweitzer anschaulich und überblicks-
        artig in dem Aufsatz: Schweitzer, F. (2018). Interventionsstudien im Religionsunterricht:
        Begründung – Beispiele – Perspektiven. In M. Schambeck & Ulrich Riegler (Hrsg.), *Was
        im Religionsunterricht so läuft: Wege und Ergebnisse religionspädagogischer Unterrichts-
        forschung* (S. 179–195). Freiburg, Basel, Wien: Herder.

Interventionsstudien zielen darauf, die Wirksamkeit einer bestimmten Intervention (auch Treatment genannt) methodisch kontrolliert zu überprüfen. Dazu werden eine Experimental- (mit Treatment) und eine Kontrollgruppe (ohne Treatment) gebildet, die sowohl vor als auch nach dem Treatment getestet werden (Pre-Post-Test-Design).[130]

Insbesondere die Studie von Schweitzer et al. erschien attraktiv, da sie die Perspektivenübernahme[131] als Forschungsgegenstand in das Zentrum stellte. Aufgrund organisatorischer und pädagogisch-psychologischer Entscheidungen war jedoch eine Spaltung der Workshopgruppen in Experimental- und Kontrollgruppen, so wie sie die Studie nach Schweitzer et al. im Kontext der Berufsschule durchführte, in dem Konzept der Kinderakademie der Weltreligionen unmöglich und nicht gewünscht. Auch die Dauer des Erprobungszeitraumes und die Teilnehmendenzahl waren längst nicht vergleichbar mit der Studie von Schweitzer et al. Dennoch zeigen beide Studien ein beeindruckendes breites Forschungsdesign.

Zudem war ebenso der sogenannte Mixed Methods Ansatz aus qualitativen und quantitativen Methoden[132] Bestandteil anfänglicher Überlegungen. Die für eine quantitative Umfrage jedoch geringe Teilnehmendenzahl von maximal 30 Kindern ist nicht ausreichend, um Gütekriterien einer quantitativen Studie seriös erfüllen zu können. Darüber hinaus ergaben die in jedem Durchgang verteilten Umfragebögen an die Kinder wenig quantitativ gehaltvolles Datenmaterial.[133]

Es kristallisierte sich somit recht schnell der Ansatz einer qualitativen Forschung angesichts des Forschungsgegenstandes und der Forschungsfrage, aber auch angesichts des gegebenen Forschungskontextes[134] heraus.

In dem methodisch-strukturellen Vorgehen des vorliegenden Forschungsvorhabens haben die Studien um die Essener Forschungsgruppe(n) (2006

---

130 Unser in Schambeck & Riegel (2018), S. 273

131 Wenn auch in ihrer Definition wesentlicher kognitiver ausgelegt als in der hier vorliegenden Definition von Empathie und Perspektivenwechsel als nötige Interdependenz

132 Vgl. beispielsweise zu sehen in den Studien von Ziebertz (2010), Englert et al. (2006 & 2014), Aygün (2013)

133 Die Umfragebögen wurden von den Kindern oft mit vielen Notizen und Symbolen versehen. Viele hatten offensichtlich das Bedürfnis, sich uns auch noch einmal auf diesem Weg mit eigenen Worten mitzuteilen. Quantitative Auswertungen der Daten erschienen an dieser Stelle nicht mehr authentisch.

134 S. hierzu Kapitel 6.6.2–6.6.5

& 2014)[135] und maßgeblich die Studien um die Kasseler Forschungsgruppe (2022)[136] auch diese Arbeit geprägt und inspiriert. Ähnlich wie in dem hier vorliegenden Forschungsdesign kommen die Methoden so triangulierend zum Einsatz, dass sie sequenzielle und reduktive Einblicke des Forschungsmaterials über ihre Methodenwahl ermöglichen. In der Studie um die Essener Forschungsgruppe aus 2006 wurden Interviews mit einer Triangulation aus drei Methoden analysiert und ausgewertet: 1) Eine syntaktisch-semantische Analyse, 2) eine reduktive Analysen zur Erstellung von drei Fallprofilen und 3) eine thematische Analyse.[137] Für die Studie aus 2014 nutzte die Essener Forschungsgruppe drei Auswertungsmethoden: 1) Ein Rating-Verfahren, 2) eine sogenannte Korrelationsexpertise und 3) eine Fallanalyse.[138] Englert et al. widmen sich so der Unterrichtsforschung auf verschiedenen Zugängen, in denen sie sowohl die handelnden Akteur:innen als auch die Inhalte des Unterrichtsgeschehens beleuchten und analysieren.

6.8.2   *Die Auswertungsmethoden des vorliegenden Forschungsvorhabens*

In der qualitativen Sozialforschung gibt es ein breites Spektrum an Auswertungsmethoden, die sich in der Praxis mit qualitativen Daten bewährt haben. So schreibt Rudolf Englert zur Wahl des passendes Auswertungsinstrumentes:

> „Welches dieser Instrumente vorzuziehen ist, hängt von verschiedenen Faktoren ab: vom Forschungsziel, von der Art der qualitativen Daten, von der Menge der zu bewältigenden Daten, und ganz pragmatisch auch von den in einem Forschungsprojekt verfügbaren Kompetenzen und zeitlichen Ressourcen."[139]

Die vorliegende Arbeit begegnet den von Englert beschriebenen Faktoren mit einer qualitativen Methodentriangulation aus einer 1) qualitativen

---

135   Englert. R., Porzelt, B., Reese, A. & Stams, E. (2006). *Innenansichten des Referendariats. Wie erleben angehende Religionslehrer/innen an Grundschulen ihren Vorbereitungsdienst? Eine empirische Untersuchung zur Entwicklung (religions)pädagogischer Handlungskompetenz.* Berlin: LIT. & Englert, R., Hennecke, E. & Kämmerling, M. (2014). *Innenansichten des Religionsunterrichts. Fallbeispiele – Analysen – Konsequenzen.* München: Kösel Verlag.

136   Reese-Schnitker, A., Bertram, D. & Fröhle, D. (2022). *Gespräche im Religionsunterricht. Einblicke – Einsichten – Potenziale.* Stuttgart: Kohlhammer.

137   Vgl. Stams & Porzelt in Englert et al. (2006), S. 27

138   Vgl. Englert et al. (2014), S. 24

139   Englert in Schambeck & Riegel (2018), S. 123

Inhaltsanalyse[140] und 2) einer sequenziellen Gesprächsfeinanalyse. Mithilfe der inhaltlich strukturierenden qualitativen Inhaltsanalyse nach Udo Kuckartz[141] soll auf der Forschungsebene I primär das Datenmaterial als ein Ganzes reduktiv erfasst werden. Auf der Forschungsebene II wird mithilfe der sequenziellen Gesprächsfeinanalyse sekundär eine „mikroskopische Tiefenschärfe"[142] eingenommen. So sollen sich auf diese Weise beide Forschungsebenen sowohl den Förderungen als auch Gelingens- und Störfaktoren von Empathie und Perspektivenwechsel des vorliegenden Forschungsvorhabens in einer Fern- und einer Nahaufnahme, reduktiv in seiner Gänze und selektiv in seiner Schärfe, widmen.[143] Die Beschreibung der einzelnen Auswertungsmethoden wird zum einen in den Kapiteln 7 und 8 erläutert, zudem in Kapitel 9, in dem durch die Reflexion beider Methoden und des triangulativen Prozesses deutlich wird, welche Stärken, aber auch welche Schwächen die jeweiligen Auswertungsmethoden in der Auswertung mit dem Datenmaterial zeigen.

Die sechs Workshops zu zwei Themenbereichen[144] mit einer Teilnehmendenzahl von durchschnittlich maximal zehn Kindern pro Workshop bieten eine optimale Grundlage für einen qualitativen Zugang. Das Datenmaterial ist sowohl zeitlich als auch inhaltlich übersichtlich.

Qualitativer Forschung geht es darum, das Handeln anderer Menschen zu verstehen und an Einzelfällen zu rekonstruieren. Und qualitative Forschung eignet sich besonders gut, um explorativ zu arbeiten, neue Thesen für die weitere Theorie und Empirie zu generieren.

6.8.3   *Mehrperspektivität ermöglichen: Methodentriangulation*
Der vorliegende Untersuchungsgegenstand ist zu vielschichtig, zu komplex, als dass er lediglich mit einem methodischen Zugang analysiert werden soll. Daher bietet es sich an, eine gezielte Kombination aus zwei qualitativen Methoden,

---

140   Empfand ich zu Beginn die offene, entdeckende, theoriengenerierende Methodologie der Grounded Theory (vgl. nach Glaser & Strauss (2015)) sehr reizvoll, so entschied ich mich jedoch pragmatisch für die qualitative Inhaltsanalyse. Sie erscheint mir an dieser Stelle als methodisch geleiteter und damit greifbarer für die Reduktion des vorliegenden Forschungsdatenmaterials.

141   Kuckartz, U. (2018). *Qualitatitve Inhaltsanalyse. Methoden, Praxis, Computerunterstützung* (4. Aufl.). Weinheim: Beltz Juventa.

142   Reese-Schnitker (2005), S. 30

143   Die Stärken beider Methoden in ihrer Triangulation werden insbesondere im Kapitel *9.3 Reflexion der Methodentriangulation* in den Blick genommen.

144   Es handelt sich dabei um zwei Workshopformate („Frieden" und „Schatztruhe der Religionen" die jeweils drei Mal durchgeführt worden (Mo-Mi).

einem „between-method"[145]-Zugang, der aus 1) der qualitativen Inhaltsanalyse und 2) der sequenziellen Gesprächsfeinanalyse besteht, vorzunehmen.

In einer Triangulation geht es darum, unterschiedliche Perspektiven auf
einen untersuchten Gegenstand entlang der Forschungsfragen zu eröffnen.
Diese Perspektiven können durch eine Varianz der Methoden-, Daten-, For-
scher:innen- oder Theorienwahl[146] zutage treten.

Es geht somit um eine Variation, Kombination und Konfrontation verschiedener, ausgewählter Perspektiven hinsichtlich des Forschungsgegenstandes.[147] Die ausgewählten Perspektiven sollen als gleichermaßen
konsequent erkannt und angewendet werden. Durch die Triangulation erfolgt
ein Erkenntniszuwachs, der, durch die Hinzunahme verschiedener Perspektiven, bereichert wird und nur mit einem Zugang so nicht möglich wäre.[148]
In dieser Studie geht es um die Triangulation verschiedener Auswertungsmethoden. Somit ist Ziel und Anliegen dieser Studie, die Begrenztheit einer
Methode durch die Kombination mehrerer methodologischer Zugänge zu
überwinden.

Einerseits kann der triangulative Ansatz dieser Studie eine gewisse Validität unter aller Berücksichtigung und Einordnung der Grenzen von qualitativer Sozialforschung[149] gewährleisten, andererseits dient dieser aber auch als
methodisches Instrument, um die inhaltliche Vielschichtigkeit des Datenmaterials sichtbar machen zu können. So können über die beiden qualitativen
Zugänge verschiedene inhaltliche Tiefen und Anliegen verfolgt werden. Daher
untersucht die vorliegende Studie durch die Anwendung der verschiedenen
Methoden zwar dasselbe Datenmaterial, wählt jedoch, bedingt durch die
methodologische Charakteristik der sequenziellen Feinanalyse, einzelne
inhaltliche Bereiche vertiefend aus.

Anbei das Vorgehen der Auswertung des Datenmaterials in der vorliegenden
Studie im Überblick (s. Tabelle 15).

---

145   Flick (2011), S. 15
146   vgl. Lamnek & Krell (2016), S. 155 unterscheiden in vier mögliche Formen der Tri-
      angulation: Datentriangulation, Forschertriangulation, Theorientriangulation und
      Methodentriangulation.
147   Vgl. Lamnek & Krell (2016), S. 156
148   Vgl. Flick (2011), S. 12
149   Vgl. Kapitel 6.2 *Qualitative Sozialforschung: Potential und Herausforderung*

Tabelle 15   Darstellung und Anliegen beider qualitativer Zugänge

Methodik	Untersuchungs-gegenstand	Datenbasis	Umfang
Qualitative Inhaltsanalyse (nach Kuckartz) *Inhaltlich struktu-rierende qualitative Inhaltsanalyse* *reduktiv*	Querschnitt mittels der Forschungs-fragen im gesamten zugrundeliegenden Datenmaterial	Transkripte auf Grundlage des videographierten Datenmaterials von sechs Workshop-gesprächen	Transkripte und videographiertes Datenmaterial von zwei Workshops an je drei Tagen Frieden (08:2019): Mo (08:2019) Di (08:2019) Mi (08:2019) Schatztruhe der Reli-gionen (01:2020): Mo (01:2020) Di (01:2020) Mi (01:2020)
Syntaktisch-semantische Analyse *Sequenzielle Gesprächs-feinanalyse* *selektiv*	Analyse der latenten Tiefenstruktur zweier herausgelöster Sequenzen	Schlüsselsequenzen des Workshops „Frieden" Mo (01:2020) Di (01:2020)	2 Sequenzanalysen

6.9   Zusammenfassung: Forschungsdesign

Das vorliegende Kapitel leitet im Laufe des Kapitels mittels übergreifender Entscheidungen und Reflexionsprozessen ein transparent begründetes Forschungsdesign her. Dabei ist es von besonderer Relevanz, sich der unter-schiedlichen Forschungselemente (Untersuchungsgegenstand, Rolle der Forscherin, Forschungsfragen, Forschungslage, Erhebungs- und Auswertungs-methode etc.) in der qualitativen Sozialforschung mit ihren Möglichkeiten und Limitationen bewusst zu sein und diese entlang des Forschungsanliegens in einen sinnvollen Zusammenhang zu bringen. Ziel dieses Kapitels war es, dieses begründet darzulegen.

Das empirische Vorgehen der Studie lässt sich demnach wie folgt visualisieren (Abbildung 10):

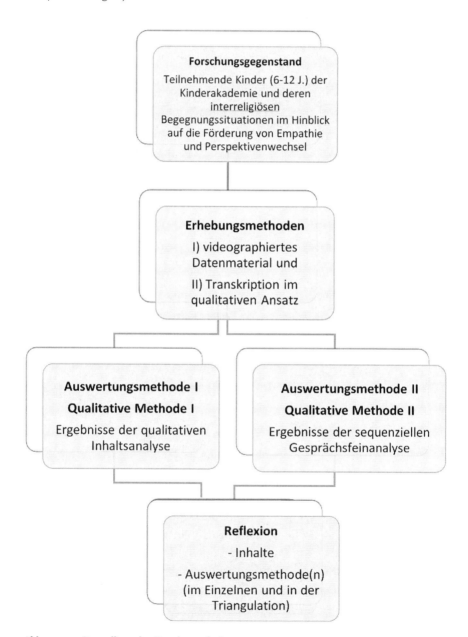

Forschungsgegenstand

Teilnehmende Kinder (6-12 J.) der Kinderakademie und deren interreligiösen Begegnungssituationen im Hinblick auf die Förderung von Empathie und Perspektivenwechsel

Erhebungsmethoden

I) videographiertes Datenmaterial und

II) Transkription im qualitativen Ansatz

Auswertungsmethode I

Qualitative Methode I

Ergebnisse der qualitativen Inhaltsanalyse

Auswertungsmethode II

Qualitative Methode II

Ergebnisse der sequenziellen Gesprächsfeinanalyse

Reflexion

- Inhalte

- Auswertungsmethode(n) (im Einzelnen und in der Triangulation)

Abb. 10   Darstellung des Forschungsdesign

Auf dieser Grundlage wird die vorliegende Arbeit nun die empirische Arbeit aufnehmen und sich den qualitativen Forschungsebenen in Kapitel 7 und Kapitel 8 widmen.[150]

---

150 Auf der Forschungsebene I wird die inhaltlich strukturierenden qualitativen Inhalts-analyse nach Udo Kuckartz durchgeführt, auf der Forschungsebene II zwei sequenzielle Gesprächsfeinanalysen.

Die qualitative Inhaltsanalyse

7.1 Einordnung in den Kontext

Das vorliegende Forschungsprojekt arbeitet mit zwei Auswertungsmethoden (der qualitativen Inhaltsanalyse (Kapitel 7) und der sequenziellen Gesprächsfeinanalyse (Kapitel 8)), die an das Datenmaterial herangetragen werden. In einem Dreischritt wird in beiden Kapiteln I) die Auswertungsmethoden beschrieben, II) für die vorliegende Studie charakterisiert und III) das Datenmaterial anhand dessen analysiert und ausgewertet.

Das Forschungsvorgehen beginnt in diesem Kapitel mit der qualitativen Inhaltsanalyse nach Udo Kuckartz (2018/2022).[1] Kuckartz' Ansatz der inhaltlich strukturierenden qualitativen Inhaltsanalyse erscheint m. E. im Vergleich zu anderen, wie zum Beispiel Philipp Mayrings Ansatz in seiner Fundierung des Kategoriensystems offener und materialgeleiteter und daher passend für das vorliegende Forschungsdesign.[2]

Das vorliegende Kapitel wird zunächst Grundzüge einer qualitativen Inhaltsanalyse vorstellen (7.2), bevor es die qualitative Inhaltsanalyse charakterisiert (7.3). Dazu zählen die Darstellung der Auswahleinheit und der Analyseeinheit, die im Besonderen dazu dienen, dem:der Lesenden das Forschungssetting, also die Fallprofile in dem untersuchten Datenmaterial, zu verdeutlichen. Auch wird das Vorgehen der Kategorienbildung und der Kategoriendefinitionen vorgestellt und an einem Beispiel exemplarisch erläutert. Das Kategorienhandbuch, welchem zentrale Relevanz in einer qualitativen Inhaltsanalyse zukommt, ist in Aufbau und Struktur dargestellt. Empirisch gearbeitet wird mit einer inhaltlich strukturierenden qualitativen Inhaltsanalyse (7.4). Hierzu

---

1 Die vorliegende Studie arbeitet intensiv mit den Vorgaben der 4. Auflage aus 2018. Darüber hinaus bezieht sie insbesondere die Aktualisierungen entsprechender Erkenntnisse und Abbildungen der 5. Auflage mit ein. Kuckartz, U. (2018) und Kuckartz U. & Rädiker, S. (2022). Qualitative Inhaltsanalyse. Methoden, Praxis, Computerunterstützung (4., 5. Aufl.). Weinheim: Beltz Juventa., zudem hinzugezogen: Kuckartz, U. (2014). Mixed Methods. Methodologie, Forschungsdesigns und Analyseverfahren. Wiesbaden: Springer VS.

2 Margrit Schreier gibt dazu einen gelungenen Überblick in dem Aufsatz: Schreier, M. (2014). Varianten qualitativer Inhaltsanalyse: Ein Wegweiser im Dickicht der Begrifflichkeiten. In: Forum Qualitative Sozialforschung. Social Research. (online Zugriff), vgl. auch Kuckartz (2018), S. 73ff., weitere Gründe für Kuckartz Ansatz lassen sich im Folgenden aus den dargelegten Informationen ableiten

wird der Ablauf und der Dokumentationsprozess der vorliegenden inhaltlich strukturierenden qualitativen Inhaltsanalyse geschildert (*7.4.1*) und die Wahl dreier, für den Forschungskontext, bewusst ausgewählter Analyseformen begründet (*7.4.2*). Mit den drei Analyseformen wird das Datenmaterial untersucht, um so unterschiedliche Schwerpunkte des Forschungsanliegens, die durch die Forschungsfragen an das Datenmaterial getragen werden, je in den Fokus stellen zu können (*7.4.3*). Im Sinne eines ersten Gütekriteriums werden die Ergebnisse mit ausgewählten Forschungsteilnehmenden geteilt und die Erkenntnisse, der sich daraus ergebenden Diskussion festgehalten (*7.5*). In einem Fazit werden die zentralen Erkenntnisse der inhaltlich strukturierenden qualitativen Inhaltsanalyse pointiert und in den Grundzügen resümierend dargestellt (*7.6*).

7.2   Grundzüge einer qualitativen Inhaltsanalyse

Die qualitative Inhaltsanalyse ist, so Margit Schreier, ein Verfahren zur Beschreibung ausgewählter Textbedeutungen, wobei das Verfahren sich zentral durch die Kategorienorientierung charakterisiert.[3] Insbesondere im deutschsprachigen Raum stellt die qualitative Inhaltsanalyse nach Philipp Mayring oder Udo Kuckartz ein häufig gewähltes Auswertungsverfahren dar.[4]

Auch die vorliegende Studie arbeitet mit einer Form der Qualitativen Inhaltsanalyse, der sogenannten inhaltlich strukturierenden qualitativen Inhaltsanalyse[5], und wird computergestützt mit der Analyse-Software MAX-QDA umgesetzt.[6]

Eine einheitliche Definition der qualitativen Inhaltsanalyse gibt es nicht. So schreibt Margrit Schreier: *„‚ Die' qualitative Inhaltsanalyse gibt es nicht, und es besteht kein Konsens darüber, was qualitative Inhaltsanalyse ausmacht."*[7]

---

3 Vgl. Schreier (2014) (online Zugriff, o.S.)
4 Vgl. Schreier (2014) (online Zugriff, o.S.)
5 Es wird mit dem Ansatz nach Udo Kuckartz gearbeitet: Kuckartz, U. (2018). *Qualitative Inhaltsanalyse. Methoden, Praxis, Computerunterstützung* (4. Aufl.). Weinheim: Beltz Juventa., Kuckartz, U. & Rädiker, S. (2022). *Qualitative Inhaltsanalyse. Methoden, Praxis, Computerunterstützung* (5. Aufl.). Weinheim: Beltz Juventa.
6 MAXQDA ist eine Software für qualitative Forschung. Sie eignet sich zum Codieren und Analysieren qualitativer Daten und macht den Forschungsprozess deutlich transparenter, strukturierter, einfacher und nachvollziehbarer. Die empirische Arbeit wurde mit der – zu dieser Zeit – aktuellsten Version MAXQDA Analytics Pro 2020 durchgeführt.
7 Schreier (2014) (online Zugriff, o.S.)

Allerdings gibt es Merkmale, die sich in verschiedenen Ausprägungen von qualitativen Inhaltsanalysen wiederfinden lassen, sodass ein Bezugsrahmen der qualitativen Inhaltsanalyse zumindest grob bestimmt ist. Nach Philipp Mayring wolle eine qualitative Inhaltsanalyse zusammenfassend Kommunikation analysieren und dabei systematisch, also regel- und theoriegeleitet vorgehen, sowie das Ziel verfolgen, Rückschlüsse auf bestimmte Aspekte der Kommunikation zu ziehen.[8]

Die qualitative Inhaltsanalyse ist als eine Erweiterung der klassischen Inhaltsanalyse zu verstehen[9], in welcher das Textverstehen und die Textinterpretation eine wesentlich größere Rolle spielen als in der klassischen.[10] Sie arbeitet über ein Kategoriensystem[11], das „*Herzstück*"[12] einer qualitativen Inhaltsanalyse. Darüber hinaus bildet auch ein hermeneutisches Verständnis einen wichtigen Orientierungspunkt für die Auswertung qualitativer Daten[13], wobei davon ausgegangen werden muss, dass keine Methodik die Richtigkeit garantieren kann und eine Hermeneutik nicht ohne den Verstehenden auskommt.[14] So ist es von Relevanz, sich der hermeneutischen Differenz bewusst zu werden, d. h. sich zu fragen, ob es eine andere Perspektive, Sprache, Sozialisation, Kultur etc. gibt, die den Text unzugänglich erscheinen lassen und daraufhin diese Differenz bewusst zu verringern, indem derartige Perspektiven, Sprachen, Sozialisationen und Kulturen kennengelernt und im eigenen Verstehen aktiviert werden. Die forschende Person ist sich somit ihrer Konstruktion von Wirklichkeit stets bewusst und reflektiert diese im Forschungsvorhaben.

---

8   Vgl. Mayring (2015), S. 13

9   Vgl. Kuckartz (2018), S. 26 maßgeblich prägend für die heutigen Erkenntnisse, ist die qualitative Inhaltsanalyse nach Kracauer (1952). The Challenge of Qualitative Analysis. Public Opinion Quarterly, Volume 16, Issue 4, 631–642. Ebenso der aktuell sehr verbreitete Ansatz von Mayring, P. (2016). *Einführung in die qualitative Sozialforschung. Eine Anleitung zu qualitativem Denken* (6. Aufl.).Weinheim: Beltz Verlag., steht dabei in einem engen Zusammenhang zu der hier vorliegenden qualitativen Inhaltsanalyse von Udo Kuckartz (vgl. Kuckartz (2018), S. 27.

10   Vgl. Kuckartz (2018), S. 26

11   Udo Kuckartz diskutiert sehr nachvollziehbar die exakte Verwendung der Begriffe um beispielsweise „Code" und „Kategorie" in der Forschungslandschaft in seinem Werk „Qualitative Inhaltsanalyse. Methoden, Praxis, Computerunterstützung.", in seinem Kapitel „Grundbegriffe und Ablauf qualitativer Inhaltsanalysen", insbesondere auf den Seiten 35–39. Die vorliegende Arbeit wird sich Kuckartz Argumentationen anschließen und die Begriffe „Code" und „Kategorie" synonym verwenden, darüber hinaus werden die Komposita benutzt, die gängig im Deutschen erscheinen, z. B. „Kategorienbildung" als „Codebildung".

12   Schreier (2014) (online Zugriff, o.S.)

13   Vgl. Kuckartz (2018), S. 17

14   Vgl. Kuckartz (2018), S. 20

Ziel der Analyse ist es, das Datenmaterial so zu reduzieren und zu systematisieren, dass die wesentlichen und charakteristischen Inhalte erhalten bleiben und in dieser Abstraktion einen überschaubaren Rahmen des Inhalts zu schaffen, der nach wie vor Abbild des Grundmaterials ist.

Die qualitative Inhaltsanalyse wurden durch diverse Autor:innen in ihren Umsetzungsstrategien unterschiedlich definiert.[15] Allgemeinübergreifend formuliert Kuckartz fünf Charakteristika einer qualitativen Inhaltsanalyse:

1. Die kategorienbasierte Vorgehensweise und die Zentralität der Kategorien für die Analyse.
2. Das systematische Vorgehen mit klar festgelegten Regeln für die einzelnen Schritte.
3. Die Klassifizierung und Kategorisierung der gesamten Daten und nicht nur eines Teils derselben.
4. Die von der Hermeneutik inspirierte Reflexion über die Daten und die interaktive Form ihrer Entstehung
5. Die Anerkennung von Gütekriterien, das Anstreben der Übereinstimmung von Codierenden.[16]

Der Vorteil qualitativer Inhaltsanalysen ist, dass sie zum Teil große Datenmengen über deduktiv bestimmte Kategorien zu strukturieren und reduzieren wissen und darüber hinaus durch die Bildung induktiver Kategorien neu auftauchende Aspekte bzw. Phänomene sichtbar machen können. Dadurch kann jede Studie ein individuelles und spezifisches Profil des eigenen Forschungsvorhabens entwickeln.

Darüber hinaus ist die methodisch kontrollierbare und für jede:n nachvollziehbare Auswertung ein Vorteil. Auch wird, wie bereits erwähnt, innerhalb der qualitativen Inhaltsanalyse ein breites Spektrum an verschiedenen Verfahren offeriert, die je nach Forschungsvorhaben angemessen sind.[17] Dadurch können sie unter Umständen auch eine große Datenmenge reduzieren und auch im Sinne eines ökonomischen Arbeitens von inhaltlich kompetenten unterschiedlichen Personen ausgeführt werden.[18] Hier sind insbesondere

---

15 Dazu zählen beispielsweise federführend: Philipp Mayring (2008, 2015, 2016, 2022), Udo Kuckartz (2014, 2018, 2022), Margrit Schreier (2012, 2014), Thorsten Dresing & Thorsten Pehl (2015), Jochen Gläser & Grit Laudel (2010)
16 Kuckartz (2018), S. 26
17 Beispielsweise die inhaltlich-strukturierende, evaluative, skalierende, explikative, typenbildende oder konventionelle Inhaltsanalyse (vgl. Schreier (2014) (online Zugriff, o.S.), vgl. Kuckartz (2018), S. 10)
18 Insbesondere die computergestützte Analyse Software MAXQDA kann dabei maßgeblich unterstützen, da verschiedene Personen zeitgleich auf das Dokument zugreifen und an verschiedenen Bereichen kodieren bzw. analysieren können.

die Kategoriensysteme mit detaillierten Definitionen und Beispielen ein geeigneter und Orientierung bietender Leitfaden. So kann sowohl induktiv als auch deduktiv an die Kategorienbildung herangegangen werden. Dieses Vorgehen ist insbesondere charakterisierend für Kuckartz. Dementsprechend kann ein themenorientiertes oder theoriengeleitetes Vorgehen entwickelt werden. Zudem wird darüber hinaus ein hermeneutisches Verstehen mit regelgeleiteter Codierung verbunden.[19]

Die inhaltlich strukturierende qualitative Inhaltsanalyse ist eine Variante und zugleich die zentrale Variante qualitativer Inhaltsanalysen.[20] Der Aufbau einer strukturierenden qualitativen Inhaltsanalyse ist ein geeigneter Weg für das vorliegende angestrebte Erkenntnisinteresse. So soll das Datenmaterial reduktiv in den Blick genommen, das heißt, theoriegeleitet und kategorienbasiert strukturiert werden. Ziel ist es, darüber spezifische inhaltliche Aspekte zu identifizieren, zu konzeptualisieren und im Hinblick auf die Forschungsfragen zu bearbeiten. Voraussetzung dafür ist ein sorgfältig erarbeitetes Kategorienhandbuch[21], das auf die Beantwortung der Forschungsfragen abzielt. Charakterisierend für die Variante nach Kuckartz ist, dass er im Gegenzug zu Mayring offenlässt, in welchem Ausmaß und in welcher Richtung die Kategorien deduktiv oder induktiv gebildet werden.[22]

Zusammenfassend lässt sich im Hinblick auf inhaltlich strukturierende qualitative Inhaltsanalysen festhalten, dass es verschiedene Varianten gibt, die Unterschiede hinsichtlich ihrer Umsetzunsstragien zeigen wie z. B. nach Mayring, Kuckartz und Schreier.

---

19   Vgl. Kuckartz (2018), S. 224f., Mayring und Kuckartz betonen in ihren Ausarbeitungen die Hermeneutik als Fundierung qualitativ-inhaltsanalytischer Verfahren, so Schreier (2014, online Zugriff, o.S.)

20   Neben der hier aufgeführten Variante, gibt es weitere, hier z. B. nach Kuckartz (2018), S. 10: die evaluative qualitative Inhaltsanalyse und die typenbildende qualitative Inhaltsanalyse, weitere Varianten-Bezeichnungen lassen sich auch bei Mayring (2015), S. 5f.: skalierende, formale, typisierende Strukturierung finden.

21   Die qualitative Inhaltsanalyse arbeitet mit einem erkenntnistheoretischen und projektbezogenen, deduktiv-induktiven Kategoriensystem, welches anschließend in seiner Auswertung sowohl eine Offenheit für das Material als auch die Individualität und Spezifität einzelner Fälle sichtbar werden lassen kann.

22   Vgl. Schreier (2014) (online Zugriff, o.S.), vgl. Kuckartz (2018), S. 97

7.3 Charakterisierung der vorliegenden qualitativen Inhaltsanalyse

Um die charakterisierenden Rahmenbedingungen der vorliegenden Gesprächsfeinanalysen abzubilden, wurde im Folgenden eine überblicksartige tabellarische Darstellung erstellt (s. Tabelle 16)[23].

Tabelle 16   Tabellarische Darstellung der Charakterisierung der vorliegenden qualitativen
             Inhaltsanalyse

Verfahren	theoriengeleitet
Kategorienbildung	a-priori Kategorienbildung in Kombination mit einer Kategorienbildung am Material
Probecodierung	ja
Codierungsphasen	3 Phasen, Führung eines Forschungsprojekttagebuchs während der Codierphasen
Paraphrasierung	Dokumentation von Memos und Eindrücken
Codiereinheit	vorab festgelegt, Absatz und Sinneinheit
Analyseformen	1) Kategorienbasierte Auswertung, 2) qualitative Fallvergleich, 3) Konfigurationen von Kategorien[24]
Visualisierungen	Ja (tabellarische Übersichten, Grafiken)
Gütekriterien	Diskussion mit Scientific Community, Diskussion mit Forschungsteilnehmenden, Triangulation

7.3.1 *Auswahleinheit*

Die vorliegende Auswahleinheit für die qualitative Inhaltsanalyse nimmt jeweils drei Durchgänge der zwei Workshops „Frieden" (08/2019) und „Schatztruhe der Religionen" (01/2020) innerhalb des Bildungsprogramms „Kinderakademie – Weltreligionen im Dialog" in den Fokus. Untersucht

---

23   Diese Darstellung einer Charakterisierung der vorliegenden qualitativen Inhaltsanalyse
      resultiert aus den vorgeschlagenen Angaben durch Kuckartz (2018), S. 224 und den sich
      herausstellenden Eigenschaften während des Bearbeitungsprozesses.

24   Nähere Erläuterungen dazu in Kapitel 7.4.3.2 *Ein analysierender Blick auf Förderperspektiven von Empathie und Perspektivenwechsel: Die kategorienbasierte Auswertung,*
      Kapitel 7.4.3.3 *Ein analysierender Blick auf Störfaktoren: Der qualitative Fallvergleich*
      und Kapitel 7.4.3.4 *Ein analysierender Blick auf Gelingensfaktoren: Die Analyse mehrdimensionaler Konfigurationen von Kategorien*

wurden die Gesprächsphasen in dem Zeitraum von Montag bis Mittwoch, 10 bis 14 Uhr. Der jeweilige Workshop fand täglich nach einem in seinen Grundzügen festen Workshopkonzept statt. Den Studierenden begegnete von Montag bis Mittwoch täglich eine neue Lerngruppe im Alter von 6–13 Jahren. Das zugrundeliegende Workshopkonzept wurde täglich individuell an die Bedürfnisse der Lerngruppe angepasst. Im Programm waren die Workshops in eine feste Tagesstruktur integriert. Jeder Workshop wurde neben verschiedenen entlastenden, sogenannten Phasentrennern durch eine Mittagspause von 12–13 Uhr in kleinere Blöcke geteilt.[25]

Das Datenmaterial wurde videographiert und anschließend transkribiert.[26] Anbei der Einblick in den Auszug des tabellarischen Verlaufsplanes beider Workshops (s. Tabelle 17 und 18).[27] Diese Ausschnitte sind Datengrundlage der vorliegenden Studie.

Tabelle 17   Auszug des tabellarischen Verlaufsplanes „Frieden"

Auszug des tabellarischen Verlaufsplans zum Workshop „Frieden" (08/2019)

Zeit/Phase	Inhalt	Methode/Sozialform	Medien
2.1) Erarbeitung (20 min)	Bildkartei Die SuS sollen eins der vorhandenen Bilder aussuchen und ihre Wahl begründen	Workshopgespräch	Friedensbilder, Kriegsbilder, Gesprächsball
2.2) Vertiefung (20 min)	Gesprächsrunde mit vertiefenden Fragen zum Thema Frieden	Workshopgespräch	Gesprächsball, Decken

---

25   Die Abläufe der jeweiligen Workshops in Form eines tabellarischen Verlaufsplans befinden sich im digitalen *Exemplarische Workshopideen* oder im Folgenden in Auszügen.

26   Im Kapitel 6 wird ausführlich über das Vorgehen der Datenerhebung informiert, worauf ich Sie an dieser Stelle gerne verweisen und hier nicht näher darauf eingehen möchte. Im Rahmen des Kapitels *6 Übergreifende Entscheidungen im Hinblick auf das Forschungsdesign* befindet sich das Kapitel *6.7 Hinführung zur Wahl der Erhebungsmethoden.* An diesen Stellen wird die Herangehensweise an das Datenmaterial explizit erläutert. Das dort beschriebene Vorgehen der Transkriptionsregeln lässt sich auf die vorliegenden Transkripte der inhaltlich strukturierenden qualitativen Inhaltsanalyse übertragen.

27   Ich übernehme an dieser Stelle die Original-Ausarbeitungen der Studierenden in Form eines tabellarischen Verlaufsplanes.

40 Minuten waren planmäßig für diesen Bestandteil des Workshops angedacht. Die ausgewählten Auszüge der Workshops hatten je eine Kamera-Aufnahmezeit von Mo. (35.30 min.), Di. (40.10 min.), Mi. (37.33 min.). Insgesamt entsteht somit ein Datenumfang von circa zwei Stunden (113.13 min.).

Tabelle 18   Auszug des tabellarischen Verlaufsplanes „Schatztruhe der Religionen"
Auszug des tabellarischen Verlaufsplans zum Workshop „Schatztruhe der Religionen" (01/2020)

Zeit	Inhalt	Sozialform/Methode	Medien/Material
10:40–10:50 Uhr ca. 10 min.	Einstieg: Geschichte	Sitzkreis: Stiller Impuls durch die Schatztruhe Vorlesen der Geschichte durch eine Erzählerin Szenische Darstellung	Decken, Kissen Schatztruhe mit Inhalt Geschichte
10:50–11:20 Uhr ca. 30 min.	Hauptteil: Bedeutung einzelner Items gemeinsam herausstellen	Sitzkreis: Exploration der Items	**Schatztruhe** Christentum: Bibel, Taufkerze, Kreuz, Gebetswürfel, betende Hände Judentum: Tora, Jad, Tallit, Kippa, Menora, Sederteller, Mesusa Islam: Koran, Gebetsteppich, Kette, Kompass, Hijab

40 Minuten sind planmäßig für diesen Bestandteil des Workshops angedacht. Die ausgewählten Auszüge der Workshops hatten je eine Kamera-Aufnahmezeit

von Mo. (25.98 min.), Di. (30.22 min.), Mi. (44.18 min.). Insgesamt entsteht somit ein Datenumfang von circa eineinhalb Stunden (99.48 min.).

7.3.2   *Analyseeinheit*

Die sechs Workshops sind die Analyseeinheiten der vorliegenden Auswahleinheit, wobei die sechs Workshops thematisch in je zwei Blöcken „Frieden" und „Schatztruhe der Religionen" einzuordnen sind d. h. zweimal 3 Workshops zu je einem Oberthema.

Die Workshopleiterinnen des Workshops „Frieden" (08/2019) wählten im Vorfeld Bildkarten zu dem Thema Frieden, welche inhaltlich nicht stark vorbestimmt war. Mittels der Frage „Was fühlst du, wenn du das Bild siehst?" initiierten sie ein Workshopgespräch. Die teilnehmenden Kinder des Workshops am Montag und Dienstag saßen in einem Sitzkreis auf Decken im Workshopraum. Die teilnehmenden Kinder des Workshops am Mittwoch saßen in einem Stuhlkreis um drei aneinander gestellte Tische. In ihrer Mitte befanden sich die Bildkarten, die von den Workshopleiterinnen ausgelegt wurden. Die teilnehmenden Kinder wählten sich dabei eigenständig Bildkarten aus. Die Workshopleiterinnen waren Raifa[28] (BA, Soziale Arbeit, 4. Semester) und Anne[29] (Lehramt Haupt- und Realschulen, 6. Semester). Beide haben zuvor bereits Erfahrungen im Kontext des interreligiösen Lernens gesammelt. Anne hat bereits an der Kinderakademie im Januar 2019 teilgenommen und Raifa war Teilnehmerin der Lehrveranstaltung „MOSAIK – Interreligiöser Dialog" zum interreligiösen Lernen an der Universität Kassel.

Der zweite Workshop „Schatztruhe der Weltreligionen" (01/2020) wählte einen narrativen Einstieg in Form einer Geschichte über ein Kind namens Rahel, welches eine Schatztruhe findet. Anschließend leiteten die Studierenden mit Bezugnahme zur Geschichte zu dem so genannten interreligiösen Zeugnislernen über. Die Studierenden hatten den methodischen Vierschritt zur Begegnung mit dem Item[30] in abgewandelter und gekürzter Form auf den Workshop übertragen.[31] Die Kinder saßen in der Sozialform eines Sitzkreises auf Decken, in ihrer Mitte die Schatztruhe mit verschiedenen religiös-kulturellen Items der drei monotheistischen Religionen. Die Schatztruhe wurde von einem Tuch

---

28   Name wurde pseudonymisiert

29   Name wurde pseudonymisiert

30   Clauß Peter Sajak (2010, 45ff.) greift dazu den methodischen Vierschritt zur Begegnung mit dem Item nach Hull & Grimmit auf.

31   S. Kapitel *2.9.2 Zeugnislernen*

verdeckt. Die Kinder durften nach der Reihe die Gegenstände entnehmen und gemeinsam darüber in ein Gespräch kommen. Der Workshop wurde von sechs Lehramtsstudierenden unterschiedlicher Lehramtsstufen geleitet: Zwei Studierende für das Lehramt an Grundschulen, zwei Studierende für das Lehramt an Haupt- und Realschulen, zwei Studierende für das Lehramt an Gymnasien.[32]

Vier Kinder, je zwei Geschwisterpaare haben sowohl an der Kinderakademie im August 2019 als auch im Januar 2020 teilgenommen: Hassan und Hakim, Salim und Samira[33].

7.3.3   *Kategorienbildung, Kategorienhandbuch*

> Content analysis stands or falls by its categories [...] since the categories contain the substance of the investigation, a content analysis can be no better than its system of categories.[34]

7.3.3.1   Kategorienbildung

Die Kategorienbildung findet in einer Mischform, d. h. in einer deduktiv-induktiv Kategorienbildung statt.[35] Das ist eine gängige Form der inhaltlich strukturierenden qualitativen Inhaltsanalyse nach Kuckartz. Gemeint ist dabei das Wechselspiel aus der A-Priori-Kategorien (deduktiv) und der Kategorien am Material (induktiv). Die Kategorienbildung erfolgt in der vorliegenden Inhaltsanalyse nahezu ausschließlich in eine Richtung: Zunächst wird mit den A-Priori-Kategorien[36] begonnen, worauf in einem zweiten Schritt die Bildung von Kategorien bzw. Subkategorien induktiv folgt.

Eine Herausforderung im Kontext eines schlüssigen Kategoriensystems ist die Kohärenz und Plausibilität desselbigen. Zunächst werden allgemeine Kategorien gefunden, bevor spezifische gebildet werden. Auf diese Weise können

---

32   Die Studierenden werden namentlich hier nicht aufgeführt, da sie durch eine sehr geringe Aktivität kaum eine Rolle in der Auswertung spielen. Im Datenmaterial sind alle Studierenden namentlich pseudonymisiert. Zum Großteil wortführend war die Workshopleiterin Daniela (Lehramt an Grundschulen, 6. Semester). Ihr Name wurde ebenso pseudonymisiert.

33   Alle Namen wurden pseudonymisiert. Der Sachverhalt hat keine Auswirkungen auf die Untersuchungen. Die Kinder werden in beiden Durchgängen als regulär Teilnehmende gewertet.

34   Berelson (1971), S. 147

35   Vgl. Kuckartz (2018), S. 95

36   Vgl. Kuckartz (2018, S. 64) schreibt dazu: *„Bei der A-priori-Kategorienbildung werden die bei der Inhaltanalyse zum Einsatz kommenden Kategorien auf der Basis einer bereits vorhandenen inhaltlichen Systematisierung gebildet.“*

die Hauptkategorien in Subkategorien vertieft und spezifiziert werden. Für die Bildung der Kategorien sollte zunächst das Ziel der Kategorienbildung auf der Grundlage der Forschungsfrage bestimmt werden und für das eigene Forschungsanliegen präsent sein.[37]

Im Sinne der Gütekriterien, welche in Kapitel 6.3 nachzulesen sind, muss auf die jeweiligen Konstruktionen des Forschenden bei der Kategorienbildung verwiesen werden. Sie sind ein Bestandteil jedes individuellen Profils einer jeweiligen Inhaltsanalyse.

> Kategorienbildung – erfolge sie nun am Material oder als A-priori-Kategorienbildung – ist ein Akt der Konstruktion, der auf dem Vorwissen, der Erfahrungsbasis und nicht zuletzt den ‚World Views' der Analysierenden beruht.[38]

Grundlage für den deduktiven Kategorienkatalog bilden die Erkenntnisse aus dem fachtheoretischen Teil I (Kapitel 2–5) der vorliegenden Arbeit. Diese Kategorien sind zunächst inhaltlich recht offen und in ihrer Anzahl überschaubar.[39] Sie gelten als Ausgangspunkt, welche im Zuge des Forschungsprozesses durch induktive Kategorien bzw. auch weitere deduktive Subkategorien oder deduktive Hauptkategorien, die im Laufe des Forschungsprozesses entstehen, ergänzt werden. Die Subkategorien werden auch, aber nicht ausschließlich, am Material (induktiv) entwickelt. Grundlage für die deduktiven und induktiven Subkategorien wird die intensive Auseinandersetzung mit dem theoretischen Teil I und dem ausgewählten Datenmaterial darstellen. Darüber hinaus ist es in einer inhaltlich strukturierenden qualitativen Inhaltsanalyse auch möglich, dass weitere Oberkategorien nachträglich deduktiv oder auch induktiv hinzugefügt werden. Kuckartz lässt offen in welchem Ausmaß die Kategorien deduktiv (theoriengeleitet) oder induktiv (materialgeleitet) entwickelt werden.[40]

> In Bezug auf die Entwicklung der Kategorien, mit denen in der inhaltlich strukturierenden Inhaltsanalyse gearbeitet wird, lässt sich ein weites Spektrum konstatieren, das von der vollständig induktiven Kategorienbildung am Material bis hin zur weitgehend deduktiven Bildung von Kategorien reicht.[41]

---

37   Vgl. Kuckartz (2018), S. 83
38   Kuckartz (2018), S. 206
39   Vgl. Kuckartz (2018), S. 97
40   Vgl. Schreier (2014) (online Zugriff, o.S.)
41   Kuckartz (2018), S. 97

Die Auswahl des Kategoriensystems sollte sorgfältig und weitsichtig bestimmt werden, denn die ausdifferenzierten Kategorien können dabei bereits eine mehr oder weniger feste Struktur für den Forschungsbericht vorgeben.

Bezogen auf die vorliegende Inhaltsanalyse bedeutet dies Folgendes: Die Forschungsfragen und der fachtheoretische Teil I der vorliegenden Arbeit sind die Grundlage der deduktiven Kategorien. Diese sind nun gegliedert in vier Hauptkategorien, die im Laufe der Studie ebenso als „Ebenen" benannt werden:

- Subjektorientierte Ebene
- Kommunikationspsychologische Ebene
- Religionsdidaktische/ Religionsmethodische Ebene
- Religionspädagogische-Entwicklungspsychologische Ebene

Die einzelnen Subkategorien, die diesen vier Ebenen zugeordnet werden, können nicht trennscharf eingeordnet werden. Dennoch ist eine Systematisierung sinnvoll, um Erkenntnisse zu individuellen Fördermöglichkeiten elementarisierter zu steuern und für unterschiedliche Zielgruppen (z. B. Lehrpersonen) und deren Anliegen greifbarer auszuformulieren. So ist die Subkategorie „Lebensweltbezug", die in der Hauptkategorie „Subjektorientierte Ebene" angelegt ist, etwa auch Bestandteil und Anspruch aller anderen Hauptkategorien, bzw. Ebenen. Daher sollen diese Ebenen vielmehr modularisiert abstrakt gesehen werden, um darüber die Fördermöglichkeiten für die Praxis konkreter sicht-, greif und somit auch einsetzbarer zu machen.

Dieses Vorgehen erschien einerseits für die Umsetzung in die Praxis sinnvoll, andererseits resultierte sie auch logisch aus den Erkenntnissen, die im fünften Kapitel zusammengetragen wurden, was kurz erläutert werden soll.

Grundlage der Subkategorien bildeten sowohl deduktiv als auch induktiv gebildete Kategorien. Die deduktiv gebildeten Kategorien resultierten aus der fachtheoretisch umfangreichen Vorarbeit, welche die Grundlage für diese Inhaltsanalyse bietet. So werden unter anderem insbesondere die Erkenntnisse des Kapitels 5 Grundlage sein. In diesem Kapitel wurden die Kapitel 2–4 hinsichtlich der Forschungsfragen untersucht bzw. daran abgeleitet. Die induktiven Subkategorien wurden aus dem Material gewonnen. Aufgrund des sehr prägnanten, zusammengeführten Vorwissens in Kapitel 5 resultierte ein zunächst großer Fundus didaktischer Kategorien, die an das Datenmaterial herangetragen wurden. Hier war es interessant zu überprüfen, ob sich die fachtheoretischen Erkenntnisse am Datenmaterial zeigten.

Sowohl während der Haupt- als auch während der Subkategorienbildung wurde gemäß Kuckartz vorgegangen: *„So einfach wie möglich, so differenziert* *wie nötig*[42]. Daraus ergab sich eine sparsame, komplexe, differenzierte und übersichtliche Auswahl des vorliegenden Kategoriensystems.

Darüber hinaus war es hilfreich, sich den gesamten Kontext stets zu vergegenwärtigen und Inhalte, Erkenntnisse und ausgewählte Aussagen der Arbeit immer wieder zu reflektieren, um ein passgenaues Kategoriensystem zu erstellen:

> Je stärker die Theorienorientierung, je umfangreicher das Vorwissen, je gezielter die Fragen und je genauer die eventuell bereits vorhandenen Hypothesen, desto eher wird man bereits vor der Auswertung der erhobenen Daten Kategorien bilden können.[43]

Daraus resultierte, dass nicht alle Erkenntnisse des Kapitels 5 zu Subkategorien in dem vorliegenden Kategoriensystem gebildet wurden.[44] Die Wahl der Kategorien resultierte aus der Leitfrage, inwieweit die Erkenntnis zur Beantwortung der Forschungsfragen beiträgt, also: Welche Kategorien fokussieren insbesondere die Förderung von Empathie und Perspektivenwechsel an dem Datenmaterial?

7.3.3.2   Kategoriendefinitionen

Der Definition einzelner Kategorien kommt eine entscheidende Relevanz zu. Für eine qualitative Inhaltsanalyse werden präzise Definitionen der Kategorien sowie illustrative Beispiele in selbigen benötigt – auch, damit Überschneidungen zu anderen Kategorien gering gehalten werden können und die Abgrenzung zwischen unterschiedlichen Kategorien deutlicher ist.[45]

Die einzelnen Kategorien sollen *„disjunkt und erschöpfend"*[46] (trennscharf und vollständig im Kategorienhandbuch) sein, darüber hinaus *„gut*

---

42   Kuckartz (2018), S. 108; Kuckartz verweist an dieser Stelle auf eine überschaubare Anzahl an Subkategorien im Sinne der Sparsamkeit und Komplexität, analog gilt das auch für die Hauptkategorien. Denn, so schreibt Kuckartz, je größer die Zahl der Subkategorien sei, desto präziser müssen die Definitionen sein, desto größer sei die Anfälligkeit gegenüber falschen Codierungen, desto aufwendiger die Codiererschulung und desto schwieriger sei es, Übereinstimmungen der Codierenden zu erzielen. vgl. Kuckartz (2018), S. 108

43   Kuckartz (2018), S. 63

44   So wurde beispielsweise die strukturelle, bildungspolitische Ebene, wie sie in Kapitel 5 zu finden ist, entnommen, da diese am Datenmaterial nicht in dem eigentliche Sinne griffig analysiert werden kann.

45   Vgl. Kuckartz (2018), S. 40

46   Kuckartz (2018), S. 67

präsentierbar und kommunizierbar"[47]. Exemplarisch wird es an dieser Stelle mit einer Kategorie illustriert (s. Tabelle 19):

Tabelle 19   Exemplarische Darstellung einer Kategorie im Kategorienhandbuch

Name der Kategorie: „Sichtbarkeiten von empathischen Prozessen"	Möglichst prägnante Bezeichnung:
Inhaltliche Beschreibung:	*Beschreibung der Kategorie, u.U. mit theoretischer Anbindung*[48] Die Kategorie „Sichtbarkeiten von empathischen Prozessen" beschreibt Empathie im Allgemeinen als einen Prozess, in dem sich in das Gegenüber oder eine Situation hineingefühlt wird (= Gefühlsresonanz, Gefühlsansteckung) und dieses Hineinfühlen in einer Form sichtbar wird. *„This process of transposing oneself into the feeling, the thoughts, and the experiences of another has generally been called ‚empathy'".*[49] *„Unter Empathie [...] versteht man das Einfühlungsvermögen eines Menschen in einen anderen."*[50]
Anwendung der Kategorie:	*„Kategorie xy" wird codiert, wenn folgende Aspekte genannt werden ...* Die Kategorie „Sichtbarkeiten von empathischen Prozessen" wird codiert, wenn sichtbar wird, dass sich eine Person in eine andere konkrete Person oder Situation hineinversetzt bzw. hineinfühlt. Dabei geht es um ein sich Hineinversetzen, das deutlich emotional motiviert ist (= Gefühlsresonanz, Gefühlsansteckung).

---

47   Kuckartz (2018), S. 85
48   Kursiv Gedrucktes beschreibt die erklärende Funktion der Spalte, nicht kursiv Gedrucktes illustriert ein reales Beispiel aus der Studie.
49   Cornille (2008), S. 139
50   Mendl (2019), S. 51

Tabelle 19   Exemplarische Darstellung einer Kategorie im Kategorienhandbuch *(fortges.)*

Name der Kategorie: „Sichtbarkeiten von empathischen Prozessen"	Möglichst prägnante Bezeichnung:
Beispiele für Anwendungen:	*Zitate mit Quellenangaben (Dokument, Absatz)* „**Jamila** Also, ich finde das richtig schlimm, weil, wir werfen hier Essen weg, wir kümmern uns nicht so richtig darum, dass es auch einfach anderen gut geht" (Di (08:2019), Pos. 64)
Weitere Anwendungen (optional)	*Die Kategorie wird auch codiert, wenn ... Zitate mit Quellenangabe (Dokument, Absatz)*
Abgrenzung zu anderen Kategorien (optional):	*Die Kategorie wird nicht codiert wenn ...: ... sondern in diesem Fall wird Kategorie z verwendet Zitate mit Quellenangabe (Dokument, Absatz)* Die Kategorie wird nicht codiert, wenn es sich um ein Hineinversetzen = Hineindenken handelt, das stärker kognitiv motiviert ist. In diesem Fall wird die Kategorie „Sichtbarkeiten von Teil-Identifikationsprozesse bzw. Perspektivenwechsel" verwendet. **Raifa** Okay und deswegen habt ihr die wahrscheinlich liegen gelassen oder? (Ja) Es gefällt euch nicht. (Mo (08:2019), Pos. 36)

7.3.3.3   Kategorienhandbuch

Die Hauptkategorien des Kategorienhandbuches leiten sich aus den bereits bestehenden Kategorien des Kapitels 5 ab. Die Veränderungen, wie zum Beispiel im Titel einzelner Kategorien oder der Streichung der letzten strukturellen, bildungspolitischen Ebene resultieren aus der Ausgangsfrage „Was ist im Datenmaterial konkret sichtbar?".

Daraus ergibt sich das Kategorienhandbuch, welches vier Ebenen (= Hauptkategorien) umfasst, die an die Forschungsfragen gelegt werden (s. Tabelle 20).

Tabelle 20   Darstellung der Hauptkategorien

Kürzel	Thematische Hauptkategorie
Subo	Subjektorientierte Ebene[51]
Kompsy	Kommunikationspsychologische Ebene[52]
Reldime	Religionsdidaktische/ Religionsmethodische Ebene[53]
RelpädPsy	Religionspädagogische-Entwicklungspsychologische Ebene[54]

Das Kategorienhandbuch umfasst 62 Kategorien, davon sind:

- 4 Hauptkategorien,
- 37 Subkategorien
- 21 Sub-Subkategorien.

Die religionsphilosophische Ebene (deduktive Kategorie) wurde im Laufe des Prozesses entfernt, keine induktive Hauptkategorie wurde hinzugefügt.
Von den 62 Kategorien sind:

- 36 deduktive Kategorien,
- 25 induktive Kategorien,
- 1 deduktive Kategorie, die im Laufe des Prozesses nachträglich an das Daten-material herangetragen wurde.

Auf die vier Ebenen verteilt sich das Wechselspiel aus deduktiver und induk-tiver Kategorienbildung wie folgt:

- Subjektorientierte Ebene: 5/5 Kategorien sind deduktiv
- Kommunikationspsychologische Ebene: 8/18 Kategorien sind deduktiv, 9/18 Kategorien sind induktiv, 1/18 deduktive Kategorie, die im Laufe des Prozesses nachträglich an das Datenmaterial herangetragen wurde
- Religionsdidaktische/ Religionsmethodische Ebene: 3/8 Kategorien sind deduktiv, 5/8 sind induktiv
- Religionspädagogische-Entwicklungspsychologische Ebene: 20/32 Kate-gorien sind deduktiv, 11/32 Kategorien sind induktiv.

Der Blick auf die Anzahl deduktiver und induktiver Kategorien ist span-nend, da ursprünglich ein breiter deduktiver Katalog resultierend aus dem

---

51   in MAXQDA mit der Farbe Grün markiert
52   in MAXQDA mit der Farbe Gelb markiert
53   in MAXQDA mit der Farbe Blau markiert
54   in MAXQDA mit der Farbe Türkis markiert

fachtheoretischen Wissen an das Datenmaterial gelegt wurde, um zu überprüfen, ob dieser für das Datenmaterial damit vollständig ausreicht oder ob
das Datenmaterial neue Kategorien und somit auch Erkenntnisse aus dem
Material heraus, induktiv, aufzeigt und benötigt. Die Anzahl der Verteilung
deduktiv und induktiv gebildeter Kategorien zeigt deutlich, dass aus dem
Material neue Kategorien gebildet wurden und der deduktive Katalog nicht
ausreichte. Gar zeigten sich sogar deduktive Kategorien, die eine Codehäufigkeit von (0) aufzeigten, somit nicht codiert wurden. Daraus erwächst wiederum die Relevanz weiterer vertiefender sowohl fachtheoretischer als auch
empirischer Arbeit in diesem Bereich, gerade vor dem Hintergrund dessen,
dass Fördermöglichkeiten von Empathie und Perspektivenwechsel in interreligiösen Begegnungen kaum empirisch untersucht sind. Auffällig zeigt sich
insbesondere in zwei Bereichen eine Zunahme an induktiven Kategorien: Zum
einen auf der kommunikationspsychologischen Ebene über u. a. die Kategorie der spezifischen Fragetypen oder der Kategorie von „Die" als sprachliche
Zuschreibung. Ebenso zeigt sich eine signifikante Auffälligkeit induktiver Sub-
Sub-Kategorien in der Sub-Kategorie der Störfaktoren mit der Zunahme von
7/12 induktiven Kategorien. Diese Kategorienüberprüfungen sind wichtig zur
Kenntnis zu nehmen. Die Darstellung dieser divergiert jedoch von dem eigenen Forschungsanliegen und kann aus diesem Grund nicht vertieft werden.
Zudem hätte beispielsweise im Vorfeld überprüft werden müssen, ob der fachtheoretische Teil ausschließlich zu ausgewählten Positionen einheitliche oder
unterschiedliche Positionen durch die Autor:innen vertritt, was dann wiederum in der Auswertung hätte vertieft werden müssen. Es hätte somit ein eigenes methodisches Vorgehen angesichts dieses Forschungsinteresses benötigt.

7.4   Die inhaltlich strukturierende qualitative Inhaltsanalyse

> Kern der inhaltlich-strukturierenden Vorgehensweise ist es, am Material aus-
> gewählte inhaltliche Aspekte zu identifizieren, zu konzeptualisieren und das
> Material im Hinblick auf solche Aspekte systematisch zu beschreiben.[55]

7.4.1   *Ablauf und Dokumentation der vorliegenden inhaltlich strukturierenden qualitativen Inhaltsanalyse*

Die vorliegende Technik der strukturierenden Inhaltsanalyse sei *das* inhalts-
analytische Kernverfahren, darüber bestehe Einigkeit in der Literatur zur

---

55   Schreier (2014) (online Zugriff, o.S.)

Inhaltsanalyse, so Udo Kuckartz.[56] Die vorliegende Forschungsarbeit lehnt sich
an das Verfahren des Ablaufs einer inhaltlich strukturierenden Inhaltsanalyse
nach Udo Kuckartz an.[57] Für die vorliegende Inhaltsanalyse lassen sich grob
drei Phasen aus der Abbildung 11 erschließen. Diese sind keine abgeschlossenen
Schritte und es handelt sich nicht um fixierte Abläufe, die es nacheinander zu
absolvieren gilt, so wie sie etwa in klassischen Inhaltsanalysen vorzufinden
sein kann.[58] Gleichwohl entspricht diese qualitative Inhaltsanalyse dem charakteristischen Ablauf, sprich von einer Formulierung der Forschungsfragen,
über die Erkundung und Analyse des Datenmaterials, die stets im Abgleich mit
den Forschungsfragen zu beachten ist, bis hin zum Ergebnisbericht. Die vorliegenden Hauptforschungsfrage und Subforschungsfragen lauten: Wie lassen
sich Empathie und Perspektivenwechsel durch interreligiöse Begegnungen
bei Kindern im Primarbereich fördern? Was sind Gelingens-, was sind Störfaktoren? Welche Auffälligkeiten lassen sich erkennen?

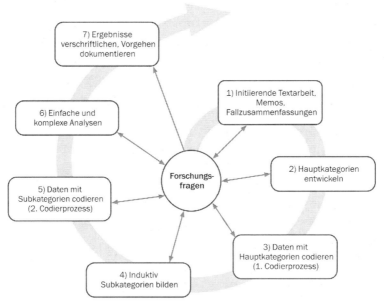

Abb. 11   Ablauf einer inhaltlich strukturierenden qualitativen Inhaltsanalyse
               nach Kuckartz & Rädiker (2022), S. 132

56   Vgl. Kuckartz (2018), S. 224, vgl. Schreier (2014) (online Zugriff, o.S.)
57   Vgl. Kuckartz (2018), S. 100ff.
58   Vgl. Kuckartz (2018), S. 44ff.

Die Auswertungsschritte dieser ersten Phase, die Kuckartz „initiierende Textarbeit"[59] nennt, bestehen aus dem Schreiben von Memos, dem Markieren von besonders wichtig erscheinenden Textpassagen, dem Notieren erster Erkenntnisse, Gedankengänge und Fundstellen am Datenmaterial, dem Erkennen grober formaler und inhaltlicher Strukturen im Datenmaterial. Zentrale Begriffe werden markiert. Es geht darum, ein erstes vorläufiges Gesamtverständnis des Textes zu erlangen. So wurden in Phase 1 an einzelnen Segmenten oder Einheiten von Segmenten, die besonders interessant und auffällig hinsichtlich der Forschungsfragen erschienen, zentrale Gedanken oder weiterführende Fragen in Form von Memos dokumentiert.[60] Dies erfolgte im konstanten Abgleich mit den Forschungsfragen, die unmittelbar neben dem Datenmaterial visualisiert auslagen, um die thematische Ausrichtung beizubehalten. Im Laufe des Prozesses wurde ein Forschungsprojekttagebuch angelegt, welches Eindrücke, Fragen und Prozesse festhält. Auch wurden dort markante Zitate, auffällige Szenen, Ideen für induktive Kategorien und mögliche interessante Szenen für die sequenzielle Gesprächsfeinanalyse festgehalten und auch offene Fragen wurden ausformuliert. Das Foschungsprojekttagebuch war entscheidend für die zweite Phase, da es maßgeblich zur Systematisierung der Kategorienbildung beitrug. In dieser zweiten Phase wurden die Kategorien an das Datenmaterial herantragen und durch Probecodierungen getestet und ausdifferenziert. So wurden induktive Kategorien, die insbesondere auch durch das Forschungsprojekttagebuch deutlich erschienen, in das Kategoriensystem implementiert. Eine initiierende Textarbeit wurde auch in Phase 2 fortgeführt, um den Entstehungsprozess der Kategorienbildung weiterhin zu dokumentieren. Durch die zusammengeführten Erkenntnisse des fachtheoretischen Teils in Kapitel 5 und einer vorab deduktiven Differenzierung in Haupt- und Subkategorien erschien es zum einen sinnvoll und zum anderen vor allem auch interessant, den recht breiten deduktiven Kategorienkatalog an das Datenmaterial heran zu tragen, um unter anderem zu überprüfen, wie das vorliegende Datenmaterial darauf reagiert. Die gewählten Kategorien stehen dabei stets im Rückbezug zu den Forschungsfragen, gemäß der Ausgangsfrage: *„Was will ich später in meinem Forschungsbericht zu diesem Thema berichten?"*[61]

---

59   Kuckartz (2018), S. 101
60   Siehe exemplarisch folgendes Dokument: „Di (01:2020), Absatz 281, Memo 33: Sichtbarkeit von Wirkungseffekte durch exploratives Erkunden der Gegenstände (hier: Hijab), Zeugnislernen → stark ansteigender Redeanteil Nalas, lebendiges Berichten aus Lebenswelt, erklärend"
61   Kuckartz (2018), S. 106

Während der Auseinandersetzung mit dem Datenmaterial wurden die Kategorien verfeinert, neu platziert und/oder in Sub-Subkategorien ausdifferenziert. Der Prozess des Ausdifferenzierens und Bildens von induktiven Haupt- und Subkategorien am Material wird speziell in dem Forschungsprojekttagebuch dokumentiert. So haben sich insbesondere die Störfaktoren und die Fragetypen als neue Kategorieneinheit formiert. Dadurch ließen sich bestimmte Phänomene deutlicher ausdifferenzieren. In dem Forschungsprojekttagebuch sind die gesamten Entwicklungsprozesse der Kategorienbildung durch die drei Codierungsphasen und weitere fortführende, z. T. erste strukturierende und analysierende Gedanken festgehalten.

Das Kategoriensystem hat sich während der drei Codierungsphasen sukzessiv entwickelt, die Daten zunehmend strukturiert und schließlich wurde es fixiert. Geschärft wurde das Kategoriensystem zusätzlich durch die Erstellung des Kategorienhandbuches. Die Genauigkeit in der Erstellung des Kategorienhandbuchs ist dabei von hoher Relevanz. In der vorliegenden Inhaltsanalyse dokumentierten die darin enthaltenden Kategoriendefinitionen die grundlegenden Elemente der Inhaltsanalyse, welche benötigt wurden, um die folgenden Ergebnisse einzuordnen, zu verstehen und zu interpretieren.[62] Auch bildeten sie einen Codierleitfaden, sodass Doppel-Codierungen vermieden, Codierungen schneller vollzogen und das eigene Forschungsanliegen, solchermaßen reflektiert und geschärft wurden. Gleichzeitig konnten mehrere Codes für ein Segment gewählt werden, wenn es das Datenmaterial sinnvoll forderte.[63] Auch können codierte Segmente sich überlappen oder ineinander verschachtelt sein.[64]

Die Kategorien sollen laut Kuckartz „disjunkt, plausibel, erschöpfend, gut präsentierbar und kommunizierbar"[65] sein. Dies wurde während des Auswertungsprozesses durch Hinzunahme des Kategorienhandbuchs stets überprüft. Zudem wurde kontrolliert, ob das nun zugrundeliegende Kategoriensystem Antworten auf die Forschungsfragen geben kann, da dieses die Grundlage für den finalisierenden Ergebnisbericht darstellt bzw. auf den Ergebnisbericht vorbereitet. An der Schärfung des Kategoriensystems und dem Codierungsprozess schließt sich die dritte Phase der Analyse und Visualisierung des Datenmaterials an. Hier stehen die Subkategorien und Sub-Subkategorien im

---

62   Vgl. Kuckartz (2018), S. 40
63   Besonders viele Überschneidungen lassen sich beispielsweise bei den Subkategorien „Interesse" und „Motivation" finden.
64   Vgl. Kuckartz (2018), S. 43
65   Kuckartz (2018), S. 85

Mittelpunkt des Auswertungsprozesses.[66] Analysiert werden kann das Datenmaterial in Form von verschiedenen Analyseformen, die Kuckartz vorgibt.[67] Die vorliegende Inhaltsanalyse wählt drei dieser Analyseformen (Abbildung 12), mithilfe dessen in einem ersten Schritt die codierten Daten analysiert und in einem zweiten Schritt die daraus folgenden Ergebnisse dargestellt werden.

Abb. 12   Analyseformen im Rahmen einer inhaltlich strukturierenden qualitativen Inhaltsanalyse nach Kuckartz & Rädiker (2022), S. 147

7.4.2 *Begründung ausgewählter Analyseformen*

Die kategorienbasierte Auswertung (1)[68] ist die gängige Analyseform einer qualitativen Inhaltsanalyse und bildet „in fast allen Studien den Auftakt der Analyse"[69]. Sie ermöglicht einen Gesamteindruck, da alle Kategorien gesichtet werden. Leitend sind hier die Fragen: „Was wird zu dem Thema gesagt?" und „Was kommt nicht vor?". Die kategorienbasierte Auswertung nimmt dabei nicht nur die Codehäufigkeiten in den Blick, sondern auch und vor allem die inhaltlichen Ergebnisse, welche qualitativ ausgewertet werden. So dürfen auch Interpretationen und Deutungen geäußert werden.[70] Die vorliegende kategorienbasierte Auswertung bearbeitet alle Haupt- und Subkategorien. Das Vorgehen sowohl Haupt- als auch Subkategorien zu bearbeiten, resultiert aus dem Forschungsanliegen und infolgedessen aus der angelegten Studie, die die

---

66   Anders als in einer klassischen qualitativen Inhaltsanalyse sind die Hauptkategorien hier lediglich die Beschreibungen der Ebenen. Die Sub- und Subsubkategorien füllen diese Ebenen mit Inhalten und stehen aus diesem Grund im Mittelpunkt des Auswertungsprozesses.

67   Vgl. Kuckartz (2018), S. 118

68   S. Kapitel *7.4.3.2 Ein analysierender Blick auf Förderperspektiven von Empathie und Perspektivenwechsel: Die kategorienbasierte Auswertung*

69   Kuckartz & Rädiker (2022), S. 148

70   Vgl. Kuckartz (2018), S. 118f.

Hauptkategorien lediglich als Ebenen zur Systematisierung nutzt. Die Subkategorien sind maßgeblich inhaltlich relevant. Diese Analyseform widmet sich somit der Hauptforschungsfrage, welche nach Förderoptionen von Empathie und Perspektivenwechsel fragt.

Der qualitative Fallvergleich (2)[71] wird in einer sogenannten interaktiven Segmentenmatrix visualisiert. Sie ermöglicht einen qualitativ vergleichenden, analysierenden Blick hinsichtlich der kategorisierten Störfaktoren mittels zweier Dokumente der Dokumentengruppe „Frieden". Mithilfe von Kreuztabellen lassen sich somit Erkenntnisse zwischen den gruppierenden Merkmalen, hier bspw. vordergründig den Störfaktoren und den codierten Äußerungen stellen. Auch lassen sich diese Informationen bündeln, sodass abgelesen werden kann, wie häufig einzelne Störfaktoren auftreten.[72] Diese Analyseform widmet sich somit der Subforschungsfrage, welche nach den Störfaktoren fragt.

Die mehrdimensionalen Konfigurationen von Kategorien (3)[73] werden in der sogenannten komplexen Segment-Suche untersucht.[74] Über diese Analyseform sollen Gelingensfaktoren verschiedener Kategorien analysiert und darüber Ketten von Synergiepotentialen sichtbar gemacht werden. Diese Analyseform widmet sich somit der Subforschungsfrage, welche die Gelingensfaktoren in den Fokus rückt.

Die Analysen der codierten Daten werden visualisiert. Sie nehmen eine zentrale Rolle ein. So helfen sie dabei, Muster im Datenmaterial zu identifizieren, Zusammenhänge zu erkennen und Vermutungen zu überprüfen.[75]

7.4.3   *Analyse und Auswertung des Datenmaterials*

Die drei ausgewählten Analyseformen werden nun entlang der Forschungsfragen an das Datenmaterial gelegt. Ziel des vorliegenden Ergebnisberichts soll sein, vor dem Hintergrund des erstellten und fixierten Kategorienhandbuchs, der Reflexion des Forschungsprojekttagebuchs und der Probecodierungen, Auswertungsprozesse zu initiieren und konkrete Ergebnisse zutage zu tragen. Die Angaben aller vorzufindenden Codehäufigkeiten, welche im nun folgenden Ergebnisbericht gemacht werden, sind nicht als quantitativ valide und allgemeingültige Angaben zu verstehen. Sie dienen zum einen zur Einordnung

---

71   S. Kapitel *7.4.3.3 Ein analysierender Blick auf Störfaktoren: Der qualitative Fallvergleich*
72   Vgl. Kuckartz (2018), S. 119f.
73   S. Kapitel *7.4.3.4 Ein analysierender Blick auf Gelingensfaktoren: Die Analyse mehrdimensionaler Konfigurationen von Kategorien*
74   Vgl. Kuckartz (2018), S. 120
75   Kuckartz & Rädiker (2022), S. 153

und Darstellungen von hohen und weniger hohen codierten Kategorien und zum anderen als Einleitung in die Thematik.[76] Zunächst werden die Profile der Dokumentengruppen charakterisiert (7.4.3.1) um sodann die drei Analyseformen mit dem Datenmaterial anhand der Forschungsfragen in eine Auseinandersetzung zu bringen (7.4.3.2–7.4.3.4).

7.4.3.1 Die Profile der Dokumentengruppen

Der Workshop „Frieden" konzentriert sich stark auf die individuellen Lebenswelten der teilnehmenden Kinder und versucht eine hohe kommunikative Interaktion am Medium eines Bildes, welches individuell ausgewählt werden darf, hervor zu rufen. Der Workshop „Schatztruhe der Religionen" arbeitet mit einer leicht abgewandelten Form des religionsmethodischen Zugangs des Zeugnislernens und verknüpft dies stark mit religionskundlichem Wissen, mithilfe dessen die Kinder in ein Gespräch kommen sollen.

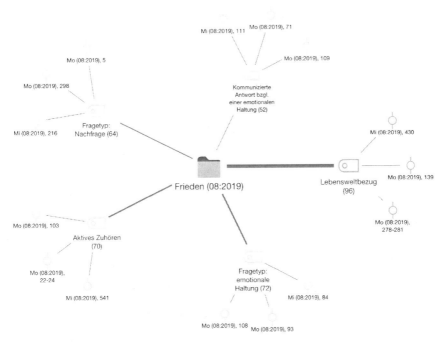

Abb. 13   Dokumentengruppe: Frieden (08:2019)

---

76   So kann es für die Lesenden insbesondere in der vorliegenden Studie durchaus interessant und relevant sein zu wissen, welche Codes besonders häufig codiert wurden, da diese auch Aufschluss auf Ausprägungen einzelner Codes geben, z. B. eine hohe Codehäufigkeit des Codes „Interesse", kann auf eine hohe Ausprägung von Interesse hindeuten.

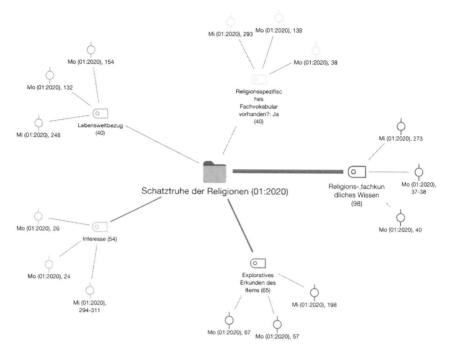

Abb. 14   Dokumentengruppe: Schatztruhe der Religionen (01:2020)

Zu sehen sind zwei Abbildungen (s. Abbildung 13 und 14) von sogenannten Einzelfall-Modellen codierter Segmente beider Dokumentgruppen.[77] Sie sollen in Grundzügen das jeweilige Profil der Workshops beschreiben: Die entsprechende Dokumentengruppe steht im Zentrum. Kreisförmig angelegt sind 5 Kategorien, mit den höchsten Codehäufigkeiten der codierten Segmente. Bei der Sortierung nach Häufigkeiten wird bei 3 Uhr mit der Kategorie, die die meisten codierten Segmente hat, begonnen und verläuft im Uhrzeigersinn mit sinkender Codehäufigkeit. Je mehr codierte Segmente eine Kategorie aufweisen, desto größer ist das Kategoriensymbol. Je dicker die Verbindungslinie, desto mehr Segmente sind für die entsprechende Kategorie vorhanden. Die entsprechende Codehäufigkeit der Kategorie wird in Klammern angegeben,

---

77   Eine Dokumentgruppe steht für einen Workshop. Die drei Dokumente in der Dokumentgruppe stehen für die je drei Tage (Montag bis Mittwoch), an denen der Workshop stattfand. Zukünftig wechselt nun im Rahmen des empirischen Arbeitens die Begriffsverwendung situativ zwischen „Workshops" zu „Dokumentengruppe" und ein einzelner „Workshoptag" zu „Dokument".

das höchste Segment wird als Verweis in dem entsprechenden Dokument angegeben.[78]

Die Abbildung 13 zeigt durch Positionierung, Linienstärke und Größe der Kategorie, dass der Lebensweltbezug die meist codierte Kategorie in der Dokumentengruppe Frieden darstellt. Sie gehört, erkennbar an ihrer Farbe, zu der Subjektorientierten Ebene. Währenddessen die drei anderen Kategorien der Kommunikationspsychologischen Ebene zu entnehmen sind. Es handelt sich somit um eine Dokumentengruppe, in der besonders häufig Codes und Segmente der kommunikationspsychologischen Ebene codiert wurden. Die vier Kategorien sind bezüglich ihrer Codehäufigkeiten nah beieinander, am höchsten ist jedoch der Fragetyp nach der individuellen emotionalen Haltung codiert. Die kommunikative Interaktion wird getragen durch einerseits das aktive Zuhören und andererseits dem Fragetyp des Nachfragens und der individuellen emotionalen Haltung. Auf den ersten Blick ist somit ein Workshop erkennbar, der die individuelle Lebenswelt des Kindes über einen kommunikativen Zugang sichtbar machen möchte.

Abbildung 14 zeigt in ihrer Dokumentengruppe drei Hauptkategorien: die Relidionsdidaktische/ Religionsmethodische Ebene, Religionspädagogisch-Entwicklungspsychologische Ebene und die Subjektorientierte Ebene. Ersteres zeigt die höchste Codehäufigkeit in der Kategorie des Religions- und fachkundlichen Wissens. Darüber hinaus wird auch der methodische Zugang des explorativen Erkundens am Item codiert. Hinsichtlich sozialer Kompetenz sind insbesondere häufig Interesse und Wertschätzung codiert. Auch der Lebensweltbezug der Teilnehmenden wird entsprechend häufig codiert.

7.4.3.2   Ein analysierender Blick auf Förderperspektiven von Empathie
            und Perspektivenwechsel: Die kategorienbasierte Auswertung
Der Aufbau einer kategorienbasierten Auswertung, ob zusammengefasst nach selbstgewählten Oberthemen oder verbleibend in den Kategorien, wird von Kuckartz je nach Struktur und Ziel der Studie offengelassen. Die vorliegende kategorienbasierte Auswertung orientiert sich bzgl. des Aufbaus und der Darstellung an den Haupt-, und Subkategorien und innerhalb dieser

---

78   Zum Beispiel: Dokumentengruppe „Schatztruhe der Religionen (01/2020)", Dokument
      „Mi (01:2020)", Absatz 273: Maria Ich würde auch auf Christentum tippen. Ganz einfach,
      weil das auf Deutsch geschrieben ist. (Mhm) Und wenn das ein Gebetswürfel ist, wäre
      das im Judentum wahrscheinlich auf Hebräisch, im Islam (...) auf irgendeiner arabischen
      Sprache. (Arabisch) Arabisch wahrscheinlich und äh deswegen würde ich ganz einfach
      sagen Christentum, weil es Deutsch ist. (Mi (01:2020), Pos. 273)

an den Codehäufigkeiten, beginnend bei den höchsten (visualisiert in den Abbildungen 15–19). Diese Systematisierung resultiert daraus, dass eine hohe Codehäufigkeit in dieser Studie auf eine hohe Relevanz hindeutet. Die Codehäufigkeit ist ein gewählter Maßstab der Systematisierung, erhebt allerdings keinen Anspruch auf quantitative Validität. In dieser qualitativen Inhaltsanalyse ist die Angabe von Codehäufigkeiten lediglich als eine erste Einordnung und ein Einstieg in die Thematik zu verstehen, welche dann auf qualitativ erhobenen Ergebnissen aufbaut, sie verdeutlicht aber auch, dass gewisse Kategorien deutlich sichtbarer sind als andere. So ist es beispielsweise für den:die Lesende durchaus wichtig zu wissen, dass keine religionsbezogenen Vorurteile explizit geäußert wurden und der Lebensweltbezug häufig stattfand. Die Sub-Subkategorien dieser Studie werden in den Subkategorien zusammengefasst. Kategorien, die mit einer Codehäufigkeit von (0) codiert wurden, werden in dieser Zusammenfassung erscheinen, da auch das ein Ergebnis ist, das gedeutet werden kann.[79]

Zunächst werden die Kategorien entlang folgender Fragen gesichtet: *„Was wird zu diesem Thema gesagt?", „Was kommt nicht oder gegebenenfalls nur am Rande zur Sprache?".*[80] Im Anschluss werden die einzelnen Kategorien inhaltlich spezifisch anhand der Forschungsfragen, insbesondere der Hauptforschungsfrage, analysiert. D. h. nach einem allgemeinen Einblick, wird die Zusammenfassung der Kategorie forschungsorientiert spezifiziert. Auf eine ausschweifende Nutzung von Zitaten wird im Sinne der qualitativen Inhaltsanalyse nach Kuckartz verzichtet.[81]

Subjektorientierte Ebene

Lebensweltbezug
Die Kategorie des Lebensweltbezugs, welche in beiden Dokumentgruppen als eine der fünf-höchsten Kategorien sichtbar ist, zeigt auch hier auf der subjektorientierten Ebene die höchste Codehäufigkeit (136). Situationen, in denen es um die Familie und Freude geht, werden besonders oft im Kontext

---

79 So kann es für die Lesenden insbesondere in der vorliegenden Studie durchaus interessant und relevant sein zu wissen, dass Codes wie „Religionswettbewerb" oder „Vorurteile/Stereotype" eine Codehäufigkeit von (0) aufweisen. Daraus lässt sich jedoch nicht ableiten, dass kein stereotypisches Denken oder ein religionenbezogenes kompetitives Verhalten bei den Kindern vorhanden sei. Im Datenmaterial zeigen sich zwar keine konkreten Codierungshinweise, jedoch durchaus Ansatzpunkte dafür, wie Vorbehalte sich herausbilden könnten, u. a. durch Situationen ambiger Gefühle.

80 Vgl. Kuckartz (2018), S. 118

81 Vgl. Kuckartz (2018), S. 221

des Lebensweltbezuges genannt. Hierbei erinnern und versetzen sich die Beteiligten[82] in Situationen mit den Bezugsgruppen. Dabei geht es einerseits um Erinnerungen, die Verknüpfungen zu religiösen Ritualen (rituelle Waschung, Beten, Kleiderordnung etc.), mit denen man aufwächst oder die man durch diese Personen erst kennenlernt, aufweckt. Andererseits werden diese Bezugsgruppen auch in Kontexten benannt, in denen es um sehr Privates und Emotionales geht. Zum Beispiel um den Tod des Großvaters, der Trennung der Eltern oder den Frieden, den man bei den Urgroßeltern und dem Haustier findet, aber auch das Vertrauen, welches in solche Beziehungen gelegt wird. Es wird häufig genannt, dass der Wertschätzung der Familie und der Freunde, insbesondere der Eltern, Großeltern und Geschwister ein hoher Stellenwert zukommt. Auch wird über Biographien Einzelner der Bezugsgruppen gesprochen, wenn diese im Kontext anknüpfungsfähig sind, wie zum Beispiel über die Flucht der Mutter aus Eritrea, oder der Herkunft des Vaters aus Eritrea.

Es werden also sowohl religionskundliche, eher sachneutrale, als auch emotionale, familiäre Erinnerungen im Kontext religionsbezogener Themen im Lebensweltbezug generiert.

Als Orte der Lebenswelt aller Teilnehmenden wird das Zuhause, der Religions-, oder Ethikunterricht, die Schule (der Schulhof) im Allgemeinen, aber auch das Gemeindeleben benannt. Hier lassen sich vielfältige inhaltliche Verknüpfungspunkte ziehen: Die religiösen Gegenstände werden in der Gemeinde, Zuhause und im Religionsunterricht verortet, zum Beispiel die Kleiderordnung in der Moschee. Wissen wird dabei auch über mediale Zugänge (hier: Fernseher) erworben. Weitere Verknüpfungen zwischen religionsbezogenen Themen und der Lebenswelt, zeigen sich durch Reisen (hier: in arabische Länder), in denen bestimmte religiös-kulturell spezifische Beobachtungen getätigt wurden.

Weniger religionsbezogen, stark an das Individuum orientiert, werden die Orte Schule und Zuhause als Orte für interpersonelle Konflikte und des sich Vertragens genannt.

Im Kontext des Lebensweltbezugs der Beteiligten wird sich nicht nur auf das Umfeld, sondern auch auf das eigene Ich bezogen. So wird zum Beispiel über individuelle Vorlieben der Lieblingstiere, aber auch die Schilderung der eigenen Fluchterfahrung und der Kindheitserinnerungen in Syrien gesprochen. Darüber hinaus wird der achtsame Umgang mit der Welt thematisiert (hier: Mülltrennung, Geld spenden). Teil-Identifikationsprozesse oder

---

82   Die Beteiligten umfassen sowohl die teilnehmenden Kinder als auch die Workshopleiterinnen.

empathische Prozesse gelingen leichter, wenn diese mit Dingen der eigenen Lebenswelt, die individuell emotionale Wichtigkeit haben, verknüpft werden können. Besonders wird dann das Potential deutlich, welches im Zusammenhang mit Bezugspersonen und Lebewesen, wie etwa den Großeltern und Haustieren liegt. Auf methodischer Ebene erscheint dann insbesondere der Einsatz von Bilderbüchern sehr anschlussfähig.[83] Der hohe Lebensweltbezug ermöglicht, dass die teilnehmenden Kinder inhaltliche Bezugspunkte für empathische Prozesse oder Teil-Identifikationsprozesse frei auswählen können. Die Gesprächssequenzen der Dokumentengruppen legen nahe, dass die Kinder sowohl emotional motivierte, empathische Prozesse als auch kognitiv Teil-Identifikationsprozesse, somit Perspektivenwechsel, durch den Lebensweltbezug vollziehen. Die hohe Codehäufigkeit zeigt, wie oft dies für die Kinder möglich ist.

Induktiver Lehrstil

Die Kategorie „Induktiver Lehrstil" wurde ausschließlich dann codiert, wenn der Impuls von den Workshopleiterinnen ausging. Besonders wird der einfühlsame Lehrstil in den Anfragen an die Kinder sichtbar. Diese verfolgen Verschiedenes: die Fürsorge des kollektiven und individuellen Wohlbefindens in der Lerngruppe, der eigene Anspruch, einen respektvollen Umgang mit den teilnehmenden Kindern zu führen, zum Beispiel, indem Vorschläge der Kinder aufgegriffen und transparent begründet werden, sowie durch die Stärkung des prosozialen Verhaltens unter den Teilnehmenden, indem gefragt wird, ob Kind A, Kind B helfen könne. Der induktive Lehrstil wird auch in konkreten Hilfestellungen sichtbar, wie durch die Wiederholung von Fragen, durch ermutigende Nachfragen und in Unterstützung der Explorationsvorgänge am Item (hier: Tora öffnen). Ein induktiver Lehrstil kann Empathie und Perspektivenwechsel insbesondere indirekt fördern. Aus dem Datenmaterial wird sichtbar, dass ein induktiver Lehrstil Kompetenzen wie Wertschätzung und Unterstützung auf kommunikativer und pädagogischer Ebene sowie prosoziales Verhalten tatsächlich vorlebt. Angst-, Stressminderung und Anregungen der Kinder werden konstruktiv und ernst begegnet.

Empathie/Perspektivenwechsel-Vorbild

Die Workshopleiterinnen in ihrer Vorbildfunktion von Empathie/Perspektivenwechsel zeigt sich im Datenmaterial wie folgt:

---

83   Bestätigt zeigt sich das in einer Vielzahl von Bilderbüchern, in denen die Protagonist:innen Tiere oder Bezugsgruppen wie enge Freunde und Familienmitglieder sind.

– In Situationen, in denen für die Teilnehmenden ein Gegenstand oder eine
  Situation zunächst fremd oder neu wirken, und diese das äußern. Die Workshopleiterin reagiert empathisch und kann sich in das Kind und dessen/
  deren womöglichen Gedanken und Gefühle hineinversetzen. Sie nimmt
  die Äußerung des Kindes auf, sie nimmt sie ernst und sie reagiert, indem
  sie aus ihrem persönlichen Empfinden empathisch sensibel argumentiert.
  So macht sie ihre Empfindungen transparent und bietet damit den Teilnehmenden eine Projektionsfläche für ein erstes Hineinversetzen. Auch lädt
  sie die Gruppe und keine einzelnen Kinder ein, selbst auszuprobieren. Sie
  nimmt keinen Bezug auf einzelne wertende Aussagen der Teilnehmenden.
  Sie setzt somit den Gegenstand in den Fokus des Gespräches, nicht die Aussagen oder Reaktionen der Teilnehmenden.
– In Situationen, in denen Kinder, die Deutsch nicht als Muttersprache sprechen, ein Angebot der Übersetzung seitens der Workshopleitung erhalten
  (hier: Arabisch-Deutsch).
– In Situationen, in denen das Verständnis des Gesagten in Form von Nachfragen an das Plenum, abgesichert wird. (Hier: Habt ihr das alle verstanden?)

Die Rolle der Vorbildfunktion steht selbstverständlich in engem Bezug zu insbesondere dem induktiven Lehrstil und der Sichtbarkeit von empathischen
Prozessen bzw. Teil-Identifikationsprozessen, da diese eine Vorbildfunktion
voraussetzen. Oft sind hier Segmente mehrfach codiert. Das verdeutlicht die
fließenden Grenzen einzelner Teilbereiche.

Zentrale Fragen und Themen der Gegenwart
Die zentralen Fragen und Themen der Gegenwart beschäftigen sich mit dem
achtsamen Umgang in und mit der Welt (hier: Müll im Meer), dem Klima-
wandel, Frieden und Krieg und infolgedessen generationsübergreifende
Flucht-, und Migrationsbewegung. Zentrale Fragen sind auch, wie sich in Situationen des Konflikts mit Freunden oder der Familie verhalten werden kann.
Auch ob für Hoffnung gebetet werden kann. All das kann ein Teil der Lebenswelt, sogar der eigenen Identitätsprägung darstellen. Aus diesem Grund sind
diese Fragen wichtig und insbesondere Empathie kann dazu beitragen, ein
(prosoziales) Gefühl, eine Haltung zu entwickeln. An diesen zentralen und
zum Teil persönlichkeitsbildenden Fragen, die Kinder umtreiben, kann ein
Perspektivenwechsel und das Aushalten verschiedener Meinungen sukzessiv
gefördert werden. Die Ergebnisse zeigen, dass diese Themen kommunikativ
angeregt diskutiert wurden.

> **Samira** Also, meine Lehrerin von Ethik, die hat mir in der Schule eine Frage
> gegeben. Die Frage heißt: Wird es die Erde immer geben? (Di (08:2019), Pos. 7)

Kommunikationspsychologische Ebene

Aktives Zuhören

Aktives Zuhören ist eine Fähigkeit, die unterstützt, Missverständnisse zu umgehen und welche ermöglicht Bezug auf das Gesagte zu nehmen. Im Sinne des Forschungsanliegens ist aktives Zuhören eine gute Voraussetzung, um Prozesse um Empathie und Perspektivenwechsel anzuregen. Die Kategorie hat eine vergleichsweise hohe Codehäufigkeit (97), was auf den starken dialogischen Anteil, der in beiden Dokumentgruppen erkennbar ist, hindeutet. Als Voraussetzung benötigt ein aktives Zuhören mindestens Interesse und Motivation, wodurch abzuleiten ist, dass beide Fähigkeiten auch vorhanden sein müssen. In dieser Studie weisen sowohl die Kategorie Interesse (80) als auch die Kategorie Motivation (61)[84] eine vergleichsweise hohe Codehäufigkeit auf. Ein Zusammenhang ist abzuleiten, Synergiepotential ist sichtbar.

Die Kategorie beschreibt die Fähigkeit, in einem Gespräch aktiv zuzuhören und im Anschluss darauf Bezug zu nehmen. Die Bezugnahme auf das Gesagte setzt voraus, dass die aktiv zuhörende Person das Gesagte aufnimmt und dazu Gedanken entwickelt, die u. a. kognitiv und/oder emotional konnotiert sind. Der Ausdruck dessen kann verbal oder nonverbal erfolgen (hier: verbale Reaktion durch einen Redebeitrag, nonverbale Reaktion durch beispielsweise aufgeregtes Melden). In diesem Gedankenprozess können sich auch empathische oder Teil-Identifikationsprozesse ereignen, insbesondere dann, wenn sie auch zielorientiert erfragt werden. Das aktive Zuhören wird als optimale Voraussetzung empathischer Förderprozesse bzw. eines Perspektivenwechsels benötigt, um Wissen aufzunehmen, Nachfragen zu stellen, Paraphrasen zu formulieren und so empathische Prozesse oder Teil-Identifikationsprozesse zu fördern. In dem Datenmaterial wird somit in dieser Kategorie eine Kette an Synergiepotential erkennbar. Die einzelnen Kompetenzen von hohem Interesse, Motivation und einer kommunikationspsychologischen Ebene des aktiven Zuhörens und aktiven Bezugnehmens können sich angesichts der vorliegenden Forschungsfragen förderlich auswirken. Methodisch kann das aktive Zuhören beispielsweise über unterschiedliche Fragetypen erzielt werden (s. folgender Abschnitt „Fragetypen").

Fragetypen

Insbesondere die Fragetypen mit ihren unterschiedlichen Zielabsichten können die Voraussetzung des aktiven Zuhörens, also die Aufnahme und den

---

84   s. Abbildung 18 Religionspädagogische-Entwicklungspsychologische Ebene

Umgang mit dem Gesagten zugunsten der Förderperspektiven von Empathie und Perspektivenwechsel steuern und gezielt anregen (hier: Wie fühlst du dich, wenn ...?, Stell dir vor, dass ...). Der Fragetyp der Nachfrage, also einer Frage, die sich unmittelbar an das Gesagte anschließt und sich vertiefend darauf bezieht, hat eine vergleichsweise hohe Codehäufigkeit (82) sowie auch der Fragetyp nach der individuellen emotionalen Haltung des Gegenübers (71). Die direkten Nachfragen resultieren aus einer Kombination einer freien Redephase und einer hohen Motivation und Interesse. Sie erzielen, dass die Befragten die Möglichkeit bekommen, in sogenannten „Ich-Botschaften" zu kommunizieren. Diese können entscheidend dazu beitragen, empathische Prozesse des Gegenübers anzuregen, da von persönlichen Erlebnissen berichtet wird. Darüber hinaus dienen beide Fragetypen der Verfolgung des inhaltlichen Ziels des jeweiligen Workshops.

Der Fragetyp nach der individuellen emotionalen Haltung ist eine Leitfrage des Workshops „Frieden", welches die hohe Codehäufigkeit erklärt. Dieser Fragetyp verfolgt das Ziel einer emotionalen Äußerung, wohingegen der Fragetyp des direkten Nachfragens grundsätzlicher gedacht ist und den Anspruch verfolgt, Gesagtes zu vertiefen. In dem Datenmaterial zeigt sich, dass insbesondere der Fragetyp nach der individuellen emotionalen Haltung zu einem empathischen Prozess anregt. Mit der Frage nach den individuellen Gefühlen am Gegenstand des Bildes wird indirekt ein sich Hineinfühlen, also ein empathischer Prozess, forciert. Die hier aufgeführten Fragetypen erscheinen im Laufe des Codierungsprozesses nicht nur in ihrer Codehäufigkeit, sondern auch Relevanz und Potential präsent(er), weshalb sie als induktive Kategorie aufgenommen wurden.

Kommunizierte Antwort bzgl. einer emotionalen Haltung

Die gefundenen Segmente sind ausschließlich in der Dokumentengruppe „Frieden" codiert. Diese induktive Kategorie resultiert aus der Leitfrage des Workshops: „Was fühlst du, wenn du das Bild siehst?", welche darauf abzielt, empathische Prozesse zu initiieren. Die kommunizierte Antwort bzgl. einer emotionalen Haltung ist sowohl verbal als auch nonverbal (Mimik, Gestik) sichtbar. Mehrheitlich wurden Fundstellen codiert, in denen Kinder verbalisiert Auskunft über ihre Emotionen geben. Viele Antworten der teilnehmenden Kinder sind Schlagwörter bzw. Nomen, die Emotionen beschreiben (hier: Ruhe, Gelassenheit, Wut), wovon, daran angeschlossen, viele dieser Emotionsbeschreibungen über den „Fragetyp: Nachfrage" vertieft werden. Folglich ist zu beobachten: Das empathische Hineinversetzen geschieht zunächst am Medium des Bildes. Das Medium erscheint hier von hoher Relevanz, um zum einen selbst über den Privatheitsgrad der eigenen Aussage entscheiden zu können und zum anderen, um sich in eine abgebildete Person oder Situation hineinfühlen zu können. Durch die Frage nach der individuellen Haltung, der Antwort einer emotionalen Haltung (erster empathischer Reiz) und der direkten Nachfrage darauf wird auf sprachlicher Ebene der Fokus weg vom abstrakten Bild zunehmend auf das Individuum konkretisiert und darüber stärker emotionalisiert und personalisiert. Insbesondere die Workshopleiterinnen, weniger die anderen Kinder, tragen dazu bei, diesen empathischen Prozess auf der kommunikativen Ebene über die Fragetypen aufrecht zu halten und somit zu fördern.

Störfaktor: Ermahnung
Mehrheitlich sind Fundstellen in der Dokumentengruppe „Frieden" mit einer Codehäufigkeit (25/28) zu finden, wobei hier die Mehrheit (13/28) in dem Dokument Mi (08:2019) zu finden ist. Das Dokument weist zugleich auch eine hohe Codehäufigkeit auf der (religions-)pädagogischen Ebene in der Kategorie „Störfaktoren" auf. So ist logischerweise auch in dieser Kategorie, insbesondere in dem Dokument Mi (08:2019) sichtbar, dass die Ermahnungen Aussagen zumeist von den Lehrenden sind, die aus einer Haltung von Stress und Druck resultieren und dementsprechend auch die Förderung von Empathie und Perspektivenwechsel auf kommunikativer Ebene, kenntlich über eine beispielsweise veränderte Stimmlage, Lautstärke oder Intonation, beeinflussen können.

Wiedergabe des Gesagten: Paraphrasieren, Wortwörtliche Wiedergabe
Besonders in der Dokumentengruppe „Frieden" sind vergleichsweise viele Fundstellen (18/21) codiert. Der Workshop ist themenspezifisch nicht eng konzipiert, sodass die teilnehmenden Kinder viele Bezugspunkte während des Gespräches in unterschiedliche inhaltliche Richtungen ziehen können. Das hat zur Folge, dass eine inhaltliche Breite entsteht, die nicht zwangsläufig immer im interreligiösen Bezug steht. Die oft geschilderten beispielhaften Szenen der Workshopleiterinnen tragen dazu bei, dass die Kinder sich in die Situationen und Personen hineinversetzen und daraus resultierende Gedanken verbalisieren. Besonders in solchen Situationen paraphrasieren und kommentieren die Workshopleiterinnen das Gesagte. Dadurch ergeben sich folgende Wirkungen: Einerseits überprüfen sie so die Richtigkeit des Gesagten und signalisieren Interesse, andererseits nutzen sie die Paraphrasen auch, um das Gespräch auf das Lernziel auszurichten. Mehrheitlich entsteht die Initiative des Paraphrasierens durch die Workshopleiterinnen, wird aber insbesondere innerhalb von Übersetzungsprozessen sowohl unter den Kindern als auch zwischen der Workshopleiterin und den Kindern genutzt. Wortwörtliche Wiederholungen

entstehen innerhalb des Gespräches und sind zumeist direkte Wiederholungen der Workshopleiterinnen, die das Gesagte des Kindes wiederholen. In dem Datenmaterial wird erkennbar, dass insbesondere das Paraphrasieren dazu beiträgt, Missverständnisse zu umgehen. Meines Erachtens wird hier zumeist weniger mit der Intention paraphrasiert, die Richtigkeit des Gesagten zu überprüfen, sondern um das Gesagte zu wiederholen, denn die Paraphrase wird weder begründet (im Sinne von: Ich wollte sichergehen gehen, dich zu verstehen), noch wird das Gesagte wesentlich weiter vertieft. Nichtsdestotrotz scheinen auch hier im Datenmaterial die Paraphrasen das Ziel zu erreichen, Missverständnisse damit größtmöglich zu vermeiden, als auch darüber Interesse zu signalisieren. Beides sind gute Voraussetzungen, um Perspektivenwechsel und Empathie anzuregen.

Empathische Kommunikation fördern
Empathisch zu kommunizieren bedeutet, sich in die Gedanken des Gegenübers hineinzuversetzen, die Sicht gegebenenfalls übernehmen zu können und sich aktiv und intensiv damit auseinander zu setzen. Personen, die empathisch kommunizieren, können auch Missverständnissen vorbeugen, da sie sich sowohl emotional als auch kognitiv in die Person sowie in etwaige Gedanken selbiger hineindenken und dementsprechend die Gespräche gestalten können. Auch kann empathische Kommunikation hilfreich sein, um ambige Gefühle des Gegenübers pädagogisch angemessen zu begleiten.[85] So kann über eine sensible Kommunikation das Erlebte emotional anders, gar positiver verbalisiert und perspektiviert werden, auch können konkrete Einladungen ausgesprochen werden.[86]

Religionsspezifisches Fachvokabular vorhanden?
Hier werden ausschließlich Fundstellen codiert, in denen die teilnehmenden Kinder entweder religionsspezifisches Fachvokabular äußern oder dies noch nicht benennen können. Fast ausschließlich sind dabei Segmente der Dokumentengruppe „Schatztruhe der Religionen" mit einer Codehäufigkeit (56/57) codiert worden. So findet insbesondere in der Explorationsphase (Phase II) die mehrheitliche Codierung statt. Die Kinder können alle abrahamitischen Religionen benennen. Die heiligen Schriften können die Kinder

---

85 Vertiefendes zum Ambiguitätserleben wird in der Kategorie Ambiguitätserleben beschrieben.

86 In diesem Kontext sind die Workshopleiterinnen gemeint, die empathische Prozesse und empathische Kommunikation nutzen können, um ambige Situationen der Kinder zu begleiten.

vereinzelt benennen, auch werden christliche Konfessionen benannt. Gegenstände wie Gebetsteppich, Kopftuch und Taufkerze können meist sofort benannt werden. Gegenstände wie Gebetskette, Kippa, Muslime, Davidstern und Pilgerfahrt vereinzelt. Religionsspezifische Adjektive wie „entweiht" sind nicht bekannt, auch nicht die typische Sprachformel von Bibelstellen.

> **Boris** Ähm. Die Bibel vier Mose, also die vierte Geschichte von Mose.
> **Ramona**[87] Das vierte Buch Mose musst du aufschlagen.
> **Maria** Ah, nicht die Bibel vier. (Lachen)
> **Boris** Aber stimmt, der vierte Teil.
> **Daniela** Das Vier Punkt ist viertes Buch Mose. (Mi (01:2020), Pos. 298–302)

Es wurden fast drei Mal so viele Codes für das Vorhandensein der religionsspezifischen Fachvokabulars codiert (41) als des fehlenden (16). Die Kinder beziehen sich dabei auf Erinnerungen innerhalb der Kinderakademie, der Schule, aber auch des Urlaubs in arabischen Ländern. Der Erwerb religionsspezifischen Fachvokabulars ist zum Beispiel an der wortwörtlichen Wiederholung erkennbar:

> **Hakim** Ähm, das ist ein Baum, (das Buch), Kinderbi/
> **Nala** -bibel.
> **Lena** Genau, eine Bibel. (unverständlich)
> **Hakim** Kinderbibel? (Hakim guckt verwundert.)
> **Miriam** Ja.
> **Nala** Und die ist für Erwachsene, da. (Zeigt auf die blaue Bibel, welche Lena in der Hand hält.)
> **Lena** Genau, die große ist für das Christentum, während die Tora im Judentum ist und der Koran ist für den Islam.
> **Hakim** Die Bibel.
> (Di (01:2020), Pos. 133–140)

Der multisensorische Zugang über das kognitive, visuelle und kommunikative untermalt die nachhaltige Verfestigung des neuen Wissens. Das breite religionsspezifische Fachvokabular, das zum Teil in den Workshops genutzt wird, erleichtert insbesondere Teil-Identifikationsprozesse, insofern, als dass es dabei hilft, religiöse Gegenstände, Situationen, Strukturen o.Ä. zielorientierter benennen zu können und so strukturiertes Wissen zu haben. Das religionskundliche Wissen wiederum kann dazu verhelfen, leichter Perspektivenwechsel gelingen zu lassen.

---

87   Die Namen der Workshopleiterinnen sind in den folgenden Transkriptauszügen durch einen Unterstrich gekennzeichnet.

Missverständnisse vermeiden

Um Empathie oder Perspektivenwechsel zu erzielen, benötigt es eine möglichst klare und zielorientierte Kommunikation aller Beteiligten. In den Gesprächen kann es jedoch zu Missverständnissen kommen, da mit unterschiedlichen Sprachsystemen und individuellen Wirklichkeitsvorstellungen kommuniziert wird.[88] Daher ist es notwendig, Nachfragen zu stellen, um Missverständnisse zu vermeiden. Mit den unterschiedlichen Fragetypen und der paraphrasierten oder wortwörtlichen Wiedergabe des Gesagten kann somit auf der sprachlichen Ebene erzielt werden, Missverständnisse zu klären oder gar nicht erst entstehen zu lassen. Eine hohe Codehäufigkeit (15) zeigt diese Kategorie vergleichsweise nicht. Das kann verschiedene Gründe haben: entweder gab es keine Missverständnisse[89], oder der Perspektivenwechsel der Workshopleiterinnen war nicht so geschärft, als dass sie bemerkt haben könnten, dass einzelne Aussagen zu Missverständnissen führen können. Die Initiative Missverständnisse umgehen zu wollen, wird hier meist von den Workshopleiterinnen durchgeführt und deutet auf eine höhere Niveaustufe des Perspektivenwechsels hin.[90]

„Die" als sprachliche Zuschreibung

11/12 Segmenten werden in der Dokumentengruppe „Schatztruhe der Religionen" im Zuge des Workshopgespräches codiert. Dabei wird ausschließlich der direkte Artikel im Plural „Die" als sprachliche Zuschreibung auf der Wortebene und als eine abstrakte Zuschreibung einer anderen religiösen Personengruppe auf der Bedeutungsebene verwendet.

> **Lena** Genau, im Islam. Ja. Also viele ganz gläubige Muslime tragen das auch durch den Alltag an der Hand und dann zählen die auch manchmal damit. (Mi (01:2020), Pos. 238)

„Die" als eine zumeist unbewusst unsensible Wortwahl kann dazu beitragen, die Verhaltensweisen von Personengruppen zu generalisieren und abstrahieren. Darüber hinaus fördert es ein vermehrt religiös zentriertes- und weniger personenorientiertes Denken. Dadurch würde die abstrakte Ebene, die einer Personengruppe zugesprochen wird, mit der notwendig sichtbar zu

---

88 S. dazu beispielsweise das Vier-Seiten-Modell nach Friedemann Schulz von Thun (1998)
89 Ein Zusammenhang könnte hierbei auch mit der hohen Codierhäufigkeit der Kategorie Wiedergabe des Gesagten: Paraphrasieren, Wortwörtliche Wiedergabe vermutet werden, die im Workshop „Frieden" vergleichsweise viele Fundstellen (18/21) aufzeigt.
90 Vgl. Selman (1984), S. 53ff.

machenden Individualität jeder Person dieser Gruppe brechen.[91] Es steht dabei außer Frage, dass je nach Situation auch über die gesamte Religionsgemeinschaft gesprochen werden und in diesem Fall auch „die" als sprachliche Zuschreibung oder alternativ „jüdische, christliche, muslimische Menschen" verwendet werden kann, wird jedoch die Absicht des Gesagten reflektiert, so muss differenziert werden, ob von einzelnen Personen oder ganzen Personen gesprochen wird (und gesprochen werden kann).[92] Je unbewusster und unsensibler die Wortwahl, je weniger Verständnis für empathisches Sprachbewusstsein, desto schwieriger kann die gelingende interreligiöse Begegnung sein.

Fragetyp: Zirkuläre Fragen
Hier findet sich keine kategorienbasierte Auswertung, da Codehäufigkeit (0).[93]

Religionsdidaktische / Religionsmethodische Ebene

Religions-, fachkundliches Wissen
Der religionskundliche Wissenserwerb findet hauptsächlich in der Dokumentengruppe „Schatztruhe der Religionen" durch die Methode des Zeugnislernens statt. Weniger effizient zeigt sich dahingehend im Vergleich die Methode der freien Bildauswahl, sofern die Bildauswahl, wie in der Dokumentengruppe „Frieden", im Vorfeld nicht themenspezifisch eng vorgegeben wird. So wird über einen theoretischen Lernzugang das religionskundliche Wissen über die drei abrahamitischen Religionen anhand von Gegenständen (hier: Taufkerze, Gebetsteppich, Jad etc.) oder im anschließenden Gespräch über beispielsweise die Konfessionen im Christentum gewonnen. Praktische, handlungsaktive Lernzugänge religionskundlichen Wissens zeigten sich beispielsweise in der performanzorientierten Darstellung der Gebetsrituale im Christentum

---

91   Der Wegweiser für ein gutes Miteinander möchte mit einem Fokus, der weg von einer abstrakt generalisierenden Religionsgemeinschaft hin zu einer personalisierten Begegnung ausgerichtet ist, insbesondere auf religiöse Facetten einzelner Individuen lenken.

92   Z. B. wird in interreligiösen Dialogen oftmals folgende Phrase verwendet: „Wir machen das eben so. Bei uns ist das so." – aber wer ist uns? Spricht die Person von sich selbst, ihrer Familie, ihrer Gemeinde, der Religionsgemeinschaft? Und welche Auswirkungen hat dieser sprachliche Terminus auf das eigene Denken über religiöse Praxis als Individuum und/oder im Kollektiv?

93   Diese Kategorie wurde während des Bearbeitungsprozesses nachträglich deduktiv an das Material gelegt, da sie als kommunikationstheoretische Methode vielversprechend erschien. In dem Datenmaterial wurde sie jedoch nicht codiert. Gründe dafür werden an dieser Stelle nicht weiter vertieft und lassen sich entwicklungspsychologisch erklären.

und Islam durch einzelne Kinder im Laufe der Workshops und der Talkshow. Die Relevanz und der Nutzen der Gegenstände wird durch das fachkundliche Wissen im Austausch durch alle Beteiligten, insbesondere durch das Wissen der Workshopleiterinnen, deutlich (Phase III: Phase der Kontextualisierung).[94] Auch theologisches Wissen wird insofern grob umrissen, als dass das Christentum als eine monotheistische Religion bezeichnet wird. Die Sprachen des Heiligen Buches bzw. der Heiligen Schrift in Islam und Christentum werden thematisiert. Der religions- bzw. fachkundliche Wissenserwerb fördert insbesondere den kognitiven Zugang und ermöglicht somit leichter Teil-Identifikationsprozesse. Je höher der Wissenserwerb, desto leichter kann ein Perspektivenwechsel gelingen. Es erwies sich als schwierig konkrete Kinderaussagen zu finden, an denen deutlich wird, dass ein Perspektivenwechsel durch religionskundliches Wissen explizit geäußert wurde. Der Erwerb religionskundlichen Wissens ist in der Dokumentengruppe „Schatztruhe der Religionen" eher eine prozesshafte Zunahme des Wissens und ermöglicht dann womöglich sukzessive Perspektivenwechsel.

Exploratives Erkunden des Items

Das explorative Erkunden des Items ist die zweite Phase der Begegnung mit dem Item.[95] Diese Phase wird in der Dokumentengruppe „Schatztruhe der Religionen" besonders stark gestaltet, weshalb sie sich als eine induktive Kategorie entwickelte. Die Exploration findet auf verschiedenen Zugängen statt: Tora-Rolle ausrollen[96], Gebetswürfel würfeln, der Versuch, eine Gebetskette als Armband zu nutzen, Kippa aufsetzen, Kopftuch aufziehen, Gebetsteppich auseinander falten, mit dem Jad auf den Zeilen der Tora-Rolle entlangfahren, Erkundung heiliger Schriften[97]: Lesen, Bücher aufschlagen, gemeinsame Suche nach Versen. Besonders auffällig zeigt sich in der Dokumentengruppe „Schatztruhe der Religionen" Folgendes: Ein Gefühl der Ehrfurcht hinsichtlich des Umgangs mit den Heiligen Schriften, speziell hinsichtlich des Korans und der Tora, wird von einem teilnehmenden muslimischen Kind, aber auch von vereinzelten Workshopleiterinnen gezeigt und dies deutlich verbalisiert.

> **Hakim** Ne. (Hakim hat den Koran in der Hand, schaut ihn an, klappt das Buch etwas laut zu und gibt ihn dann an Ramona weiter.)
> **Nala** Vorsichtig damit!

---

94 S. Kapitel 2.9.2 *Zeugnislernen*
95 S. Kapitel 2.9.2 *Zeugnislernen*
96 Es handelt sich hierbei um eine Faksimilie.
97 Es handelt sich hierbei um Faksimilien.

Lena Genau, der darf nicht auf den Boden, ne? Nicht auf den Boden, weil dann wird er entweiht. Das ist ganz wichtig (lacht). Also wir können ihn gleich wieder hier rein packen in die Kiste. Genau und/
Elin Er wird entweiht, wenn er auf dem Boden liegt? (Di (01:2020), Pos. 114–117)

Mindestens zwei dringliche Fragen ergeben sich, die komparativ deutlicher in Lehr-Lernprozessen dahingehend beleuchtet werden können: 1) Warum wird im Umgang mit der Bibel kein ähnlich achtsamer Umgang in der Lerngruppe sichtbar? 2) Welche religionspädagogischen Handlungs- und Antwortmöglichkeiten hat die Lehrperson im Kontext des Umgangs mit Heiligen Schriften?[98]

Hinsichtlich des Forschungsanliegens bietet das explorative Erkunden an religiös-kulturellen Gegenständen viele Möglichkeiten der Förderung von Empathie und Perspektivenwechsel. Durch die Exploration werden Affekte angeregt. Diese werden im Datenmaterial sichtbar: Motivation und Interesse über die angeregten Gespräche und das aufmerksame Beobachten, (freudiges)[99] Erleben über die Reaktion des Lachens. Diese Affekte stehen in engem Synergiepotenzial zur Förderung von Empathie und Perspektivenwechsel, denn eine hohe Motivation, ein hohes Interesse und Freude erleichtern Empathie und Perspektivenwechsel. Darüber hinaus wird an einem sichtbaren Medium (hier: Item) gearbeitet. Auch in der Kategorie „Kommunizierter Ausdruck eigener emotionaler Welt" zeigte das Datenmaterial, dass insbesondere durch das Medium des Bildes empathische Prozesse leichter gelingen konnten.

Szenen/Geschichten

In dieser Kategorie werden Szenen oder Geschichten erzählt, die Teil-Identifikationsprozesse oder empathische Motivationen fördern sollen, da sich die Zuhörenden in diese Geschichten oder Szenen hineinversetzen bzw. hineinfühlen können. In der Dokumentengruppe „Schatztruhe der Religionen" geschieht dies ausschließlich an der Geschichte, die der Methode des Zeugnislernens (Schatztruhe) vorausgeht, indem die Workshopleiterin die Geschichte vorliest. Hier wird sich auf Inhalte bezogen, die fiktional sind. In der Dokumentengruppe „Frieden" werden kurze Szenen geschildert. Die Geschehnisse beschreiben Situationen, welche sich aus den Gesprächen ergeben, oft

---

98   Antwortmöglichkeiten zu finden in: Gaida, K. (2023). Dos and Don'ts im Umgang mit Heiligen Schriften. Worauf achten im Umgang mit Torah, Bibel und Koran? *Religion 5 bis 10, 51*, S. 20–23.

99   Ich setze hierbei bewusst das Wort in Klammern, da Lachen eine ambige Reaktion auf Grundlage von verschiedenen Emotionen und Affekten, die dem vorausgehen, sein kann. Im Datenmaterial zeigt sich kontextgebunden, dass zumeist das Lachen aus Freude, Überraschung und Erleben von Neuem und Unbekanntem gedeutet werden kann.

beginnend durch die Phrase „Stell dir mal vor …". Es werden zumeist Szenen geschildert, die in einer potentiellen Verbindung zu den teilnehmenden Beteiligten stehen, wodurch der persönliche Lebensweltbezug sehr schnell gezogen wird.

Religionskundliches Wissen und Programm-Elemente der Kinderakademie
Besonders häufig wird religionskundliches Wissen mit Programm-Elementen der Kinderakademie in der Dokumentengruppe „Schatztruhe der Religionen" codiert (24/26). Hauptbezugspunkte sind folgende Elemente der Kinderakademie: Talkshow, Exkursionsorte, andere zuvor besuchte Workshops und die täglichen Begrüßungsformen (Schalom, Salām, Hallo)[100]. Die Elemente bedienen unterschiedliche Erlebenszugänge, um religionskundliches Wissen zu erwerben und nachhaltig zu verknüpfen.[101] Die unterschiedlichen Verknüpfungspunkte dienen zum einen der Ergebnissicherung, das Erlernte nicht zu vergessen, aber zum anderen auch der Förderung von Empathie und Perspektivenwechsel. Der zunehmende Wissenszuwachs auf theoretischer Ebene, wie zum Beispiel in der Talkshow oder in den Workshops erleichtert Teil-Identifikationsprozesse. Die eher affektiv-emotionalen Begegnungssituationen, wie zum Beispiel das performative Gebetsritual des jüdischen Kindes in der Talkshow, oder das gemeinsame Singen von Liedern erzeugen personale und positive Wahrnehmung von zuvor Erlebtem. Das Datenmaterial wurde vor der Exkursion am Donnerstag in die Gotteshäuser aufgezeichnet, auf diese wird immer als etwas Zukünftiges verwiesen. Es kann davon ausgegangen werden, dass die affektiv-emotionalen Begegnungen dort noch deutlicher sichtbar geworden wären, zum Beispiel durch das Lächeln des Imams oder den herzlichen Empfang der Gemeindemitglieder in der Moschee. Aus entwicklungspsychologischer Sicht nach Robert Selman sind diese affektiv-emotionalen Begegnungen sehr wichtig, denn Kinder tendieren dazu, das Empfinden des Gegenübers rein am äußeren Erscheinungsbild abzulesen.[102]

Inhaltliche Gemeinsamkeiten und Differenzen
Auffällig ist in dieser Kategorie, dass die Dokumentengruppe „Frieden" lediglich eine Codehäufigkeit von (1/25) aufweist. Themen, die in den

---

100   Die Teilnehmenden der Kinderakademie benutzen die verkürzte und eher informelle Begrüßungsform im Hebräischen und Arabischen, wohlwissend, dass die offiziellen Begrüßungsformen „Schalom Alechem" und „Salām ʿaleikum" lauten.

101   An dieser Stelle wird auf das Programm der Kinderakademie in Kapitel 4 verwiesen, in dem die unterschiedlichen Elemente beschrieben sind.

102   S. Kapitel *3.5.1.2 Das Modell der sozialen Perspektivenübernahme nach Robert Selman*

Dokumentgruppen genannt worden sind, lauten: 10 Gebote, Heilige Schriften, Symbole der Religionen, die Friedenstaube. Besonders gelingend ist hier
die Verknüpfung von Gemeinsamkeiten und Unterschieden auf sprachlicher
Ebene am Beispiel des Betens gelungen:

> **Daniela** Das/ wir gucken uns das jetzt gleich erstmal alles an, was das ist. (unver-
> ständlich) Und zwar braucht man diese Dinge in den Religionen fast alle zum
> Beten. Und in den Religionen betet man unterschiedlich. Und das wollen wir
> heute kennenlernen. (Mo (01:2020), Pos. 150)

Hier wird die inhaltliche Gemeinsamkeit des Betens im Ursprung aller abrahamitischen Religionen verdeutlicht, welche sich jedoch in der jeweiligen religiösen Tradition ausdifferenziert. Dadurch wird weder das eine noch das andere
negiert. Es wird davon ausgegangen, dass es sinnvoll für die Förderung von
Empathie und Perspektivenwechsel ist, wenn die inhaltlichen Gemeinsamkeiten zunächst fokussiert werden.

So ist auch im Datenmaterial zu sehen, dass vermehrt auf die Gemeinsamkeiten eingegangen wird. Die angenehme Atmosphäre lässt Perspektivenwechsel und Empathie leichter gelingen. Eine mögliche Diskussion der
Unterschiede könnte zu konfliktbehafteten Situationen führen, die für Kinder
in ihrer Komplexität noch nicht als ambig zu verstehen sind und das Förder-
potenzial von Empathie und Perspektivenwechsel dementsprechend hemmen
können.[103]

Szenisches Spiel
Diese Kategorie wurde ausschließlich durch Fundstellen der Dokumentengruppe „Schatztruhe der Religionen" codiert, in der anderen Dokumentengruppe „Frieden" ergibt sich somit eine Codehäufigkeit von (0). Der Workshop
„Schatztruhe der Religionen" hat die Methode des Zeugnislernens mit dem
szenischen Spiel kombiniert. Dabei spielt eine Workshopleiterin die Prota-
gonistin der Geschichte. Sie entdeckt die Schatztruhe, in welcher die Items
zu finden sind. Diese Methode hat einen hohen affektiven Nachfolgeffekt. So
zeigt sich im Datenmaterial eine hohe Codierung von Interesse und Motivation
der teilnehmenden Kinder.[104] Es lässt sich überlegen, ob die Synergieeffekte
aus Interesse, Motivation und einer Kombination religionsmethodischer Elemente, Förderpotential für Empathie und Perspektivenwechsel bieten.

---

103 S. Kapitel *2.8 Inhalte interreligiösen Lernens*, s. Kapitel *3.5.2 Mögliche Anschlusskom-*
     petenzen auf Basis von Empathie und Perspektivenwechsel
104 S. Kapitel *7.4.3.4 Ein analysierender Blick auf Gelingensfaktoren: Die Analyse mehr-*
     dimensionaler Konfigurationen von Kategorien

Religionspädagogische-Entwicklungspsychologische Ebene

Freude/Sympathie

Diese Kategorie hat die höchste Codehäufigkeit (80) auf der Religions-pädagogischen-Entwicklungspsychologischen Ebene. Besonders häufig wird in dieser Kategorie die Reaktion des Lachens[105] codiert, welches sich inner-halb des Workshopgesprächs ereignet. In beiden Dokumentengruppen ist somit der Raum „kollektiver Freude" groß, da auch der kommunikative Anteil des Workshops hoch ist, sei es am Medium des Bildes (Workshop „Frieden") als auch in der Explorationsphase am Item (Workshop „Schatztruhe der Reli-gionen"). Der kommunikative Austausch an einem neutralen Lerngegenstand ermöglicht allen Beteiligten vielfältige kommunikative Verknüpfungspunkte auf der Beziehungsebene, so auch das Austarieren gemeinsamer humoris-tischer Ebenen, bzw. Ebenen der gemeinsamen Freude und Sympathie für-einander. Sympathie und Freude zeigt sich hier, wenn Gesagtes bestätigt wird, auch in Form von Berührungen (hier: Hand auf Rücken legen) oder durch Witze, Situationskomik und durch das ambige Erleben von Items und Situa-tion, die zunächst nicht vertraut sind (hier: Takke[106] oder Hijab[107] tragen). Es wird beachtet, dass die Reaktion des Lachens ein ambiger Affekt ist, welcher aus verschiedenen Emotionen resultieren kann. Deshalb wird das Lachen hier kontextuell betrachtet.

Wenn nun aus fachtheoretischer Sicht davon ausgegangen wird, dass Angst empathiehemmend wirkt, so kann stark vermutet werden, dass Freude und Sympathie mindestens dazu beitragen können, Gegenteiliges zu bewirken. Es kann davon ausgegangen werden, dass eine Lernatmosphäre, die von Freude und Sympathie zueinander geprägt ist, dazu beiträgt, Perspektivenwechsel und Empathie leichter gelingen zu lassen. Insbesondere für Kinder, die sich nach Robert Selman in den Niveaustufen 0–1 der sozialen Perspektivenüber-nahme befinden, sind affektiv-emotional ablesbare positive Reaktionen in der Mimik wichtig, um Lernziele zu verfolgen.[108]

---

105   Hierbei wurde kontextgebunden überprüft, wie die Reaktion des Lachens gedeutet wer-den kann.

106   Islamische Kopfbedeckung für Männer

107   Islamische Kopfbedeckung für Frauen

108   Vgl. Selman (1984), S. 50ff. Stufe 0–1, wichtig ist hierbei somit die Erkenntnis, Wirkungs-effekte durch das Lächeln eines Rabbiners oder Imams in der religionspädagogischen Arbeit nicht zu unterschätzen, vgl. auch Riegger (2013), S. 37ff. Empathie und Wahrnehmung

Interesse

Über welche methodischen Zugänge wird Interesse geweckt bzw. über welche Zugänge zeigt sich Interesse? In der Dokumentgruppe Schatztruhe der Religionen wird das Interesse vermehrt in der Explorationsphase (Phase II) evoziert, zum Beispiel über Fragen, die einen Spannungsbogen erzeugen (hier: Was könnte in der Schatztruhe sein?). Dadurch wird deutlich, welche Qualität und welches Kompetenzpotenzial in der Explorationsphase, also in der Begegnung mit dem Item, für interreligiöse Bildungsprozesse liegen. Diese Phase gilt es bestmöglich religionspädagogisch zu nutzen. Darüber hinaus wird das Interesse in der Explorationsphase mit Elementen der Kinderakademie verknüpft, die in der Zukunft liegen (hier: Das werden wir Donnerstag sehen.).

Wie zeigt sich Interesse in dieser Kategorie? Die Fundstellen lassen sich unterschiedlich systematisieren. Nonverbales Interesse zeigt sich durch das spannungsvolle Beobachten. Verbalisiertes Interesse zeigt sich durch inhaltliche Nachfragen (hier: Bedeutung der Kaaba) und inhaltlich weiterführende Gedanken. Die Folge von Interesse zeigt sich durch parallel zum Workshopgespräch entstehende, zum Teil geflüsterte, Gespräche. Sichtbar wird es in der Körpersprache durch ein aufgeregtes Melden und durch den sprachlichen Ausdruck der Überraschung (hier: Oh! Wow!). So entstehen durch das Interesse eine eigene Handlungsmotivation, entweder verbal durch eigens entwickelte Vorschläge (hier: Entwicklung eigener Ideen: „Was ist, wenn Fäden des Tallit abfallen würden?") oder durch die körperliche Aktion. Dann führt das Interesse (Phase I)[109] zur haptischen Exploration des Gegenstandes (Phase II) (hier: Kann man eine Gebetskette als Armband benutzen?, Gemeinsame Suche von Versen in der Bibel).

> **Malea** Vielleicht ein Armband. Darf ich mal kurz? (Streckt ihre Hand Lara entgegen.)
> (Lara gibt ihr die Gebetskette.)
> **Malea** Mhm, ne. Ich dachte, das könnte man zwei Mal drum machen. (Mo (01:2020), Pos. 108–110)

Um Perspektivenwechsel oder Empathie zu fördern, benötigt es unter anderem Interesse als Katalysator.[110] Demzufolge ist es förderlich, dass die Codehäufigkeit (80) recht hoch liegt. Auch zeigt sich hier die methodische Wahl des Zeugnislernen als gewinnbringender und vor allem planbarer Gegenstand

---

109 Der Begriff „Phasen" bezieht sich – bezogen auf die Methode des Zeugnislernen – auf den Vier-Schritt des Zeugnislernens „Vier Phasen der Begegnung mit dem Item", vgl. Kamcılı-Yıldız, N., Sajak, C. P. & Schlick-Bamberger, G. (2022), S. 12f.

110 S. Kapitel *3.3.4 Empathie-Katalysatoren nach Herbert Stettberger*

unterrichtlicher Konzepte zur Förderung von Empathie und Perspektivenwechsel. Die Wahl der Methode erweist sich in der Dokumentengruppe
„Schatztruhe der Religionen" als sehr gelungen hinsichtlich des individuellen
Interesses und somit auch auf Chancen der Fördermöglichkeiten von Empathie und Perspektivenwechsel.

Wertschätzung
Der Blick in das Datenmaterial zeigt, dass noch einmal unterschieden werden
sollte in Lob und Wertschätzung. Beides lässt sich in dieser Kategorie wie folgt
systematisieren:

Besonders häufig wird Lob als eine positive Anerkennung des Gesagten
von zumeist den Workshopleiterinnen über Signalwörter wie „Super. Cool.
Schön." ausgedrückt. Das kann Auswirkungen auf die intrinsische Motivation
haben. Weniger findet Wertschätzung als eine Form der Antwort statt, die
auf das zuvor Gesagte Bezug nimmt und dies im inhaltlichen Kern begründet
wert-schätzt. Es scheint, als würde sich folgende Gesprächsstruktur zeigen:
Impulsfrage der Workshopleiterin, Antwort der Teilnehmenden, lobende und
abschließende Rückmeldung der Workshopleiterin.

Ebenso wird Lob als eine positive Anerkennung in der haptischen
Explorationsphase (Phase II) ausgedrückt (hier: Jonas zieht Kippa auf, lobende
Rückmeldung der Workshopleiterin). An dieser Stelle kann also eher von Lob
als von Wertschätzung gesprochen werden. In dem Kategorienhandbuch wird
dies nicht explizit subkategorisiert.

Interessant ist zu sehen, dass Wertschätzung bzw. Lob vereinzelt genutzt
wird, um nachfolgend inhaltliche Akzentuierungen im Workshopgespräch zu
setzen.

> **Daniela** Jetzt hat die Hannah gerade sowas Interessantes über den Koran
> erzählt, dass der nicht auf dem Fußboden liegen darf. (Mo (01:2020), Pos. 220)

Ausschließlich in der Dokumentengruppe „Frieden" wird der Begriff der Wertschätzung zum Gesprächsgegenstand (hier: Was schätzt ihr so richtig wert?).

In der vorliegenden Studie zeigt sich somit, dass Wertschätzung als ein inflationär genutzter Begriff deutlich differenzierter definiert und verwendet werden muss. Darüber hinaus zeigt sich, dass Situationen einer wertschätzenden,
annehmenden Grundhaltung weniger codiert werden als konkrete Situationen, in denen ein Lob ausgesprochen wird.

Die Grundhaltung der Wertschätzung ist jedoch insofern relevant, als dass
sie insbesondere Interesse und Motivation fördern kann, welche in engem
Zusammenhang mit Empathie und Perspektivenwechsel stehen. Zum einen

als impulsgebend, aber auch in der weiterführenden interdependenten Förderung von Empathie und Perspektivenwechsel, die mit den beiden Disziplinen agieren.

Motivation

Auf der Religionspädagogischen-Entwicklungspsychologischen Ebene hat diese Kategorie eine verhältnismäßig hohe Codehäufigkeit (61). In dieser Kategorie wird Motivation sichtbar durch eine hohe Aufmerksamkeit, hohe Gesprächsbereitschaft, und eine angeregte Handlungsbereitschaft (hier: konkrete Handlungswünsche für die Zukunft im achtsamen Umgang mit der Welt). Das setzt eine aktive Teilnahme voraus. Methodisch wird die Motivation in der Dokumentengruppe „Schatztruhe der Religionen" als Spannungsmoment in der Begegnung mit dem Item (Phase I) angeregt. Sie wird gesteigert in der haptischen Explorationsphase (Phase II) (hier: verschiedene Kinder wollen das Item kennenlernen). Erkennbar an den sichtbaren Folgereaktionen: Lachen, aufgeregtes Melden, spannungsvolles Beobachten. Ein großer Wirkungseffekt der Motivation auf das kommunikative Verhalten zeigt sich bei einigen Teilnehmenden, wenn die Lebenswelt in das Workshopgeschehen integriert werden kann. So lässt sich ein deutlicher Motivations- und Kommunikationsanstieg bei einigen Teilnehmenden im Datenmaterial erkennen, wenn diese Erfahrungen ihrer Lebenswelt teilen können oder diese ambige Gefühle erleben. Fundstellen sind auch zu finden, in denen Motivation als Kompetenz genutzt wird, um die Gruppendynamik zu stärken (hier: Schaffen wir das? Oder: Wollen wir ein kurzes Spiel machen?). Deutlich lassen sich Überschneidungen verschiedener Sozialkompetenzen (Interesse, Wertschätzung, Motivation) an mehreren Fundstellen finden (insbesondere hinsichtlich der sichtbaren Zeichen wie: aufgeregtes Melden).[111] Neben der Förderung eines grundsätzlichen Interesses kann auch eine motivierte Haltung impulsgebend für die Förderung von Empathie und Perspektivenwechsel sein. Nachfolgend relevant und höchst interessant ist zu beobachten, dass die methodische Wahl des Zeugnislernens hohes Potential auf konzeptioneller/planbarer Ebene für die Förderungen von Interesse, Motivation und Freude zeigt, welche hohe Codehäufigkeiten aufweisen und somit tatsächlich sichtbar in dieser Studie sind. Infolgedessen sind sie ebenfalls als optimale Voraussetzungen für Empathie oder Perspektivenwechsel zu deuten.

---

111 Das Kategorienhandbuch weist dazu je eigene Kategoriendefinitionen auf, um die Kompetenzen in den Fundstellen voneinander abzugrenzen. In der Realität bedingen diese sich jedoch aber auch, wirken als Interdependenzen mit fließenden Grenzen auf der praktischen Ebene. Ich bitte dies zu berücksichtigen.

Sichtbarkeiten von Perspektivenwechsel, Teil-Identifikationsprozessen

Häufig wird der Perspektivenwechsel sichtbar über Anfragen, die Workshopleiterinnen an die Teilnehmenden richten, um Handlungen und Ergebnisse für die Gruppe sichtbar zu machen (hier: Halt sie mal hoch, sodass es jedes Kind sieht). Auch können Teil-Identifikationsprozesse der arabisch sprechenden Workshopleiterin dazu führen, dass sie das Angebot der Übersetzung (Arabisch-Deutsch) den Kindern mit nicht deutscher Muttersprache offeriert, sodass die Sprachbarriere kein Hindernis im Verlauf des Workshopgeschehens wird. Darüber hinaus zeigte eine Fundstelle, dass der Perspektivenwechsel auch genutzt werden kann, um bestimmte sich anschließende Argumentationsstränge zu begründen (hier: Das möchte doch auch keiner von euch, oder?). Methodisch wird der Perspektivenwechsel oft am Beispiel von Szenen trainiert. In der Dokumentengruppe „Frieden" gibt es einige Fundstellen, in denen es um das Hineindenken in Konfliktsituationen und sich daran anschließende Handlungsoptionen geht. Der fehlende Perspektivenwechsel zeigt sich in Situationen, in denen den Teilnehmenden zunächst etwas fremd erscheint und in dem fachbezogenes Wissen fehlt (hier: Schreib- und Leserichtung semitischer Sprachen von rechts nach links).

> **Maria** Die lesen falsch.
> **Ramona** Die lesen für euch falsch herum. Die lesen von rechts nach links. (Mi (01:2020), Pos. 172–173)

Die Workshopleiterinnen sind in Situationen, in denen Kinder noch kein Perspektivenwechsel gelingt, in ihrem Verhalten zu ermutigen, Vorbilder für einen Perspektivenwechsel oder Empathie zu sein. So können die Kinder das Verhalten imitieren und adaptieren. Vorbild zu sein ist daher relevant und nützlich, denn, auch wenn die Kinder noch kein tiefgreifendes kognitives Verständnis von Perspektivenwechsel nachvollziehen können, bleibt das äußerlich sichtbare zunächst adaptierte Verhalten zu dem Gegenüber erhalten und kann entsprechende positive Folgewirkungen auf das soziale Miteinander haben.

Stärkung des prosozialen Verhaltens

In der Dokumentengruppe „Schatztruhe der Religionen" zeigt sich das gelebte prosoziale Verhalten in der gemeinsamen Unterstützung während der Explorationsphase am Item (Phase II). Die Codehäufigkeit liegt in dieser Dokumentgruppe bei (5/47).

In der Dokumentengruppe „Frieden" wird das prosoziale Verhalten im Kontext des Workshopthemas „Frieden" an verschiedenen Szenarien durchgespielt.

Dort werden Handlungsmöglichkeiten prosozialen Verhaltens in Konfliktsituationen und Handlungsmöglichkeiten prosozialen Verhaltens hinsichtlich
des achtsamen Umgangs mit der Welt thematisiert. Darüber hinaus wird das
prosoziale Verhalten zum Gesprächsgegenstand (hier: Nächstenliebe). Weitere
Fundstellen zeigen, dass die Workshopleiterinnen prosoziales Verhalten an
fiktiven Beispielen moralisch aufwerten. Dass das prosoziale Verhalten verhältnismäßig häufig in der Dokumentengruppe „Frieden" codiert wird, ist m. E.
nicht überraschend, da der Workshop besonders stark das empathische Einfühlen indirekt über die Steuerung ausgewählter Fragetypen initiiert. Sobald
die Kinder sich in Situationen hineinversetzen, mitfühlen oder mitdenken,
lässt sich prosoziales Verhalten nachvollziehbarer gestalten.[112]

Sichtbarkeiten von empathischen Prozessen
Empathische, also emotional motivierte Prozesse sind in der Dokumentengruppe „Schatztruhe der Religionen" kaum zu finden (1/29), was nicht bedeutet,
dass sie sich nicht ereigneten. Sie zeigten sich nicht in derselben sichtbaren
Deutlichkeit wie in dem anderen Workshop. Codiert wurde hier eine Szene,
in der die Workshopleiterin aus Mitgefühl eine parallel neben des Workshopgesprächs laufende Situation aus Fürsorge zu klären versuchte. Der Workshop
bietet wenig empathisch herausfordernde Fragen. Er ist konzeptionell in der
Wahl des methodischen Zugangs, des Lernziels und der Grundhaltung der
Lehrenden nicht darauf ausgerichtet.

   Die empathische Sichtbarkeit wird besonders stark in der Dokumentengruppe „Frieden" deutlich durch die Codehäufigkeit (29/30). Dort oft zu finden am Medium des Bildes in Kombination mit der Lebenswelt. Das Medium
des Bildes erscheint methodisch sehr gut geeignet, um empathische Prozesse
sichtbar zu machen, da es ermöglicht, sich in abgebildete Situationen oder
Personen hineinzuversetzen, gar hinein zu fühlen und es mit der eigenen
Lebenswelt abzugleichen (hier: das Bild sieht so schön nach Familienleben
aus und meine Eltern sind getrennt). Unterstützt und intendiert wird hier die
emotionale Ebene durch die zusätzlich sich anschließende Frage: „Was fühlst
du, wenn du das Bild siehst?". Das hat zur Folge, dass in dieser Kategorie mehrheitlich Fundstellen codiert wurden, in denen die teilnehmenden Kinder sprechen. Sichtbar kann der empathische Reiz auf zwei Ebenen werden: verbal
(hier: Ich finde es schlimm, wenn ich das sehe.) oder nonverbal in Mimik und
Gestik der Körpersprache.

---

112   Es erfolgt jedoch nicht zwangsläufig infolgedessen.

Und was fühlst du, wenn du ein kaputtes Haus siehst? Bist du dann traurig? (Neyla verzieht das Gesicht. Sie tut so, als würde sie weinen.) (Mi (08:2019), Pos. 110–111)

Perspektivenwechsel, Empathie wird durch eine körperliche Handlung unterstützt
Um den Perspektivenwechsel bzw. einen empathischen Anreiz leichter gelingen zu lassen, kann eine körperliche Handlung das Gesagte unterstützen. In den Fundstellen lassen sich vielfältige Beispiele dafür finden (hier über die Körpersprache: Mimik, Gestik, Körperhaltung). Am meisten lässt sich hier die Hand als eine Form des körperlichen Ausdrucks finden: Die Hand als Geste des Sich-Entschuldigens, die Hand, um eine Person aus Zuneigung zu streicheln, die Hand, um sich zu begrüßen. Das gelingende Hineinversetzen in eine andere Person oder Situation kann zum Beispiel auch durch die Imitation einer vorausgegangenen Gestik erfolgen

> **Raifa** Oder, wie seht ihr das? Betül? Wenn ich so zu dir komme. (Raifa verschränkt die Arme vor ihrer Brust und richtet sich zu Betül.)
> **Anne** Was würdest du da denken?
> (Mo (08:2019), Pos. 190–191)
> **Betül** (lacht) Böse.
> **Anne** Ja (nickt).
> **Raifa** Böse. Wenn ich so zu dir komme. (Raifa richtet sich auf, öffnet ihre Arme vor der Brust und lächelt.)
> **Betül** Nett. (Mo (08:2019), Pos. 192–195)
> **Raifa** Nett? Würdest du dann eher mit mir reden? Dich vielleicht sogar mit mir anfreunden?
> **Betül** Ja. (Mo (08:2019), Pos. 196–197)

Eindrücklich ist auch, dass durch eine Kombination aus Lebensweltbezug und Motivation innerhalb des Dokuments Di (01:2020), die Folge ist, dass zwei Kinder das rituelle Gebet performativ verrichten.

> **Ikram** Im Islam muss man so vorher aufstehen. Und dann machst du so. (Sie und Nala machen zusammen mit ihren Händen Bewegungen vor und hinter dem Kopf und gehen dann auf die Knie.) (Di (01:2020), Pos. 288)

Daraufhin wird im Anschluss die Motivation anderer Kinder sichtbar und sie teilen Erfahrungen aus ihrer Lebenswelt.

> **Hakim** Ich bete auch immer mit meiner Mama zuhause. (Und ich auch, und ich kann auch alleine.) (Di (01:2020), Pos. 295)

Handlungsfähigkeit
Auffällig ist, dass keine Codierung in der Dokumentengruppe „Schatztruhe der Religionen" erfolgt ist. In dieser Kategorie ist eine Handlungsfähigkeit gemeint, die in Folge eines empathischen Anreizes oder eines Teil-Identifikationsprozesses entsteht. Konkret sichtbar ist es über theoretische Gedanken einer Handlungsfähigkeit oder einer tatsächlichen Aktion. Inhaltliche Felder, in denen die Handlungsfähigkeit sich zeigt, sind hauptsächlich: Achtsamer Umgang mit der Erde, achtsamer Umgang in Konfliktsituation. 1/19 codierten Segmenten zeigt eine tatsächliche Aktion durch einen empathischen Anreiz. Ein teilnehmender Junge ergreift nach der Bildwahl die Initiative und fragt, ob er eine der abgebildeten Karten aussortieren dürfe, da diese auf ihn nicht freundlich wirke. Dabei wird die Handlungsfähigkeit auch durch das kommunikativ freie Konzept gefördert, in dem alle Redebeiträge zunächst erwünscht sind und von den Workshopleiterinnen viel nachgefragt wird, wie dies zum Beispiel in der Dokumentengruppe „Frieden" konzeptionell angelegt ist.

Imitation
Wenn es zu einem empathischen Reiz oder zu Teil-Identifikationsprozessen kommt, kann das Verhalten des Gegenübers imitiert/gespiegelt werden. Sichtbar wird es auch, wenn Gesagtes wortwörtlich wiederholt oder Inhaltliches unmittelbar paraphrasierend wiederholt wird. Auch kann das Gesagte einen empathischen Reiz auslösen und durch eine Handlung imitiert werden (hier: Gesprächsthema Gebet, Kinder zeigen Gebetshaltungen).

> **Anne** Ich sehe zwei Fäuste, sehe ich so, so abchecken, so „bäm". (Anne macht eine Faust zu Mara)
> **Salim** Bäm (macht eine Faust und schlägt sie selbst in seine andere Handfläche)
> (Di (08:2019), Pos. 284–285)

Dankbarkeit
Die Dankbarkeit auf etymologischer Ebene wird im Workshop zum Gesprächsgegenstand (hier: Gott danken). Auch wird Dankbarkeit in Form des Wortstammes „Danke" mehrfach ausschließlich seitens der Workshopleiterinnen geäußert. Die Dankbarkeit als ein positives Gefühl, eine Verhaltensweise oder als ein Charakterzug ist nicht codiert. Auch wird die Kategorie vergleichsweise wenig (Codehäufigkeit (9)) codiert. Sie zählt, ähnlich wie die Wertschätzung, zu einer Grundhaltung, die dazu beitragen kann, empathische oder Teil-Identifikationsprozesse leichter gelingen zu lassen, weil sie zu einer angenehmeren Lernatmosphäre beiträgt.

Unwissenheit/Unzufriedenheit/Bedürfnisse äußern, konstruktiv nach Lösungen suchen

Die Äußerungen dieser Kategorie deuten auf eine offene Gruppenatmosphäre hin, da die Teilnehmenden bedenkenlos Unwissenheit, Bedürfnisse oder Unzufriedenheit äußern (dürfen). So wird Unzufriedenheit aus Desinteresse bekundet. So auch bei derselben Wahl des Bildes (Workshop Frieden), sodass die Workshopleiterinnen und der Teilnehmende eine gemeinsame Suche nach einem alternativen Bild beginnen. Unwissenheit wird vor der Lerngruppe von einem Teilnehmenden offen geteilt. Daraufhin wird die Frage im Plenum diskutiert und zwei Antwortoptionen zweier Workshopleiterinnen werden offeriert. Bedürfnisse werden frei geäußert (hier: Durst).

Ambiguitätserleben

Ambiguität meint zunächst Mehr- und Uneindeutigkeiten. Ambiguitätserleben bezieht sich hier auf die Erfahrungen mit Unbekanntem und Neuem und zeigt sich in den Fundstellen besonders stark durch die Methode des Zeugnislernens, insbesondere in der Explorationsphase. Diese führt zur deutlichen Reaktion: einerseits des Lachens[113], andererseits einer Haltung, die durch die Wortäußerungen – vorsichtig formuliert – als abgeneigt interpretiert werden kann. Emotionen wie Interesse, Motivation und Freude, aber auch Angst und Unsicherheit können zu diesen ambigen Spannungen führen. Diese Sequenzen im Datenmaterial sind sehr spannend: Die Workshopleiterinnen kommunizieren und kommentieren offen, was sich zuträgt. Diplomatisch (Hier: Anders, ne? Ganz anders, oder: Ungewohnt.) versuchen sie das Gespräch aufrechtzuerhalten. Darüber hinaus können die Kinder die gezeigten Emotionen und Affekte in der Begegnung mit dem Neuen und Fremden erleben. Es muss jedoch auch hervorgehoben werden, dass die gezeigten Erlebensformen der Kinder jedoch nicht von den Workshopleiterinnen pädagogisch angemessen begleitet werden. Somit wird eine religionspädagogisch vordringlich zu bearbeitende „pädagogische Sprachlosigkeit" im Umgang mit religionsbezogenen ambigen Gefühlen der Kinder seitens der Workshopleiterinnen deutlich. Diese Szene wird im Folgenden mittels der zweiten Auswertungsmethode in Kapitel 8 anlalysiert.[114]

---

113   hierzu auch das Beispiel Karlo Meyers zum Ambiguitätserleben, welches sich auch durch die Methode des Zeugnislernens zeigt, vgl. Meyer (2019), S. 271

114   s. Kapitel 8.4.2 *Gesprächsfeinanalyse I „Mit Haaren siehst du irgendwie besser aus"* und Kapitel 8.4.3 *Gesprächsfeinanalyse II „In der Moschee, da gibt's die"*

Aus entwicklungspsychologischer Sicht tendieren Kinder im Grundschulalter mehr zu eindeutigen Entscheidungen und weniger dazu, Mehrdeutigkeiten nebeneinander auszuhalten. Das ist unter anderem ableitbar
durch die Niveaustufen Selmans (0–1) und dem Verständnis des Denkens in
Komplementaritäten.[115]

> Luna Du siehst komisch aus ohne Haare.
> Ramona (lacht)
> Lena Anders, ne? Ganz anders.
> Daniela Habe ich auch noch nie angehabt. Hatte noch nie ein Kopftuch auf.
> Malea Guck dich mal im Spiegel an. (Zeigt zu einem Spiegel.) (Ja)
> Luna Mit Haaren siehst du irgendwie besser aus.
> ((Kinder lachen))
> Daniela Ungewohnt. Könnt ihr ja auch alle mal. Vielleicht kann die Samira euch
> nachher auch nochmal (unverständlich).
> Luna Ne
> (Samira legt ihr das Kopftuch wieder ab.)
> Luna Jetzt siehst du wieder besser aus. (Mo (01:2020), Pos. 230–240)

Räumliche und soziale Nähe
Sichtbare Zeichen räumlicher und sozialer Nähe sind in dieser Kategorie:
Berührung des Rückens einer Teilnehmerin durch die Workshopleiterin,
Umarmung zwischen Workshopleiterin und Teilnehmerin, zwei Teilnehmende
schlagen die Hände aneinander. Räumliche und vor allem soziale Nähe
kann dazu beitragen, empathische oder Teil-Identifikationsprozesse leichter
gelingen zu lassen bzw. diese auch im Prozess zu fördern, weil sie zu einer
angenehmeren Lernatmosphäre beitragen. Darüber hinaus können sie auch
als ein sichtbares Zeichen gegen Angst, Stress oder Druck gedeutet werden.

Offenheit
Die Offenheit zeigt sich besonders stark in der Dokumentengruppe „Schatz-
truhe der Religionen" mit der Codehäufigkeit (5/6) in der Exploration der
Gegenstände, sowohl die Teilnehmenden durch das Tragen der Takke, als auch
die Workshopleiterin durch das Tragen des Hijabs. In der Dokumentengruppe
„Frieden" äußert die Workshopleiterin Offenheit im Rahmen eines Gespräches.
Eine Haltung der Grundoffenheit ist Voraussetzung für das Gelingen von
Empathie und Perspektivenwechsel.

---

115 vgl. Selman (1984), S. 50ff., vgl. Reich (2007), S. 229–252, s. Kapitel *3.5.2.1 Komplemen-
    täres Denken als Folge von Perspektivenwechsel in religionspädagogischen Kontexte*, s.
    Kapitel *3.5.2.2 Ambiguitätserleben*

Vertrauen

Vertrauen beschreibt ein Gefühl, das Bindung stärkt und langfristig entsteht.[116] Erste Hinweise für ein erstes vertrautes Verhältnis lassen sich wie folgt finden: Kinder trauen sich im Workshop über eigene Themen auf Arabisch zu sprechen und diese dann von der Workshopleiterin auf Deutsch übersetzen zu lassen (unfähig, dies zu korrigieren). Privates zu teilen (hier: kürzlicher Tod des Opa), oder die Berührung der Workshopleiterin in der Interaktion mit den Teilnehmenden (hier: Hand auf dem Rücken). Vertrauen ist ein Gefühl, das nicht künstlich, weder im privaten noch im schulischen oder anderen Bildungskontexten initiiert werden kann. M. E. ist Vertrauen auch keine Grundvoraussetzung für die Förderung empathischer oder Teil-Identifikationsprozesse, wohl jedoch förderlich. Die vorliegenden Daten zeigen, dass Fördermomente von Empathie und Perspektivenwechsel möglich sind, auch wenn kein über einen längeren Zeitraum entstehendes Vertrauen zueinander vorhanden ist und aus konzeptionellen Gründen sein kann.[117] Erste Vermutungen können sein, dass Vertrauen interreligiöse Begegnungsprozesse nachhaltiger stützen können, für eine erste Förderung von Empathie und Perspektivenwechsel auch mit einer hohen Intensität aus Freude, Lebensweltbezug, Interesse, Motivation und religionsmethodischer adäquater Wahl zu erzielen ist.

Störfaktoren

Die Sub-Subkategorien der Störfaktoren werden hier zusammengefasst. Zunächst ist in aller Kürze der Begriff „Störfaktoren" von einer womöglich negativen Konnotation zu trennen. Störfaktoren meint in der vorliegenden Definition, das, was zunächst erfolgt: eine Störung der Förderung von Empathie oder eines Perspektivenwechsels. Nichtsdestotrotz sind diese Störungen im Gesamtkontext nicht ausschließlich hinderlich für Förderprozesse. So ist die Reaktion des Lachens oder parallel entstehender Gesprächssituationen differenziert zu betrachten und kann oft eine Folge von aktivem Lernen und somit zunächst als grundsätzlich positiv zu bewerten sein. So kann ein Kind, das viel gelacht und durch hohes Interesse viel geredet oder beispielsweise Wissen am Item erfahren hat, rückblickend eine positive Wahrnehmung mit der Situation verbinden, und somit langfristig leichter empathisch sein bzw.

---

116 Vertrauen beschreibt ein Gefühl, das Bindung über einen längeren Zeitraum benötigt und das eine langfristige Bestätigung braucht. Unter den gegebenen Umständen des einwöchigen Bildungsprogramms – und so zeigt auch die verhältnismäßig niedrige Codehäufigkeit von (5) – bitte ich darum, die Ergebnisse der Auswertung vorsichtig vor diesem Hintergrund einzuordnen.

117 Das Bildungsprogramm umfasst einen zeitlichen Rahmen von fünf Werktagen.

Teil-Identifikationsprozesse vollziehen. Insbesondere in der Exploration am Item ist die Reaktion des Lachens oft eine Folge von zunächst Unbekanntem.[118] Alle Situationen jedoch, in denen Angst, Stress, Druck oder Kränkungen vorherrscht, sind grundsätzlich als nicht förderlich zu sehen. Hier wird deutlich, wie wichtig klare Regeln eines Miteinanders auch auf kommunikativer Ebene sind, wie zum Beispiel: Wenn zwei Personen sich unterhalten, spricht man nicht dazwischen. Wenn eine Person spricht, hören die anderen zu etc.

Die höchste Codehäufigkeit weisen Desinteresse/Demotivation (14), Störung durch parallele Gespräche (13) und Angst/Stress/Ärger (12) auf. Hier zeigt sich eine Handlungsfähigkeit, die durch die Störfaktoren resultiert: klare Anweisungen mit deutlichem Nachdruck bzw. Betonung auf einzelnen richtungsweisenden Worten (hier: Lass die Bilder bitte liegen!). Auffällig sichtbar wird im Datenmaterial, dass insbesondere im Dokument Mi (08:2019) der induktive Lehrstil zunehmend den klaren Anweisungen weicht.

Insbesondere interessant für das vorliegende Themenfeld des interreligiösen/interkulturellen Lernens ist auch der Umgang mit der Lerngruppe während notwendiger Übersetzungsprozesse (hier: Arabisch-Deutsch) zwischen den teilnehmenden Kindern oder der Lehrperson und den Kindern. Hier führt es ausschließlich in einer von sechs Lerngruppen (Dokument Mi (08:2019)) zu vermehrtem Lachen, in den anderen z. T. auch mehrsprachigen Lerngruppen ist dies nicht zu finden.

Die meisten Fundstellen der Kategorie lassen sich in der Dokumentengruppe „Frieden" finden. Eine Ausnahme bildet die Sub-Subkategorie „Exploration des Items führt zu Lachen", welche ausschließlich Fundstellen der Dokumentengruppe „Schatztruhe der Religionen" aufweist.

Vorurteile/Stereotype
Hier findet sich keine kategorienbasierte Auswertung, da Codehäufigkeit (0). Aus dieser lässt sich jedoch nicht im Umkehrschluss ableiten, dass keine religionsbezogenen Vorurteile im Denken bei den Kindern vorhanden seien. Im Datenmaterial zeigen sich durchaus Ansatzpunkte dafür, wie Vorbehalte sich herausbilden könnten, u. a. durch Situationen ambiger Gefühle, auf die keine pädagogische Begleitung erfolgt.

Religionswettbewerb
Hier findet sich keine kategorienbasierte Auswertung, da Codehäufigkeit (0).

---

118   Ich möchte auf das sehr anschaulich beschriebene Beispiel verweisen, in dem eine Lehrerin, den Adhān (islamischer Gebetsruf) in ihrer Klasse abspielt, woraufhin einzelne Kinder kichernd reagieren. vgl. Meyer (2019), S. 271

Zusammenfassung zentraler Erkenntnisse der kategorienbasierten Auswertung
Deutlich wird, dass die Kategorien sowohl innerhalb als auch außerhalb ihrer
Hauptkategorien nicht trennscharf voneinander zu denken sind, sie bedingen
sich interdependent oder sind Folgen voneinander (z. B. die Kategorie der
Missverständnisse als Folge mangelnden Paraphrasierens). Ebenso werden
Gelingensbedingungen einer Förderung von Empathie und Perspektiven-
wechsel in den Kategorien deutlich: Interesse, Motivation, Freude, Sympathie,
Szenisches Spiel, Exploration am Item, Fragetyp nach der individuellen emotionalen Haltung, aktives Zuhören, Fragetyp des Nachfragens und der Lebensweltbezug der Kinder.

Auch werden besonders Ketten von Synergiepotential durch die Nutzung
der unterschiedlichen Kategorien und Ebenen sichtbar:

1) Über die religionspädagogische-entwicklungspsychologische und kommunikationspsychologische Ebene: Interesse und Motivation ermöglichen
als Grundvoraussetzungen ein aktives Zuhören, woraus sich Gedanken entwickeln, welche emotional oder kognitiv motiviert sind und somit erste empathische und Teil-Identifikationsprozesse fördern können. Das aktive Bezug
nehmen durch den Fragetyp der Nachfragen kann dies unterstützen. Dies lässt
sich anschaulich in der Dokumentengruppe „Frieden" beobachten.

2) Über die religionsdidaktische/ religionsmethodische und kommunikationspsychologische Ebene: die Arbeit am Medium des frei gewählten Bildes kombiniert mit dem Fragetyp nach der individuellen emotionalen Haltung
und der Vertiefung über den Fragetyp des direkten Nachfragens zeigt sich
besonders in der Dokumentengruppe „Frieden". Sie fördert insbesondere die
Empathie und ermöglicht jedem Kind den Grad und Inhalt des Mitteilungs-
bedürfnisses durch das Medium des Bildes selbst zu wählen.

3) Über die religionsdidaktische/religionsmethodische und religionspädagogische-entwicklungspsychologische Ebene: das Zeugnislernen erweist
sich als eine Methode, die hohes Potential auf vor allem konzeptioneller und
somit weitestgehend planbarer Ebene für die Förderungen von Interesse,
Motivation und Freude zeigt. Alle Kategorien weisen hohe Codehäufigkeiten
auf und sind somit tatsächlich sichtbar in dieser Studie. Infolgedessen sind sie
als Gelingensfaktoren somit auch als optimale Voraussetzungen für Empathie
oder Teil-Identifikationsprozesse zu deuten.

Die Arbeit an Medien erzeugt in beiden Dokumentengruppen Affekte, die
reich für die Förderung von Empathie und Perspektivenwechsel sind. Hier
stellt sich die Frage, wie nachhaltig die ausgelösten Affekte tatsächlich zur Förderung sind.

Auf Grundlage der gewonnenen Vermutungen von Synergiepotential-
Ketten im Datenmaterial, könnten nun fortführende, möglichst optimierende

Überlegungen der Workshops skizziert werden: Der Workshop „Frieden" könnte die Bildwahl themenspezifisch stärker vorstrukturieren und so religionskundliches Wissen anregen, um dadurch kognitive Prozesse zu fördern. Somit wäre auch die kommunikationspsychologische Ebene, die in diesem Workshop sehr gut angeregt wird, themenspezifischer gebunden.

Der Workshop „Schatztruhe der Religionen" ist methodisch über den narrativen Zugang einer Geschichte, die das Zeugnislernen einleitet und begleitet, sehr gut gewählt. Um insbesondere emotionale Komponenten stärker zu fördern, könnte der Lebensweltbezug stärker akzentuiert werden. Über den Fragetyp nach der emotionalen Haltung im Kontext des Zeugnislernens werden so emotionale Prozesse angeregt, die infolgedessen günstig für Teil-Identifikations- und/oder empathische Prozesse sind.

Die hier abgebildeten Vorschläge beziehen sich rein auf eine mögliche Optimierung hinsichtlich der Förderung von Empathie und Perspektivenwechsel.

Aus entwicklungspsychologischer Perspektive wird deutlich, dass es Grenzen von Prozessen des Perspektivenwechsels bei den Kindern, hier Kinder im Alter von 6–12 Jahren, gibt. Analysiert wird das insbesondere an der Kategorie der Störfaktoren, dem Ambiguitätserleben und dem fehlenden Perspektivenwechsel. Aus entwicklungspsychologischer Sicht zeigt sich jedoch aber auch daraus die hohe Relevanz einer positiven affektiven-emotionalen Haltung in der Kommunikation und Körpersprache untereinander, da diese Kinder das zumeist ablesen und für den eigenen Perspektivenwechsel oder das empathische Hineinfühlen deuten. Hier kann insbesondere auch die lehrende Person diese affektive-emotionale Haltung einnehmen und vorbildhaft unter den Kindern anregen. Die damit zusammenhängende ausgewählte Szene, in der die Workshopleiterin Daniela das Hijab aufzieht und Luna womöglich ambige Gefühle erfährt, soll daher noch einmal als Sequenz in der Gesprächsfeinanalyse dienen und dort auch verstärkt mit dem videographierten Datenmaterial, nicht nur, wie bisher, zumeist auf Grundlage der Transkripte untersucht werden.[119]

7.4.3.3   Ein analysierender Blick auf Störfaktoren: Der qualitative Fallvergleich

Um das Förderpotential einzelner Elemente und Synergieeffekte zu untersuchen, wurden innerhalb der Dokumentengruppe „Frieden" zwei Dokumente, also zwei Workshops miteinander hinsichtlich ausgewählter Codes

---

119   S. Kapitel *8.4.2 Gesprächsfeinanalyse I „Mit Haaren siehst du irgendwie besser aus"*

in einer sogenannten interaktiven Segmentmatrix verglichen. Dieser qualitative Fallvergleich visualisiert und systematisiert die Daten. Gewählt wurden zwei Dokumente „Di (08:2019)"[120], „Mi (08:2019)"[121]. Beide eignen sich für einen qualitativ vergleichenden Einblick sehr gut, um zum einen mögliche Gelingens- und Störfaktoren genauer zu analysieren und zum anderen die inhaltliche Wirkung von den Störfaktoren differenzierter analysieren zu können. Zur Verdeutlichung beider „Dokument-Charakter" bietet es sich an, die Darstellung einer sogenannte Codewolke hinzuzuziehen. Sie visualisieren die am häufigsten verwendeten Codes des jeweiligen Dokuments. Die Darstellung umfasst sieben Codes mit einer minimalen Häufigkeit von 12.[122] Je höher die Codehäufigkeit, desto größer die Schriftgröße der einzelnen Codes.

Die beiden Dokumente ähneln sich in Grundzügen, da sie auf demselben Konzept beruhen und in darauffolgenden Tagen von den gleichen Workshopleiterinnen durchgeführt wurden. So findet man folgende Codes, die in hoher Codehäufigkeit in beiden Dokumenten zu finden sind: Lebensweltbezug, Fragetypen, aktives Zuhören.

Interessant ist zu beobachten, welche Codes in der Gegenüberstellung voneinander abweichen. So werden in dem Dokument „Di19" folgende weitere Codes mit hoher Codehäufigkeit codiert: Freude, Kommunizierte Antwort bzgl. einer emotionalen Haltung, Stärkung des prosozialen Verhaltens.

Und in dem Dokument „Mi19" werden folgende weitere Codes mit hoher Codehäufigkeit codiert: Desinteresse/Demotivation, Ermahnung, Angst/Stress/Ärger.

Deutlich wird im Hinblick auf die sich voneinander unterscheidenden Codes beider Dokumente, dass das Dokument „Mi19" ausschließlich Störfaktoren aufweist. Daher eignet sich der Vergleich besonders gut – nicht um ein bewertendes „Schwarz-Weiß-Denken" in zwei Extremen zu fördern –, sondern um im Vergleich Differenzen und Potential zu visualisieren. Im Vergleich mit einem Dokument, das besonders viele Störfaktoren der Förderungen aufweist, kann sich Einiges zeigen. So kann der Begriff „Störfaktoren" differenzierter untersucht werden. Es kann vergleichend ausgewertet und überlegt werden, welche Auswirkungen Störfaktoren auf mögliche Gelingensfaktoren haben können. Darüber hinaus kann überlegt werden, wie einzelne Störfaktoren mögliches Potential zur Förderung aufweisen.

---

120 Im Folgenden abgekürzt mit „Di19"
121 Im Folgenden abgekürzt mit „Mi19"
122 Die minimale Häufigkeit bezieht sich auf die Anzahl mit der die Codes in dem ausgewählten Dokument vergeben wurde.

Den sichtbaren Störfaktoren in beiden Dokumenten, werden nun Faktoren/
Kategorien gegenübergestellt. Diese verfolgen verschiedene Leitfragen:

1) *„Wie wirken mögliche Gelingensfaktoren im Lernsetting mit vermehrten Störfaktoren?"* In einer ersten Absicht werden auf Grundlage der kategorienbasierten Auswertung, die Kategorien hinzugezogen, welche sich als
   womöglich wichtige Gelingensfaktoren der Förderung in dieser Dokumentengruppe gezeigt haben, im Bewusstsein dessen, dass diese nur ausgewählte
   Faktoren sind.
2) *„Inwiefern lassen sich ausgewählte Störfaktoren hinsichtlich der Förderoption
   von Empathie und Perspektivenwechsel differenziert betrachten?"* In einer
   zweiten Absicht sollen ausgewählte Störfaktoren analysiert und in sich differenziert dargestellt werden.

Analysiert werden kann die Kreuztabelle über den qualitativen Vergleich
der Aussagen in den codierten Segmenten und die Häufigkeit der codierten
Segmente.

*1) Wie wirken mögliche Gelingensfaktoren im Lernsetting mit vermehrten
Störfaktoren?*

Tabelle 21   Tabellarischer Vergleich von Codehäufigkeiten ausgewählter Gelingensfaktoren in
              zwei Dokumenten

Kategorie	Di19 (Codehäufigkeit)	Mi19 (Codehäufigkeit)
Interesse	**(12)**	(6)
Freude, Sympathie	**(24)**	(7)
Motivation	**(15)**	(5)
Wertschätzung	**(9)**	(4)
Kommunizierte Antwort bzgl. einer emotionalen Haltung	**(21)**	(11)

Bei Betrachtung der Tabelle 21 ist insbesondere die konstante Disbalance[123]
in den Codehäufigkeiten im Vergleich zwischen den beiden Dokumenten

---

123   Die in der Tabelle abgebildete höhere Codehäufigkeit ist jeweils fett gedruckt.

auffällig. Die Codehäufigkeiten der Gelingensfaktoren sind im Dokument „Di19" doppelt oder dreifach so hoch wie in „Mi19".[124]

Daraus kann sich ableiten lassen, dass die Gelingensfaktoren in dem Dokument „Mi19" geringer ausgeprägt sind als in dem anderen Dokument „Di19". Womit kann das zusammenhängen und welchen Effekt kann das auf die Förderung von Empathie und Perspektivenwechsel haben? Eine Begründung lässt sich im Zusammenhang mit den dominierenden Störfaktoren, die sich in „Mi19" ereigneten, vermuten.

Die qualitative Analyse der zu vergleichenden Fundstellen zeigt Folgendes:

„Interesse": In „Di19" zeigen die Kinder ein hohes Interesse am Geschehen, sichtbar durch aktive Nachfragen, die sie sich gegenseitig stellen und durch entstehende parallele Gespräche untereinander. Damit gestalten die Kinder maßgeblich den Gesprächsverlauf. In „Mi19" gehen nachfragende Impulse mehrheitlich von den Workshopleiterinnen aus.

„Freude/Sympathie": In diesem Vergleich sind besonders häufig Fundstellen zu finden, in denen Personen lachen. Es lässt sich dadurch jedoch nicht automatisch auf eine freundliche Atmosphäre schließen. Da die Reaktion des Lachens ein ambiger Affekt ist, welcher aus verschiedenen Emotionen resultieren kann, muss hier besonders der umgebende Kontext beobachtet werden. Für das Dokument „Di19" lässt sich vermuten, dass hier von einer freundlichen Atmosphäre auszugehen ist. Die Fundstellen deuten auf ein Miteinander hin, welches von Sympathie geprägt ist.

> **Raifa** Okay. Dann, ähm, vielen Dank, das war eine sehr sehr schöne Gesprächsrunde (Kinder reden durcheinander). Ja, aber wir müssen noch zwei Bilder erklären, oder?
> **verschiedene Kinder** Drei (sie zählen auch das Bild von der Workshopleiterin Anne mit)
> **Raifa** Drei? Stimmt.
> **Anne** Eure sind aber erstmal wichtiger. (Di (08:2019), Pos. 224–227)

> **Raifa** Ja? Weil es anderen Leuten so schlecht / und oder vielleicht wütend, dass wir so viel Essen wegschmeißen (Jamila nickt) Ja? Das hast du aber schön gesagt (Jamila und Raifa lachen) (Di (08:2019), Pos. 67)

Für das Dokument „Mi19" gibt es keine Fundstellen, in denen eindeutige und verbal explizierte Sympathie sichtbar wird. Alle Fundstellen sind mit der

---

124 Ich bitte zu berücksichtigen, dass dies keine quantitativ validen und somit nur bedingt aussagekräftigen Zahlen sind. Es handelt sich hier um einen kleinen, ausgewählten Einblick in die Studie. So beziehe ich mich auf eine sehr kleine Codehäufigkeit, s. Bsp. Code „Interesse" mit einer Codehäufigkeit in „Di19" (12) und „Mi19" (6).

Reaktion des Lachens codiert und auch der Kontext gibt keine eindeutigen Hinweise. Ablesbar ist, dass diese Reaktion vermehrt von den Workshopleiterinnen in Bezug auf das Gesagte der teilnehmenden Kinder erfolgte.

„Motivation": In beiden Dokumenten zeigt sich die Motivation durch ein spezifisches Verhalten, das aktiviert wird (Handlungsimpuls konkret oder zunächst verbalisiert).

Wertschätzung: Die Form der Wertschätzung ist in beiden Dokumenten gleich: Ausschließlich die Workshopleiterinnen äußern Wertschätzung und Lob. Bestätigt und gelobt wird das Gesagte der Kinder.

„Kommunizierte Antwort bzgl. einer emotionalen Haltung": Der Vergleich zeigt einen deutlichen Unterschied in dem Umfang des Gesagten. Die Sprechenden in „Di19" berichten umfangreicher als die Sprechenden in „Mi19". Auffällig ist auch, dass einige Kinder in „Di19" dazu tendieren, das Gesagte emotional und durch einen starken Lebensweltbezug zu begründen. Die Jungen argumentieren verhältnismäßig weniger umfangreich als die Mädchen. Die Kinder in „Mi19" argumentieren häufiger in Schlagwörtern oder nonverbal. Ein Grund dafür könnte die fehlende Sprachkompetenz sein, die einige Kinder aufgrund ihres Migrationshintergrundes mitbringen. Aber auch die Kinder mit Deutsch als Erstsprache tendieren zu verhältnismäßig kurzen Antworten.

Abschließend wird festgehalten: Die ausgewählte methodologische Vorgehensweise wählte zwei konträre Workshops aus: 1) Workshop „Di 19" mit hoher Codehäufigkeit von Codes, die sich in der Studie als Gelingensfaktoren herausstellten und 2) Workshop „Mi19" mit hoher Codehäufigkeit von Codes, die sich in der Studie als Störfaktoren herausstellten. Anhand der Leitfrage, wie sich nun Gelingensfaktoren zur Förderung von Empathie und Perspektivenwechsel im Lernsetting mit vermehrten Störfaktoren verhalten, zeigte sich in Tabelle 21 deutlich, dass die Gelingensfaktoren im Fallvergleich beider Workshops eine konstant geringere Codehäufigkeit in dem Workshop und eine höhere Codehäufigkeit der Störfaktoren ergab. D. h. es waren weniger Gelingensfaktoren der Förderung von Empathie und Perspektivenwechsel in dem Workshop mit vermehrten Störfaktoren zu finden. Ein Zusammenhang zwischen zunehmenden Störfaktoren und abnehmenden Gelingensfaktoren ist zumindest in dieser Darstellung (s. Tabelle 21) anhand der ausgewählten Kategorien zu erkennen.

2) „Inwiefern lassen sich ausgewählte Störfaktoren hinsichtlich der Förderoption von Empathie und Perspektivenwechsel differenziert betrachten?"

In diesem Abschnitt sollen die einzelnen Störfaktoren genauer anhand der zweiten Leitfrage untersucht werden.

Über den Einblick in den tabellarischen Vergleich ausgewählter Störfaktoren wird sichtbar, dass die deutliche Mehrheit an hohen Codehäufigkeiten für Störfaktoren vermehrt im Dokument „Mi 19" codiert wurde. Die Ausnahme bildet eine höhere Codehäufigkeit des Codes „Störung durch parallele Gespräche" im Dokument „Di 19".[125]

Tabelle 22   Tabellarischer Vergleich von Codehäufigkeiten ausgewählter Störfaktoren in zwei
               Dokumenten

Kategorie	Di19 (Codehäufigkeit)	Mi19 (Codehäufigkeit)
Störfaktor: Ermahnung	(6)	**(13)**
Störung durch parallele Gespräche	**(12)**	(1)
Störung führt zu direkten Anweisungen	(2)	**(7)**
Angst/Stress/Ärger	(0)	**(12)**
Desinteresse/Demotivation	(1)	**(12)**

Der tabellarische Vergleich ausgewählter Gelingensfaktoren (s. Tabelle 21) hat gezeigt, dass das Dokument „Di19" eine höhere Codehäufigkeit von Interesse und Motivation als „Mi19" zeigt. Daraus ableitend kann vermutet werden, dass die Folge von Interesse und Motivation die hohe Codehäufigkeit der parallelen Gespräche in „Di19" (s. Tabelle 22) erklärbar machen. Von hier ist nun abzuleiten, dass die Kategorie der Störfaktoren differenziert betrachtet werden sollten. Störfaktoren sind nicht per se hemmend für die Förderung von Empathie und Perspektivenwechsel. Sie können nachhaltige Fördermöglichkeiten sein: Wird der Argumentationskette gefolgt, so können diese parallelen Gespräche Ausdruck hohen Interesses und Motivation sein, dessen Potential genutzt werden kann. Die Studie hat dazu bereits die Relevanz motivationaler Bedingungen für die Förderungen von Empathie und Perspektivenwechsel bestätigt.

---

125   Die in der Tabelle abgebildete höhere Codehäufigkeit ist jeweils fett gedruckt.

Die qualitative Analyse der zu vergleichenden Fundstellen zeigt Folgendes:
Auffällig ist in den Kategorien „Störfaktor: Ermahnung" und „Störung führt zu direkten Anweisungen", dass die Workshopleiterin in „Di19" die ganze Gruppe adressiert, in „Mi19" wechselt es von einem gruppenbezogenen „ihr" zu einem personenbezogenen „du". In der Kategorie „Störung durch parallele Gespräche" zeigt der kontextgebundene Blick, dass die Parallelgespräche grundsätzlich in einer positiven Lernatmosphäre oft als Folge des offenen Rede-Sitzkreises am Medium des Bildes entstehen. Die Fundstellen der Kategorie „Angst/Stress/Ärger" zeigen hauptsächlich Formen von Ärger und Stress, dadurch, dass vermehrte Ermahnungen und Anweisungen nicht wirken. Eine Fundstelle zeigt ein Kind, dass das Signalwort „Man" nutzt, welches kontextbezogen auf Frustration oder Verärgerung hindeuten kann. Die Kategorie „Desinteresse/Demotivation" wird in „Di19" gegen Ende des Workshops (544/549) codiert, in „Mi19" durchgängig.

7.4.3.4   Ein analysierender Blick auf Gelingensfaktoren: Die Analyse
            mehrdimensionaler Konfigurationen von Kategorien

Wie sich bereits schon in der Zusammenfassung der kategorienbasierten Auswertung angedeutet hat, sind insbesondere Ketten von Synergiepotential sichtbar geworden, von denen auszugehen sein kann, dass sie positive Auswirkungen auf die Förderung von Empathie und Perspektivenwechsel haben.

Mit einer Segmentsuche kann nach Segmenten gesucht werden, bei denen einer der ausgewählten Codes „A" vergeben wurde und der in „B" gewählte Code in einem Abstand X davor oder danach folgen kann. Auch lässt sich die Anzahl der Segmente, in denen diese Code-Kombinationen entstanden ist, ermitteln.

Anbei nun die ausgewählten Codes in einer tabellarischen Übersicht (s. Tabelle 23).

Tabelle 23   Tabellarische Übersicht ausgewählter Codes zur Erstellung einer komplexen
              Segment-Suche

Code „A"	Code „B"	Abstand „X"
„Interesse", „Motivation", „Freude/ Sympathie", „Lebenswelt"	„Exploration am Item"	1 Text-Absatz

Die Segment-Suche kann das Synergiepotential von ausgewählten Gelingensfaktoren, die sich durch die kategorienbasierte Auswertung als gewinnbringend im Workshop „Schatztruhe der Religionen" gezeigt haben, analytisch sichtbar machen.

Gezeigt werden soll, wie das Synergiepotential von Gelingensfaktoren an einem religionsmethodischen und somit konkreten plan- und einsetzbaren Medium, hier der Exploration an einem religiös-kulturellen Item, in schulischen Bildungskontexten evoziert werden kann. Diese Gelingensfaktoren bieten – im Optimalfall in ihrer Pluralität und Interdependenz – gute Voraussetzungen für die Förderung von Empathie und Perspektivenwechsel.

Es wurden 48 Segmente gefunden, bei denen mindestens einer der Codes „A" vergeben wurden und der Code „B", also „Exploration am Item" sich unmittelbar davor oder danach mit einem Abstand von einem Text-Absatz befindet.

Durch den qualitativ analysierenden Blick auf die Segmente lässt sich Verschiedenes festhalten: In der Explorationsphase wird insbesondere Interesse durch das Beobachten, durch konkrete Nachfragen oder Handlungsaufforderungen deutlich. Motivation zeigt sich über konkrete Handlungsimpulse (hier: „Zeig mal") und über den auffällig zunehmenden Redeanteil einzelner Kinder, sobald das Item mit der eigenen Lebenswelt verknüpft werden kann. So steigt dieser bei einem Mädchen mit muslimischer Religionszugehörigkeit, die im Datenmaterial mit dem Namen Nala pseudonymisiert ist. Deutlich wird der plötzlich stark steigende Redeanteil sichtbar als sie das Hijab, das ihre Mutter trägt, als Bestandteil ihres religiösen Alltages wiedererkennt. Sie berichtet mit hoher Motivation von der Tragetechnik. Auch zwei Brüder muslimischer Religionszugehörigkeit, im Datenmaterial mit den Namen Hakim und Hamoudi pseudonymisiert, nehmen in diesem Segment gemeinsam mit Nala einen hohen Redeanteil ein, indem die beiden ebenso von ihrer Mutter berichten. In einem weiteren Segment mit einem anderen Item (hier: Koran) betont Nala erneut auffällig – es könnte auch gedeutet werden, sie betone es stolz, weil sie es immer wieder wiederholt –, dass sie das Item, welches dem Islam zugeordnet wird, kenne. Sie verweist dabei auf ihr Zuhause, im Besonderen auf die Eltern, ihren Bruder und den Umgang mit dem Item im Alltag.

Freude[126] zeigt sich in der Exploration überwiegend durch das Ausprobieren der Items, wie zum Beispiel durch das Aufziehen einer islamischen Gebetsmütze.

> **Hakim** Ich will jetzt. Ich will jetzt. (Er greift zu Jonas.)
> **Elin** Ich möchte auch. Darf ich? (Sie zieht die islamische Gebetsmütze auf.)
> **Fabian** Darf jeder mal aufziehen.
> (Sie lachen wieder.)
> **Elin** Mein Kopf ist zu klein dafür. (Trotzdem)

---

126 Resultierend als Reaktion durch die Begegnung mit etwas Neuem, Unbekannten und/oder aus der Gruppendynamik etc. bleibt unbestimmt

(Elin reicht die islamische Gebetsmütze an Hamoudi weiter, dieser zieht sie auf und lacht.) (Di (01:2020), Pos. 148–153)

Insbesondere Berichte über das Item im Alltag, wie z. B. Nala sie über „Ich-Botschaften" mit anderen Kindern teilt, helfen, empathische oder Teil-Identifikationsprozesse leichter gelingen zu lassen. Diese Berichte ermöglichen einen Wechsel von dem Lernen über Religionen zu dem Lernen über individuelle Religiositäten. Sie offerieren dem sich je mitteilenden Kind die Möglichkeit in ihrer:seiner individuellen Religiosität sichtbar zu werden. Darüber hinaus werden diese Lebenswelten auch für die anderen Kindern sichtbar. Auf diesem Weg kann entscheidend Empathie zueinander aufgebaut werden. An dieser Stelle wäre es von Überlegung, mit der sequenziellen Gesprächsfeinanalyse die ausgewählten Sequenzen um die geschilderten Dialoge mit Nala, Hamoudi und Hakim auf Zusammenhänge von Redeanteil, religiöser Sozialisation, Motivation und letztlich auch Empathievermögen in der Tiefenschärfe zu untersuchen.[127]

Abschließend wird festgehalten: Die methodologische Vorgehensweise zeigt, dass ausgewählte Gelingensfaktoren, die zuvor in der Studie ermittelt wurden, in einer, auf die Studie bezogenen, vergleichsweisen hohen Segmentanzahl an der Kategorie der Exploration am Item gefunden worden. Somit lässt sich vermuten, dass die Gelingensfaktoren an und durch das Zeugnislernen angeregt und gefördert werden können. Daraus ist auf das Potential zu schließen, dass in der Bezugnahme auf die religionspädagogischen Methode des Zeugnislernens für die Förderung von Empathie und Perspektivenwechsel liegt.

7.5   Diskussion mit Forschungsteilnehmenden

Am 13.07.2022 wurde das vorliegende Kapitel (Kapitel 7 Qualitative Inhaltsanalyse) an die beiden Forschungsteilnehmenden und Worksopleiterinnen Anne[128] (Workshop „Frieden") und Daniela[129] (Workshop „Schatztruhe der Religionen") verschickt. Die zwei Forschungsteilnehmenden wurden ausgewählt, da sie sich im Datenmaterial als zentrale Rollen mit wichtigen Redebeiträgen zeigten. Die Besprechung der Analyseergebnisse mit den Forschungsteilnehmenden im Sinne einer kommunikativen Validierung soll zu einer qualifizierten Rückmeldung und Einordnung bzgl. der Forschungsresultaten führen.

---

127   S. Kapitel 8.4.3 *Gesprächsfeinanalyse II „In der Moschee, da gibt's die"*
128   Name wurde pseudonymisiert
129   Name wurde pseudonymisiert

Diese Rückmeldungen werden Gegenstand des Kapitels 7.5. „Diskussion mit Forschungsteilnehmenden".

Zur inhaltlichen Orientierung und Strukturierung wurden den Forschungsteilnehmenden Fragen an die Hand gereicht, die in der Diskussion eine Gesprächsgrundlage bieten, aber zu jeder Zeit durch eigene Anliegen, die im Laufe der Auseinandersetzung mit dem Analysebericht entstanden sind, bereichert werden können. Folgende Orientierungsfragen wurden im Vorfeld seitens der Forscherin ausformuliert und mit dem Analysebericht an die Teilnehmenden verschickt:

1. Wie ist der allgemeine Eindruck des Analyseberichts?
2. Bei welchen Ergebnissen ist zuzustimmen?
3. Bei welchen Ergebnissen ist weniger oder nicht zuzustimmen? Was wurde anders erlebt, als es dort beschrieben ist? Wie wurde es erlebt?
4. Welche Ergebnisse müssten noch viel deutlicher herausgestellt werden, da sie in deiner Erinnerung wichtig sind? Welche Auffälligkeiten und Erinnerungen kommen dir darüber hinaus, die hier nicht oder noch nicht deutlich genug herausgearbeitet sind?[130]

Beide Diskussionen wurden via Zoom-Aufzeichnungen und zwei Tonaufnahmegeräten aufgezeichnet (s. Tabelle 24). Anhand dessen wurden zusammenfassende Protokolle verfasst.

Tabelle 24   Der strukturelle Rahmen der Diskussion

	Datenerhebung via Zoom-Aufzeichnung und zwei Tonaufnahmegeräten	Diskussion entlang der Orientierungsfragen	Datum, Dauer
Anne	Ja	Ja	14.10.2022, 15.01–15.30 Uhr 29.30 Minuten
Daniela	Ja	Nein, die Diskussion fand entlang zentraler Aspekte des Analyseberichts statt	31.10.2022, 19.00–19.24 24.54 Minuten

---

130   In der vierten Frage, wird bewusst das „Du" verwendet. Die Forschungsteilnehmenden und die Forscherin standen und stehen bedingt durch die Kinderakademie in einem guten Kontakt, in dem das „Du" bereits angeboten wurde. Die Gesprächsform wirkt daher in der Diskussion authentisch und barrierefreier.

Diskussion mit Anne
1. Wie ist der allgemeine Eindruck des Analyseberichts?
Anne, die bereits an der vorherigen Kinderakademie als Workshopleiterin teilgenommen hat, hält zunächst grundsätzlich fest, dass sie dieses Format stets
als gelungen, positiv und ertragreich empfunden hat. Es habe sowohl den Kindern als auch den Studierenden Spaß gemacht. Es sei viel Arbeit gewesen, aber
es habe sich gelohnt, denn es sei ein Seminar, das einen sehr hohen Praxis-
bezug aufweise.

2. Bei welchen Ergebnissen ist zuzustimmen?
Im Analysebericht empfindet Anne die Erkenntnis besonders wichtig, dass
Interesse und aktives Zuhören Ausgangspunkt zur Handlungsmotivation
sind. Auch findet sie es wichtig, dass man den Lebensweltbezug der Kinder
herstellen soll, damit sie individuelle und emotionale Zugänge haben und
auf Erfahrungen von ihnen zurückgegriffen werden kann. In ihrer Erinnerung
empfand sie es sinnvoll, dass sie die Themenwahl des Workshops inhaltlich
offen gehalten wurde. Das hat ermöglicht, dass auf Fragen geantwortet und
bewusst von der eigenen Struktur abgewichen werden konnte. Es könne so
ertragreich sein, Handlungsraum für die Gedanken der Kinder zu schaffen,
sagt Anne. Auch war es wichtig, verschiedene handlungsaktive und methodische Lernzugänge zu schaffen. Sie sollten dabei unterstützen, den Kindern
ein abwechslungsreiches Angebot zu bieten. Besonders ausführlich beschreibt
Anne die Relevanz der Planung einer freundlichen und gemütlichen Atmosphäre, in der Vertrauen, Freude und Spaß leichter gelingen können. Die
Forscherin stellt an dieser Stelle die Nachfrage, ob es sich förderlich auf die
Entwicklung von Empathie und Perspektivenwechsel auswirken kann, wenn
bereits im Vorfeld bewusst eine angenehme Sitz- und Lernatmosphäre intendiert wird. Anne bejaht diese Frage und begründet mit einem Gegenargument:
Sie könne sich nicht vorstellen, dass die Fördermöglichkeiten sonderlich
ertragreich seien, wenn die Lernatmosphäre schlecht sei. „Es sei ein Hem-
mer, eine Blockade", so Anne. Die gegenseitige Wertschätzung helfe dabei, die
intrinsische Motivation und Offenheit zu unterstützten. Klare Regeln würden
der Kommunikation und dem Miteinander helfen. Als Praxisbeispiel verweist
Anne dabei auf den „Wegweiser für ein gutes Miteinander" und erwähnt insbesondere den Punkt, dass die Kinder keinen kompetitiven Religionswettbewerb gegen einander führen sollen.

Darüber hinaus sei es wichtig, eine gewisse Grundoffenheit und Ernsthaftigkeit den Kindern zu vermitteln und sie in ihren Aussagen ernst zu nehmen,
führt sie fort. In einer angeregten Fragekultur und dem Paraphrasieren sieht
sie Gelingensfaktoren für die Förderung.

Anne sieht insbesondere in der Einstiegsphase durch die Nutzung von Medien, die sie im Workshop genutzt haben, ein Potential für Fördermöglichkeiten von Empathie und Perspektivenwechsel. Anne und Raifa nutzten Bildkarten, um mittels dessen ein Gespräch über das Thema Frieden aus interreligiöser Perspektive zu initiieren. Wie der Analysebericht beschreibt, beinhalteten die Medien viele Gesprächsanlässe und Impulse zur Ideen-Entwicklung der Kinder.

Von großer Relevanz sieht sie die Rolle der Lehrenden als Empathie-Vorbilder. Ihr vorbildhaftes Verhalten könne schnell von den Kindern adaptiert werden. Kinder hätten noch nicht so viel Fachwissen, aber durch eine empathische Grundhaltung der Lehrenden sei ein Anreiz geschaffen das Fachwissen besser zu erlernen.

3. Bei welchen Ergebnissen ist weniger oder nicht zuzustimmen? Was wurde anders erlebt als es dort beschrieben ist? Wie wurde es erlebt?

Besonders spannend fand Anne im Analysebericht, dass dort die Störfaktoren als etwas gesehenen werden, das sowohl negative als auch positive Folgen auf die Förderung haben kann. Zum Beispiel könnten viele Nach- und Zwischenfragen der Kinder zunächst in der Struktur der Lehrperson irritierend wirken, dann jedoch prozessual im Sinne eines gelingenden Lernprozesses als Potential gesehen werden.

Sie stimmt dem Analysebericht hinsichtlich dieser Darstellungen somit grundsätzlich zu und fragt kritisch nach, ob Stress und Angst zwangsläufig immer empathische Prozesse aller Beteiligten hemmen. Sie begründet es aus ihren eigenen Erinnerungen heraus. Sie habe es damals nicht so im Workshop erlebt, das könne aber auch damit zu tun haben, dass sie als handelnde Person diese Eindrücke zunächst beiseite geschoben habe, um am Workshopgespräch festzuhalten. Sie zieht den Vergleich mit gegenwärtigen Situationen in der Schule und resümiert, dass es aus ihrer Sicht keine Einflüsse auf die Empathie-Entwicklung hat, wenn sie gestresst oder ermahnend ist. Sie fragt weiter, ob eine ermahnende und gestresste Grundhaltung der Lehrperson nicht eher Auswirkungen auf die Motivation und dadurch bedingt indirekt Auswirkungen auf die Förderung von Empathie haben. Sie begründet, dass, wenn überhaupt, eine Empathie zwischen Lehrendem und betroffenem Kind, aber nicht in der gesamten Lerngruppe, gehemmt wird. Die Kinder könnten ja trotzdem noch Empathie füreinander empfinden, auch wenn sie für die lehrende Person weniger aufbringen können, weil diese gestresst wirkt. Sie formuliert den Gedanken, dass die These „Angst/Stress sei ein Empathie-Blocker" zu generalisierend gefasst und individueller vom Kind gedacht werden müsse. Manche Kinder benötigten gerade eine ermahnende Haltung von dem lehrenden Gegenüber, um motiviert zu bleiben. Die Forscherin führt den Gedanken weiter und fragt, welche beteiligte Person denn dann in der eigenen Empathie gehemmt würden? Anne antwortet, sie finde, dass die Lehrperson in stressigen Situationen weniger empathisch sei als die Schüler:innen und dadurch die Motivation der Schüler:innen hemmen würde. Die Frage ist dadurch nicht gänzlich beantwortet und die Forscherin stellt weitere Fragen, die offen bleiben: Bei wem würde konkret Empathie in Situationen von Stress und Angst gehemmt werden? Zwischen der gestressten Person und dem betroffenen Kind? Welche Auswirkungen hat das auf die anderen Gesprächsteilnehmenden? Benötigt es mehr subjektbezogene Differenzierung, wenn es um Dynamiken geht, in denen Empathie durch Angst/Stress gehemmt wird?

4. *Welche Ergebnisse müssten noch viel deutlicher herausgestellt werden, da sie in deiner Erinnerung wichtig sind? Welche Auffälligkeiten und Erinnerungen kommen dir darüber hinaus, die hier nicht oder noch nicht deutlich genug herausgearbeitet sind?*

A) Aktiv zu Neuem ermutigen
Anne berichtet von einer Erinnerung, in der ein Kind die Veranstalterin fragte, ob sie ausschließlich in muslimische Workshops dürfe. Die Veranstalterin erwiderte, dass alle Workshops interreligiös aufgebaut seien und ermutigte das Kind, Neues kennenzulernen. Anne sieht in der aktiven Ermutigung durch die Lehrperson, Neues kennenzulernen, einen Gelingensfaktor für empathische Prozesse. Sie wisse, dass Unbekanntes für die Kinder zunächst abschreckend wirken könne, aber durch das aktive Entgegenwirken durch Lehrpersonal, Motivation zu Neuem (Personen, Eigenschaften, Formen von Religiosität, Hobbys etc.) geleistet werden könnte und so aktiv Prozesse von Empathie und Perspektivenwechsel unterstützt würden.

B) Nicht nur die Lehrenden sind Empathie-Vorbilder, auch die Kinder!
Anne führt auf, dass nicht nur die Lehrenden als Empathie-Vorbilder wirken, sondern auch die Kinder mit ihrem Wissen und Verhalten für Situationen sensibilisieren können, in denen Empathie und Perspektivenwechsel gefördert werden können. Durch die Verantwortung, die damit beidseitig einhergeht, kann die Kompetenz von Empathie und Perspektivenwechsel angeregt werden. Anne illustriert es an einem Beispiel: Im Rahmen der in der Kinderakademie geplanten Exkursion in die Moschee hat ihr ein teilnehmendes Kind den Koran gezeigt. Anne hatte den Koran in der Hand und wollte diesen auf den Boden legen. Das Kind hat ihr erklärt, dass man den Koran nicht auf den Boden lege, da er ein Heiliges Buch sei und man diesen somit entweihen würde. Die Vermittlung des Fachwissens und das authentische Berichten über

ihren eigenen religiösen, achtsamen Umgang mit dem Koran hat Anne den Perspektivenwechsel erleichtert und nachhaltig gesichert.

Anne macht damit auf einen Leitgedanken aufmerksam, der nicht nur Anforderungen an die Lehrenden stellt, sondern auch an die Kinder. Dieser Leitgedanke umfasst, dass jede:r eine Verantwortung dafür trägt, dass Lernen gelingen kann. Somit soll der Begriff des Empathie-Vorbilds nicht einseitig, sondern wechselseitig im Lehrer-Schüler:innen-, Schüler:innen-Schüler:innen-Verhältnis verstanden werden.

C) Gemeinsamkeiten sind der Schlüssel zur Zusammenkunft – Unterschiede sind der Schlüssel zur Zusammenarbeit

Anne stimmt grundsätzlich zu, dass es in einem ersten Schritt Sinn ergibt, inhaltliche Gemeinsamkeiten zu suchen, um Empathie und Perspektiven-wechsel zu fördern. Jedoch sieht sie gerade in den Unterschieden das Poten-tial, gemeinsam an einem Gegenstand arbeiten zu können. Sie sieht in diesem Prozess die Chance, über die eigene Arbeit und die eigenen gezeigten Kompe-tenzen reflektieren zu können.

Ähnlich wie in dem Analysebericht resümiert Anne, dass viele der genannten Gelingensfaktoren interdependent wirken und sich bedingen. Sie hält fest, dass eine empathische Grundhaltung alle Beteiligten erlernen und beibehalten sollen. Diese sollte grundsätzlich erst einmal geprägt werden durch Offenheit.

Abschließend leitet die Diskussion zuletzt über zu dem Workshop, der besonders viele Störfaktoren enthält, was im Analysebericht auch kennt-lich gemacht wurde. Die Forscherin hält fest, dass sich hier die doch bereits benannte relevante angenehme Sitz- und Lernatmosphäre verändert hat: In den vorherigen Workshops saßen die Workshopleiterinnen gemeinsam mit den Kindern auf Decken im Sitzkreis, mit diesem Workshop nun auf Stühlen an Gruppentischen. Anne erinnert sich, dass sie im Anschluss an das Work-shopgespräch mit Raifa resümiert hat, dass das Gespräch zu lang war und sie eher interaktiver hätten handeln sollen. Sie beschreibt ihren Zustand, ent-gegen der Darstellungen im Analysebericht, weniger als gestresst, vielmehr als erschöpft. Sie habe den Eindruck gehabt, inhaltlich nicht so weit gekommen zu sein wie mit den anderen vorherigen Gruppen. An dieser Stelle teilt sie wieder die Darstellung des Analyseberichtes. Ergebnisse, die in den vorherigen Work-shops erzielt worden und sich mit den Erwartungen der Lehrenden deckten, wurden nicht erfüllt. Anne merkt kritisch reflektierend an, dass die benannte Erschöpfung auch aus einer verzerrten Erwartungshaltung, die durch die vor-herigen Workshops geprägt sein könnte, resultierte. Dennoch resümierten sowohl Anne als auch die Forscherin, dass der Workshop „Mi19" inhaltlich nicht die Erwartungen erfüllt hat. Anne thematisiert die große Heterogenität des Workshops „Mi19" hinsichtlich des Alters und der Sprachfähigkeit. Insbesondere die große Altersspanne sei eine Herausforderung gewesen. Beide teilten den Eindruck, dass insbesondere im Vergleich der Workshop „Di19" besonders gut lief.

Diskussion mit Daniela

Daniela ist in ihrer Strukturierung der Inhalte anders vorgegangen und hat sich nicht an den Leitfragen orientiert. Sie hat für sich zentrale Aspekte aus dem Analysebericht herausgenommen und diese kommentiert.

Besonders ist ihr in Erinnerung geblieben, dass die Kinder aktiv zugehört haben und motiviert waren. Sie waren fokussiert auf das, was im Workshop gemacht wurde, sowohl während des szenischen Spiels als auch im späteren Workshopgespräch. Sie merkt an, dass trotz des zum Teil langen Workshopsgesprächs insgesamt eine hohe Konzentrationsfähigkeit vorzufinden war. Das szenische Spiel habe sehr stark das Interesse, die Motivation und Konzentration bei den Kindern gesteigert. Das habe man daran gemerkt, dass es keine Nebengespräche gab oder dass sie über andere inhaltlich Dinge hätten reden wollen.

Des Weiteren kommentiert Daniela den Bereich der Fragetypen. Dabei bezieht sie die Fragetypen auf ihren Workshop. Sie berichtet, dass sie sehr oft eine Frage bzgl. des Items stellten: „Was ist das?". Sie erzählt, dass sie darüber nachgedacht hat und überlegte, ob man diese Frage nicht durch einen stillen Impuls hätte ersetzen können, um darüber ein anregendes Gespräch entstehen zu lassen.

Ebenfalls hat sie überlegt, welche Anzahl und Auswahl der Gegenstände sinnvoll ist. Eine Reduktion der Gegenstände könnte eine Fokussierung des Themas und somit eine inhaltliche Tiefe anhand eines Themas (z. B. Beten) erzielen. Das könnte Kinder, die gerade religiös wenig sozialisiert sind, die Verwirrung um Zuordnung einzelner Items zu den Religionen erleichtern und weniger überfordernd wirken. Andererseits ermöglichten die vielen Gegenstände, dass die Kinder viele Identifikations- und Gesprächsangebote erhielten.

Sie resümiert, dass sie, bezogen auf die Lerngruppe der Kinderakademie, wieder eine hohe Anzahl von Items verwenden würde, denn die Studierenden kannten die Lerngruppe nicht und sie wollten möglichst viele Gesprächsangebote eröffnen. In der Schule sei dies etwas anderes, dort habe sie einen guten Überblick über die Fähigkeiten und Vorerfahrungen der Kinder und könnte dementsprechend zielorientierter wählen.

Bezüglich des religionskundlichen Wissens teilt Daniela den Eindruck mit, dass die Workshopleiterinnen guten Input in die Workshopgespräche haben einfließen lassen. Während des Sprechens überlegt sie, ob der Input bedingt durch die vielen Items zu hoch war. Während des Sprechens wird ihr bewusst, dass die Kinder auch religionskundliches Wissen geteilt und eine Offenheit gezeigt haben, über das eigene religiöse Erleben im familiären Umfeld zu berichten (z. B. zu sehen am Item „Hijab"). Somit relativiert sie ihre vorherige Aussage und ergänzt, dass die Kinder hohe Redebeiträge hatten, insbesondere wenn sie sich mit den Items identifizieren konnten. An dieser Stelle wird zwischen Schule und Kinderakademie unterschieden, da die Lerngruppe vorher nicht bekannt ist und dementsprechend keine lerngruppenspezifischen Vorentscheidungen getroffen werden können.

Die Forscherin illustriert das unterstützend am Beispiel von Nala, deren Redebeitrag enorm zunimmt, als der Koran und das Hijab gezeigt werden. Das persönliche Berichten habe auch den anderen Kindern geholfen, sich in die beschriebenen Situationen hineinzuversetzen. Daniela stimmt dem sehr zu. Sie ergänzt, dass wenn sie eine Vorauswahl getroffen und das Hijab nicht genommen hätten, dann wäre das Gespräch nicht entstanden.

Hinsichtlich des Aspektes Wertschätzung/Lob hat Daniela rückblickend in Erinnerung, dass sie ihre Art des Lobens als sehr extrem empfand („super, toll!"). Und auch hier unterscheidet sie in Kinderakademie und Schule. Sie berichtet, sie fühle sich freier, in der Kinderakademie loben zu dürfen. Das hänge mit Unterschiedlichem zusammen: Die Kinder sollen sich wohlfühlen, sie sollen ermutigt und bestärkt werden, ihre Meinung frei zu äußern. Gerade in der kurzen Zeit sollen die Kinder schnell das Gefühl bekommen, ihre Meinung äußern zu dürfen.

Die Forscherin teilt den Gedanken, dass die Kinderakademie und Schule hinsichtlich der Intensität und Kontinuität sehr unterschiedlich sind. In der Kinderakademie, welche einen kurzen Zeitraum und eine inhaltlich vergleichsweise sehr hohe Intensität programmbedingt fordert, ermutigen die lobenden Worte. Daniela stimmt dem zu. Sie ergänzt, dass die Schule auch ein Ort sei, an dem Kinder leistungsbezogen bewertet und benotet würden. Deshalb sei sie an der Schule sparsamer mit Komplimenten.

Sie betont auch, wie wichtig es war, dass die Kinder eine angenehme räumliche Umgebung hatten, die durch Decken, Kissen und den Sitzkreis erzeugt wurden.

Die Forscherin fragt noch einmal explizit nach der dritten und vierten Fragen-Ebene[131], worauf Daniela aber keine Inhalte festgehalten hat.

Im Gespräch erwähnt sie, dass sie sich an die Verbindung des Vorlesens in Kombination mit dem szenischen Spiel aus dem Workshop nachhaltig erinnerte und sie diese gelingende Erfahrung dazu motiviert hat, die Methodenkombination in ihrem eigenen Unterrichtsentwurf in einer Klasse 3 umzusetzen. Sie berichtet davon, dass es bei den Kindern den gleichen Effekt wie in der Kinderakademie hatte. Sie waren sehr motiviert.

Die Forscherin fragt spezifisch noch einmal nach der Situation, in der ihr das Hijab umgelegt wird. Sie fragt Daniela, ob sie die Beschreibung der Forscherin im Analysebericht auch so wahrgenommen hat. Daniela kann sich nicht mehr im Detail daran erinnern und kann deshalb keine Antwort diesbezüglich geben.

Die Forscherin greift noch einmal die Verzahnung unterschiedlicher Programmpunkte, die unterschiedliche Erlebens-Dimensionen abdeckten, als Gelingensfaktor für Empathie, Perspektivenwechsel und nachhaltiges Lernen auf. Daniela stimmt dem zu und erinnert sich an die Talkshow zu dem Judentum. Daniela berichtet, dass die Verzahnung der unterschiedlichen Programmpunkte im Prinzip schon viele Kompetenzen abdeckt. Insbesondere die Exkursionen sind Daniela und der Forscherin als Begegnungsort zur Empathie-Entwicklung in dieser Kinderakademie in Erinnerung geblieben. Daniela berichtet von ihren Erinnerungen: Sie wisse, dass der Islam oft keinen guten Ruf habe, deshalb sei es so wichtig, in die Moschee zu gehen. Sie habe noch klar in Erinnerung, dass im Seminar damals Kommilitoninnen gesagt hätten, dass sie das Pizza-Essen in der Moschee nicht so professionell fanden. Sie erinnere sich auch daran, dass die Seminarleitung meinte, dass genau das aber wichtig sei, denn die Kinder verbinden den Ort anschließend mit einer positiven Erinnerung bzw. Wahrnehmung.[132] Daniela erwähnt auch, dass es wichtig sei zu überprüfen, wer die Ansprechpartner vor Ort seien. Der Imam habe zum einen sehr viel geredet und zum anderen wies sein Deutsch einen starken Akzent auf, was eine hohe Konzentrationsfähigkeit aller Beteiligter erforderte. Dennoch resümiert sie, sei dieses Gemeinschaftsgefühl, das beim

---

131   *„Bei welchen Ergebnissen ist weniger oder nicht zuzustimmen? Was wurde anders erlebt als es dort beschrieben ist? Wie wurde es erlebt?" „Welche Ergebnisse müssten noch viel deutlicher herausgestellt werden, da sie in deiner Erinnerung wichtig sind? Welche Auffälligkeiten und Erinnerungen kommen dir darüber hinaus, die hier nicht oder noch nicht deutlich genug herausgearbeitet sind?"*

132   S. Kapitel 3.5.3.1 *Das Vierevidenzquellenmodell nach Manfred Riegger – Empathie und Wahrnehmung*

anschließenden Pizza-Essen im Nebenraum der Moschee entstanden sei, sehr wichtig für die Kinder und sie werden positiv daran zurückdenken.

Die Forscherin ergänzt, dass sie davon ausgehe, dass die Kinder im Laufe ihrer Schulzeit noch verschiedene Möglichkeiten haben werden, religionskundliches Wissen zu erwerben. Worum es hier jedoch ginge, sei, positive Wahrnehmungen und positive Erinnerungen zu gewinnen, die dabei unterstützen offen und mutig in weitere interreligiöse Begegnungen zu treten. Darüber könnten Perspektivenwechsel und Empathie erleichtert werden.

7.6 Zusammenfassender Blick auf Erkenntnisse der inhaltlich strukturierenden qualitativen Inhaltsanalyse

Die Forschungsfragen, die inhaltlich offen und breit gestellt sind, ermöglichen einen Strauß an Antworten in der Studie, welche sich auf Fördermöglichkeiten, mögliche Synergieeffekte zur Förderung, Gelingens-, aber auch möglicher Störfaktoren sowie religionspädagogisch relevanten Auffälligkeiten von Prozessen der Empathie und Perspektivenwechsel im untersuchten Datenmaterial beziehen. Die entsprechenden Ergebnisse wurden in den drei Analyseformen untersucht und zusammengefasst.

Die erste Analyseform (*7.4.3.2*) resümiert wichtige Erkenntnisse der kategorienbasierten Auswertung. Die zum großen Teil deduktiv an das Datenmaterial herangetragenen Ebenen zeigten sich in einer ersten kategorienbasierten Zuordnung sinnvoll, jedoch bestätigte die Durchführung, dass eine inhaltliche Trennschärfe bezogen auf reale, hochkomplexe Interaktionen selbstverständlich nicht möglich ist. Nichtsdestotrotz bewährte sich die systematische Vor- und Darstellungsweise für diese Studie als ein gewählter explorativer Zugang. So konnte über die eröffneten Ebenen[133] versucht werden, den Vorschlag eines funktionalen Weges für die schulische Praxis zu offerieren. Wie in der Fachtheorie beschrieben, bestätigte sich das komplexe interdependente und multifaktorielle Gerüst aus mindestens motivationalen, sozialen, kognitiven, affektiven und emotionalen Kompetenzen, in dem sich Prozesse von Empathie und Perspektivenwechsel ereignen können.[134] Ketten

---

133 Die vier Ebenen der Studie lauten: Subjektorientierte Ebene, Kommunikationspsychologische Ebene, Religionsmethodische Ebene, Religionspädagogisch-Entwicklungspsychologische Ebene

134 Ich beziehe mich hierbei auf Manfred Rieggers Erkenntnisse, Vgl. Riegger in Stettberger, Bernlochner (2013), S. 37 und auf das Fazit, des Kapitels 3 der vorliegenden Arbeit, die diese Erkenntnis dort bereits als relevant herausgearbeitet hat.

von Synergiepotential zur Förderung dieser, wurden in der Auswertung ermittelt und in der Zusammenfassung schriftlich fixiert.

Religionspädagogisch relevante Auffälligkeiten zeigten sich in den Situationen, in denen es den Kindern schwerfiel, Perspektiven zu wechseln, welches sich im Datenmaterial insbesondere im Ambiguitätserleben eröffnete. Ambige Gefühle zu verstehen, auszuhalten und zu erleben, ist höchst komplex und kann für Kinder in dem Alter von 6–12 Jahren aus entwicklungspsychologischer Sicht heraus- und überfordernd sein. Ausgehend von diesen Erkenntnissen wird die hohe Relevanz einer positiven affektiv-emotionalen Haltung der Lehrperson und des Umfelds in der Studie abgeleitet. Wenn Kinder aus entwicklungspsychologischer Sicht ambige Gefühle oder Situationen noch nicht verstehen, so können sie doch eine positive emotional-affektive und empathische Haltung in der Kommunikation und Körpersprache deuten und darüber ein sich Hineinversetzen (sei es emotional und/oder kognitiv) vornehmen.

Die zweite Analyseform (7.4.3.3) untersuchte über den qualitativen Fallvergleich ausgewählte Störfaktoren, die im Datenmaterial sichtbar wurden. Anhand zweier Leitfragen[135] wurde analysiert, wie sich Gelingensfaktoren in Lernsettings mit vermehrt häufig codierten Störfaktoren auswirken und inwiefern sich diese Störfaktoren aus pädagogischer Sicht hinsichtlich eines Lernprozesses differenziert betrachten lassen. In der Analyse war ein Zusammenhang zwischen zunehmenden Störfaktoren und abnehmenden Gelingensfaktoren hinsichtlich der Förderung von Empathie und Perspektivenwechsel in dem untersuchten Workshop nachweisbar. Zur differenzierten Betrachtung der Störfaktoren zeigten sich eine Auffälligkeit in der Sub-Kategorien der Störung durch parallele Gespräche. Segmente, in denen parallele Gespräche stattfanden, wurden zwar zunächst in der Kategorie der Störfaktoren codiert, jedoch zeigte die vertiefende qualitative Analyse einzelner Segmente, dass diese Kategorie differenziert gedeutet werden muss, da Interesse und Motivation als Voraussetzung von parallelen Gesprächen in der Kategorie erkannt und diese wiederum als Gelingensfaktor in der Studie klassifiziert wurde. Es wäre somit günstig, das Potential von Interesse, welches sich in parallelen Gesprächen zeigt, wahrzunehmen und auf das Workshopgespräch zu transferieren.

Die dritte Analyseform untersucht nun spezifischer die Gelingensfaktoren (7.4.3.4), nachdem der Fokus in der zweiten Analyseform auf der qualitativen Analyse von Störfaktoren lag. Die methodologische Vorgehensweise stellte das

---

135   1) *„Wie wirken mögliche Gelingensfaktoren im Lernsetting mit vermehrten Störfaktoren?"* und 2) *„Inwiefern lassen sich ausgewählte Störfaktoren hinsichtlich der Förderoption von Empathie und Perspektivenwechsel differenziert betrachten?"*

Potential der religionspädagogischen Arbeit mit religiös-kulturellen Gegenständen[136] hinsichtlich der Förderung von Empathie und Perspektivenwechsel deutlich heraus. Kategorien, die sich in der Studie als Gelingsfaktoren herausstellten, wurden in den Segmenten, die diesen methodischen Zugang betrafen, in signifikanter Häufigkeit ermittelt.

Diese Erkenntnis ist wichtig, da das Zeugnislernen als religionsdidaktischer Ansatz und praktische Methode für den Religionsunterricht von Lehrpersonen arbeitsökonomisch effizient in die eigene Unterrichtsgestaltung übernommen werden kann. Insbesondere die darin anberaumten dialogischen Phasen müssen dabei mit interreligiös kompetenter Professionalität achtsam begleitet werden. Somit wird die interreligiöse Kompetenz und insbesondere eine Haltung der Empathie und des Perspektivenwechsels in der Explorationsphase und der Kontextualisierung des Gegenstandes erforderlich. Das zeigen die Erlebensformen der Kinder in dem Aus- und Anprobieren der Gegenstände.

Die Diskussion mit zwei Workshopleiterinnen war insofern interessant, als dass die eigenen Konstruktionen der Forscherin entzerrt und mehrperspektiviert wurden. Darüber hinaus wurden neue Erkenntnisse gemeinsam im Gespräch ermittelt (7.5). Besonders hervorzuheben erscheint dabei der Hinweis, dass auch die atmosphärische Raumgestaltung unterstützend zur Förderung von Empathie und Perspektivenwechsel beigetragen hat, zum Beispiel über Decken, Kissen und das Sitzen aller Beteiligten auf Augenhöhe. Neben kognitiven, sozialen, emotionalen, affektiven und motivationalen Faktoren zeigt sich in dieser Studie somit auch die Relevanz räumlicher bzw. atmosphärischer Gestaltung, in welcher sich interreligiöse Konvivenzen vollziehen.

Nachdem nun in diesem Kapitel das Datenmaterial mittels der inhaltlich strukturierenden qualitative Inhaltsanalyse in der Breite reduktiv gesichtet, systematisiert und kategorisiert wurde, wird das folgende Kapitel 8 mittels der sequenziellen Gesprächsfeinanalyse ausgewählte Sequenzen, die sich auch bereits in dieser Untersuchung auffällig zeigten, in ihrer Tiefenschärfe analysieren.

---

136 Angelehnt an den Ansatz des Zeugnislernens

Die sequenzielle Gesprächsfeinanalyse

8.1   Einordnung in den Kontext

Das Datenmaterial wurde in Kapitel 7 in einem ersten Schritt mit der qualitativen Inhaltsanalyse reduktiv gesichtet und bearbeitet. Dies ermöglichte
eine Weitsicht auf das gesamte Datenmaterial einnehmen zu können, um so
relevante und interessante Inhaltsfelder und weiterführende Fragen sichtbar zu machen und diese kategoriengeleitet entlang der Forschungsfragen zu
systematisieren. In einem zweiten Schritt sollen nun mittels einer Gesprächsfeinanalyse einzelne Schlüsselpassagen, die bereits in der qualitativen
Inhaltsanalyse auffällig erschienen, detaillierter in einer sogenannten „mikroskopischen Tiefenschärfe"[1] analysiert werden.

Dazu werden zunächst Grundzüge einer sequenziellen Gesprächsfeinanalyse auf Grundlage fachtheoretischer Bezüge beschrieben (8.2). In einem
nächsten Schritt erfolgt die Charakterisierung der vorliegenden sequenziellen Gesprächsfeinanalysen (8.3). Hier werden tabellarisch die Rahmenbedingungen vorgestellt, die Auswahlkriterien der zugrundeliegenden
Sequenzen skizziert (8.3.1) und die Zusammensetzung der Auswertungsteams
erläutert (8.3.2). Nachdem die formal-strukturellen Bedingungen vorgestellt
wurden, beginnt nun die Durchführung der Auswertungsmethode (8.4). Es
folgt eine Darstellung über Ablauf und Dokumentation der vorliegenden
Gesprächsfeinanalysen (8.4.1), in denen die Forscherin nun das beschriebene
fachtheoretische Vorgehen einer sequenziellen Gesprächsfeinanalyse auf
das eigene Forschungsvorhaben überträgt und beschreibt. Dem schließt sich
die Durchführung beider Gesprächsfeinanalysen (8.4.2 und 8.4.3) am eigenen Datenmaterial an mit einem je identischen Aufbau nach: I) Kontext der
Sequenz, II) der semantisch-syntaktischen sequenziellen Gesprächsfeinanalyse und III) den sich daraus ableitenden Thesen.

Abschließend werden in einem zusammenfassenden Blick auf beide
Gesprächsfeinanalysen zentrale Erkenntnisse pointiert (8.5).

---

1   Reese-Schnitker (2005), S. 30

© KATHARINA GAIDA, 2025 | DOI:10.30965/9783657797035_009

8.2   Grundzüge einer sequenziellen Gesprächsfeinanalyse

Sequenzielle Auswertungsverfahren lassen sich seit Ende der 1980er in der Religionspädagogik finden. Seit Beginn der 2000er gibt es auch sequenzielle Analysen von Religionsstunden[2], wie beispielsweise bei Dietlind Fischer (2003)[3], in der Studie von Rudolf Englert et al. (2014[4]) oder von Annegret Reese-Schnitker et al. (2022[5]).[6] Forschungsprojekte, die mittels Videographie komplexe und dynamische Prozesse von Religionsunterricht begleiten und analysieren, sind allerdings bisher noch nicht der Standard.[7] Forschungs-projekte, wie das der Kinderakademie der Weltreligionen stellen dabei ein Desiderat zur Untersuchung durch Einzelfallanalysen dar. Zwar ist das Projekt insbesondere in den Workshops durchaus unterrichtsähnlich angelegt, jedoch bleibt es ein Bildungsprogramm im universitären Kontext, nicht im schu-lischen. Insofern können Erwartungen und Vorurteile, die aus Unterrichts-gesprächen und Interaktionen in einem Klassenraum resultieren, nicht per se auf diesen Forschungskontext übertragen werden.

Grundsätzlich orientiert sich der Ansatz der Gesprächsanalyse an der Objek-tiven Hermeneutik nach Ulrich Oevermann (1979)[8], welcher sich jedoch im Laufe diverserer Weiterentwicklungen deutlich abgewandelt hat.[9] Geblieben sind drei Prinzipien: 1) Das Prinzip der Selektivität, 2) der Sequenzialität und 3) der Sinnstruktur. In diesen Prinzipien wird davon ausgegangen, dass jede:r Akteur:in in jeder Handlung bewusst oder unbewusst Entscheidungen

---

2   Vgl. Englert in Schambeck & Riegel (2018), S. 130
3   Fischer, D., Elsenbast, V. & Schöll, A. (2003). *Religionsunterricht erforschen. Beiträge zur empi-rischen Erkundung von religionsunterrichtlicher Praxis*. Münster: Waxmann Verlag.
4   Englert, R., Hennecke, E. & Kämmerling, M. (2014). *Innenansichten des Religionsunterrichts. Fallbeispiele – Analysen – Konsequenzen*. München: Kösel Verlag.
5   Reese-Schnitker, A., Bertram, D. & Fröhle, D. (2022). *Gespräche im Religionsunterricht. Ein-blicke – Einsichten – Potenziale*. Stuttgart: Kohlhammer.
6   Vgl. Englert in Schambeck & Riegel (2018), S. 129, in diesem Zusammenhang verweist er auch auf weitere Studien, die ein sequenzanalytisches Vorgehen aufweisen, etwa: die Untersuchung jugendlicher Intensiverfahrungen von Burkard Porzelt (1999), eine Studie zur Glaubensgeschichte junger Frauen (2005) von Angela Kaupp oder Annegret Reese-Schnitkers Studie zur Religiosität von Singlefrauen (2005). Hierbei handelt es sich um Stu-dien, die eine Auswertung von Interviews zu den religiösen Erfahrungen und Deutungen ausgewählter Zielgruppen in den Fokus nehmen.
7   Vgl. Reese-Schnitker (2016), S. 221
8   Oevermann, U., Allert, T. & Krambeck, J. (1979): Die Methodologie einer „objektiven Her-meneutik" und ihre allgemeine forschungslogische Bedeutung in den Sozialwissenschaften. In H.-G. Soeffner (Hrsg.), *Interpretative Verfahren in den Sozial- und Textwissenschaften* (S. S. 352–434). Stuttgart: J. B. Metzlersche Verlagsbuchhandlung.
9   Vgl. Englert et al. (2014), S. 37

trifft (1), die einem bestimmten Handlungssinn dienen (3). Darüber hinaus wird davon ausgegangen, dass die Methodik in der Lage dazu sein muss, die Dynamik einer Sequenz erkennen und rekonstruieren zu können (2). Dadurch ergibt sich die Besonderheit des methodischen Vorgehens, welche ermöglicht, dass die zugrunde liegenden Sinnstrukturen sukzessiv in Erscheinung treten können.[10]

Mittlerweile haben sich weitreichende Weiterentwicklungen im Rahmen von Feinanalysen ergeben. Um ein geeignetes Auswahlinstrument aus der Vielzahl an Feinanalysen zu wählen[11], sollte dies in Abstimmung mit dem Untersuchungsfeld harmonisieren.

Die Gesprächsfeinanalyse wird mit beiden Sequenzen als sequenzielle Gesprächsfeinanalyse durchgeführt, die sich durch einen linearen zeitlichen Ablauf und die Prozesshaftigkeit der Gespräche auszeichnet.

> Die verschiedenen Gesprächsbeiträge und kommunikativen Handlungen sind durch die vorausgehenden Beiträge geprägt und beeinflusst und formen ihrerseits die folgenden Äußerungen. Die Analyse berücksichtigt dies, indem sie von Anfang an – Sequenz für Sequenz – die kommunikativen Handlungen nachzeichnet.[12]

Charakteristisches für sequenzielle Feinanalysen wird im Folgenden nun dargestellt. Dabei ist zu wissen, dass es sich um keine abgeschlossenen, aufeinanderfolgenden Schritte im engeren Sinne handelt. Gleichwohl entsprechen sequenziellen Gesprächsfeinanalysen einem charakteristischen Ablauf, in dem die unterschiedlichen unten aufgezeigten Elemente alle berücksichtigt werden sollen.

Mikroskopische Tiefe

Ein zunächst deskriptives Vorgehen ist von Relevanz. Einzelheiten werden in den Blick genommen und breite Bedeutungszusammenhänge zunächst in den Hintergrund gerückt. Englert spricht in diesem Schritt auch gerade von dem Blick auf das „Interpretationsprinzip der ‚Wörtlichkeit'"[13], welches den Blick nicht einfach nur auf den Gehalt von Äußerungen lege, sondern auch auf die besondere Gestalt dieser Äußerung achte, also: Wie wird etwas gesagt?[14] In diesem ersten Schritt geht es somit zunächst nicht vordergründig darum

---

10   Vgl. Englert et al. (2014), S. 37
11   Vgl. Englert in Schambeck & Riegel (2018), S. 129
12   Reese-Schnitker in Schambeck & Riegel (2018), S. 234
13   Englert in Schambeck & Riegel (2018), S. 127
14   Englert in Schambeck & Riegel (2018), S. 127

zu schnell verstehen zu wollen, sondern sich der deskriptiven und sprachlichen Dimension des Textes zu widmen. Dabei wird in einer sequenziellen
Gesprächsfeinanalyse bewusst auf externe und theoretisch vorgegebene
Hypothesen oder fiktive Analysekategorien verzichtet, sondern eng am Text
gearbeitet.[15]

Turn by Turn Verfahren
So geht eine sequenzielle Feinanalyse Schritt für Schritt (engl. turn by turn)
vor. Sie widmet sich einzelnen Äußerungen, einem ersten Interakt, Halbsätzen
oder auch zunächst ausschließlich einem Wort. Annegret Reese-Schnitker
bezeichnet das als ein Nachzeichnen kommunikativer Handlungen[16] oder
auch kontextsensitives Sinnverstehen.[17] Erst wenn dieses interpretativ aus-
geschöpft ist, kann vorangegangen werden. So wird für jede Äußerung, jeder
Interakt eine Paraphrase formuliert und bestimmt, wie das Gespräch nun thematisch fortgeführt wird. Es wird danach gefragt, welche Funktion diese Äußerung aufweist und welche grammatikalischen, semantischen, stilistischen
Besonderheiten sie aufweist. Auch sind nonverbale Handlungen wie beispielsweise die Körpersprache ein Teil der sequenziellen Gesprächsfeinanalyse.[18]
Auf eine Vogelperspektive werde bewusst und streng verzichtet, vielmehr gelte
es den Gesprächsverlauf aus der gleichen zeitlichen Perspektive zu erfassen
und zu analysieren, wie ihn auch die Gesprächsteilnehmenden erlebt haben,
so Reese-Schnitker.[19] Im Laufe des Vorgehens wird das engschrittige Vorgehen
geweitet, um die Sequenz in ihrer Gesamtheit wahrnehmen zu können.

Raum interpretativer Bedeutungsmöglichkeiten öffnen
In einer sequenziellen Feinanalyse werden verschiedene „unterschiedliche
Gedankenexperimente"[20] unternommen. Ein Raum verschiedener interpretativer Bedeutungsmöglichkeiten wird geschaffen, in dem alternative
Lesearten miteinander geteilt werden. Gemäß der Frage, was die Äußerung,
der Interakt, das Wort noch bedeuten könnte, lassen sich bereits an einzelnen Worten verschiedene kontextuelle Zusammenhänge interpretieren.[21]

---

15   Vgl. Reese-Schnitker in Reese-Schnitker et al. (2022), S. 210
16   Vgl. Reese-Schnitker in Schambeck & Riegel (2018), S. 234
17   Vgl. Reese-Schnitker in Reese-Schnitker et al. (2022), S. 210
18   Vgl. Reese-Schnitker in Schambeck & Riegel (2018), S. 235
19   Vgl. Reese-Schnitker in Schambeck & Riegel (2018), S. 234
20   Reese-Schnitker in Schambeck & Riegel (2018), S. 236
21   Insbesondere Interjektionen wie „hm" oder auch dialektische Färbungen wie „ne" führten
      in meinen Teilnahmen an sequenziellen Gesprächsfeinanalysen des Öfteren zu unter-
      schiedlichen Interpretationen.

Es geht in den Feinanalysen nicht darum, dem ersten Impuls unmittelbar zu folgen. Andererseits muss in den Feinanalysen auch nicht jede Interpretationsmöglichkeit durchgespielt werden. Nach dem Ansatz des Sparsamkeitsprinzips von Dietlind Fischer (2003)[22] geht es darum, dass die Kenntnisse der Rahmenbedingungen der Sequenz und des Kontextes bekannt und vorausgesetzt sind. Dieser ermöglicht, dass nicht plausible Deutungen aufgrund der Kontextkenntnis ausgeschlossen werden. Dieser Ansatz wird in der Methodik der hier durchgeführten sequenziellen Gesprächsfeinanalyse implementiert.

Multiple Lesearten über das Auswertungsteam generieren

Um möglichst multiple Lesearten generieren zu können, ist es förderlich an die Sequenzen mit einem Auswertungsteam heranzugehen, die eine Einzelperspektive somit bereichern können. Das Auswertungsteam dieses Forschungsprojektes besteht dabei aus Teilnehmenden verschiedener Kontexte und religiös-kultureller Hintergründe.[23]

In der sequenziellen Gesprächsfeinanalyse besteht die Grundannahme, dass jede:r Akteur:in mit den jeweiligen Interaktionen eine Entscheidung trifft. Die entsprechende Person hätte demnach auch etwas anderes sagen/ fragen/antworten/tun können. Dies gelte in Unterrichtsanalysen, so Englert, insbesondere für die Handlungen der Lehrerperson.[24]

> Eine Gesprächsfeinanalyse bemüht sich, die im Unterrichtsgespräch erfolgten Entscheidungen herauszuarbeiten und das Spezifische und Besondere dieser Sprachhandlungen vor dem Hintergrund der grundsätzlich offenstehenden Optionen der sprachlich Handelnden herauszustellen.[25]

Hier können dem Auswertungsteam neue Verstehensdimensionen eröffnet werden, indem sie fragen, was und wie die Lehrperson in bestimmten

---

22   Fischer, D. (2003). Eine Religionsunterrichts-Stunde – sequenzanalytisch untersucht. In: D. Fischer, V. Elsenbast & A. Schöll, Albrecht (Hrsg.), *Religionsunterricht erforschen. Beiträge zur empirischen Erkundung von religionsunterrichtlicher Praxis* (S. 120–142). Münster: Waxmann Verlag.

23   So werden Teilnehmende der drei abrahamitischen Religionen des Christentums, Islams und Judentums mitwirken. Des Weiteren wird darauf Wert gelegt, verschiedene berufliche Hintergründe abzudecken, die für das Forschungsvorhaben relevant sind. Das schließt den schulischen Kontext über Religionslehrer:innen, den universitären Kontext über die Forschungsgruppe und Vertreter:innen externer religiös-weltanschaulicher Bildungsorganisationen im deutschsprachigen Raum (Deutschland und Österreich) mit ein. Weitere Ausführungen zur Zusammensetzung des Auswertungsteams sind zu finden in dem Kapitel *8.3.2 Zusammensetzung des Auswertungsteams*

24   Vgl. Englert in Schambeck & Riegel (2018), S. 131

25   Reese-Schnitker in Schambeck & Riegel (2018), S. 235

Situationen bewusst oder unbewusst nicht sagt/fragt/antwortet/handelt. Durch diese kontrastive Position kann die Bedeutung der tatsächlich realisierten Interaktion deutlicher zur Geltung kommen.

Interaktionen liegen bestimmten Dynamiken zugrunde, welche schrittweise über das turn by turn Verfahren rekonstruiert werden. Folgende Fragen könnten dabei hilfreich sein:

> Welche Struktur hat eine Interaktion? Gibt es Zuspitzungen/ Diffusionen/ Konzentrationen/ Fading outs/ Kontroversen/ Nivellierungen? Inwiefern werden durch bestimmte Interakte eines Akteurs Handlungsmöglichkeiten anderer Beteiligter eröffnet oder verschlossen bzw. erschwert?[26]

Im Laufe der Interpretation werden die verschiedenen Akteur:innen nun kenntlicher. Das Auswertungsteam erhält zunehmend Informationen über die vorliegende Sinnstruktur, somit über affektiv-emotionale Interaktionen, das didaktische Konzept oder das theologische Verständnis, das Interventionen und Lernprozesse der Akteur:innen steuert. Denn grundsätzlich hat jedes Detail des Gesprächs eine Funktion im Gespräch.[27] Aus den verschiedenen Rekonstruktionen sowie der Dynamik der Interaktionsverläufe sollte nun im Laufe der Analyse die Sinnstruktur hervorgehen und Annahmen verdichtet werden, die dem Handeln der Akteur:innen zugrunde liegt.

> Diese Sinnstruktur muss den Akteuren selbst keineswegs bewusst sein. Das heißt, es geht nicht einfach nur um die Rekonstruktion der subjektiven Intentionen der Akteure, sondern wesentlich auch um die Dechiffrierung von Handlungsmustern, die sich gewissermaßen „hinter dem Rücken" der Akteure geltend machen – die aber eben – auch deshalb objektive Hermeneutik! – „objektiv" wirksam sind.[28]

Im Zentrum stehen hier somit die Entschlüsselung und Herausarbeitung latenter Sinnstrukturen. Es gehe um die Differenz zwischen Anspruch und Wirklichkeit, so Englert.[29] Sequenzielle Gesprächsfeinanalysen haben somit den Anspruch der Interaktivität und Dynamik von Gesprächen gerecht werden und diese nachvollziehen zu wollen, wie und ob die Gesprächsteilnehmenden kooperieren, interagieren, sich gegenseitig steuern.[30]

---

26   Englert in Schambeck & Riegel (2018), S. 131
27   Vgl. Reese-Schnitker in Reese-Schnitker et al. (2022), S. 210
28   Englert in Schambeck & Riegel (2018), S. 133
29   Vgl. Englert in Schambeck & Riegel (2018), S. 134
30   Vgl. Reese-Schnitker in Schambeck & Riegel (2018), S. 237

Audiovisualisiertes Datenmaterial als Grundlage

Die Grundlage für eine sequenzielle Gesprächsfeinanalyse ist die videographische Aufzeichnung und das Transkript, da sich die Auswertung und Interpretation eben stets am Text und Bild bzw. Ton misst. Diese ermöglichen neue Verstehensebenen, gleichzeitig eröffnen sie damit auch neue Anforderungen. So müssen nonverbale Codes wie Gestik, Mimik, räumliche Konstellationen, Körpersprache, die äußerliche Erscheinungsform (Kleidung, Aussehen, Ausstrahlung) berücksichtigt werden.[31] Das audiovisuelle Datenmaterial und das Transkript sind immer Ausgangslage und müssen miteinander abgeglichen ggf. durch die nonverbalen Codes ergänzt werden. Das Transkript stellt einen elementaren Bestandteil für den Interpretationsverlauf dar als ein Bewahrungsdokument, das die genauen Formen des Gesprochenen festhält und Distanz schafft. Reese-Schnitker schreibt, das Transkript wirke wie ein Mikroskop oder eine Zeitlupe und mache viele Phänomene erst für die Analyse zugänglich.[32]

Ebenso kommt dem Auswertungsteam eine zentrale Rolle zu: es überarbeitet das Auswertungsprotokoll und reduziert, sowie fokussiert dieses entlang seiner zentralen Frageperspektiven und Erkenntnissen.[33]

Kommunikative Validierung durch Auswertungsteams

Darüber hinaus ist die kommunikative Validierung ein integraler Bestandteil im Auswertungsprozess dieses methodischen Zugangs. Mehrfach stattfindende, kontrollierende Forschungsgespräche innerhalb der Scientific Community bzw. der Auswertungsteams, ermöglichen die diskursive Reflexion, Stimmigkeit und Schlüssigkeit hinsichtlich des letztlich verfassten Auswertungsprotokolls darzustellen. Elisa Stams und Burkard Porzelt halten dazu treffend fest, dass dies selbstverständlich den vorgelegten Interpretationen zwar keinesfalls den Status ‚unfehlbarer' Geltung beschere, wohl aber die Absicherung durch interkommunikative Vergewisserung.[34]

Besonderheiten

Spannungen können dadurch entstehen, dass Überlegungen zu einzelnen Sequenz-Analysen eröffnet werden, die aus ihrem Kontext entnommen werden und man diese in ihrer Relevanz subsumieren sowie hierarchisieren muss. Ebendas steht einem Grundgedanken der sequenziellen Fallanalysen entgegen. Englert schreibt, es gehöre dazu diese Spannungen auszuhalten. Und

---

31 Vgl. Englert in Schambeck & Riegel (2018), S. 135
32 Vgl. Reese-Schnitker in Schambeck & Riegel (2018), S. 236
33 Vgl. Reese-Schnitker in Schambeck & Riegel (2018), S. 237
34 Vgl. Stams & Porzelt in Englert, Porzelt, Reese & Stams (2006), S. 33

das könne man durchaus, wenn man sich dieser mit einem selektiven Zugriff auf das Material verbundenen Probleme bewusst sei und die damit einhergehenden Gefahr interpretativer Verengung im Auge behielte.[35]

Es lässt sich besonders herausstellen: Gesprächsfeinanalysen bieten durch die methodische Annäherung aufschlussreiche Einblicke in reale Lehr-Lernprozesse, in die Dynamiken des vorliegenden Datenmaterials der Workshops, in die Entschlüsselung komplexer Zusammenhänge von Interdependenzen und letztlich Einblicke in Potential, Herausforderung sowie Auffälligkeiten der Förderung von Empathie und Perspektivenwechsel des vorliegenden Forschungsprojektes.

8.3   Charakterisierung der vorliegenden Gesprächsfeinanalysen

Um die charakterisierenden Rahmenbedingungen der vorliegenden Gesprächsfeinanalysen abzubilden, wurde im Folgenden eine überblicksartige tabellarische Darstellung erstellt (s. Tabelle 25).

Tabelle 25   Tabellarische Darstellung der Charakterisierung der vorliegenden Gesprächsfeinanalysen

Anzahl, Auswahl der Sequenzen	2 Sequenzen des Workshops „Schatztruhe der Religionen" (01/2020) Sequenz I: Mo (01/2020, Pos. 235[36]), Länge (min.): 1.23 Min. Sequenz II: Di (01/2020, Pos. 158[37]), Länge (min.): 3.11 Min.
Anzahl, Auswahl der Auswertungsteams	2 Auswertungsteam A) – Prof. Dr. Annegret Reese-Schnitker – Dr. Carolin Altmann – Dr. Mevlida Mešanović Auswertungsteam B) – Elena Padva – Lina Hout – Marcel Franzmann

35   Vgl. Englert in Schambeck & Riegel (2018), S. 137
36   Die Angabe der Position bezieht sich auf das durch MAXQDA erstellte Transkript.
37   Die Angabe der Position bezieht sich auf das durch MAXQDA erstellte Transkript.

Tabelle 25   Tabellarische Darstellung der Charakterisierung (*fortges.*)

Aufzeichnungsmedium der Sitzungen mit den Auswertungsteams	Audio-Aufzeichnung (mittels Tonspuren) und Video-Aufzeichnung (mittels der Aufzeichnungs-Funktion der digitalen Plattform „Zoom")
Audiovisuelle Datengrundlage der Sequenzen	Videographiertes Datenmaterial
Transkription	Fein-Transkript auf Grundlage des Basis-Transkripts
Kommunikative Validierung	Auswertungsteam
Visualisierungen	Ja (tabellarische Übersichten, Darstellung des Forschungsfeldes)
Gütekriterien	Diskussion mit Scientific Community, Triangulation

8.3.1   *Auswahlkriterien der Sequenz*

Sequenzielle Gesprächsfeinanalysen haben ein hohes Potential komplexe Interaktionen, reale Gesprächsdynamiken und Prozesse intensiv und vertiefend zu analysieren.[38] Hinsichtlich der Auswahl einer geeigneten Sequenz besteht die Professionalität und zugleich Herausforderung darin die große Datenmenge zu reduzieren bzw. zu selektieren. Dies muss in dem Rahmen reduziert werden, was aus verfügbaren Ressourcen realistischerweise auch analysierbar ist. Richtungsweisend ist dabei die Orientierung am eigenen Forschungsvorhaben. Bereits während der Durchführung der qualitativen Inhaltsanalyse, zu der auch das Anfertigen von sogenannten Memos gehört, zeigten sich einzelne Sequenzen auffällig und interessant.[39] Diese wurden markiert und nun im Folgenden bearbeitet.

Um dabei eine geeignete Sequenz auszuwählen, gilt es sorgfältig anhand von Kriterien in der Auswahl vorzugehen. Vier Kriterien wurden dabei maßgeblich beachtet: 1) Thematische Relevanz, in der ein Bezug zum Forschungsauftrag

---

38   Vgl. Reese-Schnitker in Schambeck & Riegel (2018), S. 250
39   Weitere Ausführungen dazu in Kapitel *7.4.1 Ablauf und Dokumentation der vorliegenden inhaltlich strukturierenden qualitativen Inhaltsanalyse*

erkennbar erscheint. 2) Authentizität und Dichte, 3) das „Geheimnis"[40] der Gesprächskonzeption und 4) Formale Kriterien wie Überschaubarkeit, gute Aufnahmequalität etc.[41] Mittels der Kriterien wurden final zwei Sequenzen überprüft und ausgewählt: Sequenz I „Mit Haaren siehst du irgendwie besser aus" und Sequenz II „In der Moschee, da gibt's die". Sie stellten sich u. a. aus folgenden Gründen als sehr interessant heraus: Die Begegnung mit religiös-kulturellen Gegenständen kann eine Breite an affektiv-emotionalen Reaktionsmöglichkeit eröffnen, welche sich in beiden Sequenzen charakteristisch zeigten: Eine Spanne von Erheiterung, Belustigung bis zur Ablehnung. Dies verdeutlicht einerseits die Vielzahl an Reaktionsmöglichkeiten, mit denen unter den Lernenden zu rechnen sein kann und andererseits die Relevanz interreligiöser Kompetenzen mithilfe dessen Lehrende pädagogische Handlungsmöglichkeiten entwickeln können.

8.3.2   *Zusammensetzung der Auswertungsteams*
Gesprächsfeinanalysen durchzuführen, sind aufgrund zeitlicher und personeller Ressourcen aufwändig, gleichwohl der Ertrag durch die Nachzeichnung komplexer Interaktionsprozesse, welche innovativ und praxisnah sind, gewinnbringend ist. Aus diesem Grund gilt es, die Analysen kompetent durchzuführen und bei der Wahl und Zusammensetzung des Auswertungsteams sorgfältig vorzugehen, sodass hinsichtlich des Themas eine professionell religiös-kulturell multiple Lesart erzielt wird. Hierzu wurden, angelehnt an die zwei ausgewählten Sequenzen, zwei Auswertungsteams A) und B) durch die Forscherin zusammengestellt (s. Tabellen 26 und 27).

---

40   Unter dem Kriterium des „Geheimnis" definiere ich wie Annegret Reese-Schnitker eine
      Gesprächskonzeption, die beim Betrachten intuitiv als positiv irritierend und noch nicht
      bereits vollständig transparent und klar erscheint. Vgl. Reese-Schnitker (2018), S. 234

41   Vgl. Reese-Schnitker in Schambeck & Riegel (2018), S. 234 nennt im Original fünf Kri-
      terien. Das ursprünglich zweite Kriterium „Nähe zum Schulalltag" wurde in diesem
      Forschungsdesign entnommen, weil es sich hierbei um ein Bildungsprogramm handelt,
      das nicht zwangsläufig und ausschließlich im Bezug zum schulischen Kontext gesehen
      werden muss. Es braucht dahingehend aus Sicht der Forscherin kein explizites Kriterium,
      wohl wird jedoch die Untersuchung im Rahmen der sequenziellen Gesprächsfeinanalyse
      auch den schulischen Kontext einbeziehen und mitbedenken.

Tabelle 26   Auswertungsteam A

Teilnehmende des Auswertungsteams A)[42]	Beruflicher[43] und religiöser Hintergrund
Prof. Dr. Annegret Reese-Schnitker	Professorin für katholische Religionspädagogik, Universität Kassel / katholischer Religionshintergrund
Dr. Carolin Altmann	Referendarin für das Lehramt an Grundschulen (Deutsch, Mathematik, Ev. Religion) / evangelischer Religionshintergrund
Dr. Mevlida Mešanovic'	Wissenschaftliche Mitarbeiterin in der katholischen Religionspädagogik, Karl-Franzens-Universität Graz / sunnitischer Religionshintergrund

Tabelle 27   Auswertungsteam B

Teilnehmende des Auswertungsteams B)[44]	Beruflicher[45] und religiöser Hintergrund
Elena Padva	Leiterin des Sara Nussbaum Zentrums für jüdisches Leben in Kassel / jüdischer Religionshintergrund
Lina Hout	Studentin der Psychologie MA, ehemalige Vorstandsvorsitzende der Muslimischen Hochschulgemeinde der Universität Kassel / sunnitischer Religionshintergrund
Marcel Franzmann	Referendar für das Lehramt an Berufsschulen (Wirtschaft und Kath. Religion) / katholischer Religionshintergrund

---

42   Reihenfolge erfolgte in alphabetischer Ordnung des Vornamens
43   Stand 11/2022 (Durchführungszeitpunkt der Auswertungsmethode)
44   Reihenfolge erfolgte in alphabetischer Ordnung des Vornamens
45   Stand 11/2022 (Durchführungszeitpunkt der Auswertungsmethode)

8.4   Sequenzielle Gesprächsfeinanalyse

8.4.1   *Ablauf und Dokumentation der vorliegenden Gesprächsfeinanalysen*
Für die Durchführung und Erstellung von Gesprächsfeinanalysen lassen
sich fünf Phasen für das vorliegende Forschungsprojekt bestimmen (s. Abbildung 17). Diese sind stets im Abgleich mit den Forschungsfragen zu
beachten.

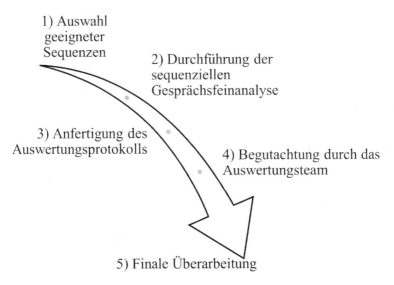

1) Auswahl
geeigneter
Sequenzen

2) Durchführung der
sequenziellen
Gesprächsfeinanalyse

3) Anfertigung des
Auswertungsprotokolls

4) Begutachtung durch das
Auswertungsteam

5) Finale Überarbeitung

Abb. 15   Ablauf einer Gesprächsfeinanalyse

Um eine geeignete Sequenz für eine Gesprächsfeinanalyse zu finden, muss
im Vorfeld das audiovisuelle Datenmaterial nach formalen und inhaltlichen
Gesichtspunkten selektiert werden. Der methodische Ansatz der Gesprächsfeinanalyse, der einen engen Bezug zum Text und eine semantisch-syntaktische
Feinanalyse vorsieht, macht erforderlich, die entsprechenden Sequenzen noch
einmal einer Fein-Transkription zu unterziehen. In Kapitel 8.3.1. befindet sich
die Begründung der Auswahl dieser beiden Sequenzen.

Die Gesprächsfeinanalysen beider Sequenzen wurden in insgesamt fünf
Sitzungen mit durchschnittlich 78 Minuten pro Sitzung durchgeführt (s.
Tabelle 28).

Tabelle 28   Anzahl und Länge der durchgeführten Sitzungen beider sequenziellen
Gesprächsfeinanalysen

	Datum (TT.MM.JJJJ.) Länge (Min.)		
Sequenz I	02.11.2022 95 Min.	10.11.2022 66 Min.	/ /
Sequenz II	02.11.2022 84 Min.	09.11.2022 84 Min.	14.11.2022 60 Min.

1) Auswahl geeigneter Schlüsselpassagen

Aus der qualitativen Inhaltsanalyse zeichneten sich bereits erste Sequenzen ab, die für eine methodische Untersuchung mittels der sequenziellen Gesprächsfeinanalyse interessant erschienen, insbesondere das „Geheimnis" der verschiedenen verborgenen Dimensionen, die diese Sequenzen zu erahnen ließen, überzeugten in der Auswahl. Die Selektion erfolgte anhand formaler und inhaltlicher Gesichtspunkte.[46]

Das videographierte Datenmaterial wurde geschnitten, ein Feintranskript auf Grundlage des Basis-Transkripts von der Forscherin angefertigt und eine Einleitung in den Kontext der Schlüsselpassagen verfasst. All das wurde an die Auswertungsteams gemeinsam mit einer fachwissenschaftlichen Empfehlung[47] zum Aufbau und Durchführung einer sequenziellen Gesprächsfeinanalyse übermittelt, verbunden mit dem Hinweis, dass ausschließlich die Einleitung gelesen werden dürfe, um sich dann möglichst unvoreingenommen der Analyse widmen zu können.

---

46   S. u. a. Kapitel *8.3.1 Auswahlkriterien der Sequenz*

47   Hierfür wurden folgende Artikel empfohlen: Reese-Schnitker, A. (2018). Interaktive Lernprozesse im Kontext biblischen Lernens – Eine sequenzielle Gesprächsfeinanalyse. In M. Schambeck & Ulrich Riegler (Hrsg.), *Was im Religionsunterricht so läuft: Wege und Ergebnisse religionspädagogischer Unterrichtsforschung* (S. 123–139). Freiburg, Basel, Wien: Herder. Und (bei Bedarf): Reese-Schnitker, A. (2022). Das methodische Vorgehen in der Unterrichtsstudie. In A. Reese-Schnitker, D. Bertram, & D. Fröhle, (Hrsg.), *Gespräche im Religionsunterricht. Einblicke – Einsichten – Potenziale* (S. 208–212, 369–444). Stuttgart: Kohlhammer.

2) Durchführung der sequenziellen Gesprächsfeinanalyse
In einem nächsten Schritt wurden beide Sequenzen nach dem methodischen Vorgehen der sequenziellen Gesprächsfeinanalyse, wie in Kapitel 8.2. beschrieben, durchgeführt. Alle charakteristischen Anforderungen einer sequenziellen Gesprächsfeinanalyse (Turn by Turn Verfahren, Multiple Lesearten generieren, Raum interpretativer Bedeutungsmöglichkeiten öffnen etc.) wurden beachtet. Die Forscherin war zugleich die Moderatorin der einzelnen Analysen. Sie stellte zunächst sicher, dass die Teilnehmenden des Auswertungsteams Kenntnis über den Verlauf der Methode (*8.2.*) und den einleitenden Kontext (*8.4.2.1. und 8.4.3.1.*) der Sequenz haben. Auf Grundlage dessen konnte ein gemeinsamer Beginn in die Analyse vollzogen werden.

Während der Analyse wurde darauf geachtet, dass zu gegebenen Zeiten, der Blick in das videographierte Datenmaterial vorgenommen wurde, um Annahmen zu bestätigen oder zu verwerfen. Die Auswertungsteams von je vier Personen (inklusive der Forscherin) brachten ihre individuelle Leseart deutlich zum Ausdruck, sodass engagierte Diskussionen über einzelne Wort-, und Text-Abschnitte erfolgen konnten.

3) Anfertigung des Auswertungsprotokolls
Das Auswertungsprotokoll entstand auf Grundlage der Sitzungen mit den Auswertungsteams. Die Datensicherung der Sitzungen erfolgte dabei über eine Aufzeichnung mittels Audio-, und Video-Sicherung. Das Auswertungsprotokoll wurde zeitnah nach Beendigung der Sitzungen angefertigt. Abschließende Thesen wurden aus den Sitzungen mit dem Auswertungsteams abgeleitet. Thesen sind zugespitzte Behauptungen, die einer argumentativen Begründung bedürfen. Sie können Meinungen, Interpretationen und oder Zusammenhänge unter den analysierten Fakten herstellen. Die Herausforderung bei der Erstellung der Thesen beider sequenziellen Gesprächsfeinanalysen bestand darin, bündige, pointierte, (idealerweise) kontroverse Thesen aufzustellen, die gleichzeitig umfassend erklärend sind, sodass sie für Dritte gut nachvollziehbar werden. Die Anfertigung der beiden Auswertungsprotokolle wurde stets im Abgleich mit den Forschungsfragen beachtet.

4) Begutachtung durch das Auswertungsteam
Die Analyseberichte wurden innerhalb eines Monats an die Auswertungsteams zurückgeschickt, sodass diese durch die Ergänzungen und Korrekturen der Einzelnen im Sinne einer Validierungsmöglichkeit begutachtet werden konnte. Die einzelnen Teilnehmenden schickten ihre konstruktiven

Ergänzungen und Anmerkungen innerhalb von maximal drei Monaten[48] an die Forscherin zurück. Die zum Teil kurzen Zeiträume während der Erstellung und Begutachtung des Auswertungsprotokolls ermöglichten, dass die Eindrücke, Gedanken und Verknüpfungen rekonstruierbar waren und somit besser auf die erlebten Erinnerungen und einzelnen Überlegungen zurückgegriffen werden konnte. Eine zügige Arbeit in Phase 3) und 4) erleichtert die Begutachtung erheblich.

5) Finale Überarbeitung
Die finale Überarbeitung erfolgte in einem ersten Schritt durch die mir zurück gespiegelten Korrekturen und Ergänzungen der Auswertungsteams. In einem zweiten Schritt nahm ich bewusst eine Distanz zum Text ein, um weitere Gedanken zulassen und diese dann ggf. einarbeiten zu können. In einem letzten Schritt begutachtete ich den Text im stetigen Abgleich mit den Forschungsfragen, um darüber die Erkenntnisse hinsichtlich des Forschungsinteresses zuspitzen zu können.

8.4.2 *Gesprächsfeinanalyse I „Mit Haaren siehst du irgendwie besser aus"*
Der strukturelle Aufbau und die strukturelle Durchführung ist bei beiden Sequenzen identisch und erfolgt nach folgendem Dreischritt: 1) Kontextbeschreibung als Einleitung in die Sequenz 2) Durchführung der semantisch-syntaktischen Gesprächsfeinanalyse und 3) die Formulierung abschließender Thesen der Gesprächsfeinanalyse.

8.4.2.1 Kontext der Sequenz
Die ausgewählte Sequenz ist Teil des Workshops „Schatztruhe der Religionen" innerhalb des Bildungsprogramms „Kinderakademie – Weltreligionen im Dialog", videographiert am Montag, 06.01.2020. Sowohl für die teilnehmenden Kinder als auch für die Workshopleiterinnen ist dieser Workshop der erste im Rahmen der Kinderakademie. Ziel dieser Sequenz ist, anhand ausgewählter religiös-kultureller Gegenstände (im Folgenden auch als Items benannt[49]) zum Thema „Beten" ein Gespräch zu initiieren.[50]

---

48 Sequenz I wurde in einem Zeitraum eines Monats überarbeitet, Sequenz II wurde in einem Zeitraum von drei Monaten bearbeitet.

49 Der Begriff „Items" ist ein gängig verwendeter Begriff in der Methode des Zeugnislernens.

50 Verweise zum didaktischen Konzept, s. dazu Kapitel 2.9 *Zeugnislernen*

Der jeweilige Workshop fand täglich nach einem, in seinen Grundzügen, festen Workshopkonzept statt. Den sechs Workshopleiterinnen begegnete von Montag bis Mittwoch jeweils eine neue Lerngruppe von 6–9 Kindern im Alter von 6–12 Jahren. Das zugrundeliegende Workshopkonzept wurde täglich jeweils individuell an die Bedürfnisse der Lerngruppe angepasst.[51]

Die Lerngruppe dieses Workshops besteht aus acht Kindern (4 Mädchen, 4 Jungen) im Alter von durchschnittlich 9 Jahren. Anbei der Einblick in die soziodemographischen Daten der Lerngruppe (s. Tabelle 29) und der Lehrenden (s. Tabelle 30).

Tabelle 29   Soziodemographische Daten der Lerngruppe: Workshop „Schatztruhe der Religionen", Gruppe Mo 01/2020

n	8
Alter Ø	9,67
Geschlecht	(4m/4w)
Religionszugehörigkeit	muslimisch (2)[52], christl./ev.: (3), keine Angabe bzw. keine Religionszugehörigkeit: (3)[53]
Wohnort (Anzahl der TN)	– Kassel, Vorderer Westen (5) – Hofgeismar (1) (Kleinstadt im Landkreis Kassel) – Fuldabrück (2) (kleinere Gemeinde im Landkreis Kassel)

---

51   Im Programm waren die Workshops in eine feste Tagesstruktur integriert. Jeder Workshop wurde neben verschiedenen sogenannten Phasentrennern durch eine Mittagspause von 12–13 Uhr in kleinere Blöcke unterteilt. Vier Kinder, je zwei Geschwisterpaare haben sowohl an der Kinderakademie im August 2019 als auch im Januar 2020 teilgenommen: Hakim und Hamoudi, Salim und Samira. Alle Namen wurden pseudonymisiert. Der Sachverhalt hat keine Auswirkungen auf die Untersuchungen. Die Kinder werden in beiden Durchgängen als regulär Teilnehmende gewertet. Salim und Samira sind auch in dieser Sequenz zu sehen.

52   In keiner einzigen der drei stattfindenden Kinderakademie-Durchgänge (Januar 2019, August 2020, Januar 2020) wurde eine spezifische Angabe zu einer Religionsströmung im Islam (z. B. sunnitisch oder schiitisch) von den Erziehungsberechtigten angegeben, daher verbleibe ich bei der Bezeichnung „muslimisch", sofern „muslimisch" oder „Islam" angegeben wurde.

53   Aus den Informationen der Eltern in den Anmeldeformularen wird nicht immer ersichtlich, ob die Kinder (k)eine Religionszugehörigkeit haben oder lediglich ihre Angaben darüber nicht teilen möchten.

Tabelle 30   Soziodemographische Daten der Lehrenden

n	6
Geschlecht	(6w)
Religionszugehörigkeit	christl./ev. (6)
Studiengang	Lehramt an Grundschulen: 2, Lehramt an Haupt- und Realschulen: 2, Lehramt an Gymnasien: 2

Die Kinder sitzen gemeinsam mit den Workshopleiterinnen auf dem Boden im Sitzkreis. Sechs Workshopleiterinnen gestalten den Workshop. Eine Workshopleiterin filmt, daher ist sie nicht im Bild zu sehen. Die zwei Workshopleiterinnen mit dem größten Redenanteil sind Daniela und Ramona.[54] Die Abbildung 15 zeigt das Forschungsfeld mit entsprechender Kameraposition zu Beginn der Sequenz. Dargestellt sind alle Akteur:innen.[55]

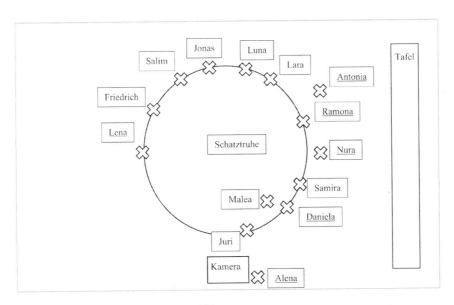

Abb. 16   Darstellung des Forschungsfeldes I

---

54   Alle, in diesem Dokument, aufgeführten Namen wurden pseudonymisiert.
55   Die Namen der Workshopleiterinnen sind gekennzeichnet durch einen Unterstrich.

Die zu analysierende Sequenz befindet sich im sogenannten Hauptteil. Sie zeigt ein Gespräch, welches durch die Exploration von religiös-kulturellen Gegenständen entstand (s. Tabelle 31).

Tabelle 31   Auszug des tabellarischen Verlaufsplanes „Schatztruhe der Religionen"

10:40–10:50 Uhr ca. 10 min.	*Inhalt* Einstieg: Geschichte	*Sozialform/Methode* Sitzkreis: Stiller Impuls durch die Schatztruhe Vorlesen der Geschichte durch eine Erzählerin Szenische Darstellung	*Material* Decken, Kissen Schatztruhe mit Inhalt Geschichte
10:50–11:20 Uhr ca. 30 min.	Hauptteil: Bedeutung einzelner Items gemeinsam herausstellen	Sitzkreis: Exploration der Items	**Schatztruhe** Christentum: Bibel, Taufkerze, Kreuz, Gebetswürfel, betende Hände Judentum: Tora, Jad, Tallit, Kippa, Menora, Sederteller, Mesusa Islam: Koran, Gebetsteppich, Kette, Kompass, Hijab

Den methodischen Einstieg der Einheit dieses Workshops bildet eine Geschichte, die vorbereitend auf den Hauptteil – der Exploration der Zeugnisse – vorgelesen wird. In dieser Geschichte geht es um das Mädchen Rahel. Sie besucht ihre Oma und geht dort in dem großen Haus auf Entdeckungstour. Dieses Mal findet Rahel auf dem Dachboden eine Schatztruhe mit unterschiedlichen religiös-kulturellen Gegenständen.

Die in der Geschichte erwähnte Schatztruhe steht bereits zu Beginn des Workshops in der Mitte des Sitzkreises (s. Abbildung 16). Sie ist mit einer Decke verhüllt.

Die Geschichte wird von der Workshopleiterin Daniela vorgelesen, parallel dazu wird Rahel von der Workshopleiterin Ramona darstellerisch gespielt. Sowohl Daniela als auch Ramona zeigen sehr überzeugende Fähigkeiten im Vorlesen und im szenischen Spiel.

Der Hauptteil besteht aus der Exploration der einzelnen Gegenstände, welche die Kinder nacheinander einzeln aus der Schatztruhe entnehmen dürfen. Das Gespräch in der Gruppe entsteht jeweils mittels eines Gegenstandes. Die Studierenden haben den methodischen Vierschritt zur Begegnung mit jedem Gegenstand[56] in abgewandelter und gekürzter Form auf den Workshop übertragen.

Der hier ausgewählte Gegenstand ist das Hijab[57]. Es ist der Gegenstand, den Samira in der zweiten Runde auswählt, zuvor hat sie sich für den Jad entschieden. Während Samira das Hijab aus der Schatzkiste nimmt, fordert Ramona sie auf zu raten, was dieser Gegenstand sein könnte. Samira erwidert, dass es ein Kopftuch sei. Ramona bestätigt dies und sagt, dass der Gegenstand im Islam getragen werde. Samira bejaht das kopfnickend und sagt, dass sie das wisse. Samira ist nun an der Reihe ihren Gegenstand in der Praxis zu zeigen. Die Workshopleiterin Daniela wird deshalb als Model ausgewählt, um das Hijab zu tragen. Abschließend ist zu erwähnen, dass das Hijab der letzte ausgewählte Gegenstand war. Angesichts dieser Umstände war die Konzentration außerordentlich hoch.

8.4.2.2   Semantisch-Syntaktische Gesprächsfeinanalyse

(Samira bedeckt vorsichtig Danielas Haare mit dem Hijab.)

Die analysierte Gesprächssequenz beginnt mit einem nonverbalen Teil, indem Samira Danielas Haare mit einem Hijab verdeckt. Diese nonverbale Handlung ist kontextuell sehr bedeutsam und soll deshalb im Folgenden noch vor der Analyse des tatsächlichen Gesprächs genauer betrachtet werden.

---

56   Im Rahmen des Zeugnislernens greift Clauß Peter Sajak (2010, 45ff.) den methodischen Vierschritt zur Begegnung mit dem Item nach Grimmit et al. (1991) auf.

57   Die islamische Kopfbedeckung für Frauen. Darüber hinaus ein kurzer Verweis auf die Wahl des Artikels: Das Wort „Hijab" ist ein arabischer Begriff mit verschiedenen Bedeutungen (Kopftuch, Vorhang, Schirm, Hülle). Eine offiziell einheitliche Artikelverwendung gibt es bislang im Deutschen für das Substantiv nicht. Zumeist lässt sich: „das Hijab" oder „der Hijab" finden. Für die vorliegende Arbeit wird „das Hijab" verwendet.

Samira scheint den Gegenstand offenbar zu kennen. Sicher wendet sie eine Wickeltechnik an und legt das Hijab um den Kopf und die Schultern der Workshopleiterin Daniela, um dieses an ihren Wangen geschickt zu verschließen. Samira geht dabei auffällig behutsam und achtsam mit dem Gegenstand und mit Daniela um. So berührt sie zum Beispiel Daniela beim Umlegen mit ihrer Hand am Rücken.

> (Bis auf Samiras Bruder Salim beobachten alle Anwesenden intensiv die Handlung. Salim faltet währenddessen den Tallit[58] zusammen. Es wird kein Wort gesprochen.) (15 sek.)

Die Handlung wird innerhalb der Lerngruppe mit sehr hoher Aufmerksamkeit verfolgt, so beobachten die Kinder intensiv und führen keine Nebengespräche. Salim, Samiras Bruder ist der einzige, der die Handlung nicht in der selben Intensität verfolgt wie die Mehrheit der anderen Kinder. Woran könnte das liegen? Die Handlung könnte für Salim selbstverständlich sein. Das Hijab ist ihm möglicherweise bekannt, vielleicht sogar vertraut. Vielleicht bleibt seine Aufmerksamkeit auch bei dem Tallit, da er dort Ähnlichkeiten zur islamischen Gebetskleidung entdeckt hat. Schon in der vorherigen Exploration hat Salim den Tallit zunächst für einen islamischen Gebetsteppich gehalten. Da das Hijab ein Gegenstand für Frauen ist, könnte ebenso Desinteresse für ihn darin liegen oder er möchte mit dem Gegenstand nicht in Verbindung gebracht werden, weil er nicht auskunftsfähig ist, weil er nicht möchte, dass eine Verbindung zu ihm gezogen wird. Salims Nichtbeteiligung am Gespräch könnte schließlich auch weniger religionsbezogene Gründe haben, sondern mit seiner Zwillingsschwester zusammenhängen, die zu dem Zeitpunkt im Mittelpunkt des Geschehens und im Mittelpunkt der Aufmerksamkeit der Gruppe steht. Salim faltet den Tallit sehr sorgfältig, konzentriert und aufmerksam zusammen. Es wirkt als lenke er sich damit nicht absichtlich ab.

> **Luna** (lacht), **Lara** (lacht), einzelne der Gruppe lächeln (7 sek.)
> (Malea dreht sich mit ihrem Körper zu Daniela. Juri folgt Malea und verändert seine Sitzposition, um Daniela gegenüber zu sitzen.)

Lachen ist eine Reaktion auf einen vorausgegangenen Impuls und daher Ausdruck unterschiedlichster Gefühlslagen. Lachen kann Verschiedenes ausdrücken: ein Auslachen, Anlachen, ein Lachen, weil man sich schämt oder unsicher, irritiert ist oder weil etwas unbekannt erscheint. In dieser Sequenz ist das Lachen von Luna und Lara ein (Aus-)Lachen, das offenbar als Reaktion

---

58   Der jüdische Gebetsmantel

des Beobachtens einer Veränderung von etwas Bekanntem zu Unbekanntem entsteht. Die Analyse ergibt, dass weniger ein Auslachen, mehr ein Lachen aus einer Irritation heraus als Reaktion auf Unbekanntes vermutet wird, zumindest werden keine Verletzungen verbalisiert und die Atmosphäre unter allen Beteiligten ist freundlich. Unterscheidungen von Lachen und Auslachen sind nicht immer eindeutig voneinander zu trennen bzw. kann demnach Anteile von beidem enthalten. Daniela, die Workshopleiterin, verändert sich optisch dadurch, dass ihre Haare verdeckt werden. Für einige Kinder entsteht dadurch offenbar ein erstes Gefühl, das mittels der Veränderung zu etwas Unbekanntem entsteht. Alle Beteiligten beobachten den Vorgang intensiv. Die hohe Aufmerksamkeit wird unter anderem auch in der Körperhaltung von Malea und Juri ausgedrückt, die Daniela nun besonders nahe sitzen wollen.

> **Malea** Bei den meisten gucken dann keine Haare mehr raus.
> (Sie greift zu dem Hijab und zieht es über Danielas Haaransatz.)

Noch bevor Samira eindeutig die Handlung vollendet hat, kommentiert Malea das Getane und zeigt somit u. a. ein hohes Interesse. Sie hat Daniela intensiv beobachtet, ihren Körper auf sie ausgerichtet und ihre Konzentration daraufgelegt, was sich verändert, wenn Daniela ein Hijab aufzieht. Malea versucht nun offenbar zu verbalisieren, dass beim Tragen eines Hijabs ihrer Erfahrung nach meistens keine Haare mehr sichtbar seien – dies scheint für sie in dem Moment relevant. Sie formuliert ihre Worte dabei sehr höflich. Malea scheint also offenbar Erfahrungen und Vorwissen mitzubringen und mit der Trageweise eines Hijabs mindestens nicht unvertraut zu sein. So bezieht sie sich auf etwas, das sie (*bei den meisten*) muslimischen Frauen, die ein Hijab tragen, bereits gesehen und festgestellt hat. Diesen Vergleich äußert sie nun in der intensiven Begutachtung mit der Art, wie Daniela das Hijab trägt und fühlt sich in ihrer Feststellung bestätigt. Malea differenziert nicht zwischen verschiedenen Tragetechniken des Hijabs und verwendet eine eher generalisierende Aussage (*Bei den meisten*). Hingegen verwendet sie beispielsweise kein Personalpronomen wie *Bei uns*. Dies bietet sprachlich den Hinweis, dass sie ihr (familiäres) Umfeld offenbar nicht miteinschließt. Interessant ist, dass Malea als ein Kind, das keine Religionszugehörigkeit hat, in erstaunlich kurzer Zeit den Impuls zeigt, das Tragen des Hijabs korrigieren zu wollen.

Sie zeigt ein selbstsicheres Auftreten, da sie sogleich dem Gesprochenen eine Handlung folgen lässt und selbst das Hijab an Daniela richtet. Hier ist eine erstaunliche Enttabuisierung zu beobachten: Einerseits, weil das Richten des Hijabs keine Handlung ist, die nicht muslimische Menschen im Alltag gängig beobachten, andererseits, weil sie damit massiv in die Privatsphäre der Workshopleiterin eingreift und diese ihr das gleichzeitig auch gewährt. Dadurch zeigt sich unter anderem eine aufschlussreiche und spannende Rollenverteilung der Workshopleiterinnen und der teilnehmenden Kinder, da erstere (zumindest Daniela) wohl auch eine starke körperliche Nähe zulassen. Malea selbst geht nah an Danielas Gesicht heran. Sie hat offenbar keine Hemmungen oder Barrieren. Die Atmosphäre ist von einer gewissen Offenheit geprägt. So fühlen sich die Kinder frei, ihr Wissen miteinzubringen und dieses ohne Scheu zu teilen. Was machen die anderen Kinder? Ähnlich wie Malea sehen alle sehr offen, interessiert und aktiv beobachtend zu. Lediglich Simon ist noch zwiegespalten, ob Salims Weglegen des Tallits, neben dem er direkt sitzt, oder das Anlegen des Hijabs beobachten möchte.

> (Salim legt den Tallit in die Schatztruhe.)
> Daniela[59] Stimmt
> Ramona (lacht), da gucken noch ein paar Haare raus.

Nun wird es undurchsichtig, denn Daniela bestätigt Maleas Worte (*Stimmt*). Aber worin stimmt Daniela genau zu? Drei Optionen lassen sich finden: 1) Daniela stimmt Malea zu, dass bei den meisten Hijab tragenden Frauen keine Haare mehr herausgucken. 2) Daniela stimmt Malea zu, dass bei ihr noch Haare herausgucken. 3) Daniela stimmt eher aus einer unreflektierten pädagogischen Maßnahme zu. Auch die Workshopleiterin Ramona stimmt Malea und Daniela relativierend zu (*noch ein paar Haare*). Es wird klar, dass in dieser Sequenz viel Nonverbales und Atmosphärisches stattfindet.

> Lara Ja (unv.)
> Ramona (lacht) Ja cool.
> Daniela Weg?
> (Samira überprüft, ob alle Haare weg sind und das Tuch Daniela gut umhüllt. Sie nickt leicht.)
> Nura Ja (unv. Husten)

Ramona lächelt und beobachtet das Vorgehen positiv teilnehmend. Abschließend kommentiert sie bewertend positiv den Gesamteindruck im Jugend- bzw. Studierendenjargon (*Cool*). Das trägt unter anderem dazu bei, dass die Atmosphäre nach wie vor positiv und offen ist und die Kinder ermutigt und unterstützt werden, aktiv teilzunehmen.

---

59   Die Namen der Workshopleiterinnen sind durch einen Unterstrich gekennzeichnet.

Luna (beugt sich vor) Nein (.) Du siehst komisch aus ohne Haare.
Lara, Ramona (lacht)

Warum sagt Luna wohl „Nein"? Worauf bezieht sich das „Nein"? Luna beugt
sich vor, um etwas zu überprüfen und kommt zu diesem Entschluss (*Nein*). Das
„Nein" könnte auf die Frage, ob alle Haare weg sind, verstanden werden. Es ist
jedoch ein vehementes „Nein". Luna verzieht dabei das Gesicht und spricht laut
und deutlich. Ihre Aussage unterstützt sie durch ihre Köpersprache (das Vorbeugen). Die unterschiedlichen Reaktionen auf Bekanntes und Unbekanntes
der Kinder nehmen ihren Lauf. Luna drückt nun ihre Gefühlswelt offen und
mutig aus (*Du siehst komisch aus ohne Haare*). Ihr Eindruck scheint aus etwas
für sie Unbekanntem, Ungewohntem, Unvertrautem zu resultieren und kann
in der Kombination mit ihrem „Nein" durchaus negativ konnotiert sein. Hier
zeigt sich eine erstaunliche Offenheit, die Luna dazu bewegt, ihre Gedanken
auszusprechen. Daniela reagiert darauf nicht unmittelbar, dafür reagieren aber
Lara und die Workshopleiterin Ramona mit Lachen. Die Workshopleiterin
Lena kommentiert Lunas Aussage.

Lena Anders, ne? Ganz anders.

Lena versucht Lunas kommunizierte Wahrnehmung zu relativieren. Sie offeriert ihr ein sprachlich diplomatisches Angebot (*anders, ne?*). Dabei wünscht
sie sich von Luna eine Absicherung und Bestätigung ihrer Aussage über die mit
der Gesprächspartikel endenden Frage (*ne?*). Sie wiederholt ihr diplomatisches
Angebot um das Wort (*anders*) in einem Aussagesatz und verstärkt dies über
die Intensitätspartikel (*Ganz anders*). Das ist Lenas empathisches Angebot
bzw. Versuch, eine sprachlich sensiblere und positivere Formulierung für das
zu finden, was Luna fühlt, um gegen die mögliche Spannung, die Luna in sich
tragen könnte, anzugehen. Lena unterbreitet damit nicht nur ein Angebot der
achtsamen Wortwahl, auch verdeutlicht die Wiederholung eine Relevanz und
Klarheit, die sie hineinlegt.

Daniela Hab ich auch noch nie aufgehabt. Hatte noch nie ein Kopftuch auf.
(Daniela ertastet das Tuch an
ihrem Kopf und guckt anschließend zu Samira.)

Daniela spricht in der Ich-Form. Sie redet über ihre eigenen Erfahrungen und
drückt darin auch ein Stück weit ihr Gefühl von *Anders* aus. Sie bestätigt mit
dieser Aussage das Gefühl des Anders-Seins und verbindet sich mit den vorherigen Aussagen, erkennbar über die Partikel (*auch*). Sie bekennt sich damit

zu denjenigen, denen der Gegenstand in der Exploration unbekannt war. Dies
wird darüber hinaus dadurch unterstützt, dass sie das Hijab selbst ertastet.
Latent wird deutlich, dass es für sie ein unvertrautes und ungewohntes Gefühl
ist ein Hijab zu tragen. Dennoch versucht sie dies nicht zu stark bewerten und
abwerten zu wollen und wählt deshalb auch hier eine empathische Sprache.
Während sie spricht, wirft sie Samira einen Blick zu. Sie möchte offenbar ihre
Erlebniserfahrung mit Samira teilen. Diese hingegen lächelt leicht und weicht
dann dem Blick aus. Fühlt sie sich unwohl?

Spannend ist, dass bis zu diesem Zeitpunkt lediglich über den Vergleich
von Daniela mit und ohne Haare und, dass Danielas Haare abgedeckt worden,
gesprochen wird. Auch ist interessant, dass das Wort „Kopftuch" kaum benutzt
wird. Das erfolgt nun durch Daniela. Sie wählt das Wort *Kopftuch*.

> **Malea** (Malea berührt Daniela leicht am Arm.) Guck dich mal im Spiegel an.
> (Zeigt zu einem Spiegel.)
> <u>Daniela</u> Ja

Malea hat bisher die Situation maßgeblich aktiv mitgestaltet. Sie gehört zu vermeintlich den Mädchen, denen der Gegenstand bekannt war. Sie zeigt einen
Perspektivenwechsel hinsichtlich Daniela und bietet ihr an, das Ungewohnte
nun selbst sehen zu können. So kann nun auch Daniela selbst überprüfen,
wie sie aussieht und ob das Hijab nun richtig sitzt. Malea zeigt proaktives Verhalten und verstärkt mit ihrem Perspektivenwechsel den Eindruck, dass sie
sich auskennt. Daniela stimmt dem zu und folgt erneut dem Vorschlag von
Malea. So wird auch hier der lockere Umgang zwischen Kindern und Workshopleiterinnen wieder deutlich.

> **Luna** Mit Haaren siehst du irgendwie besser aus.
> (einige Kinder und Workshopleiterinnen lachen)

Luna wählt ihre Worte bestimmend. Interessant ist: Weiterhin bleiben ausschließlich die Haare Gegenstand des Gesprächs, nicht das Hijab. Ist es schwierig, das Hijab an-, bzw. Worte für selbiges auszusprechen? Die Haare sind
offenbar für die Kinder das Gewohntere. Durch ihre Formulierung eröffnet Luna
einen Vergleich zwischen „Daniela mit" und „Daniela ohne Haare" anhand der
Fragen, was besser aussehe bzw. was komisch aussehe. Sie kommuniziert hier
deutlich aus einem Fremdheitsgefühl heraus und hat ein deutliches Bedürfnis,
dies kundzutun. Diese affektiv-emotionale Äußerung von Luna ist eine echte
pädagogische Chance und Aufforderung an die Workshopleiterinnen, um interreligiöse Kompetenzen wie offenes Kommunizieren auch von Unbekanntem,

achtsame Wahrnehmung und Ich-Aussagen bei den Kindern zu fördern. Sehr positiv ist dabei hervorzuheben, dass eine Lernatmosphäre gestaltet wurde, die genau für diese Offenheit und diesen Mut Raum schafft. Spricht sie dabei das aus, was auch die anderen Kinder ebenso fühlen oder ist sie mit dieser emotionalen Erfahrung für sich? Während der Sequenz zeigt Luna zumindest sowohl verbal als auch nonverbal das auffälligste Verhalten, sowohl durch die inhaltliche Qualität ihrer Redebeiträge als auch ihrer Körpersprache. Aus einem in der Gruppe wahrnehmbaren Spannungsgefühl heraus äußert Luna ein deutliches Mitteilungsbedürfnis, welches die Workshopleiterinnen – auch in Anbetracht der kurzen Zeit – vor Herausforderungen zu stellen scheint. Sie wissen nicht, wie sie pädagogisch angemessen auf Luna reagieren können und ob bzw. wie viel Raum sie dem atmosphärisch Spürbarem auch aus professioneller Perspektive geben sollten. Als Reaktion wird daher verhalten gelacht und Daniela stimmt Luna erneut bestätigend zu.

Das zunehmende Spannungsgefühl resultiert letztlich daraus, dass einigen Kindern das Hijab vertraut und anderen Kindern unvertraut ist. Im Folgenden entwickelt sich somit eine Interaktion, welche Ambiguitäten aufzeigt, in denen einige Kinder, insbesondere Luna eine abgeneigte Haltung entwickeln. Dieses Spannungsgefühl ist zunehmend spürbar in den gruppendynamischen Prozessen.

> **Daniela** Da habe ich aber Glück gehabt. (lacht) (Daniela steht auf, geht zu dem Spiegel und guckt in diesen.)
> **Luna, Lara** (lachen)

Aus welchem Grund hat Daniela Glück gehabt? Andersherum gefragt: Was wäre das Unglück? Sie geht lachend auf das vermeintliche Kompliment ein (*Mit Haaren siehst du irgendwie besser* aus). Eine harmonisierende Antwort, um die Spannung aufzulockern, die Daniela aus einer authentischen und ehrlichen Haltung in der Ich-Form heraus kommuniziert, denn für sie ist es ungewohnt ein Hijab zu tragen. Gleichzeitig verstärkt sie damit sicherlich ungewollt in ihrer Rolle als Workshopleiterin eine Abgrenzung gegen das Kopftuchtragen. Die betont entspannt und lustig gemeinte Aussage Danielas ist eine natürliche Spontanreaktion auf die ernsthafte Aussage von Luna. Stets in ihrer empathischen Haltung bleibend, versucht Daniela offenbar – vermutlich unbewusst – darüber der von ihr möglicherweise wahrgenommenen Spannung in der Gruppe entgegenzuwirken. Gleichzeitig vertieft sie Lunas Aussage nicht, stellt keine Nachfragen, thematisiert nicht die Interaktion, welche deutliche Ambiguitäten aufweist. Eine vertane Chance, diese Spannung sichtbar zu machen und zu thematisieren! Zugleich zeugt es von hoher Qualität des

Workshops, dass sich diese Spannungen erst einmal zeigen dürfen. Es ist von höchster Relevanz, diesen geschützten Raum zu bekommen, um Gegenstände auszuprobieren und Spannungen oder allgemeiner, Emotionen erleben zu dürfen.

Das Kopftuchtragen gleicht nun mehr einem spielerischen Anprobieren, wie weltlich verglichen z. B. einem Anprobieren von Brillen im Laden oder einem Verkleiden, denn die inhaltliche Tiefe, die (religiösen und kulturellen) Bedeutungen des getragenen Items, wird nicht thematisiert. Offenbar steht das praktische Anprobieren und das Überprüfen des äußerlichen Erscheinungsbildes im Spiegel im Fokus.

> **Daniela** Ungewohnt. Könnt ihr ja auch alle mal. Vielleicht kann die Samira euch nachher auch nochmal (umbinden? unv.). (Daniela setzt sich zurück in den Sitzkreis.)
> **Luna** Ne (Luna schüttelt leicht den Kopf und rückt mit ihrem Körper leicht zurück.)
> **Lara, Malea** Ne

Ihre eigene Wahrnehmung drückt Daniela gewohnt empathisch, achtsam, diplomatisch über das Adjektiv (*Ungewohnt*[60]) aus, womit sie zum einen die Spannung zwischen Unbekanntem und Bekanntem bestätigt und zum anderen ausdrückt, dass das Tragen des Hijabs für sie aus ihrem persönlichen Erleben heraus ungewohnt ist. Sie kommuniziert somit weiterhin wenig wertend. Sie spricht aus einer Haltung, vielleicht sogar einer eigenen Spannung heraus, in der sie sich ungewohnt wahrnimmt. Sie erlebt das Unbekannte und spricht schließlich in ihrer Rolle als Workshopleiterin, in der sie auch eine Vorbildfunktion innehat, eine offene Einladung aus, das Hijab selbst einmal anzulegen. Sie motiviert und ermutigt zum Ausprobieren, obwohl oder gerade wegen der erlebten Ambiguität. Sie möchte Offenheit bestärken, dass das Hijab wirklich ausprobiert werden darf.

Daniela selbst geht somit aktiv gegen die Spannungen vor und spricht eine Einladung zum eigenen Erleben an alle aus (*Könnt ihr ja auch alle mal*). Damit richtet sie sich an alle, auch an die Jungen, die bisher keinen Redeanteil besitzen und, bis auf Juri, keine besonders auffälligen Reaktionen zeigen. Fühlen sie sich vom Geschehen nicht angesprochen? Es wird nirgends thematisiert, dass das Hijab eine Kopfbedeckung für weibliche Personen ist.

Anzuerkennen ist, dass Daniela ihre Gefühlswelt (*Ungewohnt*) äußert. Sie gibt damit einen ganz authentischen Einblick in ihre Gefühlshaltung, die nun

---

60 Das Adjektiv „ungewohnt" kann in diesem Kontext vielfältig interpretiert werden. An dieser Stelle einige mögliche Bedeutungen: neu, anders, nicht gewohnt, nicht vertraut (...).

einmal eben ungewohnt ist und sein darf. Auch in ihrer Rolle als Workshop-leiterin zeigt sie sich damit in hohem Maße authentisch und ehrlich. Sie zeigt damit, dass es eine nachvollziehbare Reaktion auf Unbekanntes sein kann und dass es natürlich ist, Spannungen zu erleben, wenn man etwas Ungewohntes trägt und sich dadurch optisch verändert, vielleicht sogar unbekannter wird und trotzdem die Offenheit nicht verliert, explorativ zu bleiben.

Mit dem folgenden Satz (*Vielleicht kann die Samira euch nachher auch noch-mal*) umbinden, spricht Daniela im Prinzip verstärkt eine unverbindliche Ein-ladung an alle aus, Samiras Kompetenz beim Anlegen eines Hijabs zu nutzen. Samira wird in diesem Moment eine neue Rolle zugetragen, ohne sie nach ihrem Einverständnis zu fragen. Sie wird als Expertin dargestellt, die das Hijab professionell umbinden kann. Anzuerkennen ist, dass Samira recht höflich und vorsichtig von Daniela eingeladen wird über das (*Vielleicht*). Es wird nicht ersichtlich, wie Samira ihre neue Rolle aufnimmt, die ihr zugetragen wird. Sie antwortet etwa nicht direkt positiv zustimmend. Ganz im Gegenteil, und das ist sehr spannend, wird sichtbar, dass sie bisher noch keinen Redebeitrag zur Diskussion beigetragen hat.

Luna und Lara verneinen sehr kurz mit einem umgangssprachlichen (*Ne*), Luna unterstützt ihre Aussagen, indem sie sich mit ihrem Körper leicht zurück-bewegt. Diese Bewegung kann insofern gedeutet werden, als dass Luna von dem Hijab Distanz bewahren möchte.

Auch Malea, die zunächst eher bekannt, neugierig und positiv mit dem Hijab wirkte, lehnt Danielas Angebot ab. Woran kann es liegen? Ist für sie nicht ergründlich, warum sie das Hijab tragen bzw. ausprobieren sollte? Hat sie es schon getragen und muss es deshalb nicht nochmal ausprobieren? Hat sie die Spannungen der anderen Kinder wahrgenommen und entscheidet aus einer gruppendynamischen Mehrheitsentscheidung heraus? Es ist schwierig und so nicht ersichtlich, welche Motivationen Malea zu ihrer Verneinung bewegen. Klar ist, dass Bedeutung, Inhalt und Funktion des Gegenstands unbestimmt bleiben. Die Studentinnen geben den Kindern keine religionskundlichen Informationen zum Hijab. Ebenso hat bisher noch kein Kind anhand des Hijabs begonnen, aus dem eigenen religiösen Erleben/Alltag zu erzählen, womit auch der authentische lebensweltliche Bezug, durch den die Kinder mit dem berichtenden Kind mitfühlen und mitdenken können, ausgeblieben ist. Es bleibt viel Unwissenheit, viel Imagination in den Kindern. So kann nur ver-mutet werden, wie viel Vorwissen unter ihnen vorhanden ist. Und aus dieser Gesprächssituation heraus ist es nachvollziehbar, dass den Kindern aus Über-forderung und Unwissen, aus Unsicherheit und fehlender Aufklärung unklar bleibt, warum sie das Hijab nun eigentlich spielerisch tragen sollten.

(Samira legt Daniela das Tuch wieder ab. Alle Anwesenden beobachten die Handlung und sprechen dabei nicht.) (8 Sek.)
Luna Jetzt siehst du wieder besser aus.
(Samira wirft das Tuch zurück in die Schatztruhe. Ramona nimmt das Tuch wieder heraus und legt es zusammen.)
Lara Du siehst jetzt so (sie imitiert mit beiden Händen eine wellenförmige, lange Haarkontur) anders aus
Daniela (lächelt)
Ramona (legt das Tuch zurück in die Schatztruhe.) Die Schatztruhe ist wieder eingepackt.
Lara super
Ramona So. (..) Dann.

Es verhärtet sich der Eindruck, dass Daniela mit sichtbaren Haaren im Vergleich zu (mit dem Hijab) bedeckten Haaren zunehmend bewertet wird, allerdings ausschließlich von Luna und Lara (*Jetzt siehst du wieder besser aus*), (*Du siehst jetzt so anders aus*). Im Sinne von: (*Jetzt*) nachdem es abgenommen wurde, siehst du (*wieder*) (der alte Zustand ist zurückgekehrt), (*besser*) (wertend) aus. Luna lässt nicht locker und bringt ihre Haltung immer wieder, nun zum dritten Mal, zum Ausdruck. Im Laufe des Gespräches scheint sich ihre Haltung verstärkt zu haben. Sie fühlt sich bestätigt in ihrem Denken. Lara formuliert deutlich vorsichtiger, in dem sie das Adverb (*Anders*) verwendet. Lara und Luna, die beide nebeneinandersitzen, reagieren verhältnismäßig häufig gegenseitig auf ihre Handlungen. Sie lachen zu ähnlichen Zeitpunkten, sie gestalten und dominieren das Gespräch. Das stärkt sich im gruppendynamischen Prozess gegenseitig.

Samira, die zu Beginn das Kopftuch Daniela sehr vorsichtig angelegt hat und die sich an dem Gespräch verbal nicht beteiligt, wirft dies nun unachtsam zurück in die Schatztruhe. Was ist passiert? Offenbar hat die Handlung Auswirkungen auf ihre Motivation. Die Spannung führt zu einer Veränderung der Dynamik. Die Workshopleiterin Ramona nimmt das Hijab wieder heraus und faltet es zusammen.

Samira hat sich offenbar mit dem Hijab identifiziert, Gründe dafür können verschiedene sein: Besteht ein religiöser emotional bedeutsamer Bezug zum Alltag und/oder wollte sie aus gruppendynamischer Sicht Anerkennung über den Gegenstand erhalten? Ihr Handeln (das Anlegen und Abnehmen des Hijabs) wird jedenfalls nicht ausreichend wertgeschätzt. Sie wurde darin nicht bestätigt. Auch wird sie von den Studierenden nicht etwa eingeladen, einen Redebeitrag und somit eventuell vorhandenes Vorwissen beizusteuern. Es wird nicht gefragt: „Warum hast du es ausgesucht? Welche Erfahrungen hast du? Erzähl uns doch mal." In diesem Gespräch sind es die christlichen bzw.

nicht religiösen und weiblichen Kinder, die dominieren. Auch Salim und die anderen Jungen beteiligen sich am Gespräch nicht. Es bleibt offen, woran dies liegen könnte.

Interessanterweise wird nun eine ähnliche Begriffsverwendung des Wortes (*einpacken*) genutzt, um zu beschreiben, dass etwas verdeckt und verschlossen wird. Wurden zunächst die Haare eingepackt, so ist es nun die Schatztruhe.

Fördert die gezeigte Sequenz nun Vorurteile und stereotypisches Denken von Luna oder von Samira? Zunächst ist es eine Chance, dass sie wie die anderen Kinder auch an dieser Erkundung des Hijabs teilnehmen und den Gegenstand soweit selbst ausprobieren durfte, wie sie wollte. Das ist grundsätzlich wertvoll für weitere interreligiöse Begegnungen. Die Erkundung des Hijabs ereignet sich in einem positiven, offenen, angenehmen Lernsetting: Daniela, z. B. verbalisiert empathisch ein für sie persönlich (Ich-Perspektive) unbekanntes Gefühl mit dem Gegenstand heraus, wertet dies aber nicht zu stark. Sie kommuniziert sehr empathisch. In ihrer Rolle als Workshopleiterin ermutigt sie zum Ausprobieren.

Bemerkenswert ist an der Sequenz, dass das Hijab enttabuisiert und ein Raum geschaffen wurde, in dem offen über den Gegenstand und seine Wirkung gesprochen werden kann. Lunas emotionale Haltung und die Ambiguität innerhalb der Gesprächsdynamik hervorgerufen am Thema des Hijabs bleibt dann dennoch offen. Die religiöse Bedeutung des Gegenstandes wird auch nicht eingebracht und erschlossen. Es ist eine Schwierigkeit und vertane Lernchance hinsichtlich religionskundlicher Informationen sowie weiterer interreligiöser Kompetenzen, dass letztlich das Ende des Workshops mit der Assoziation und Erkenntnis zum Hijab „Man ist nicht schön mit Kopftuch" beendet wird.

8.4.2.3   Abschließende Thesen der Gesprächsfeinanalyse I

a) *Eine Dichotomie von Bekanntem und Unbekanntem wird bei der Begegnung mit dem Hijab in der religiös gemischten Lerngruppe erfahren, teils sprachlich verbalisiert, nicht jedoch religionskundlich erschlossen.*

Der von Samira in dieser Sequenz ausgewählte religiös-kulturelle Gegenstand, das Hijab, wird in der Lerngruppe als bekannt und unbekannt erfahren. Das erzeugt ein Spannungsfeld unter den Lernenden. Diese Differenz wahrzunehmen und professionell anzugehen, ist für anleitende Lehrende und Lernende sowohl eine echte Herausforderung als auch zugleich echte Chance für Lehrende und Lernende in interreligiösen Begegnungsprozessen. Dafür benötigt es interreligiöse Lehrprofessionalisierung.

b) In dieser Sequenz zeigt sich die Dichotomie von Bekanntem und Unbekanntem als
Spannungsfeld und als Indiz struktureller Machtverhältnisse besonders deutlich
unter den Mädchen.

Das Spannungsfeld macht sich zwischen den Mädchen auf, denen das Hijab
vertraut ist und den Mädchen, denen das Hijab weniger vertraut ist. Die
Sequenz enthüllt dahingehend einen unterschiedlichen Redeanteil unter
den Kindern: Zwei Mädchen, Luna und Lara, (denen der ausgewählte Gegenstand, das Hijab, unbekannt ist) und Malea, die anfänglich aktiv ist und sich im
Laufe des Gespräches jedoch zurückzieht, dominieren das Gespräch im Laufe
der Sequenz immer stärker. Samira hingegen, die das Hijab ausgewählt und
an der Workshopleiterin Daniela demonstriert hat, besitzt in der gesamten
Sequenz keinen Redeanteil. Ist sie zunächst mit hoher Motivation gestartet,
so entwickelt sie im Kennenlernen des Gegenstandes zunehmend eine frus-
trierte, auch irritierte Haltung. Die Analyse ergibt, dass sich Samira vermutlich besser mit dem Gegenstand auskennt als die Workshopleiterin Daniela.
Samira könnte den ausgewählten Gegenstand stolz präsentieren und das tut
sie zu Beginn auch, aber auf eine sehr zurückhaltende Weise. Religionskundliche Informationen kommen nicht zur Sprache. Es ist höchst interessant,
dass sie sich als Akteurin, die den Gegenstand auswählte, relativ im Hintergrund der Kommunikation hält. Insbesondere gegen Ende der Stunde ist
sie im Gesprächsraum fast nicht sichtbar. Dies könnte daran liegen, dass sie
ein eher schüchternes Kind ist. Ein Zusammenhang könnte jedoch auch mit
strukturellen Machtformen innerhalb der Gruppendynamik zu deuten sein.
Samira ist sich vermutlich bewusst, dass sie, als muslimisches Mädchen Teil
einer religionsbezogenen Minorität ist und sich zum einen in einer Minoritätssituation in der Gesellschaft, zum anderen in einer Minoritätssituation
in dieser Gruppe bewegt. Luna hingegen, Rednerin aus der Mehrheitsgesell-
schaft, hat einen hohen Redeanteil. Sie nimmt den Sprachraum für sich ein
und möchte ihre Erfahrungen kundtun. Gemessen an den Redebeiträgen und
der daraus resultierenden Dynamik des Gespräches gewinnen die, denen der
Gegenstand eher unbekannt ist.

Durchaus positiv ist hier zu markieren, dass die Kinder, insbesondere Luna,
viel Raum erhalten, sich mitteilen zu dürfen. Zu berücksichtigen ist dabei, dass
die Sequenz in einer Stadt im ländlichen Raum stattfindet, in der es religionsbezogene Majoritäts- und Minoritätsstrukturen gibt. Das zeigt sichtbare Auswirkungen in dem Verhalten der Kinder. Dies erfordert eine ausgesprochen
anspruchsvolle Kompetenz der Lehrenden in interreligiösen Lernprozessen,
nämlich differenz-, und machtsensibel zu sein.[61]

---

61   Bezüge können hier auch im entfernteren Sinne zu gesellschaftlichen Othering-Ord-
     nungen wie bei Janosch Freuding beschrieben, hergestellt werden. Vgl. Freuding (2022),
     S. 341

c) *Aufgrund der deutlich hervorstechenden unterschiedlichen Beteiligungen in der geschlechtsparitätischen Lerngruppe ist eine geschlechtersensible Betrachtung und Intervention in entsprechenden Lernsituationen wichtig und von den Lehrenden mit zu berücksichtigen.*

Vier Jungen und vier Mädchen nehmen an dem Workshop teil, welchen sechs Workshopleiterinnen gestalten. Vor dem Hintergrund dieser bei den Schüler:innen geschlechtsparitäischen Gruppenkonstellation ist es bemerkenswert, dass die Jungen gar nichts sagen. Hat die starke weibliche Dominanz bei den Workshopleiterinnen hierauf Einfluss? Dennoch scheinen die Jungen sehr interessiert zu sein: Aufschluss darauf geben Körperhaltung und Mimik (Juri positioniert sich neu, um näher an Daniela zu sein, Salim lächelt währenddessen er aufmerksam die Handlung beobachtet und nachdem er den Tallit zusammengefaltet und zurück in die Schatztruhe gelegt hat). Die Jungen zeigen sich in dieser Sequenz eher still und zurückhaltend und haben keinen Redeanteil. Gründe für die verhaltene Teilnahme lassen sich nicht eindeutig bestimmen: Der Gegenstand (Kopftuch) kann geschlechterspezifisch vorstrukturiert sein. So könnte ein Grund im geschlechterspezifischen Gegenstand selbst liegen: Das Hijab ist ein Gegenstand, den ausschließlich Frauen tragen. Die Stille der Jungen muss allerdings nicht zwangsläufig mit dem Gegenstand zu tun haben. Ein anderer Grund könnte darin liegen, dass die analysierte Sequenz ausschließlich von zwei Frauen angeleitet wird, somit kann auch das Geschlecht und der damit verbundene Lehrstil der Lehrenden zur Ruhe der Jungen führen. Genauso könnten aber schlichtweg Interesse, Konzentration, o.Ä. der Jungen selbst ausschlaggebend sein. Die Jungen sind auf jeden Fall die Nicht-Aktiven dieser Sequenz. Es scheint weniger relevant zu sein, ob der Gegenstand den Jungen nun bekannt oder unbekannt ist, denn diese Tatsache wirkt sich nicht auf die Aktivität aus. Letztlich ist aber nicht zu wissen, ob ihnen der Gegenstand eher vertraut oder unvertraut ist. Bei den Mädchen entgegen ruft die Dichotomie aus Bekanntem und Unbekannten, wie bereits erwähnt, ein anderes, deutlich aktivierendes Verhalten hervor. So ergibt die Analyse eine deutlich stärkere Redebeteiligung von den Mädchen als den Jungen, auch wenn unterhalb der Mädchen selbst Unterschiede wahrzunehmen sind. Die Wahrnehmung, dass die Jungen nicht teilnehmen, ist relevant und hätte von den Workshopleiterinnen erkannt werden sollen.

Daher ist eine geschlechtersensible Perspektive und Kompetenz von den Lehrenden miteinzubringen, wenn der Gegenstand ausgewählt wird. Gesprächsanlässe und Impulse, einen Gegenstand geschlechtssensibel zu integrieren, sollten im Vorfeld bedacht werden. Es benötigt die Kompetenz, geschlechtersensible Lernatmosphären zu gestalten.

d) Situationen oder Gesprächsdynamiken des Ambiguitätserlebens, insbesondere Aussagen aus ambigen Gefühlen sind in entsprechenden Lernsituationen zu schützen, zu unterstützen und als interreligiöses Lernpotential zu nutzen.

Spannungen bzw. Irritationen werden in der Sequenz offenbar sowohl von einzelnen Kindern als auch von einzelnen Workshopleiterinnen erlebt. Indiz dafür bietet insbesondere das Lachen, welches als Reaktion und Verarbeitung ambiger Gefühle gedeutet werden kann. Darüber hinaus werden sogar diese Spannungen von einzelnen Kindern selbst offen kommuniziert. Das deutet auf eine vertrauensvolle Lernatmosphäre hin, welche viel Potential zur Auseinandersetzung mit ambigen Gefühlen bietet. Die Workshopleiterinnen lassen diese Chance des Ambiguitätserlebens offen. Luna, die sich konstant mit ihrer spannungsreichen Gefühlshaltung in dem Gespräch zeigt, wird dahingehend nicht von den Leitenden unterstützt, auf ihre Anmerkungen wird nicht eingegangen. Vielleicht wird Luna sogar zunächst überhaupt nicht in ihren Gefühlen wahrgenommen und verstanden. Hier wäre eine Chance vertiefender Lernprozesse Raum zu geben. Denn in der Erkundung am Gegenstand können Empathie und Ambiguitäten zu erleben und zu verbalisieren gestärkt werden. So zeigt sich, welche Ambiguitätsmomente durch das Thema „Hijab" in der Gesprächsdynamik erzeugt werden können. Dies wird insbesondere an Lunas ambigen Gefühlen deutlich (sie lacht, verbalisiert dann eine abgeneigte Haltung und lacht dann wieder), welche zwar erlebt und sogar kommuniziert, jedoch nicht professionell reflektiert werden. Dabei offerieren diese Anlässe eine große Chance interreligiöse Lernprozesse zu aktivieren. Es sei daher zu überlegen, ob zeitliche und inhaltliche Ressourcen in der Vorbereitungsphase von der Lehrperson mitgedacht und eingeplant werden.

Luna wird nicht darin unterstützt ihre Gefühle zu verbalisieren und damit auch einer weiteren reflektierenden Bearbeitung zugänglich zu machen. Zum einen gelingt es den studentischen Lehrenden sehr gut, im Kontakt mit den Kindern in einen Lernprozess zu treten, der von Offenheit und Akzeptanz, von Empathie und Wertschätzung geprägt ist. Zum anderen lassen sich im fortgeschrittenen Gespräch jedoch vertane Lehrchancen markieren, die sich vertiefen lassen könnten, insbesondere hinsichtlich der religionskundlichen Fundierung des Gegenstandes.

e) Die Erkundung des Gegenstandes kann gelingende interreligiöse Lernprozesse bewirken, wenn die Vorauswahl eines religiös-kulturellen Gegenstandes an einem Lernziel und einer Lerngruppe orientiert ist und die Relevanz und Auswahl des Gegenstandes differenziert vorbereitet wird.

Die Workshopleiterin Daniela kommuniziert empathisch, behutsam, vorsichtig und einladend in den Interaktionen mit den Kindern und versucht darüber, etwaigen Spannungen entgegenzuwirken. Allerdings versäumt sie, die Bedeutung und Inhalt des Gegenstands zu thematisieren.

Bei der Vorauswahl geeigneter religiös-kultureller Gegenstände sollten Chancen und Herausforderungen gleichermaßen bedacht sein, die sich in der Erkundung mit den Lernenden ereignen können. So gibt es Gegenstände, die gesellschaftlich mehr oder weniger polarisieren. Das Hijab gehört nach wie vor zu den Gegenständen, die gesellschaftlich mehr polarisieren können. Dessen sollten sich die Lehrenden unbedingt bewusst sein; sie sollten daher den Gegenstand empathisch und fachkundlich kontextualisieren und gegebenenfalls auf etwaige Fremd- oder Angstgefühle interreligiös kompetent reagieren. Die Analyse der Sequenz zeigt, dass diese Vorausschau hier nicht erfolgte. Es gelingt, irritierende Gefühle zu erleben und zu kommunizieren, allerdings werden diese nicht pädagogisch und fachlich aufgefangen. Anlässe von Perspektivenwechsel und Empathie könnten an dieser Stelle hilfreich sein, um ambige Gefühle aufzuarbeiten.

f) *Eine gelingende Exploration des Gegenstands geschieht nicht ausschließlich über eine Schüler:innenorientierung, sondern muss auch eine religionskundliche Fundierung sichern und beides geschickt zu verzahnen wissen. Die Sequenz zeigt dahingehend eine vertane Lehr- und Lernchance.*

Das Gespräch zeigt eine hohe Aufmerksamkeit und Intensität in der Gruppe und eine ernsthafte, respektvolle Exploration des Gegenstands trotz des Lachens. Das ist ein Ausdruck hoher Qualität des Miteinanders und verdeutlicht das enorme Potential für gelingende interreligiöse Begegnungs- und Lernprozesse auf methodischer Ebene mittels des Gegenstands, welche ein nachhaltiges Lernen unterstützen können. Es wird sich zu keinem Zeitpunkt über das Hijab lustig gemacht. Es ist ein Prozess des sich Annäherns und Ausprobierens von Fremdem, Ungewohntem, Unbekannterem und Bekannterem.

Die offene Art der Exploration des Gegenstands stellt etwas Besonderes in der Sequenz dar. Sie ist in reiner Form ein schülerorientierter, vom Kinde gestalteter Lernprozess, der insbesondere unter Berücksichtigung motivationaler Bedingungen von hoher Relevanz ist. Die Gesprächssituation zeigt gleichzeitig jedoch, dass die Gruppendynamik religionskundliches Wissen benötigt, um den Gegenstand zu verstehen und die eigenen damit verbundenen (ambigen) Erlebensformen (z. B. das Lachen) einordnen zu können. Religionskundliches Wissen verhilft insbesondere auf der kognitiven Ebene dazu, Perspektiven zu wechseln. Auch das ist letztlich im Sinne einer schüler:innenorientierten Arbeit essentiell. In dieser Sequenz wurde jedoch das religionskundliche Wissen inkorrekt bzw. zu wenig von den Lehrenden in die Lerngruppe eingebracht, sodass keine Wissensgrundlage entstehen konnte.

g) In dem analysierten Unterrichtsgespräch zeigen sich besondere Potentiale für interreligiöse Lernprozesse, die auch auf der religös gemischt zusammengesetzten Lerngruppe gründen.

Die Analyse zeigt die bemerkenswerte Lernatmosphäre in der Gruppe und darüber hinaus insbesondere das Potential der Kinder, Perspektiven zu wechseln und ambige Situationen zu erleben. Diese Lernchance liegt auch in der religiös gemischten Lerngruppe begründet, welche bisher zumeist als ungenutzte Ressource an Bildungsorten wie der Schule unentdeckt und ungenutzt bleibt. Eine interreligiös kompetente Lehrperson, die zudem macht-, geschlechterspezifisch- und differenzsensibel unterrichtet, kann grundlegend dazu beitragen, interreligiöse Lernprozesse (Entwicklung einer positiven Grundhaltung, Verbalisieren von Gefühlen, Enttabuisierung von religiösen Gegenständen, Ausprobieren …) bei den Kindern anzuregen. Bereits in der Sequenz wurde erkennbar, dass die empathische Grundhaltung der Workshopleiterinnen positive Auswirkungen auf die Lernatmosphäre hat.

h) These zum konkreten Lerngewinn dieser Gesprächssequenz
Der subjektorientierte Ansatz in der Entdeckung des Gegenstandes wurde durch die offene Lernatmosphäre unterstützt, zu der auch das bewusst gewählte angenehme Lernarrangement zählt. Beides kann empathische Haltungen auf verschiedenen Ebenen unterstützten. Das fehlende Kontextwissen kann dazu beitragen, dass Perspektivenwechsel erschwert werden, um kognitive Verknüpfungen ziehen zu können.

Die Kinder haben den ausgewählten Gegenstand, das Hijab, (besser) kennengelernt. Sie haben Handlungswissen erworben, wie man das Hijab anzieht. Dabei durften alle Kinder frei ausprobieren und offen Fragen stellen, der Umgang mit dem Hijab wurde enttabuisiert. Sie waren frei darin, das Hijab aus der Schatztruhe herauszuholen, zu entdecken, anzuprobieren. Die Analyse zeigt, dass unter den Kindern vereinzelt eine Vertrautheit im Umgang miteinander und mit dem Hijab herrschte. Dazu beigetragen hat auch die Raumgestaltung. Die Kinder saßen mit den Lehrenden gemeinsam auf Decken und Kissen egalitär in einem Sitzkreis. Bewusst wurde von den Lehrenden nicht zuletzt mithilfe der Decken und der Kissen eine wohlige Raumatmosphäre intendiert, welche wiederum eine empathische Begegnung untereinander unterstützen konnte.

Allerdings haben die Kinder keine religions- oder weiteren fachkundlichen Informationen kennengelernt. Der Gegenstand wurde unzureichend, fast schon falsch kontextualisiert (inhaltliche Erkenntnis der Kinder könnte sein: Ein Hijab wird getragen, um die Haare zu verdecken – ästhetischer Grund überwiegt der religiösen und individuellen Begründung). Wertvolle authentische Erfahrungsberichte, die womöglich mit dem Hijab bereits erlebt wurden und Anlässe zur Empathie bzw. zum Perspektivenwechsel hätten ermöglichen können, blieben aus. Deutlich wurde das Gespräch in dieser Sequenz von den Kindern gestaltet und zwar insbesondere von den Kindern, denen das Hijab weniger bekannt war. Das hatte Auswirkungen auf die Gruppendynamik auf sozialer und gesellschaftlich-struktureller Ebene. Die empathische Kommunikation der Workshopleiterinnen ist dennoch deutlich positiv hervorzuheben.

Wie lassen sich Empathie und Perspektivenwechsel durch interreligiöse Begegnungen bei Kindern im Primarbereich in dieser Sequenz fördern?

i) Empathie

Eine sensible und empathische Sprechweise, wie sie beispielsweise Daniela zeigt, kann dazu beitragen, die Kinder zu motivieren, aktiv am Geschehen teilzunehmen. Der offene Raum der Begegnung ermöglicht den einzelnen Kindern durch die Arbeit am Gegenstand, hier dem Hijab, sowie durch die daraus entstehenden Interaktionen mit den anderen Kindern und Workshopleiterinnen, ihre Fähigkeiten hinsichtlich einer Haltung der Empathie zu fördern. Die Sequenz hat diesbezüglich vielfältige Situationen gezeigt (Ambiguitätserleben innerhalb der Gesprächsdynamik in der Gruppe, Lunas negative Haltung, Samiras Erfahrungen in dem Anlegen eines Hijabs etc.). Es sind Situationen, die immer wieder herausfordern, Empathie und Perspektivenwechsel zu zeigen.

Darüber hinaus sind strukturelle Bedingungen präventiv zu treffen, die eine Förderung von Empathie und Perspektivenwechsel unterstützen können. Der Lernraum ist, wie in der Sequenz zu sehen, mit Decken und Kissen im Sitzkreis ausgelegt, sodass alle auf *Augenhöhe* sitzen und die Kinder dadurch alle Möglichkeiten haben, ihre erlebten Affekte auch durch die Körperhaltung unterstützt auszuleben (z. B. Juri, der durch sein großes Interesse die Handlung vollzieht, seine Sitzposition zu verändern). So sollten Lernatmosphären frei von Angst sein, Lehrpersonen interreligiöse Kompetenzen vorweisen und didaktische und methodische Vorentscheidungen, wie u. a. das Zeugnislernen, bewusst gewählt werden.

Zudem können auch sozio-emotionale Erlebensformen wie ambige Gefühle der Kinder als Lernanlass genutzt werden, um neue Perspektiven einzunehmen und sich in das Gegenüber hinein zu fühlen. Empathie kann in solchen Lernanlässen aktiv genutzt werden, um interreligiöse Begegnungsprozesse unter den Kindern zu stärken.

j) Perspektivenwechsel

Es ist davon auszugehen, dass Perspektiven zu wechseln leichter gelingt, wenn Wissen vorhanden ist. Dafür benötigt es eine, der Lerngruppe angepasste, religionskundliche Fundierung, die eine sorgfältige Vorbereitung der Lehrperson erfordert. Fragen wie etwa: „Wie wird der Gegenstand benutzt, welche Relevanz hat er für die Religionsgemeinschaft, gibt es individuelle Umgangsformen?" können thematisiert werden, um diese dann mit der Lebenswelt der Schüler:innen in Bezug zu setzen. Somit wird deutlich, dass der Zwei-Schritt aus 1) religionskundlicher differenzierter Fundierung und 2) lebensweltlichem Bezug der Schüler:innen dabei essentiell ist. Die Thesen resümierten, dass ein rein schülerorientierter Zugang ohne religionskundliche Fundierung an Potential einspart, womöglich auch hinsichtlich der Angebote von Perspektivenwechsel und definitiv an fachkundlicher Korrektheit. Dialogischen Momente, die die Methode ermöglicht und wodurch einzelne authentische Berichte in der Lerngruppe geteilt werden können, sind hingegen zu stärken und können Angebote darstellen, Perspektiven zu wechseln.

8.4.3   Gesprächsfeinanalyse II „In der Moschee, da gibt's die"
Der Aufbau und die Durchführung ist bei beiden Sequenzen identisch und erfolgt nach folgendem Dreischritt: 1) Kontextbeschreibung als Einleitung in die Sequenz 2) Durchführung der semantisch-syntaktischen Gesprächsfeinanalyse und 3) die Formulierung abschließender Thesen der Gesprächsfeinanalyse.

8.4.3.1   Kontext der Sequenz
Die ausgewählte Sequenz ist Teil des Workshops „Schatztruhe der Religionen" innerhalb des Bildungsprogramms „Kinderakademie – Weltreligionen im Dialog", videographiert am Dienstag, 07.01.2020. Sowohl für die teilnehmenden Kinder als auch für die Workshopleiterinnen ist dieser Workshop der zweite im Rahmen der Kinderakademie. Ziel dieser Sequenz ist, anhand ausgewählter religiös-kultureller Gegenstände zum Thema „Beten" ein Gespräch zu initiieren.

Der jeweilige Workshop fand täglich nach einem, in seinen Grundzügen, festen Workshopkonzept statt. Den Workshopleiterinnen begegnete von Montag bis Mittwoch jeweils täglich eine neue Lerngruppe von 6–9 Kindern im Alter von 6–12 Jahren. Das zugrundeliegende Workshopkonzept wurde täglich individuell an die Bedürfnisse der Lerngruppe angepasst.[62]

---

62   Im Programm waren die Workshops in eine feste Tagesstruktur integriert. Jeder Workshop wurde neben verschiedenen sogenannten Phasentrennern durch eine Mittagspause von 12–13 Uhr in kleinere Blöcke unterteilt. Vier Kinder, je zwei Geschwisterpaare haben sowohl an der Kinderakademie im August 2019 als auch im Januar 2020 teilgenommen:

Die Lerngruppe dieses Workshops besteht aus neun Kinder (6 Mädchen, 3 Jungen) im Alter von durchschnittlich 9 Jahren. Anbei der Einblick in die soziodemographischen Daten der Lerngruppe (s. Tabelle 32) und der Lehrenden (s. Tabelle 33).

Tabelle 32   Soziodemographische Daten der Lerngruppe: Workshop „Schatztruhe der Religionen", Gruppe Di 01/2020

n	9
Alter Ø	8,57
Geschlecht	(3m/6w)
Religionszugehörigkeit	muslimisch (3)[63], christl./ev.: (1), christl./kath.: (4) keine Angabe bzw. keine Religionszugehörigkeit: (1)[64]
Wohnort (Anzahl der TN)	Kassel, Bad Wilhelmshöhe (1) Kassel, Vorderer Westen (2) Kassel, Nord Holland (1) Immenhausen (1) (Kleinstadt im Landkreis Kassel) Vellmar (4) (Kleinstadt im Landkreis Kassel)

Tabelle 33   Soziodemographische Daten der Lehrenden

n	6
Geschlecht	(6w)
Religionszugehörigkeit	christl./ev. (6)
Studiengang	Lehramt an Grundschulen: 2, Lehramt an Haupt- und Realschulen: 2, Lehramt an Gymnasien: 2

Hakim und Hamoudi, Salim und Samira. Alle Namen wurden pseudonymisiert. Der Sachverhalt hat keine Auswirkungen auf die Untersuchungen. Die Kinder werden in beiden Durchgängen als regulär Teilnehmende gewertet. Hakim und Hamoudi sind auch in dieser Sequenz zu sehen.

63   In keiner einzigen der drei stattfindenden Kinderakademie-Durchgänge (Januar 2019, August 2020, Januar 2020) wurde eine spezifische Angabe zu einer Religionsströmung im Islam (z. B. sunnitisch oder schiitisch) von den Erziehungsberechtigten angegeben, daher verbleibe ich bei der Bezeichnung „muslimisch", sofern „muslimisch" oder „Islam" angegeben wurde.

64   Aus den Informationen der Eltern in den Anmeldeformularen wird nicht immer ersichtlich, ob die Kinder (k)eine Religionszugehörigkeit haben oder lediglich ihre Angaben darüber nicht teilen möchten.

Die Kinder sitzen gemeinsam mit den Workshopleiterinnen auf dem Boden im Sitzkreis. Sechs Workshopleiterinnen gestalten den Workshop. Eine Workshopleiterin filmt, daher ist sie nicht im Bild zu sehen. Die zwei Workshopleiterinnen mit dem größten Redenanteil sind Daniela und Ramona.[65] Die Abbildung 17 zeigt das Forschungsfeld mit entsprechender Kameraposition zu Beginn der Sequenz. Dargestellt sind alle Akteur:innen.[66]

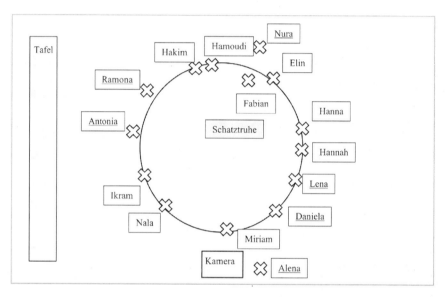

Abb. 17   Darstellung des Forschungsfeldes II

Die zu analysierende Sequenz befindet sich im sogenannten Hauptteil. Es zeigt ein Gespräch durch die Exploration von religiös-kulturellen Gegenständen (s. Tabelle 34).

---

65   Alle, in diesem Dokument, aufgeführten Namen wurden pseudonymisiert.
66   Die Namen der Workshopleiterinnen sind gekennzeichnet durch einen Unterstrich.

Tabelle 34   Auszug des tabellarischen Verlaufsplanes „Schatztruhe der Religionen"

10:40–10:50 Uhr ca. 10 min.	*Inhalt* Einstieg: Stiller Impuls durch die Schatztruhe	*Sozialform/ Methode* Sitzkreis: Stiller Impuls durch die Schatztruhe	*Material* Decken, Kissen Schatztruhe mit Inhalt
	Geschichte	Vorlesen der Geschichte durch eine Erzählerin	Geschichte
		Szenische Darstellung	
10:50–11:20 Uhr ca. 30 min.	Hauptteil: Gemeinsames Auspacken der Schatztruhe	Sitzkreis: Exploration der Items	**Schatztruhe** Christentum: Bibel, Taufkerze, Kreuz, Gebetswürfel, betende Hände
	Bedeutung einzelner Items gemeinsam herausstellen		Judentum: Tora, Jad, Tallit, Kippa, Menora, Sederteller, Mesusa
			Islam: Koran, Gebetsteppich, Kette, Kompass, Hijab, Gebetsmütze

Den methodischen Einstieg der Einheit dieses Workshops bildet eine Geschichte, die vorbereitend auf den Hauptteil – der Exploration der Zeugnisse – vorgelesen wird. In dieser Geschichte geht es um das Mädchen Rahel. Sie besucht ihre Oma und geht dort in dem großen Haus auf Entdeckungstour. Dieses Mal findet Rahel auf dem Dachboden eine Schatztruhe mit unterschiedlichen religiös-kulturellen Items.

Die, in der Geschichte erwähnte, Schatztruhe steht bereits zu Beginn des Workshops ungefähr in der Mitte des Sitzkreises (s. Abbildung 17). Sie ist mit einer Decke verhüllt.

Die Geschichte wird von der Workshopleiterin Daniela vorgelesen, parallel dazu wird Rahel von der Workshopleiterin Ramona darstellerisch gespielt. Sowohl Daniela als auch Ramona zeigen überzeugende Fähigkeiten im Vorlesen und im szenischen Spiel.

Der Hauptteil besteht aus der Exploration der einzelnen Gegenstände, welche die Kinder nacheinander einzeln aus der Schatztruhe entnehmen dürfen. Das Gespräch in der Gruppe entsteht je mittels eines Gegenstandes. Die Studierenden haben den methodischen Vierschritt zur Begegnung mit dem Item[67] in abgewandelter und gekürzter Form auf den Workshop übertragen.

In dem Kreis liegen bereits Gegenstände, unter anderem eine Taufkerze, ein Kreuz, die Tora-Rolle und Weiteres. Auffällig ist, dass das Gespräch immer wieder auf den Umgang mit den heiligen Schriften zurückführt.

Fabian ist nun an der Reihe einen Gegenstand auszuwählen. Er wählt die islamische Gebetsmütze, eine sogenannte Takke.

Es ist eine freie Gesprächsrunde, die Kinder dürfen ohne Meldung ihre Gesprächsbeiträge teilen.

8.4.3.2   Semantisch-Syntaktische Gesprächsfeinanalyse

Nala Ich kenne die

Nala sendet eine Ich-Botschaft über das Pronomen (*Ich*) und signalisiert damit, dass ihr der Gegenstand bekannt zu sein scheint. Sie betitelt ihn allerdings nicht mit einem konkreten Begriff, sondern umschreibt es mit dem Artikel (*die*). Der Gegenstand bleibt somit namentlich unbekannt und er eröffnet ein Gesprächsangebot für sie. Sie scheint eine kognitive Verbindung zu dem Gegenstand gezogen zu haben.

Hakim Kippa
Nala Kippa

Hakim betitelt den Gegenstand als eine Kippa. Wie kommt Hakim darauf? Vielleicht hat er eine Kippa bereits schon einmal im Alltag oder kürzlich im Programm der Kinderakademie gesehen. Nala wiederholt das Wort, versucht

---

67   Im Rahmen des Zeugnislernens greift Clauß Peter Sajak (2010, 45ff.) den methodischen Vierschritt zur Begegnung mit dem Item nach Grimmit et al. (1991) auf.

den Gegenstand nun zu betiteln. Anscheinend ist ihr der Begriff des Gegenstandes gegenwärtig nicht klar.

> Daniela[68] (flüstert) fast. So etwas Ähnliches. Wo zieht man es denn hin?

Der Gegenstand ist keine Kippa, faktisch ist die Antwort Hakims und Nalas somit falsch. Aber die Workshopleiterin Daniela flüstert einfühlsam und inhaltlich relativierend (*fast*). Danielas Antwort soll die Kinder vermutlich ermutigen und motivieren. Aber warum flüstert Daniela? Will sie einen Hinweis geben, dass es nicht ganz richtig ist? Möchte sie die Kinder nicht bloßstellen? Hier ist ein Hinweis für Danielas empathische Art gegeben. Die Folgeaussage (*So etwas Ähnliches*) unterstreicht den induktiven Lehrstil Danielas. Sie gibt den inhaltlichen relativierenden Hinweis, dass dieser Gegenstand Ähnlichkeiten (*Ähnliches*) mit einer Kippa hat. Eine inhaltliche Klärung, dass der gezeigte Gegenstand keine Kippa ist, erfolgt jedoch nicht abschließend.

> Daniela Wo zieht man es denn hin?

Daniela gibt einen weiteren Hinweis. Mit der Frage über die Präposition (*Wo*) soll der Ort ermittelt werden. Sie konkretisiert nicht, ob sie damit einen lokalen Ort oder beispielsweise eine Körperstelle meint. Richtungsweisend ist in dem Zusammenhang das Wort „hin", das wiederum auf die Frage nach der Körperstelle hindeutet. Das unflektierbare Pronomen (*man*) wirkt sprachlich generalisierend. Daniela benutzt es vermutlich unbewusst, dennoch wird nicht klar, welche Personengruppen sie unter (*man*) (Geschlecht, religiöse Gruppen etc.) subsumiert. Sie gibt somit einen Hinweis über eine Frage, die inhaltlich recht offen gehalten ist und viele Antwortmöglichkeiten der Kinder zulässt.

> Daniela Für was braucht man das denn?

Daniela lässt keine Zeit zur Beantwortung der Frage und schließt sofort mit einer nächsten Frage an. Hat sie zunächst nach dem Ort über das Pronomen (*Wo*) gefragt, so fragt sie nun nach der Funktion (*Für was*). Das Verb (*brauchen*) beschreibt in diesem Kontext, dass der Gegenstand eine Funktion hat, um etwas tun zu können. Unterschiedliche Fragen erzielen unterschiedliche Absichten. Damit wird ermöglicht, dass Kinder verschiedene Antworten geben können, um einerseits motiviert zu bleiben, aber auch, um andererseits das Workshopgespräch anzuregen. Der Gegenstand bleibt weiterhin unbenannt,

---

68   Die Namen der Workshkopleiterinnen sind gekennzeichnet durch einen Unterstrich.

nur die Bezeichnung wechselt von (*die*) zu (*es*) zu (*das*). Warum benennt Daniela den Gegenstand nicht? Erhofft sie sich, dass dieser von der Gruppe erarbeitet wird?

Fabian Kopf

Fabian wählt aus dem Angebot der Fragen, die Frage nach dem Ort und interpretiert dies als Frage nach der Körperstelle. Seine pointierte Antwort wird durch den konkreten Ort mit einem Substantiv (*Kopf*) abgeschlossen. Generell sind die Redebeiträge der Kinder bisher sehr kurz, fast ausschließlich aus einem Wort bestehend. Vielleicht ist Fabian die Kippa bekannt und er weiß, dass man diese auf dem Kopf trägt. Es könnte sein, dass er Danielas Hinweis zu den Gemeinsamkeiten (*So etwas Ähnliches*) dann übertragen hat. (Und) Vielleicht sah es für ihn auch optisch wie eine Mütze aus, die auf den Kopf gezogen wird.

<u>Daniela</u> (nickt) Magst du es mal aufziehen, Fabian?

Dies scheint die korrekte Antwort zu sein, denn Daniela signalisiert Zustimmung über ihre Gestik (*nickt*). Sie richtet mit ihrer Frage ein Angebot an Fabian, dass er die Gebetsmütze aufziehen kann. Daniela spricht mit einer angenehme Stimmfarbe und in einem angenehmen Sprechtempo. Ihr Fragestil ist höflich und freundlich (*Magst du es mal*), welcher auch zulässt, dass Fabian verneint. Die Fragestellung wäre insofern gut als dass es dem Kind die Möglichkeit gibt, selbst zu entscheiden, ob es den Gegenstand ausprobieren möchte oder nicht. Sie lässt somit ihm und gleichzeitig auch ihr eine Wahl, sodass mögliche religiöse Gefühle gewahrt werden können bzw. keine religiöse Überwältigung oder Vereinnahmung erfolgt. Auf Fabians knappe Antwort reagiert sie nicht weiter. Sie scheint damit erst einmal zufrieden zu sein. Auch die andere Frage nach der Funktion (*Für was*) bleibt offen. Mit der Namensnennung von Fabian, spricht sie ihn direkt an. Darin können eine Wertschätzung und Aufmerksamkeit seiner Person liegen. Der Gegenstand (*es*) bleibt nach wie vor unbenannt.

(Fabian zieht die Mütze auf. Die Kinder und Workshopleiterinnen lachen.)

Fabian zögert nicht. Er antwortet auf Danielas Frage nicht mündlich, sondern sofort über ein Handeln in Form des Ausprobierens des Gegenstandes. Er führt die Handlung aus und eine Reaktion erfolgt. Die Kinder und Workshopleiterinnen lachen. Lachen sie mit oder über ihn? Warum lachen die Kinder, warum die Workshopleiterinnen? Wer lacht mit wem? Wer lacht zuerst? Lacht

Fabian selbst auch? Fabian findet das Aufziehen der Mütze grundsätzlich nicht schlimm. Indiz dafür bietet, dass er es nicht eilig hat die Mütze abzunehmen. Ebenso ist nun auffällig, dass die Kinder sehr nah um Fabian herumsitzen. Das Lachen aller hat eine Auswirkung und Motivation auf die Teilnehmenden und deren Handlung und scheint offenbar die Gruppendynamik zu verändern, in der die Erkundung des Gegenstandes im Mittelpunkt steht.

Das Lachen lässt eine neue Phase beginnen und kann als eine Reaktion auf die Begegnung mit dem religiös-kulturellen Gegenstand, der Gebetsmütze, verstanden werden.

> **Hakim** Ich will jetzt. Ich will jetzt. (Er greift zu Fabian.)
> **Hamoudi** Ich will jetzt.

Hakim möchte auch die Gebetsmütze aufprobieren. Sprachlich wird deutlich, dass er einen starken Wunsch hat. Seine hohe Motivation drückt sich sogar in einem Handlungsimpuls aus, denn er greift zu Fabian, um den Gegenstand zu bekommen. Er formuliert den Wunsch in der Ich- Form, nutzt das ausdrucksstarke Modalverb (*wollen*) und grenzt den Wunsch unter der Zeitangabe von diesem Moment (*jetzt*) ein. Was steht hinter Hakims Wunsch? Ein Wunsch der Sichtbarkeit und Aufmerksamkeit innerhalb der Gruppe?

An dieser Stelle scheinen die zunächst einleitenden Fragen Danielas nach Ort und Funktion vergessen. Im Zentrum steht nun das Ausprobieren des Gegenstandes. Hakim versteht das Lachen offensichtlich als etwas Positives, sonst würde er nicht auch den Gegenstand haben wollen. Auffällig ist, dass Hamoudi die gleiche Formulierung nutzt. Will er wirklich auch die Gebetsmütze aufsetzen und/oder spricht er seinem großen Bruder nach? Die Analyse zeigt, dass es die zwei Jungen unter den teilnehmenden Kindern sind, die den beherzten Willen hier äußern.

> **Elin** Ich möchte auch. Darf ich? // (Sie zieht die Mütze auf. Viele Kinder lachen.) //

Elin, ein Mädchen, welches schräg hinter Fabian sitzt, bringt ihren Wunsch wesentlich abgeschwächter zum Ausdruck. Sie spricht in der Ich-Form und benutzt das höflichere Modalverb (*möchte*). Das (*auch*) steht im Bezug zu Hakim und Hamoudi, die ebenso den Gegenstand ausprobieren wollen. Sie ergänzt ihren Wunsch mit einer Frage, welche sie direkt an Fabian richtet. Sie fragt ihn um Erlaubnis über das Modalverb (*darf*). Die Analyse zeigt: Nicht diejenigen, die wollen, sondern die, die höflich fragen, werden belohnt. So bekommt Elin die Mütze und sie zieht diese auf. Die Reaktion ist ähnlich. Viele Kinder lachen. Dies scheint nun die übliche Reaktion zu sein, welches die

Erkundung, also das Anprobieren der Gebetsmütze in der Gruppe, abschließt. Auch scheint das Lachen eine neue Dynamik aus einem möglichen Ambiguitätserleben der Kinder heraus zu sein, welche das Workshopgeschehen nun dominiert. Im Akt des Ausprobierens geht es nun offenbar mehr um die Selbstdarstellung. Die inhaltliche Dimension des Gegenstandes ist in den Hintergrund gerückt. Elin ist das Ausprobieren des Gegenstandes sichtlich unangenehm und sie zieht die Gebetsmütze schnell wieder ab.

> **Fabian** // Darf jeder mal aufziehen. //
> (Sie lachen wieder.)

Fabian greift die Formulierung in Form des Modalverbs von Elin auf (*darf*). Er gibt damit den Gegenstand auch für alle anderen frei. Das ist ein Gleichberechtigungsaspekt, der sich positiv auf das Gemeinschaftsgefühl der Gruppe auswirken kann. Welche Rolle hat nun der Gegenstand? Wird dieser noch wertgeschätzt? Was verknüpfen die Kinder damit? Begreifen sie die inhaltliche Dimension des Gegenstandes? Das Lachen wird von keiner der Workshopleiterinnen kommentiert oder thematisiert.

> **Elin** Mein Kopf ist zu klein dafür.
> <u>Lena</u> Genau. Es ist ja für Erwachsene.
> (Elin reicht die Mütze an Hamoudi weiter, dieser zieht sie auf und lacht.)

Das Ausprobieren führt Elin zur subjektiven Erkenntnis, dass ihr Kopf zu klein ist. Sie signalisiert das über das Pronomen (*mein*) und für die erfragte Funktion (*dafür*). Die Workshopleiterin Lena reagiert und bestätigt verbalisierend (*Genau*). Nach wie vor bleibt der Gegenstand unbenannt (*Es*). Die Analyse ergibt, dass Lena den Gegenstand kennt, denn sie nennt die Zielgruppe, die den Gegenstand nutzt (*Erwachsene*). Es entsteht hier somit eine Dichotomie von Kindern und Erwachsenen. Über diesen Hinweis erfolgt erstmalig eine inhaltliche Klärung, denn Daniela hat zuvor von (*man*) gesprochen, weshalb die Zielgruppe nicht klar war. In dem Kontext kann es überraschend für die anderen Kinder wirken, dass Lena sagt, der Gegenstand sei für Erwachsene, denn schließlich hat Fabian – einem Kind – die Mütze auch gepasst. Letztlich bleibt Vieles inhaltlich ungeklärt: Für wen ist das? Wann wird es benutzt? Was ist es?

Hakim, der die Mütze zunächst unbedingt wollte, hatte sie noch nicht auf, dafür aber nun sein kleinerer Bruder. Dieser zieht die Mütze auf und es scheint als würde der Akt des Aufziehens, welcher zur Erheiterung sorgt, abebben, denn lediglich Hamoudi lacht. Kann dies auf die zunehmenden vertrautere Begegnung mit dem Gegenstand zurückgeführt werden?

Innerhalb der Analyse drängt sich zunehmend die Frage auf, ob ein Workshopgespräch jetzt noch parallel geführt werden kann oder ob es sinnvoller ist, sich vielmehr der reinen Entdeckung und dem Ausprobieren des Gegenstandes zu widmen. Zwei Zugänge sind somit zeitgleich offen: 1) Das Anprobieren der Gebetsmütze und 2) das Workshopgespräch über die Gebetsmütze.

> **Lena** Also für eine Kippa ist es ein bisschen groß. Die sind ja immer so klein. (Holt eine Kippa aus der Truhe.) Das haben wir ja heute kennengelernt. (Hakim hat die Mütze nun auf und sein Bruder muss laut lachen.)
> **Hakim** Hallo, hallo (er winkt Nala zu)
> **Nala** Das ist arabisch.

Lena beginnt ihren Redebeitrag mit der Konjunktion (*Also*). Mit dieser möchte sie einleiten und den Gesprächsfaden aufgreifen, um die Aufmerksamkeit im Sinne des Workshopgespräches auf sich zu ziehen. Lena greift das Wort (*Kippa*) auf, das von Nala und Hakim zu Beginn benannt wurde. Weiterhin bleibt der Gegenstand unbenannt (*es*). Sie relativiert den Gegenstand (*bisschen groß*), es wird dahingehend nicht klar kommuniziert. Lena spricht nun generalisierend (*sind ja immer so klein*) über die Kippot, die sie mit dem Artikel bezeichnet (*Die*). Es wird nicht klar, was genau unter groß und klein verstanden wird. Bedeutet es nun im Umkehrschluss, dass große Gebetsmützen (der hier genutzte Gegenstand) für Erwachsene sind und Kippot, kleinere Mützen, für Kinder? Die Analyse zeigt, dass es zunehmend inhaltlich unklarer wird. Vieles bleibt im Denken und Imagination der Kinder. Lena macht eine Dichotomie zwischen groß und klein auf und holt nun eine Kippa aus der Truhe. Ein visueller Vergleich wird dadurch sichtbar – nicht nur hinsichtlich der Größe, sondern auch hinsichtlich der Optik einer Gebetsmütze. So lassen sich Unterschiede und Gemeinsamkeiten unmittelbar visuell erkennen und Hamoudi und Nala sehen, den Gegenstand zu dem Wort, welches sie zu Beginn verwendet haben. Lena kommuniziert mit dem Personalpronomen (*wir*), was als empathischer Ausdruck verstanden werden kann, der die gesamte Lerngruppe einschließt, denn alle waren in der Kinderakademie (*ja heute kennengelernt.*). Es ist ein pädagogisch kluges Vorgehen, die Kinder gemeinsam daran zu erinnern, dass sie den Gegenstand (Kippa) kennen sollten. Die Unruhe ist groß, unter anderem durch Nebenaktionen (*Hallo, hallo*). Nala startet einen ersten Versuch den Gegenstand zu kontextualisieren (*das ist arabisch*). Sie meldet sich. Der Gegenstand bleibt weiterhin unbenannt. Allerdings trägt die Begegnung mit dem Gegenstand nach wie vor zu einer erheiterten Atmosphäre bei.

> **Lena** Was kann das denn sein? Hat das schon mal jemand gesehen?

Lena bemerkt die Unruhe und fragt zwei aufeinander folgende Fragen. Das kann auch aus der eigenen Unsicherheit resultieren, da sie den Lernstand der Kinder nicht kennt und zugleich gewährleisten möchte, dass das Workshopgespräch fortgesetzt wird. Auch ist es ein Versuch Ruhe und Struktur in die unruhige Atmosphäre zu bringen. Die zwei Fragen beinhalten unterschiedliche Zieldimensionen: 1) Decodierung des Gegenstandes (*Was kann das denn sein?*), 2) Sichtbarkeit im eigenen religiösen Alltag? (*Hat das schon mal jemand gesehen?*). Die zweite Frage ist klug gestellt, denn die Kinder könnten den Gegenstand durchaus bereits gesehen haben, aber dennoch nicht benennen können.

> **Nala** Ich.
> **Hakim** Ja
> <u>**Lena**</u> **(zu Nala)** Ja? Erzähl mal.

Lenas Ziel ist erfüllt, denn Nala und auch Hakim scheint der Gegenstand bekannt zu sein. Mit Lenas Frage (*Ja?*) versichert sie sich, dass Nala wirklich der Gegenstand bekannt ist. Es scheint als lege sie Hoffnung darein, nun endlich konsequenter am Workshopgespräch festhalten zu können. Sie spricht eine Einladung an Nala aus (*Erzähl mal*), Inhalte frei wählen zu können, über die sie in diesem Kontext sprechen möchte. Das Ziel ist, dass darüber der Gegenstand zunehmend (religionskundlich und/oder individuell) kontextualisiert wird. Lena ist wichtig, dass Nala diesen Prozess maßgeblich mitgestalten kann. Sie möchte, dass die Kinder reden und so gibt sie Nala den Raum sich inhaltlich nicht zu sehr konkretisieren zu müssen.

> **Nala** Bei/ also/ ((Ikram zieht die Mütze auf. Insbesondere Hakim und Hamoudi lachen laut)) in der Moschee, da gibt's die.
> (Die Kinder lachen laut und werden unruhig.)
> <u>**Lena**</u> In der Moschee. Ja, habt ihr es verstanden?
> <u>**Daniela**</u> Psst.
> (Nala zieht die Mütze nicht auf, sondern gibt sie an Miriam weiter. Sie zieht sie jetzt auf und die Kinder müssen wieder alle lachen.)

So zeigt Nala Anfangsunsicherheiten (*Bei/also/*) als Resultat auf die offenen Fragen, die ebenso der Unruhe geschuldet sein können. Die unterschiedlichen Präpositionen helfen ihr als „Sprechen im Denkprozess". Nala kontextualisiert den Gegenstand weiter und verortet ihn nun lokal (*in der Moschee*). Der Gegenstand bleibt unbenannt über den Artikel (*die*) (unklar ist, ob der Begriff von Nala hier im Singular oder Plural gedacht wird). Sie ergänzt keine weiteren Informationen. Bedingt durch die unruhige Atmosphäre, stellt sich zurecht die

Frage, ob überhaupt alle mitbekommen, was Nala gesagt hat? Lena sichert das Ergebnis – die Lokalisierung des Gegenstandes – in Form eines Echos, indem sie das Gesagte als ein direktes Zitat wiederholt (*In der Moschee*). Vielleicht möchte sie es auch fixieren, da es in der Lerngruppe viele Nebengespräche gibt. Aus psychologischer Sicht ist es zumindest ein verbales Signal an Nala, also eine Bestätigung, dass das Gesagte verstanden wurde und korrekt ist. Auch bedeutet es für Nala eine Form von Wertschätzung. Die Wiederholung und Bestätigung durch Lena, kann Nala zeigen, dass sie gehört wurde. Insbesondere in einer Situation, in der es unruhig ist. Die bisherigen Versuche, die Lerngruppe auf die Kontextualisierung des Gegenstandes zu fokussieren, scheinen nicht wirklich zu gelingen. Als disziplinarische Maßnahme könnte daher das (*Ja, habt ihr es verstanden?*) genutzt werden. Lena verlässt nun die dialogische Interaktion mit Nala und bezieht über das Personalpronomen (*ihr*) in der geschlossenen Frage die gesamte Gruppe mit ein, um direkte Aufmerksamkeit zu generieren. Daniela unterstützt Lenas Handlung durch die Interjektion (*Psst*). Es wird zunehmend deutlich, dass die Atmosphäre einerseits von einer hohen Aufmerksamkeit und Interesse, andererseits durch Unruhe durch das Ausprobieren der Gebetsmütze gezeichnet ist. Auffällig ist, dass Nala die Gebetsmütze direkt an Miriam weitergibt. Sie zieht sie nicht auf. Ein Grund dafür könnte sein, dass Nala, die bisher die Rednerin war, weiter am Gespräch teilnehmen möchte. Sie scheint sich offenbar dafür zu entscheiden.

> **Miriam** Zieh du doch mal auf. Passt eher. (Sie spricht zu Daniela, diese gibt die Mütze aber weiter an Hannah. Hannah zieht die Mütze auf. Hamoudi lacht besonders laut.)
> **Hannah** (unverständlich)
> (Lena und Daniela verfolgen das Ausprobieren der Gebetsmütze, sie gucken die Kinder an. Währenddessen spricht Nala.)
> **Nala** In der Moschee. Da tragen sowas Männer. Immer, wenn ich mit meinem Papa zur Moschee gehe, da tragen ganz viele Menschen so welche.

Es scheint den Workshopleiterinnen bewusst zu sein, dass Unruhe herrscht. Das Workshopgespräch kann inhaltlich nicht zielführend gestaltet werden, vielmehr geht es um das Ausprobieren des Gegenstandes. Warum intervenieren sie nicht? Warum wird nicht pausiert, um den Gegenstand aus dem Modus des Anprobierens herauszunehmen und ihm einen neuen zu zu sprechen? Miriam spricht Daniela an. Sie scheint aktiv zugehört zu haben, denn sie schlägt Daniela als Erwachsene vor, den Gegenstand zu tragen (*Passt eher.*) Nala wiederholt zum zweiten Mal die Lokalisierung des Gegenstandes (*In der Moschee*). In ihrem Redebeitrag wechselt sie nun von einer allgemeinen Aussage hin zu einer persönlicheren und berichtet über Besuche in der Moschee mit ihrem Vater. Sie spricht in hyperbolischen Darstellungen (*immer, ganz viele*). Ihr Redebeitrag kontextualisiert den Gegenstand in drei inhaltliche Ebenen 1) Ort (*in der Moschee*), 2) Bezugsgruppe (*Männer, Menschen*), 3) individuelle Erfahrungen. Lenas offene Anfrage (*Erzähl mal*) und Wertschätzung könnte intendiert haben, dass sich Nala zunehmend öffnet. Sie scheint diesen Gegenstand regelmäßig (*immer*) an verschiedenen Personen der Bezugsgruppe (*ganz viele*) zu sehen, wenn sie in der Moschee ist. Ob der Vater die Gebetsmütze trägt, bleibt unklar. Aus geschlechterspezifischer Perspektive ist es durchaus interessant, dass Nala zunächst die Personengruppe, die den Gegenstand nutzt, als (*Männer*), dann aber im Folgenden als (*Menschen*) benennt. Warum öffnet sie nun die Gruppe und bezieht alle Geschlechter mit ein? Der Gegenstand bleibt nach wie vor unbenannt (*sowas, so welche*).

> **Lena** Genau. Das ist für die Männer, ne?
> **Daniela** Habt ihr es alle gehört? Was die
> **Nura** hört mal bitte zu (Sie faltet die Gebetsmütze, die sie nun erreicht hat und behält diese in der Hand)
> **Daniela** was die (greift nach dem Namensschild, nimmt es in die Hand und guckt darauf) Nala gerade gesagt hat? Was ganz Wichtiges. Magst du es nochmal sagen, Nala? (Nickt Nala zu.)
> **Nala** In der Moschee, da tragen das die Männer.
> **Hakim** Ja, ich weiß.
> **Hamoudi** Ja, ich weiß.
> **Fabian** Ja, ich weiß.
> **Daniela** Und welche, welche Menschen, von welcher Religion gehen denn in die Moschee?
> **Hakim** Ähm
> **Hamoudi** Ähm

Lena bestätigt Nalas Aussage (*Genau*). Der Gegenstand bleibt weiterhin unbenannt (*das*). Die Bezugsgruppe (*die Männer*) wird von Lena korrigierend wiederholt. Sie sichert sich mit dem Bestätigungsartikel (*ne*) bei Nala ab. Lena und Nala haben gemeinsam zunächst die Frage des Ortes, dann die Frage der Bezugsgruppe geklärt. Ein gemeinsam erarbeitetes Teilergebnis. Mit Danielas Worten wird deutlich, dass die Unruhe anhält. Sie spricht, wie zuvor Lena, die Gruppe mit dem Personalpronomen (*ihr*) an. Sie fragt darauf aufbauend und konkretisierend danach, was Nala gesagt hat. Es wird deutlich, dass Nalas Gesagte sehr wichtig (*was ganz Wichtiges*) ist für das Vorankommen im Workshopgespräch. Die Workshopleiterinnen möchten unbedingt daran festhalten. Dazu bringt Daniela den Namen von Nala in Erfahrung, um sie damit auch ansprechen zu können. Eine wertschätzende, empathische Geste, die Nala erneut verdeutlicht, dass sie gesehen und gehört wird. Die Analyse ergibt, dass es gut ist, dass Daniela das Gesagte nicht paraphrasiert, sondern Nala den Raum gibt, ihr Erlebtes, welches auch deutlich biographisch verknüpft ist, in eigenen Worten beizusteuern. Die Workshopleiterin Nura macht nun etwas ganz Wichtiges. Sie beendet die parallel neben einander sich störenden Interaktionen (Workshopgespräch vs. An- bzw. Ausprobieren), indem sie die Gebetsmütze nun bei sich behält. Jedes Kind hatte nun ein Mal die Chance den Gegenstand anzuprobieren.

Daniela spricht sehr empathisch und wertschätzend, lobend und höflich einladend (*Magst du es nochmal sagen*). Sie unterstützt das mit ihrer Gestik (*nickt Nala zu.*), um Nala das Wort zu erteilen. Nala wiederholt nun zum dritten (!) Mal den Ort und zum zweiten Mal die Bezugsgruppe. Sie wiederholt nun die sachlich korrekte Bezugsgruppe, die Lena zuvor korrigiert hat.

Hakim und Hamoudi sind nach wie vor unruhig. Sie und Fabian werfen Aussagen in die Runde, die von den Workshopleiterinnen nicht aufgegriffen werden (*Ja, ich weiß*). Warum nicht? Nala bleibt die Hauptansprechpartnerin. Es ist nicht bekannt, ob Hakim und Hamoudi der Gegenstand bekannt ist. Die Analyse ergibt, dass es durchaus denkbar sein könnte, dass die beiden den Gegenstand erkennen als Nala den Ort benennt. Dennoch, es wird nicht weiter darauf eingegangen. Das kann auch im Sinne einer disziplinarischen Maßnahme begründet sein, aufgrund der von Ihnen unterstützten Unruhe.

Danielas Fragen bringen einen Fokuswechsel mit sich: Sie fragt nach den Angehörigen der Religion. Sie stellt die Frage kompliziert, ein Perspektivenwechsel scheint zu fehlen, denn die Fragen intendieren unterschiedliche Antworten: Welche Menschen gehen in die Moschee? Muslime. Um welche Religion handelt es sich? Islam. Es kann nicht vorausgesetzt werden, dass Kindern dieser sprachliche Unterschied bewusst ist. Kindergerechtere Formulierung wären sinnvoll.

Hakim Arabisch?
Hamoudi Arabisch.
Nala Das ist die Sprache! (belehrend)
<u>Daniela</u> Mhm (bejahend), das ist die Sprache, genau und wie heißt die Religion?
Hamoudi Ähm
<u>Daniela</u> Wer weiß es?
Elin Judentum? Ne. Juden gehen in die Moschee?
<u>Daniela</u> Wer weiß es? Nala, weißt du es? (Nala schüttelt den Kopf)
Miriam Eben wusste ich es noch.
<u>Lena</u> Der Fabian meldet sich.
<u>Daniela</u> Der Fabian meldet sich, genau.
Fabian Islam (?).

Eine erklärbare Folge könnte daher sein, dass Hamoudi nun mit (*arabisch*) antwortet. Er scheint ein echtes Redebedürfnis zu haben. Daniela bestätigt mit dem Bestätigungspartikel (*Mhm*), wiederholt in einem Echo die Phrase von Nala (*das ist die Sprache*) und öffnet nun die Frage für die Runde (*Wer weiß es?*), um einerseits andere Gesprächspartner:innen zu finden und um andererseits Aufmerksamkeit der Gruppe zu generieren.

Der Gegenstand, der zunächst kontextualisiert werden sollte, wurde durch das parallellaufende Ausprobieren erheblich gestört. Nachdem dann nun doch eine Kontextualisierung über den Ort und die Bezugsgruppe begann, wechselte der inhaltliche Fokus sodann auf die Frage nach Angehörigen der Religion. Es beginnt nun ein wildes Raten (*Judentum?*) und so werden andere Religionen genannt. Daniela bestätigt weder, noch verneint sie. Sie stellt die Frage erneut (*Wer weiß es?*). Wer weiß was? Ob Juden in die Moschee gehen oder welche Religion gesucht ist? Es bleibt offen. Auch richtet sie sich in der zweiten Frage direkt an Nala, die nun scheinbar als Hauptansprechpartnerin gilt. Nala hat durch ihren Redebeitrag eine neue Rolle als auskunftsfähiges Kind, vielleicht sogar Expertin für die Workshopleitung bekommen. Nala verneint über ein Kopfschütteln. Das überrascht, schien sie doch auch bereits Sprache von Religion trennen zu können. Woran kann es liegen? Eventuell ist ihr auch nicht klar, was nun genau erfragt ist (Religion, Bezugsgruppe, Ob Juden in die Moschee gehen (...)). Viele Fragen sind nun im Raum und werden nicht mit Inhalten gefüllt, bzw. zunächst erstmal systematisiert. Woran liegt das? Der Ansatz, dass die Kinder alle Chancen bekommen sollen, das Wissen beizutragen, scheint anzuhalten. Die Kinder sind nach wie vor zuhörend und interessiert teilnehmend (*Eben wusste ich es noch*). Fabian meldet sich und steuert letztlich die korrekte Religionsbetitelung bei (*Islam (?)*). Er scheint sich dabei aber nicht ganz sicher zu sein, denn er formuliert es vorsichtig.

> **Daniela** Ganz genau. (holt den Koran aus der Kiste) Und dieses Buch, der Koran, die heilige Schrift, die wir uns eben mal angeguckt haben, die dürfen wir ja nicht auf den Fußboden legen, deswegen lassen wir den in der Kiste und ähm (flüstert zu Lena, Nura reicht Daniela die Gebetsmütze) wie nennt man das Hütchen hier? Hat das einen bestimmten Namen?
> **Lena** Da hab ich jetzt auch keine Ahnung (lacht)
> **Daniela** Das Hütchen, was die Männer //
> **Miriam** Wieso darf man das nicht auf den Fußboden legen? (Nimmt den Koran aus der Kiste und schaut ihn sich nochmal an.)
> **Daniela** anziehen, gehört auch zu dem Islam. Das würden wir so zusammen legen. (Sie legt die Gebetsmütze auf den Boden.) Dann, magst du (zu Lena) das nochmal erklären, warum man den nicht auf den Fußboden legen darf? (Sie schaut zu Lena.)

Daniela bestätigt Fabians Aussage (*Ganz genau*). Sie nutzt nun drei Substantive, um den Koran zu benennen (*dieses Buch, der Koran, die heilige Schrift*), was durchaus zur allgemeinen Verwirrung beitragen kann. Auch bleibt offen, warum Daniela nun über den Koran spricht. Sie scheint eine Brücke schlagen zu wollen. Der Wechsel zum Koran bleibt erst einmal überraschend und unerklärbar. Sie spricht in einer Wir-Form, der ihren empathischen Sprechstil unterstreicht. Nura reicht Daniela die Mütze und es scheint als wäre das für Daniela ein Zeichen, das Workshopgespräch wieder auf die Mütze, weg vom Koran zu lenken. Sie stellt wieder zwei Fragen, die unterschiedliche Zielabsichten haben: 1) Benennung des Gegenstandes (offene Frage) 2) Spezifizierung der Benennung des Gegenstandes (geschlossene Frage). Es wird nun deutlich, warum der Gegenstand noch nicht benannt wurde, denn weder Daniela noch Lena wissen, wie der Gegenstand heißt. Das religionskundliche Wissen und authentische Erfahrungsberichte fehlen. Der Gegenstand wird nun verniedlicht (*Hütchen*).

Danielas Intention ist es derweil wieder zur Kontextualisierung des Gegenstandes zurück zu kehren. Ihr Ziel ist es alle Gegenstände, die zum Islam gehören sichtbar zu machen, daher der Bezug zum Koran etc. Hier fehlt Daniela der Perspektivenwechsel. Denn die Kinder kennen nicht die Absicht, die Daniela hat. Sie springt von der Mikro-Ebene (dem Wissen über die Gebetsmütze) auf die Makro-Ebene (das Wissen zu der zugehörigen Religion) zurück zur Mikro Ebene (dem Koran) zu einer anderen Mikro-Ebene (der Gebetsmütze). Daher ist es nicht verwunderlich, dass einzelne Kinder noch zurecht offene Fragen zum Koran haben. Daniela scheint auf Miriams Frage keine Antwort zu wissen und leitet die Frage an Lena weiter, die nun die Rolle als fachkundliche Beraterin übertragen bekommt und diese annimmt, denn sie bezieht Stellung.

> <u>Lena</u> Ja, genau. Sonst wird die entweiht, also das ist ähm/
> <u>Nala</u> Was bedeutet entweiht?
> <u>Lena</u> Achso, das ist ja eine heilige Schrift, deswegen ist sie den Muslimen heilig und wenn sie auf dem Boden liegt, da ist es ja auch schmutzig
> <u>Nala</u> Ah!
> <u>Lena</u> damit die nicht dreckig wird, ne.
> <u>Nala</u> Ja und die Tücher müssen ja auch die Frauen/ selbst dort, wo wir die/ das haben wir ja gestern gelernt, dass was wir da in der/ im Raum waren, da musste man auch selber sauber sein, dann muss das Buch *auch* sauber sein. (Daniela nickt)
> <u>Lena</u> Genau.
> <u>Ikram</u> (spricht unverständlich laut vor sich hin)
> <u>Lena</u> Vorm Beten wird sich gewaschen, genau. (Nala nickt)
> <u>Ikram</u> (wiederholt das Wort)
> <u>Nala</u> Das hat sich/ das macht immer Mama mit uns.
> <u>Daniela</u> Ja?
> <u>Nala</u> Zuhause.
> <u>Daniela</u> Dann kennst du dich ja schon richtig gut aus. (Sie lächelt Nala an.)

Das Workshopgespräch thematisiert weiterhin den Koran. Lena nimmt Danielas Gesprächsfaden auf und versucht zu erklären, warum der Koran nicht auf dem Fußboden liegen darf. Dabei fehlt ihr der Perspektivenwechsel, dass die Kinder das Adjektiv im Fachjargon (*entweiht*) nicht kennen. Das wird ihr auch sogleich bewusst (*Ach so*) und sie versucht es zu erklären. Unklar ist auch, ob den Kindern inhaltlichen Bedeutungsebenen von Begriffen wie „Muslime" und „heilig" bekannt sind. Lenas Aussage wirkt abstrakt, ihre Wortwahl nicht kindgerecht. Auch wird nicht geklärt, was im Koran steht? Für die Kinder wird die Bedeutung und Relevanz des Korans für die Muslime nicht wirklich ersichtlich. Das erschwert den Kindern Empathie und Perspektivenwechsel aufbauen zu können.

Ihr nun folgender Erklärungsversuch, warum der Koran nicht auf dem Fußboden liegen darf, ist ein Erklärungsversuch, der so nicht vollständig stringent ist und religiösen Begründungen gerecht wird. Denn inhaltlich begründet sie es mit dem schmutzigen Boden. Das ist so nicht korrekt, denn so ließe sich die Gegenfrage stellen: Wenn der Boden sauber wäre, wäre es dann zulässig? Es geht also vordergründig nicht um die Sache der Sauberkeit, vielmehr darum, die Wertschätzung des Gegenstandes (des Heiligen Buches, dem Koran, das Wort Gottes) als Begründung hervorzuheben, welchen man besonders dadurch ehren möchte, indem man ihm eine höhere Ebene als den Boden gibt. Letztlich wird der Umgang mit dem Koran trotzdem geklärt, auch wenn der inhaltliche Begründungsweg dahin, fachlich inkorrekt ist. Nala scheint Lenas Erklärungsversuch verstanden zu haben (*Ah!*). Nala begründet Lenas Erklärungen mit Beobachtungen aus der Lebenswelt, die alle in der Gruppe während der Kinderakademie zu teilen haben scheinen müssen (*das haben wir ja gestern gelernt*). Und auch Nala argumentiert inhaltlich mit der Sauberkeit als Begründung dafür, dass der Koran nicht auf dem Boden liegen darf. Die Bezugsgruppe der Frauen werden nun über einen anderen Gegenstand (*die Tücher*) erwähnt. Sauberkeit scheint nun für Nala etwas zu sein, dass zu all den besprochenen Gegenständen des Islams dazugehört. Bemerkenswert ist, dass Nala diesen Vergleich aufmacht und weiterdenkt. Sie liefert die Inhalte des Workshopgesprächs und scheint sich durch die Rolle, die ihr zugetragen wurde, wohlzufühlen. Sie bringt sich immer wieder durch freie Redebeiträge ein und berichtet mit hoher Motivation aus eigenen Erfahrungen. Daniela und Lena stimmen zu und bestärken. Lena vertieft den Sauberkeits-Aspekt, indem sie erwähnt, dass das Waschen als Vorbereitung des Gebets dazugehört. Auch hier steuert Nala Berichte aus ihren persönlichen Erfahrungen bei (*das macht immer Mama mit uns*). Daniela schließt in ihrer gewohnt einfühlsamen Art das Gespräch mit einem Lob (*dann kennst du dich schon richtig gut aus*) die Erkundung des Gegenstandes ab.

8.4.3.3   Abschließende Thesen der Gesprächsfeinanalyse II

k) Der didaktische Weg zur Vermittlung der Inhalte durch einen ausgewählten religiös-kulturellen Gegenstand (Gebetsmütze) erfolgt in der Sequenz längere Zeit über zwei Zugänge parallel: 1) das praktische Anprobieren der Gebetsmütze, 2) die religionskundliche Fundierung der Gebetsmütze. Das Lernziel, den Gegenstand auf verschiedenen Dimensionen kennenzulernen, konnte auf diesem Weg nur teilweise erreicht werden.

Die Wahl der Schatztruhe – der Name birgt bereits die Bedeutung in sich – erwies sich als eine geeignete didaktische Vorentscheidung, um das Lernen an religiös-kulturellen Gegenständen (Zeugnislernen) einzuleiten. Die, in der Truhe, verborgenen Schätze ermöglichen durch die spielerische Umsetzung eine Wertschätzung der Dinge und die Entdeckung verschiedener Schätze. Das kann Einfluss auf die Motivation der Kinder haben, die ihnen dabei hilft die Relevanz des Gegenstandes für die Religionsgemeinschaften zu verstehen. Das kann in der Folge eine Form des Perspektivenwechsels ermöglichen.

Der Gegenstand, die Gebetsmütze, wird während der Sequenz über einen längeren Zeitraum über zwei parallellaufende Kanäle kennengelernt: 1) über die Erkundung mittels des Aufziehens und Erlebens des Gegenstandes und über 2) die inhaltliche, religionskundliche Fundierung mittels des Workshopgespräches. Beides kollidiert in der parallelen Abfolge miteinander. Dieses Vorgehen wird durch eine Workshopleiterin unterbrochen, nachdem jedes Kind Teil 1) abgeschlossen hat. Was ist das pädagogische Ziel? Ein Gefühl für das Tragen des Gegenstandes zu entwickeln und eine (im Optimalfall) positive Wahrnehmung damit zu verknüpfen oder den Gegenstand inhaltlich zu verstehen und daraus die Relevanz für die Religionsgemeinschaft abzuleiten? Sicherlich benötigt es bestmöglich beides, um die positive Wahrnehmung auch mit Wissen kognitiv nachhaltig verknüpfen zu können. In dem methodischen Vierschritt des Zeugnislernens laufen diese beiden Phasen nacheinander, nicht parallel.[69] Solch ein Vorgehen würde auch in dieser Sequenz Sinn ergeben, sodass beide Phasen ihr didaktisches Potential entfalten können.

Interessanterweise scheinen in der Sequenz die zunächst konträr zu denkenden Beschreibungen wie Unruhe und Interesse zeitgleich möglich zu sein. Dies resultiert aus den sich ergebenden parallellaufenden methodischen Vorgehensmöglichkeiten (Anprobieren vs. Workshopgespräch). Die Aufmerksamkeit ist sehr hoch. Darauf deuten die Körpersprache und die aktive Beteiligung (z. B. das Meldeverhalten) der Kinder hin. Darüber hinaus ist eine zunehmende Unruhe festzustellen, die die Interaktion mit dem Gegenstand evoziert.

---

69   Vgl. Kamcılı-Yıldız, N., Sajak, C. P. & Schlick-Bamberger, G. (2022), S. 12f.

Letztlich, so zeigt es die Sequenz, ist das Interesse der Kinder nicht auf-
gekommen, zu verstehen, was der Gegenstand inhaltlich bedeutet, zumindest
ist dies nicht verbalisiert worden. Keines der Kinder hat explizit gefragt,
welchen Gegenstand es in dem Moment anprobiert. Dennoch sollten die
gesammelten Erlebensformen der Kinder während des Anprobierens nicht
unterschätzt werden. Eine positive Wahrnehmung und Konnotation mit dem
Gegenstand erleichtert zukünftig Empathie und Perspektivenwechsel in weiteren (dialogischen) Begegnungen gelingen zu lassen.[70] Das Vorgehen hat aus
dieser Sicht hohe Relevanz.

l) *In der Gesprächssituation ist Lachen als eine Reaktion auf den vorausgehenden*
   Impuls, d. h. das Aufprobieren der Mütze, zu verstehen, welcher verschiedene Emo-
   tionen zum Ausdruck bringen kann und die Gruppendynamik in dem individuellen
   Lernprozess beeinflusst.

Die Analyse der Sequenz ergibt, dass der Auslöser für die Unruhe in der
Gruppe in dem Wunsch begründet liegt, durch das Anprobieren der Mütze
im Fokus der Gruppe stehen zu wollen. Das sich daran anschließende Lachen
verändert die Gruppendynamik von einer empathisch interessierten, zu einer
unruhigen, dennoch interessierten Lernvoraussetzung unter den Kindern.
Warum wird gelacht? Wer lacht mit wem? Ist es ein sich Anlachen oder Auslachen? Grundsätzlich zeigt die Sequenz eine Gruppenkonstellation, in der
freundlich, sympathisch und aufmerksam miteinander umgegangen wird. Die
Analyse ergibt daraus ableitend, dass von keinem böswilligen Auslachen auszugehen sein kann. Wie es allerdings von den einzelnen Kindern verstanden
wird, bleibt für die Analyse spekulativ und somit offen. An dieser Stelle zeigen
sich Grenzen der methodischen Zugänge.

Besonders laut gelacht wird bei den ersten Kindern, unabhängig des
Geschlechts, die die Gebetsmütze aufprobieren. Mit jedem Kind lässt dies
nach. Gründe für das Lachen können vielfältig sein. Das Lachen kann als
Reaktion in der Begegnung mit dem Gegenstand im Sinne eines Ambiguitätserleben der Kinder gedeutet werden. Das kann aus einem Gefühl oder mehrerer Gefühle entstehen, indem sich ungewohnt, belustigt, unsicher gefühlt
oder sogar leichte Scham angesichts des Fokus der Gruppe verspürt wird. Die
Folge des Lachens ist eine zunehmende Unruhe mit einer einhergehenden
Verschiebung des Mittelpunktes auf das je anprobierende Kind, das dazu
führt, dass das Workshopgespräch nicht zielgerichtet durchgeführt werden

---

70   Vgl. Riegger in Stettberger, Bernlochner (2013), S. 37–61. Das Vierevidenzquellenmodell
      nach Manfred Riegger geht davon aus, dass eine positive persönliche und soziale Wahr-
      nehmun dazu beitragen kann xenophobische Tendenzen zu mindern (s. u. a. S. 43)

kann. Daher ist es sinnvoll diesen emotionalen Formen des Erlebens Zeit zu schenken, bevor die inhaltliche Kontextualisierung erfolgt.[71] Wie bereits oben beschrieben, können die Erlebensformen in der Phase des Ausprobierens des Gegenstandes dazu beitragen positive Konnotationen und Wahrnehmungen zu entwickeln, auf die rückwirkend zurückgeblickt werden kann.[72]

> m) *Der systematisch-strukturierte Weg zur Vermittlung der Inhalte erfolgt über einen sprunghaften Wechsel verschiedener offener Inhaltsfelder. Das führt zur Verwirrung unter den Kindern. Gleichzeitig wird diesen durch das breite inhaltliche Angebot ermöglicht, in der Breite auszuwählen und den Gegenstand mit einem individuellen Redebeitrag zu kontextualisieren. Die Professionalität der Workshopleiterinnen zeigt sich zum einen darin letzteres zu ermöglichen und zum anderen darin, die vom Kind angestoßenen Lernprozesse fachlich zu begleiten. In der Sequenz ist dies zum Teil geglückt.*

Die Kontextualisierung der Gebetsmütze läuft auf verschiedenen Ebenen, nämlich sowohl auf unterschiedlichen Mikro-, als auch Makro-Ebenen, zwischen denen sprunghaft gewechselt wird. Zwischen Mikro-Ebenen, die einzelne Gegenstände der Religion adressieren (Gebetsmütze, Koran, Kippa, Sprache) und Makro-Ebenen, die grundsätzlich Religionen thematisieren (Zuordnung der Religionen, Judentum, Islam). Das schafft Verwirrung unter den teilnehmenden Kindern, welches in der Konsequenz auch Angebote von Perspektivenwechsel und Empathie erschweren kann, da die Bezugsinhalte, auf welche Perspektivenwechsel und Empathie von den Kindern angewendet werden, nicht klar vorgegeben sind. Den Workshopleiterinnen fehlt der Perspektivenwechsel und die Erkenntnis, dass in der Lerngruppe wenig Vorwissen vorhanden ist und dass das Wissen daher systematisch vorstrukturiert sein sollte, sprich von der Makro-Ebene (z. B. Islam) zur Mikro-Ebene (z. B. Gebetsmütze, Koran, Gebetsteppich). Die Sequenz zeigt dahingehend, dass viele Vorstellungen der Kinder zu den Gegenständen vorhanden sind, diese jedoch noch nicht mit den entsprechenden Betitelungen der Gegenstände versehen werden können.

Erforderlich wird daher, dass die Auswahl des Gegenstandes im Vorfeld hinsichtlich des Lernstandniveaus lerngruppengerecht ausgewählt wird. Das war in dem Bildungsprogramm der Kinderakademie, welches Kinder eine Woche einlädt und begleitet, nicht möglich.

Der Ansatz, den Gegenstand ausschließlich vom Kind aus zu erkunden, wird radikal von den Lehrenden verfolgt.

---

71 Vgl. Kamcılı-Yıldız, N., Sajak, C. P. & Schlick-Bamberger, G. (2022), S. 12f.
72 Vgl. Riegger in Stettberger, Bernlochner (2013), S. 43

n) In der Ausgestaltung des Workshopkonzeptes begründet, liegt der Schwerpunkt auf den Redebeiträgen der Kinder, die ausgehend von den religiös-kulturellen Gegenständen gesammelt und als dialogische Angebote für alle gedacht sind. Allerdings ist nicht jedes Kind auskunftsfähig. Daher werden die einzelnen Redebeiträge der Kinder und insbesondere von Nala seitens der Workshopleiterinnen dankbar aufgenommen.

Die Erkundung des Gegenstandes erfolgt im Workshop stark subjektorientiert, d. h. einzelne Kinder teilen ihr Wissen zu dem jeweils thematisierten Gegenstand. Das Vorwissen unter den Kindern ist äußert unterschiedlich. So erfolgt zum großen Teil die gesamte Kontextualisierung über die Beiträge eines auskunftsfähigen muslimischen Kindes, über Nala. Die Workshopleiterin Daniela stellt moderierende Fragen, die Workshopleiterin Lena begleitet in einigen Fällen die Aussagen der Kinder durch (teils unzureichend) fachkundliche Ergänzungen. Inwieweit ist eine ausschließliche Kontextualisierung durch die Lerngruppe am religiös-kulturellen Gegenstand sinnvoll? Die Sequenz zeigt, dass dies eng in Abhängigkeit mit dem Vorwissen in der Lerngruppe zu betrachten ist. Je weniger auskunftsfähig die Kinder sind, desto schwieriger ist selbstverständlich das Vorgehen. Es benötigt an dieser Stelle religionskundliches Wissen der Workshopleiterin und den Einblick in die unterschiedlichen Lernstandniveaus der Kinder.[73] Gleichzeitig ist es legitim, Inhalte (noch) nicht zu wissen, dies muss und darf offen kommuniziert werden können. Die Sequenz zeigt, dass sowohl einzelne Kinder als auch Workshopleiterinnen ihr Unwissen vorurteils- und angstfrei äußern können. Das zeugt von einer hohen Qualität des Miteinanders.

o) Nala hat in dieser Sequenz einen besonders hohen Redeanteil, weil sie aus der eigenen religiösen Lebenswelt berichten möchte. Ihre Anzahl an Redebeiträgen ist dadurch im Vergleich zum restlichen Workshop enorm gestiegen. Zunehmend berichtet sie über privatere Beobachtungen in ihrem religiösen Erleben. Das ist ein mögliches Indiz für Nalas steigende Motivation und Freude ebenso für ein Wohlfühlen in der Lerngruppe.

In kurzer Zeit bekommt Nala durch ihre Beiträge eine neue Rolle zugewiesen. Sie ist nun nicht mehr eines der teilnehmenden Kinder, sondern auch ein auskunftsfähiges teilnehmendes Kind. Ihre Beiträge bereichern den bisher inhaltlich armen Gesprächsverlauf. Dafür sind die Workshopleiterinnen dankbar. Nala fühlt sich in ihrer Rolle durchaus wohl, welche ihr auch eine Form von Macht bzw. Sichtbarkeit zuträgt. Mit ihren Beiträgen kann sie den

---

73 Angesichts struktureller Gegebenheiten des 5 tägigen Programmes der Kinderakademie, war das den Workshopleiterinnen nicht möglich.

Gesprächsverlauf nun (mit)gestalten. Sie korrigiert infolgedessen auch andere Kinder. Die Aufmerksamkeit und das Lob der Workshopleiterinnen führen bei Nala zu einer hohen Motivation der aktiven Beteiligung in der Sequenz. In den Fragen, in denen es nicht um Darstellung eigener religiöser Erfahrungen geht (z. B. in der Zuordnung des Gegenstandes zur Religion), sind auch andere, christliche Kinder auskunftsfähig. Sie melden sich und tragen Antwortmöglichkeiten aktiv mit bei. Nala kommuniziert offen und mutig, wenn sie Fragen nicht beantworten kann. So verhindert sie, dass inhaltlich Fehlerhaftes durch sogenanntes Halbwissen geteilt wird. Das unterstützt die Annahme der Analyse, die in dieser Sequenz eine offene wertschätzende Lernatmosphäre sieht.

p) *Diejenigen, die inhaltlich gute Beiträge leisten (können), erhalten den Raum zum Sprechen. Die anderen nicht-sprechenden Kinder nehmen interessiert am Geschehen teil.*

Die Sequenz zeigt, dass sich hauptsächlich zwei Workshopleiterinnen und zwei bis drei Kinder regelmäßig mit Redebeiträgen beteiligen. Woran liegt es und was machen die anderen, Workshopleiterinnen und Kinder? Grundsätzlich zeigt die Sequenz, dass alle ein hohes Interesse zeigen. Die anderen Workshopleiterinnen versuchen die im Laufe der Sequenz entstehende Unruhe zu kompensieren. Sie tragen so indirekt zur Gestaltung der Lernatmosphäre bei. Dadurch wird unter anderem die Relevanz eines geeigneten Betreuungsschlüssels deutlich, der ermöglich individuelle Lernprozesse und Bedürfnisse der einzelnen Kinder parallel zum Workshopgeschehen zu begleiten. Hinsichtlich der Kinder zeigt die Analyse, dass in unterschiedlichen Phasen differenziert werden muss. Phase 1) umfasst die gesamte Erkundungsphase, in der jedes Kind die Mütze aufziehen kann. Hier nehmen unterschiedliche Kinder (Fabian, Hakim, Elin, Nala) regelmäßig am Workshopgespräch teil. Diese Gesprächsmomente werden immer wieder durch die Phasen des Aufprobierens der Gebetsmütze unterbrochen. Phase 2) beginnt nachdem die Erkundungsphase abgeschlossen wurde. Hier nimmt insbesondere Nala mit ihren sehr guten Redebeiträgen den Gesprächsraum ein. Ihre Beiträge sind inhaltlich zielführend, sodass die Workshopleiterinnen mit ihr einen Dialog eingehen, der durch einen langen Augenkontakt und Gestik verstärkt wird. Zwischenmenschliche Beziehungen können gestärkt werden, die sich zukünftig auf Momente empathischer Prozesse auswirken können. Die anderen Kinder treten ab Phase 2 in keinen Dialog mehr mit den Workshopleiterinnen. Sie zeigen dennoch aktive Mitarbeit über ihre Körpersprache, ihr Meldeverhalten und über einzelne Wortbeiträge, die geteilt werden.

q) Die Rollenverteilung im Team-Teaching scheint unausgesprochen klar zu sein. Ins-
besondere Daniela und Lena übernehmen die Rolle der Moderation und Begleitung
des Lernprozesses der Kinder. Zu Rollenkonflikten kommt es nicht. Vielmehr
benötigen die Workshopleiterinnen mehr Wissen, um die einzelnen Rollen profes-
sionalisieren zu können. In ihrem Ziel sind sich beide Akteurinnen einig: Es geht um
die Stärkung und Motivation der Redebeiträge einzelner Kinder.

Daniela und Lena haben während der Sequenz unterschiedliche Rollen. Daniel
übernimmt die Rolle der Moderatorin. Mit unterschiedlichen Fragen führt sie
durch das Gespräch. Durch Fragen, die sie nicht beantworten kann, wird Lenas
Rolle als fachkundliche Beraterin aktiviert. Daniela macht in Momenten, in
denen sie Lena benötigt, durch offene Kommunikation darauf aufmerksam,
dass Lena nun Stellung zu dieser Frage beziehen wird. Die offene Kommunikation ermöglicht, dass alle Kinder dem Sprecherinnenwechsel folgen können.
Bemerkenswerterweise kommuniziert Lena mutig und offen, wie zuvor auch
Nala, wenn sie Fragen nicht beantworten kann. Das ist ein wichtiges Zeichen,
das verdeutlicht, dass auch Lehrpersonen nicht über ein ultimatives Wissen
verfügen bzw. die Inhalte anderer Religionen oft auch erst selbst kennenlernen. Deshalb geht es im Besonderen darum, die Fragen der Kinder ernst zu
nehmen und Antworten gegebenenfalls nachzureichen.

Lena führt in ihrer Rolle als fachkundliche Beraterin ebenso das Gespräch.
Während des Verlaufes scheint für beide von hoher Relevanz zu sein, die Kinder von ihren Erfahrungen mit dem Gegenstand sprechen zu lassen. Dabei
setzen sie sich mit leichten disziplinarischen Maßnahmen gegen die Unruhe
durch und erwirken somit, dass einzelne Kinder, insbesondere Nala zu Wort
kommen. Sie eröffnen damit Nala einen Raum zum Sprechen. Nalas Redebeiträgen wird eine hohe Relevanz von beiden Workshopleiterin zugeordnet.
Deutlich signalisieren sie das, sowohl verbal als auch nonverbal. Die Rollenverteilung ermöglicht, dass es zu keinen Rollenkonflikten kommt. Die anderen
Workshopleiterinnen haben keine Redebeiträge, zeigen auch kein wesent-
liches Handeln bis auf Nura, die die Gebetsmütze an sich nimmt, nachdem
jedes Kind sie aufprobiert hat, um die Unruhe zu beenden. Sie übergibt diese
im Laufe des Gespräches zurück an Daniela.

r) Die Sitzordnung und die Lernatmosphäre tragen zu einem positiven Lernarrange-
ment bei, welche Empathie untereinander unterstützen kann. Die Sequenz zeigt,
dass es sich lohnt dahingehend ein atmosphärisch angenehmes Sitzarrangement
herzustellen.

Die Lerngruppe sitzt gemeinsam mit den Workshopleiterinnen auf Decken
und Kissen im Sitzkreis. Alle Beteiligten sitzen sehr eng beieinander, die

Studierenden sind gut unter den Kindern verteilt (s. Abbildung 17). Alle Beteiligten sitzen auf Augenhöhe. Diese räumlich-hierarchische Gleichberechtigung kann positive Auswirkungen auf das Lern- und Empathieverhalten der Kinder haben, da dadurch zwischenmenschlichen Beziehungen besser entstehen können. Das ist eine Folge der offenen und angenehmen Lernatmosphäre, die maßgeblich durch die Workshopleiterinnen gestaltet wird. Alle Beteiligten gehen sympathisch miteinander um. Es ist viel Lächeln zu sehen und alle sind darauf aus, dass eine gute Atmosphäre entsteht.

s) *Geschlechterspezifische Auffälligkeiten zeigen sich im tatsächlichen Moment des praktischen Anprobierens der Gebetsmütze und in dem Willen, welchen die Kinder hervorbringen, um die Gebetsmütze aufziehen zu können.*

Es zeigte sich deutlich in der Körpersprache, dass die Mädchen andere Emotionen als die Jungen beim Anprobieren der Gebetsmütze erlebten. Insbesondere Elin und Ikram zeigten fast schon ein beschämtes Verhalten. Sie trugen die Gebetsmütze deutlich kürzer als die Jungen, sie blickten auf den Boden und lächelten verlegen. Die Jungen hingegen genossen das Anprobieren und den damit verbundenen Fokus innerhalb der Gruppe. Das sind unterschiedliche Erlebensformen, die in der Sequenz deutlich sichtbar wurden. Eine geschlechterspezifische Sensibilität der Workshopleiterinnen sollte deshalb in jedem Fall vorhanden sein.

Der Redebeitrag unter den Jungen und Mädchen ist ausgewogen. Sowohl die Jungen als auch die Mädchen haben echtes Interesse an der Entdeckung des Gegenstandes. Das ist ein hohes Potential für die Lerngruppe, interreligiöse Bildungsprozesse anzustoßen.

Wie lassen sich Empathie und Perspektivenwechsel durch interreligiöse Begegnungen bei Kindern im Primarbereich in dieser Sequenz fördern?

t) *Empathie*

Den Workshopleiterinnen sind Situationen, in denen Sie Empathie gezeigt haben, insbesondere im Gespräch mit Nala gelungen. Das hat positive Auswirkungen gezeigt und kann zur Motivation dieser beitragen. Insbesondere Daniela zeigte eine sensible Sprache und ein empathisches Sprechen.

Danielas induktiver Lehrstil drückt sich unter anderem über das empathische Sprechen aus, d. h. ihre Intonation, das Sprechtempo und die einfühlsame, mitdenkende Wortwahl. Die Analyse zeigt, dass offenbar das empathische Sprechen, welches immer mit einem aktiven Zuhören verbunden ist, dazu beigetragen hat, dass die Kinder in diesem Ausmaß offen kommunizieren und Ideen im Sinne des Workshopgespräches teilen. Zudem sind authentische

Berichte von Kindern, wie die von Nala echte (interreligiöse) Lernchancen und Angebote für Empathie und Perspektivenwechsel unter den Kindern in der Lerngruppe, da sie sowohl die sozio-emotionale als auch fachkundliche Dimension im Gespräch anregen können.

u) Perspektivenwechsel

Perspektivenwechsel können den Lehrenden dabei helfen ein Bewusstsein für eine kindgerechte Sprache und eine inklusive Wortwahl im Dialog zu entwickeln. Gesprächssituationen, in denen ein Perspektivenwechsel seitens der Workshopleiterinnen offensichtlich fehlte, führten zu Missverständnissen und Verwirrung unter den Kindern.

Eine inhaltlich eindeutige, klare und kindgerechte Sprache kann dabei helfen Missverständnisse zu vermeiden. In der Sequenz zeigten sich Missverständnisse beispielsweise in der einheitlichen Benennung der Heiligen Schrift der Muslim:innen. So wurden von verschiedenen Workshopleiterinnen drei Synonyme für einen Gegenstand (Koran) benannt: die Heilige Schrift, das (Heilige) Buch, der Koran. Zu diesen unterschiedlichen Begriffen können in der Imagination der Kinder dabei ganz unterschiedliche Bilder entstehen. Eine heilige Schrift könnte Assoziationen an eine Pergament-Rolle hervorrufen, ein Buch könnte ein gebundenes Schriftdokument mit nummerierten Seiten sein und der Koran als etwas Drittes, gar Unbekanntes oder etwas sogar als etwas Heiliges erkannt werden, woraus unterschiedliche Umgangsformen mit dem Gegenstand bei den Kindern resultieren können. Die visuelle Unterstützung trug dazu bei, dass erkennbar wurde: alle drei Benennungen (Heilige Schrift, Buch und Koran) stehen für einen Gegenstand.

Ebenso zeigte sich, dass der Perspektivenwechsel hinsichtlich einer kindgerechten themenbezogenen Sprache an anderen Stellen nicht gelang (z. B. durch die Verwendung von Begriffen wie „entweiht" oder „heilig"). Es zeigt sich hier somit die Relevanz mit unterschiedlichen Dimensionen (visuell, verbal, praktisch) zu arbeiten, um Sachverhalte erklärbar zu machen.

8.5   Zusammenfassender Blick auf Erkenntnisse beider Gesprächsfeinanalysen

In einem zusammenfassenden Blick auf beide Gesprächsfeinanalysen sollen nun zentrale Erkenntnisse, die im Detail bereits in den einzelnen Gesprächsfeinanalysen dokumentiert und diskutiert sind, pointiert entlang der Hauptforschungsfrage mit Blick auf die Sub-Forschungsfragen fokussiert werden.

v) Empathie und Perspektivenwechsel (in interreligiösen Begegnungen) muss in einem Netz aus (interdependenten) Kompetenzen verschiedener Bereiche gedacht werden, d. h. kommunikativ, religionsmethodisch/-didaktisch, sozioemotional (...). Insbesondere in diesem Netz lassen sich näher Möglichkeiten der Förderung von Empathie und Perspektivenwechsel vermuten und ansiedeln.

Hinsichtlich der Interdependenzen einzelner Kompetenzen zeigten sich in der Auswertungsmethode insgesamt ähnliche Erkenntnisse wie bereits schon in der qualitativen Inhaltsanalyse. Bedingt durch ihre Methodik, bestätigt die sequenzielle Gesprächsfeinanalyse in der Tiefenschärfe, dass Empathie und Perspektivenwechsel von Kompetenzen wie Motivation, Interesse, Kommunikation, Freude und Wissenserwerb (und weiteren) umgeben sind und insbesondere in diesem Netz gefördert werden können.[74] So zeigten sich in den Sequenzen exemplarische Situationen, in denen deutlich wurde, dass ohne kontextuelles Wissen, ein Perspektivenwechsel erschwert wird. Oder umgekehrt, ohne den Perspektivenwechsel, es zu Missverständnissen in der Kommunikation kommen kann. Andererseits zeigte sich, dass die Gestaltung eines atmosphärischen Lernarrangements und das empathische Sprechen, Loben, Ermutigen angstfreies Lernen unterstützten kann, welches wiederum Empathie und Perspektivenwechsel unterstützt.

w) Beide Sequenzen zeigen Gesprächssituationen, in denen sich Atmosphärisches und Nonverbales zeigt. Diesem kommt eine Wichtigkeit hinzu, denn in der Gestaltung einer sympathischen, offenen und meinungs-, macht und geschlechterspezifisch sensiblen Atmosphäre können Angebote für empathische Prozesse unter den lernenden Kindern liegen. Ferner benötigt es somit für Gelingensfaktoren zur Förderung von Empathie und Perspektivenwechsel ein Bewusstsein und strukturelle Unterstützung zur Ausbildung für geschlechter-, differenz- und machtspezifischen Perspektiven sowohl seitens der Lehrenden als auch der Lernenden.

Beide Sequenzen zeigen Workshops, in denen auf verschiedenen Zugängen (kommunikativ, mittels des didaktischen Ansatzes, räumlich strukturell etc.) versucht wurde eine freundliche Atmosphäre zu erzeugen. Die positiven Auswirkungen dessen sind in den einzelnen Thesen beider Sequenzen beschrieben. Einzelne Gesprächssituationen, wie z. B. in der Gesprächsdynamik zur Wahl des Hijabs, welches machtspezifische Auswirkungen auf das Wohlbefinden

---

74 Ein systematisierter Blick findet sich bereits in der qualitativen Inhaltsanalyse. Dort wurden verschiedene Synergieeffekte dargestellt. S. Kapitel *7.4.3.2 Ein analysierender Blick auf Förderperspektiven von Empathie und Perspektivenwechsel: Die kategorienbasierte Auswertung*

Einzelner (hier: Samira) offenbar hatte, kann folglich Prozesse von Empathie der Einzelnen hemmen. Andersherum führte die Kontextualisierung der
islamischen Gebetsmütze zu einer steigenden Motivation – sichtlich in den
zunehmenden Redebeiträgen – und einer Sichtbarkeit Nalas in der Lerngruppe, die diese gerne annimmt. Demnach kann sich Empathie besser in
(Begegnungs-)Situationen ereignen, in denen sich das Individuum wohlfühlt
und im Optimalfall eine freundliche Beziehung zu dem Gegenüber pflegt.
Daher muss die Beziehung zu dem Gegenüber mehrfaktorieller gedacht werden. Aus diesem Grund ist es wichtig, die Perspektiven um Macht, Differenz
und Geschlecht konsequenter mitzudenken, damit (interreligiöse) Lernprozesse ganzheitlich gelingen können. Ebenso hängt damit auch ein Bewusstsein und eine Sensibilität dafür bei dem Gegenüber, den Lehrpersonen und
Schüler:innen zusammen.

Die dargestellten Gesprächsfeinanalysen zeigten, dass strukturelle
Bedingungen von Macht, Geschlecht und Differenz, in denen interreligiöse
Lernprozesse eingebettet sein können, sichtbar werden. So können religiös-
kulturelle Gegenstände geschlechterspezifisch vorstrukturiert sein, wie z. B.
das Hijab (Sequenz I) und die islamische Gebetsmütze Takke (Sequenz II).
Das kann Auswirkungen auf das Interesse und die Motivation der Zielgruppe
haben und dementsprechend – interdependent zu verstehen – Angebote von
Prozessen der Empathie und des Perspektivenwechsels entweder ermöglichen
oder eher hemmen.

Für Lehrende, die interreligiöse Lernprozesse begleiten, ergeben sich
dadurch Anforderungen, in ihre empathische Haltung, auch differenz-,
macht-, und geschlechtersensible (und sicherlich weitere) Perspektiven einzubinden. Diese Perspektiven sind noch nicht eng genug im Sinne einer pluralistischen Religionspädagogik mit dem interreligiösen Kompetenzverständnis
zusammen gedacht. Darüber hinaus fehlt es an Ressourcen insbesondere
für Lehrende, z. B. in Form von Fortbildungen, externen Unterstützungsan-
geboten, finanziellen Ressourcen und diversitätsbezogenen Netzwerken.

*x) In dem Atmosphärischen und Nonverbalen zeigte sich auf der emotionalen
Dimension das Ambiguitätserleben Einzelner und in der Gesprächsinteraktion
untereinander. Dieses als Lernende:r zu erleben und zu kommunizieren (verbal
und nonverbal) ist ein wichtiger Schritt. Dieses als Lehrende:r pädagogisch interreligiös kompetent zu erkennen und zu begleiten wäre der nächste. Situationen und
Angebote zu offerieren, in denen Perspektiven gewechselt und eine empathische
Haltung eingenommen werden, können Antwortmöglichkeiten im Umgang mit
ambigen Gefühle sein.*
Insbesondere in Sequenz I zeigte sich das Ambiguitätserleben am Gegenstand des Kopftuches durch die Gesprächsdynamik, in welcher Luna großen

Raum einnimmt, sehr deutlich. Zudem stellte sich heraus, dass die Workshop-leiterinnen ihr zwar die Möglichkeit gaben, dieses Gefühl zu kommunizieren, allerdings konnten sie dieses nicht pädagogisch professionell begleiten. Dieses als Lehrperson zu erkennen und pädagogisch angemessen zu begleiten ist herausfordernd und erfordert eine Professionalisierungskompetenz dessen. Mit Berücksichtigung der vor Ort gegebenen günstigen, positiven Lern-atmosphäre hätte es diese zugelassen, die Formen des ambigen (emotionalen) Erlebens zu thematisieren und dazu Anlässe von Perspektivenwechseln oder auch, je nach Lerngruppe, von Situationen, die Empathie erfordern, zu offerieren. Dafür benötigt es Lehrpersonen, die ambige Erlebensformen sowie ambige Gesprächsdynamiken und auch weitere emotional vorstrukturierte Situationen im Kontext von religiösen Bildungsprozessen sensibel erkennen und angemessen reagieren können. Diese Situationen, in denen emotionale Erlebensformen unter den Kindern deutlich werden, zeigen sich immer wieder, insbesondere am Lernen mit religiös-kulturellen Gegenständen[75] und sollten im Vorfeld zeitlich bereits in das Konzept mitbedacht werden, um diesem Raum geben zu können.

Aus diesem Grund, sollte die Frage nach der Relevanz und Rolle der sozio-emotionalen Dimension bei interreligiösen Lernprozessen, insbesondere bei dialogischen Begegnungen stärker im religionspädagogischen Diskurs thematisiert werden.

y) Ich-Aussagen sind konkrete pädagogische Möglichkeiten, um Erlebensformen in interreligiösen Begegnungsprozessen zu verbalisieren. Sie können ermöglichen, dass auf diesem Weg Empathie untereinander leichter gelingen kann, weil die Ich-Aussage immer auf die Erlebensform des individuellen Ichs rekrutiert.

Die Erkundung der Gegenstände zeigte in beiden Sequenzen deutliche Erlebensformen (Interesse, Ambiguitätserleben, Lachen ...), die von den Workshopleiterinnen nicht aufgegriffen worden sind. Ich-Aussagen ermöglichen die Gefühlswelt und/oder sachliche Informationen in einem selbstbestimmten Rahmen mit der Lerngruppe zu teilen und darüber Angebote zu

---

75 S. beispielsweise die Schilderungen Karlo Meyers (2019), S. 271 ff. dort beschreibt er eine Situation des Ambiguitätserlebens in einer Klasse, in der der Gebetsruf (arabisch: Azān) abgespielt wird und Jungen der Klasse kichern, da es „komisch" klingt oder H. Streib (2005), S. 233 berichtet von einer Begebenheit, die sich nach dem Abspielen des Gebetsrufes zeigt: *„Die Warnung ging als Flüsterbotschaft durch die Klasse, beim Ruf zum Gebet ja nicht zu lachen. Eine Gruppe von Mädchen berichtet in einem der Simulated-Re-call-Interviews ganz aufgeregt und durcheinander redend, dass muslimische Jungs ihnen erklärt hätten, dass den die Strafe des Allmächtigen träfe, der lacht, wenn der Ruf zum Gebet erschallt. Es kam auf dem Pausenhof gar zu Handgreiflichkeiten, durch die einige muslimische Jungs quasi etwas vom Jüngsten Gericht vorwegnahmen."*

Möglichkeiten von Perspektivenwechsel und Empathie mit der Lerngruppe zu teilen. Sie ermöglichen die Vielfalt individueller religiöser Erlebensformen darzustellen und somit fluide religiöse Identitäten sichtbar zu machen. Das kann auch mit positiven Folgen hinsichtlich der Reflexionskompetenz von stereotypischem Denken und Vorurteilen einhergehen. Insbesondere Lehrpersonen nehmen wichtige Funktion in ihrer Rolle im Klassengeschehen ein. Lernende sind sehr interessiert daran zu erfahren, was die Lehrenden denken, glauben und fühlen. Sie sollen ermutigt werden, Ich-Aussagen zu nutzen, um auch mit der Lerngruppe über eigene religiöse Erlebensformen zu kommunizieren und darüber eine Transparenz fluider und invidiueller Religiositäten innerhalb der Lerngruppe kennenzulernen und anzuregen.

Weitere Thesen mit Ausblick und offenen Anfragen

> *z) Die religiös-kulturellen Gegenstände der islamischen Religionsgemeinschaft wurden in beiden Sequenzen unzulänglich sowohl religionskundlich als auch religiös-individuell von den Lehrenden und Lernenden begründet. Eine islamische Lehrperson könnte authentische Perspektive einbringen, zu weiterer anregen und beschriebene Schwerpunkte pädagogisch angemessen setzen.*

Ein Perspektivenwechsel in eine Person anderen Religionshintergrundes wird nie vollständig gelingen und das soll er auch nicht. Es benötigt ein bleibendes Gegenüber. Die Kontextualisierung der Gegenstände in beiden Sequenzen zeigte jedoch Optimierungsbedarf insbesondere auf der religionskundlichen Ebene:

In Sequenz I wurde das Hijab zumeist im Kontext von ästhetischen Gründen, weniger im Kontext von religiösen oder individuellen, diskutiert. In Sequenz II wurde der Koran einseitig im Kontext von reinen und unreinen Dichotomien diskutiert. Eine islamische Lehrperson könnte unter Einbezug eigener authentischer religiöser Erfahrungsberichte und fachlich ausgebildetem islamisch religionspädagogischen Wissen das Workshopgespräch bereichern und darüber zu weiteren Perspektivenwechseln in der Lerngruppe anregen.[76] Eine religionskundliche Ebene kann weitestgehend auch eine informierte christliche Lehrperson vermitteln und somit zu Perspektiven-

---

76   So könnte die islamische Lehrperson das Hijab als eine Form der Kopfbedeckung und als religiöses Gebot religionskundlich einführen sowie als Bedeckung, die für einige Musliminnen identitätsstiftend und von höchster Relevanz ist. Gegebenenfalls können darüber hinaus eigene Erfahrungsdimensionen im Alltag mit Hijab in der Lerngruppe geteilt sowie die Bedeutungsebenen von dem Heiligen Buch, dem Koran (das Wort Gottes) religionskundlich, auch im Vergleich zur Heiligen Schrift, der Bibel, geklärt werden. U.U. würde dann auch nicht, wie in der Sequenz II vorzufinden ist, der Koran auf dem

wechseln in der Lerngruppe anregen. Eine sozio-emotionale Perspektive über beispielsweise einer Darstellung eigener Erlebensformen und Erfahrungen, sollte jedoch über, in diesem Fall, eine islamische Lehrperson erfolgen. Zudem können über islamische Lehrpersonen, als Teil einer religiösen Minorität, Perspektiven und authentische Erfahrungen in Strukturen, z. B. an der Erkundung religiös kultureller Gegenstände sichtbar werden. Auch darüber können sich völlig neue Perspektiven für die Lerngruppe eröffnen. Darüber hinaus könnten sich über die strukturelle Erneuerung eines Team-Teachings religionsbezogene Machtstrukturen auf der Ebene der Lehrperson verändern sowie weibliche und männliche christliche bzw. muslimische *rolemodels* könnten in der Rolle als Lehrperson agieren und ihr unterschiedliches Wissen, Perspektiven und Erfahrungen mit der Lerngruppe teilen.

Aus diesen Gründen ist über die Relevanz und die konkrete Gestaltung von multi-religiösen Team-Teachings in interreligiösen Bildungsprozessen im religionspädagogischen Diskurs zu thematisieren.

> *aa) Die religiös-kulturellen Gegenstände eröffneten eine Reihe von Erlebensformen unter den Lernenden, welche als Anlass genommen werden können, um geschlechterspezifische Perspektiven anzuregen.*

Insbesondere bei Gegenständen, die geschlechterspezifisch vorstrukturiert sind, wie z. B. beim Hijab oder der islamischen Gebetsmütze, können bewusst Fragen gestellt werden, die zum Perspektivenwechsel anregen. Dabei soll nicht gefragt werden „Wie würdest du dich fühlen, wenn du ein Hijab trägst?", sondern es sollen authentische Einblicke in die Erfahrungen mit dem Hijab kennengelernt und nachvollzogen (gar empathisch nachgefühlt) werden.

Aus diesen Gründen ist über die performative Dimension und dessen Grenzen interreligiösen Zeugnislernens im religionspädagogischen Diskurs weiter vertiefend nachzudenken.

Rückblick und Ausblick des vorliegenden Kapitels:

Das Kapitel ist in zwei Teile unterteilbar: A) Methodologische Vorstellung von (sequenziellen) Gesprächsfeinanalysen und die Einführung in die vorliegenden Gesprächsfeinanalysen, Kapitel 1–3 und B) Durchführung von zwei sequenziellen Gesprächsfeinanalyse, Kapitel 4.

Boden liegen. (Der Koran als Heiliges Buch wird im Sinne der Wertschätzung nicht auf den Boden gelegt.)
All das können Angebote von Perspektivenwechsel und Empathie darstellen.

Die Herausforderung bestand darin, die, in den drei Kapiteln beschriebene und ausgearbeitete, Methodik an dem eigenen Datenmaterial durchzuführen. Das Resultat sind 27 generierte Thesen.

Nachdem nun das Datenmaterial mittels zweier qualitativer Auswertungsmethoden in Kapitel 7 und 8 bearbeitet wurde, werden nun in Kapitel 9 sowohl die Methoden im Einzelnen als auch in ihrem triangulativen Potential hinsichtlich des Forschungsvorhabens reflektiert.

KAPITEL 9

Reflexion der methodischen Arbeit in der empirischen Studie

9.1   Einordnung in den Kontext

Empirische Forschung ist immer ein Prozess, in dem Erfahrungen und Wissen erworben wird, Korrekturen und Ergänzungen durchgeführt und diese reflektiert, gegebenenfalls modifiziert werden. Nachdem das videographierte und transkribierte Datenmaterial mittels zweier qualitativ-empirischer Methoden in Kapitel 7 und 8 analysiert und ausgewertet wurde, sollen nun die Auswertungsinstrumente methodisch reflektiert werden. Das bedeutet, dass in einem ersten Schritt die Auswertungsmethoden im Einzelnen (9.2) und in einem zweiten Schritt hinsichtlich ihres triangulativen Potentials (9.3) reflektiert werden.

Der vorliegende Abschnitt soll somit die methodologisch-empirische Arbeit über eine Reflexion hinsichtlich der Passung von Forschungsinstrumenten und Datenmaterial abrunden.

9.2   Reflexion beider qualitativer Auswertungsmethoden

Das vorliegende Forschungsprojekt zeichnet sich durch den direkten Zugang auf etwas, das hochgradig komplex ist, nämlich auf (oft sich parallel ereignenden) Interaktionen in Workshops innerhalb interreligiöser Begegnungssituationen bei Lehrenden und Lernenden des Bildungsprogramms der Kinderakademie der Weltreligionen durch videographierte und transkribierte Aufzeichnungen aus.[1] Workshop- und analog dazu auch, Unterrichtsgeschehen sind keine Summe von Einzelfaktoren, die linear nebeneinander laufen, sondern – und das zeigen die empirischen Ergebnisse inhaltlich sehr gut – ein Gerüst aus sich interdependent zueinander verhaltenen Faktoren, die sich gegenseitig beeinflussen können. Das macht die Beobachtung und empirische Untersuchung dieser so anspruchsvoll.

---

1   S. Kapitel *6.7 Hinführung zur Wahl der Erhebungsmethoden*

Das vorliegende Forschungsprojekt ist ein exploratives Forschungsprojekt, dass verschiedene methodische Schritte ausprobiert und diskutiert hat.[2]

Im Folgenden werden nun insbesondere die Stärken und Schwächen beider Auswertungsmethoden (z. B. eigener Vor-Urteile und eindimensionale Konstruktionen der Realität präventiv entgegen zu wirken) kritisch reflektiert.

9.2.1   *Inhaltlich strukturierende qualitative Inhaltsanalyse*

Die Stärke der qualitativen Inhaltsanalyse begründet sich in der Charakteristik des Auswertungsinstrumentes selbst, welches eine regelgeleitete, sukzessive Systematisierung des breiten Datenmaterials ermöglicht und Fragen, auf Grundlage der neu gewonnenen Erkenntnisse aufwirft. Eine qualitative Inhaltsanalyse arbeitet anhand von Haupt- und Subkategorien, sowohl deduktiv als auch induktiv. In der Studie hatte dies den Vorteil, dass eigene Konstruktionen der Forscherin, wie bereits die ausgearbeiteten fachtheoretischen Ebenen (gebündelt in Kapitel 5) methodengerecht reduziert in die empirische Arbeit implementiert werden konnten. Gleichzeitig konnte über die induktive Kategorienbildung eine empirische Offenheit aufrechtgehalten werden, die sich insbesondere in der empirischen Arbeit über die Kategorie der Störfaktoren von Empathie und Perspektivenwechsel zeigte.[3] Schwäche und Stärke liegen dabei zugleich in den vielfältigen Möglichkeiten der Ausgestaltung im Rahmen einer qualitativen Inhaltsanalyse. Die Flexibilität in den Inhaltsanalysen ermöglichte, dass Konstruktionen der Forscherin, wie beispielweise fachtheoretisches Wissen in Ebenen darzustellen, nicht im Sinne eines strengen methodologischen Gerüsts verändert oder stark angepasst werden mussten. Indes erfordert jedoch eine qualitative Inhaltsanalyse (und die Arbeit mit MAXQDA) zum einen eine hohe Reflexionskompetenz und Ehrlichkeit gegenüber des eigenen empirischen Arbeitens und zum anderen (indirekt) professionelle Erfahrungen im empirischen Arbeiten mit qualitativen Inhaltsanalysen vorzuweisen. So zeigt sich insbesondere für unerfahrenere Empiriker:innen in der Flexibilität ebenso wie im Ausgestaltungsspielraum von qualitativen Inhaltsanalysen eine Chance und Herausforderung zugleich, da einerseits viel Spielraum für eigene Erkundungsinteressen am Thema, aber

---

2   Dies erfolgte beispielweise u. a. über die Methode der teilnehmenden Beobachtung mit Hilfe von Beobachter:innen im Forschungsfeld, die Beobachtungsbögen ausfüllten und freie Notizen anfertigten. Die Auswertungen dessen wurden nicht im engen Sinne für das vorliegende Forschungsprojekt verwendet, s. nähere Erklärungen dazu in Kapitel *6.6.4 Der Einsatz im Forschungsfeld*, vgl. zu den konkreten Überlegungen in Kapitel *6.8 Hinführung zur Wahl der Auswertungsmethoden*.

3   Meine Überlegungen und Begründungen zur Kategorienbildung des vorliegenden Forschungsprojektes stelle ich in Kapitel *7.3.3.1 Kategorienbildung* dar.

auch am methodisch-technischen Instrument, MAXQDA, gegeben wird, andererseits diese jedoch letztlich empirisch, strukturell und inhaltlich kohärent sein müssen und dem Forschungsanliegen dienlich sein sollten.

MAXQDA erwies sich als sehr gute digitale Software für qualitative Forschungen, um die umfangreichen Datensätze des Forschungsprojektes zu fassen, diese zu systematisieren, in ihrer Komplexität zu reduzieren und nach Schwerpunkten zu analysieren. Voraussetzung dafür war eine sorgfältige, plausible Codierung (inklusive Kategoriendefinition) in einem gepflegten Kategoriensystem.[4] Dies stellte eine Herausforderung dar, insbesondere hinsichtlich der Codierung eines Forschungsthemas, welches sich im Datenmaterial oft im Atmosphärischen, Nonverbalen und Nichtsichtbaren zeigte und dadurch noch stärker an der Zuordnung der Forscherin gebunden war. Das machte Folgendes dadurch im Wesentlichen erforderlich: eine kommunikative Validierung durch die Scientific Community, die Diskussion mit den Forschungsteilnehmenden sowie die Triangulation mit einer anderen qualitativen Zugangsweise. Darüber hinaus zeigte es, an welcher Stelle, trotz aller empirischen Möglichkeiten, Grenzen des empirischen Zugriffs liegen (sollten). Annegret Reese-Schnitker argumentiert:

> Was können wir beobachten und was entzieht sich unserer Wahrnehmung? Wir können das sichtbare Verhalten der Akteur_innen, der Lehrpersonen und Schüler_innen, systematisiert beobachten und bewerten, aber [...] nicht in die Köpfe der Menschen hineinschauen.[5]

In einem Forschungsprojekt, das sich immer wieder im Bereich des Nonverbalen und Atmosphärischen ereignet, stellte es eine Achtsamkeit dar, Grenzen empirischen Zugriffs zu erkennen und einzuhalten.

Mittels der qualitativen Inhaltsanalyse ließen sich alle Haupt- und Sub-Forschungsfragen durch Anwendung unterschiedlicher bewusst gewählter Analyseformen innerhalb der qualitativen Inhaltsanalyse bearbeiten und systematisieren.[6] Die verschiedenen Analyseformen ermöglichten unterschiedliche Schwerpunkte zu untersuchen.[7]

---

4 Meine Überlegungen und Begründungen zu Kategoriendefinitionen und dem Kategorienhandbuch des vorliegenden Forschungsprojektes stelle ich in Kapitel 7.3.3.2 *Kategoriendefinitionen* und 7.3.3.3 *Kategorienhandbuch* dar.

5 Reese-Schnitker (2022), S. 213

6 S. Kapitel 7.4.2 *Begründung ausgewählter Analyseformen*

7 S. Kapitel 7.4.3.2–7.4.3.4

Die abschließende Diskussion mit ausgewählten Forschungsteilnehmenden trug entscheidend dazu bei, intersubjektive Konstruktionen der Forscherin zu entzerren und die Erkenntnisse mehrperspektivisch zu ergänzen.

Die vorliegende qualitative Inhaltsanalyse hat es nicht geschafft, Tiefenstrukturen des Datenmaterials in der Breite sichtbar zu machen. Sequenzen, die mit Memos für die sequenziellen Gesprächsfeinanalyse gekennzeichnet wurden, konnten mittels der qualitativen Inhaltsanalyse und dem entstandenen Kategorienhandbuch nur oberflächlich analysiert werden.

In der Funktion der Memos zeigte sich wiederum jedoch die Stärke. Memos konnten individuell am Datenmaterial gesetzt werden. Insbesondere durch diese bestand die Möglichkeit einzelne Verweise auf interessante Sequenzen am Datenmaterial zu hinterlegen. Daraus resultierte eine Auswahl der anstehenden Gesprächsfeinanalysen.

Die Darstellung der Ergebnisse erfolgte über das Textformat eines Forschungsberichtes. Dieser forderte die Ergebnisse der Untersuchung entlang der Forschungsfragen konkret dem Lesenden ansprechend darzustellen. Darüber hinaus umfasst der Forschungsbericht aber auch den Prozess bis zum Resultat zu beschreiben. In diesem Prozess kann die eigene Professionalität des empirischen Arbeitens, Ausprobierens und Reflektierens gezeigt werden. Die Transparenz ist wichtig, um die Studie besser zu durchdringen.

MAXQDA ermöglicht, dass ein Datentransfer der bisherigen empirischen Arbeit an andere Forschende möglich wäre, um das vorliegende Forschungsanliegen zu überprüfen, anders zu beleuchten oder um weitere Forschungsanliegen daran zu untersuchen.

Eine Strategie im Sinne externer Studiengüte zur Prüfung der Verallgemeinerung von Ergebnissen der Empirie könnte sein, die untersuchten Workshops mit anderen Gruppen von Kindern mehrfach zu wiederholen und die Erkenntnisse zu protokollieren. Sind die Ergebnisse stets die gleichen, lassen sich Verallgemeinerungen aussprechen bis der Beweis für das Gegenteil erfolgt.[8]

9.2.2   *Sequenzielle Gesprächsfeinanalyse*

Die größte Stärke und zugleich Besonderheit der sequenziellen Gesprächsfeinanalyse ist m. E., latente Tiefenstrukturen und Funktionen in Gesprächs- und Interaktionsdynamiken einer Sequenz sukzessiv in der Analyse zu erkennen und das zunächst Verborgene, Irritierende durch die Analyse besser zu verstehen.

---

8   Vgl. Kuckartz & Rädiker (2022), S. 253

Durch ihre methodologische Programmatik bot das qualitative Auswertungsinstrument die Chance das Lernpotential einzelner Gesprächsdynamiken oder Interaktionen herauszustellen und gleichzeitig auf vertane Lernchancen aufmerksam zu machen.

Die Herausforderung ist, sich möglichst unvoreingenommen der Sequenz zu nähern und diese im sogenannten turn-by-turn-Verfahren in einem Raum multipler Lesarten zu interpretieren. Die Auswertungsteams konnten sich den Sequenzen hinsichtlich des Forschungskontextes unvoreingenommener als die Forscherin nähern, da diese im Rahmen der bisherigen empirischen Untersuchungen und zugleich als Gründerin des Bildungsprojektes der Kinderakademie stärker involviert war.

Da die bereits durchgeführte qualitative Inhaltsanalyse allerdings nur auffällige Sequenzen markierte, jedoch weniger in der Tiefenstruktur analysierte, handelte es sich ebenso für die Forscherin um Sequenzen, die Neugier, positive Irritationen und etwas Verborgenes beinhalteten. In dieser Hinsicht konnten alle Beteiligten mit empirischer Offenheit und Neugier die Sequenzen mittels der Auswertungsinstrumentes untersuchen.

Die Arbeit in den Auswertungsteams ist eine Stärke des methodischen Zugangs und aus meiner Sicht unentbehrlich. Die multiplen Lesarten des Auswertungsteams und die unterschiedlichen Erfahrungshorizonte mit der Auswertungsmethode ermöglichten die Sequenzen sukzessiv in ihren latenten Tiefenstrukturen aufzudecken. Die Arbeit am Text, an der Wort- und Bedeutungsebene, war besonders gut über die methodische Vorgehensweise des turn by turn Vorgehens durch die Einzelnen des Auswertungsteams möglich. Auf diesem Weg konnte inhaltlich neue Perspektiven im Team eröffnet werden, die sich im Laufe des Gespräches entwickelten. Darüber hinaus wurden durch die unterschiedlichen Perspektiven der Auswertungsteams, intersubjektive Lesarten und Konstruktionen der Forscherin deutlicher, welche daraufhin reflektiert werden mussten.

Empiriker:innen mit wenig Erfahrung haben durch die Arbeit in den Auswertungsteams die Chance schnell Kompetenzen in der Durchführung mit der Auswertungsmethode zu erwerben.

Während der Untersuchung zeigte sich, die Relevanz einer sorgfältig überlegten Zusammensetzung des Auswertungsteams. Die Kolleg:innen unterschiedlicher religiöser, kultureller, beruflicher und sozialer Hintergründe konnten in diesen Kontexten ihre spezifische Perspektiven an den einzelnen Sequenzen zeigen, mit den anderen teilen und für entsprechende plausible Interpretationen sensibilisieren.[9]

---

9 Das geht einher, mit der bereits mehrfach in der vorliegenden Arbeit beschriebenen Thematik, dass Perspektiven von Personen anderer religiöser, kultureller Hintergründe nie

Die Arbeit in Auswertungsteams erforderte allerdings auch eine zuverlässige zeitliche Koordination, Geduld und das Engagement aller Beteiligten. Gesprächsfeinanalysen sind zeit- und personenaufwändig. So waren arbeitsökonomische Prozesse zum Teil stark abhängig von Einzelnen der Auswertungsteams (in der Findung von Terminen, in dem Rücksenden der korrigierten und ergänzten Analyseberichte). In diesem Forschungsprojekt gelang die Arbeit in den Auswertungsteam mehrheitlich sehr gut und zeitnah.[10]

Die Darstellung der Ergebnisse erfolgte über das Textformat abschließender Thesen. Herausfordernd ist in diesem Zusammenhang, Thesen zu verfassen, die für den zunächst unwissenden Lesenden nachvollziehbar sind und trotzdem die analysierten Ergebnisse, die immer Teil eines Kontextes sind, inhaltlich zu konkretisieren.

Thesen als zugespitzte Behauptungen sind bereits stilistisch bedingt, eine Auf- und Einforderung in den Austausch mit der Scientific Community zu treten. Die Anschlussfähigkeit an den religionspädagogischen Diskurs ist daher gegeben. Darüber hinaus können die Thesen auch dazu dienen in quantitativ-empirischen Untersuchungen überprüft zu werden und so zu fachdidaktischen Theorienentwicklungen beizutragen.[11]

Der strukturelle Aufbau der Methode (I) Kontextwissen, II) Durchführung, III) abschließende Thesen) ermöglicht, dass die Ergebnisse an andere Forschende transferiert werden können und so für weitere (sich an diesem Forschungsinteresse anschließende) Forschungsprojekte nützlich sein können. Eine Strategie zur Prüfung der Verallgemeinerung von Ergebnissen der Empirie könnte die mehrfach wiederholende Durchführung der sequenziellen Gesprächsfeinanalyse mit je unterschiedlichen Auswertungsgruppen sein, wodurch weitere Analyseberichte entstehen. Diese Wiederholungen können so oft wiederholt werden bis eine Sättigung eintritt bzw. bis signifikante Unterschiede in den Analyseberichten deutlich werden, die das Gegenteil beweisen.

9.3   Reflexion der Methodentriangulation

Aus den Stärken und Schwächen der Methodenreflexion lassen sich auch Erkenntnisse über das Potential der Triangulation ableiten. Im Folgenden soll

---

vollständig eingenommen werden können und sollen. Dies wiederum macht ein religiös-kulturell diverses Auswertungsteam erforderlich.

10   So konnte die Sequenz I innerhalb eines Monats abgeschlossen werden, Sequenz II dauerte drei Monate.

11   Vgl. Reese-Schnitker in Schambeck & Riegel (2018), S. 250

nun der Frage nach dem methodischen Gewinn bezüglich der Forschungsfragen durch die ausgewählte Methodentriangulation nachgegangen werden.

Im Sinne einer Methodentriangulation können die beiden Auswertungsinstrumente in dieser empirischen Forschung optimal miteinander konstruktiv in einen Sinnzusammenhang gebracht werden.

Die Wahl der beiden Auswertungsmethoden erscheint dabei günstig. Zwar
sind sie in ihrer methodologischen Charakteristik durchaus verschieden, dennoch fußen beide auf verwandten und anschließbaren grundtheoretischen
Gedanken im Sinne einer qualitativen Methodologie. Das ist wichtig um
kompatible Ergebnisse zu generieren.[12] Hinsichtlich des Forschungsanliegens
und des Datenmaterials wurden Überlegungen zu verschiedenen empirisch-
methodische Zugänge zur Analyse durchdacht.[13] Die qualitative Methodenkombination dieser empirischen Forschung hat sich in dieser Form bewährt,
vor allem hinsichtlich inhaltlicher Befunde und auch unter Berücksichtigung
arbeitsökonomischer Möglichkeiten (Aufwand – Ertrag).

Besonders ertragreich zeigte sich die Triangulation hinsichtlich des reduk-
tiven und selektiven Vorgehens.[14] Qualitative Inhaltsanalysen benötigen
große Datensätze, um methodisch funktionieren zu können.[15] In dieser Hinsicht stellte sich diese Auswertungsmethode als geeignete Wahl heraus,
um den Datensatz des Forschungsprojektes zunächst einmal methodisch-
inhaltlich fassen und folgend systematisieren zu können. Die Methode zeigte
ihre Grenzen in der, wie Annegret Reese-Schnitker schreibt, *mikroskopischen
Tiefenschärfe*[16], die durch die Absichten der methodologischen Vorgehensweise sequenzieller Gesprächsfeinanalysen kompensiert werden konnte. Im
Datenmaterial konnten so insbesondere Themenbereiche wie das Ambiguitätserleben, das empathische Sprechen und intersektionale Strukturen als
deutliche Themenbereiche sichtbar gemacht werden.[17]

---

12 Vgl. Reese (2005), S. 17

13 S. dazu die angestellten Überlegungen in Kapitel *6.8 Hinführung zur Wahl der
   Auswertungsmethoden*

14 S. Kapitel *6.8.3 Mehrperspektivität ermöglichen: Methodentriangulation, Tabelle 15*

15 Vgl. Kuckartz & Rädiker (2022), S. 142, Die Kategoriensysteme sind mit kleinen Daten-
   sätzen wenig gut anwendbar, insbesondere in der Arbeit mit der Software für qualitative Forschung MAXQDA. Sie benötigt einen größeren Datensatz, um die technischen
   Möglichkeiten im Sinne repräsentativer qualitativer Arbeit umsetzen zu können.

16 Reese-Schnitker (2005), S. 30

17 Rudolf Englert in Schambeck & Riegel (2018), S. 138 beschreibt seine forschungs-
   praktischen Erfahrungen ähnlich: *„Die schrittweise sich enthüllende Sinnstruktur von
   Interaktionen macht die hermeneutische Arbeit, gerade wenn man der Dynamik unterrichtlicher Verläufe schrittweise folgt, immer wieder neu zu einem Erlebnis. Das dabei erzielte
   Verständnis von unterrichtlichen Kommunikationen geht in der Regel weit über das hinaus,*

Durch die sequenzielle Gesprächsfeinanalyse zeigte sich insbesondere die Relevanz geschlechter-, macht- und differenzsensible Perspektiven in diesem Kontext mitzudenken.

In der qualitativen Inhaltsanalyse bezogen sich die Befunde stark auf die (starre) Zuordnung anhand der vier aufgemachten Ebenen[18], welche eine sinnvolle und notwendige Systematisierung der Inhalte zur Folge hatte. Drei wichtige Aspekte ließen sich aus der empirischen Arbeit mittels der qualitativen Inhaltsanalyse empirisch bestätigen bzw. reflektieren: 1) Das Forschungsinteresse lässt sich nicht trennscharf auf vorgeschriebene Ebenen systematisieren, 2) jedoch sind diese Ebenen wichtig, um das Forschungsinteresse für die konkrete Anwendung von Fördermöglichkeiten in der Praxis greifbarer zu machen und 3) die Erkenntnisse wurden eher methodologisch fleißig analysierend begründet als dass sie inhaltlich im Sinne innovativer Gedanken überraschten.

Ausgehend von dieser empirischen Zwischenlage war die Triangulation mit der sequenziellen Gesprächsfeinanalyse relevant und unabdingbar. Sie baute mittels ihrer methodologischen Vorgehensweise auf den (auch durch die Ebenen systematisierten) Befunden der ersten Auswertungsmethode auf und stellte Einzelnes (Ambiguitätserleben, empathisches Sprechen etc.) deutlich heraus. So konnten die bisher gewonnenen Erkenntnisse hinsichtlich der Forschungsfragen vertieft und mehrdimensionalisiert werden, z. B. durch Einbezug von geschlechter-, macht- und differenzsensiblen Kompetenzen als Grundhaltung in interreligiösen, empathischen Begegnungsprozessen bei Lehrenden und Lernenden sowie der Relevanz von Strukturen, die interreligiöse Team-Teaching-Prozesse unterstützen. Die ermittelten Erkenntnisse in Kapitel 8 hatten zur Folge, dass die, ursprünglich in Kapitel 7 aufgrund von geringer Datenlage herausgenommene strukturelle, bildungspolitische Ebene[19], nun wieder an Relevanz zunahm und infolgedessen letztlich auch in

---

       was sich durch eine kategoriengeleitete Inhaltsanalyse bzw. durch den Einsatz von Ratinginstrumenten erzielen lässt. Da aber kategoriengeleitete Analysen weitaus größere Datenmengen zu verarbeiten vermögen als sequenzielle Analysen, sind, noch einmal, beide Instrumentarien für die Unterrichtsforschung hilfreich und unverzichtbar."

18   Subjektorientierte Ebene, Kommunikationspsychologische Ebene, Religionsdidaktische/ Religionsmethodische Ebene, Religionspädagogisch-Entwicklungspsychologische Ebene

19   Die Ebenen des Kapitels 5 wurden in Kapitel 7 an das Datenmaterial mittels der qualitativen Inhaltsanalyse herangetragen. Entlang der Ausgangsfrage „Was ist im Datenmaterial konkret sichtbar?" erwies sich die strukturelle, bildungspolitische Ebene als inhaltlich nicht aussagekräftig. Ausführliche Begründung in Kapitel *7.3.3.3 Kategorienhandbuch*

den 23 Thesen[20] und der Darstellung des FEBIP-Modells[21] eine zentrale Position einnahm.

Vor dem Hintergrund einer kritischen Reflexion der Auswertungsmethoden müssen abschließend folgende Grenzen erwähnt werden:

Ein Einblick in die „Köpfe" der Kinder und Workshopleiterinnen können die Instrumente nicht ermöglichen. Es können nur die beobachtbaren, zum Ausdruck gebrachten Prozesse analysiert und ausgewertet werden. Darüber hinaus ist hervorzuheben, dass die videographierten Daten Momentaufnahmen unter den Auswirkungen einer Aufzeichnungs- ggf. sogar Beobachtungssituation (durch die Beobachtungsteams) sind. Hiervon wird eine Auswahl des gesamten Programmes (die Workshops) beleuchtet, eine Langzeitstudie ist dabei nicht intendiert. Und letztlich dürfen trotz aller Bemühung um Einhaltung der wissenschaftlichen Gütekriterien und Absicherungen durch die kommunikative Validierung in den Auswertungsteams, die Interpretationen und Konstruktionen der Forscherin nicht unbedacht bleiben.

---

20   S. Kapitel *10.2 Ergebnisse in 23 Thesen*
21   S. Kapitel *10.3 FEPIB-Modell – Ein Modell zu Fördermöglichkeiten der Empathie und des Perspektivenwechsels in interreligiösen Begegnungen bei Kindern im Primarbereich*

TEIL III

Zusammenfassung, Diskussion, Ausblick

Konkretisierung aus Empirie und Fachtheorie

10.1 Einordnung in den Kontext

Nachdem in Teil I die fachtheoretischen Grundlegungen herausgearbeitet und in Teil II die empirische Arbeit aufgenommen und durchgeführt wurde, rundet nun Teil III das vorliegende Forschungsprojekt ab, in dem es zentrale Erkenntnisse zusammenführend darstellt, kritisch reflektiert und diskutiert. Infolgedessen werden in diesem Kapitel die theoretischen und empirischen Erkenntnisse konkretisiert. Die gewonnenen Ergebnisse werden mittels 23 bündiger Thesen (*10.2*) sowie einem darauf aufbauenden Modell (*10.3*) zusammenfassend dargestellt. In einem nächsten Schritt erfolgt eine kritische Reflexion, Diskussion und Einordnung der Ergebnisse im Hinblick auf den religionspädagogischen Diskurs (*10.4*). Dem angeschlossen werden ebenso Schlussfolgerungen aus den Forschungserkenntnissen im Hinblick auf den schulischen Kontext ausformuliert (*10.5*). Das Kapitel schließt mit offenen Anfragen bzw. Einschätzungen zu sich anschließendem Forschungsbedarf (*10.6*).

10.2 Ergebnisse in 23 Thesen

Die folgend aufgeführten 23 Thesen bilden die prägnante Zusammenfassung der vorliegenden Studie. Die Thesen sind eine gebündelte Darstellung, welche mit entsprechenden Verweisen in den Fußnoten versehen sind und in den jeweiligen Kapiteln vertiefend nachgelesen werden können.[1] Um einführend einen ersten Einblick zentraler Erkenntnisse der Studie zu gewinnen, können 23 Thesen zunächst umfangreich erscheinen, weshalb fünf zentrale Erkenntnisse der Studie als Überblick der Thesen vorweg ausformuliert wurden (*2.1*). Diese Erkenntnisse werden im Folgenden durch die 23 Thesen aufgegriffen und vertiefend ausgeführt (*2.2.*).

---

1 Bei den entsprechenden Verweisen in den Fußnoten handelt es sich zumeist um Verweise, die die These besonders stark unterstützen. Dass daneben vielfältige weitere Verweise entdeckt werden können, ist selbstverständlich.

10.2.1   *Im Überblick: 5 zentrale Erkenntnisse der Studie als Einführung in*
           die Thesen

(1)   Empathie und Perspektivenwechsel sind Fähigkeiten, welche sich in
      einem multifaktoriellen hochkomplexen Gerüst aus mindestens motiva-
      tionalen, sozialen, emotionalen, affektiven und kognitiven Fähigkeiten
      befinden und sich im Optimalfall interdependent stärken können. Die
      Studie konnte die fachtheoretischen Grundlegungen dahingehend empi-
      risch bestätigen.

(2)   Das Forschungsprojekt ermittelt auf Grundlage der Studie die Rele-
      vanz der Verknüpfung emotionaler und kognitiver Lernkanäle in inter-
      religiösen Lernprozessen im Sinne des Forschungsanliegens. Ein Zugang
      über ein rein religionskundliches Wissen ist notwendig, jedoch in dieser
      Form nicht ausreichend.

(3)   Emotionen wie Angst, ambige Gefühle sowie Freude, Motivation und
      Interesse, die sich in interreligiösen Begegnungs- und Lernprozessen zei-
      gen, müssen von Lehrenden erkannt, wahr- und ernstgenommen sowie
      religionspädagogisch angemessen begleitet werden, um Fördermöglich-
      keiten im Sinne des Forschungsanliegens zu unterstützen.

(4)   Im religionsdidaktischen Ansatz des Zeugnislernens liegt besonderes
      Potential zur Förderung von Empathie und Perspektivenwechsel. Empi-
      rische und praktische Arbeiten zum Umgang mit ambigen Erlebensfor-
      men im Zeugnislernen fehlen und stellen sich somit als ein Desiderat
      heraus, das die Studie aufdeckt.

(5)   Ein Zusammenhang von Strukturen um religionsbezogene Majoritäts-
      und Minoritätsstrukturen und der Förderung von Empathie und
      Perspektivenwechsel ist zu vermuten und muss deutlicher vor dem
      Hintergrund von interreligiösen Begegnungs- und Lernprozessen
      bedacht werden.

10.2.2   *Empathie und Perspektivenwechsel – Ketten von Synergiepotential*
           in einem multifaktoriellen Gerüst in interreligiösen Begegnungen
           stärken

Interdependenzen stärken

1.   Empathie und Perspektivenwechsel sind Fähigkeiten, welche sich in
      einem multifaktoriellen Gerüst aus mindestens motivationalen, sozia-
      len, emotionalen, affektiven und kognitiven Fähigkeiten befinden
      und sich im Optimalfall interdependent stärken können. Diese Inter-
      dependenzen werden in der vorliegenden Arbeit als Ketten von Synergie-

potentialen sowohl fachtheoretisch als auch empirisch untersuchend herausgearbeitet.[2]

Von der Chance und Notwendigkeit, unterschiedliche Lernkanäle zu aktivieren

2. Eine interreligiöse Begegnung auf einem ausschließlich kognitiven Lernkanal reicht nicht aus. Dennoch zeigt sich: Die Vermittlung religionskundlichen fundierten Wissens kann in einem positiven Zusammenhang mit religionsbezogenen Perspektivenwechseln stehen.[3] Gleichzeitig benötigt es ebenso emotional-affektive sowie soziale Zugänge, die Lernprozesse entscheidend motivational bestimmen können, beispielsweise über religiös erfahrungsbezogenes Wissen der Lernenden. Das multifaktorielle Gerüst, in dem sich Empathie und Perspektivenwechsel befindet[4], verdeutlicht die Möglichkeiten, um diese unterschiedlichen Lernzugänge zu aktivieren, gleichzeitig zeigt sie jedoch auch die Komplexität dessen auf. So sind unterschiedliche Herausforderungen (Ambiguitätserleben, Unsicherheit, Bedenken) sowie Gelingensmomente (Förderung von Motivation, Sprache, Wissen und Freude) durch die Interdependenzen möglich.[5] Es wird deutlich, dass kognitive und emotionale Lernkanäle für interreligiöse Lernprozesse im Interesse des Forschungsanliegens miteinander verschränkt werden müssen.

---

2   Die Erkenntnis konnte in der Studie insbesondere durch die verschiedenen Analyseformender qualitativen Inhaltsanalyse bestätigt werden. s. insbesondere Kapitel *3.3.3 Empathie als dynamischer Prozess: Das WITH-Konzept nach H. S. Stettberger*, Kapitel *7.4.3.2 Ein analysierender Blick auf Förderperspektiven von Empathie und Perspektivenwechsel: Die kategorienbasierte Auswertung, 7.4.3.4 Ein analysierender Blick auf Gelingensfaktoren: Die Analyse mehrdimensionaler Konfigurationen von Kategorien, 7.5 Diskussion mit Forschungsteilnehmenden* und s. Kapitel *8.5 Zusammenfassender Blick auf die Erkenntnisse beider Gesprächsfeinanalysen, These v*)

3   S. Kapitel *8.4.2.3 Abschließende Thesen der Gesprächsfeinanalyse I, These f*), vgl. Schweitzer et al. (2017), S. 25, So zeigte sich im Datenmaterial Gegenteiliges: Wenn religionskundliches Wissen, so wie bei den Lehrenden im Datenmaterial, unzureichend ist, kann der Lerngegenstand nur partiell erschlossen werden. (s. Kapitel *8.4.2 Gesprächsfeinanalyse I „Mit Haaren siehst du irgendwie besser aus"*: Die Diskussion um das Hijab thematisiert mehr die Ästhetik als die Funktion) Wichtige Informationen für einen Perspektivenwechsel fehlen.

4   S. These 1 dieses Kapitels

5   Zu kognitivem sowie emotional, sozialem Lernen: s. Kapitel *8.5 Zusammenfassender Blick auf die Erkenntnisse beider Gesprächsfeinanalysen, These v*), zu Ambiguitätserleben: s. Kapitel *8.5 Zusammenfassender Blick auf die Erkenntnisse beider Gesprächsfeinanalysen, These x*), zu Motivation und Lernertrag: s. Kapitel *7.4.3.4 Ein analysierender Blick auf Gelingensfaktoren: Die Analyse mehrdimensionaler Konfigurationen von Kategorien*

Von der Herausforderung und Notwendigkeit des Erwerbs interreligiöser Kompetenzen

3. Die herausgestellte Komplexität der Ergebnisse macht die Notwendigkeit einer interreligiösen Kompetenz, welche durch besagtes multifaktorielles Gerüst angeregt werden kann, seitens der Lehrenden und sukzessiv der Lernenden in interreligiösen Begegnungsprozesse erforderlich, um das multifaktorielle Gerüst pädagogisch angemessen verstehen und anwenden zu können.

Aktivierung unterschiedlicher Lernkanäle und Prävention von ‚critical incidents‘ durch verbindliche Phasen der Förderung von Empathie und Perspektivenwechsel in der konkreten Planung von Lehr- und Lernprozessen

4. Bei der Planung von pädagogisch begleiteten interreligiösen Begegnungssituationen von Kindern im Primarbereich benötigt es bewusst eingeplante Phasen, in denen Fördermöglichkeiten von Empathie und Perspektivenwechsel angeregt werden können[6], um so die unterschiedlichen Lernkanäle zu aktivieren[7] und beispielsweise interreligiösen ‚critical incidents‘[8] vorzubeugen. Diese Phasen sollten als fester Bestandteil in der Planung interreligiöser Begegnungsprozessen anerkannt werden.

Empathie und Perspektivenwechsel als elementarer Bestandteil religionspädagogischer Konzeptionen für das interreligiöse Begegnungslernen – Religionsdidaktisches Potential für einen konstruktiven Umgang mit ‚Criticial Incidents‘

5. Im konstruktiven Umgang mit ‚Criticial Incidents‘ kann insbesondere mithilfe von Empathie und Perspektivenwechsel – und in einem sich anschließenden zweiten Schritt als Aktivierung weiterer Kompetenzen im multifaktoriellen Gerüst[9] – der entsprechenden herausfordernden Situation pädagogisch angemessen Raum gegeben werden.[10] Ein

---

6   Dabei können diese Phasen je nach Anliegen, 5–45 Minuten umfassen. S. dazu Kapitel *10.5 Praktische Implikationen aus dem Forschungsprojekt für die schulische Praxis*

7   Praxisbezogene Beispiele lassen sich dazu in Kapitel *10.6 Praktische Implikationen aus dem Forschungsprojekt für die schulische Praxis* finden.

8   *„Von interkulturellen bzw. interreligiösen Überschneidungssituationen spricht man, wenn sich in einer Situation kulturell oder religiös bedingte Codes, Interpretationen und Deutungen dieser Situation überlappen und wenn sich daraus Missverständnisse oder Verunsicherungen ergeben – oder auch der exotische Reiz einer Situation."* Willems (2011), S. 207

9   S. These 1 dieses Kapitels

10   Lernanlässe dazu zeigen sich in beiden Gesprächsfeinanalyse in Kapitel *8.4.2 Gesprächsfeinanalyse I „Mit Haaren siehst du irgendwie besser aus"* und in Kapitel *8.4.3 Gesprächsfeinanalyse II „In der Moschee, da gibt's die".*

konstruktiver Umgang bedeutet hier, sogenannte Critical Incidents als Lernpotential, nicht als Lernunterbrechung zu verstehen und religions-pädagogisch zu nutzen.

Stärkere religionsdidaktische Ausarbeitungen der Ketten von Synergiepotential für die schulische Praxis

6. Die Studie ermittelt Ketten von Synergiepotential aus Kompetenzen, die als Möglichkeiten zur Förderung von Empathie und Perspektivenwechsel in interreligiösen Begegnungssituationen mittels eines multifaktoriellen Gerüsts genutzt werden können. Diese Ketten von Synergiepotentialen müssen nun deutlicher für den schulischen Kontext auf einen funktio-nalen, praxis-plausiblen Zugang transferiert werden. Die Darstellung eines denkbaren Zuganges ist in dem FEPIB-Modell (10.3) ausgearbeitet worden.[11]

10.2.3   *Eindeutige und vermeintliche Störfaktoren*
Klassifizierungen und Differenzierung von Störfaktoren

7. Ein Lernsetting mit sogenannten Störfaktoren, wie Angst, Stress und Druck hat Auswirkungen auf die Gelingensfaktoren der Förderung von Empathie und Perspektivenwechsel. Es muss allerdings unterschieden werden, in sogenannte eindeutige Störfaktoren wie Angst, die Empa-thie und Perspektivenwechsel hemmen und sogenannte vermeintliche Störfaktoren, wie bspw. Parallelgespräche oder Interaktionen ambiger Haltung der Kinder. So müssen die in der Studie ermittelten Klassi-fizierungen von Störfaktoren differenziert und situativ betrachtet und nicht vorschnell als „unförderlich" gedeutet werden.[12]

---

11   S. Kapitel *10.3 FEPIB-Modell – Ein Modell zu Fördermöglichkeiten der Empathie und des Perspektivenwechsels in interreligiösen Begegnungen bei Kindern im Primarbereich*, Mittels der eröffneten Ebenen wird im empirischen Vorgehen ein Vorschlag der strukturellen Herangehensweise erarbeitet, der in dieser Form auch für den konkreten schulischen Alltag ein Vorschlag zu interreligiösen Lernprozessen, die Empathie und Perspektiven-wechsel akzentuieren wollen, sein kann. Die fünf eröffneten Ebenen der Studie lauten: Subjektorientierte Ebene, Kommunikationspsychologische Ebene, Religionsdidaktische / Religionsmethodische Ebene, Religionspädagogisch-Entwicklungspsychologische Ebene und Strukturelle, Bildungspolitische Ebene. Diese werden zunächst auf Grundlage der fachtheoretischen Grundlegungen in Kapitel 5 entwickelt und in das empirische Arbei-ten partiell übernommen, s. Kapitel *7.4.3.2. Ein analysierender Blick auf Förderperspektiven von Empathie und Perspektivenwechsel: Die kategorienbasierte Auswertung.*

12   Hinweise dafür, wie z. B. durch die Herausstellung des Zusammenhangs von Inter-esse, Motivation und ausgewählten Störfaktoren (Ermahnung, Parallel-Gespräche, Demotivation, Angst etc.), wird insbesondere in der qualitativen Inhaltsanalyse mittels

Im Umgang mit vermeintlichen Störfaktoren: Situative Entscheidungskompetenz, zu thematisieren, was sich zeigt

8. Wie bereits in These 7 umrissen, gilt es, die vermeintlichen „Stör-faktoren" (z. B. die islamische Gebetsmütze aufsetzen und ein sich daran anschließendes Lachen bzw. miteinander Reden im Kollektiv[13]) nicht ausschließlich als hemmend für Lernprozesse zu empfinden. Orientiert am Lernziel soll diesen vermeintlichen Störfaktoren Raum gegeben und diese interreligiös kompetent und situativ individuell[14] thematisiert werden.[15]

Unumgehbarer Einfluss von Machtstrukturen

9. Die Erkenntnisse der Studie markieren rahmende Faktoren, in denen sich interreligiöse Begegnungs- und Lernprozesse zwangsläufig strukturell einordnen lassen und somit ausgehend davon bewusst verstanden und reflektiert werden müssen. Diese Rahmenbedingungen sind bestimmt durch verschiedene Machtstrukturen, die Teil der Gesellschaft sind und in denen Lernende aufwachsen und interagieren (müssen). Daraus wird für sowohl Lehrende als auch Lernende deutlich, sukzessiv ein Bewusst-sein für u. a. macht-, geschlechts-, religions-, allgemeiner: für differenz-spezifische Perspektiven zu entwickeln.[16]

Hinzunahme von Machtstrukturen als relevante und beeinflussende Komponente interreligiösen Begegnungslernens in religionspädagogischen interreligiösen Konzeptionen

10. Interreligiöse Konfliktsituationen können u. a. aus den unbewussten und unreflektierten Haltungen der Akteur:innen selbst, hinsichtlich

---

eines qualitativen Fallvergleiches in Ansätzen erzielt. s. Kapitel *7.4.3.3 Ein analysierender Blick auf Störfaktoren: Der qualitative Fallvergleich*

13   Maßgeblich zu beobachten in der zweiten Sequenz in Kapitel *8.4.3 Gesprächsfeinana-lyse II „In der Moschee, da gibt's die"*

14   Damit ist ausdrücklich nicht gemeint, dass der Lernprozess bei jedem vermeintlichen Störfaktor unterbrochen werden soll. Die Lehrperson entscheidet aus ihrer professionel-len Kompetenz heraus, wie relevant das Gesagte ist und ob eine Unterbrechung im Sinne der Lerngruppe und des Lernziels sinnvoll ist.

15   In dem Datenmaterial zeigt sich, dass es sinnvoll ist, die Explorationsphase von religiös-kulturellen Gegenständen gemeinsam mit der Lerngruppe abzuschließen, bevor der Lerngegenstand in einem nächsten Schritt kontextualisiert wird. Eine parallele Abfolge beider wird nicht empfohlen.

16   S. insbesondere Kapitel *8.4.2.3 Abschließende Thesen der Gesprächsfeinanalyse I, These b)*, Kapitel *8.5 Zusammenfassender Blick auf die Erkenntnisse beider Gesprächsfeinanalysen, These w)*

Machtstrukturen in interreligiösen Begegnungsprozessen resultieren. Religionspädagogische Überlegungen im interreligiösen Lernen müssen daher die aufgeführten Rahmenbedingungen um Macht und Diskriminierung fest in der Konzeption von einerseits (interreligiöser) Lehramtsausbildung sowie andererseits konkret in den Lehr- und Lernprozessen als eine beeinflussende Komponente, die interreligiöse Begegnungsprozesse maßgeblich steuert, mitdenken. Diese können folglich die Fördermöglichkeiten von Empathie und Perspektivenwechsel sowohl positiv als auch negativ beeinflussen.[17]

10.2.4 *Empathie und Perspektivenwechsel in interreligiösen Begegnungskontexten im Ansatz des Zeugnislernen mit Elementen performanzorientierten Lernens*

Ein mehrfaktorieller Lernanstoß und ein besonderes Potential

11. In der Erkundung religiös-kultureller Gegenstände liegt ein hohes Potential verschiedener Gelingensfaktoren für die Förderung von Empathie und Perspektivenwechsel, indem u. a. emotional-affektive, soziale, kommunikative und kognitive interreligiöse Lernprozesse angeregt werden.[18]

Ganz besonderes Potential liegt in ambigen Erlebensformen unter den Lernenden und in den Gesprächsthematiken als didaktisches Lernziel

12. Im Sinne einer xenosophischen Religionsdidaktik, die das Anliegen verfolgt, Potential im Umgang mit Unbekanntem religionspädagogisch effizient zu nutzen, können Erlebensformen (z. B. die Reaktion des Lachens) als konkreter Lernanlass genommen werden, um interreligiöses Lernen insbesondere als dynamische konstruktive Differenz anzuwenden.[19] Das besondere Potential zeigt sich darin, mittels Empathie und

---

17 S. insbesondere Kapitel *8.4.2.3 Abschließende Thesen der Gesprächsfeinanalyse I, These b*)

18 Das zugrundeliegende Datenmaterial besteht u. a. aus Workshops, in denen die Erkundung religiös-kultureller Gegenstände gemeinsam mit den teilnehmenden Kindern durchgeführt wird. In der qualitativ-empirischen Studie lassen sich in beiden Auswertungsmethoden Potentiale in der Erkundung von religiös-kulturellen Gegenständen feststellen. Mittels der Segmentsuchen in der qualitativen Inhaltsanalyse kann der enge Zusammenhang zwischen Interesse, Freude, Motivation und der eigenen Lebenswelt mit der Exploration am Item ermittelt werden. S. Kapitel *7.4.3.4 Ein analysierender Blick auf Gelingensfaktoren: Die Analyse mehrdimensionaler Konfigurationen von Kategorien*. Darüber hinaus lassen sich durch die Analyse mittels der sequenziellen Gesprächsfeinanalyse viele Hinweise dazu belegen, s. Kapitel *8.4.2.3 Abschließende Thesen der Gesprächsfeinanalyse I, These e*) und *8.4.3.3 Abschließende Thesen der Gesprächsfeinanalyse II, These n*).

19 S. konkrete Ausführungen in These 13 dieses Kapitels

Perspektivenwechsel die gezeigten (emotionalen) Affekte am eigenen Ich zu reflektieren und pädagogisch begleitet einzuordnen.[20]

10.2.5 *Bedeutungsvolle und grundlegende Rolle der emotionalen Qualität in interreligiösen Begegnungsprozessen*

Pädagogische Begleitung hinsichtlich der emotional-affektiven Dimension interreligiöser Lernprozesse

13. Die Studie zeigt unterschiedliche Erlebensformen, insbesondere emotional-affektive Reaktionen der Kinder auf die für sie bekannten und unbekannten Lerngegenstände im interreligiösen Lernen. In der Erlebensform, die durch das Bekannte oder Unbekannte, entsteht, liegt die Herausforderung und das Potential der pädagogisch-professionellen Begleitung zur Förderung von Empathie und Perspektivenwechsel. Die Studie verdeutlicht die engen interdependenten Zusammenhänge, in dessen Gerüst auch Empathie und Perspektivenwechsel vorzufinden ist. Sowohl positivere Erlebensformen, die sich über Interesse, Freude, Offenheit und Motivation zeigen können als auch irritierende Erlebensformen wie beispielsweise im Ambiguitätserleben können durch empathische Prozesse und/oder kognitivere Teil-Identifikationsprozesse konkret pädagogisch begleitet werden.[21] So lassen sich über Perspektivenwechsel verschiedene Sichtweisen eröffnen, die den Lerngegenstand mehrperspektivisch betrachten und somit die eigenen emotionalen Affekte regulieren können.

Ambiguitätserleben

14. Auffälligkeiten zeigten sich in den Situationen, in denen es den Kindern schwerfiel, Perspektiven zu wechseln. Im Datenmaterial der Studie zeigt sich dies insbesondere im Ambiguitätserleben einzelner Kinder oder durch Themen, die eröffnet werden. Ambige Gefühle zu verstehen, auszuhalten und zu erleben, ist höchst komplex und kann für Kinder in dem Alter aus entwicklungspsychologischer Sicht heraus- und überfordernd sein. Ausgehend von diesen Erkenntnissen wird die hohe Relevanz einer positiven affektiv-emotionalen Haltung der Lehrperson und des Umfelds in der Studie abgeleitet: Wenn Kinder aus entwicklungspsychologischer

---

20   S. Kapitel *3.5.3 Empathie und Perspektivenwechsel im Kontext einer Xenosophie in religionspädagogischer Absicht*, s. *3.5.5.3 Bleibende Grenzen von Perspektivenwechsel und Empathie im Kontext interreligiösen Lernens erkennen und religionspädagogisch nutzen*

21   S. Kapitel *8.4.2.3 Abschließende Thesen der Gesprächsfeinanalyse I, These a)*

Sicht ambige Gefühle noch nicht verstehen, so können sie doch eine positive emotional-affektive und empathische Haltung in der verbalen und nonverbalen Kommunikation deuten und darüber ein sich Hineinversetzen (sei es emotional und/oder kognitiv) vornehmen. Situationen des Ambiguitätserlebens gilt es zu schützen und zu unterstützen sowie als interreligiöses Lernpotential zu nutzen.[22]

Im Umgang mit Ambiguitätserleben: Hinsehen, Hinhören

15. Die pädagogische Schlussfolgerung im Umgang mit Ambiguitätserleben meint somit sensibel hinzusehen und hinzuhören und ambige Gefühle der Lernenden empathisch wahrzunehmen.[23] Ambige Gefühle sollen somit weder negiert noch nivelliert werden, sondern aktiv thematisiert[24] und pädagogisch angemessen begleitet werden. So können mögliche xenophobe Tendenzen über eine empathische pädagogisch interreligiös kompetente Haltung der Lehrenden entgegengesteuert werden.

Wahrnehmen und Ernstnehmen von Angst als eine zentrale Emotion

16. Angst (vor Neuem, Unbekanntem, Veränderung) ist eine zentrale Emotion, die interreligiöse Begegnungsprozesse entscheidend beeinflussen und sich auf Prozesse von Perspektivenwechsel oder Empathie hemmend auswirken kann. Aus diesem Grund ist diese Emotion seitens der Lehrenden ernst- und wahrzunehmen, auch bzw. gerade als möglicher Bestandteil ambiger Gefühle von Lernenden.[25]

---

22 S. Kapitel *7.4.3.2. Ein analysierender Blick auf Förderperspektiven von Empathie und Perspektivenwechsel: Die kategorienbasierte Auswertung*, Absatz „Ambiguitätserleben", s. Kapitel *7.6 Zusammenfassender Blick auf Erkenntnisse der inhaltlich strukturierenden qualitativen Inhaltsanalyse*, s. Kapitel *8.4.2.3 Abschließende Thesen der Gesprächsfeinanalyse I, These d)*, s. *8.5 Zusammenfassender Blick auf die Erkenntnisse beider Gesprächsfeinanalysen, These x)*

23 Ambiguitätserleben hat sich u.a. besonders stark in der ersten Sequenz gezeigt, in Kapitel *8.4.2 Gesprächsfeinanalyse I „Mit Haaren siehst du irgendwie besser aus"*.

24 Damit ist selbstverständlich nicht gemeint, dass einzelne Lernende, die ambige Gefühle zeigen, in den Fokus des Themas gerückt werden und somit etwaigen Zuschreibungen ausgesetzt sein sollen. Ein Ansatz (in aller Kürze!) könnte sein: Wahrnehmungen über den Lerngegenstand in der Lerngruppe zu sammeln und darüber in ein Gespräch zu kommen. Auch die eigene Wahrnehmung (und ggf. Positionierung) der Lehrperson kann dabei relevant sein. Sie kontextualisiert den Lerngegenstand mit ihrem Wissen (sowohl religionskundlich als auch erfahrungsbezogen) mehrdimensional.

25 S. *3.3.4 Empathie-Katalysatoren nach H. Stettberger*, s. *3.5.8. Empathie und Perspektivenwechsel einer Xenosophie in religionspädagogischer Absicht*

10.2.6 Empathie und Perspektivenwechsel – Umgang mit bewusster Sprache

Bericht vom Eigenen religiösen Erleben als motivationale Kompetenz

17.   Ich-Botschaften im interreligiös dialogischen Lernen kann eine zentrale Besonderheit zugesprochen werden insbesondere hinsichtlich motivationaler Aspekte von Lernanstößen, weil sie aus dem individuellen authentischen Erleben berichten und somit sowohl Empathie als auch Perspektivenwechsel der anderen Lernenden besonders anregen können.[26]

Nutzung einer kindgerechten und klaren Sprache, empathisches Sprechen

18.   Über die Nutzung einer kindgerechten, klaren Sprache sowie im empathischen Sprechen zeigt sich u. a. der enge Bezug zwischen Empathie, Perspektivenwechsel und kommunikativen Fähigkeiten in der dialogischen interreligiösen Begegnung.[27]

10.2.7 Rahmenbedingungen

Forderung nach Ressourcen für Lehrende im Kontext diversitätssensibler Professionalisierung

19.   Eine diversitätssensible Kompetenz zu entwickeln, ist eine notwendige Anforderung für Lehrpersonen. Dringend erforderlich macht dies daher entsprechende Fortbildungsangebote und externe Unterstützung in Form von finanziellen, personellen (multiprofessionelle Teams oder externe Bildungsangebote) und zeitlichen Ressourcen im Lehrberuf.[28]

---

26   Das untersuchte Datenmaterial verdeutlicht, wie sowohl Workshopleiterinnen als auch Kinder, die einer religiösen Minderheit angehören, ihre Beiträge in das dialogische Geschehen am Lerngegenstand einbringen können, Perspektivenwechsel eröffnen und sich selbst motivieren. Insbesondere zeigt sich das in den Untersuchungen mittels der sequenziellen Gesprächsfeinanalyse. S. Kapitel *8.5 Zusammenfassender Blick auf die Erkenntnisse beider Gesprächsfeinanalysen, These y)*

27   Eine achtsame, bewusste Sprache aus einer Haltung der Empathie und des Perspektivenwechsels heraus, zeigt sich als Gelingensfaktor im Datenmaterial. s. u. a. Kapitel *8.4.3.3 Abschließende Thesen der Gesprächsfeinanalyse II, These t) und u)*. Die Reflexion der eigenen Sprache kann dahingehend enorme Veränderungen in (interreligiösen) Begegnungsprozessen bewirken. S. Kapitel *3.3.5 Eine zentrale Kompetenz: Empathisches sprachsensibles Sprechen in Kontexten interreligiösen Lernens und Lehrens*

28   S. Kapitel *8.5 Zusammenfassender Blick auf die Erkenntnisse beider Gesprächsfeinanalysen, These w)*

Eine mögliche Ressource: Multiprofessionelle Teams

20. Multiprofessionelle Teams bieten – neben allen ernstzunehmenden Herausforderungen – vor allem die Chance, verschiedene Kompetenzen und Perspektiven in religionspädagogische Interaktionen mit ein zu beziehen. Insbesondere religionsbezogene diverse Team-Teaching-Formate, als ein möglicher Bestandteil multiprofessioneller Teams, haben die Möglichkeit, u. a. aus 1) individuell authentischen religiösen Erlebensbezügen und 2) religionsbezogenen unterschiedlichen Majoritäts- und Minoritätsverhältnissen in einer Gesellschaft heraus Schwerpunkte und Differenzierungen auf einen Lerngegenstand zu eröffnen. Die Berücksichtigung der Perspektiven ist ein Zugang, um der Komplexität interreligiösen Lernens zu begegnen (z. B. im Hinblick auf diversitätssensible Kompetenzen, religionskundlichen Wissenserwerbs, empathischen Umgangs mit der Hybridität von Identitäten hinsichtlich Multikulturalität und Mehrsprachigkeit etc.).[29]

Zugrundeliegendes Verständnis der Interdisziplinarität interreligiösen Lernens

21. Ausgehend von einer innovativen Religionspädagogik, die ihre Inhalte auch interdisziplinär generiert, sollten ebenso religionsbezogene Inhalte mehrperspektivisch und interdisziplinär vor diesem Hintergrund einzuordnen sein, z. B. durch die Berücksichtigung zentraler Erkenntnisse aus der Kognitions- und Kommunikationspsychologie, Religionssoziologie, Religionshistorie oder der interkulturellen Pädagogik. Vor dem Hintergrund eines interdisziplinär zu verstehendem Begriff interreligiösen Lernens kann ausgehend davon Empathie und Perspektivenwechsel für pädagogisch begleitete Begegnungsprozesse konstruktiv weitergedacht werden.[30]

---

29 Das Datenmaterial untersucht zwei Workshops: Das Team des Workshops „Frieden" ist religiös heterogen (evangelisch/sunnitisch), das Team des Workshops „Schatztruhe der Religionen" ist religiös homogen (evangelisch). Insbesondere durch die sequenzielle Gesprächsfeinanalyse wird herausgearbeitet, wie wichtig eine Person mit einem anderen Religionshintergrund für die Kontextualisierung des Lerngegenstandes ist (z. B. im authentischen Berichten, um darüber empathische Prozesse und Perspektivenwechsel sowie religionskundliches Wissen anzuregen). Darüber hinaus zeigt die Studie eine Relevanz multiprofessioneller Teams hinsichtlich des beruflichen Hintergrundes. So bestand das Team der Workshopleiterinnen im Workshop „Frieden" aus einer Studentin des Studiengangs Lehramts an Haupt- und Realschulen und aus einer Studentin des Lehramts Soziale Arbeit. S. darüber hinaus insbesondere Kapitel *8.5 Zusammenfassender Blick auf Erkenntnisse beider Gesprächsfeinanalysen, These z*)

30 Die Interdisziplinarität interreligiösen Lernens ist bereits in der Studie angelegt. Sie baut die fachtheoretischen Grundlegungen unter Bezugnahme von Inhalten verschiedener

Lokale Rahmenbedingungen: Gestaltung optimaler räumlicher Gegebenheiten

22.   Es zeigt sich im Datenmaterial, dass eine angenehme Lernatmosphäre (auf
       dem Boden und auf Augenhöhe) zuträglich sein kann. So kann die Sozial-
       form und Lernatmosphäre dazu beitragen, Empathie und Perspektiven-
       wechsel in einem positiven Lernarrangement zu unterstützen.[31]

10.2.8 *Transferierbarkeit auf andere diversitätsbezogene Kontexte*

*Gewonnene Struktur von Fördermöglichkeiten der Fähigkeit zu Empathie und
Perspektivenwechsel in anderen diversitätsbezogenen Kontexten anwenden*

23.   In dem Erwerb einer diversitätssensiblen Kompetenz liegt ein Mehrwert.
       Vermutet wird, dass sich die grundsätzlichen, hier dargelegten Ebenen[32]
       zur Förderung der Fähigkeit von Empathie und Perspektivenwechsel,
       auch auf andere diversitätsspezifische Kontexte (Geschlecht, geistige
       oder körperliche Beeinträchtigungen, sexuelle Orientierung, Hautfarbe,
       Nationalität etc.) transferieren lassen. D. h. eine Lehrperson, die in
       interreligiösen Begegnungen empathisch ist und Perspektivenwechsel
       vollzieht, hat die Möglichkeit, diese Strategien zur Empathie- und
       Perspektivenwechsel-Förderung, die sie im Kontext des interreligiösen
       Lernens erwirbt, auch auf Begegnungskontexte mit anderen marginali-
       sierten Personengruppen zu übertragen und diese zu reflektieren.[33] Bei
       den Lernenden kann diese Kompetenz mindestens angestoßen und je

---

Fachdisziplinen auf. Der qualitativ-empirische Teil der Studie ist insbesondere durch
die verschiedenen Ebenen (Subjektorientierte Ebene, Kommunikationspsychologische
Ebene, Religionsmethodische Ebene, Religionspädagogisch-Entwicklungspsychologische
Ebene) in der qualitativen Inhaltsanalyse interdisziplinär ausgestaltet. S. insbesondere Kapitel *7.4.3.2. Ein analysierender Blick auf Förderperspektiven von Empathie
und Perspektivenwechsel: Die kategorienbasierte Auswertung.* Die Erkenntnisse lassen sich
nicht nur in der qualitativen Inhaltsanalyse erkennen, sondern ebenso durch die Gesamt-
übersicht aller Ergebnisse der sequenziellen Gesprächsfeinanalyse.

31   S. Kapitel *8.4.3.3 Abschließende Thesen der Gesprächsfeinanalyse II, These r)* Auch die
     Forschungsteilnehmende Daniela teilt diesen Eindruck im Rahmen der Diskussion inner-
     halb der Forschungen mittels der qualitativen Inhaltsanalyse mit, s. Kapitel *7.5 Diskussion
     mit Forschungsteilnehmenden.*

32   Es handelt sich hierbei um Ebenen, die in der Studie herausgearbeitet wurden, um
     die Förderaspekte von Empathie und Perspektivenwechsel griffiger systematisieren
     zu können. Folgende sind dabei entwickelt worden: Subjektorientierte Ebene, Kommu-
     nikationspsychologische Ebene, Religionsmethodische Ebene, Religionspädagogisch-
     Entwicklungspsychologische Ebene.

33   Systematische Hinweise dazu, lassen sich durch die, in der Studie erstellten Ebenen,
     die insbesondere in der Kategorienbildung der qualitativen Inhaltsanalyse im Fokus
     stehen und mittels dessen das Datenmaterial kategorisiert wurde, s. Kapitel *7.3.3.3
     Kategorienhandbuch.*

nach entwicklungspsychologischen Voraussetzungen entsprechend gefördert werden.

10.3   FEPIB-Modell – Fördermöglichkeiten der Fähigkeit zu Empathie und Perspektivenwechsel in interreligiösen Begegnungen bei Kindern im Primarbereich

Das FEPIB-Modell ist ein Modell, welches Fördermöglichkeiten der Fähigkeit zu Empathie und Perspektivenwechsel in interreligiösen Begegnungen bei Kindern im Primarbereich darstellt. Es offeriert somit konkrete Angebote der Fördermöglichkeiten, welche die Lehrperson besonders im Religions- und Ethikunterricht der Grundschule im Kontext interreligiösen Lernens in Lehr- und Lernsituationen anwenden kann.

Das FEPIB-Modell wurde eigenständig auf Grundlage der fachtheoretischen Erkenntnisse des ersten Teils und der Analysen des zweiten Teils sowie in der Bündelung des dritten Teils der vorliegenden Promotionsarbeit entwickelt. In diesem Modell sind folglich die Ergebnisse der vorliegenden Studie in Form eines Modells visualisiert. Chance und zugleich Herausforderung eines Modells ist es, die Inhalte so weit wie möglich im Sinne einer Reduktion der Komplexität zu minimieren und gleichzeitig gewährleisten zu können, dass die grundlegenden Erkenntnisse im Wesentlichen für Außenstehende nachvollziehbar bleiben. Aus diesem Grund erfolgt eine Beschreibung des Modells, beginnend von innen nach außen (s. Abbildung 18): Im Zentrum befindet sich das Kind (im Alter von 6–12 Jahren) mit seiner:ihrer Fähigkeit zur Empathie und zum Perspektivenwechsel. Die Fähigkeit zu Empathie und Perspektivenwechsel des Kindes ist umgeben von eckig miteinander verbundenen und zugleich rahmenden Linien, welche fünf Ebenen umfasst.[34] Die Ebenen stehen dabei nicht in einem hierarchischen Verhältnis, sondern gleichwertig zueinander.

Eindeutige Störfaktoren der Förderung werden ebenenübergreifend in Form eines Kastens markiert. Die fünf Ebenen beinhalten Fördermöglichkeiten, die die Fähigkeit zur Empathie und zum Perspektivenwechsel des Kindes jeweils aktivieren können.[35] Des Weiteren sind die unterschiedlichen Ebenen mit-

---

34   1) Religionsdidaktische/ Religionsmethodische Ebene, 2) Religionspädagogisch-Entwicklungspsychologische Ebene, 3) Subjektorientierte Ebene, 4) Kommunikationspsychologische Ebene, 5) Strukturelle, Bildungspolitische Ebene

35   Dargestellt wird dies im vorliegenden Modell über die Abbildung eines Pfeils mit einer Richtung.

einander interdependent vernetzt.[36] Mittels dessen wird visuell unterstützend aufgezeigt, dass die Inhalte den Ebenen nicht trennscharf zuzuordnen sind und hier einer Systematisierung im Sinne des Forschungsanliegens vonnöten war und diesem unterliegt.

Das empirisch bestätigte multifaktorielle Gerüst der Förderung von Empathie und Perspektivenwechsel, welches in den Thesen ausführlich Erklärung findet, konnte über die fünf dargestellten Ebenen auf Grundlage der obig beschriebenen Vorgehensweise visualisiert werden. Die Inhalte der Ebenen wurden im Laufe der vorliegenden Arbeit fachtheoretisch und empirisch herausgearbeitet, systematisiert und strukturiert. Bedeutsame Inhalte wurden in den hellgrauen Sprechblasen stichpunktartig fixiert und als Angebote an die Lehrperson ausformuliert.[37] Ebenfalls sind die Inhalte der Ebenen über eine Linie in Form eines Kreises miteinander verbunden. Diese Linie soll symbolisieren, dass sich die Inhalte ebenso wie die Dimension folglich interdependent zueinander verhalten können. Darüber hinaus zeigt die kreisförmige Linie, dass die Inhalte, wie sie in der strukturelle, bildungspolitischen Ebene vorzufinden sind (z. B. „religionsbezogene Machtstrukturen erkennen" oder „diversitätssensible Kompetenzen erwerben"), auch die anderen Ebenen bzw. Inhalte zwangsläufig umrahmen und ggf. limitieren können, weshalb der Hinweis eines möglichen Störfaktors auch hier im Besonderen zu bedenken ist. Die Fördermöglichkeiten der Kinder können nicht ausschließlich aus den Kindern selbst hervorkommen, sondern benötigen die Interaktion mit dem Außen, wie z. B. durch die Interaktion mit Lehrenden und anderen Lernenden.

Die gelben Sprechblasen sind skizzierte Vorschläge für einen Transfer in den schulischen Kontext mit konkreten religionspädagogischen Angeboten, die sich an die Lehrperson richten.[38] Letztlich können die dargestellten Fördermöglichkeiten sowohl im Einzelnen als auch in Kombination von der Lehrperson für interreligiöse Lern- und Begegnungssituationen angewendet werden.

---

36   Dargestellt wird dies im vorliegenden Modell über die Abbildung eines Pfeils mit zwei Richtungen.

37   S. Kapitel *10.2 Ergebnisse in 23 Thesen*

38   Die praktischen Implikationen werden in Kapitel *10.5 Praktische Implikationen aus dem Forschungsprojekt für die schulische Praxis* vertiefend ausgeführt und sind an dieser Stelle lediglich skizziert.

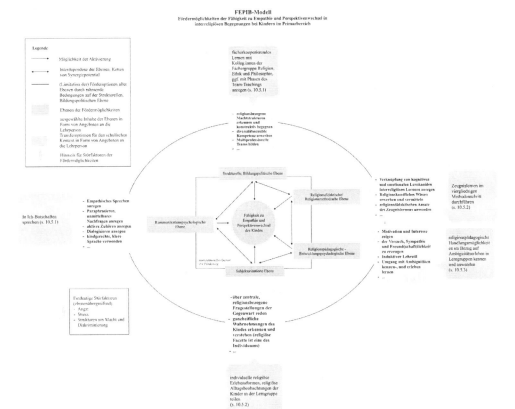

Abb. 18   FEPIB-Modell

10.4   Diskussion und Einordung des Forschungsprojektes in den religionspädagogischen Diskurs

Nachdem die Ergebnisse in Kapitel 10.2 und 10.3 deskriptiv dargestellt wurden, sollen diese in dem vorliegenden Kapitel 10.4 nun kritisch bewertet, eingeordnet und reflektiert werden. Dies wird entlang der Forschungsfragen, welche im Folgenden als Überschriften umformuliert sind, erfolgen. Bei der Einordnung und Diskussion der Ergebnisse ist es selbstverständlich, dass diese unter Berücksichtigung aller Parameter wahrgenommen werden müssen und nicht davon ausgegangen werden kann, in dieser Studie liege vollumfängliche Wahrheit. Vielmehr versteht sie sich als Wegweiser für weitere Forschungsprojekte. Im Folgenden habe ich im Wesentlichen die 23 Thesen als Ergebnisgrundlage genutzt und von diesen ausgehend, Schwerpunkte zur Diskussion und Einordnung in den religionspädagogischen Diskurs vorgenommen. Ziel dieses Abschnittes soll sein, herauszustellen, welche Bedeutung die gewonnenen Ergebnisse vor dem Hintergrund der gesammelten Theorie und Empirie für den religionspädagogischen Diskurs haben.

10.4.1   *Möglichkeiten zur Förderung von Empathie und Perspektivenwechsel durch interreligiöse Begegnungen bei Kindern im Primarbereich*

Empathie und Perspektivenwechsel – ein multifaktorielles Gerüst

Die Studie hat deutlich herausgearbeitet, welches Desiderat in der Forschungslandschaft anlässlich des Forschungsvorhabens vorliegt.[39] Die Forschung um Empathie und Perspektivenwechsel im interreligiösen Lernen ist jung. So überrascht es nicht, dass sowohl Empathie als auch Perspektivenwechsel in ihren jeweiligen Begriffsstrukturen im Bereich des interreligiösen Lernens weder theoretisch noch qualitativ oder quantitativ empirisch konsequent genug belegt sind.[40] Empirische Studien zu Empathie in interreligiösen Kontexten fehlen, zum Perspektivenwechsel liegt die Studie von Schweitzer et al. (2017)[41] vor.

Besondere Qualität kommt jedoch der vorliegenden Studie zu, da als Ausgangslage der Forschung Empathie und Perspektivenwechsel als Interdependenz definiert und mit diesem Begriff fortlaufend gearbeitet wird. Der

---

39   S. Kapitel *6.4.3 Aktuelle empirische Ausgangslage im Hinblick auf die Forschungsfragen*
40   Vgl. Unser (2021), S. 8, Schröder in Schreiner & Schweitzer (2014), S. 291, 296, Schweitzer et al. (2017), S. 46, dazu auch Kraml et al. (2020), S. 11 beschreiben, dass es an empirischen Studien „mangelt" (Kraml et al. (2020), S. 11)
41   Schweitzer, F., Boschki, R. & Bräuer, M. (2017). *Interreligiöses Lernen durch Perspektivenübernahme*. Münster: Waxmann Verlag.

Definitionsansatz wird in dieser Form explizit im Theoretischen bei Monika Tautz gefunden.[42] Grundsätzlich ist damit keine neuartige Erkenntnis getroffen, sehen doch auch andere Autor:innen Empathie und Perspektivenwechsel in einem deutlichen Zusammenhang.[43] Überblickend lässt sich feststellen, dass dem Begriff des Perspektivenwechsels eine größere Aufmerksamkeit als dem der Empathie im religionspädagogischen fachwissenschaftlichen Diskurs zuzukommen scheint.[44]

Die Bezugskompetenzen und Wechselwirkungen um Empathie und Perspektivenwechsel münden in der vorliegenden Studie in der Darstellung eines multifaktoriellen Gerüsts aus mindestens motivationalen, sozialen, emotionalen und kognitiven Faktoren. Die Erkenntnis eines mehrfaktoriellen Gerüsts, wurde insbesondere in dem Band *„Interreligiös Empathie lernen"* (2013) bereits prominent vertreten[45], allerdings nicht empirisch begründend dargelegt.

Die vorliegende Studie kann somit die fachtheoretischen Grundlegungen eines multifaktoriellen Gerüsts um Empathie und Perspektivenwechsel empirisch bestätigen. Mittels zweier qualitativer Auswertungsmethoden markiert die Studie wichtige Sequenzen, in denen die mutualen Wirkungsweisen des multifaktoriellen Gerüsts besonders deutlich und sichtbar werden.[46] Darüber hinaus konnte die Studie Ketten von Synergiepotential innerhalb des multifaktoriellen Gerüsts ermitteln, welche günstig sind, um Fördermöglichkeiten von Empathie und Perspektivenwechsel anzuregen.[47] Insbesondere in der Arbeit an und mit religiös-kulturellen Gegenständen zeigte sich ein besonderes Potential der Fördermöglichkeiten, da besonders viele Faktoren des Gerüsts aktiviert wurden (z. B. Interesse, Motivation, Spaß und der Bezug zur Lebenswelt).

Die Theorie eines multifaktoriellen Gerüsts wurde somit empirisch bestätigt. Fortgeführt wurden die Erkenntnisse in der Darstellung fünf

---

42   Tautz, M. (2015). *Perspektivenwechsel*. In: Das wissenschaftlich-religionspädagogische Lexikon im Internet. Deutsche Bibelgesellschaft. (online Zugriff)

43   Wie in den Begründungen in Kapitel *3.2 Empathie und Perspektivenwechsel im interreligiösen Lernen – Eine Verortung der Begriffe für die vorliegende Studie* dargestellt.

44   U. a. wie in den Begründungen in Kapitel *3.2 Empathie und Perspektivenwechsel im interreligiösen Lernen – Eine Verortung der Begriffe für die vorliegende Studie* und in Kapitel *6.4.3 Aktuelle empirische Ausgangslage im Hinblick auf die Forschungsfragen* dargestellt.

45   Vgl. Riegger in Stettberger, Bernlochner (2013), S. 37

46   S. Kapitel *8.4.2 Gesprächsfeinanalyse I „Mit Haaren siehst du irgendwie besser aus"* und Kapitel *8.4.3 Gesprächsfeinanalyse II „In der Moschee, da gibt's die"*

47   S. *7.4.3.4 Ein analysierender Blick auf Gelingensfaktoren: Die Analyse mehrdimensionaler Konfigurationen von Kategorien*

verschiedener Ebenen, welche innerhalb dieser Studie sukzessiv, zunächst im fachtheoretischen Teil, dann stark im empirischen, weiterentwickelt wurden. Die Ebenen sind ein praxisorientierter Ausdruck des multifaktoriellen Gerüsts und verdeutlichen die unterschiedlichen Teilaspekte, die beispielsweise eine Lehrperson berücksichtigen kann, wenn sie Fördermöglichkeiten von Empathie und Perspektivenwechsel in interreligiösen Begegnungen bei Kindern im Primarbereich anregen möchte. Die Weiterentwicklung und Darstellung von Förderperspektiven mittels des multifaktoriellen Gerüsts in Ebenen als praxisorientierter Zugang, wie im Modell 10.3. dargestellt, ist somit ein Aspekt, der in dieser Studie exklusiv herausgearbeitet wurde.

Die Ebenen verdeutlichen die Interdisziplinarität, welche interreligiösem Lernen und dem Forschungsinteresse zugrunde liegt.[48] Möglichkeiten zur Förderung von Empathie und Perspektivenwechsel lassen sich in der vorliegenden Studie auf einer kommunikationspsychologischen Ebene, einer religionspädagogisch-entwicklungspsychologischen, einer subjektorientierten, einer religionsdidaktischen sowie religionsmethodischen Ebene und auf einer strukturellen, bildungspolitischen Ebene finden. Die Möglichkeiten des Förderpotentials anhand von Ebenen einzuordnen, ist von Vorteil, um Struktur und Nachvollziehbarkeit zu erzielen, gleichzeitig zeigt sie auch Nachteile, weil sich die einzelnen Aspekte nicht in solche Ebenen trennscharf und subtil aufgrund der eigenen Komplexität zuordnen lassen. Es muss daher achtsam abgewogen werden, welches Anliegen verfolgt wird.

Das multifaktorielle Gerüst und die Abbildung in Ebenen verdeutlicht, dass Empathie und Perspektivenwechsel immer auch andere interreligiöse Kompetenzen benötigt und umgekehrt ebenso benötigt wird, wie auch die Studie im multifaktoriellen Gerüst erkennen konnte. Insofern stellt die Studie damit auch eine umfangreiche und überzeugende Begründung für den Erwerb interreligiöser Kompetenzen als Grundkompetenz in einer pluralistischen Gesellschaft dar.

Empathisch sprachsensibles Sprechen: Umgang mit bewusster Sprache
Die Kompetenz des empathisch sprachsensiblen Sprechens im interreligiösen Bereich ist eine Kompetenz, die deutlich in der vorliegenden Arbeit akzentuiert wird.[49] In diesem Umfang wird diese herausgearbeitet, weil das bislang

---

48 Wobei selbstverständlich weitere, hier nicht aufgeführte, Bezugsdisziplinen möglich sind.

49 S. Kapitel *3.3.5 Eine zentrale Kompetenz: Empathisches sprachsensibles Sprechen in Kontexten interreligiösen Lernens und Lehrens*

im religionspädagogischen Diskurs nicht erfolgte[50], obwohl diese Kompetenz doch, wie in dieser Arbeit sowohl theoretisch als auch empirisch hinreichend dargelegt, großen Einfluss auf interreligiöses interpersonales dialogisches Begegnungslernen haben kann. Sprache zu reflektieren und empathisch (neu) auszurichten, ist eine Kompetenz, der im Bereich des interreligiösen interpersonalen Begegnungslernens zukünftig mehr Beachtung zukommen sollte, insbesondere im interpersonalen Begegnungslernen, in dem individuelle Weltsichten miteinander in den Dialog getragen werden. Denn wie Annegret Reese-Schnitker schreibt, kann Sprache sowohl einladend als auch ausgrenzend sein[51] und somit zu einem wichtigen Player in interreligiösen Konvivenzsituationen werden.

Perspektiven wechseln zu können, erleichtert interreligiös empathisch sprachsensibel zu sprechen, denn wer (im Bestfall aus einer interreligiös kompetenten Haltung heraus) erkennt, dass die eigene Wortwahl das Gegenüber verletzten könnte, der kann empathisch die eigene reflektieren und ggf. neu ausrichten. Diesem angeschlossen, vermutet auch Schweitzer den Zusammenhang von der Fähigkeit zu Perspektivenwechsel und Kommunikationsprozessen im interreligiösen Bereich.[52]

In der Studie zeigte sich, dass insbesondere das Sprechen in Ich-Botschaften helfen kann, Prozesse von Empathie und Perspektivenwechsel anzuregen, z. B. während der religiös authentischen Erzählungen, die sich durch die didaktische Auseinandersetzung mit religiös-kulturellen Gegenständen eröffnete. In der Fähigkeit, in Ich-Botschaften zu sprechen, liegt somit Potential.

Darüber hinaus gehört u. a. dazu, aufmerksam und aktiv zuzuhören und Gesagtes ggf. sogar zu paraphrasieren, um Missverständnisse zu umgehen; das sehen ebenso die methodischen Ansätze Komparativer Theologie vor.[53]

Darüber hinaus wurden in der Studie Szenen sichtbar, die verdeutlichen, dass ein Perspektivenwechsel hinsichtlich einer altersgerechten, eindeutigen

---

50 Ansatzweise ließe sich dazu auf Klaus von Stosch beziehen, welcher strukturelle Ähnlichkeiten zu psychologischen klientenzentrierten Gesprächskontexten im Sinne eines einfühlenden Verstehens zieht. Vgl. von Stosch in Stettberger, Bernlochner (2013), S. 16f. Themenzentrierter ist dazu gemeinsam in einem Autor:innenkollektiv ein Artikel erschienen: Espelage, C., Gaida, K., Niehoff, R. & Reese-Schnitker. A. (2022). Perspektivenwechsel – Empathie – Sprachsensibilität. Empathisches und sprachsensibles Sprechen als zentrale Kompetenz interreligiösen Lehrens und Lernens. In: A.-H. Massud & C. Hild (Hrsg.), *Religionslehrer*innen als Akteure in der multireligiösen* (S. 77–99). Landau: Verlag Empirische Pädagogik e.V.

51 Vgl. Reese-Schnitker (2021) 407

52 Vgl. Schweitzer (2022), S. 13

53 Vgl. von Stosch in Stettberger, Bernlochner (2013), S. 16f.

Sprache insbesondere im Kontext religiösen Fachvokabulars seitens der Lehrenden notwendig ist. Religionskundliches Vorwissen bei Kindern ist nicht in der Breite zu erwarten, weshalb dies zwangsläufig mitbedacht werden sollte.[54]

Verknüpfung emotionaler und kognitiver Lernkanäle
Die Studie hat deutlich herausgearbeitet, dass, wenn es um die Förderung von Empathie und Perspektivenwechsel geht, es sich nicht nur um kognitive Denk- und Handlungsprozesse, sondern im Wesentlichen auch um emotionale und soziale handelt. Darüber hinaus wird die Interdependenz aus Perspektivenwechsel und Empathie der vorliegenden Arbeit u. a. mit emotionalen Anteilen definiert. Diese zeigen sich insbesondere in dem Modell der sozialen Perspektivenübernahme nach Robert Selman[55] oder auch in dem Vierevidenzquellenmodell nach Manfred Riegger[56].Die Aktivierung der verschiedenen Dimensionen berücksichtigt auch das Konzept der Kinderakademie in den 15 Grundpfeilern.

Die Studie zeigt, dass die Kinder immer wieder emotional konnotierte Redebeiträge, insbesondere, wenn es um einen Lebensweltbezug geht, teilen. Auch nimmt der Redeanteil zu, wenn die Kinder erfahrungsbezogenes Wissen aus den Religionsgemeinschaften in das Lehr-Lerngespräch einbringen konnten. Motivationale Zusammenhänge können in diesem Kontext stark vermutet werden, was wiederum empathische Prozesse bestärken kann. Begründet wird damit deutlich die Relevanz emotionalen Lernens im interreligiösen Diskurs.[57] Darüber hinaus ist hervorzuheben, dass das interpersonale Begegnungslernen emotionale Gehalte und Bedürfnisse der Schüler:innen als Grundbedingung interreligiöser Begegnungsprozesse inkludieren und berücksichtigen sollte.[58] Durch den Einbezug der Lebenswelt von Schüler:innen werden auch emotional konnotierte Inhalte in Lehr- und Lerngesprächen miteinander geteilt.

---

54   Das zeigte sich beispielsweise bereits an dem Wortfeld „Heilige Schriften". Für das Substantiv „Koran" wurde als Äquivalent und ohne Erklärungen, folgende Substantive wie: Heilige Schrift und Heiliges Buch im Workshopgespräch benutzt. Kinder, die weder den Koran einer Religion zuordnen können, noch dazu in der Lage sind, den Zusammenhang zwischen den unterschiedlichen Synonymen nachzuvollziehen, laufen Gefahr somit den Bezug zum Unterrichtsgeschehen zu verlieren.

55   Selman, R. L. (1984). *Die Entwicklung des sozialen Verstehens. Entwicklungspsychologische und klinische Untersuchungen.* Frankfurt: Suhrkamp.

56   Riegger, M. (2013). Empathie und Wahrnehmung. In H. Stettberger, & M. Bernlocher (Hrsg.), *Interreligiöse Empathie lernen. Impulse für den trialogisch orientierten Religionsunterricht* (S. 37–61). Berlin: LIT.

57   Vgl. Naurath (2022), S. 158

58   Vgl. Naurath (2022), S. 159

Aus entwicklungspsychologischer Sicht können insbesondere bei Kindern im Kindergartenalter positive emotional-affektive Handlungen, wie z. B. durch ein aufrichtiges Lächeln, in interreligiösen Begegnungen für eine Förderung durchaus gewinnbringend sein.[59] Insbesondere am Zeugnislernen werden affektiv-emotionale Erlebensformen sichtbar, z. B. durch Gesprächsdynamiken unter den Kindern, die auf ein Ambiguitätserleben schließen lassen.

Nach Zusammentragen der vorliegenden Gründe bleibt offen, warum letztlich die von vielen Religionspädagog:innen als relevant eingeschätzte Fähigkeit der Empathie kaum empirisch in diesem Zusammenhang untersucht wird.

Nach der Darstellung guter Gründe für die Aktivierung einer emotionalen Dimension in und mit der Förderung von Empathie und Perspektivenwechsel im interreligiösen Lernen möchte ich jedoch gleichzeitig die Relevanz der Verknüpfung mit der kognitiven Dimension betonen. In der empirischen Studie zeigte sich, dass Perspektivenwechsel bei den Kindern erschwert werden können, wenn religionskundliches Wissen fehlerhaft oder nur sehr rudimentär von den Lehrenden in das Lehr-Lerngespräch eingebracht wird. Im Umkehrschluss dazu bestätigend, ermittelte die Interventionsstudie von Schweitzer et al. (2017) positive Zusammenhänge zwischen religionskundlichem Wissen und religionsbezogener Perspektivenübernahme im Sinne von Wissen als notwendige, aber nicht hinreichende Voraussetzung einer religionsbezogenen Perspektivenübernahme.[60]

Die Aktivierung emotionaler und kognitiver Lernkanäle sind nicht nur im Speziellen für Fördermöglichkeiten von Empathie und Perspektivenwechsel gewinnbringend, sondern beziehen sich auf die Breite interreligiösen Lernens. Wenn Clauß Peter Sajak unter interreligiösem Lernen sowohl religionskundliches Wissen als auch Begegnung mit Menschen anderer Religionszugehörigkeiten spricht[61], dann benötigt es infolgedessen beide Lernkanäle. Darüber hinaus macht die Entwicklung interreligiösen Lernens in den letzten Jahrzenten mit der sukzessiven Verschiebung von den Inhalten zu den Subjekten didaktische Konsequenzen erforderlich, die u. a. emotional-affektive und kognitive Lernkanäle eröffnen müssen. Konsens besteht darüber, dass interreligiöses Lernen auch diese Dimensionen umfassen muss.[62]

---

59 S. Kapitel *3.5.1.3 „Sind Kinder im Grundschulalter überhaupt zu Empathie und Perspektivenwechsel in interreligiösen Begegnungen fähig?"*

60 Vgl. Schweitzer et al. (2017), S. 25

61 Vgl. Sajak (2018), S. 24

62 Vgl. Schlüter in Schreiner et al. (2005), S. 560

Multiprofessionelle Teams

Multireligiöse Teams zeigten sich in der Studie in verschiedener Sicht als gewinnbringend. Es wurden zwei Workshopgruppen mit je zwei Teams aus Lehrenden untersucht: Ein religiös homogenes Team aus Lehrenden (christlich, evangelisch)[63] und ein religiös heterogenes (christlich, evangelisch / muslimisch, sunnitisch).[64] Das religiös heterogene Team konnte unterschiedliches religiöses erfahrungsbezogenes Wissen (z. B. das Tragen eines Hijabs) einbringen und dadurch den Kindern Prozesse von Empathie authentisch eröffnen und Perspektiven erweitern. Sie kannten, ausgehend von ihrer eigenen (religiösen) Biografie, unterschiedliche Formen von religiöser Sozialisation und konnten darüber empathisch auf die Gruppendynamik unter den Kindern eingehen.

Dem religiös homogenen Team fehlte hingegen oftmals der Perspektivenwechsel und das Wissen um die unterschiedliche religionsbezogene Sozialisation der Kinder sowie das religionskundliche Wissen über andere Religionen, worunter das Workshopgespräch letztendlich inhaltlich stark litt. So fehlte beispielsweise eine fundierte religionskundliche Grundlage, warum Heilige Schriften nicht auf dem Boden liegen dürfen und was die religionsbezogene Funktion des Hijabs ist. Neben allen kritischen Anfragen um die Chancen und Grenzen des Team-Teachings[65] stellt die Studie diesbezüglich deutlich das Potential des Team-Teachings für Fördermöglichkeiten von Empathie und Perspektivenwechsel heraus.

Darüber hinaus muss bedacht werden, dass ein religiös homogenes Team, das aus einer ausschließlich christlich-evangelischen, d. h. religionsbezogenen

---

63   Bei den Lehrenden – hier zumeist Workshopleiterinnen genannt – handelt es sich um Studierende, die das Bildungsprogramm der Kinderakademie als reguläres Seminar im Rahmen ihres Studiums absolvierten.

64   Die Begriffe Hetero- und Homogenität werden hier im Hinblick auf die religiöse Zugehörigkeit verwendet. Es ist selbsterklärend, dass eine religiöse Heterogenität auch innerhalb einer Religionsgemeinschaft existiert.

65   An dieser Stelle möchte ich die Team-Teaching-Diskussion an Schulen mit diesem Ergebnis nur vorsichtig indirekt berühren. Die Teams des untersuchten Bildungsprogramms arbeiteten gemeinsam im Rahmen eines flankierenden Seminars kontinuierlich an einem Workshopkonzept (s. Beschreibungen in Kapitel *4.2.2 Die Kinderakademie – der Ablauf für die Studierenden*). Bereits dieser Aspekt ist selbstverständlich nur schwierig mit den schulischen Strukturen vergleichbar. Die vorliegenden Ergebnisse, also die Förderung des Perspektivenwechsels durch authentische religiöse Erfahrungen von Lehrenden verschiedener Religionshintergründe, der Gewinn für die Lerngruppe bzgl. religionskundlichen Wissens und religiöser Sozialisierung durch Lehrende verschiedener Religionshintergründe, lassen sich jedoch m. E. durchaus übertragend weiterdenken.

Majoritätssituation agiert, weniger Anlässe erhält, Perspektiven (z. B. im Sinne von Lehrpartner:innen anderer religiöser Zugehörigkeit) zu wechseln. Multireligiöse Team-Teaching-Konstellationen würden diese Fähigkeit indirekt forcieren, welches im Folgenden auch den Lernenden zugutekommen kann.

Darüber hinaus zeigte sich ein luxuriöser Betreuungsschlüssel in einem der Workshops von sechs Lehrenden, die individuell und situativ auf Bedürfnisse der Kinder eingehen konnte.

Multiprofessionelle Teams können eine wertvolle Ressource sein, wenn es darum geht, unterschiedliche persönliche und professionelle Perspektiven in einen wirkungsvollen Zusammenhang zu stellen.

10.4.2   *Gelingens- und Störfaktoren, die im Kontext einer Förderung zu beachten sind*

Besonderes Potential: Zeugnislernen mit Elementen performanzorientierten Lernens

Auch wenn die Workshopleiterinnen nicht den methodischen Vierschritt des Zeugnislernens im eigentlichen Sinne durchgeführt haben, so möchte ich doch gerne die Erkenntnisse der Studie hinsichtlich der Arbeit an und mit religiös-kulturellen Gegenständen mit dem Ansatz des Zeugnislernens in einen deutlichen Zusammenhang stellen, reflektieren und einordnen, weil sich viele sogenannte Gelingensfaktoren der Fördermöglichkeiten von Empathie und Perspektivenwechsel an diesem religionsdidaktischen Ansatz und konkret in der methodischen Durchführung zeigten.

Die Studie stellte heraus, dass insbesondere im Lernen an und mit religiös-kulturellen Gegenständen und im Besonderen in der Explorationsphase ein Potential in der Förderung von Empathie und Perspektivenwechsel lag, das verschiedene Faktoren des multifaktoriellen Gerüsts unmittelbar aktivierte (z. B. Interesse, Motivation, Lebensweltbezug und Spaß).[66] Es zeigte sich darüber hinaus, dass bei Lehrenden religionskundliches Wissen erforderlich und interreligiös kompetente Sensibilität von Vorteil war.[67] Das sind erfreuliche Auswertungsergebnisse, die vor dem Hintergrund, dass das Zeugnislernen nun zunehmend auch im Kerncurriculum des Religionsunterrichts Präsenz erhält[68], bestärken, diesen Ansatz auch tatsächlich im Unterrichtsgeschehen anzuwenden.

---

66   S. Kapitel *7.4.3.4 Ein analysierender Blick auf Gelingensfaktoren: Die Analyse mehrdimensionaler Konfigurationen von Kategorien*

67   S. Kapitel *8.5 Zusammenfassender Blick auf Erkenntnisse beider Gesprächsfeinanalysen*

68   Vgl. Schreiner (2022), S. 195

Eine weitere Besonderheit zeigte sich darin, dass nicht nur ausschließlich pädagogisch eindeutig zuordnungsbare Erlebensformen an den religiös-
kulturellen Gegenständen gezeigt wurden, sondern durchaus auch ambige.[69]
Relevant ist hierbei hervorzuheben: Für die Förderung von Empathie und
Perspektivenwechsel ist nicht nur das Lernen unter Gelingensfaktoren, wie
beispielsweise Interesse, Motivation oder Freude eine Lernchance, sondern
auch und insbesondere gerade, wenn ambige Situationen entstehen. Diesen
ist im Sinne einer xenosophischen Religionsdidaktik zu begegnen[70], welche
jedoch explizit die emotionale Erlebensdimension der Kinder achtet und
schützt.

Im weiteren Sinne bewährt sich somit auch empirisch in dieser Studie das
Konzept, das auf John Hull und Michael Grimmit[71] beruht und im deutschsprachigen Raum von Karlo Meyer[72] und Clauß Peter Sajak[73] weitergedacht
wurde.

Die empirische Studie beleuchtet die gezeigten emotional-affektiven
Erlebensmomenten im religionsdidaktischen Ansatz des Zeugnislernens
und stellt sie als Potential zum einen für interreligiöse Lernprozesse im Allgemeinen und zum anderen für Fördermöglichkeiten der Empathie und
des Perspektivenwechsel in Kontexten interreligiösen Lernens im Speziellen heraus. Es gibt bislang keine Studien, die sich mit dem Umgang von
Ambiguitätserleben (als didaktisches Lernziel) im Ansatz des Zeugnislernens
religionspädagogisch auseinandersetzen. Die Studie hat somit ein neues
Forschungsdesiderat aufgedeckt.

In fachtheoretischer Hinsicht benennt Karlo Meyer in einem Artikel zu
methodischen Überlegungen des Einfühlens in fremde religiöse Traditionen damit verbundene Chancen und Herausforderungen, die im Ansatz des
Zeugnislernens mit performanzorientierten Elementen zu beachten sind.[74]

---

69   S. Kapitel 8.4.2 *Gesprächsfeinanalyse I „Mit Haaren siehst du irgendwie besser aus"* und
      Kapitel 8.4.3 *Gesprächsfeinanalyse II „In der Moschee, da gibt's die"*
70   S. Kapitel 3.5.3 *Empathie und Perspektivenwechsel im Kontext einer Xenosophie in religions-
      pädagogischer Absicht*
71   Grimmitt et al. (1991) A Gift to the Child. Religious Education in the Primary School. Lon-
      don: Hemel Hempstead.
72   Meyer, K. (1999). *Zeugnisse fremder Religionen.* „Weltreligionen" im deutschen und engli-
      schen Religionsunterricht. Neukirchen-Vluyn: Neukirchener.
73   Sajak, C. P. (2010). *Das Fremde als Gabe begreifen. Auf dem Weg zu einer Didaktik der Reli-
      gionen aus katholischer Perspektive* (2. Aufl.). Berlin: LIT.
74   Vgl. Meyer, K. (2013). Methodische Überlegungen zur Einfühlung in fremde religiöse
      Traditionen – Chancen, Probleme und angemessene Wege. In H. Stettberger, & M. Bern-
      locher (Hrsg.), *Interreligiöse Empathie lernen. Impulse für den trialogisch orientierten
      Religionsunterricht* (S. 155–173). Berlin: LIT.

Eindeutiger Störfaktor – Angst als zentrale Emotion erkennen und ernstnehmen
Im Kontext von Empathie und Perspektivenwechsel wird in Stettbergers
Empathie Katalysatoren[75] und im Besonderen in den religionsdidaktischen
Ansätzen der Xenosophie in Rieggers Vierevidenzmodell[76] bzw. in den religiösen Stilen nach Streib[77] Angst als zentrale Emotion herausgestellt, welche
Fördermöglichkeiten um Empathie und Perspektivenwechsel beeinträchtigen
bzw. verhindern kann. Letzteres überrascht nicht, denn eine Didaktik der Xenosophie beschäftigt sich zwangsläufig mit dem Fremden, dem Unbekanntem
und Unvertrauten.[78] In diesem Kontext wird die Kompetenz des Ambigui-
tätsmanagements und dementsprechend auch des Perspektivenwechsels
notwendig.[79] Die in der fachtheoretischen Grundlegung (Teil I) abgebildeten
Modelle ermöglichen jedoch nicht eine umfassende Ausführung hinsichtlich
des religionspädagogischen Umgangs damit. Eine Möglichkeit bringen dabei
beide Auswertungsmethoden der Studie zutage: Beide Auswertungsmethoden
ermitteln die Relevanz einer angstfreien und lernfreundlichen Gestaltung der
räumlichen Atmosphäre. Im Datenmaterial zeigt sich das durch Workshop-
räume, die durch unterschiedliche Bereiche ausgestattet sind: Für das Lehr-
Lerngespräch liegen Decken und Kissen in der Sozialform eines Kreises aus.
Für die nachfolgenden Arbeitsphasen stehen Gruppentische zur Verfügung.

Akzentuierend zeigt sich darüber hinaus in der Studie insbesondere in den
Situationen ambiger Erlebensformen die Relevanz und zugleich Aufgabe an
Lehrende, sensibel solche erkennen zu können. Daraus leitet sich zu aller erst
die Prämisse ab, Angst als Emotion zu erkennen und im Besonderen: Angst
ernst- und anzunehmen.

Angst ernst- und anzunehmen erfordert u. a., einen Perspektivenwechsel
zu vollziehen, ggf. empathisch zu sein, weshalb die Frage nach dem Umgang
mit Angst auch eine deutliche Anfrage an das vorliegende Forschungsanliegen
ist. Die Aufgabe, Angst sensibel zu erkennen, ernst- und anzunehmen richtet sich insbesondere an Lehrende. Wenn dies erfolgt ist, können religionspädagogische Antwortmöglichkeiten offeriert werden, aber zu Beginn benötigt
es das Ernstnehmen und Annehmen der Angst. Diesen wichtigen Zwischen-
schritt beleuchtet die Studie exklusiv.

---

75   Vgl. Stettberger in Stettberger, Bernlochner (2013), S. 134
76   Vgl. Riegger in Stettberger, Bernlochner (2013), S. 50f.
77   Vgl. Streib in Schreiner et al. (2005), S. 237
78   Dabei muss deutlich erwähnt werden, dass Fremdheitserfahrungen nicht zwangsläufig in
      Angst münden, wie Riegger es in seinen neun Konstruktionsmustern des Fremderlebens
      beschreibt. vgl. Riegger in Stettberger, Bernlochner (2013), S. 47–56
79   Dies habe ich insbesondere in Kapitel *3.5.3 Empathie und Perspektivenwechsel im Kontext
      einer Xenosophie in religionspädagogischer Absicht* erläutert.

Sukzessiv kann mit Kindern im Grundschulalter differenzorientiertes Lernen angeregt werden, sodass Differenzen nicht per se als negativ, sondern ebenso als potentialstiftend wahrgenommen werden können.[80]

10.4.3 *Auffälligkeiten, die im Kontext einer Förderung zu beachten sind*
Ambiguitätserleben
Als besondere Auffälligkeit zeigten sich religiöse Erlebensformen als affektive Reaktion auf Unbekanntes und Unvertrautes an den religiös-kulturellen Gegenständen, insbesondere durch das Ambiguitätserleben. Einzig Karlo Meyer widmet diesem Thema u. a. ein vertiefendes Kapitel[81] in diesem Kontext und setzt es auch im nachfolgenden Kapitel in Zusammenhang mit der Perspektivenübernahme.[82] Ambiguitätserleben und Perspektivenwechsel müssen zwangsläufig miteinander gedacht werden, da die Fähigkeit, Mehrdeutigkeiten verstehen und aushalten zu lernen, die Fähigkeit des Perspektivenwechsels voraussetzt, das konnte die vorliegende Studie bestätigen und begründen. Im Kontext des Kapitels zum Ambiguitätsmanagement, wie Meyer es nennt, bezieht er sich dabei auf ein Beispiel in einer Klasse, welche ebensolche ambigen Erlebensformen an religiös-kulturellen Gegenständen (hier dem islamischen Gebetsruf, Azān) zeigt.[83] Meyer entfaltet dabei im Folgenden wesentlich differenzierter und breiter als in der vorliegenden Studie den Umgang mit Ambiguitätserleben anhand seiner vier Modi der Religionenerschließung.[84] In der vorliegenden Studie findet das – begründet durch ein primär anderes Forschungsanliegen – eher im Hintergrund statt, z. B. in dem Modell (10.3) und in den Zusammenfassungen der Ergebnisse der praktischen Implikationen (10.5).

Relevant ist hierbei, dass die vorliegende Studie empirisch untersuchte Beispiele in Lehr-Lern-Gesprächen, in denen ambige Erlebensformen sich insbesondere in der Erkundungsphase zeigten, dem religionspädagogischen Diskurs des Zeugnislernens hinzufügen kann. Das ist ein wertvoller Beitrag, der geleistet werden konnte, lassen sich doch bisher keine religionspädagogisch empirischen Studien zum Ambiguitätserleben insbesondere in der Erkundungsphase im Ansatz des Zeugnislernens finden.

---

80   Vgl. Streib in Schreiner et al. (2005), S. 238, vgl. Boehme (2019), Abschnitt 3.4., vgl. Meyer (2015), S. 3f.
81   Vgl. Meyer (2019), S. 270–302
82   Vgl. Meyer (2019), S. 303–357
83   Vgl. Meyer (2019), S. 271
84   Vgl. Meyer (2019), S. 289–292

Darüber hinaus ist hervorzuheben, dass in der vorliegenden Studie ambige Situationen, die an religiös-kulturellen Gegenständen gezeigt werden, im Sinne des differenzorientierten Lernens als didaktisches Lernziel religionspädagogisch gedeutet und ausformuliert wurden. Die vorliegende Studie, welche zwei Sequenzen empirisch untersucht und in denen je eine Lerngruppe mit religiös-kulturellen Gegenständen arbeitet, kann somit Meyers theoretische Beschreibungen über ambige Erlebensformen bei Lernenden an religiös-kulturellen Gegenständen im Kontext interreligiösen Lernens empirisch belegen bzw. zustimmen und unterstützen. Im Besonderen wurden zwei Sequenzen empirisch untersucht, in denen die Lerngruppe mit religiös-kulturellen Gegenständen arbeitet und an denen sich in beiden Sequenzen ambige Reaktionen in Form von Lachen und einer ebenfalls zuerst lachenden, dann negativen Haltung zum Gegenstand zeigten.

Machtstrukturen
Machtstrukturen in Lehr- und Lerngesprächen hinsichtlich der Fördermöglichkeiten von Empathie und Perspektivenwechsel wurden in der vorliegenden Studie erkannt und analysiert. Einschränkungen für Fördermöglichkeiten hinsichtlich von Empathie und Perspektivenwechsel vor dem Hintergrund von Othering-Prozessen im Kontext interreligiösen Lernens zu deuten, ist somit in der religionspädagogischen Forschungslandschaft weitestgehend neu und gewiss nicht unwichtig. Indiz dafür bot die Untersuchung der Gruppendynamik, in denen strukturelle Machtformen während des Workshopgespräches erkennbar wurden. Hier lässt sich vermuten, dass die Gesprächsdynamik unter diesen Rahmenbedingungen einen Einfluss auf Fördermöglichkeiten von Empathie und Perspektivenwechsel haben kann. Fachtheoretisch unterstützen können dazu im Besonderen die Erkenntnisse von Janosch Freuding zu Fremdheitserfahrungen und Othering in interreligiöser Bildung und im Spezielleren gesellschaftliche Othering-Ordnungen[85] sowie im weiteren Sinne die fachtheoretischen Ausführungen von Karlo Meyer zu Strukturen und Dominanzen im interreligiösen Kontext[86]. Die hier aufgeführte Erkenntnis ist eine vorsichtig formulierte Erkenntnis, die weitere empirische Untersuchungen, insbesondere im schulischen Kontext benötigt. Darüber hinaus ist es eine Erkenntnis, die

---

85 Vgl. Janosch Freuding (2023), S. 342 schreibt: „*Geschichtlich und gesellschaftlich konstruierte Differenzmarker wie „Hautfarbe" oder sozial markierte religiöse Symbole wie das „Kopftuch" bestimmen mit über gesellschaftliche Teilhabe oder den jeweiligen sozioökonomischen Status. Auch in der Sprache, Metaphorik, in kultureller Interaktion, in Geschlechterverhältnissen, in Wissenschaft und Wissen finden sich unzählige Relikte bereits überwunden geglaubter Machtstrukturen.*"

86 Vgl. Meyer (2019), S. 51–57

viel deutlicher in das Zentrum von interreligiöser interpersonaler Didaktik des
Begegnungslernens und in der Schlussfolgerung in interreligiöse Lehr- und
Lernprozesse gerückt und reflektiert werden sollte.

Logisch schlussfolgernd, wird in den Ergebnissen daraufhin die These
entwickelt, dass Lehrende im Sinne einer Fördermöglichkeit Angebote zur
Fortbildung von diversitätsspezifischen, also differenz- macht-, geschlechterspezifischen Perspektiven erwerben müssen, um Strukturen von Macht und
Formen von Diskriminierung erkennen zu können.

10.5   Praktische Implikationen aus dem Forschungsprojekt für die
schulische Praxis

Nachdem die Ergebnisse nun deskriptiv dargestellt und analytisch wertend
diskutiert worden sind, soll in dem vorliegenden Kapitel der nächste Schritt
erfolgen, welcher praktische Implikationen der gewonnen Ergebnisse für
den schulischen Kontext vorsieht. Ziel dieses Abschnittes soll sein, herauszustellen, welche Bedeutung die gewonnenen Ergebnisse für den schulischen
Kontext haben. Diese sollen in Form von Empfehlungen dargestellt werden.[87]

Der zugrundeliegende Forschungsgegenstand der „Kinderakademie – Weltreligionen im Dialog" ist, wie bereits an zahlreichen Stellen verdeutlicht, kein
schulisches Bildungsprojekt. Dadurch, dass der Forschungsgegenstand jedoch
konzeptionell eng an den schulischen Kontext orientiert ist, ergibt es aus diesem Grund Sinn, die hier erforschten pädagogisch-relevanten Erkenntnisse
auf den schulischen Kontext übertragend weiterzudenken.

10.5.1   *Möglichkeiten zur Förderung von Empathie und Perspektivenwechsel
durch interreligiöse Begegnungen bei Kindern in der Grundschule*
*Die in der Studie entwickelten Ebenen offerieren praxisbezogene Möglichkeiten
der Förderung*
Die Ergebnisse der vorliegenden Studie zeigen, dass Empathie und
Perspektivenwechsel immer in einem multifaktoriellen Gerüst aus mindestens motivationalen, sozialen, emotional-affektiven und kognitiven Aspekten gedacht werden müssen. Vor diesem Hintergrund wurde ein Modell mit
fünf Ebenen ermittelt. Die gewonnenen Ebenen, dargestellt in dem FEPIB-
Modell (10.3) offerieren zahlreiche und unterschiedliche Möglichkeiten einer

---

87   An dieser Stelle können lediglich Einblicke in Empfehlungsmöglichkeiten offeriert werden. Vollumfänglichere Empfehlungen müssten zusätzlich in Form eines Handbuches
eine Ausformulierung finden.

Förderung von Empathie und Perspektivenwechsel anzuregen. Dabei geht es nicht um die Kombination aller Ebenen, vielmehr kann es wie ein Angebot an Möglichkeiten gedacht werden, aus dem unterschiedliche Optionen von der Lehrperson herausgegriffen werden können.

Zugleich werden durch die Ebenen auch Auffälligkeiten und mögliche zu bedenkende Störfaktoren dargestellt, worauf sich eine Lehrperson vorbereiten kann.

Darüber hinaus ermittelte die Studie konkrete Ketten von Synergiepotential (so zeigten sich z. B. Interesse, Motivation und Freude explizit als Gelingensfaktoren). Das überrascht nicht und erfreut umso mehr, wird es doch von Kindern selbst als relevant hinsichtlich des eigenen Lernens benannt.[88] Besonders hohes Potential der Fördermöglichkeiten wurde dabei in der Arbeit an und mit religiös-kulturellen Gegenständen, wie beispielsweise einer islamischen Gebetsmütze, einem Kopftuch oder einer Bibel herausgearbeitet.

Empathisch sprachsensibles Sprechen: Umgang mit bewusster Sprache
Empathisch sprachsensibel zu sprechen, bedeutet, einladend und in freund(schaft)licher Grundhaltung dem anderen gegenüber kommunizieren zu wollen. Dabei ist es hilfreich, Perspektivenwechsel zu vollziehen, denn wer (im Bestfall aus einer interreligiös kompetenten Haltung heraus) erkennt, dass die eigene Wortwahl das Gegenüber verletzten könnte, der kann empathisch den eigenen „Sprachkatalog" reflektieren und ggf. durch neue sprachsensiblere Worte bereichern.

Ich-Botschaften können unterstützen, Prozesse von Empathie und Perspektivenwechsel anzuregen, z. B. wenn die Lehrperson eigene Positionierungen und Haltungen darstellt oder, wenn die Schüler:innen aus ihrem religiösen Alltag berichten. Ich-Botschaften können durch das authentische Berichten eigener religiöser Erfahrungen einen emotionalen Lernzugang in religionsbezogenen Unterrichtsgesprächen eröffnen. Lehrpersonen sollten in der Unterrichtsgestaltung neben den religionskundlichen Phasen auch dialogische Phasen einplanen. Gelingensbedingungen und Herausforderungen im Kontext sprachsensiblen empathischen Sprechens in interreligiös dialogischen Begegnungen wurden in Kapitel 3.3.5.6 durch die Auflistung von sechs Punkten dargestellt.

Darüber hinaus zeigt sich die Relevanz und Notwendigkeit seitens der Lehrperson, einen Perspektivenwechsel angesichts der religionsbezogenen Sprachfähigkeit der Kinder zu vollziehen. Die Studie zeigte Sequenzen, in denen

---

88 Vgl. Knapp (2018), S. 304

die Kinder Schwierigkeiten hatten, dem Workshopgespräch zu folgen, da sie
die von den Workshopleiterinnnen verwendeten Wörter z. T. nicht kannten.
Einerseits können damit Zusammenhänge der ohnehin fehlenden religiös-
sprachlichen Erziehung bei den Kindern vermutet werden, andererseits handelt es sich hierbei auch um spezifische Wörter, die im Kontext einzelner
Religionen häufiger benutzt werden, wie z. B. den Koran zu „rezitieren".

Verknüpfung emotionaler und kognitiver Lernkanäle aktivieren
Anhand der Beschreibungen bezüglich des Zeugnislernens kann bereits
ersichtlich werden, dass ein kognitiver Lernzugang notwendig, aber nicht hinreichend für umfassende interreligiöse Lernprozesse ist. Deshalb benötigt es
bewusst implementierte Phasen im Unterrichtsgeschehen, die sowohl Phasen
emotionalen als auch kognitiven Lernens dezidiert berücksichtigen. Es geht
hier somit um Phasen, die beispielsweise 5 bis 45 Minuten umfassen können
und in denen methodisch ein Hineinfühlen (eher Empathie) und ein Hineindenken (eher Perspektivenwechsel) angeregt werden.

Hier ein religionspädagogischer Gedanke: In einem *weiteren* Sinne bedeutet
die Aktivierung beider Lernkanäle, den emotionalen und kognitiven Fähigkeiten der Persönlichkeitsentwicklung von Kindern ein präsenteres Bewusstsein in interreligiösen Begegnungssituationen von Kindern zuzuordnen, aktiv
Raum für Lernanlässe zu gestalten und diese als Lehrpersonen mit den eigenen Fähigkeiten von Empathie und Perspektivenwechsel professionell und
pädagogisch sensibel zu begleiten.

In einem *engeren* Sinne kann dies im schulischen Kontext unterschiedlich gelingen. Einige Überlegungen dazu habe ich in meinen empirischen
Untersuchungen dargestellt.[89] Zwei konkrete Beispiele möchte ich gerne als
pädagogische Umsetzungsmöglichkeiten eröffnen, wobei eins zeitlich deutlich umfangreicher ist als das andere: 1) In einer angstfreien und lernfreundlich
gestalteten Raumatmosphäre kann durch die Bezugnahme der religionspädagogischen Methode des Zeugnislernens u. a. religionskundliches Wissen
themenspezifisch vermittelt werden. Über entsprechende Fragetypen, die sich
auf das religionskundliche Wissen beziehen, lassen sich darüber religionsbezogene Perspektivenwechsel initiieren und so kognitive Prozesse bei den
Kindern anregen. In der dialogischen Phase der Methode liegen Herausforderung und Chance zugleich: Mit einem induktiven Lehrstil kann die Lehrperson als ‚rolemodel' eine empathische Haltung vorleben und eigene religiös
authentische Erfahrungen am und mit dem religiös-kulturellen Gegenstand

---

89 Systematisiert dargestellt in Kapitel *7.4.3.2 Ein analysierender Blick auf Förderperspektiven
    von Empathie und Perspektivenwechsel: Die kategorienbasierte Auswertung*

verbalisieren und sich positionieren. Gleichzeitig können auch die Kinder aus ihren eigenen religiös-kulturellen Biographien in Ich-Botschaften sprechen. Darüber hinaus können die Kinder, denen der ausgewählte religiös-kulturelle Gegenstand nicht vertraut ist, eigene Beobachtungen und affektive Erlebensformen in der Lerngruppe offen teilen. Für die dialogischen Phasen sollte bewusst Zeit eingeplant werden, um auf ‚critical incidents‘, also herausfordernde Momente (z. B. ambige Gefühle, kritische Fragen oder gar xenophobe Aussagen der Kinder) mit Zeit, Sensibilität und Empathie reagieren bzw. diese pädagogisch begleiten zu können. Darin liegt das Potential für gelingende interreligiöse Begegnungsprozesse, in denen einerseits Empathie und Perspektivenwechsel benötigt und gleichzeitig durch die Lernanlässe gefördert wird. 2) In einem zweiten Beispiel können im Rahmen eines Gespräches unterschiedliche Fragetypen initiiert werden, welche eine eher kognitive Dimension „Stelle dir vor, dass ...“ oder eine eher emotionale Dimension „Wie fühlst du dich, wenn ...“ anregen.

Getragen werden diese religionspädagogischen Vorschläge auch von der jüngst erschienenen Interventionsstudie nach Schweitzer et al. (2017), in der positive Zusammenhänge von religionsbezogener Perspektivenübernahme und religionskundlichem Wissen nachgewiesen werden konnten, d. h. Wissen ist eine notwendige, allerdings keine hinreichende Voraussetzung für eine religionsbezogene Perspektivenübernahme.[90]

Multiprofessionelle Teams

In der Studie ließen sich durch den Vergleich eines religiös homogenen und eines religiös heterogenen Teams[91] folgende Auffälligkeiten beobachten: Dem Team aus Lehrenden der gleichen Religionszugehörigkeit (christlich, evangelisch) fehlte z. T. der Perspektivenwechsel, der durch eine Lehrperson anderer Religionszugehörigkeit indirekt forciert hätte werden können. Ebenso fehlte dem Team eine fundierte religionskundliche Wissensgrundlage. Dies zeigte sich im untersuchten Datenmaterial z. B. in der fehlenden Kontextualisierung des Umgangs mit Heiligen Schriften oder in der religionsbezogenen Funktion des Hijabs. Religionskundliches Wissen können sich die Lehrpersonen eigenständig über andere Religionen aneignen, wobei an dieser Stelle auch der Austausch mit Lehrpersonen anderer Religionshintergründe durchaus von Vorteil sein kann. Zu berücksichtigen ist aber, dass christliche Lehrpersonen weder

---

90   Vgl. Schweitzer et al. (2017), S. 25
91   Die Begriffe Hetero- und Homogenität werden hier im Hinblick auf die religiöse Zugehörigkeit verwendet. Es ist selbsterklärend, dass eine religiöse Heterogenität auch innerhalb einer Religionsgemeinschaft existiert.

authentische religiöse Erfahrungen über den Umgang mit dem Koran oder dem Alltag mit Hijab aus eigener Erfahrung teilen können noch sollten. An dieser Stelle müssen die Grenzen interreligiösen Lernens unbedingt gewahrt werden.[92] Es muss, auch in Kommunikation mit der Lerngruppe, transparent gemacht werden, dass eine Lehrperson mit individueller evangelischer Sozialisation niemals die Perspektive einer anderen Lehrperson sunnitischer, schiitischer, katholischer oder anderer religiöser Zugehörigkeit mit ihrer individuellen Sozialisation vollständig einnehmen kann, sondern stets Imaginationen dessen vornimmt. Die eigene Imagination ist somit immer durch die eigenen Kontexte bestimmt.[93] Die Relevanz des Erwerbs religionskundlichen Wissens seitens der Lehrperson bleibt dennoch im Sinne des Forschungsanliegens bestehen.

Die vorliegende Studie ermittelte ebenso die Relevanz der Aktivierung sowohl kognitiver als auch emotionaler Lernkanäle, da ein rein kognitiver Lernkanal zwar gewinnbringend, aber nicht ausreichend ist. Emotionale Lernkanäle können verschieden eröffnet werden: Selbstverständlich durch das authentische Lehren im Unterrichtsgeschehen der evangelischen Lehrperson selbst und auch beispielsweise durch eine Fächerkooperationen mit Lehrpersonen anderer Religionshintergründe, welche religionspädagogisch versiert und fachkundlich fundiert professionalisiert sind. Lehrpersonen unterschiedlicher Religionshintergründe können auf diesem Weg authentisch-religiöse Erfahrungen und eigene religionsbezogene Positionierungen mit der Lerngruppe teilen, was sich förderlich auf Empathie und Perspektivenwechseln der Kinder (sowie auf die andere Lehrperson) auswirken kann.

Neben all den ernstzunehmenden Herausforderungen, die sich aus dem Ansatz eines Team-Teachings eröffnen können, vermute ich hinsichtlich des vorliegenden Forschungsanliegens einen Mehrwert, wenn es darum geht, Perspektiven erweitern und Situationen von Empathie anregen zu wollen. Authentische Positionierungen von Lehrpersonen evangelischen, sunnitischen, katholischen oder anderen Religionshintergrundes können Empathie und Perspektivenwechsel der Kinder auf einem pädagogisch versierten und religionskundlich fundierten Zugang eröffnen. Anregungen für Fördermöglichkeiten von Empathie und Perspektivenwechsel im Unterrichtsgeschehen, die eine Lehrperson für sich sowie gemeinsam mit dem:der Kolleg:in eines anderen Religionshintergrundes für eine Kooperation beachten könnte, sind in

---

92   Wenn dies didaktisch kompensiert werden möchte, kann zurückgegriffen werden auf die Vorschläge in Kapitel 2.5.1 *Der doppelte Individuenrekurs nach Karlo Meyer,* 2.9.1 *Interreligiöses Begegnungslernen,* 2.9.2 *Zeugnislernen.*

93   Vgl. Meyer (2019), S. 305

insbesondere in dem FEPIB-Modell zu finden, welches in Kapitel 10.3. dargestellt ist.

Ein arbeitsökonomischer, bereits erprobter, praxisnaher Zugang ist der Ansatz des fächerkooperierenden Begegnungslernens nach Katja Boehme.[94] Zwar geht das Konzept nach Boehme nicht explizit von festen Team-Teaching Formationen unter den Lehrenden aus, ermöglicht aber, dass Lehrpersonen unterschiedlicher religiöser und weltanschaulicher Hintergründe in eine Kooperation miteinander treten und für Schüler:innen sichtbar werden.[95]

Interreligiöses Lernen als Lerndimension und als Grundlagenkompetenz für Lehrende und Lernende an der Grundschule
Die aufgezeigten Gründe für eine Förderung von Empathie und Perspektivenwechsel im interreligiösen Lernen verdeutlichen die Relevanz und Aufgabe, die sich nicht nur, aber im Besonderen an den Religionsunterricht richtet, sondern auch im Sinne eines sozial-pluralistisch aufgeklärten Miteinanders an die Grundschule im Allgemeinen.

Damit Lernende die Entwicklung interreligiöser Kompetenz in der Grundschule vollziehen können, müssen in einem ersten Schritt die Lehrerinnen und Lehrer interreligiöse Kompetenzen erwerben, um diese in einem zweiten Schritt vorleben und vermitteln zu können. Dazu gehört im Wesentlichen: eine eigene Grundhaltung im Kontext interreligiösen Lernens zu entwickeln, die Fähigkeit, empathisch zu sein und Perspektiven zu wechseln, religionskundliches Basiswissen (z. B. über religiöse Feste und Riten der Schüler:innen an der Schule) und religionssoziologische Grundlagenkenntnisse (z. B. über mögliche religiöse Sozialisierungsformen der Kinder) zu erwerben.

Abschließend ein Aspekt, der m. E. besonders im Kontext interreligiösen Kompetenzerwerbs (an Grundschulen) beleuchtet werden sollte: Im Prozess des Erwerbs interreligiöser Kompetenzen ist es ratsam eine gesunde Fehlerkultur im interreligiösen Lernen zu kultivieren, d. h. ein adäquater Umgang mit Fehlern und eine Haltung zur Fehlerfreundlichkeit in aufrichtiger achtsamer Absicht dem Gegenüber. „Fehler zu machen" gehört zu einem Prozess interreligiösen Lernens vollwertig dazu. Diese Grundhaltung ist notwendig,

---

94 Vgl. Boehme (2023)
95 Vgl. Boehme (2019), Abschnitt 3: *„Wenn interreligiöses Lernen an außerschulischen Lernorten, Bildern, Texten, Artefakten oder Erzählungen [...] mit fächerkooperierendem Begegnungslernen didaktisch verschränkt wird [...], ergibt sich am Lernort Schule ein mehrdimensionales und dadurch nachhaltiges, didaktisches Modell der Aneignung und Entwicklung interreligiöser Kompetenzen, das über einen gemeinsamen interreligiösen Projekttag pro Schul(halb)jahr hinaus keines weiteren schulorganisatorischen Aufwands bedarf."*

um Prozesse interreligiöser Kompetenzerwerbe nicht vorzeitig zu unterbrechen bzw. diesem vorzubeugen.

Räumliche Bedingungen – Gestaltung einer lernfreundlichen und angstfreien Atmosphäre
In der Studie zeigte sich die Gestaltung einer lernfreundlichen Atmosphäre des Raumes und die egalitäre Sitzordnung in der Sozialform des Sitzkreises als bedeutsamer Aspekt im Forschungsprojekt. Das Sitzen auf Augenhöhe, auf Decken und Kissen und ohne Schuhe trug dazu bei, dass die Kinder sich wohlfühlen konnten. Wie bereits die Fachtheorie herausstreicht, ist im Kontext von Empathie und Perspektivenwechsel eine angst- und stressfreie Atmosphäre notwendig und zuträglich.

10.5.2   Gelingens- und Störfaktoren, die im Kontext einer Förderung in der Grundschule zu beachten sind

Das Zeugnislernen als religionsdidaktische Methode im Unterricht
Das Zeugnislernen, jüngst exemplarisch im Ansatz nach Naciye Kamcılı-Yıldız, Clauß Peter Sajak und Gabriela Schlick-Bamberger (2022)[96] (in trialogischer Besetzung) erschienen, erwies sich als eine Methode mit besonders hohem Potential für die Fördermöglichkeiten von Empathie und Perspektivenwechsel. Die Schüler:innen erschließen sich mittels eines methodischen Vier-Schritts[97] einen religiös-kulturellen Gegenstand[98] wie eine Kippa, eine islamische Gebetskette oder eine Taufkerze. Ziel der Methode ist es, über den von der Lehrperson ausgewählten religiös-kulturellen Gegenstand Wissen über andere Religionen zu erweitern, darüber hinaus interreligiöse Kompetenzen zu erwerben und diese Erkenntnisse mit der Lebenswelt der eigenen Schülerinnen und Schüler zu verknüpfen.

In der Studie zeigte sich, dass insbesondere in der Entdeckungsphase besondere Anlässe des Förderpotentials lagen. Die Redebeiträge der Kinder nahmen signifikant zu, wenn ihnen der Gegenstand aus dem eigenen religiösen Alltag bekannt war. Auch sogenannte konfessionslose Kinder konnten ihre Beobachtungen und Erfahrungen aus dem eigenen Umfeld damit teilen. Das daraus entstehende Gespräch, insbesondere das Reden in Ich-Botschaften ist als besonders wertvoll in den Ergebnissen der Studie gedeutet worden.

---

96   Kamcılı-Yıldız, N., Sajak, C. P. & Schlick-Bamberger, G. (2022). *Kippa, Kelch, Koran. Mit religiösen Gegenständen Judentum, Christentum und Islam erschließen.* München: Don Bosco Medien.

97   S. Kapitel 2.9.2 *Zeugnislernen*

98   Auch Artefakt, Zeugnis, Gabe, Item oder Kultgegenstand genannt

Durch die Arbeit an und mit religiös-kulturellen Gegenständen zeigten sich im Datenmaterial darüber hinaus unterschiedliche Erlebensformen, wie z. B. vermeintliche Störfaktoren im Sinne stark auftretender parallellaufender Nebengespräche. Die Studie arbeitete bereits deutlich heraus, dass diese vermeintlichen Störfaktoren als Ursache hohen Interesses und Motivation gedeutet werden können. Aus diesem Grund gilt es dies seitens der Lehrpersonen wahrzunehmen, einzuordnen und im Sinne des Unterrichtsgeschehens effektiv mit einzubinden. Neben den vermeintlichen Störfaktoren zeigte sich ebenso Auffälligkeiten ambiger Erlebensformen in der Erkundungsphase, z. B. durch lautes Lachen beim Aufsetzen der islamischen Gebetsmütze oder verbalisierte Distanzierung zum Gegenstand beim Anprobieren des Hijabs.

Infolgedessen entstanden Situationen, in denen die Workshopleiterinnen eine pädagogische Sprachlosigkeit zeigten, weshalb es an dieser Stelle pädagogische Handlungsoptionen benötigt.

Das Bemerkenswerte in dieser Studie ist nun, dass ebendiese Situationen der vermeintlichen pädagogischen Sprachlosigkeit als didaktisches Potential herausgestellt wurden, da sie im Grunde günstige Lernbedingungen um Interesse, Neugier und affektiven Emotionen zeigten. Dabei kann insbesondere der in der Studie beschriebene Weg der Aktivierung unterschiedlicher Lernkanäle vor dem Hintergrund eines xenosophischen religionsdidaktischen Ansatzes gewinnbringend sein. In einem interpersonalen Modus interreligiöser Bildung ist der religionskundliche Wissenserwerb auf einer kognitiven Ebene notwendig, aber nicht hinreichend, und muss durch emotionales Lernen bereichert werden. Gerade in der Berücksichtigung der emotionalen Bedürfnisse der Schüler:innen liegt der Schlüssel einer konstruktiven Bearbeitung interpersonalen dialogischen Begegnungslernens.[99]

Letztlich ermöglicht diese Methoden den Lehrpersonen einen Raum für etwas, das sonst im schulischen Alltag verkürzt oder gar nicht Thematisierung finden würde: ihre Schüler:innen näher in den jeweiligen religiösen Alltagen kennenlernen und wertschätzend darauf eingehen zu können.

Eindeutiger Störfaktor – Angst als zentrale Emotion erkennen und ernstnehmen
Das vorliegende Forschungsprojekt arbeitete heraus, dass sich Angst hemmend auf die Förderung von Empathie und Perspektivenwechsel in interreligiösen Begegnungen bei Kindern auswirken kann. Diese Tatsache überrascht nicht, so können wir bereits an uns selbst feststellen, dass wir „erstarren", wenn wir uns ängstlich fühlen.

---

99 Vgl. Naurath (2022), S. 160

Es sollte selbstverständlich sein, dass im Kontext interreligiösen Lernens die Begegnung mit dem Unbekannten und Unvertrauten genauso dazu gehört, wie die Begegnung mit bereits Vertrautem und Bekanntem. Beides, sowohl das Vertraute als auch das Unvertraute, kann unterschiedliche emotionale Affekte wie Freude, Spaß, aber auch Unbehagen oder Verunsicherung auslösen. Als Lehrperson (interreligiös) kompetent zu sein bedeutet ebenso, auf diese Emotionen pädagogisch angemessen sensibel reagieren zu können sowie in erster Linie Angst, Unbehagen und Verunsicherung bei den Kindern wahr- und ernst zu nehmen. Perspektiven zu wechseln oder Situationen, in denen Empathie benötigt wird, zu initiieren, können helfen, um dem entgegen zu wirken. Exemplarisch ausgewählte Lernaufgaben zur Förderung von Empathie und Perspektivenwechsel im Kontext interreligiösen Lernens habe ich dazu in Kapitel 3.5.4 dargestellt. Insbesondere hervorheben möchte ich dabei den Ansatz Karlo Meyers eines sogenannten doppelten Individuenrekurses. Kinder unterschiedlicher Religionshintergründe nehmen die Schüler:innen mit durch ihren religiösen Alltag und offerieren somit einen distanzierten Perspektivenwechsel und verschiedene Identifikationsangebote.[100]

Im Sinne eines xenosophischen religionsdidaktischen Ansatzes könnte in der Lerngruppe gemeinsam herausgearbeitet werden, dass Differenzen, Unbekanntes und Unvertrautes nicht per se etwas Schlechtes sind, sondern das gerade darin viel Potential für die Entdeckung von Neuem liegen kann. Insbesondere der emotionale Lernkanal, zu welchem in der vorliegenden Studie immer wieder ermutigt wird, kann dabei helfen, interpersonale Differenzen oder Spannungen unter den Kindern konstruktiv anzugehen. Allerdings sollten religiöse Differenzen, die im Sinne einer xenosophischen Religionsdidaktik im Unterrichtsgeschehen fiktiv vorgestellt und bearbeitet werden, nicht unnötig emotional aufgeladen werden, da für die Schüler:innen z. T. keine persönliche religionsbezogene Differenz untereinander existiert und somit Prozesse um Othering durch interreligiöses Lernen unnötig angestoßen werden könnten.

10.5.3 Auffälligkeiten, die im Kontext einer Förderung in der Grundschule zu beachten sind

Ambiguitätserleben

Ambige Situationen, also Situationen, in denen Mehrdeutigkeiten aufgetreten sind, zeigten sich in der vorliegenden Studie insbesondere an der Arbeit mit religiös-kulturellen Gegenständen, insofern sollten Lehrpersonen mögliche

---

100   Vgl. Meyer in Stettberger, Bernlochner (2013), S. 167f.

Situationen des Ambiguitätserlebens als Reaktion im Kontext des Zeugnislernens in ihre Unterrichtsgestaltung einbeziehen. In der Studie zeigte sich der
Umgang mit ambigen Situationen in der Lerngruppe zum einen durch Lachen
beim Aufziehen der islamischen Gebetsmütze und zum anderen vereinzelt
durch eine ambige Gesprächsdynamik, in der von einigen Kindern eine negative Haltung verbalisiert wurde, als das Kopftuch der Lehrenden modellartig
aufgesetzt wurde. Es können sich somit ganz unterschiedliche emotionale Haltungen in einer Spanne von Belustigung bis zu Angst und Unbehagen seitens
der Kinder zeigen, weshalb Situationen des Ambiguitätserlebens bei Kindern
von Lehrenden zu erkennen und sensibel zu begleiten sind. Auch wenn Kinder
diesen Alters aus entwicklungspsychologischer Sicht noch nicht im Wesentlichen Mehrdeutigkeiten nebeneinander verstehen und aushalten können, so
sind sie doch dazu in der Lage, sukzessiv an diese herangeführt zu werden.

Anbei möchte ich ein gerne eine Möglichkeit der pädagogischen Reaktion
auf Ambiguitätserleben eröffnen. Dies knüpft an ein Beispiel an, welches sich
in dem Datenmaterial der vorliegenden Studie zeigte. Eines der Kinder wählte
das islamische Kopftuch aus und bedeckte damit exemplarisch infolgedessen
die Haare der Workshopleiterin. Daraufhin zeigten sich ambige Erlebensformen sowohl in der Gesprächsdynamik als auch im Erleben einzelner Kinder.[101]
Nun eine mögliche Herangehensweise: Die Schüler:innen werden sukzessiv
herangeführt, Ambiguitäten erleben, verstehen und aushalten zu lernen. Die
Lehrperson erkennt, dass ambige Gefühle von dem:der Schüler:in gezeigt werden. Sie nimmt die ambigen Gefühle des Kindes ernst. Diese werden weder
nivelliert, noch negiert. Die Lehrperson kontextualisiert das Hijab religionskundlich umfassend, insbesondere hinsichtlich der religiösen Funktion, weniger der Ästhetik. Lerngruppenabhängig können nun Wahrnehmungen über
den Gegenstand in der Lerngruppe gesammelt und auch eine eigene Positionierung der Lehrperson soll mit eingebracht werden. Lernziel sollte sein, dass
das Hijab als religiös-kultureller Gegenstand mehrperspektivisch dargestellt
wird. Darüber hinaus soll gemeinsam in der Lerngruppe herausgearbeitet werden, dass Lösungen nicht immer eindeutig sein können und müssen (wie es
sich beispielsweise in Diskussionen inhaltlich auch immer wieder zeigt). Lerngruppenabhängig kann ebenso transparent thematisiert werden, was gedacht,
ggf. was gefühlt wird. Hier kann Raum sein, ggf. Ängste oder Verunsicherungen
mit der Lerngruppe mitzuteilen. Mittels Perspektivenwechsel oder auch

---

101 Nähere Ausführungen in Kapitel *8.4.2 Gesprächsfeinanalyse I „Mit Haaren siehst du irgendwie besser aus"*

empathischer Impulse können auf das zunächst irritierende, spannungs*reiche* Unvertraute neue Blicke geworfen werden.

Machtstrukturen

Machtstrukturen existieren in allen Lebensbereichen einer Gesellschaft. Ebenso ließen sich in der Studie Ansätze dahingehend vermuten, dass religionsbezogene Majoritäts- und Minoritätsstrukturen in einem Zusammenhang mit der Fähigkeit zu Empathie und Perspektivenwechsel stehen können. So zeigte sich in einer Gesprächsdynamik, dass das einzige muslimische Kind sich während der Erkundung ihres ausgewählten religiös-kulturellen Gegenstandes und während der sich daraufhin anschließenden ambigen Gesprächsäußerungen einzelner Kinder kaum an dem Gespräch beteiligte. Dies erschien u. a. auffällig, da das Mädchen zuvor aktiver an den Gesprächen teilnahm.

Daher lässt sich Folgendes vorsichtig feststellen: Nicht nur die Gesprächsdynamik der Kinder kann hingehend möglicher religions- bzw. kulturbezogener Machtstrukturen reflektiert werden, sondern auch die eigene Haltung in der Rolle als Lehrperson: Welche Machtstrukturen nehme ich wahr? Erkenne ich Diskriminierungsformen? Welche pädagogischen Möglichkeiten kann ich leisten?

Fortbildungsformate zum Erwerb sogenannter diversitätssensiblen Kompetenzen könnten hier ausgeschlossen sinnvoll sein, um die eigene pädagogische Brille auch dahingehend im Sinne der eigenen Schüler:innen zu sensibilisieren.

10.6   Ausblick: Offene Anfragen und Forschungsbedarf

Die Ergebnisse dieser Arbeit beleuchten einige relevante Aspekte der Fördermöglichkeiten von Empathie und Perspektiven in interreligiösen Begegnungen bei Kindern im Primarbereich, die selbstverständlich neue Fragen generieren und somit weiteren Forschungsbedarf aufzeigen. Angesichts der Breite der ermittelten Erkenntnisse, lassen sich einige offene Anfragen finden, wie dies z. T. schon an einigen Stellen in der vorliegenden Arbeit angeklungen ist. Im Folgenden werden ausgewählte Punkte beleuchtet, um die, aus meiner Sicht, besonders dringlichen Anliegen hervorzuheben.

Praxistauglichkeit des multifaktoriellen Gerüsts und der Ebenen des FEPIB-Modells

Auf Grundlage der Erkenntnisse wäre es nun selbstverständlich von hohem Interesse, die ermittelten Ergebnisse der Studie in den interreligiösen Begegnungs- und Lernprozessen im schulischen Kontext konkret zu erproben.

Darüber hinaus wäre es spannend zu erforschen, inwieweit die in der Studie erstellten Ebenen (*10.3*), für Lehrpersonen in der Interaktion mit ihren Grundschüler:innen praxistauglich sind. Insbesondere vor dem Hintergrund fehlender empirischer Befunde wären weitere Studien, wie eine Wirksamkeitsstudie in diesem Kontext, höchst interessant.

Das Zeugnislernen im Sinne der Ambiguitätserfahrungen von Kindern im Grundschulalter stärker religionsdidaktisch (als Lernziel) beforschen und bearbeiten
Die Arbeit an und mit religiös-kulturellen Gegenständen zeigte sich in der vorliegenden Studie als Gelingensfaktor und zugleich bezüglich des Zeugnislernens als konkrete didaktische Möglichkeit im Sinne des Forschungsanliegens. Situationen des Ambiguitätserlebens in der Begegnung mit Unvertrautem und Unbekanntem können sich in und an der Arbeit mit religiös-kulturellen Gegenständen zeigen, das bestätigte die vorliegende Studie. Weiterer Forschungsbedarf besteht m. E. darin, den Ansatz des Zeugnislernens – und dabei im Speziellen die Erkundungsphase im Zeugnislernen – hinsichtlich ambiger Erlebensformen empirisch breiter zu untersuchen und die Erkenntnisse dessen für die schulische Praxis religionsdidaktisch konkret auszuformulieren. Die zweite Phase (Phase der Exploration) des bereits existierenden methodischen Schrittes der „Vier Phasen der Begegnung mit dem Item" könnte durch weitere methodische Unterpunkte konkrete religionspädagogische Umsetzungsmöglichkeiten für den Unterricht beinhalten, die Ambiguitätserfahrungen von Kindern im Grundschulalter religionsdidaktisch (und im Speziellen als Lernziel) berücksichtigen.

Ambiguitätserleben und Perspektivenwechsel in religionspädagogischer Umsetzung an Grundschulen
Das Ambiguitätserleben, insbesondere in der Erkundungsphase an religiös-kulturellen Gegenständen, stellte sich sukzessiv als Auffälligkeit im Kontext des Forschungsinteresses heraus. Weiterführende offene Anfragen erschließen sich demnach daraus: Welche didaktischen Konzepte bzw. praktischen Möglichkeiten zur religionspädagogischen Umsetzung im schulischen Kontext lassen sich herausarbeiten, um Empathie und Perspektivenwechsel durch ambige Situationen fördern zu können? (Denn aus entwicklungspsychologischer Sicht tendieren Kinder dazu, ambige Situationen zunächst einmal nicht nachvollvollziehen zu können.) Welche religionspädagogisch relevanten Grundpfeiler müssen herausgearbeitet und berücksichtigt werden, um eine Lehrperson für die Förderung in diesem Kontext adäquat vorzubereiten, sodass sie ambige Gefühle erkennt und professionell im Sinne der Fördermöglichkeiten von Empathie oder Perspektivenwechsel reagiert?

Machtstrukturen in interreligiösen interpersonalen dialogischen Begegnungen an Schulen

Ein Zusammenhang von religionsbezogenen Machtstrukturen in interreligiösen dialogischen Begegnungen mit Fördermöglichkeiten von Empathie und Perspektivenwechsel ließ sich in der vorliegenden Studie vermuten. Weitere Forschungen könnten klären, wie stark sich diese Strukturen auf schulisch inszenierte religionsbezogene Lehr- und Lerngespräche sowie in einem weiteren Schritt auf die Fähigkeit zur Empathie und zum Perspektivenwechsel auswirken.

Des Weiteren könnte der religionsdidaktische Ansatz des Begegnungslernens diesen Aspekt deutlicher vor dem Hintergrund religionspädagogisch konkreter Umsetzungsmöglichkeiten in didaktisch konzeptioneller Hinsicht mitbedenken.

Hierzu wird deutlich, dass ein Forschungsbedarf bzw. auch eine Öffnung im Kontext interreligiösen Lernens hinsichtlich verschiedener Bezugsfelder und Diskurse um Othering-Prozesse, Diskriminierungs- und Machtstrukturen und im entfernteren auch sogar Postkolonialer Theorien insbesondere hinsichtlich ihrer Folgen für das soziale Miteinander sinnvoll sind. Die weiterführenden Gedanken gehen Hand in Hand mit der These, dass interreligiöses Lernen interdisziplinär(er) gedacht werden und vor diesem Hintergrund religionspädagogisch eingesetzt werden muss.

Nachwort

Es ist erfreulich zu resümieren, dass mit der vorliegenden Promotionsarbeit ein Beitrag dazu geleistet werden konnte, konkrete Möglichkeiten zu ermitteln, um Empathie und Perspektivenwechsel in interreligiösen Begegnungen bei Kindern im Primabereich zu fördern. Dabei bearbeitete das Promotionsprojekt zum Teil pionierartig ein breites Inhalts- und Forschungsfeld, welches für die vorliegende Arbeit systematisiert, empirisch analysiert und kritisch diskutiert wurde. Forschungsanliegen war, zu ermitteln, welche Gelingens-, welche Störfaktoren und religionspädagogisch relevante Auffälligkeiten sich in diesem Kontext konstatieren lassen.

Es ergaben sich sowohl in fachtheoretischer als auch empirischer Sicht spannende Einblicke: So konnten fachtheoretische Erkenntnisse, wie das sogenannte multifaktorielle Gerüst, in welchem sich Empathie und Perspektivenwechsel befinden und interdependent zu anderen Bezugskompetenzen verhalten, empirisch bestätigt werden. Darüber hinaus wurden empirische Desiderate, wie beispielsweise der Untersuchungsbedarf ambiger Situationen im Zeugnislernen aufgedeckt. Fortführend ließe sich vieles Weitere resümieren, worauf bereits in Kapitel 10, der Konkretisierung von Fachtheorie und Empirie, detailliert eingegangen wurde und an dieser Stelle verwiesen wird.

Um den, bereits in der Einleitung eröffneten Rahmen des Forschungsprojektes mit diesem Nachwort zu schließen, werden nun noch einmal zwei Fragen reflektierend beleuchtet. Denn, nach der praktischen Durchführung und der forschungsbezogenen, wissenschaftlichen Untersuchung des Bildungsprogramms der „Kinderakademie – Weltreligionen im Dialog" lässt sich nun zurecht fragen:

Was würde ich heute im Hinblick auf das Bildungsprogramm ändern?
Umfang- und detailreich kann diese Frage im Rahmen eines Nachwortes selbstverständlich nicht beantwortet, einige Schlaglichter mögen jedoch eröffnet werden[1]:

1) *Abgabe einzelner Verantwortungs- und Arbeitsbereiche der Leitungsebene an andere Positionen:* Die dreifache Rolle der Verfasserin dieser Dissertation (Dozentin, Forscherin, Veranstalterin) ist zwar zu bewältigen, jedoch eine außerordentlich hohe Anstrengung. Ab dem dritten

---

[1] Einige dieser Schlaglichter habe ich bereits im Rahmen der Studie aufgeführt, insbesondere in Kapitel 6, z. B. in Kapitel *6.5.2.2 Rolle der Forscherin im Forschungsfeld*

Durchgang der Kinderakademie schaffte das sogenannte „Ohne-Sorgen-Team" eine erste Entlastung, weitere sinnvolle Überlegungen sollten dahingehend unternommen werden.

2) *Engere Betreuung und Begleitung während der praktischen Durchführung in den Workshops:* Die angesprochene Entlastung aus Punkt 1 hätte zur Folge, dass die erstmalig innerhalb der Kinderakademie durchgeführten Praxisideen der Studierenden von der Leitung enger betreut und begleitet werden könnten. So stünden der Dozentin größere zeitliche Ressourcen zur Verfügung, wodurch sie länger in den Workshops hospitieren könnte. Auf diese Weise können pädagogisch relevante Ereignisse sowohl unmittelbar im Anschluss dessen als auch in der festgelegten dritten Phase, der Nachbereitung, zwischen Studierenden und Dozentin miteinander besprochen und kritisch-konstruktiv eingeordnet werden.

3) *Aktualisierung der Seminarinhalte in dem flankierenden Seminar:* Die Studie macht deutlich, welche Schwerpunkte vordringlich Thematisierung benötigen. Darüber hinaus erachte ich in einem sich daran anschließenden Schritt insbesondere die Arbeit an interreligiös kritischen Fallbeispielen aus dem Kontext Schule[2] als hilfreich und gewinnbringend, damit die Studierenden ihre bislang erworbenen interreligiösen Kompetenzen hieran zeigen und selbst ausprobieren können.

Gleichzeitig lässt sich zudem fragen: *Was würde ich beibehalten?*

Grundsätzlich bin ich überwiegend sehr überzeugt von der Konzeption der Kinderakademie der Weltreligionen. Kleinere Veränderungen und Anpassungen erfolgten bereits nach jedem Durchgang. Dennoch möchte ich an dieser Stelle vier Punkte im Besonderen hervorheben, die ich als zentral erachte und die sich ebenso in der vorliegenden Studie eindeutig zeigten:

1) *Eine multiprofessionelle, multikulturelle und multireligiöse Zusammensetzung aller Beteiligten:* In der vorliegenden Studie zeigte sich deutlich das Potential von multireligiösen Teams. Lerngegenstände können durch die verschiedenen religionsbezogenen Perspektiven in einer Authentizität, Ernsthaftigkeit und religionskundlichen Kompetenz erfahrbar gemacht werden, wie es keine Lehrperson allein ermöglichen kann.[3]

2) *Die Universität als Ort der Kinderakademie:* Weder die Gemeinden, noch eine ausgewählte Schule stellt aus meiner Sicht einen geeigneten Ort dar,

---

2 Hierbei greife ich auf ein eigenständig angelegtes Fallarchiv zurück, welches reale interreligiöse (kritische) Fälle aus der Schule umfasst. Diese wurden und werden mir von Lehrenden zugetragen bzw. resultieren aus eigenen Lehrerfahrungen an der Schule.

3 Die Gründe hierfür wurden umfassend dargelegt, z. B. in Kapitel *8.5 Zusammenfassender Blick auf Erkenntnisse beider Gesprächsfeinanalysen, These 2*).

sondern die Universität als einen unabhängigen Bildungsort. Sowohl eine Gemeinde als auch eine Schule würde – völlig unbeabsichtigt – jeweils eine ausgewählte Zielgruppe in den Blick nehmen, dabei ist insbesondere das Zusammen*treffen* und Zusammen*finden* der Kinder eines breiten Einzugsgebietes sowie die unterschiedlichen sozialen, finanziellen, kulturellen und religiösen Hintergründe eine, aus meiner Sicht, zentrale und einzigartige Besonderheit.

Darüber hinaus ist die Universität ein Ort, der von allen Kindern früh kennengelernt werden sollte. Gerade für Kinder aus bildungsferneren und strukturell benachteiligten Haushalten kann diese Erfahrung zentral, mitunter prägend sein.

3) *Gemeinsames Abschlussfest (Rundschau der Ergebnisse)*: Interreligiöse Begegnungsformate sind nicht nur für die Kinder von hoher Relevanz, sondern für alle Beteiligten. Ein besonderes Augenmerk liegt dabei während des gemeinsamen Abschlussfestes auf der Familie und den Freunden der Kinder. Die Studie zeigt, welche Bedeutsamkeit insbesondere die Familie und die Peers auf die (religiöse) Sozialisation der Kinder hat. Das abschließende Fest schafft somit Begegnungen, die sich auf diese Weise an keinem anderen Ort ergeben würden. Dieser besonderen Situation der Konvivenz sollte daher sensibel Beachtung geschenkt werden, z. B. über kreative, dialogische Angebote, die speziell für diese Zielgruppe vorbereitet werden.[4]

4) *Exploratives Arbeiten:* Nach wie vor bin ich überzeugt, dass ein exploratives Arbeiten in der Durchführung der einzelnen Programmpunkte innerhalb der Kinderakademie der Weltreligionen sinnvoll und notwendig ist. Dazu gehört auch, pädagogische Konzeptionen zu hinterfragen, eigene Gedanken und Intuitionen zu reflektieren und eigens konzipierte Lehr- und Lernsituationen achtsam zu erproben. So wäre ohne den Mut der Studierenden zur Exploration auf diese Weise das Forschungsdesiderat religionspädagogischer Handlungsmöglichkeiten auf ambige Situationen im Zeugnislernen nicht in dieser Studie aufgedeckt worden.

Die Arbeit hat vielversprechende Ergebnisse zutage geführt, welche nun für den folgenden religionspädagogischen Diskurs zur Diskussion und weiteren Bearbeitung dienlich sind. Neben einer Einladung zum fachlichen Diskurs

---

4 Ein möglicher Zugang eröffnet sich über das „Glas der Fragen". In diesem Glas befinden sich Fragen, mit welchen die Besucher:innen untereinander zwanglos in einen Dialog treten können. Diese Fragen sind als Impulsgeber für Gesprächsanlässe zu verstehen. Das Glas der Fragen enthält u. a. soziale, philosophische und theologische Fragen. An dieser Stelle einige in Auswahl: „Was ist Freiheit?", „Was macht eine:n gute:n Freund:in aus?", „Gibt es einen Gott?"

innerhalb der Religionspädagogik, verfolgt die vorliegende Promotionsarbeit im Weiteren ebenso das Ziel, die hier gewonnenen Erkenntnisse nun wieder in die (schulische)[5] Praxis zurück zu tragen.

Katharina Gaida, 08.01.2024

---

5 Die Erkenntnisse der empirischen Arbeit wurden nicht im schulischen Kontext erhoben, sondern im Rahmen des Bildungsprogramms „Kinderakademie – Weltreligionen im Dialog". Sie sind jedoch anschlussfähig. Denn, auch wenn sich für den hier vorliegenden Kontext versteht, dass hier kein Unterricht im klassischen schulischen Sinne vorliegt, sind die Erkenntnisse wohl aber relevant hinsichtlich gelingender Lehr- und Lernprozesse, welche dem schulischen Kontext wiederum dienlich sein können.

Literaturverzeichnis

Abrahamisches Forum in Deutschland (2023). Beispielthemen. Verfügbar unter https://abrahamisches-forum.de/beispielthemen/

Akademie der Weltreligionen (2019). Unser Profil. Entstehungshintergrund. Verfügbar unter https://www.awr.uni-hamburg.de/ueber-awr/profil.html

Allen, S. (2018). The Science of Gratitude. Verfügbar unter https://ggsc.berkeley.edu/images/uploads/GGSC-JTF_White_Paper-Gratitude-FINAL.pdf

Altmeyer, S. & Tautz, M. (2015). Der Religionsunterricht als Ort Komparativer Theologie? Auf dem Weg zu einer fundamentalen und konkreten Didaktik des interreligiösen Lernens. In Burrichter, R., Langenhorst, G. & Stosch von, K. (2015). *Komparative Theologie: Herausforderungen für die Religionspädagogik. Perspektiven zukunftsfähigen interreligiösen Lernens.* (S. 89–110). Paderborn Schöningh.

Albert, M., Hurrelmann, K., Quenzel, G. (2010). 16. *Shell Jugendstudie. Jugend 2010.* Frankfurt a. M.: Fischer Taschenbuch Verlag.

Albert, M., Hurrelmann, K., Quenzel, G. & Kantar. (2019). *Jugend 2019 – 18. Shell Jugendstudie.* Weinheim: Beltz Verlagsgruppe.

Angermeyer, H., Renzing-Hombrecher, H. & Hust, R. (1975). *Weltmacht Islam. Arbeitsheft Sekundarstufe II. Lehrheft.* Göttingen: Vandenhoeck & Ruprecht.

Asbrand, B. (2000). *Zusammen Leben und Lernen im Religionsunterricht. Eine empirische Studie zur grundschulpädagogischen Konzeption eines interreligiösen Religionsunterrichts im Klassenverband der Grundschule.* Frankfurt/M.: IKO-Verl. für Interkulturelle Kommunikation.

Aslan, E. (2012). Situation und Strömungen der islamischen Religionspädagogik im deutschsprachigen Raum. In: Theo-Web. Zeitschrift für Religionspädagogik 11 (2012). H2,10–18. Verfügbar unter https://www.theo-web.de/zeitschrift/ausgabe-2012-02/04.pdf

Aslan, E. (2017). Die Erziehung muslimischer Kinder zur Pluralitätsfähigkeit. In Y. Sarıkaya, & F.-J. Bäumer (Hrsg.), *Aufbruch zu neuen Ufern. Aufgaben, Problemlagen und Profile einer Islamischen Religionspädagogik im europäischen Kontext* (S. 15–32). Münster: Waxmann Verlag.

Aygün, A. (2012): *Religiöse Sozialisation und Entwicklung bei muslimischen Jugendlichen in Deutschland und in der Türkei. Empirische Analysen und religionspädagogische Herausforderungen.* Münster: Waxmann Verlag.

Barth, H. M. (2008). *Dogmatik. Evangelischer Glaube im Kontext der Weltreligionen.* Gütersloh: Gütersloher Verlagshaus.

Baur, K. (2007). *Zu Gast bei Abraham: ein Kompendium zur interreligiösen Kompetenzbildung.* Stuttgart: Calwer Verlag.

Bennett, M. (2002). In the wake of September 11. In W. R. Leenen (Hrsg.), *Enhancin intercultural competence in police organizations* (S. 23–41) Münster: Waxmann Verlag.

Bernard, B. (1971). *Content Analysis In Communication Research.* New York: Hafner Publishing Company, Inc.

Bernhardt, R. (2005). *Ende des Dialogs? Die Begegnung der Religionen und ihre theologische Reflexion.* Zürich: Theologischer Verlag Zürich.

Bernlochner, M. (2013). *Interkulturell-interreligiöse Kompetenz. Positionen und Perspektiven interreligiösen Lernens im Blick auf den Islam.* Paderborn: Schöningh.

Biasio, E. (2017). Beobachtungsbogen Rollenspiel. Verfügbar unter https://dsb-sg. ch/dsb-portal/description/ea8ba4eb-c5d3-4371-b7d8-a2cc9df4f260?dsb_portal_lang=de

Bieler, A. (2014). Ambiguitätstoleranz und empathische Imagination. Praktisch-theologische Erkundungen. In A. Bieler & H. Wrogemann (Hrsg.). *Was heißt hier Toleranz? Interdisziplinäre Zugänge* (S. 131–145.). *Neukirchen-Vluyn: Neukirchener Theologie.*

Bischof-Köhler, D. (2011). *Soziale Entwicklung in Kindheit und Jugend. Bindung, Empathie, Theory of Mind.* Stuttgart: Kohlhammer.

Bloch, A. (2018). *Interreligiöses Lernen in der universitären Religionslehrerausbildung.* Berlin: LIT.

Bloom, P. (2017). *Against empathy. The case for rational compassion.* New York: Ecco.

Boehme, K. (2013). *Wer ist der Mensch?".* Anthropologie im interreligiösen Lernen und Lehren. Religionspädagogische Gespräche zwischen Juden, Christen und Muslimen. Berlin: Verlag Frank & Timme.

Boehme, K. (2019). Interreligiöses Begegnungslernen. In: Das Wissenschaftlich-Religionspädagogische Lexikon. Deutsche Bibelgesellschaft. Verfügbar unter www. bibelwissenschaft.de/stichwort/200343/

Boehme, K. (2023). *Interreligiöses Begegnungslernen. Grundlegung einer fächerkooperierenden Didaktik von Weltsichten.* Freiburg, Basel, Wien: Herder.

Boll, S. (2017). Umgang mit religiöser Vielfalt in der Grundschule – Interreligiöses Lernen im Kontext schulischer Wirklichkeit in Schleswig-Holstein. Verfügbar unter https://www.zhb-flensburg.de/fileadmin/content/spezial-einrichtungen/zhb/ dokumente/dissertationen/boll/stefanie-boll-interreligio-ses-lernen-im-religions-unterricht-002-.pdf

Braunmühl, von S., Eckstein, K., Gloy, A., Gloy, H., Moltmann, J., Petersen, O., Pettersson, E., Rochdi, A. & Yildiz, M. (2020). *Pfade zur Menschlichkeit. Unterrichtsmaterialien 3.-6. Schuljahr.* Berlin: Cornelsen Verlag.

Breidenstein, G., Hirschauer, S., Kalthoff, H. & Nieswand, B. (2020). *Ethnografie. Die Praxis der Feldforschung.* München: UVK Verlag.

Breithaupt, F. (2009). *Kulturen der Empathie*. Frankfurt a. M.: Suhrkamp Verlag.

Breithaupt, F. (2017). *Die dunklen Seiten der Empathie*. Frankfurt a. M.: Suhrkamp Verlag.

Buber, M. (2017). *Ich und Du*. (17. Aufl.). Gütersloh: Gütersloher Verlagshaus.

Bucher, A. (2006). „Die beten auch". Zur Entwicklung der Perspektivenübernahme. *Religionsunterricht an höheren Schulen. Zeitschrift des Bundesverbandes der katholischen Religionslehrer und Religionslehrerinnen an Gymnasien e.V., 49*, 203–210.

Bundesministerium für Bildung und Forschung (Hrsg.) (2003). *Zur Entwicklung nationaler Bildungsstandards*. Verfügbar unter https://www.pedocs.de/volltexte/2020/20901/pdf/Klieme_et_al_2003_Zur_Entwicklung_Nationaler_Bildungsstandards_BMBF_A.pdf

Burrichter, R., Langhans, G. & Stosch, Klaus (Hrsg.) (2015). *Komparative Theologie: Herausforderungen für die Religionspädagogik. Perspektiven zukunftsfähigen interreligiösen Lernens*. Paderborn Schöningh.

Büttner, C. (2005). *Lernen im Spiegel des Fremden. Konzepte, Methoden und Erfahrung zur Vermittlung interkultureller Kompetenz*. Frankfurt a. M./London: IKO Verlag.

Büttner, G. & Dieterich, V.-J. (2016). *Entwicklungspsychologie in der Religionspädagogik*. Göttingen: Vandenhoeck & Ruprecht.

Ceylan, R. (2008). *Islamische Religionspädagogik in Moscheen und Schulen. Ein sozialwissenschaftlicher Vergleich der Ausgangslage, Lehre und Ziele unter besonderer Berücksichtigung der Auswirkungen auf den Integrationsprozess der muslimischen Kinder und Jugendlichen in Deutschland*. Hamburg. Verlag Dr. Kovač.

Clooney, F. X. (2007). Erklärung der Arbeitsgruppe „Komparative Theologie" der American Academy of Religion (AAR). *SaThz, 11*, 140–152.

Clooney, F. X. (2010). *Comparative Theology. Deep Learning Across Religious Borders*. Malden/Oxford: Wiley-Blackwell.

Geertz, C. (2015). *Dichte Beschreibung. Beiträge zum Verstehen kultureller Systeme*. Frankfurt a. M.: Suhrkamp Verlag.

Cornille, C. (2008). *the im-possibility of interreligious dialogue*. New York: The Crossroad Publishing Company.

Dalferth, I. U. & Stoellger. P. (2004). *Wahrheit in Perspektiven. Probleme in einer offenen Konstellation*. Tübingen: Mohr Siebeck.

Deistler, A. (2013). *Gewaltprävention. Eine empirische Studie zur Bedeutung empathischer Kompetenz im Kontext schulischer Programme*. Kassel: kassel university press GmbH.

Denker, H. (2012). *Bindung und Theory of Mind. Bildungsbezogene Gestaltung von Erzieherinnen-Kind-Interaktionen*. Wiesbaden: VS Verlag für Sozialwissenschaften.

Doedens, F. & Weiße, W. (2007). Religion unterrichten in Hamburg. *Theo-Web. Zeitschrift für Religionspädagogik, 6*(1), 50–67.

Dresel, M. & Lämmle, L. (2017). Motivation. In T. Götz (Hrsg.), *Emotion, Motivation und selbstreguliertes Lernen* (S. 79–142). Paderborn: Verlag Ferdinand Schöningh.

Dressler, B. & Meyer-Blank, M. (1998). *Religion zeigen. Religionspädagogik und Semiotik.* Münster: LIT.

Dressler, B. (2003). Interreligiöses Lernen – Alter Wein in neuen Schläuchen? Einwürfe in eine stagnierende Debatte. *Zeitschrift für Pädagogik und Theologie* 2, 113–124.

Dressler, B. (2015). Performativer Religionsunterricht. In: Das Wissenschaftlich-Religionspädagogische Lexikon. Deutsche Bibelgesellschaft. Verfügbar unter https://www.bibelwissenschaft.de/fileadmin/buh_bibelmodul/media/wirelex/pdf/Performativer_Religionsunterricht__2018-09-20_06_20.pdf

Drenckhahn, P. (2020). *Storytelling in der Plakatgestaltung.* Flensburg: Zentrale Hochschulbibliothek Flensburg.

Dresing, T. & Pehl, T. (2015). *Praxisbuch Interview, Transkription & Analyse. Anleitungen und Regelsysteme für qualitativ Forschende.* Marburg: dr. dresing & pehl GmbH (Eigenverlag).

Dubiski, K., Essich, I., Schweitzer, F., Edelbrock, A. & Biesinger, A. (2010). Religiöse Differenzwahrnehmung im Kindesalter. Befunde aus der empirischen Untersuchung im Überblick. In A. Edelbrock, F. Schweitzer & A. Biesinger (Hrsg.), *Wie viele Götter sind im Himmel? Religiöse Differenzwahrnehmung im Kindesalter* (S. 23–38). Münster: Waxmann Verlag.

Dunker, N., Joyce-Finnern, N.-K. & Koppel, I. (2016). Im Dschungel erziehungswissenschaftlicher Forschung. In N. Dunker, N.-K. Joyce-Finnern & I. Koppel (Hrsg.), *Wege durch den Forschungsdschungel. Ausgewählte Fallbeispiele aus der erziehungswissenschaftlichen Praxis* (S. 17–20). Wiesbaden: Springer Fachmedien.

Einsiedler, W. (2014). Lehr-Lern-Konzepte für die Grundschule. In W. Einsiedler, M. Götz, A. Hartinger, F. Heinzel, J. Kahlert & U. Sandfuchs (Hrsg.), *Handbuch Grundschulpädagogik und Grundschuldidaktik* (S. 355–364). Bad Heilbrunn: Julius Klinkhardt.

Eisenhardt, S., Kürzinger, K. S., Naurath, E. & Pohl-Patalong, U. (Hrsg.) (2019). *Religion unterrichten in Vielfalt. konfessionell – religiös – weltanschaulich.* Göttingen: Vandenhoeck & Ruprecht.

EKD (2023). 6. Kirchenmitgliedschaftsuntersuchung. Religiöse Sozialisation. Verfügbar unter https://kmu.ekd.de/fileadmin/user_upload/kirchenmitgliedschaftsuntersuchung/PDF/Wie_hältst_du's_mit_der_Kirche_–_Zur_Bedeutung_der_Kirche–in–der–Gesellschaft_KMU_6.pdf

Englert. R., Porzelt, B., Reese, A. & Stams, E. (2006). *Innenansichten des Referendariats. Wie erleben angehende Religionslehrer/innen an Grundschulen ihren Vorbereitungsdienst? Eine empirische Untersuchung zur Entwicklung (religions)pädagogischer Handlungskompetenz.* Berlin: LIT.

Englert, R., Hennecke, E. & Kämmerling, M. (2014). *Innenansichten des Religionsunterrichts. Fallbeispiele – Analysen – Konsequenzen.* München: Kösel Verlag.

Englert, R. (2018). Cool down! Grundregeln zur Durchführung sequenzieller Unterrichtsanalysen. In M. Schambeck & Ulrich Riegler (Hrsg.), *Was im Religionsunterricht so läuft: Wege und Ergebnisse religionspädagogischer Unterrichtsforschung* (S. 123–139). Freiburg, Basel, Wien: Herder.

Espelage, C., Gaida, K., Niehoff, R. & Reese-Schnitker. A. (2022). Perspektivenwechsel – Empathie – Sprachsensibilität. Empathisches und sprachsensibles Sprechen als zentrale Kompetenz interreligiösen Lehrens und Lernens. In: A.-H. Massud & C. Hild (Hrsg.), *Religionslehrer*innen als Akteure in der multireligiösen* (S. 77–99). Landau: Verlag Empirische Pädagogik e.V.

Fermor, G., Knauth, T., Möller, R. & Obermann, A. (2022). *Dialog und Transformation. Pluralistische Religionspädagogik im Diskurs.* Münster, New York: Waxmann Verlag.

Fischer, D. (2003). Eine Religionsunterrichts-Stunde – sequenzanalytisch untersucht. In: D. Fischer, V. Elsenbast & A. Schöll (Hrsg.), *Religionsunterricht erforschen. Beiträge zur empirischen Erkundung von religionsunterrichtlicher Praxis* (S. 120–142). Münster: Waxmann Verlag.

Fischer, D. (2005). Interreligiöses Lernen in der Grundschule. In: P. Schreiner, U. Sieg & V. Elsenbast (Hrsg.), *Handbuch Interreligiöses Lernen* (S. 453–464). Gütersloh: Gütersloher Verlagshaus.

Fleck, C. (2011). *Religiöse Bildung in der Frühpädagogik.* Berlin: LIT.

Flick, U. (2011). *Triangulation* (3. Aufl.). Wiesbaden: VS Verlag für Sozialwissenschaften.

Flick, U., Kardoff von, E. & Steinke, I. (2013). *Qualitative Forschung. Ein Handbuch* (10. Aufl.). Hamburg: Rowohlt Taschenbuch Verlag.

Fornet-Ponse, T. (2012). Komparative Theologie und/oder interkulturelle Theologie? Versuch einer Verortung. *Zmr, 96,* 226–240.

Fredericks, J. L. (1999). *Faith among faiths: Christian theology and non-Christian religions.* New York/Mahwa: Paulist Press.

Freudenberger-Lötz, P. (2007). *Theologische Gespräche mit Kindern. Untersuchungen zur Professionalisierung Studierender und Anstöße zu forschendem Lernen im Religionsunterricht.* Stuttgart: Calwer Verlag.

Freudenberger-Lötz, P. (2007b). Forschungswerkstatt „Theologische Gespräche mit Kindern" Das Karlsruher Projekt und seine Konsequenzen. In: Theo-Web. Zeitschrift für Religionspädagogik 6 (2007), H. 2, S. 7–26. Verfügbar unter https://www.theo-web.de/zeitschrift/ausgabe-2007-02/3.pdf

Freudenberger-Lötz, P. (2019). *66 Tage Dankbarkeit erFAHREN. Mut zum besten Leben.* Stuttgart: Calwer Verlag.

Freudenberger-Lötz, P. (2023) (Hrsg.). *Spuren lesen.* Stuttgart: Calwer Verlag & Braunschweig: Westermann Verlag.

Freuding, J. (2022). *Fremdheitserfahrungen und Othering. Ordnungen des „Eigenen" und „Fremden" in interreligiöser Bildung.* Bielefeld: transcript Verlag.

Freund, H. & Lehr, D. (2020). *Dankbarkeit in der Psychotherapie. Ressource und Herausforderung.* Göttingen: Hogrefe Verlag.

Friedlmeier, W. & Trommsdorff, G. (1992). Entwicklung von Empathie. In G. Finger & C. Steinebach (Hrsg.), *Frühförderung. Zwischen passionierter Praxis und hilfloser Theorie* (S. 138–150). Freiburg, Breisgau: Lambertus.

Fütterer, T. (2019). *Professional Development Portfolios im Vorbereitungsdienst. Die Wirksamkeit von Lernumgebungen auf die Qualität der Portfolioarbeit.* Wiesbaden: Springer Fachmedien.

Gaida, K. (2021). Die „Kinderakademie – Weltreligionen im Dialog" an der Universität Kassel. In C. Espelage, H. Mohagheghi & M. Schober (Hrsg.), *Interreligiöse Öffnung durch Begegnung. Grundlagen – Erfahrungen – Perspektiven im Kontext des christlich-islamischen Dialogs.* (S. 329–337). Hildesheim: Olms Verlag.

Gaida, K. (2023). Dos and Don'ts im Umgang mit Heiligen Schriften. Worauf achten im Umgang mit Torah, Bibel und Koran? *Religion 5 bis 10, 51,* 20–23.

Gaida, K. (2023). Grundlagenbeiträge. Interreligiös sensibel lernen und lehren. In Petra Freudenberger-Lötz (Hrsg.), *Spuren lesen. Handreichung für Lehrkräfte 1/2* (S. 16–18). Stuttgart: Calwer Verlag & Braunschweig: Westermann Verlag.

Garth, A. J. (2008). *Krisenmanagement und Kommunikation. Das Wort ist ein Schwert – die Wahrheit ein Schild.* Wiesbaden: Gabler.

Gärtner, C. (2015). Hermeneutik des Fremden. In: Das wissenschaftlich-religionspädagogische Lexikon im Internet. Deutsche Bibelgesellschaft. Verfügbar unter https://www.bibelwissenschaft.de/wirelex/das-wissenschaftlich-religionspaedagogische-lexikon/wirelex/sachwort/anzeigen/details/hermeneutik-des-fremden/ch/0f0d6c025fccdb5c71132a586f85f185/

Gärtner, C. (2015b). Vom interreligiösen Lernen zu einer lernort- und altersspezifischen interreligiösen und interkulturellen Kompetenzorientierung. Einblicke in aktuelle Entwicklungen im Forschungsfeld „Interreligiöse Bildung". *Pastoraltheologische Informationen. Bildung und Pastoral – Grenzgänge, Passagen, Brückenschläge, 35,* 281–298.

Gärtner, C. & Bettin, N. (2015). *Interreligiöses Lernen an außerschulischen Lernorten. Empirische Erkundungen zu didaktisch inszenierten Begegnungen mit dem Judentum.* Berlin: LIT.

Gassner, B. (2007). *Empathie in der Pädagogik. Theorien, Implikationen, Bedeutung, Umsetzung.* Heidelberg: (*wie finde ich hier den Verlag heraus? s. KARLA*)

Glaser, B. G. & Strauss, A. L. (2015). *Grounded Theory. Strategien qualitativer Forschung.* Bern: Huber.

Gläser, J. & Laudel, G. (2010). *Experteninterviews und qualitative Inhaltsanalyse als Instrumente rekonstruierender Untersuchungen.* Wiesbaden: VS-Verlag.

Gloy, A., Knauth, T., Yildiz, M., Herweg, R., Petersen, O. & Pettersson, E., Rochdi, A. (2016). *glauben, vertrauen, zweifeln. Unterrichtsmaterialien für die Sekundarstufe.* Berlin: Cornelsen Verlag.

Gloy, A., Knauth, T., Krausen, H., Yildiz, M., Edler, K., Herweg R., Petersen O. & Pettersson, E. (2018). *Gott und Göttliches – Eine interreligiöse Spurensuche. Unterrichtsmaterialien für die Sekundarstufe.* Berlin: Cornelsen Verlag.

Gloy, A. & Graham, D. (2020). *Rudi für alle. Religionsunterricht dialogisch – und für alle. Heft 1. Klasse 9–13.* Hamburg: Pädagogisch Theologisches Institut.

Gmoser, A. (2023). *Religionsbezogene Vor- und Einstellungen als Lernvoraussetzungen für (inter-)religiöse Bildungsprozesse.* Göttingen: V&R unipress.

Graßal, L. (2013). *Wie Religion(en) lehren? Religiöse Bildung in deutschen religionspädagogischen Konzeptionen im Licht der Pluralistischen Religionstheologie von John Hick.* Berlin: EB-Verlag.

Grimmitt, M. H., Grove, J., Hull, J. & Spencer, L. (1991) *A Gift to the Child. Religious Education in the Primary School.* London: Hemel Hempstead.

Grom, B. (2000). *Religionspädagogische Psychologie des Kleinkind-, Schul- und Jugendalters.* Düsseldorf: Patmos Verlag.

Gümüşay, K. (2020). *Sprache und Sein.* Berlin, München: Hanser Berlin in der Carl Hanser Verlag GmbH & Co. KG

Halbfas, H. (1968). *Fundamentalkatechetik. Sprache und Erfahrung im Religionsunterricht.* Düsseldorf, Stuttgart: Patmos-Verlag, Calwer Verlag.

Haußmann, W. & Lähnemann, J. (2005). *Dein Glaube – mein Glaube. Interreligiöses Lernen in der Schule und Gemeinde.* Göttingen: Vandenhoeck & Ruprecht.

Haußmann, W. & Pirner, M. L. (2018). Von der Forschungsidee zum Forschungsdesign. In M. L. Pirner & M. Rothgangel (Hrsg.), *Empirisch forschen in der Religionspädagogik. Ein Studienbuch für Studierende und Lehrkräfte* (S. 41–53). Stuttgart: Kohlhammer.

Hasselhorn, M. & Gold, A. (2017). *Pädagogische Psychologie. Erfolgreiches Lernen und Lehren.* Stuttgart: Kohlhammer.

Heidbrink, H. (1996). *Einführung in die Moralpsychologie.* Weinheim: Psychologie Verlags Union.

Herzgsell, J. (2011). *Das Christentum im Konzert der Weltreligionen. Ein Beitrag zum interreligiösen Vergleich und Dialog.* Regensburg: Verlag Friedrich Pustet.

Holodynski, M. & Oerter, R. (2018). Emotion. In U. Lindenberger & W. Schneider. *Entwicklungspsychologie* (S. 513–536). Weinheim: Beltz Verlag.

Hussy, W., Schreier, M. & Echterhoff, G. (2013). *Forschungsmethoden in Psychologie und Sozialwissenschaften für Bachelor.* Berlin, Heidelberg: Springer-Verlag.

Işık, T. (2021). Komparative Theologie und interreligiöse Begegnungen – ein Erfahrungsbericht aus muslimisch-theologischer Sicht. In C. Espelage, H. Mohagheghi

& M. Schober (Hrsg.), *Interreligiöse Öffnung durch Begegnung. Grundlagen – Erfahrungen – Perspektiven im Kontext des christlich-islamischen Dialogs* (S. 339–344). Hildesheim: Olms Verlag.

Jacob, K., Konerding, K.-P. & Liebert. W.-A. (Hrsg.) (2020). *Sprache und Empathie. Beiträge zur Grundlegung eines linguistischen Forschungsprogramms.* Berlin, Boston: Walter de Gruyter GmbH.

Jelloun, T. B. (2017). *Papa, was ist ein Fremder? Gespräche mit meiner Tochter.* Rowohlt: Berlin.

Kaupp, A. (2005). *Junge Frauen erzählen ihre Glaubensgeschichte. Eine qualitativ-empirische Studie zur Rekonstruktion der narrativen religiösen Identität katholischer junger Frauen.* Ostfildern: Schwabenverlag.

Käbisch, D. (2013). Didaktik des Perspektivenwechsels – Einheitsmoment religiöser Bildung in unterschiedlichen Schulformen. Verfügbar unter https://tobias-lib.uni-tuebingen.de/xmlui/handle/10900/119994

Käbisch, D. & Philipp, L. (2017). Religiöse Positionierung als Fähigkeit zum Perspektivenwechsel und Argumentieren. In K. Lindner, M. Schambeck, H. Simojoki & E. Naurath (Hrsg.), *Zukunftsfähiger Religionsunterricht. Konfessionell – kooperativ – kontextuell.* (S. 238–260). Freiburg im Breisgau: Verlag Herder GmbH.

Kalbheim, B. (2016). Die Wirklichkeit – Welche Wirklichkeit? Status und Bedeutung von Empirie in der empirischen Religionspädagogik. In C. Höger & S. Arzt (Hrsg.), Empirische Religionspädagogik und Praktische Theologie. Metareflexion, innovative Forschungsmethoden und aktuelle Befunde aus Projekten der Sektion „Empirische Religionspädagogik" der AKR (S. 18–30). Verfügbar unter https://phfr.bsz-bw.de/frontdoor/deliver/index/docId/566/file/Höger_Arzt_Empirische+Religionspädagogik+und+Praktische+Theologie_2016.pdf

Kamcılı-Yıldız, N. (2021). *Zwischen Glaubensvermittlung und Reflexivität. Eine quantitative Studie zu professionellen Kompetenzen von islamischen ReligionslehrerInnen.* Münster: Waxmann Verlag.

Kamcılı-Yıldız, N., Sajak, C. P. & Schlick-Bamberger, G. (2022). *Kippa, Kelch, Koran. Mit religiösen Gegenständen Judentum, Christentum und Islam erschließen.* München: Don Bosco Medien.

Keller, R. (2003). *Sprachwandel.* Tübingen: A. Francke Verlag Tübingen und Basel.

Kenngott, E.-M. (2012). *Perspektivenübernahme. Zwischen Moralphilosophie und Moralpädagogik.* Wiesbaden: Springer Fachmedien.

Kergel, D. (2018). *Qualitative Bildungsforschung. Ein integrativer Ansatz.* Wiesbaden: Springer Fachmedien.

Khorchide, M (2017). Gegebene, notwendige und zu überwindende Grenzen. Interreligiöses Lernen aus islamischer Sicht. *Kirche und Schule 128,* 14–19.

Klie, T. (2008). *Performative Religionsdidaktik. Religionsästhetik – Lernorte – Unter-richtspraxis.* Stuttgart: Kohlhammer.

Kracauer, S. (1952). The Challenge of Qualitative Analysis. *Public Opinion Quarterly, Volume 16, Issue 4,* 631–642.

Kraml, M. & Sejdini, Z. (2018). *Interreligiöse Bildungsprozesse. Empirische Einblicke in Schul- und Hochschulkontexte.* Stuttgart: Kohlhammer.

Kraml, M., Sejdini, Z., Bauer, N. & Kolb, J. (2020). *Konflikte und Konfliktpotentiale in interreligiösen Bildungsprozessen. Empirisch begleitete Grenzgänge zwischen Schule und Universität.* Stuttgart: Kohlhammer.

Knauth, T. (2016). Dialogischer Religionsunterricht. Hamburger Weg eines Religions-unterrichts für alle. In: Das wissenschaftlich-religionspädagogische Lexikon im Internet. Deutsche Bibelgesellschaft. Verfügbar unter https://www.bibelwissen-schaft.de/wirelex/das-wissenschaftlich-religionspaedagogische-lexikon/wirelex/sachwort/anzeigen/details/dialogischer-religionsunterricht-der-hamburger-weg-eines-religionsunterrichts-fuer-alle/ch/68b2356f297595e97c8449d4c9707954/

Knapp, D. (2018). *... weil von einem selber weiß man ja schon die Meinung. Die meta-kognitive Dimension beim Theologisieren mit Kindern.* Göttingen: V&R unipress.

Knoblauch, C. (2019). *Potentiale religiöser und interreligiöser Kompetenzentwicklung in der frühkindlichen Bildung. Konstruktion von Wertorientierung und Reflexion exis-tentieller Erfahrungen in einem religiös pluralen Erziehungs- und Bildungsumfeld.* Münster, New York: Waxmann Verlag.

Kowal, S. & O'Connell, D. C. (2013). Zur Transkription von Gesprächen. In U. Flick, v. Kardorff, E. & I. Steinke (Hrsg.), *Qualitative Forschung. Ein Handbuch* (S. 437–446). Hamburg: Rowohlt Taschenbuch Verlag.

Kuck, K. & Roth, K. S. (2020). Sprachkritik und Empathie. Empathieforderung, -bekundung und -behauptung als argumentative Ressourcen in den Texten des Unwort-Korpus. In K. Jacob, Konerding, K.-P. & Liebert, W.-A. (Hrsg.), *Sprache und Empathie. Beiträge zur Grundlegung eines linguistischen Forschungsprogramms.* (S. 516–542). Berlin, Boston: Walter de Gruyter GmbH.

Kuckartz, U. (2014). *Mixed Methods. Methodologie, Forschungsdesigns und Analyseser-fahren.* Wiesbaden: Springer VS.

Kuckartz, U. (2018). *Qualitatitve Inhaltsanalyse. Methoden, Praxis, Computerunter-stützung* (4. Aufl.). Weinheim: Beltz Juventa.

Kuckartz, U. & Rädiker, S. (2022). *Qualitative Inhaltsanalyse. Methoden, Praxis, Computerunterstützung* (5. Aufl.). Weinheim: Beltz Juventa.

Kupetz, M. (2015). *Empathie im Gespräch. Eine interaktionslinguistische Perspektive.* Tübingen: Stauffenburg Verlag GmbH.

Kürzinger, K. & Naurath, E. (2015). Positionieren, Vergleichen, Kooperieren, Harmo-nieren oder Abgrenzen? Was konfessionell-kooperativer Religionsunterricht von

der Komparativen Theologie lernen kann und umgekehrt. In R. Burrichter, G. Langenhorst & K von Stosch (Hrsg.), *Komparative Theologie: Herausforderungen für die
Religionspädagogik. Perspektiven zukunftsfähigen interreligiösen Lernens.* (S. 159–
172). Paderborn: Schöningh.

Lachmann, R. (2011). Von der Fremdenreligionen-Didaktik zum Interreligiösen Lernen. In R. Lachmann., M. Rothgangel & B. Schröder (Hrsg.), *Christentum und Religionen elementar. Lebensweltlich – theologisch – didaktisch* (S. 26–40). Göttingen:
Vandenhoeck & Ruprecht.

Lähnemann, J. (1986). *Weltreligionen im Unterricht. Eine theologische Didaktik für
Schule, Hochschule und Gemeinde.* Göttingen: Vandenhoeck & Ruprecht.

Lähnemann, J. (1998). *Evangelische Religionspädagogik in interreligiöser Perspektive.*
Göttingen: Vandenhoeck & Ruprecht.

Lähnemann (2005). Lernergebnisse: Kompetenzen und Standards interreligiösen Lernens. In P. Schreiner, U. Sieg & V. Elsenbast (Hrsg.), *Handbuch Interreligiöses Lernen.*
(S. 409–421). Gütersloh: Gütersloher Verlagshaus.

Lähnemann, J. (2017). *Lernen in der Begegnung. Ein Leben auf dem Weg zur Interreligio-
sittät.* Göttingen: Vandenhoeck & Ruprecht.

Lamnek, S & Krell, C. (2016). *Qualitative Sozialforschung* (6. Aufl.). Weinheim, Basel:
Beltz Verlag.

Langenhorst, G. (2015). Religionspädagogik und Komparative Theologie. Eine Verhältnisbestimmung aus Sicht der Religionspädagogik. In R. Burrichter, G. Langenhorst,
& K. von Stosch (Hrsg.), *Komparative Theologie: Herausforderungen für die Religionspädagogik. Perspektiven zukunftsfähigen interreligiösen Lernens* (S. 89–110). Paderborn: Schöningh.

Langenhorst, G. (2016). *Trialogische Religionspädagogik. Interreligiöses Lernen zwischen Judentum, Christentum und Islam.*). Freiburg, Basel, Wien: Herder.

Langenhorst, G. (2020). Trialogisches Lernen – ein didaktischer Weg zur Vorbeugung
gegen Antisemitismus. In R. Mokrosch, E. Naurath & M. Wenger (Hrsg.), *Antisemitis-
musprävention in der Grundschule – durch religiöse Bildung.* (S. 99–107). Göttingen:
V&R unipress, Universitätsverlag Osnabrück.

Läpplem A. & Bauer, F. (1960). *Christus – die Wahrheit. Lehrbuch für den katholischen
Religionsunterricht.* München: Kösel Verlag.

Leimgruber (1995). *Interreligiöses Lernen.* (1. Auflage) München: Kösel-Verlag.

Leimgruber, S. (2005). Katholische Perspektiven zum interreligiösen Lernen: Konziliar
und inklusivistisch. In P. Schreiner, U. Sieg & V. Elsenbast (Hrsg.), *Handbuch Interreligiöses Lernen.* (S. 126–133). Gütersloh: Gütersloher Verlagshaus.

Leimgruber, S. (2007). *Interreligiöses Lernen.* (2. Auflage). München: Kösel-Verlag.

Lévinas, E. (1984). *Die Zeit und der Andere.* Hamburg: Felix Meiner Verlag.

Lévinas, E. (1987). *Die Spur des Anderen. Untersuchungen zur Phänomenologie und
Sozialphilosophie.* München: Verlag Karl Alber.

Lévinas, E. (1995). *Zwischen uns. Versuche über das Denken an den Anderen.* München, Wien: Carl Hanser Verlag.

Lohaus, A. & Vierhaus, M. (2019). *Entwicklungspsychologie des Kindes- und Jugendalters für Bachelor.* Berlin, Heidelberg: Springer.

Mansour, A. (2020). *Solidarisch sein! Gegen Rassismus, Antisemitismus und Hass.* Frankfurt a. M.: Fischer Verlag.

Mayr, T., Bauer, C. & Krause, M. (2012). KOMPIK. Kompetenzen und Interessen von Kindern. Beobachtungs- und Einschätzbogen für Kinder von 3, 5 bis 6 Jahren. Verfügbar unter http://www.kompik.de/uploads/tx_jpdownloads/140924_KOMPIK_Papierversion_final.pdf

Mayring, P. & Gläser-Zikuda, M. (2008). *Die Praxis der Qualitativen Inhaltsanalysen.* Weinheim, Basel: Beltz Verlag.

Mayring, P. (2015). *Qualitative Inhaltsanalyse: Grundlagen und Techniken* (12. Aufl.). Weinheim: Beltz Verlag.

Mayring, P. (2016). *Einführung in die qualitative Sozialforschung. Eine Anleitung zu qualitativem Denken* (6. Aufl.). Weinheim: Beltz Verlag.

Mayring, P. (2022). *Qualitative Inhaltsanalyse: Grundlagen und Techniken* (13. Aufl.). Weinheim: Beltz Verlag.

Meier. R. (2018). *Empathie: Hilfe oder Hindernis bei aktuellen Integrationsaufgaben und dem Umgang mit Radikalisierung?* Paderborn: Universitätsbibliothek.

Mendl, H. (2005). *Konstruktivistische Religionspädagogik. Ein Arbeitsbuch.* Münster: LIT Verlag.

Mendl, H. (2016). *Religion zeigen – Religion erleben – Religion verstehen. Ein Studienbuch zum Performativen Religionsunterricht.* Stuttgart: Kohlhammer.

Mendl, H. (2019). *Taschenlexikon Religionsdidaktik.* München: Kösel-Verlag.

Mendl, H. (2019b). Performativer Religionsunterricht, katholisch. In: Das wissenschaftlich-religionspädagogische Lexikon im Internet. Deutsche Bibelgesellschaft. Verfügbar unter https://www.bibelwissenschaft.de/wirelex/das-wissenschaftlich-religionspaedagogische-lexikon/wirelex/sachwort/anzeigen/details/performativer-religionsunterricht-katholisch/ch/280ea5b8cd73a59b76e3472f86f57b01/#:~:text=Mit%20performativen%20Unterrichtsformen%20laden%20die, Erleben%20eine%20subjektive%20Bedeutung%20zuzuweisen.

Merkt, H., Schweitzer, F. & Biesinger, A. (2014). *Interreligiöse Kompetenz in der Pflege. Pädagogische Ansätze, theoretische Perspektiven und empirische Befunde.* Münster: Waxmann Verlag.

Mešanović, M. (2023). *Entwicklung interreligiöser Kompetenzen bei islamischen Religionslehrkräften.* Stuttgart: Kohlhammer.

Mette, N. & Rickers, F. (2001). *Lexikon der Religionspädagogik.* Band 1. Neukirchen-Vluyn: Neukirchener Verlag.

Mettler-Meibom (2007). Mit Wertschätzung führen. Wege zum nachhaltigen Erfolg in Lehr- und Lernprozessen. *Der pädagogische Blick. Zeitschrift für Wissenschaft und Praxis in pädagogischen Berufen*, 156–167.

Meyer, K. (1999). *Zeugnisse fremder Religionen.* „Weltreligionen" im deutschen und englischen Religionsunterricht. Neukirchen-Vluyn: Neukirchener.

Meyer, K. & Janocha, B. (2007). *Wie ist das mit ... den Religionen?* Stuttgart/Wien: Gabriel Verlag.

Meyer, K. (2008). *Weltreligionen. Kopiervorlagen für die Sekundarstufe I.* Göttingen: Vandenhoeck & Ruprecht.

Meyer, K. (2013). Methodische Überlegungen zur Einfühlung in fremde religiöse Traditionen – Chancen, Probleme und angemessene Wege. In H. Stettberger, & M. Bernlocher (Hrsg.), *Interreligiöse Empathie lernen. Impulse für den trialogisch orientierten Religionsunterricht* (S. 155–173). Berlin: LIT.

Meyer (2015). Fremdheit als didaktische Aufgabe. In: Das wissenschaftlich-religionspädagogische Lexikon im Internet. Deutsche Bibelgesellschaft. Verfügbar unter https://www.bibelwissenschaft.de/fileadmin/buh_bibelmodul/media/wirelex/pdf/Fremdheit_als_didaktische_Aufgabe__2017-10-10_11_15.pdf

Meyer, K. (2019). *Grundlagen interreligiösen Lernens.* Göttingen: Vandenhoeck & Ruprecht.

Meyer, K. & Tautz, M. (2020). Interreligiöses Lernen. In: Das wissenschaftlich-religionspädagogische Lexikon im Internet. Deutsche Bibelgesellschaft. Verfügbar unter https://www.bibelwissenschaft.de/wirelex/das-wissenschaftlich-religionspaedagogische-lexikon/wirelex/sachwort/anzeigen/details/interreligioeses-lernen/ch/c3c1e49333faa45ad6c84eb70f105c88/

Miles, M. B., Huberman A. M. & Saldaña, J. (2020). *Qualitative Data Analysis. A Methods Sourcebook* (4. Aufl.). Los Angeles, London, New Dehli, Singapore, Washington DC: SAGE Publications.

Müller, C. (2007). *Zur Bedeutung von Religion für jüdische Jugendliche in Deutschland.* Münster: Waxmann Verlag.

Nakamura, Y. (2000). *Xenosophie. Bausteine für eine Theorie der Fremdheit.* Darmstadt: Wissenschaftliche Buchgesellschaft.

Naurath, E. (2010). *Mit Gefühl gegen Gewalt. Mitgefühl als Schlüssel ethischer Bildung in der Religionspädagogik.* Neukirchen-Vluyn: Neukirchener

Naurath, E. (2013). Wertschätzung als pädagogische Grundhaltung zur Werte-Bildung. In E. Naurath, M. Blasberg-Kuhnke, E. Gläser, R. Mokrosch & S. Müller-Using (Hrsg.), *Wie sich Werte bilden. Fachübergreifende und fachspezifische Werte-Bildung* (S. 29–42). Osnabrück: Verlag V&R unipress.

Naurath, E. (2022). „Ich weiß zwar viel, aber die Vorbehalte bleiben." – Emotionen im interreligiösen Lernen. *Theo-Web, 21,* 151–163.

Oevermann, U., Allert, T. & Krambeck, J. (1979): Die Methodologie einer „objektiven Hermeneutik" und ihre allgemeine forschungslogische Bedeutung in den Sozialwissenschaften. In H.-G. Soeffner (Hrsg.), *Interpretative Verfahren in den Sozial- und Textwissenschaften* (S. 352–434). Stuttgart: J. B. Metzlersche Verlagsbuchhandlung.

Otto, J. H., Euler, H. A. & Mandl, H. (2000) (Hrsg.). Emotionspsychologie. Ein Handbuch. Weinheim: Beltz Verlag.

Ourghi, A.-H. (2016). „Aufklärung" des Islams?!. *Analysen & Argumente, Juli 2016 (211)*, 1–16.

Ourghi, A.-H. (2017). *Einführung in die Islamische Religionspädagogik*. Ostfildern: Matthias Grünewald Verlag.

Öger-Tunç (2019). Zur Relevanz interreligiöser Kompetenzen im islamischen Religionsunterricht. In. Y. Sarıkaya, D. Ermert & E. Öger-Tunç (Hrsg.), *Islamische Religionspädagogik: didaktische Ansätze für die Praxis* (S. 51–69). Münster: Waxmann Verlag.

Pfisterer, A. (2019). *Pädagogik der Wertschätzung – eine Chance für die Schule der Gegenwart?* Weinheim: Beltz Juventa.

Pickel, G. (2022). Stereotype und Vorurteile als Herausforderungen für das interreligiöse Lernen. In M. Khorchide, K. Lindner, A. Roggenkamp, C. P. Sajak & H. Simojoki (Hrsg.), *Stereotype – Vorurteile – Ressentiments. Herausforderungen für das interreligiöse Lernen* (S. 13–28). Göttingen: V&R unipress.

Porzelt, B. (1999). *Jugendliche Intensiverfahrungen. Qualitativ-empirischer Zugang und religionspädagogische Relevanz*. Graz: Manumedia Verlag Schnider.

Prengel, A. (2019). *Pädagogik der Vielfalt. Verschiedenheit und Gleichberechtigung in Interkultureller, Feministischer und Integrativer Pädagogik*. Wiesbaden: Springer VS.

Ratzke, C. (2021). *Hochschuldidaktisches Interreligiöses Begegnungslernen. Eine empirisch-explorative Studie zum Potenzial interreligiöser Kompetenzentwicklung in der Ausbildung von Ethik- und Religionslehrer_innen*. Münster, New York: Waxmann Verlag.

Reese-Schnitker A. (2005). Lebensgestaltung und Lebensbewältigung von kinderlosen und alleinlebenden Singlefrauen um die 40 Jahre: Anhang mit Methodendarstellung und Auswertungstexten zur Studie: Eine qualitativ-empirische Studie über den Zusammenhang von Religiosität und Lebenswelt. Verfügbar unter https://duepublico2.uni-due.de/servlets/MCRFileNodeServlet/duepublico_derivate_00013687/2006_MethodenundDaten.pdf#

Reese, A. (2006). *„Ich weiß nicht, wo da Religion anfängt und aufhört". Eine empirische Studie zum Zusammenhang von Lebenswelt und Religiosität bei Singlefrauen*. Gütersloh, Freiburg i. Br.: Gütersloher Verlagshaus.

Reese-Schnitker, A. (2016). Wie werden biblische Texte im Religionsunterricht „eingespielt"? Einblicke in eine empirische Unterrichtsforschungsstudie. In P.-G. Klumbies & I. Müllner (Hrsg.), *Bibel und Kultur. Das Buch der Bücher in Literatur, Musik und Film* (S. 221–250). Leipzig: Evangelische Verlagsanstalt.

Reese-Schnitker, A. (2018). Interaktive Lernprozesse im Kontext biblischen Lernens – Eine sequenzielle Gesprächsfeinanalyse. In M. Schambeck & Ulrich Riegler (Hrsg.), *Was im Religionsunterricht so läuft: Wege und Ergebnisse religionspädagogischer Unterrichtsforschung* (S. 123–139). Freiburg, Basel, Wien: Herder.

Reese-Schnitker, A. (2022). Das methodische Vorgehen in der Unterrichtsstudie. In A. Reese-Schnitker, D. Bertram, & D. Fröhle, (Hrsg.), *Gespräche im Religionsunterricht. Einblicke – Einsichten – Potenziale* (S. 191–215). Stuttgart: Kohlhammer.

Reese-Schnitker, A., Bertram, D. & Fröhle, D. (2022). *Gespräche im Religionsunterricht. Einblicke – Einsichten – Potenziale.* Stuttgart: Kohlhammer.

Reich, K. H. (2007). Weltbildkoordination und komplementäres Denken im Religionsunterricht. In A. A. Bucher (Hrsg.), *Moral, Religion, Politik: Psychologisch-pädagogische Zugänge. Festschrift für Fritz Oser* (S. 229–252). Berlin: LIT.

Reichertz, J. & Englert, C. J. (2011). *Einführung in die qualitative Videoanalyse. Eine hermeneutisch-wissens-soziologische Fallanalyse.* Wiesbaden: Springer Fachmedien.

Rendle, L. (2008). Warum ganzheitliche Methoden im Unterricht? In L. Rendle (Hrsg.), *Ganzheitliche Methoden im Religionsunterricht* (S.9–13). München: Kösel-Verlag.

Rettinger, S. (2020). Empathie und Interkulturalität. In K. Jacob, K.-P. Konerding & W.-A. Liebert. (Hrsg.), *Sprache und Empathie. Beiträge zur Grundlegung eines linguistischen Forschungsprogramms* (S. 516–542). Berlin, Boston: Walter de Gruyter GmbH.

Rickerts, F. & Siedler, D. C. (2001) *Interreligiöses Lernen in den Niederlanden. Ein Beitrag zur Vergleichenden Religionspädagogik.* Stuttgart: Alektor-Verlag.

Riegel, U. (2018). Sozialisation, religiöse. In: Das wissenschaftlich-religionspädagogische Lexikon im Internet. Deutsche Bibelgesellschaft. Verfügbar unter https://www.bibelwissenschaft.de/ressourcen/wirelex/8-lernende-lehrende/sozialisation-religioese

Riegel, U. & Leven, E. (2018). Videobasierte Unterrichtsanalyse am Beispiel kognitiver Aktivierung. In M. Schambeck & Ulrich Riegler (Hrsg.), *Was im Religionsunterricht so läuft: Wege und Ergebnisse religionspädagogischer Unterrichtsforschung* (S. 179–195). Freiburg, Basel, Wien: Herder.

Riegger, M. (2013). Empathie und Wahrnehmung. In H. Stettberger, & M. Bernlocher (Hrsg.), *Interreligiöse Empathie lernen. Impulse für den trialogisch orientierten Religionsunterricht* (S. 37–61). Berlin: LIT.

Riegger, M. (2017). Vielfalt und Verschiedenheiten. Religionshermeneutische Perspektiven auf Pluralität. In G. Büttner, H. Mendl, O. Reis & H. Roose. (Hrsg.), *Religiöse Pluralität* (S. 24–41). Babenhausen: Verlag LUSA.

Ritter, W. H. (2014). Religionsunterricht und andere Orte religiöser Bildung – Familie, Gemeinde, Öffentlichkeit. In G. Hilger, W. H. Ritter, K. Lindner, H. Simojoki & E. Stögbauer (Hrsg.), *Religionsdidaktik Grundschule – Handbuch für die Praxis des evangelischen und katholischen Religionsunterrichts* (S. 114–133). Stuttgart: Calwer Verlag.

Roose, H. (2006). Performativer Religionsunterricht zwischen Performance und Performativität. *Loccumer Pelikan. Religionspädagogisches Magazin für Schule und Gemeinde, 03/06*, 110–115.

Rothgangel, M. (2014). *Religionspädagogik im Dialog I. Disziplinäre und interdisziplinäre Grenzgänge.* Stuttgart: Kohlhammer.

Rötting, M. (2013). Bitte eintreten! Interreligiöses Lernen als Prozess. In G. Bertels, M. Hetzinger, R. Laudage-Kleeberg (Hrsg.), *Interreligiöser Dialog in Jugendarbeit und Schule* (S. 38–48). Weinheim: Beltz Juventa.

Sajak, C. P. (2010). *Das Fremde als Gabe begreifen. Auf dem Weg zu einer Didaktik der Religionen aus katholischer Perspektive* (2. Aufl.). Berlin: LIT.

Sajak, C. P. (2010b). *Trialogisch lernen. Bausteine für interkulturelle und interreligiöse Projektarbeit.* Seelze: Kallmeyer.

Sajak, C. P. (2012). *Gotteshäuser. Entdecken – Deuten – Gestalten.* Paderborn: Schöningh Verlag.

Sajak, C. P. (2018). *Interreligiöses Lernen.* Darmstadt: Wissenschaftliche Buchgesellschaft.

Sajak, C. P. (2018b). Interreligiöses Lernen, Grundschule. In: Das wissenschaftlich-religionspädagogische Lexikon im Internet. Deutsche Bibelgesellschaft. Verfügbar unter https://www.bibelwissenschaft.de/fileadmin/buh_bibelmodul/media/wirelex/pdf/Interreligi%C3%B6ses_Lernen_Grundschule__2018-09-20_06_20.pdf

Sajak, C. P. (2023). Von Gaben, Artefakten und Kultgegenständen – Zeugnislernen als Methode interreligiösen Lernens. *Religionspädagogische Beiträge. Journal for Religion in Education 46, 1*, S. 17–26.

Sajak, C. P. & Muth, A.-K. (2010). *Kippa, Kelch, Koran. Interreligiöses Lernen mit Zeugnissen der Weltreligionen.* München: Kösel Verlag.

Sajak, C. P. & Muth, A.-K. (2011). *Standards für das trialogische Lernen. Interkulturelle und interreligiöse Kompetenz in der Schule fördern.* Bad Homburg v.d.H.: Herbert-Quandt-Stiftung.

Schambeck, M. (2013). *Interreligiöse Kompetenz.* Göttingen: Vandenhoeck & Ruprecht Verlage.

Schiersmann, C. & Thiel, H.-U. (2010). *Organisationsentwicklung. Prinzipien und Strategien von Veränderungsprozessen.* Wiesbaden: VS Verlag für Sozialwissenschaften.

Schlauch, C. R. (1999). Einfühlung/Empathie. In H. D. Betz, D. S. Browning, B. Janowksi & E. Jüngel (Hrsg.), *Religion in Geschichte und Gegenwart. Handwörterbuch für Theologie und Religionswissenschaft* (4. Aufl., Bd 2, S. 1159f.). Tübingen: Mohr Siebeck Verlag.

Schlüter, R. (2005). Methoden des interreligiösen Lernens. Grundsätzliche Überlegungen. In P. Schreiner, U. Sieg & V. Elsenbast (Hrsg.), *Handbuch Interreligiöses Lernen* (S. 556–566). Gütersloh: Gütersloher Verlagshaus.

Schmidt-Weil, J. (2021). Jüdische Erziehung – Religionspädagogik – Religionsunterricht. Verfügbar unter https://www.rpi-loccum.de/material/pelikan/pel1_21/1_21_Schmidt-Weil

Schmitt, M. & Altstötter-Gleich, C. (2010). *Differentielle Psychologie und Persönlichkeitspsychologie kompakt*. Weinheim: Beltz Verlag.

Schnell, R., Hill, P. B. & Esser, E. (2018). *Methoden der empirischen Sozialforschung* (11. Aufl.). Berlin, Boston: Walter de Gruyter.

Scholz, M., Stegkemper, J. M. & Wagner, M. (2019). Die Nutzung des Beobachtungsbogens zu kommunikativen Fähigkeiten - Revision (BKF-R) in der Praxis. Zwei mehrperspektivische Anwendungsbeispiele. *Unterstützte Kommunikation, 24*(1), 1-9.

Scholz, M., Wagner, M., Stegkemper, J. M., Haag K. & Herale, P. (2019). BKF-R. Beobachtungsbogen zu kommunikativen Fähigkeiten. Revision. Verfügbar unter https://www.bkf-r.de

Schreier, M. (2012). *Qualitative Content Analysis in Practice*. Los Angeles, London, New Dehli, Singapore, Washington DC: SAGE Publications.

Schreier, M. (2014). Varianten qualitativer Inhaltsanalyse: Ein Wegweiser im Dickicht der Begrifflichkeiten. In: Forum Qualitative Sozialforschung. Social Research. Verfügbar unter https://www.qualitative-research.net/index.php/fqs/article/view/2043/3636

Schreiner, M. (2022). Hinweise auf aktuelle religionspädagogisch interessante Publikationen. *Theo-Web, 21*, 194–274.

Schreiner, P., Sieg, U. & Elsenbast, V. (2005). *Handbuch Interreligiöses Lernen*. Gütersloh: Gütersloher Verlagshaus.

Schröder, B. (2014). Interreligiöse Bildung – empirisch betrachtet. In P. Schreiner, & F. Schweitzer (Hrsg.), *Religiöse Bildung erforschen. Empirische Befunde und Perspektiven* (S. 291–301) Münster: Waxmann Verlag.

Schultze, H. & Trutwin, W. (1973). *Weltreligionen – Weltprobleme. Ein Arbeitsbuch für Studium und Unterricht*. Düsseldorf/ Göttingen: Vandenhoeck & Ruprecht.

Schweitzer, F. (2014). *Interreligiöse Bildung. Religiöse Vielfalt als religionspädagogische Herausforderung und Chance*. München: Gütersloher Verlagshaus.

Schweitzer, F., Boschki, R. & Bräuer, M. (2017). *Interreligiöses Lernen durch Perspektivenübernahme*. Münster: Waxmann Verlag.

Schweitzer, F. (2018). Interventionsstudien im Religionsunterricht: Begründung – Beispiele – Perspektiven. In M. Schambeck & Ulrich Riegler (Hrsg.), *Was im Religionsunterricht so läuft: Wege und Ergebnisse religionspädagogischer Unterrichtsforschung* (S. 179–195). Freiburg, Basel, Wien: Herder.

Schweitzer, F. (2022). Von der religiösen zur interreligiösen Bildung? Einwände, theoretische Klärungen und empirische Befunde zur Wirksamkeit. *Zeitschrift für Erziehungswissenschaft, 25*, 5–23.

Schweitzer, F. & Ulfat, F. (2022). *Dialogisch – kooperativ – elementarisiert. Interreligiöse Einführung in die Religionsdidaktik aus christlicher und islamischer Sicht.* Göttingen: Vandenhoeck & Ruprecht.

Sejdini, Z., Kraml, M. & Scharer, M. (2017). *Mensch werden. Grundlagen einer interreligiösen Religionspädagogik und -didaktik aus muslimisch-christlicher Perspektive.* Stuttgart: Kohlhammer.

Selman, R. L. (1984). *Die Entwicklung des sozialen Verstehens. Entwicklungspsychologische und klinische Untersuchungen.* Frankfurt: Suhrkamp.

Sieg, U. (2005). Inhalte interreligiösen Lernens. In P. Schreiner, U. Sieg & V. Elsenbast (Hrsg.), *Handbuch Interreligiöses Lernen* (S. 381–396). Gütersloh: Gütersloher Verlagshaus.

Silbereisen, R. K. & Ahnert L. (2002). Soziale Kognition. Entwicklung von Sozialem Wissen und Verstehen. In R. Oerter & L. Montada (Hrsg.), *Entwicklungspsychologie* (S. 590–618). Weinheim, Basel, Berlin: Beltz Verlag.

Spears, R. & Tausch, N. (2014). Vorurteile und Intergruppenbeziehungen. In K. Jonas, W. Stroebe & M. Hewstone (Hrsg.), *Sozialpsychologie* (S. 508–564). Berlin, Heidelberg: Springer-Verlag.

Stams, E. & Porzelt, B. (2006). Die methodische Anlage der Untersuchung. In R. Englert, B. Porzelt, A. Reese & E. Stams (Hrsg.), *Innenansichten des Referendariats. Wie erleben angehende Religionslehrer/innen an Grundschulen ihren Vorbereitungsdienst? Eine empirische Untersuchung zur Entwicklung (religions)pädagogischer Handlungskompetenz* (S. 28–39). Berlin: LIT.

Steinke, I. (2013). Gütekriterien qualitativer Forschung. In U. Flick, E. von Kardoff & I. Steinke (2013). *Qualitative Forschung. Ein Handbuch* (10. Aufl., S. 319–331). Hamburg: Rowohlt Taschenbuch Verlag.

Sterkens, C. (2001). *Interreligious Learning. The problem of interreligious dialogue in primary education.* Leiden: Brill Academic Publishers.

Stettberger, H. (2012). *Empathische Bibeldidaktik. Eine interdisziplinäre Studie zum perspektiveninduzierten Lernen mit und von der Bibel.* Münster, Hamburg, Berlin, London: LIT Verlag.

Stettberger, H. (2013). *Empathischer Religionsunterricht. Eine Herausforderung und Chance für alle Lernenden.* Freiburg: Erzdiözese Freiburg.

Stettberger, H. (2013). Interreligiöse Empathie – miteinander voneinander lernen. In H. Stettberger & M. Bernlocher (Hrsg.), *Interreligiöse Empathie lernen. Impulse für den trialogisch orientierten Religionsunterricht* (S. 127–154). Berlin: LIT.

Stettberger, H. & Bernlocher, M. (2013). *Interreligiöse Empathie lernen. Impulse für den trialogisch orientierten Religionsunterricht.* Berlin: LIT.

Stosch von, K. (2012). *Komparative Theologie als Wegweiser in der Welt der Religionen.* Paderborn: Schöningh.

Stosch von, K. (2013). Empathie als Grundkategorie einer Komparativen Theologie. In H. Stettberger & M. Bernlocher (Hrsg.), *Interreligiöse Empathie lernen. Impulse für den trialogisch orientierten Religionsunterricht* (S. 15–28). Berlin: LIT.

Stosch von, K. (2015). Komparative Theologie und Religionspädagogik. Versuch einer Replik und Bestandsaufnahme aus komparativ fundamentaltheologischer Sicht. In Burrichter, R., Langenhorst, G. & Stosch von, K. (2015). *Komparative Theologie: Herausforderungen für die Religionspädagogik. Perspektiven zukunftsfähigen interreligiösen Lernens.* (S. 279–301). Paderborn: Schöningh.

Streib, H. (2005). Wie finden interreligöse Lernprozesse bei Kindern und Jugendlichen statt? Skizze einer xenosophischen Religionsdidaktik. In P. Schreiner, U. Sieg & V. Elsenbast (Hrsg.), *Handbuch Interreligiöses Lernen* (230–243). Gütersloh: Gütersloher Verlagshaus.

Streib, H. (2023). Entwicklungspsychologie. In: Das wissenschaftlich-religionspädagogische Lexikon im Internet. Deutsche Bibelgesellschaft. Verfügbar unter https://www.bibelwissenschaft.de/ressourcen/wirelex/8-lernende-lehrende/entwicklungspsychologie

Sundermeier (1996). *Den Fremden verstehen. Eine praktische Hermeneutik.* Göttingen: Vandenhoeck & Ruprecht.

Sundermeier, T. (2013). Empathie und Dialog. In H. Stettberger & M. Bernlocher (Hrsg.), *Interreligiöse Empathie lernen. Impulse für den trialogisch orientierten Religionsunterricht* (S. 29–36). Berlin: LIT.

Tajfel, H. (1982). *Social identity and intergroup relations.* Cambridge: Cambridge University Press.

Tautz, M. (2007). *Interreligiöses Lernen im Religionsunterricht. Menschen und Ethos im Islam und Christentum.* Stuttgart: Kohlhammer.

Tautz, M. (2015). Perspektivenwechsel. In: Das wissenschaftlich-religionspädagogische Lexikon im Internet. Deutsche Bibelgesellschaft. Verfügbar unter https://www.bibelwissenschaft.de/wirelex/das-wissenschaftlich-religionspaedagogische-lexikon/wirelex/sachwort/anzeigen/details/perspektivenwechsel/ch/cf7c3d8614ac72113b5d6955dae06e60/

Tuna, M. H. (2019). *Islamische ReligionslehrerInnen auf dem Weg zur Professionalisierung.* Münster: Waxmann Verlag.

Tworuschka, U. & Zilleßen, D. (1977). *Thema Weltreligionen.* Frankfurt am Main, Berlin, München: Kösel-Verlag.

Unser, A. (2018). Interreligiöses Lernen. In M. Schambeck & U. Riegel (Hrsg.), *Was im Religionsunterricht so läuft. Wege und Ergebnisse religionspädagogischer Unterrichtsforschung.* (S. 270–285). Freiburg i. Br.: Herder.

Unser, A. (2021). Forschung, empirische, interreligiös. In: Das wissenschaftlich-religionspädagogische Lexikon im Internet. Deutsche Bibelgesellschaft. Verfügbar unter https://

www.bibelwissenschaft.de/wirelex/das-wissenschaftlich-religionspaedagogische-lexikon/wirelex/sachwort/anzeigen/details/forschung-empirische-interreligioes/ch/cf5b2a5ba13e296d1b386b0d09f89868/

Wahrig-Burfeind, R. (2011). Art. Empathie. In: R. Wahrig-Burfeind (Hrsg.), *Wahrig-Fremdwörterlexikon* (S. 264). Gütersloh, München: wissenmedia.

Waldenfels, B. (1999). *Topographie des Fremden. Studien zur Phänomenologie des Fremden 1*. Frankfurt a. M.: Suhrkamp.

Wehry, A. (2007). Interreligiöses Lernen: die Rolle der Frau im Islam. Berlin: LIT.

Weinert, F. E. (2002). *Leistungsmessung in Schulen*. Weinheim und Basel: Beltz Verlag.

Willems, J. (2011). *Interreligiöse Kompetenz. Theoretische Grundlagen – Konzeptualisierungen – Unterrichtsmethoden*. Wiesbaden: VS Verlag für Sozialwissenschaften.

Willems, J. (2011b). Lernen an interreligiösen Überschneidungssituationen – Überlegungen zu Ausgangspunkten einer lebensweltlich orientierten interreligiösen Didaktik. In: Theo-Web. Zeitschrift für Religionspädagogik 10 (2011), H. 1, 202–219. Verfügbar unter https://www.theo-web.de/zeitschrift/ausgabe-2011-01/13.pdf

Willberg, H.-A. (2018). *Dankbarkeit. Grundprinzip der Menschlichkeit – Kraftquelle für ein gesundes Leben*. Berlin, Heidelberg: Springer Verlag Berlin Heidelberg.

Winkler, U. (2013). *Wege der Religionstheologie. Von der Erwähnung zur komparativen Theologie*. Innsbruck-Wien: Tyrolia-Verlag.

Wirtz, M. A. (2014). *Dorsch: Lexikon der Psychologie*. Bern: Verlag Hans Huber.

Woppowa, J. (2015). Das Konfessorische als Stein des Anstoßes. Aspekte eines kritisch-konstruktiven Gesprächs zwischen Komparativer Theologie und Religionsdidaktik. In R. Burrichter, G. Langenhorst & K. von Stosch (Hrsg.), *Komparative Theologie: Herausforderung für die Religionspädagogik. Perspektiven zukunftsfähigen interreligiösen Lernens* (S. 15–30). Paderborn: Schöningh.

Zahn-Waxler, C., Radke-Yarrow, M. & Kind, R. A. (1979). Child rearing and children's judgement of actor's responsibility and recipient's emotional reaction. *Child Development, 50*, 319–330.

Ziebertz, H.-G. (2010) (Hrsg.). *Gender in Islam und Christentum. Theoretische und empirische Studien*. Berlin: LIT Verlag.

Hinweis zu den Abbildungen

Falls keine Angabe über die:den Autor:in in dem jeweiligen Abbildungstitel erfolgt, so liegen die Autorinnenrechte bei der Verfasserin der vorliegenden Promotion. Bei allen Abbildungen, welche die Öffentlichkeitsarbeit der „Kinderakademie – Weltreligionen im Dialog" umfassen, mit Ausnahme des Logos, liegen die Autorinnenrechte sowohl bei Atena Emadi als auch bei der Verfasserin der vorliegenden Promotion.